Pioniere des Automobils

Carl Benz, Gottlieb Daimler und Wilhelm Maybach sind die Erfinder des Automobils. 1885 gelingt es Benz in Mannheim sowie Daimler und Maybach in Cannstatt, die wichtigste Grundlage für die Automobilität zu schaffen: Sie bauen leichte, kompakte und leistungsfähige Motoren, die mit Benzin betrieben werden und unabhängig von einer stationären Gasversorgung sind.
1886 vollendet Carl Benz seinen Patent-Motorwagen, während Gottlieb Daimler und Wilhelm Maybach eine Kutsche motorisieren. Damit beginnt der Aufstieg des Automobils und seiner Erfinder. Maybach arbeitet lange Jahre mit und für Daimler; Daimler und Benz gründen eigene Unternehmen, die expandieren und zu Konkurrenten werden. Und obwohl die Erfinder nur rund 100 Kilometer voneinander entfernt arbeiten, lernen sie sich nie kennen.
Daimler stirbt 1900 und erlebt die Durchsetzung der Automobilisierung nicht mehr. Carl Benz dagegen ist bis zu seinem Tod noch drei Jahre Aufsichtsrat der Daimler-Benz AG, die 1926 durch Fusion der von ihm gegründeten Firma Benz & Cie. mit der Daimler-Motoren-Gesellschaft entstanden ist. Wilhelm Maybach hat, wie Carl Benz, einen versöhnlichen und an Ehrungen reichen Lebensabend und stirbt 1929.

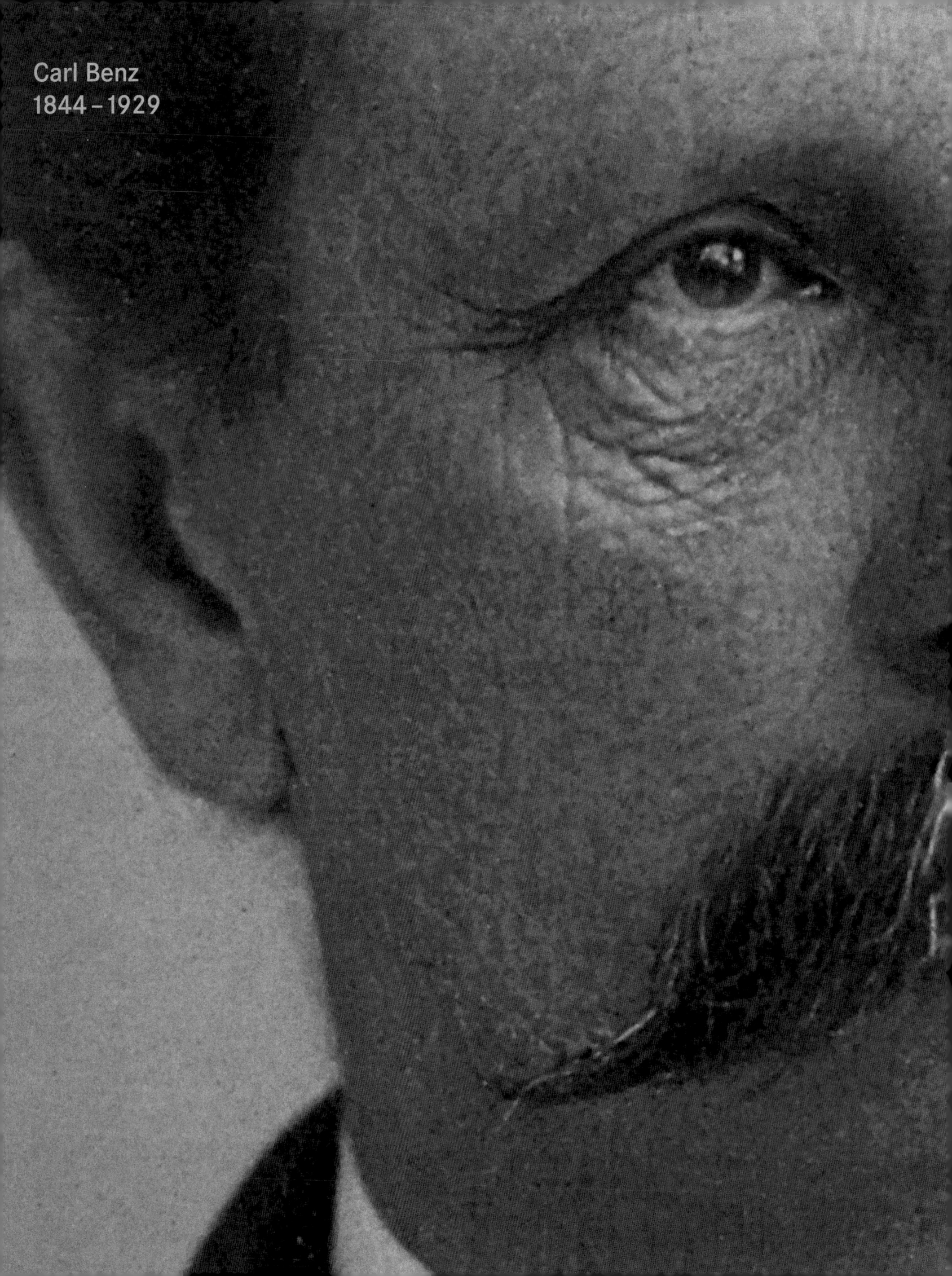

Carl Benz
1844–1929

Die Rechte tatkräftig geballt und den Blick in die Ferne gerichtet: Carl Benz, Studierender des Maschinenbaus in Karlsruhe, um 1864. Die Idee der selbstbestimmten Mobilität begeistert ihn bereits im Studium.

Zwischen Puppenwagen und Motorwagen: Bertha Benz, die einsatzfreudige Partnerin ihres Mannes auch im Geschäftlichen, mit den ersten vier Kindern Thilde, Clara, Eugen und Richard, um 1883.

Carl Benz wird am 25. November 1844 in Mühlburg bei Karlsruhe geboren und auf den Namen Karl Friedrich Michael getauft. Später schreibt er seinen Vornamen fast ausschließlich mit »C«, daher sind in der Literatur beide Schreibweisen zu finden. Sein Vater, einer der ersten Lokomotivführer der Badischen Staatseisenbahnen, stirbt bereits im Juli 1846. Trotz geringer Einkünfte gelingt es Carls Mutter, ihrem Sohn das Gymnasium – damals noch Lyzeum genannt – und ein Studium zu finanzieren. Allerdings will der technikbegeisterte Carl nicht, wie geplant, Beamter werden. 1860, mit nicht einmal 16 Jahren, darf er das Gymnasium gegen das Polytechnikum in Karlsruhe, die heutige Universität, eintauschen, um Maschinenbau zu studieren.

Nach Abschluss des Studiums arbeitet Carl Benz zwei Jahre lang, von August 1864 bis September 1866, als Schlosser im Lokomotivenbau bei der Maschinenbau-Gesellschaft Karlsruhe. Damit sammelt der junge Ingenieur seine ersten praktischen Erfahrungen im Maschinenbau. Im Herbst 1866 wechselt Benz in die Waagen- und Maschinenfabrik Schweizer, wo er zunächst in den Werkstätten arbeitet, bis er im Mai 1867 zum »ersten Bürobeamten« befördert wird und als Zeichner und Konstrukteur tätig ist. Im Januar 1869 zieht er nach Pforzheim und beginnt in der Maschinenfabrik Gebrüder Benckiser zunächst als Werkmeister, bevor er sich im Technischen Büro der Firma mit der Konstruktion von Eisenbrücken befasst.

In Carl Benz wächst der Wunsch nach einem eigenen Unternehmen. Im August 1871 gründet er mit dem »Mechanikus« August Ritter als Teilhaber die Firma »Carl Benz und August Ritter, Mechanische Werkstätte« in Mannheim. Bald stellt sich heraus, dass Ritter kein zuverlässiger Partner ist. Nur mit Hilfe seiner Braut Bertha Ringer, Zimmermannstochter aus Pforzheim, gelingt es Benz, den Partner auszuzahlen – Bertha setzt dafür kurzerhand ihre Mitgift ein. Am 20. Juli 1872 heiraten Bertha und Carl Benz. In seinen Lebenserinnerungen schreibt Benz später: »Damit tritt mir ein Idealist zur Seite, der weiß, was er will, vom Kleinen und Engen hinauf zum Großen, Lichten, Weiten.« Tatsächlich ist Bertha Benz entscheidend für den späteren Erfolg von Carl Benz. Couragiert und ideenreich setzt sie sich immer wieder für seine Ideen ein und ist ihrem Mann bei allen Aktivitäten eine wichtige Stütze. 1873 wird Eugen, ihr erstes Kind, geboren. Nach dem zweiten Sohn Richard (*1874) folgen drei Töchter: Clara (*1877), Thilde (*1882) und Ellen (*1890).

Die Geschäfte von Carl Benz gehen auch nach der Trennung von seinem Teilhaber anfänglich sehr schlecht. In der »Eisengießerei und mechanischen Werkstätte«, die Benz später auch »Fabrik für Maschinen zur Blechbearbeitung« nennt, wird im Juli 1877 sogar die Werkstatteinrichtung gepfändet.

Unter Rahmenbedingungen, die von Existenzsorgen und harter Arbeit geprägt sind, beschäftigt sich Carl Benz ab 1878 mit dem Gasmotor.

Alles unter einem Dach: Die erste eigene Werkstatt von Carl Benz mit angeschlossener Wohnung, ab 1871 in Mannheim (T 6, 11), ist der Ort existenzieller Nöte wie auch bahnbrechender Erfolge.

er sieht den Verbrennungsmotor nicht nur als zukunftsträchtigen Antrieb für Arbeitsmaschinen, sondern auch als Voraussetzung, um seiner Vision eines Fahrzeugs ohne Pferde näherzukommen.

Seine Wahl fällt auf einen Zweitaktmotor: Die Entwicklungsmöglichkeiten des atmosphärischen Gasmotors hält er mit Recht für begrenzt, und der von Otto erdachte Viertaktmotor ist seit 1877 durch das Patent DRP 532 der Gasmotoren-Fabrik Deutz geschützt. Nach langwierigen und sehr mühsamen Versuchen hat Benz schließlich Erfolg: In der Silvesternacht 1879 läuft sein Motor zum ersten Mal zufriedenstellend.

Mit seinem Zweitaktmotor hat Benz eine wichtige Grundlage für den wirtschaftlichen Erfolg seines Unternehmens gelegt. Mit dem Ziel, eine solide wirtschaftliche Basis zu schaffen, wird im Oktober 1882 die »Gasmotorenfabrik Mannheim« als Aktiengesellschaft gegründet, in die Carl Benz sein komplettes Inventar einbringt. Benz ist jedoch mit lediglich fünf Prozent beteiligt und erhält selbst in technischen Fragen nur begrenzten Einfluss. Zudem sind seine Geldgeber vor allem am sicheren Geschäft mit den ortsfesten Gasmotoren interessiert – und nicht, wie Carl Benz in seinen Erinnerungen schreibt, an seinem »Lieblingsideal – dem Motorwagen«. Daher verlässt Carl Benz das junge Unternehmen bereits im Januar 1883 und steht buchstäblich auf der Straße, nachdem er seine Produktionseinrichtungen in die Firma eingebracht und seine alte Werkstatt vermietet hat.

Im selben Jahr noch findet Benz neue Geldgeber. Max Rose und Friedrich Wilhelm Eßlinger, die in ihrem Mannheimer Handelsgeschäft unter anderem Fahrräder verkaufen, kennt Carl Benz über das Radfahren. Im Oktober 1883 gründen sie zu dritt die Firma »Benz & Cie. Rheinische Gasmotoren-Fabrik Mannheim« als offene Handelsgesellschaft und bringen den Zweitaktmotor »System Benz« auf den Markt. Schnell läuft in neu eingerichteten Fabrikationsräumen eine geordnete Produktion an, und schon bald umfasst der Arbeiterstamm 25 Mann.

Der Verkaufserfolg des Zweitaktmotors sichert Benz die wirtschaftlichen Grundlagen, um sich seiner Vision vom Fahrzeug ohne Pferde widmen zu können. Den Zweitaktmotor kann er dabei trotz seiner vielen Vorzüge nicht verwenden. Ebenso wie die von der Gasmotoren-Fabrik Deutz gebauten Viertaktmotoren ist er zu groß und zu schwer, um als Antrieb für Fahrzeuge in Betracht zu kommen. Bei dem Fahrzeugmotor, den er nun entwickelt, setzt Benz auf das Viertaktprinzip: Die Gültigkeit des Deutzer Patents DRP 532 ist seit 1882 durch Nichtigkeitsklagen infrage gestellt, und 1884 erklärt das Patentamt einen entscheidenden Punkt des Patents für nichtig.

Wie Gottlieb Daimler und Wilhelm Maybach muss Carl Benz Mittel und Wege finden, die Drehzahl zu erhöhen, und wie die Cannstatter Pioniere befasst er sich dazu vor allem mit der Zündung und der Ventilsteuerung. Der Motor erreicht zwar »nur« eine Drehzahl von 400/min und ist damit weniger effizient als Daimlers Konstruktion, die erforderliche Leistung zum Antrieb eines »Wagens ohne Pferde« stellt er jedoch bereit.

Der liegende Einzylindermotor mit dem waagerecht angeordneten Schwungrad, das zugleich dem Starten des Motors dient, prägt die Heckansicht des Benz Patent-Motorwagens.

Elegantes Urgestein auf drei Rädern:
Am 29. Januar 1886 von Carl Benz zum Patent
angemeldet, wird das erste Automobil der
Welt als »Benz Patent-Motorwagen« bekannt.

Sein wahres Können beweist Carl Benz nicht mit diesem Motor, sondern mit dem Fahrzeug, für das er ihn entwickelt hat. So gibt er sich nicht damit zufrieden, seinen Motor in ein vorhandenes Fahrzeug, zum Beispiel eine Kutsche, einzubauen. Stattdessen konzipiert er seinen Motorwagen als ganzheitliche und eigenständige Konstruktion, deren zentraler Bestandteil der Motor mit liegendem Zylinder und dem großen, horizontal angeordneten Schwungrad ist. Benz führt sein neuartiges Gefährt als Dreirad aus, da ihn die seinerzeit bei Kutschen übliche Drehschemellenkung nicht befriedigt. Erst als er auch dieses Problem gelöst hat, geht Carl Benz 1893 zu vierrädrigen Fahrzeugen über.

Im Oktober 1885 kann Benz seinen Motorwagen nach monatelanger intensiver Arbeit endlich fertigstellen und beginnt mit der Erprobung. Am 29. Januar 1886 entschließt er sich zu einem Schritt von historischer Bedeutung: Er meldet sein »Fahrzeug mit Gasmotorenbetrieb« beim Kaiserlichen Patentamt zum Patent an. Die Patentschrift zum DRP 37 435 gilt als Geburtsurkunde des Automobils und prägt für das erste Automobil der Welt den Namen »Patent-Motorwagen«. Die entscheidende Leistung von Carl Benz besteht in der Konsequenz, mit der er seine Vision zur Realität werden lässt: Er hat die Idee eines Motorwagens, konstruiert ihn, lässt ihn patentieren, baut ihn, erprobt ihn, bringt ihn auf den Markt, produziert ihn in Serie, entwickelt ihn weiter und macht seine Erfindung damit nutzbar.

Die erste Erprobung des Fahrzeugs findet auf dem Fabrikhof statt. Bald folgen auch Fahrten auf öffentlichen Straßen und Wegen, meist in den frühen Morgenstunden und im Schutz der Dunkelheit. Die erste dokumentierte Ausfahrt unternimmt Benz im Juli 1886. Die »Neue Badische Landeszeitung« berichtet in ihrem Morgenblatt vom 3. Juli: »Ein mittelst Ligroin-Gas zu betreibendes Velociped, welches in der Rheinischen Gasmotorenfabrik von Benz & Co. konstruiert wurde und worüber wir schon an dieser Stelle berichteten, wurde heute früh auf der Ringstraße probiert und soll die Probe zufriedenstellend gelaufen sein.«

Aus dem ersten Prototypen – dem »Modell 1«, wie er es nennt – entwickelt Benz zwei Varianten. Das »Modell 2« sendet er im Sommer 1888 in die Hofwagenfabrik Theodor Wecker nach Offenbach, wo es zum Vierradfahrzeug umgebaut wird. Mit dem Ergebnis ist Benz nicht zufrieden, und so verschwindet es in einem Schuppen, ohne in Betrieb genommen zu werden.

Ein wichtiger Meilenstein ist dagegen das »Modell 3«, das statt der filigranen Drahtspeichenräder über solide Holzspeichenräder verfügt und zudem mit einem stärkeren Motor ausgerüstet ist. Mit dieser Variante unternimmt Bertha Benz im August 1888 ihre legendäre Fernfahrt – die erste der Automobilgeschichte. Mit den Söhnen Richard und Eugen bricht sie ohne Wissen ihres Mannes von Mannheim in das gut 100 Kilometer entfernte Pforzheim auf, um ihre Mutter zu besuchen.

Eine aufregende Neuigkeit im Straßenverkehr: Der Patent-Motorwagen, hier die Serienversion (»Modell 3«), die Carl Benz im September 1888, wenige Wochen nach der Fernfahrt seiner Frau Bertha, in München vorstellt.

Carl Benz am Steuer des Patent-Motorwagens (»Modell 3«) von 1888, vermutlich mit Josef Brecht, dem späteren kaufmännischen Direktor bei Benz & Cie.

Mit dieser Fahrt beweist sie die Alltagstauglichkeit des Automobils und bestätigt ihren Mann einmal mehr in seinen Plänen.

Im September 1888, wenige Wochen nach der legendären Fahrt, präsentiert Benz seine Erfindung auf der »Kraft- und Arbeitsmaschinen-Ausstellung« in München einem größeren Publikum. Mit dem Patent-Motorwagen macht er mehrmals täglich Probefahrten vom Ausstellungsgelände in die Stadt, über die die Presse ausführlich berichtet. Das Preisgericht der Ausstellung prämiert den Patent-Motorwagen mit der höchsten Auszeichnung, der Großen Goldenen Medaille. Das »Modell 3« wird zum ersten Serien-Automobil der Welt. Das Interesse in Deutschland bleibt verhalten, doch in Frankreich stößt das Fahrzeug auf Interesse. Die dortigen Vertriebsrechte überträgt Carl Benz dem französischen Ingenieur Émile Roger, der bereits Benz Stationärmotoren in Frankreich verkauft.

Seine Geschäftspartner Rose und Eßlinger sind jedoch zunehmend skeptisch, was die Zukunftsaussichten der Benz'schen Erfindung betrifft. Carl Benz sieht sich wieder einmal mit der Notwendigkeit konfrontiert, neue Kapitalgeber zu finden. Im Mai 1890 treten Julius Ganß und Friedrich von Fischer an die Stelle von Rose und Eßlinger. Rose gibt Benz beim Abschied noch den gut gemeinten Rat: »Lassen Sie die Finger vom Motorwagen.« Der Eintritt der neuen Gesellschafter ermöglicht den Aufstieg der Rheinischen Gasmotoren-Fabrik Benz & Cie. zur zweitgrößten Motorenfabrik Deutschlands und zugleich zum Impulsgeber der Automobilentwicklung.

Im Februar 1893 lässt sich Carl Benz die Achsschenkellenkung patentieren, mit der er das Lenkungsproblem gelöst hat. Sie kommt in seinen ersten vierrädrigen Motorwagen, dem Victoria und dem Vis-à-Vis, zum Einsatz. Das Fahrzeug, mit dem der Durchbruch zu höheren Absatzzahlen gelingt, ist das von 1894 bis 1901 gefertigte vierrädrige Motor-Velociped, kurz auch »Velo« genannt, ein preisgünstiger, leichter Wagen für zwei Personen. Angesichts der Produktionszahl von insgesamt rund 1 200 Exemplaren kann es als erstes Großserien-Automobil bezeichnet werden. 1897 entwickelt Benz den »Contra-Motor«, den Urvater der heutigen Boxermotoren. Damit gelingt es dem Unternehmen, die zunehmende Nachfrage nach Fahrzeugen mit höherer Motorleistung zu befriedigen. Im gleichen Jahr konstituiert sich in Berlin als erster deutscher Automobilclub der Mitteleuropäische Motorwagen-Verein. Zu den Gründungsmitgliedern gehört Carl Benz ebenso wie Gottlieb Daimler. Die konstituierende Versammlung am 30. September 1897 ist vermutlich der einzige Anlass, bei dem die beiden Automobilpioniere zur gleichen Zeit am gleichen Ort sind. Benz erinnert sich: »Ich habe Daimler in meinem ganzen Leben nie gesprochen. Einmal sah ich ihn in Berlin von Weitem. Als ich näher kam – ich hätte ihn gerne kennengelernt –, war er in der Menge verschwunden.«

1893 stellt Benz mit dem Modell Victoria auf den Bau von Automobilen mit vier Rädern um: Familie Benz auf einem Ausflug, neben Carl sitzt Bertha Benz und gegenüber Tochter Clara mit Fritz Held, einem Freund der Familie und Geschäftspartner von Benz & Cie.

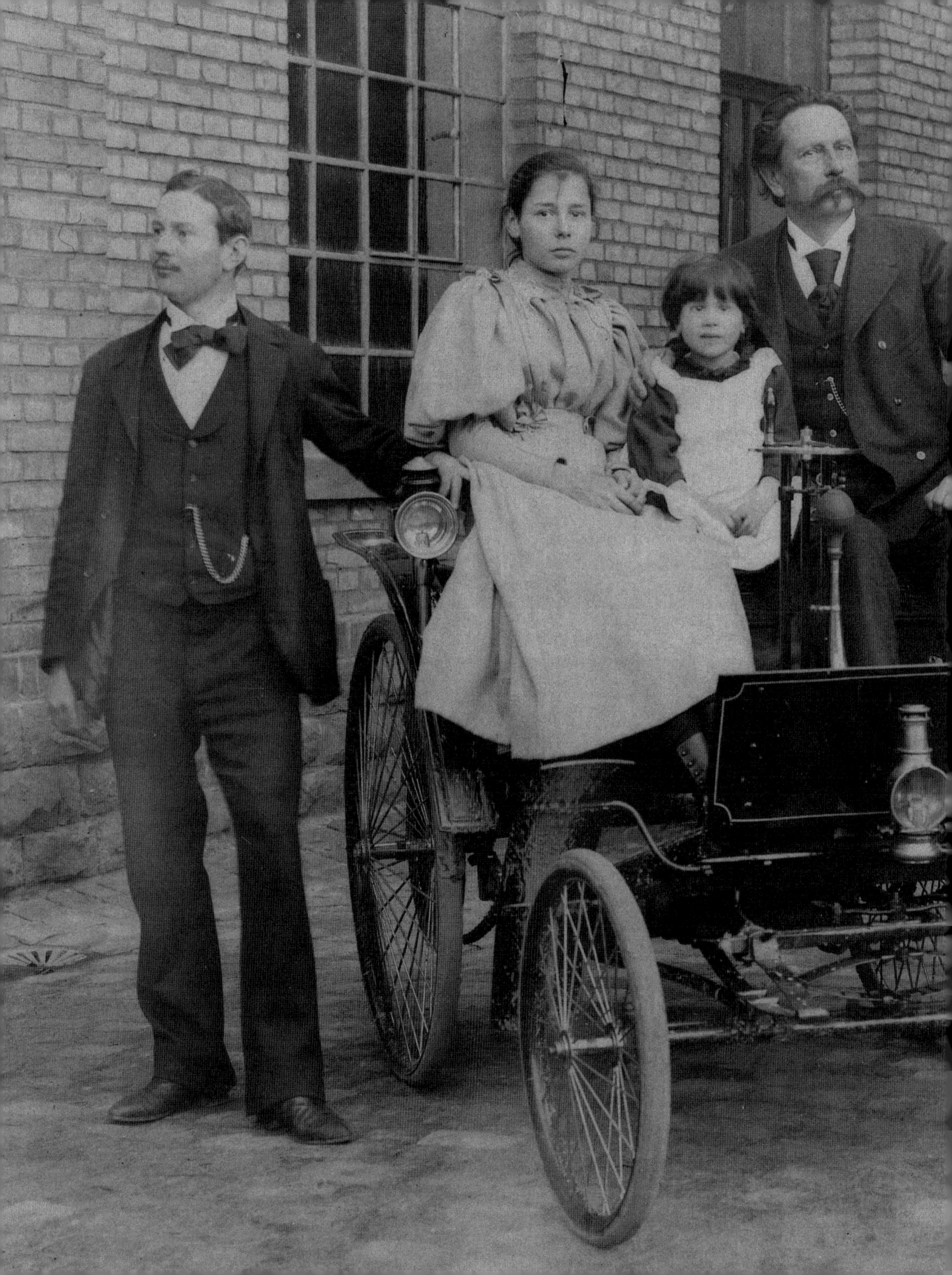

Carl Benz und seine fünf Kinder mit dem ersten Großserien-Automobil: Rund 1 200 Exemplare werden ab 1894 vom Benz »Velo« hergestellt, einem leichten und preiswerten Wagen mit anfänglich 1,5 PS.

Die Abteilung Wagenbau der Firma Benz & Co., 1897. Als Leiter des Wagenbaus sitzt vorn in der

Neue Produkte werden im 19. Jahrhundert vor allem auf Gewerbeausstellungen bekannt gemacht: »Carl Benz Söhne« auf der Lokalen Gewerbe- und Industrieausstellung vom 20. Mai bis 2. Juni 1909 im Bahnhofshotel Ladenburg.

Benz & Cie. entwickelt sich bis zur Jahrhundertwende zum weltweit führenden Automobilhersteller. Im Mai 1899 wird die Firma in eine Aktiengesellschaft umgewandelt. Julius Ganß, seit 1890 Mitgesellschafter, wird neben Carl Benz in den Vorstand berufen und übernimmt die kaufmännische Leitung. Die Belegschaft im Fahrzeugbau wächst in den Jahren 1890 bis 1899 von 50 auf 430 Arbeiter. Im Geschäftsjahr 1899 werden bei Benz 572 Fahrzeuge gebaut, im Folgejahr sogar 603.

Bereits kurz nach der Jahrhundertwende beginnt eine schwierige Zeit für Benz & Cie.: Stärker motorisierte und preisgünstigere Fahrzeuge vor allem aus Frankreich sind im Wettbewerb deutlich erfolgreicher als die Benz-Wagen, die vor allem auf Langstreckentauglichkeit und eher gemächliche Geschwindigkeiten ausgerichtet sind. Zudem definiert der Mercedes 35 PS Anfang 1901 das Automobil vollkommen neu und wird zum Vorbild vieler anderer Hersteller. Im Vergleich zu den Mercedes-Modellen aus Cannstatt wirken die Benz-Motorwagen plötzlich antiquiert. Der Automobilabsatz von Benz & Cie. sinkt auf 385 Fahrzeuge im Geschäftsjahr 1901 und fällt im Folgejahr mit 226 Fahrzeugen noch weiter ab.

Da Carl Benz an seinen bisherigen Konstruktionen, insbesondere dem Riemenantrieb, festhält, ergreift Julius Ganß die Initiative. Er engagiert ein Team um den französischen Konstrukteur Marius Barbarou, das eine neue Modellpalette entwickeln soll. Mit diesem »französischen Konstruktionsbüro« wetteifert ein »deutsches Konstruktionsbüro« unter Leitung des Chefkonstrukteurs Georg Diehl um die besseren Entwürfe künftiger Benz-Modelle. Diese Zwietracht – insbesondere in seiner ureigensten Domäne, der Konstruktion von Automobilen – ist zu viel für Carl Benz: Im Januar 1903 beendet der 58-Jährige seine aktive Tätigkeit in der Firma. Mit ihm scheiden auch seine Söhne Eugen und Richard aus. 1904 lässt sich Carl Benz jedoch in den Aufsichtsrat des von ihm gegründeten Unternehmens berufen, und Richard Benz kehrt als Betriebsleiter des Personenwagenbaus wieder nach Mannheim zurück. Die neue Modellpolitik trägt Früchte, und nach Verlusten im Geschäftsjahr 1903 ist der traditionsreiche Hersteller bereits 1904 wieder auf Erfolgskurs.

1906 gründet Carl Benz die Firma »Carl Benz Söhne« in Ladenburg, einer Stadt zwischen Heidelberg und Weinheim, die seit 1905 Wohnsitz der Familie Benz ist. Das neue Unternehmen, dessen Inhaber Carl Benz und sein Sohn Eugen sind, soll ursprünglich Gassaugmotoren nach einer Konstruktion von Eugen Benz produzieren. Diese lassen sich durch die zunehmende Konkurrenz der Elektrizität und der stationären Dieselmotoren jedoch kaum mehr absetzen. So verlegt man sich auf den Fahrzeugbau, der bereits 1908 beginnt. Im gleichen Jahr verlässt Richard Benz endgültig die Firma Benz & Cie. und übernimmt gemeinsam mit seinem Vater und seinem Bruder Eugen Benz die Geschäftsführung in Ladenburg.

»Aus der Haft des Deutschen Museums für einige
Stunden entlassen« (Zitat von Carl Benz):
Der – nach wie vor fahrtüchtige – allererste Benz
Patent-Motorwagen, anlässlich der Deutschen
Verkehrsausstellung in München, 1925, gesteuert
von seinem mittlerweile 80-jährigen Erfinder.

1912 scheidet Carl Benz als Gesellschafter aus und überlässt seinen Söhnen die alleinige Führung. Die Produktion läuft bis 1923, es werden jedoch insgesamt nur etwa 350 »Carl Benz Söhne«-Wagen hergestellt.

Carl Benz erlebt den Aufschwung der Motorisierung und den endgültigen Durchbruch seiner Idee noch mit. Zu seinem 80. Geburtstag genießt der »einst verspottete und verkannte Erfinder« – so sieht er sich rückblickend – die Ehrungen aus aller Welt. Zehn Jahre zuvor hat ihm die Technische Hochschule Karlsruhe die Ehrendoktorwürde verliehen, und 1926 wird er zum ersten Ehrenbürger der Stadt Ladenburg ernannt. Das Badische Staatsministerium zeichnet Carl Benz 1928 mit der Badischen Staatsmedaille in Gold aus.

In seinen letzten Lebensjahren, 1926 bis 1929, ist Carl Benz sogar noch als Aufsichtsratsmitglied der neuen Daimler-Benz AG tätig. Am 4. April 1929 stirbt der Automobilpionier in seinem Haus in Ladenburg, Bertha Benz lebt – ebenfalls hoch geehrt – bis zum 5. Mai 1944. Heute ist das Haus der Familie Benz ein Museum und der Sitz der 1986 gegründeten »Daimler und Benz Stiftung«.

Als Pionierin wird sie verehrt und gefeiert: Die auch im hohen Alter automobilbegeisterte Bertha Benz anlässlich ihres 90. Geburtstags am 3. Mai 1939 mit ihren Söhnen Eugen und Richard.

Unzählige trauern um Carl Benz: Der Trauerzug zur Beerdigung am 4. April 1929, im Hintergrund das Haus der Familie am Dr.-Carl-Benz-Platz in Ladenburg.

Gottlieb Daimler
1834–1900

Als Werkstätteninspektor einer Reutlinger Maschinenfabrik lernt der 30-jährige Gottlieb Daimler seinen Weggefährten, den zwölf Jahre jüngeren Wilhelm Maybach, kennen.

Gottlieb Daimler wird am 17. März 1834 in Schorndorf bei Stuttgart als Sohn eines Bäckermeisters geboren und auf den Namen Gottlieb Wilhelm getauft. Neben der Lateinschule besucht er sonntags die Zeichenschule, was darauf schließen lässt, dass seine technische Begabung früh erkannt wird. Im Revolutionsjahr 1848 wird Gottlieb Daimler 14 Jahre alt und beginnt in Schorndorf eine Lehre als Büchsenmacher. Damit erhält er eine sehr gute Grundausbildung in Präzisionsmechanik und im Umgang mit Explosivkräften.

Nach der 1852 abgelegten Gesellenprüfung besucht Daimler die Gewerbliche Fortbildungsschule in Stuttgart. Ferdinand Steinbeis von der »Königlichen Centralstelle für Gewerbe und Handel« wird auf ihn aufmerksam und vermittelt ihn 1853 für vier Jahre in eine Maschinenfabrik ins elsässische Graffenstaden. Außerhalb der Arbeitszeit erhält Daimler dort theoretischen Unterricht, der ihn auf das Studium vorbereitet. Seine Zeugnisse sind so gut, dass er bei seinem anschließenden Ingenieurstudium an der Polytechnischen Schule in Stuttgart die beiden ersten Jahre überspringen kann und die Studiengebühren erlassen bekommt. Nach einem erneuten Aufenthalt in Graffenstaden wechselt der junge Ingenieur Mitte 1860 zur Bandsägenfabrik Périn in Paris. Vom Frühjahr 1861 bis Ende 1862 lernt er auf verschiedenen Stationen auch die englische Maschinenbauindustrie kennen: bei Maschinenfabriken in Oldham und Leeds, zwei Lokomotivherstellern in Manchester und einer Werkzeugmaschinenfabrik in Coventry. Anfang 1863 tritt Gottlieb Daimler eine Stelle als Zeichner in Geislingen an, bei einem Vorläuferunternehmen der Württembergischen Metallwarenfabrik (WMF). Bereits im Dezember 1863 wird er

Bruderhauses in Reutlingen, einer karitativen Einrichtung, in der er 1864 Wilhelm Maybach kennenlernt. Maybach wird zum Weggefährten Gottlieb Daimlers und begleitet ihn von nun an auf jeder weiteren Station seines beruflichen Lebenswegs.

Am 9. November 1867 heiraten Gottlieb Daimler und Emma Kurtz, die Tochter eines Apothekers aus Maulbronn. Im Dezember 1868 erhält Daimler erstmals eine Führungsposition und wird Werkstättenvorsteher der Maschinenbau-Gesellschaft Karlsruhe, in der Carl Benz wenige Jahre zuvor, nach seinem Studium, als Schlosser gearbeitet hat. In Karlsruhe kommen die beiden Söhne Paul (*1869) und Adolf (*1871) zur Welt. 1872 wird Daimler von Eugen Langen als Technischer Direktor in die Geschäftsleitung der Gasmotoren-Fabrik Deutz AG berufen. Nicolaus August Otto, neben Eugen Langen einer der beiden Gründer der Ursprungsfirma N. A. Otto & Cie., hat sich der Produktion von Gasmotoren verschrieben. Nach dem Bau einer neuen Fabrik in Deutz und der Umwandlung in eine Aktiengesellschaft wird Gottlieb Daimler engagiert, um geordnete Produktionsabläufe einzuführen und eine technische Abteilung für Entwicklung und Konstruktion aufzubauen. Er setzt dabei auf die Mitarbeit von Wilhelm Maybach, der 1872 ebenfalls nach Deutz wechselt und dort im Januar 1873 zum Chefkonstrukteur ernannt wird. Schnell stellen sich Erfolge ein: Die Produktions- und Absatzzahlen steigen ebenso wie die Zuverlässigkeit und Wirtschaftlichkeit der Motoren. 1876 stehen Daimler und Maybach vor einer ähnlichen Aufgabe, als es darum geht, den von der Gasmotoren-Fabrik Deutz patentierten Viertaktmotor zur Serienreife zu entwickeln, und erneut erreichen

Der selbstbewusste Habitus trügt nicht: Um 1875 ist Gottlieb Daimler Technischer Direktor der Gasmotoren-Fabrik Deutz. Mit seiner Frau Emma hat er eine Familie gegründet, zwei Söhne sind bereits geboren.

zu diesem Zeitpunkt 48 Jahre alt und arbeitet seit Jahren in Führungspositionen von bedeutenden Unternehmen. Er verfügt deshalb über die erforderliche Finanzkraft, die ihm einen unabhängigen Start in die unternehmerische Selbstständigkeit ermöglicht. Die weitere Mitarbeit von Wilhelm Maybach sichert sich Daimler im April 1882 mit einem Anstellungsvertrag.

Im Frühjahr 1882 kauft Gottlieb Daimler für 75 000 Goldmark eine Villa in Cannstatt, einem Nachbarort von Stuttgart. Das Gewächshaus auf dem großen Grundstück lässt er umgehend durch einen Backsteinanbau vergrößern, um dort eine Versuchswerkstatt einzurichten. Gleichzeitig werden die Gartenwege zu Fahrwegen verbreitert.

Am 16. Dezember 1883 ist es schließlich so weit: Daimler lässt sich nach langwierigen Versuchen einen ungekühlten, wärmeisolierten Motor mit ungesteuerter Glührohrzündung patentieren. Das Deutsche Reichspatent (DRP) 28 022 mit dem schlichten Titel »Gasmotor« ist ein Meisterwerk der Formulierungskunst, da es in einigen Punkten auf dem – bereits umstrittenen, aber damals noch geschützten – Otto'schen Viertaktprinzip basiert. Nur eine Woche nach dem Gasmotor lässt Daimler unter dem Titel »Neuerungen an Gasmotoren« auch eine Ventilsteuerung zur »Regulierung der Kraft und Geschwindigkeit der Maschine« schützen. Die Zeichnung in der Patentschrift DRP 28 243 zeigt bereits einen Motor mit stehendem Zylinder. Zur gleichen Zeit, als Daimler seine beiden Gasmotoren-Patente anmeldet, läuft in seiner Werkstatt der erste Versuchsmotor; er ist noch mit liegendem

Der erste Versuchsmotor aus dem Gewächshaus: Mit 600/min ist der kleine Gasmotor 1883 der erste schnelllaufende Viertaktmotor.

Gottlieb Daimler lässt sich in der »Motorkutsche« chauffieren – von seinem Sohn Adolf, der, wie auch der ältere Sohn Paul, später eine leitende Stellung bei der Daimler-Motoren-Gesellschaft bekleiden wird.

Zylinder ausgeführt und wird mit Gas betrieben. Dank Glührohrzündung und einem gesteuerten Auslassventil erreicht Daimlers »Schnellläufer« 600 Umdrehungen pro Minute und übertrifft damit bei Weitem die bisherigen Motoren, deren Drehzahllimit bei 120 bis 180/min liegt.

Der nächste Versuchsmotor wird wegen seines Aussehens »Standuhr« genannt. Seine Leistung beträgt in der ersten Ausführung von 1884 etwa 1 PS bei 600/min. Den neuen Motor, der zum ersten Mal über ein öl- und staubdichtes geschlossenes Kurbelgehäuse verfügt, meldet Daimler am 3. April 1885 als »Gas- bzw. Petroleum-Kraftmaschine« zum Patent an. Ein Vergaser, den Daimler am 25. März 1886 als »Apparat zum Verdunsten von Petroleum für Petroleum-Kraftmaschinen« schützen lässt, ermöglicht die Verwendung von Benzin als Treibstoff.

Mit der »Standuhr«, die auf Gewichtsersparnis und kompakte Bauweise ausgerichtet ist, schaffen Daimler und Maybach die Grundlage für den Einbau in ein Fahrzeug. Als erster Versuchsträger fungiert ein Motorrad mit einem hölzernen Rahmen, oft auch als »Reitrad« oder »Reitwagen« bezeichnet. Der nochmals verkleinerte Einzylindermotor nach dem Vorbild der »Standuhr« ist stehend unter dem Sitz des Fahrers eingebaut. Dieses »Fahrzeug mit Gas- bzw. Petroleum-Kraftmaschine« wird mit dem DRP 36 423 vom 29. August 1885 geschützt. Die Idee, das Zweirad als preisgünstiges Alltagsfahrzeug zu entwickeln, stammt vermutlich von Wilhelm Maybach, der auf Zeichnungen auch als Fahrer des Reitrades porträtiert ist. Welche Leistungen und Verdienste Gottlieb Daimler und welche Wilhelm Maybach zuzuschreiben sind, diese Frage kann die Forschung bis heute nicht abschließend beantworten. Gerade diese enge Zusammenarbeit, bei der sich die unterschiedlichen Persönlichkeiten so ideal ergänzen, sichert den Erfolg, der die beiden zu Pionieren der individuellen Mobilität werden lässt.

Im Frühjahr 1886 bestellt Daimler bei der Firma W. Wimpff & Sohn in Stuttgart eine Kutsche vom Typ »Americain«. Angefertigt in Hamburg und montiert in Stuttgart, wird der Wagen am 28. August geliefert und heimlich in der Nacht auf das Daimler'sche Anwesen gebracht, angeblich als Geburtstagsgeschenk für Daimlers Ehefrau Emma. In der Maschinenfabrik Esslingen wird unter Maybachs Anleitung ein Daimler-Motor nebst Drehschemellenkung eingebaut. Diese Daimler »Motorkutsche« ist, einige Monate nach dem Patent-Motorwagen von Carl Benz, das erste Vierrad-Automobil der Welt.

Das nächste Versuchsfahrzeug ist ein Boot. Bereits im August 1886 erproben Daimler und Maybach auf dem Neckar bei Cannstatt ein Motorboot, das von der »Standuhr« angetrieben wird und auf allgemeines Interesse stößt. Im Gegensatz zu seinen Straßenfahrzeugen, von denen die Öffentlichkeit kaum Notiz nimmt, ist Daimler mit seinen Boots- und Stationärmotoren auf Anhieb erfolgreich. Die Werkstatt im Gewächshaus ist für eine Serienfertigung der erforderlichen Stückzahlen jedoch nicht geeignet.

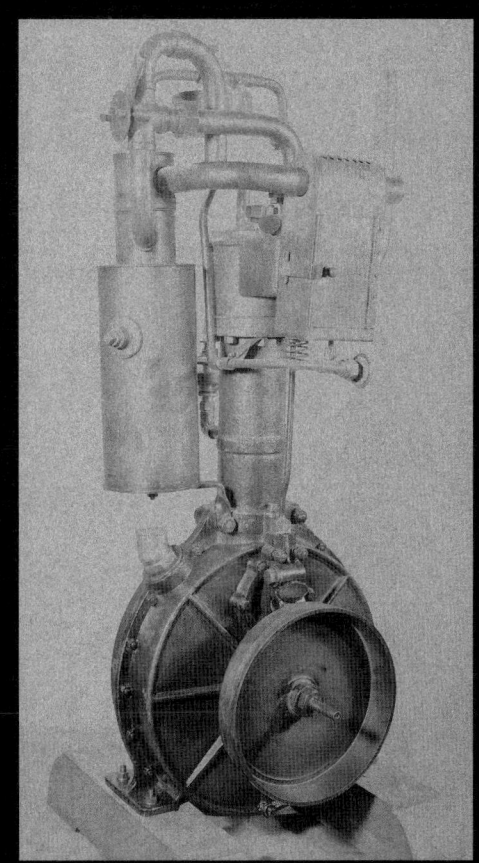

Die Daimler'sche »Standuhr« von 1885 ist der erste schnelllaufende Benzinmotor, der für den Einbau in ein Fahrzeug geeignet ist.

Gottlieb und Emma Daimler mit ihren fünf Kindern Paul, Adolf, Wilhelm, Emma und Martha. Emmas Vater Friedrich Kurz, Apotheker in Maulbronn, und ihre Schwester Marie sitzen am großen Tisch. Auch der Familienhund blickt ruhig in die Kamera.

Exporte als Erfolgsgrundlage: Louise Sarazin ist Daimlers Geschäftspartnerin im automobilbegeisterten Frankreich. Ihre Tatkraft und die 1889 geschlossenen Lizenzvereinbarungen geben entscheidende Impulse für den Erfolg von Daimler.

Émile Levassor, Fabrikant und seit 1890 auch Ehemann von Louise Sarazin, baut Daimler-Motoren in Lizenz, verwendet sie als universellen Antrieb und für die Fahrzeuge der Marke »Panhard & Levassor«.

Gottlieb Daimlers Eintrittskarte zur Weltausstellung in Chicago 1893.

Marketingtalent – nicht nur für Musikinstrumente: Mit William Steinway gründet Daimler 1888 die Daimler Motor Company mit Sitz in Long Island City, New York.

Frederick Simms gründet 1893 die Daimler Motor Syndicate Ltd. in London, sie gilt als Ursprung der britischen Automobilindustrie.

So werden im Juli 1887 neue Fabrikationsräume in der Ludwigstraße, heute Kreuznacher Straße, auf dem Cannstatter Seelberg bezogen. Daimler stellt 23 Arbeiter ein, Buchhaltung und Korrespondenz übernimmt sein Sekretär Karl Linck. Die für eine Fabrik dieser Größenordnung unzureichende Kapitalausstattung zwingt Daimler, Geldgeber zu suchen. Er findet sie in dem Generaldirektor der Köln-Rottweiler Pulverfabrik, dem Geheimen Kommerzienrat Max Duttenhofer, und dessen Geschäftsfreund Wilhelm Lorenz, Inhaber der Karlsruher Metallpatronenfabrik. Am 28. November 1890 gründen die drei eine neue Aktiengesellschaft unter dem Namen »Daimler-Motoren-Gesellschaft« (DMG). Ihr Ziel ist es, die Aktivitäten auf dem Seelberg fortzuführen. Wilhelm Maybach, im Syndikatsvertrag als Technischer Direktor der DMG vorgesehen, scheidet bereits am 11. Februar 1891 aufgrund unannehmbarer Vertragsbedingungen im Zwist aus dem Unternehmen aus.

Wirtschaftlicher Erfolg ist der DMG nach Maybachs Weggang zunächst nicht beschieden. Und die Erfindungen von Daimler und Maybach werden zunächst nicht im automobilskeptischen Deutschland, sondern vor allem in Frankreich kommerziell genutzt. Günstigerweise hat Gottlieb Daimler tragfähige internationale Kontakte aus der Deutzer Zeit.

1889 erwirbt die Firma Panhard & Levassor in Paris über Daimlers Geschäftspartnerin Louise Sarazin Lizenzrechte und beginnt noch im gleichen Jahr mit der Lizenzproduktion der Zweizylinder-V-Motoren. Die Einnahmen aus dem Lizenzgeschäft haben wesentliche Bedeutung für Gottlieb Daimler.

Auch in den USA werden Daimler-Motoren in Lizenz gebaut. Bereits im September 1888 hat Gottlieb Daimler zusammen mit dem amerikanischen Klavierfabrikanten William Steinway die Daimler Motor Company in Long Island im Staat New York gegründet und seine Patentrechte für die USA und Kanada in das Unternehmen eingebracht. Die Motorenproduktion läuft 1891 an; eine größere Verbreitung, insbesondere als Automobilantrieb, verhindert jedoch Steinways früher Tod im November 1896.

Zum Auskurieren seiner Herzbeschwerden reist Daimler im Frühjahr 1893 nach Florenz zu einer Kur. Dort trifft er Lina Hartmann wieder, die Witwe eines Florentiner Hoteliers, die er früher schon bei Cannstatter Freunden kennengelernt hat. Daimlers Frau Emma ist vier Jahre zuvor verstorben, und die 22 Jahre jüngere und weltgewandte Lina Hartmann beeindruckt ihn sehr. Die Eheschließung der beiden findet am 8. Juli 1893 in Schwäbisch Hall statt, die anschließende Hochzeitsreise führt nach Nordamerika, unter anderem zur Weltausstellung in Chicago.

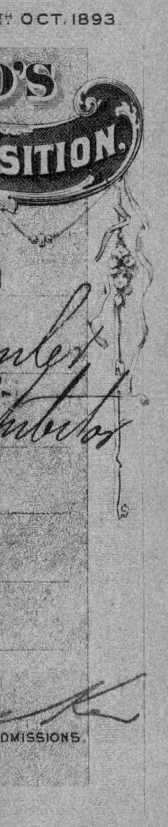

Gottlieb Daimler und seine zweite Ehefrau Lina,
um 1893, dem Jahr der Heirat. Gottlieb und Emilie,
die Kinder aus dieser Ehe, sind bei Daimlers Tod

Zwei, die ihr Leben lang in einem Boot saßen:
Gottlieb Daimler und Wilhelm Maybach, Letzterer am
Steuer des Daimler »Riemenwagens« von 1895.

Daimlers immer schwieriger werdendes Verhältnis zu Lorenz und Duttenhofer führt schließlich dazu, dass beide ihn als Gesellschafter aus der DMG drängen. Im Oktober 1894 drohen sie, die Gesellschaft in Konkurs gehen zu lassen für den Fall, dass Daimler nicht bereit sei, sein Aktienpaket im Nennwert von 200 000 Mark und die Rechte an seinen Erfindungen an sie zu einem Drittel des Nominalwertes abzugeben. Unter dem Druck, andernfalls als Bankrotteur zu erscheinen, stimmt Daimler zu.

Daimler ist aus der Firma hinausgedrängt, aber das verbessert die Lage der DMG nicht. Im Gegenteil: Technische Erfolge bleiben aus und mit ihnen das Geld. In ihrer Not greifen Duttenhofer und Lorenz auf alte Bekannte zurück: 1895 versuchen sie Wilhelm Maybach wieder für die DMG zu gewinnen. Dieser lehnt ab mit dem Hinweis, dass er ohne Daimler nicht zurückkomme. Duttenhofer hätte einer Rückkehr beider Erfinder wohl nie zugestimmt, wäre nicht ein weiterer Umstand hinzugekommen: Die Aussicht auf ein sehr verlockendes, vermutlich überlebenswichtiges Geschäft löst einen Sinneswandel in der Geschäftsleitung der DMG aus. Durch Gottlieb Daimlers vielfältige internationale Kontakte ist sein Motor auch im Ausland ein Begriff, und eine Gruppe englischer Industrieller, deren Sprecher Frederick R. Simms ist, will die Lizenzrechte an Daimlers Erfindungen für Großbritannien erwerben.

Man ist bereit, dafür den horrenden Betrag von 350 000 Mark zu zahlen – allerdings nur, wenn Gottlieb Daimler in die DMG zurückkehrt. Nur zähneknirschend akzeptiert der Aufsichtsrat im November 1895 diese Bedingung, denn ein Angebot dieser Höhe kann in der angespannten Lage nicht ausgeschlagen werden.

Daimler wird als sachverständiger Beirat und Generalinspektor in den Aufsichtsrat berufen. Gegen Zahlung von 66 666 Mark erhält er seinen ein Jahr zuvor übergebenen Aktienanteil in Höhe von 200 000 Mark zurück. Die Rückkehr Gottlieb Daimlers und Wilhelm Maybachs bringt der Gesellschaft einen ungeahnten Aufschwung. Daimlers Vision, seinen Motor als universelles Antriebsaggregat für die Motorisierung zu Lande, zu Wasser und in der Luft zu nutzen, wird immer mehr zur Realität.

Im März 1897 übernimmt Gottlieb Daimler den Vorsitz im Aufsichtsrat der DMG. Danach bleiben ihm nur noch drei Jahre bis zu seinem frühen Tod am 6. März 1900. Sein Grab befindet sich auf dem Cannstatter Uff-Kirchhof in Stuttgart-Bad Cannstatt. Im Juni 1902 wird Daimler vom Verein Deutscher Ingenieure (VDI) mit der feierlichen Enthüllung einer Gedenktafel geehrt: einem überlebensgroßen Reliefbild, das in der Nähe des Daimler'schen Gewächshauses in einen Felsblock eingelassen ist. Gottlieb Daimlers Geburtshaus in Schorndorf und sein Gewächshaus in Stuttgart-Bad Cannstatt beherbergen heute Museen, die an den Automobilpionier und Firmengründer erinnern.

Auch im letzten Lebensabschnitt noch am Schreibtisch anzutreffen: Gottlieb Daimler.

Wilhelm Maybach
1846–1929

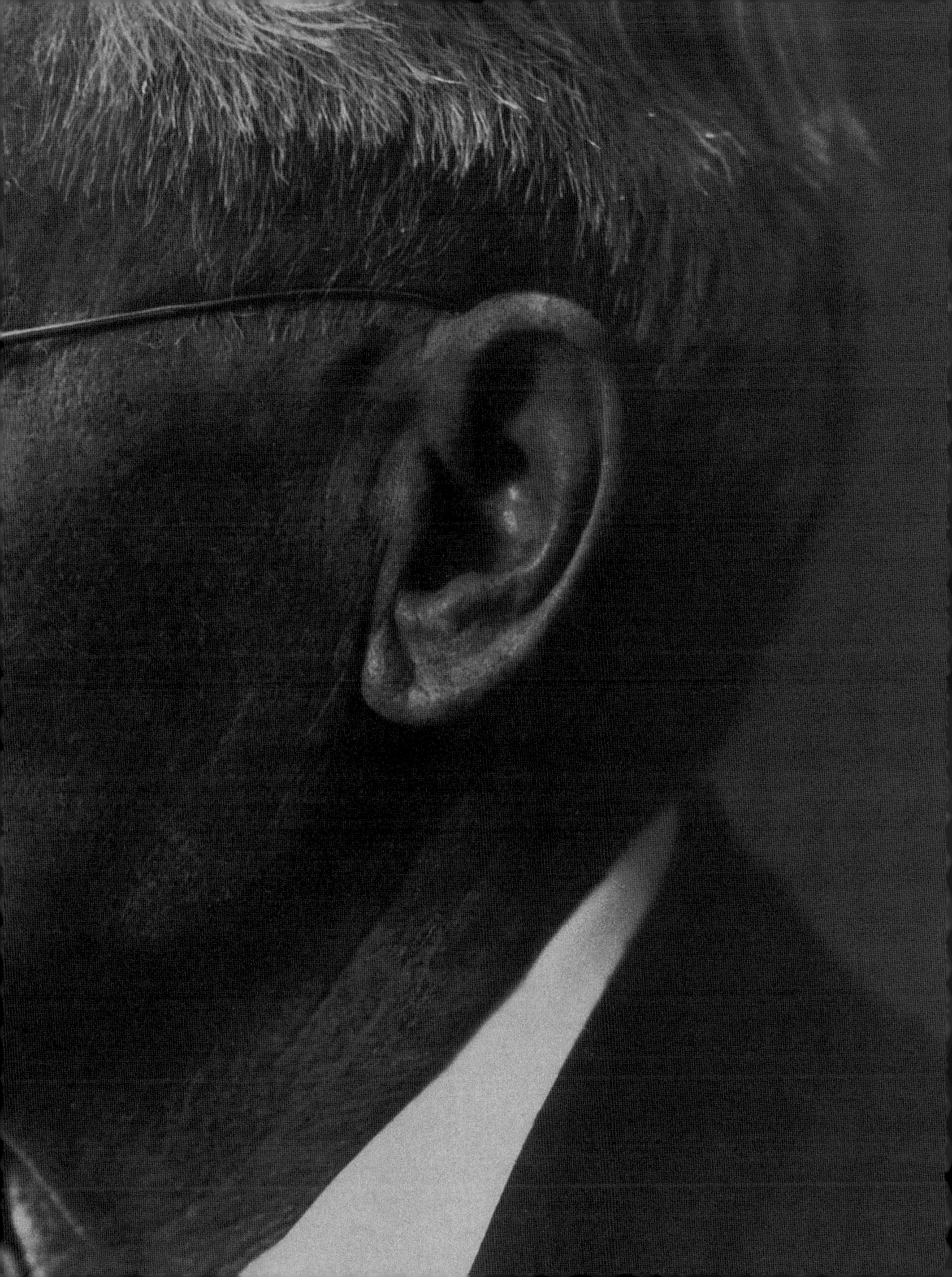

Das Ehepaar Maybach, hier auf dem Hochzeitsfoto aus dem Jahr 1878, ist den Daimlers auch im Privaten verbunden: Wilhelm Maybachs Frau Bertha, geb. Habermaas, ist eine Jugendfreundin von Emma Daimler.

Wilhelm Maybach wird am 9. Februar 1846 als Sohn eines Schreinermeisters in Heilbronn geboren und auf den Namen August Wilhelm getauft. Die Familie zieht mit den fünf Söhnen nach Stuttgart, nachdem der Vater seine Schreinerei aufgeben musste. Im Abstand von drei Jahren sterben beide Eltern, mit zehn Jahren ist Wilhelm Maybach Vollwaise.

Aufgrund einer Annonce, die Freunde der Familie 1856 im »Stuttgarter Anzeiger« veröffentlichen, nimmt sich das Reutlinger Bruderhaus, eine christlich-soziale Einrichtung, seiner an. Hier geht Wilhelm Maybach auch zur Schule. Gustav Werner, der Gründer und Leiter des Bruderhauses, erkennt früh Maybachs technische Begabung und fördert ihn. Neben seiner 1861 begonnenen Ausbildung im Konstruktionsbüro der Maschinenfabrik erhält der Waisenjunge Unterricht in Englisch, Französisch und mathematisch-naturwissenschaftlichen Fächern.

Einige Zeit, nachdem Gottlieb Daimler nach Reutlingen gekommen ist, lernen sich die beiden 1864 kennen. Maybach ist der Zögling einer pietistischen Fürsorgeeinrichtung und Daimler ist ein weltgewandter Ingenieur, der die Maschinenfabrik des Bruderhauses restrukturieren soll. Diese – trotz aller Kongenialität im Technischen – ungleiche Konstellation im Persönlichen setzt sich in einem jahrzehntelangen Treueverhältnis fort. Wilhelm Maybach wird der Weggefährte Gottlieb Daimlers und bleibt mit ihm bis zu dessen Tod am 6. März 1900 eng verbunden.

Mit Daimler geht er im September 1869 nach Karlsruhe und 1872 nach Deutz bei Köln. Bei der Gasmotoren-Fabrik Deutz AG beginnt er im Juli 1872 als Zeichner und wird im Januar 1873 zum Chefkonstrukteur ernannt. Hier machen sich Wilhelm Maybach und Gottlieb Daimler schon sehr früh Gedanken über die universellen Verwendungsmöglichkeiten für einen leichten, schnelllaufenden Verbrennungsmotor, beispielsweise zur Mechanisierung des Handwerks. Maybachs Reise zur Weltausstellung in Philadelphia im Jahr 1876 wird diese Vision sowohl angeregt als auch bestätigt haben – hat sie ihm doch die Gelegenheit gegeben, bei einem Besuch der neuen Fabrik von William Steinway die arbeitsteilige und mechanisierte Fertigungstechnik in den USA zu studieren.

Am 5. September 1878 heiratet Maybach Bertha Pauline Habermaas aus Maulbronn, eine Freundin von Emma Daimler, der er bei Daimlers Hochzeit begegnet ist. Ihr erster Sohn Karl kommt 1879 in Deutz zur Welt.

Nachdem Daimler im Streit die Gasmotoren-Fabrik Deutz verlassen hat, folgt ihm Wilhelm Maybach im Oktober 1882 nach Cannstatt, um dort den leichten, schnelllaufenden Verbrennungsmotor zu entwickeln. Der Nachbarort von Stuttgart wird für die nächsten 25 Jahre zur beruflichen Wirkungsstätte von Wilhelm Maybach. Hier kommen auch sein Sohn Adolf (*1884) und seine Tochter Emma (*1892) zur Welt.

»Stelle als Ingenieur und Konstrukteur zur Ausarbeitung und praktischen Durchführung diverser Projekte und Probleme im maschinentechnischen Fache«, zu einem jährlichen Grundgehalt von 3 600 Mark. Um eine langfristige Zusammenarbeit zu sichern, bietet Daimler Maybach eine Beteiligung in Höhe von 30 000 Mark an, um »die Interessen des Herrn Maybach mit denen des Herrn Daimler dauernd zu verbinden«.

Bei seinen umfangreichen Recherchen entdeckt Wilhelm Maybach in einem Patent des Engländers Watson den Hinweis auf die Möglichkeit einer ungesteuerten Glührohrzündung – eine wichtige Voraussetzung zur Erzielung höherer Drehzahlen, ohne die sich ein leichter und leistungsstarker Motor nicht realisieren lässt. Dem liegenden Versuchsmotor von 1883 folgt die sogenannte Standuhr, ein Motor mit stehendem Zylinder, der besonders leicht und kompakt ist und sich damit auch für den Einbau in Fahrzeuge eignet. 1885 wird zunächst ein hölzernes Zweirad, im Folgejahr dann auch eine Kutsche mit dem neuen Motor ausgerüstet. Aber Maybach ist rasch klar, dass es nicht ausreichen wird, lediglich Motoren für Kutschen zu produzieren.

Er denkt weiter und entwickelt mit dem Motor-Quadricycle den ersten komplett eigenständig konstruierten Motorwagen aus Daimlers Werkstätten. Wegen seiner Stahlspeichenräder wird das Vierradfahrzeug auch als »Stahlradwagen«

uhr« basiert und als V-Motor ausgeführt ist. Bei diesem Fahrzeug fällt Maybach auch das Verdienst zu, das Zahnradwechselgetriebe in den Automobilbau eingeführt zu haben.

Auf der Pariser Weltausstellung von 1889 präsentiert, trägt Maybachs Konstruktion außerdem maßgeblich zur Entstehung der französischen Automobilindustrie bei. Die Firma Panhard & Levassor beginnt im Herbst 1889 mit der Lizenzproduktion des Zweizylinder-V-Motors und liefert die Daimler-Lizenzmotoren ab März 1890 auch an Peugeot, einen renommierten Produzenten von Werkzeugen, Maschinen, Haushaltsgeräten und Fahrrädern: Das traditionsreiche französische Unternehmen baut den Zweizylinder in einen auf Basis des »Stahlradwagens« entwickelten Motorwagen ein und wird dadurch zum Automobilhersteller. Ab 1891 verwendet Panhard & Levassor den Motor »Système Daimler« auch für eigene Fahrzeuge und ist damit nach Peugeot der zweite französische Produzent von Benzin-Automobilen.

Als Daimler im November 1890 mit Max Duttenhofer und Wilhelm Lorenz die Daimler-Motoren-Gesellschaft (DMG) gründet, soll Wilhelm Maybach Chefkonstrukteur werden. Aufgrund der unbefriedigenden Vertragsbedingungen verlässt er die DMG jedoch bereits im Februar 1891 wieder.

Weltpremiere – der erste Zweizylindermotor: Der zweite Zylinder erhöht die Leistung des Motors – bei ungefähr gleichem Gewicht und Bauraum. Die Leistungssteigerung eröffnet weitere Verwendungsmöglichkeiten.

Der Konstrukteur als Testfahrer: Der 1885 patentierte »Reitwagen« ist der erste Versuchs-

Der »Stahlradwagen« von 1889 – ein umfassend neu konzipiertes Automobil: Anregung für das Fahrgestell ist die leichte Metallkonstruktion des Fahrrads, der Zweizylindermotor bietet ein höheres Leistungspotenzial und das Getriebe kann neuerdings während der Fahrt geschaltet werden.

Auf Druck des englischen Industriellen Frederick R. Simms, der mit der DMG ein großes Lizenzgeschäft abschließt, können Gottlieb Daimler und Wilhelm Maybach im November 1895 in die DMG zurückkehren. Maybach wird mit Vertrag vom 8. November 1895 zum Technischen Direktor ernannt und erhält Aktien im Wert von 30 000 Mark, auf die er nach dem Vertrag mit Daimler aus dem Jahr 1882 Anspruch hat. Für Maybach geht es nun zuallererst darum, mit technisch fortschrittlichen und zuverlässigen Produkten die Konkurrenzfähigkeit der DMG wiederherzustellen. Damit beginnt eine umfangreiche Entwicklungstätigkeit, und die im Hotel Hermann erdachten Konstruktionen können in die Serienproduktion einfließen. Wichtigstes Ergebnis ist der sogenannte Riemenwagen, das erste Automobil, das die DMG in nennenswerten Stückzahlen herstellt. Es ist mit dem Zweizylinder-»Phönix«-Motor und Riemenantrieb ausgerüstet.

abhebt. Der Mercedes 35 PS gibt dem Automobil eine eigenständige Form und beendet damit das Kutschenzeitalter im Automobilbau. Seine Entstehung verdankt diese richtungsweisende Konstruktion, die als erstes modernes Automobil gilt, nicht nur dem konstruktiven Genie von Wilhelm Maybach, sondern auch der Initiative von Emil Jellinek. Der Geschäftsmann und Automobilenthusiast mit Wohnsitzen in Baden bei Wien und Nizza hat 1897 seinen ersten Daimler-Wagen erworben und seither von Maybach und der DMG immer leistungsstärkere und schnellere Fahrzeuge gefordert.

Sein Verhandlungserfolg ist die Rückkehr von Daimler und Maybach in die DMG: Frederick Simms, hier am Steuer eines »Riemenwagens« – des ersten Daimler Automobils in Großbritannien.

Im Dezember 1895 gibt es zwei Anlässe zum Feiern im Daimler'schen Anwesen am Cannstatter Kurpark: Die Rückkehr von Gottlieb Daimler und Wilhelm Maybach in die DMG und die Fertigstellung des 1 000. Daimler-Motors.

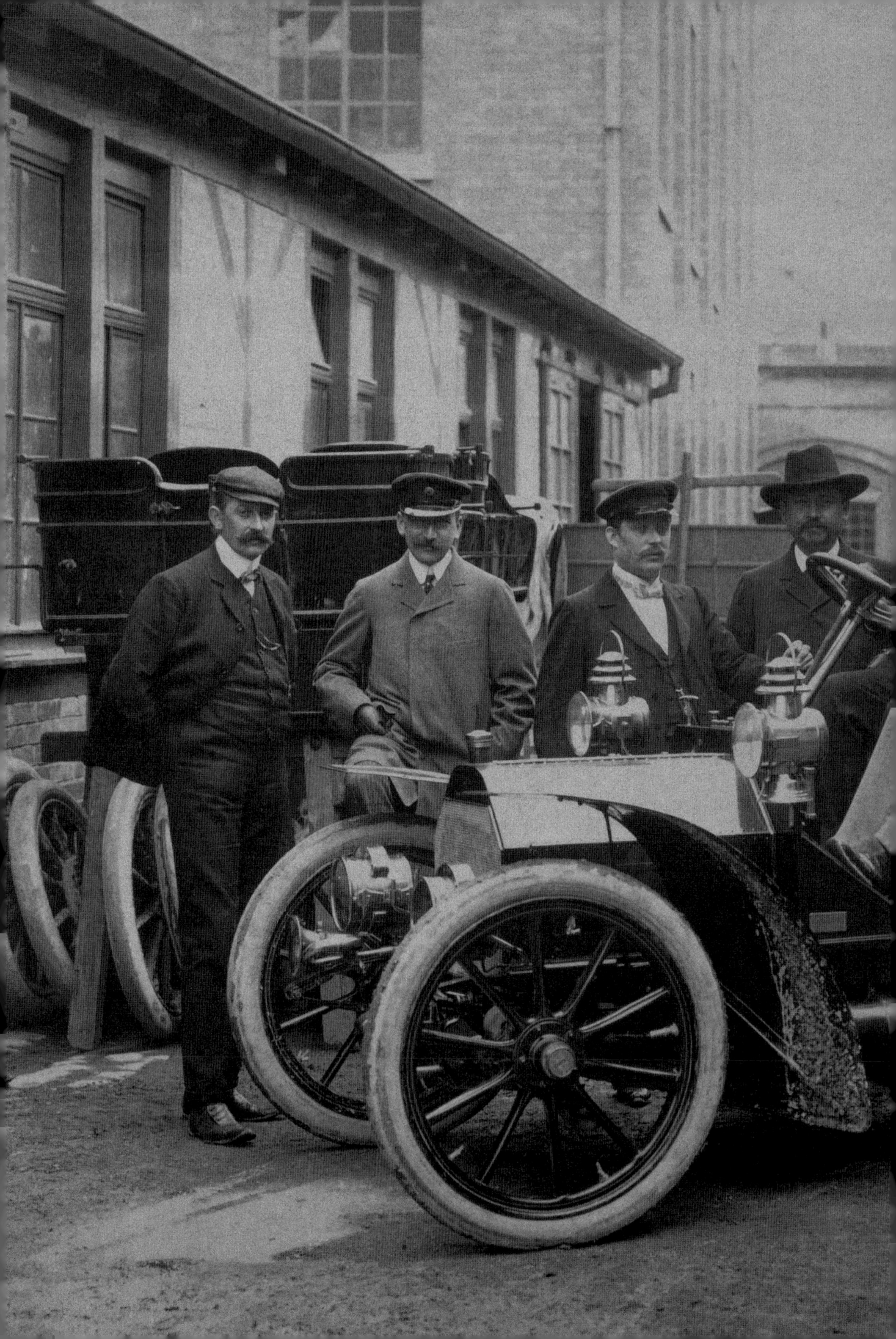

Unter Kollegen, im Cannstatter Stammwerk der DMG: Wilhelm Maybach im Mercedes 18/22 PS von 1903, am Steuer Hermann Balz, im Fond Gustav Vischer und Adolf Daimler; der Motorenkonstrukteur Josef Brauner steht als Dritter von links.

Gottlieb Daimler (rechts) und Wilhelm Maybach
(Mitte) in Paris, wo sie den neuen
Daimler 5-Tonnen-Lastwagen präsentiert haben.

Mit spektakulären Rennsiegen und ebenso beeindruckenden Verkaufserfolgen läuten die Mercedes-Wagen eine neue Ära ein und bescheren der DMG einen ungeahnten Aufschwung. Ihr Schöpfer, in Frankreich respektvoll »roi des constructeurs« (König der Konstrukteure) genannt, erfährt dennoch nicht die ihm gebührende Würdigung und wird das Opfer von Intrigen. Nach dem Tod des Aufsichtsratsvorsitzenden Max von Duttenhofer im August 1903 wird seine Position Schritt für Schritt demontiert: Maybach wird in seiner Funktion als Technischer Direktor abgelöst und in seinen Aktivitäten auf ein »Erfinderbüro« außerhalb der direkten Produktentwicklung beschränkt. Im April 1907 verlässt er schließlich verbittert die DMG.

Eineinhalb Jahre später wird ein Unglück zum Auslöser des Neubeginns: Am 5. August 1908 wird in Echterdingen bei Stuttgart das Zeppelin-Luftschiff LZ 4 bei der Landung durch Sturmböen zerstört. Die ganze Nation sammelt Geld, um Graf Ferdinand von Zeppelin den Bau eines neuen Luftschiffes zu ermöglichen, und Wilhelm Maybach bietet dem Grafen seinen Beitrag für die »nationale Sache« an: Er schlägt vor, einen von seinem Sohn Karl konstruierten neuen, verbesserten Luftschiffmotor zu verwenden.

Auch im Beruf war er seinem Vater eng verbunden: Der noch in Deutz geborene älteste Sohn Karl Maybach am Steuer eines Mercedes, um 1904. Den Namen Maybach macht er 1921 zur eigenständigen Automarke.

Drei Maybach-Motoren mit je 145 PS als Antrieb: ein Start des neuen Zeppelin-Luftschiffs LZ 10

Die Maybach-Motorenbau GmbH baut eine eigene Autofabrikation auf und stellt 1921 in Berlin ihr erstes Serienfahrzeug vor, den Maybach 22/70 PS.

Die ganz große Klasse: Der Maybach 12 ist der erste Serien-Pkw mit Zwölfzylindermotor und bietet Technik vom Feinsten. Eine Werbeanzeige aus dem Jahr 1930.

Graf Zeppelin ist begeistert, und am 23. März 1909 wird unter Beteiligung der Luftschiffbau Zeppelin GmbH in Friedrichshafen die Luftfahrzeug-Motorenbau-GmbH mit Sitz in Bissingen bei Ludwigsburg gegründet. Technischer Leiter wird Karl Maybach, der durch die intensive Zusammenarbeit mit seinem Vater, unter anderem bei der DMG, fachlich hervorragend qualifiziert ist. Am 26. Juni 1911 startet der Zeppelin LZ 10 »Schwaben« mit drei der neuen Maybach-Motoren zu seiner ersten Fahrt. Im Februar 1912 übersiedelt die in »Motorenbau GmbH« umbenannte Firma nach Friedrichshafen am Bodensee, wo auch die Luftschiffbau Zeppelin GmbH ihren Sitz hat.

1918 wird das Unternehmen in »Maybach-Motorenbau GmbH« umbenannt. Der Versailler Vertrag verbietet die Produktion von Luftschiffen und Flugzeugen in Deutschland, und so wendet sich die Firma Maybach dem Automobilbau zu. Im September 1921 debütiert der Maybach 22/70 PS (W 3) auf der Automobilausstellung in Berlin, und 1922 beginnt die Serienfertigung in Friedrichshafen. Diesem ersten Maybach-Automobil folgen leistungsstärkere und luxuriösere Modelle. Einen ersten Höhepunkt der Entwicklung bildet der Maybach Typ 12 von 1929. Er ist das erste Serien-Automobil mit V 12-Motor und gilt als deutsches Pendant zum Rolls-Royce. Die Präsentation dieses Meilensteins, einer Konstruktion seines Sohns Karl, kann Wilhelm Maybach noch miterleben.

Für sein Lebenswerk erhält der »König der Konstrukteure« eine Reihe von Auszeichnungen: 1915 wird er vom Württembergischen König zum Oberbaurat ernannt, und ein Jahr später verleiht ihm die Technische Hochschule Stuttgart die Ehrendoktorwürde. 1922 schließlich erhält er vom Verein Deutscher Ingenieure (VDI) auf der Hauptversammlung in Dortmund dessen höchste Auszeichnung, die Grashof-Gedenkmünze in Gold, »in Anerkennung seiner großen Verdienste, die er sich als bahnbrechender Konstrukteur um die Schöpfung des neuzeitlichen Kraftfahrzeugs und um die Entwicklung der raschlaufenden Verbrennungskraftmaschine erworben hat.« Am 29. Dezember 1929 stirbt Wilhelm Maybach im Alter von 83 Jahren in Cannstatt. Dort liegt der Automobilpionier auch begraben – auf dem Uff-Kirchhof, in unmittelbarer Nähe von Gottlieb Daimler.

Wilhelm Maybach, im Alter von ungefähr
65 Jahren.

DAIMLER

Chronik

STEIDL

Vorwort

Liebe Freunde unseres Hauses,

1886 war ein besonders kreatives Jahr: Heinrich Hertz schuf die Grundlagen für die Telegrafie, Josephine Cochrane erfand den Geschirrspüler und John Pemberton die Coca-Cola. Alle drei haben das Leben nachfolgender Generationen beeinflusst. Trotzdem wird ihre historische Bedeutung von einer weiteren Erfindung dieses Jahres noch weit übertroffen: dem Automobil.

Am 29. Januar 1886 reichte Carl Benz das Patent auf seinen »Motorwagen« mit Gasmotorenbetrieb ein. Parallel dazu haben Gottlieb Daimler und Wilhelm Maybach in Stuttgart ihr Projekt einer »Motorkutsche« auf die Straße gebracht. Wenig später folgten die ersten Lastwagen und Omnibusse. Das war der Startschuss für ein neues Zeitalter der Mobilität.

Daimler, Benz und Maybach hatten damals gewiss nicht das Ziel, mit ihren Erfindungen die Welt zu verändern. Aber weil das Automobil seinen eigentlichen Zweck – Menschen zu bewegen – so konkurrenzlos gut erfüllt, hat es tatsächlich die ganze Welt in Bewegung gebracht. Über alle kulturellen und politischen Grenzen sorgt das Auto für mehr Unabhängigkeit, Wohlstand und Teilhabe am gesellschaftlichen Leben.

Auf unsere Gründerväter sind wir bei der Daimler AG bis heute stolz. Deshalb möchten wir Ihnen die Geschichte der Erfindung und Entwicklung des Automobils – und viele kleine Geschichten, die damit verbunden sind – in der vorliegenden Chronik näherbringen.

Gleichzeitig wollen wir mit diesem Band zeigen, dass unsere Vergangenheit auch Verpflichtung für die Zukunft ist: Pioniergeist hat 1886 zur Erfindung des Automobils geführt, und dieser Pioniergeist ist heute die Triebfeder für seine Neuerfindung. Das Auto wird sicherer, sauberer und effizienter als je zuvor.

Nur eines ändert sich nicht: Wir arbeiten jeden Tag dafür, dass unsere Kunden beim ältesten Automobilhersteller der Welt weiterhin die besten Automobile der Welt bekommen.

In diesem Sinne wünschen wir Ihnen viel Vergnügen bei der Lektüre.

Herzlichst,
Ihr

Dieter Zetsche

20
Automobilgeschichten

1/20
Die Fernfahrt der Bertha Benz
1888 Seite 62

2/20
Abfahrt Eiffelturm
1889 Seite 70

5/20
Mobilisierung durch Motorisierung
1914–1918 Seite 110

6/20
Der Stern im Lorbeerkranz
1926 Seite 126

9/20
Kriegswirtschaft
1941 Seite 168

10/20
Neustart
1945 Seite 178

13/20
Expansion in Deutschland
1968 Seite 228

14/20
Sicherheit als Markenversprechen
1970 Seite 238

17/20
Produktoffensive Nutzfahrzeuge
1995 Seite 316

18/20
Die Vision vom unfallfreien Fahren
2006 Seite 368

3/20
Der erste Mercedes
1901 Seite 84

4/20
Stern und Lorbeerkranz
1909 Seite 98

7/20
Ein Freund, ein guter Freund
1930 Seite 138

8/20
Silberpfeile: Geburt einer Legende
1934 Seite 148

11/20
Adenauers »Adenauer«
1951 Seite 190

12/20
Flügeljahre
1954 Seite 206

15/20
Turbodiesel und »Baby-Benz«
1977 Seite 252

16/20
Produktoffensive Personenwagen
1993 Seite 292

19/20
Antriebe für nachhaltige Mobilität
2009 Seite 408

20/20
Die Mobilität der Zukunft
2030 Seite 426

20
Automobilgeschichten
Konzepte und Produkte

5/20
Benz FX
Flugmotor
Seite 110

4/20
Benz
Lorbeerkranz
Seite 98

1/20
Benz Patent-Motorwagen,
»Modell 3«
Seite 62

4/20
Daimler
Dreizackstern
Seite 98

5/20
Daimler K.D.I. 100
Seite 110

2/20
Daimler
»Stahlradwagen«
Seite 70

12/20
Mercedes-Benz 2,5-l-
Stromlinienrennwagen W 196 R
Seite 206

6/20
Mercedes-Benz
8/38 PS
Seite 126

6/20
Mercedes-Benz
12/55 PS
Seite 126

10/20
Mercedes-Benz 170 V
Krankenwagen
Seite 178

11/20
Mercedes-Benz 300
Seite 190

17/20
Mercedes-Benz Actros
Seite 316

19/20
Mercedes-Benz
B-Klasse F-CELL
Seite 408

20/20
Mercedes-Benz biome
Seite 426

16/20
Mercedes-Benz
C-Klasse T-Modell
Seite 292

15/20
Mercedes-Benz
Kompaktklasse
Seite 252

13/20
Mercedes-Benz
L 206 D / L 306 D
Seite 228

10/20
Mercedes-Benz L 701
Seite 178

10/20
Mercedes-Benz L 4500
Seite 178

19/20
Mercedes-Benz
S 400 HYBRID
Seite 408

14/20
Mercedes-Benz
S-Klasse (W 116)
Seite 238

14/20
Mercedes-Benz
S-Klasse (W 126)
Seite 238

18/20
Mercedes-Benz
Sicherheitstechnologie
Seite 368

16/20
Mercedes-Benz SLK
Seite 292

2/20
Daimler
Zweizylinder-V-Motor
Seite 70

6/20
DMG Schreib-
maschine
Seite 126

3/20
Mercedes 35 PS
Seite 84

5/20
Mercedes D III
Flugmotor
Seite 110

6/20
Mercedes Fahrrad
Seite 126

12/20
Mercedes-Benz 2,5-l-
Rennwagen W 196 R
Seite 206

15/20
Mercedes-Benz
300 SD Turbodiesel
Seite 252

12/20
Mercedes-Benz 300 SL
Seite 206

7/20
Mercedes-Benz 500 K
Spezial-Roadster
Seite 138

8/20
Mercedes-Benz
750-kg-Rennwagen W 25
Seite 148

16/20
Mercedes-Benz
A-Klasse
Seite 292

15/20
Mercedes-Benz C 111-III
Diesel-Rekordwagen
Seite 252

19/20
Mercedes-Benz
CLS-Klasse
Seite 408

9/20
Mercedes-Benz
DB 600 / DB 601
Seite 168

17/20
Mercedes-Benz Integro
Seite 316

9/20
Mercedes-Benz LG 3000
Seite 168

16/20
Mercedes-Benz M-Klasse
Seite 292

12/20
Mercedes-Benz
Rennsportwagen 300 SL
Seite 206

12/20
Mercedes-Benz
Rennsportwagen 300 SLR
Seite 206

17/20
Mercedes-Benz Sprinter
Seite 316

13/20
Mercedes-Benz
»Strich-Acht«
Seite 228

7/20
Mercedes-Benz
Typ SS
Seite 138

17/20
Mercedes-Benz Vito
Seite 316

20 Automobilgeschichten
Personen

11/20 Konrad Adenauer — Seite 190

14/20 Béla Barényi — Seite 238

1/20 Bertha Benz — Seite 62

4/20 Carl Benz — Seite 62

1/20 Eugen und Richard Benz — Seite 62

10/20 Lucius D. Clay — Seite 178

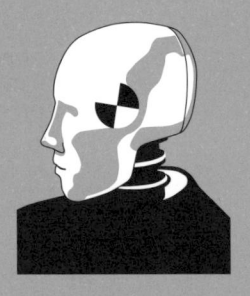

14/20 Crashtest-Dummy — Seite 238

4/20 Gottlieb Daimler — Seite 98

8/20 Luigi Fagioli — Seite 148

12/20 Juan Manuel Fangio — Seite 206

9/20 Wilhelm Kissel — Seite 168

12/20 Karl Kling — Seite 206

2/20 Émile Levassor — Seite 70

3/20 Wilhelm Maybach — Seite 84

12/20 Stirling Moss — Seite 206

19/20 Ursus maritimus — Seite 408

17/20 Helmut Werner — Seite 316

13/20 Dr. Joachim Zahn — Seite 228

16/20 Dr. Dieter Zetsche — Seite 292

20/20 Generationen der Zukunft — Seite 426

5/20
Arthur Berger
Seite 110

8/20
Manfred von Brauchitsch
Seite 148

15/20
Werner Breitschwerdt
Seite 252

8/20
Rudolf Caracciola
Seite 148

15/20
Jimmy Carter
Seite 252

7/20
Lilian Harvey
Seite 138

16/20
Jürgen Hubbert
Seite 292

6/20
Dr. Carl Jahr
Seite 126

3/20
Emil Jellinek
Seite 84

3/20
Mercedes Jellinek
Seite 84

8/20
Alfred Neubauer
Seite 148

2/20
René Panhard
Seite 70

2/20
Louise Sarazin
Seite 70

6/20
Dr. Emil Georg von Stauß
Seite 126

12/20
Rudolf Uhlenhaut
Seite 206

20
Automobilgeschichten
Orte

1/20	2/20	3/20	4/20	5/20
Mannheim	Paris	Nizza	Berlin	Berlin-Marienfelde
Pforzheim	Seite 70	Seite 84	Deutz	Gaggenau
Seite 62			Mannheim	Mannheim
			Untertürkheim	Sindelfingen
			Seite 98	Untertürkheim
				Seite 110

11/20	12/20	13/20	14/20	15/20
Buenos Aires	Brescia	Bremen	Sindelfingen	Nardò
Jamshedpur	Ciudad Juárez	Friedrichshafen	Untertürkheim	Seite 252
São Paolo	El Ocotal	Hamburg	Seite 238	
Seite 190	New York	Kassel		
	Reims	Wörth		
	Rom	Seite 228		
	Seite 206			

6/20 Berlin-Marienfelde Gaggenau Mannheim Sindelfingen Untertürkheim Seite 126	**7/20** Berlin-Zehlendorf Seite 138	**8/20** Avus Gyon Klausenpass Monza Nürburgring Pescara San Sebastián Seite 148	**9/20** Berlin-Marienfelde Genshagen Seite 168	**10/20** Berlin-Marienfelde Gaggenau Mannheim Sindelfingen Untertürkheim Seite 178
16/20 Bremen Hambach Rastatt Tuscaloosa, AL Seite 292	**17/20** Aksaray Barcelona Hosdere Vitoria Seite 316	**18/20** Arjeplog Death Valley Papenburg Untertürkheim Seite 368	**19/20** Austin, TX Ulm Seite 408	**20/20** Die Welt Seite 426

1883

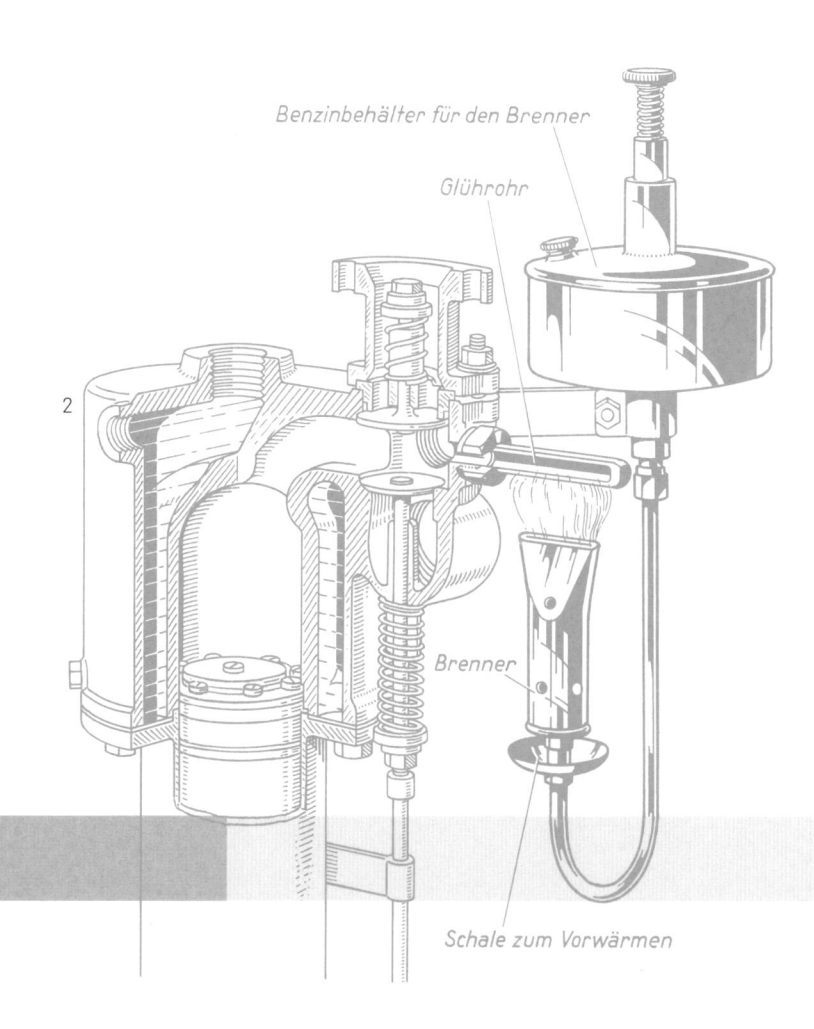

1883

1
15. AUG: Die Glockengießerei Kurtz aus Stuttgart liefert an Gottlieb Daimler die Gussteile zu seinem Verbrennungsmotor mit liegendem Zylinder. Ein zweites, größeres Exemplar folgt im November. Daimlers Versuchsmotor mit Glührohrzündung geht, zunächst noch mit Gas betrieben, in die Erprobung und wird zur Basis für den ersten schnelllaufenden Benzinmotor.

01. OKT: Zusammen mit dem Kaufmann Max Kaspar Rose und dem Handelsvertreter Friedrich Wilhelm Eßlinger gründet Carl Benz die Benz & Co. Rheinische Gasmotoren-Fabrik, Mannheim als offene Handelsgesellschaft.

2, 3
16. DEZ: Gottlieb Daimler lässt sich zunächst seinen Gasmotor mit Glührohrzündung und eine Woche später die Regulierung der Geschwindigkeit des Motors durch Steuerung des Auslassventils schützen. Beide Patente, erteilt am 4. bzw. 27. August 1884 als DRP Nr. 28 022 und 28 243, bilden die Grundlage für den ersten schnelllaufenden Verbrennungsmotor.

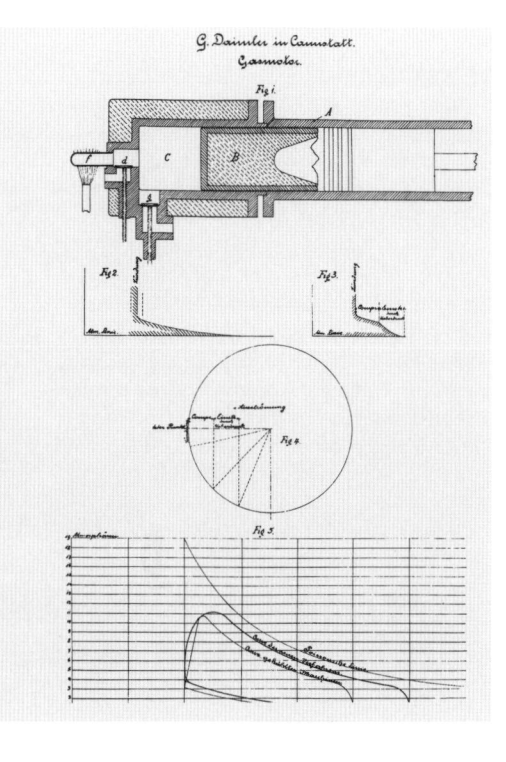

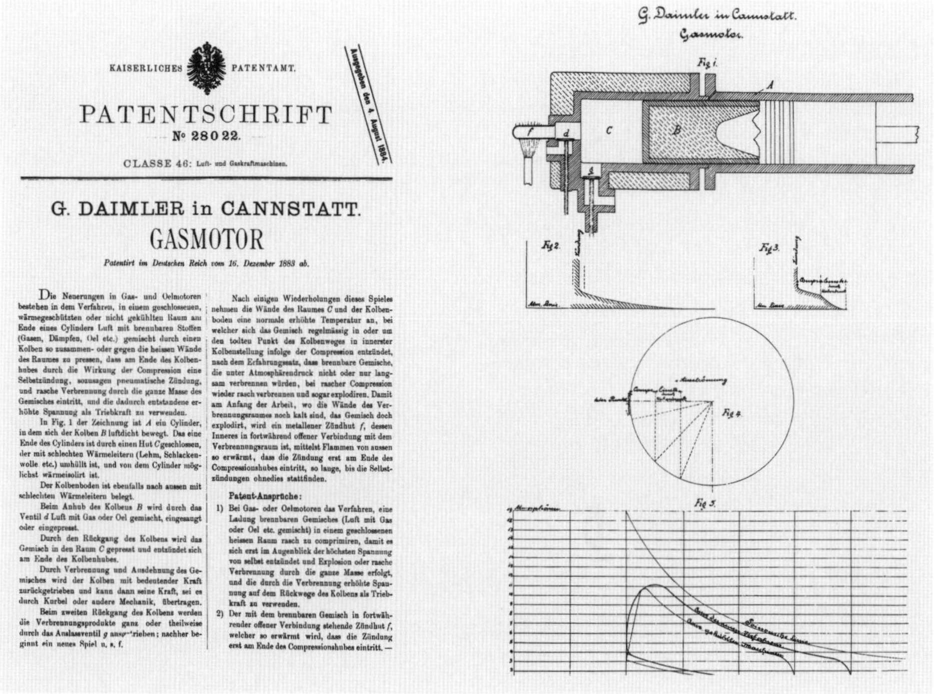

1884

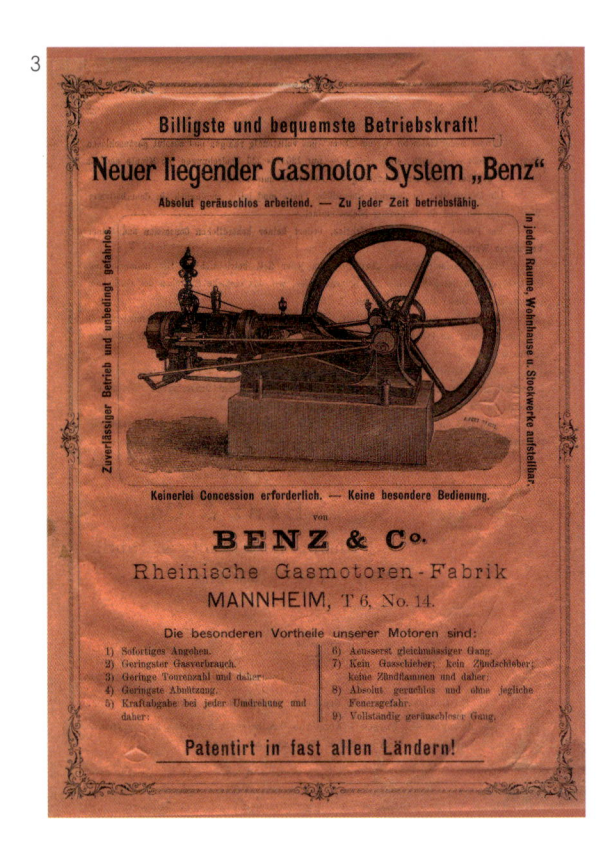

1
JAN: Daimler erhält von der Glockengießerei Kurtz die Gussteile für seinen ersten Motor mit stehendem Zylinder. Dieser stellt eine grundlegend neue Bauart dar, da Kurbeltrieb und Schwungrad erstmals in einem öl- und staubdichten Kurbelgehäuse eingekapselt sind.

2
26. MÄR: Carl Benz meldet eine verbesserte Ausführung der gesteuerten Flammenzündung, die er für seinen Zweitakt-Gasmotor entwickelt hat, in Frankreich zum Patent an. Seine Erfindung wird mit dem französischen Patent Nr. 161 209 geschützt.

3
22. APR: Carl Benz lässt sich seinen Zweitakt-Gasmotor mit verbesserter Flammenzündung auch in den USA schützen. Der Patentschutz wird unter Nr. 316 868 am 28. April 1885 erteilt. Bereits im Frühjahr 1884 erprobt Benz an seinen Zweitaktmotoren eine elektrische Hochspannungszündung, die die Flammenzündung und ihre aufwendige Steuerung entbehrlich macht.

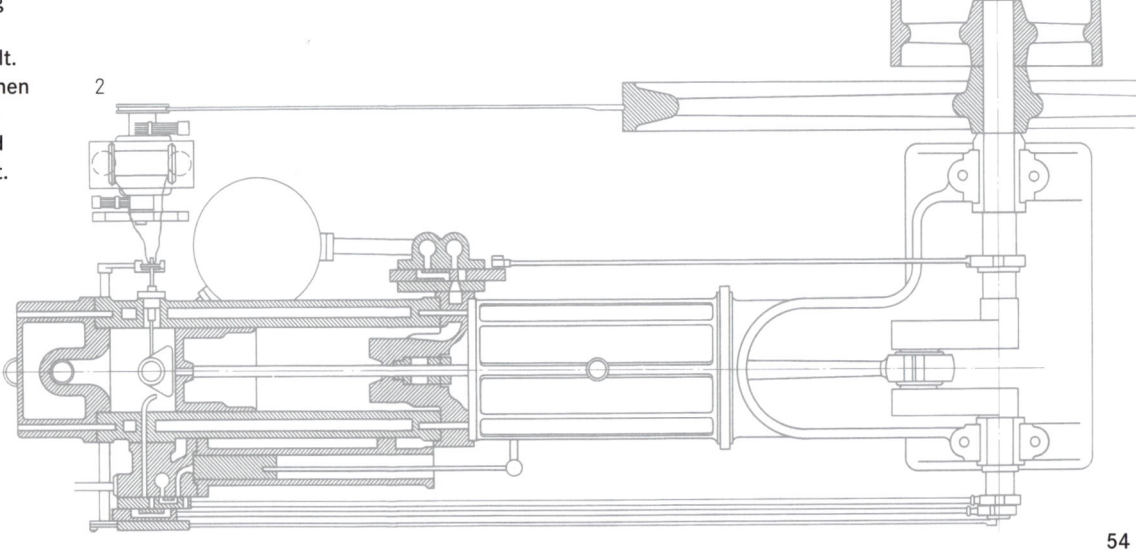

1884
1885

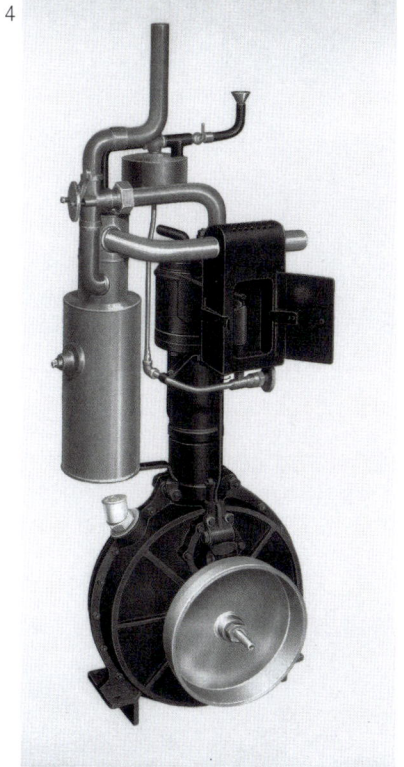

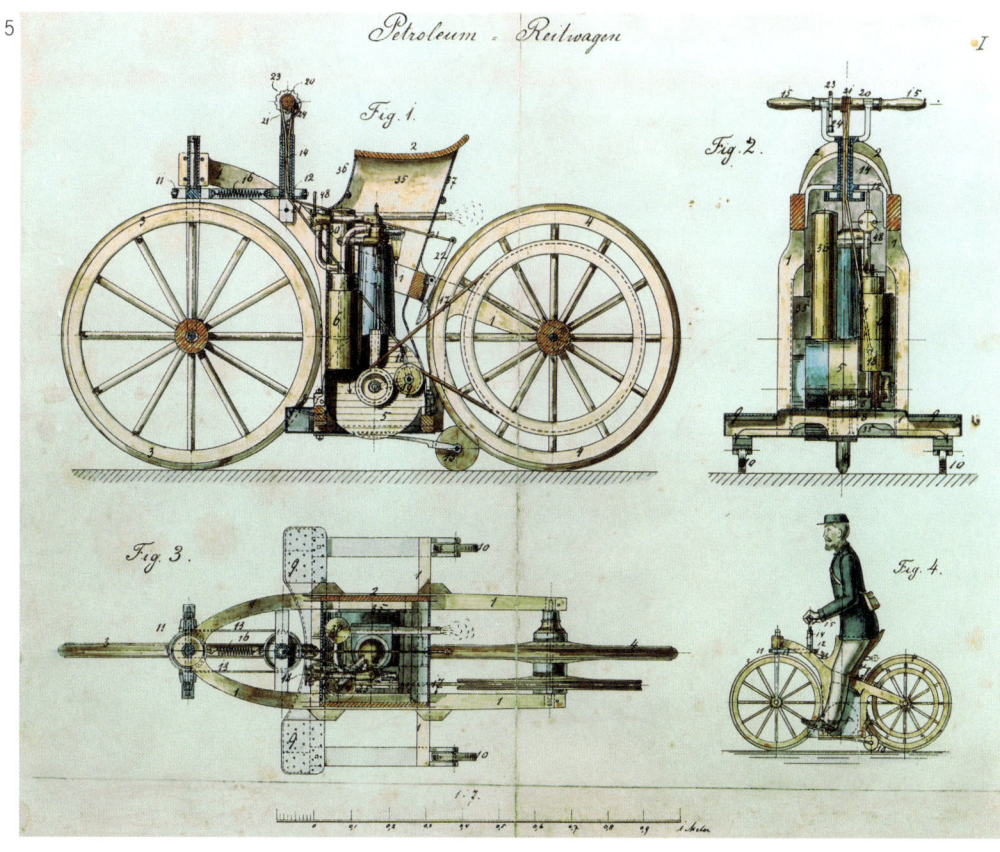

1885

03. APR: Gottlieb Daimler meldet einen Motor mit stehendem Zylinder zum Patent an, den er gemeinsam mit Maybach aus dem liegenden Versuchsmotor von 1883 entwickelt hat. Der am 1. April 1886 unter DRP Nr. 34 926 geschützte Einzylinder wird nicht mehr mit Gas, sondern mit Benzin betrieben. Dieser erste schnelllaufende Benzinmotor erhält wegen seiner Form den Beinamen »Standuhr«.

29. AUG: Gottlieb Daimler lässt ein zweirädriges »Fahrzeug mit Gas- bzw. Petroleum-Kraftmaschine« patentrechtlich schützen (DRP Nr. 36 423, ausgegeben am 11. August 1886). Der 0,5 PS / 0,37 kW starke Versuchsträger, der auch als »Petroleum-Reitwagen« bezeichnet wird, ist das erste Motorrad der Welt. Am 10. November unternimmt Gottlieb Daimlers jüngerer Sohn Adolf die erste Fahrt von Cannstatt nach Untertürkheim, wobei er Geschwindigkeiten von bis zu 12 km/h erreicht.

1, 2
29. JAN: Carl Benz meldet sein dreirädriges »Fahrzeug mit Gasmotorenbetrieb« zum Patent an. Der Benz Patent-Motorwagen ist das erste Benzin-Automobil der Welt, und das DRP Nr. 37 435, erteilt am 2. November 1886, gilt als seine »Geburtsurkunde«.

25. FEB: Die Firma Benz & Co. erwirbt ein 3 398 m² großes Areal in der Mannheimer Waldhofstraße. Das neue Betriebsgelände wird am 24. Juli um 588 m² auf insgesamt 3 986 m² vergrößert. Es ist dringend erforderlich, um die begrenzten Fertigungskapazitäten der Fabrik in der Innenstadt erweitern zu können. Mit dem Bau der Werkstätten und eines Wohnhauses für die Familie Benz wird unverzüglich begonnen.

3
08. MÄR: Gottlieb Daimler bestellt bei der Wagenbaufabrik Wilhelm Wimpff & Sohn in Stuttgart eine Kutsche in der Ausführung als Americain, angeblich als Geburtstagsgeschenk für seine Frau Emma.

25. MÄR: Gottlieb Daimler lässt seinen Oberflächenvergaser patentieren (DRP Nr. 36 811, erteilt am 16. September 1886).

4
03. JUL: Die »Neue Badische Landeszeitung« berichtet über die am Morgen erfolgte öffentliche Ausfahrt des von Carl Benz entwickelten Dreirad-Fahrzeugs auf der Ringstraße in Mannheim.

5
28. AUG: Gottlieb Daimler erhält die im März bei Wilhelm Wimpff & Sohn bestellte Kutsche. Er lässt sie in der Maschinenfabrik Esslingen mit seinem schnelllaufenden Motor ausrüsten und baut damit das erste vierrädrige Automobil.

6
AUG: Gottlieb Daimler unternimmt auf dem Neckar bei Cannstatt die ersten Probefahrten mit einem Motorboot, das von seinem schnelllaufenden Einzylindermotor angetrieben wird.

05. SEP: Der »Generalanzeiger der Stadt Mannheim« würdigt den von Benz konstruierten Motorwagen in einem ausführlichen Bericht und meldet, dass »Herr Benz nunmehr mit dem Bau solcher Fuhrwerke beginnen wird«.

7
09. OKT: Gottlieb Daimler meldet seinen Motorantrieb für Schiffe zum Patent an (DRP Nr. 39 367, ausgegeben am 1. Juni 1887).

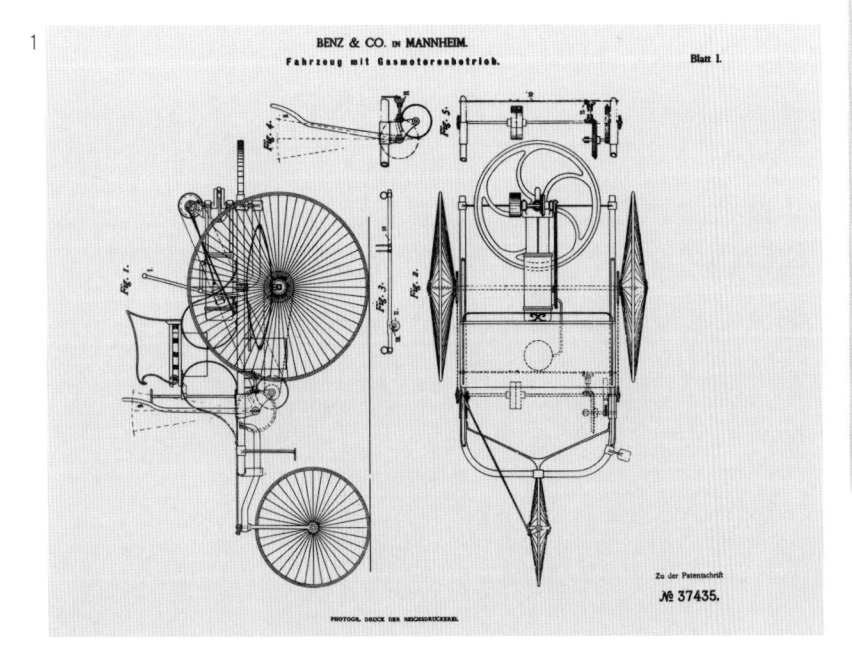

1886	Belegschaft	Produktion Fahrzeuge	Umsatz	
	–	69 (1886–1893)	–	Benz & Cie.
		9 (1886–1893)		Daimler

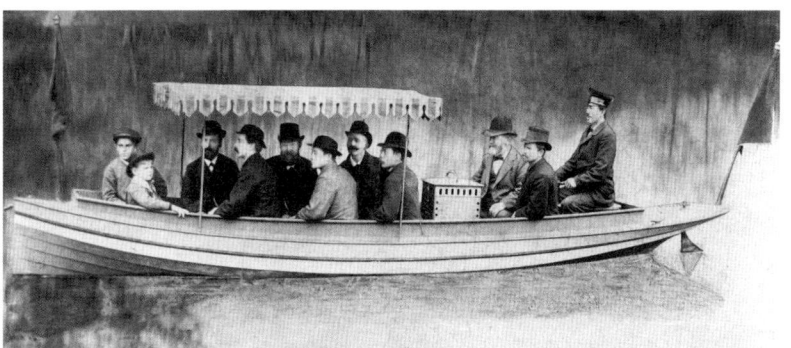

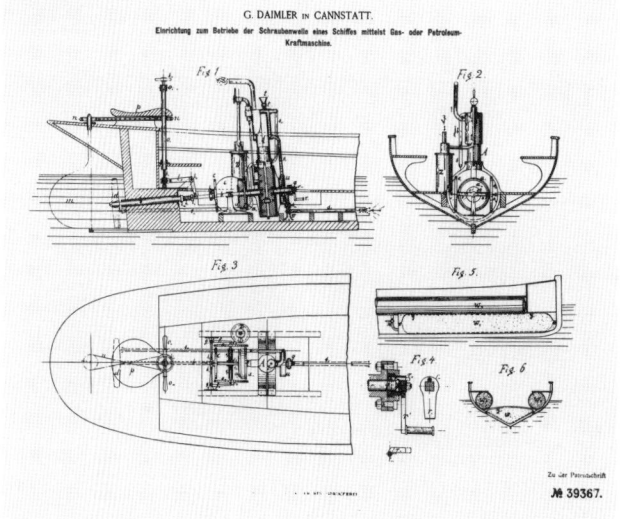

1886

1887	Belegschaft	Produktion Fahrzeuge	Umsatz	
	40	69 (1886–1893)	–	Benz & Cie.
	–	9 (1886–1893)	–	Daimler

05. JUL: Gottlieb Daimler erwirbt eine 3 000 m² große Fabrik mit Lagergebäude in der Ludwigstraße 67 auf dem Seelberg in Cannstatt. Damit enden die Versuchsarbeiten im Gartenhaus neben seiner Villa in der Taubenheimstraße, das heute die Daimler-Gedächtnisstätte beherbergt.

1
11. JUL: Zwei motorisierte Schienenfahrzeuge, ein Triebwagen und eine Draisine, werden auf der Eisenbahnstrecke Esslingen – Kirchheim erprobt. Beide werden von einem Daimler-Einzylindermotor angetrieben.

2
AUG: Der Mannheimer Kaufmann Jakob Pfahler rüstet erstmals ein Boot mit einem Benz-Motor aus. Kurze Zeit später erwirbt er eine Bootsbauerei in Berlin und beginnt dort mit der Konstruktion und Fertigung von Motorbooten.

3
27. SEP: Anlässlich des Cannstatter Volksfestes nimmt Gottlieb Daimler eine Miniatur-Straßenbahn in Betrieb. Das von einem Daimler-Einzylindermotor angetriebene Fahrzeug verkehrt in Cannstatt zwischen dem Kursaal und dem Wilhelmsplatz.

4
13. OKT: Gottlieb Daimler demonstriert sein Motorboot »Rems« auf dem Waldsee bei Baden-Baden. Zu diesem Zeitpunkt sind bereits drei Boote mit Daimler-Motor fertiggestellt. Nach der erfolgreichen Vorführung bittet Daimler die geladenen Gäste zum Bahnhof und präsentiert dort seine motorisierte Draisine.

1888	Belegschaft	Produktion Fahrzeuge	Umsatz
	–	69 (1886–1893)	–
	–	9 (1886–1893)	–

5
FRÜHJAHR: Der französische Ingenieur und Konstrukteur Émile Roger in Paris erhält die alleinige Vertretung für Benz-Fahrzeuge und -Motoren in Frankreich.

6
29. JUL: Gottlieb Daimler meldet eine »Feuerspritze mit Motorbetrieb« beim Kaiserlichen Patentamt an (DRP Nr. 46 779 vom 15. April 1889). Bei ihrer Präsentation auf dem Feuerwehrtag in Hannover erregt sie großes Aufsehen.

7
10. AUG: Vom Hof der Daimler'schen Fabrik auf dem Cannstatter Seelberg startet das motorisierte Luftschiff des Leipziger Buchhändlers Dr. Friedrich Hermann Wölfert. Als Antrieb dient ein Daimler-Einzylindermotor, der 2 PS / 1,5 kW bei 700/min leistet. Diese erste Fahrt eines motorisierten Luftschiffs endet im etwa 4 km entfernten Kornwestheim.

1887
1888

8
AUG: Bertha Benz wagt mit ihren beiden Söhnen Eugen und Richard die erste Fernfahrt der Automobilgeschichte. Sie fährt mit der Serienausführung des dreirädrigen Patent-Motorwagens von Mannheim über Heidelberg, Bruchsal und Durlach bis nach Pforzheim – insgesamt rund 100 km. Nach fünf Tagen in Pforzheim fährt das Trio über Bretten und Bruchsal zurück nach Mannheim.

9
12. SEP: Auf der Münchener »Kraft- und Arbeitsmaschinen-Ausstellung« führt Carl Benz seinen Patent-Motorwagen öffentlich vor. Das in München präsentierte »Modell 3«, das mit der »Goldenen Medaille« prämiert wird, ist das erste serienmäßig gebaute Benzin-Automobil der Welt.

10
29. SEP: Nach dem Erwerb der Daimler-Patent-Lizenzen für die USA gründet der Klavierfabrikant William Steinway auf Long Island, New York, die Daimler Motor Company.

11
07. OKT: Die »Schwäbische Kronik« berichtet über die am Vortag erfolgte Probefahrt »mit dem Daimler'schen Motorwagen der Neuen Straßenbahn«. Der mit einem 4 PS / 3 kW starken Einzylinder ausgerüstete Motorwagen der »Stuttgarter Pferdeeisenbahn-Gesellschaft« kann bis zu 20 Personen befördern.

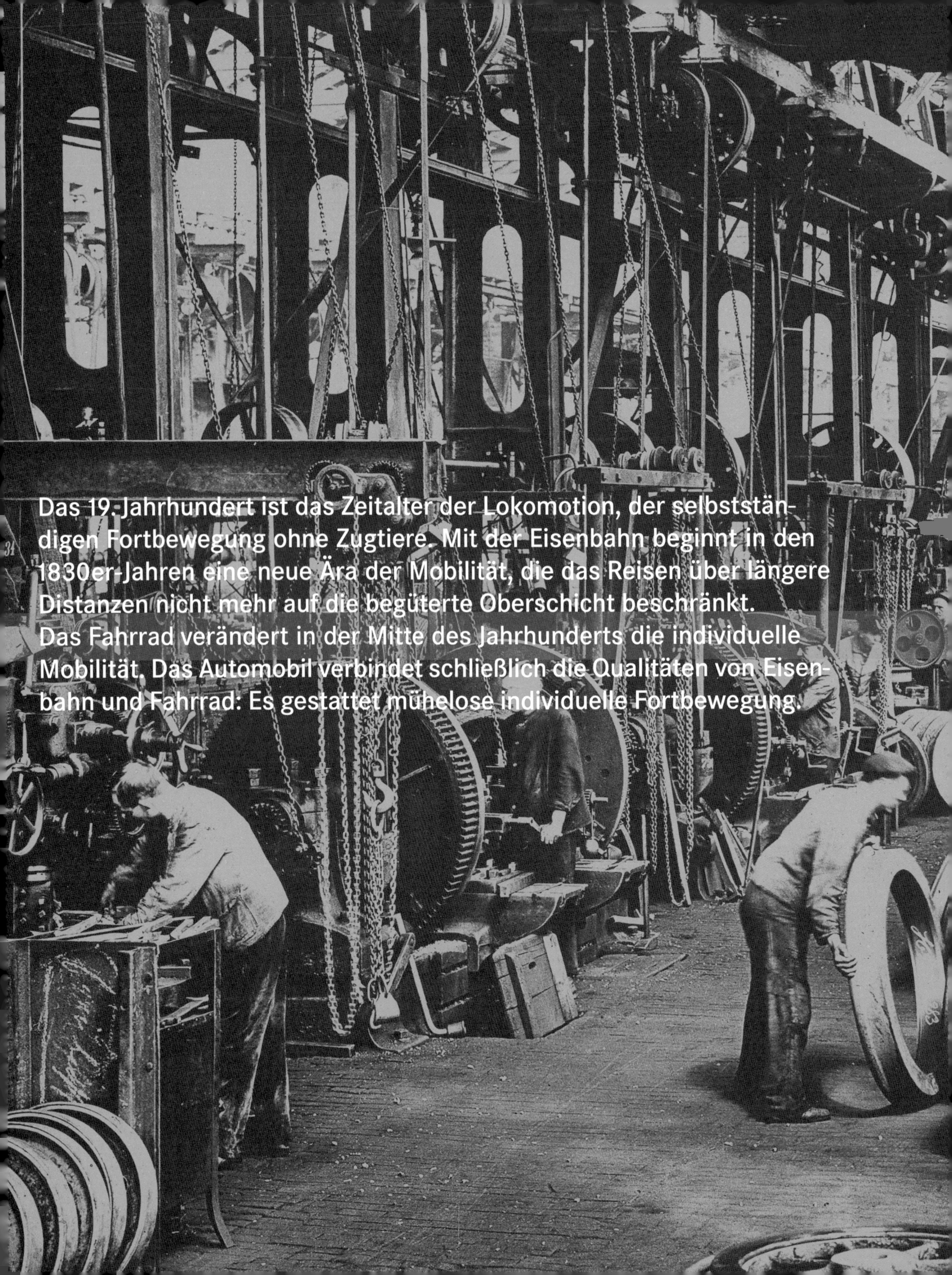

Das 19. Jahrhundert ist das Zeitalter der Lokomotion, der selbstständigen Fortbewegung ohne Zugtiere. Mit der Eisenbahn beginnt in den 1830er-Jahren eine neue Ära der Mobilität, die das Reisen über längere Distanzen nicht mehr auf die begüterte Oberschicht beschränkt.
Das Fahrrad verändert in der Mitte des Jahrhunderts die individuelle Mobilität. Das Automobil verbindet schließlich die Qualitäten von Eisenbahn und Fahrrad: Es gestattet mühelose individuelle Fortbewegung.

Das Zeitalter der Lokomotion

1/20
Die Fernfahrt der Bertha Benz
1888

Mit dem »Modell 3«, der Serienausführung des Patent-Motorwagens, unternimmt Bertha Benz die erste Fernfahrt der Automobilgeschichte. Von diesem ersten in Serie gebauten Automobil entstehen rund 25 Stück.

Benz Patent-Motorwagen, »Modell 3«  | Bertha Benz  | Carl Benz  | Eugen und Richard Benz 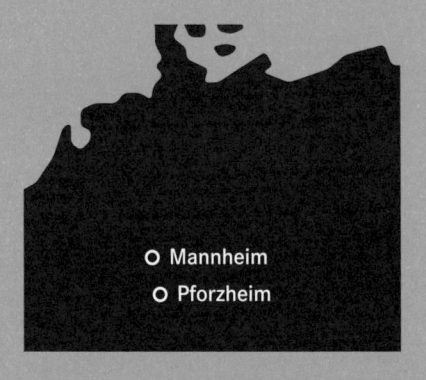 | Start und Ziel der Fernfahrt (Mannheim, Pforzheim)

Am 29. Januar 1886 meldet Carl Benz sein »Fahrzeug mit Gasmotorenbetrieb« zum Patent an. Seitdem gilt dieser Tag als Geburtstag des Automobils. Doch das neue Gefährt, das die Gesellschaft in den folgenden Jahrzehnten verändern wird wie kaum eine andere technische Innovation, interessiert zunächst fast niemanden.
Bertha Benz hingegen ist von der Erfindung ihres Mannes überzeugt. Um das Potenzial des Patent-Motorwagens zu demonstrieren, plant sie im August 1888 eine Fernfahrt. Ihrem Carl verrät sie nur, dass sie mit den beiden Söhnen Eugen (15) und Richard (13) zu ihrer Mutter in das rund hundert Kilometer entfernte Pforzheim reisen werde. Dass die Familie nicht mit der Bahn, sondern mit dem Motorwagen unterwegs ist, merkt Carl Benz erst, als ihn mittags ein Telegramm aus Bruchsal erreicht. Sie habe den Wagen genommen, teilt ihm seine Frau darin lapidar mit.

Benz ist zunächst wenig begeistert, weil er die gut eingefahrenen Antriebsketten des Patent-Motorwagens für ein zweites Fahrzeug benötigt, das er im September auf der Münchener »Kraft- und Arbeitsmaschinen-Ausstellung« vorführen möchte. Er telegrafiert zurück, sie solle die Ketten per Express nach Mannheim zurückschicken, und lässt am nächsten Tag Ersatz nach Pforzheim bringen.

Nach fünf Tagen treten Bertha, Eugen und Richard die Rückfahrt nach Mannheim via Bretten, Bruchsal und Schwetzingen an. In Mannheim berichten sie von ihren Erfahrungen: Bergauf mussten sie den Wagen zuweilen anschieben, und bergab scheuerten die Bremsleder durch. Lästig sei das ständige Nachfüllen von Kühlwasser, und den Treibstoff Ligroin in ausreichender Menge in Apotheken aufzutreiben koste viel Zeit, wie Bertha Benz beim ersten Tankstopp in Wiesloch merkte. Zudem war Berthas Improvisationstalent gefragt: Die verstopfte Kraftstoffleitung musste sie mit ihrer Hutnadel reinigen, ein durchgescheuertes Zündkabel isolierte sie mit dem Strumpfband. Carl Benz verschafft der Bericht wichtige Erkenntnisse über die Belastbarkeit seiner Erfindung und Bertha Benz einen Platz in den Geschichtsbüchern: Sie ist der erste Mensch, der mit einem Automobil eine Fernfahrt unternommen hat.

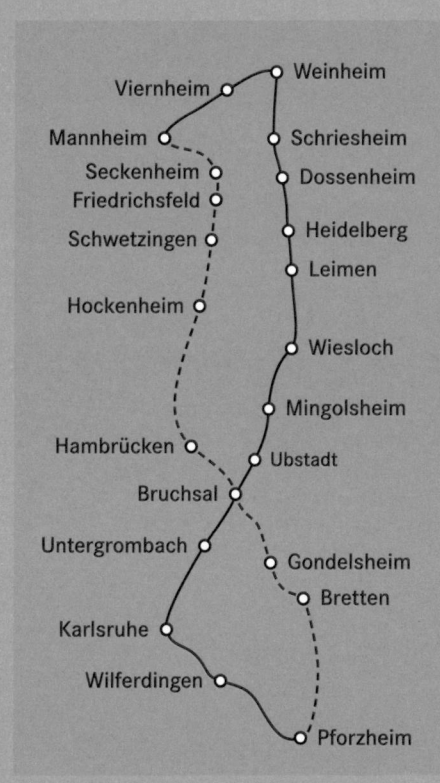

Die rund 200 km lange Fahrstrecke von Mannheim nach Pforzheim und zurück

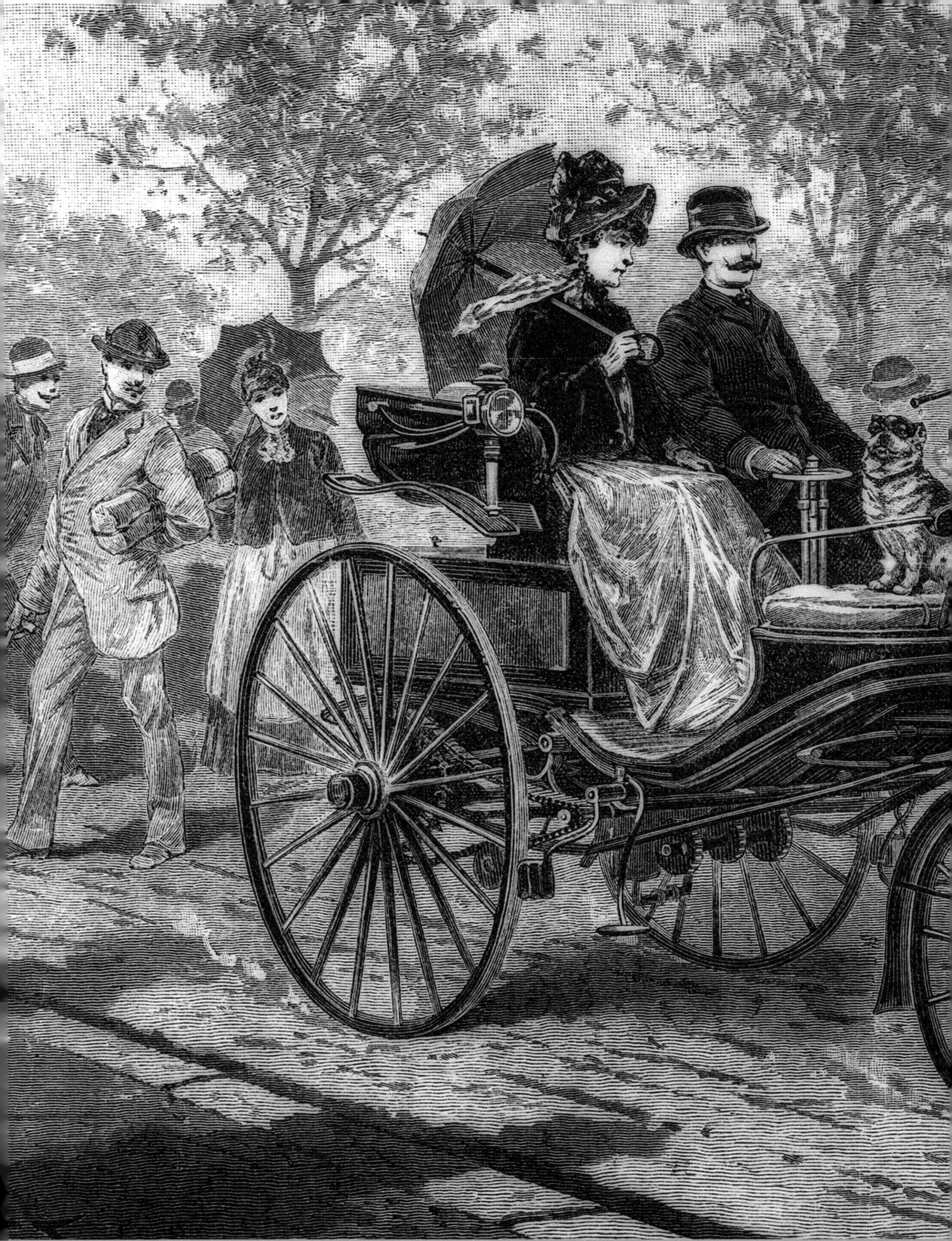

Zuversichtlich berichtet die »Illustrirte Zeitung« im Dezember 1888 über den Patent-Motorwagen auf der Münchener »Kraft- und Arbeitsmaschinen-Ausstellung«:
»Wie die häufigen Rundfahrten eines solchen Wagens durch die Straßen Münchens zur Zeit der Ausstellung bewiesen haben, ist diese Construction geeignet, in vielen Fällen die kostspielige Kraft der Pferde vortheilhaft zu ersetzen«.

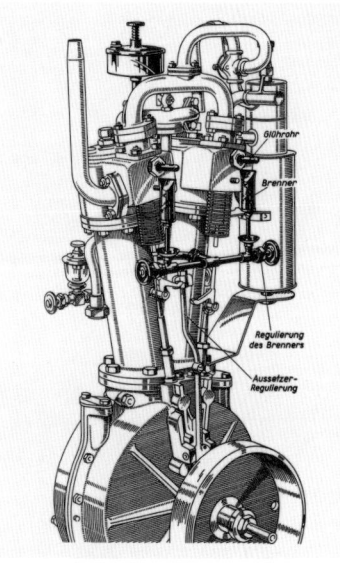

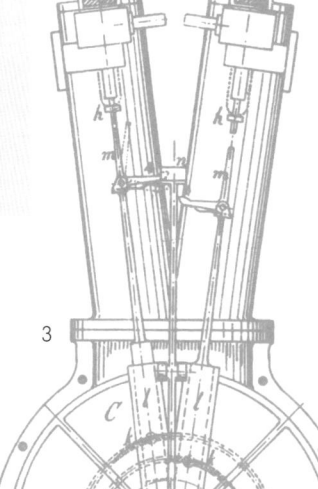

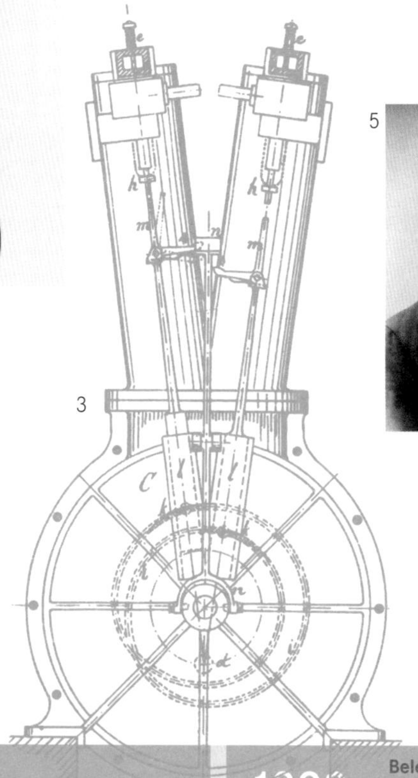

1889	Belegschaft	Produktion Fahrzeuge	Umsatz	
	–	69 (1886–1893)	–	Benz & Cie.
		9 (1886–1893)	–	Daimler

1890	Belegschaft	Produktion Fahrzeuge	Umsatz
	50	69 (1886–1893)	–
	123	9 (1886–1893)	0,224 Mio. M

1
05. FEB: Gottlieb Daimler schließt einen Lizenzvertrag mit Louise Sarazin, der ihr die Nutzung der französischen Daimler-Patente gestattet. Die Witwe von Daimlers langjährigem Geschäftsfreund Édouard Sarazin tritt ihre Nutzungsrechte an die Firma Panhard & Levassor in Paris ab.

2, 3
09. JUN: Gottlieb Daimler lässt seinen neuen Zweizylinder-V-Motor beim Kaiserlichen Patentamt schützen (DRP Nr. 50 839, ausgegeben am 5. Februar 1890). Der erste V-Motor der Welt hat einen Zylinderwinkel von 17° und leistet 1,5 PS / 1,1 kW bei 600/min. Er dient als universelle Antriebsquelle für Straßen-, Schienen- und Wasserfahrzeuge, unter anderem auch für das von Daimler und Maybach konstruierte Motor-Quadricycle, den sogenannten Stahlradwagen.

29. OKT: Die Firma Panhard & Levassor liefert den ersten in Frankreich nach Daimler-Lizenz gebauten Motor nach Barcelona. Am 12. Dezember folgt das zweite Exemplar.

4
OKT: Auf der Pariser Weltausstellung, bei der auch ein Benz Patent-Motorwagen ausgestellt ist, präsentieren Daimler und Maybach ihren V-Motor und den »Stahlradwagen« und initiieren damit die Entstehung der französischen Automobilindustrie. Der »Stahlradwagen« ist mit dem von Maybach erfundenen Viergang-Zahnrad-Wechselgetriebe ausgerüstet.

5, 6
14. MÄR: Gottlieb Daimler schließt mit den Kapitalgebern Max Duttenhofer und Wilhelm Lorenz einen Vertrag zur Gründung der Daimler-Motoren-Gesellschaft, »welche den Zweck hat, die von G. Daimler gemachten Petroleum- und Gasmotoren-Erfindungen nach allen Richtungen hin bestmöglich zu verwerten«.

MAI: Die Gesellschafter Max Rose und Friedrich Wilhelm Eßlinger verlassen die Firma Benz & Cie. An ihre Stelle treten Julius Ganß und Friedrich von Fischer.

7
14. JUN: Im Rahmen seiner Konstruktionsarbeiten an motorgetriebenen Schienenfahrzeugen meldet Gottlieb Daimler eine »Vorrichtung zum Bremsen und zur Geschwindigkeitsänderung an Gas- und Petroleum-Lokomotiven« zum Patent an (DRP Nr. 57 203, erteilt am 25. Juni 1891).

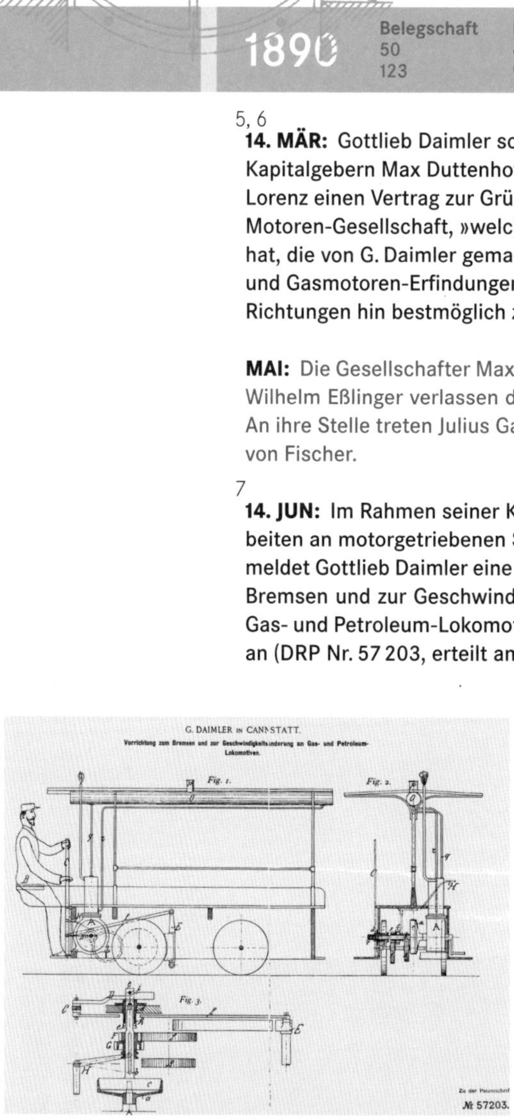

1889
1890
1891

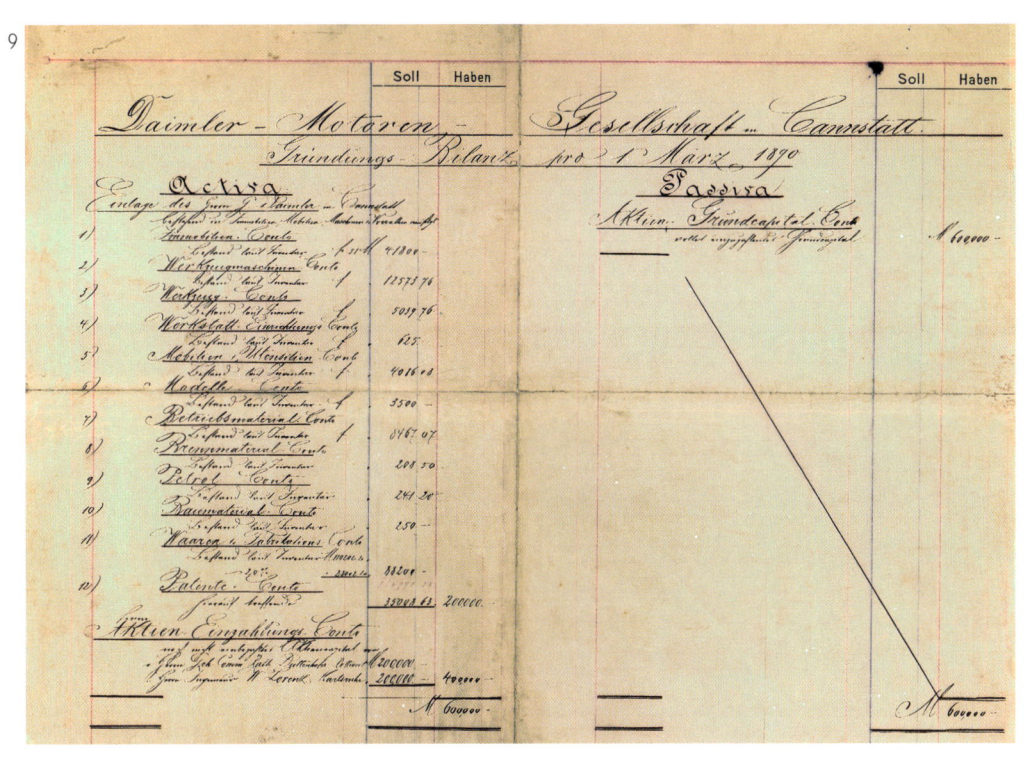

1891	Belegschaft	Produktion Fahrzeuge	Umsatz	
	-	69 (1886–1893)	-	Benz & Cie.
	163	9 (1886–1893)	0,418 Mio. M	Daimler-Motoren-Gesellschaft

8
21. AUG: Der erste von Wilhelm Maybach konstruierte Vierzylindermotor wird nach New York ausgeliefert. Das 451 kg schwere Aggregat hat 6 l Hubraum und leistet 12,3 PS / 9 kW bei 390/min. Zehn Tage später erfolgt die Ablieferung einer parallel entwickelten Variante mit 2,4 l Hubraum, die 153 kg wiegt und 5,9 PS / 4 kW bei 620/min leistet. Beide Ausführungen sind für den Einbau in Boote bestimmt.

9
28. NOV: Mit der notariellen Beurkundung in Stuttgart ist die Daimler-Motoren-Gesellschaft (DMG) offiziell gegründet. Max Duttenhofer und Wilhelm Lorenz beteiligen sich an der neuen Aktiengesellschaft mit einer Kapitaleinlage von je 200 000 Mark, Gottlieb Daimler bringt seine Fabrikationsanlagen, Patente und Inventurwerte ein.

11. FEB: Wilhelm Maybach, angehender Chefkonstrukteur der Daimler-Motoren-Gesellschaft, scheidet wegen unannehmbarer Vertragsbedingungen aus dem Unternehmen aus. Er beschäftigt sich aber im Auftrag von Gottlieb Daimler auch weiterhin mit der Entwicklung des Motors und des Automobils und betreibt diese Konstruktionstätigkeit zunächst in seiner Privatwohnung.

02. MÄR: Die Daimler-Motoren-Gesellschaft wird in das Handelsregister eingetragen.

10, 11
Die im September 1888 von William Steinway gegründete Daimler Motor Company lässt bei der National Machine Company in Hartford, Connecticut/USA den ersten betriebsfähigen Fahrzeugmotor Amerikas nach Originalplänen Gottlieb Daimlers in Lizenzproduktion herstellen.

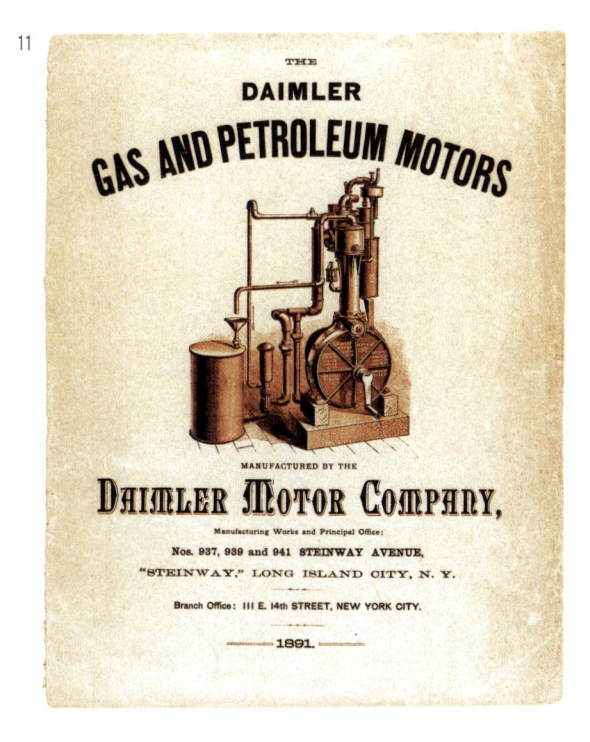

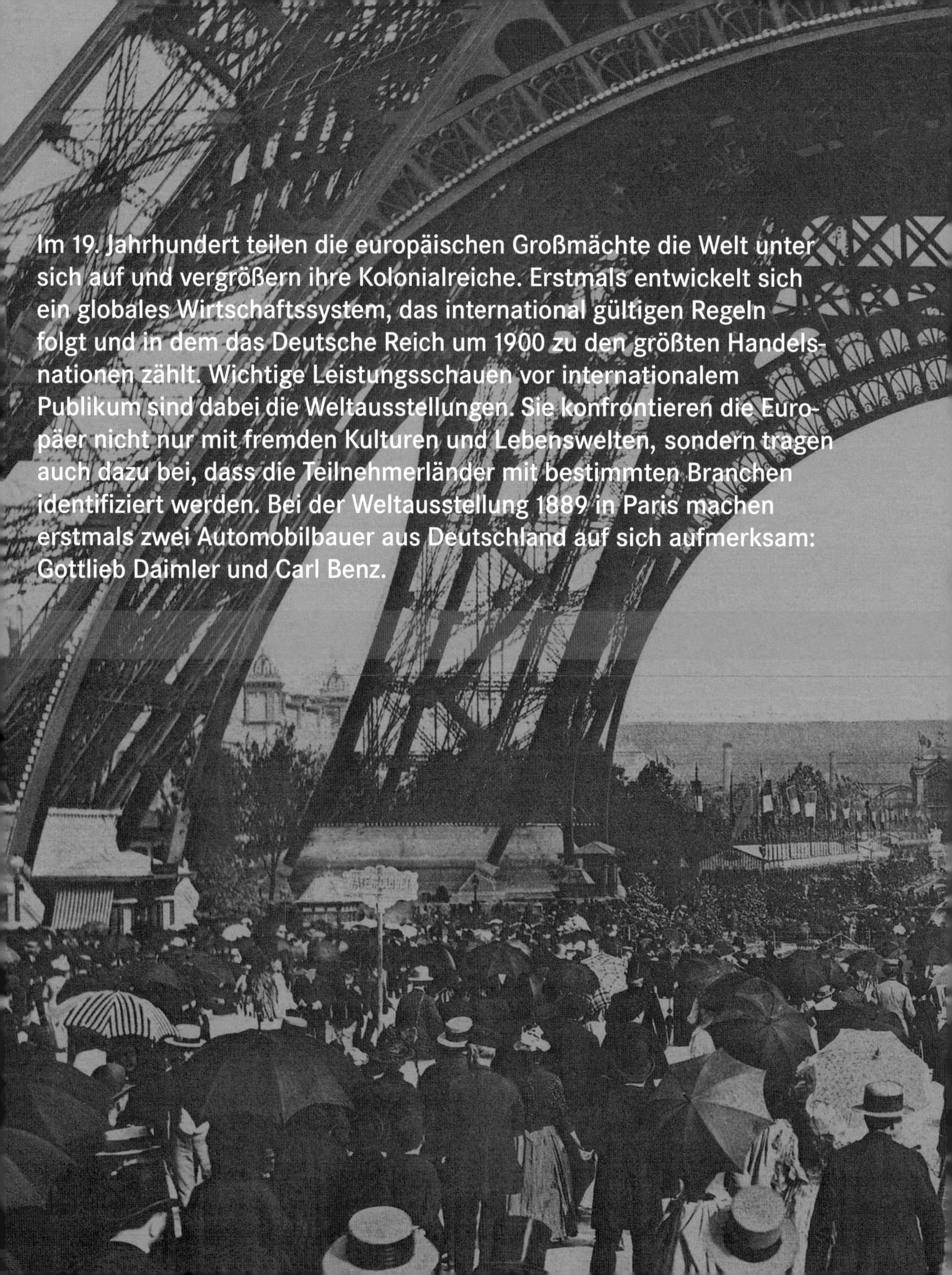

Im 19. Jahrhundert teilen die europäischen Großmächte die Welt unter sich auf und vergrößern ihre Kolonialreiche. Erstmals entwickelt sich ein globales Wirtschaftssystem, das international gültigen Regeln folgt und in dem das Deutsche Reich um 1900 zu den größten Handelsnationen zählt. Wichtige Leistungsschauen vor internationalem Publikum sind dabei die Weltausstellungen. Sie konfrontieren die Europäer nicht nur mit fremden Kulturen und Lebenswelten, sondern tragen auch dazu bei, dass die Teilnehmerländer mit bestimmten Branchen identifiziert werden. Bei der Weltausstellung 1889 in Paris machen erstmals zwei Automobilbauer aus Deutschland auf sich aufmerksam: Gottlieb Daimler und Carl Benz.

Internationalisierung

2/20
Abfahrt Eiffelturm
1889

Daimler »Stahlradwagen«	Daimler Zweizylinder-V-Motor	Émile Levassor	René Panhard	Louise Sarazin	Weltausstellung 1889

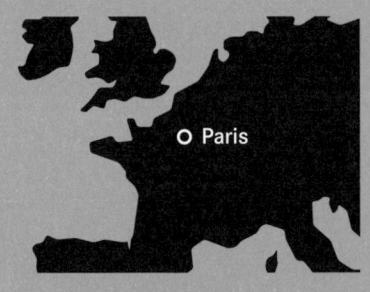

Bei der Weltausstellung zum Jubiläum der Französischen Revolution 1889 in Paris präsentieren Carl Benz und Gottlieb Daimler erstmals ihre Fahrzeuge und ihre leichten und schnelllaufenden Verbrennungsmotoren auf der großen internationalen Bühne. Ihr besonderes Interesse gilt französischen Kunden. Denn anders als im Deutschen Reich, wo die neuen Motorwagen misstrauisch beäugt werden, lösen sie bei den Eliten jenseits des Rheins wohlwollende Reaktionen aus. »Für mich aber«, notiert Carl Benz 1925 in seinen Memoiren, »der zeitlebens sein Vaterland von Herzen lieb hatte, war es immer eine Lebenserfahrung und eine Lebenserinnerung eigenartigster Tragik geblieben, dass mein Kind in der deutschen Heimat zunächst nur die verständnislose Fremde, in der französischen Fremde dagegen rasch eine sonnige Heimat von fruchtbarster Bodenständigkeit gefunden hatte.« Für die beiden deutschen Automobil-Erfinder entwickelt sich Frankreich zum wichtigsten Markt: Einer der ersten Kunden von Benz ist seit 1888 der Franzose Émile Roger. Er kauft bei Benz & Cie. Fahrzeuge und bietet sie in Frankreich unter seinem Namen an.

Zu Daimlers Geschäftspartnern zählt die französische Firma Panhard & Levassor, die Anfang 1889 die Rechte zur Nutzung der Daimler-Patente erwirbt. Die Lizenzproduktion beginnt noch im gleichen Jahr mit dem neuen Zweizylinder-V-Motor, den Daimler und Maybach mit dem »Stahlradwagen« auf der Weltausstellung in Paris präsentieren. Diese Lizenzfertigung bildet die Grundlage für die nun entstehende französische Automobilindustrie.

Die Einnahmen aus den Lizenzen und Verkäufen nutzen Daimler und Benz zur Weiterentwicklung ihrer Erfindungen. Letztlich tragen sie zur Neudefinition des Automobils bei, die Ende 1900 in Gestalt des ersten Mercedes aus der Werkstatt der Daimler-Motoren-Gesellschaft kommt.

Heckansicht des »Stahlradwagens« mit dem neuen, leistungsfähigeren Zweizylinder-V-Motor und einem Zahnradgetriebe, das nun während der Fahrt geschaltet werden kann.

Die Société Panhard & Levassor baut ab 1889 den Zweizylinder-V-Motor als »Système Daimler« in Lizenz.

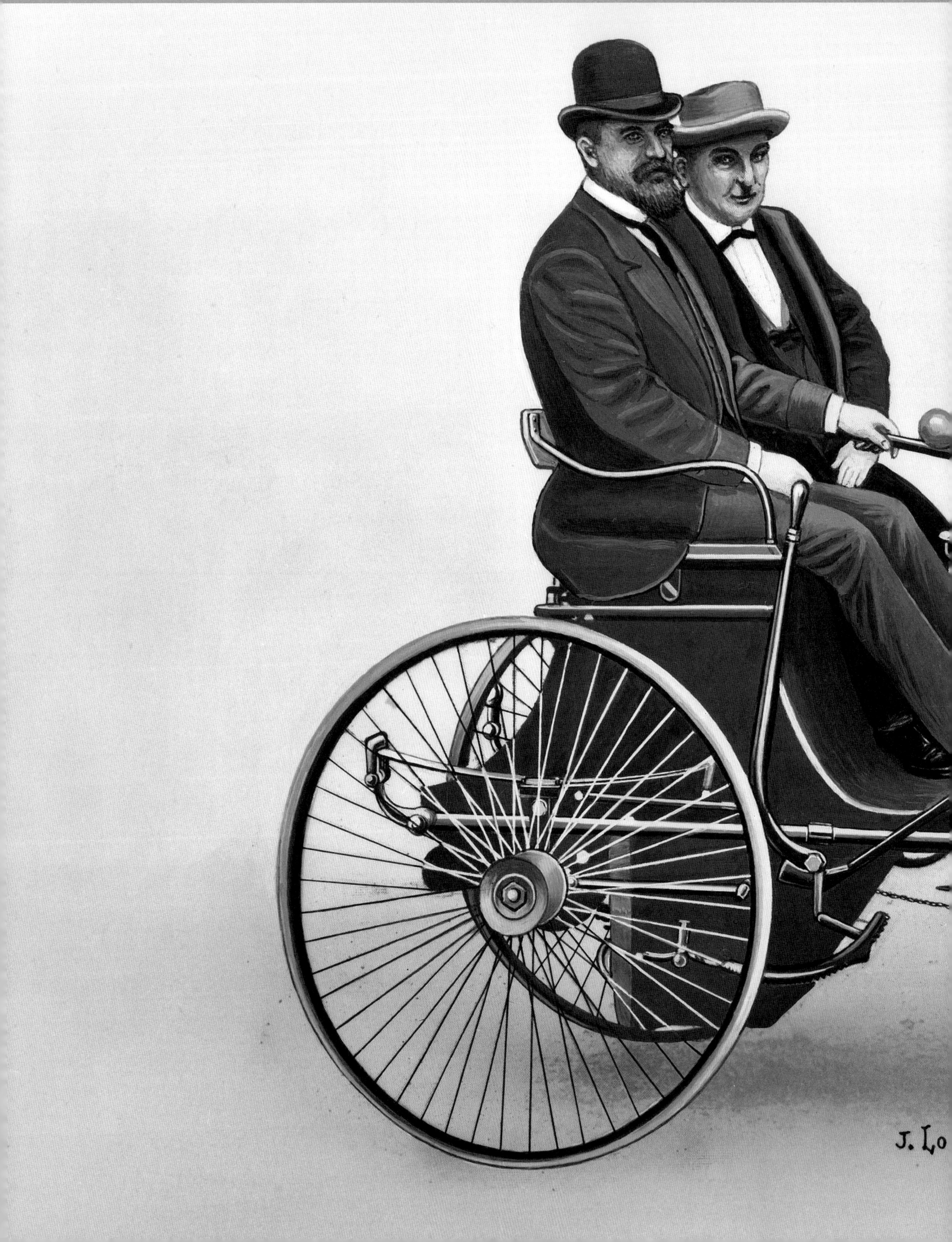

Das erste Peugeot-Automobil mit Benzinmotor ist vom Daimler »Stahlradwagen« abgeleitet und wird von einem bei Panhard & Levassor gebauten Zweizylinder-V-Motor »Système Daimler« angetrieben.

1
31. AUG: Die Daimler-Motoren-Gesellschaft liefert ihr erstes Serien-Automobil, eine Weiterentwicklung des »Stahlradwagens«, an den Sultan von Marokko.

2
13. SEP: Wilhelm Maybach lässt sich seinen Riemenantrieb mit Wechselgetriebe (DRP Nr. 68 492, 70 577, 75 069) sowie die Schwungradkühlung (DRP Nr. 70 260) schützen. Die Patente werden zwischen Mai 1893 und Mai 1894 erteilt und im »Riemenwagen« realisiert.

3
OKT: Wilhelm Maybach mietet im Auftrag von Gottlieb Daimler den Gartensaal des ehemaligen Hotels Hermann in Cannstatt und setzt dort mit zwölf Arbeitern und fünf Lehrlingen seine Konstruktionsarbeit fort. Zunächst wird der »Phönix«-Motor entwickelt, der zwei parallel stehende, in einem Block zusammengegossene Zylinder und eine Nockenwelle zur Steuerung der Auslassventile aufweist. Der »Phönix«-Motor wird später sowohl in Straßenfahrzeuge als auch in Schiffe und Luftschiffe eingebaut.

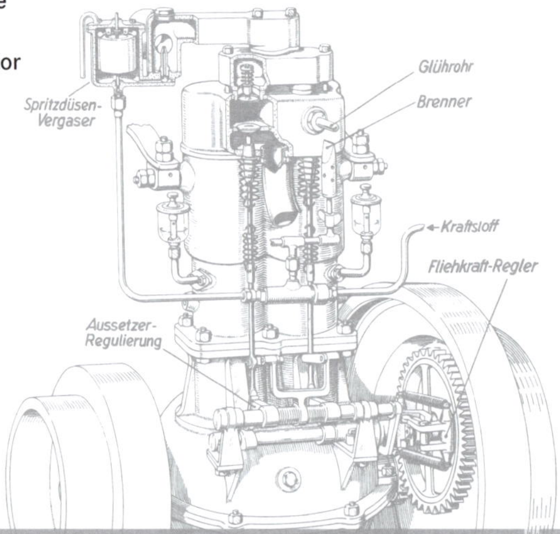

4
28. FEB: Carl Benz meldet eine »Wagen-Lenkvorrichtung mit tangential zu den Rädern zu stellenden Lenkkreisen« beim Kaiserlichen Patentamt an (DRP Nr. 73 515, ausgegeben am 14. März 1894). Diese Achsschenkellenkung kommt in den Modellen Victoria und Vis-à-Vis zum Einsatz – den ersten vierrädrigen Motorwagen der Firma Benz & Cie., die den dreirädrigen Patent-Motorwagen ablösen.

5
19. MÄR: Der in Bregenz/Österreich lebende Maler Eugen von Zardetti erhält eines der letzten Exemplare des Benz Patent-Motorwagens. Zardettis Fahrzeug ist das erste serienmäßig gebaute Benzin-Automobil in Österreich.

6
01. MAI – 31. OKT: Auf der Weltausstellung in Chicago, Illinois/USA präsentiert die Daimler-Motoren-Gesellschaft das erste betriebsfähige Automobil, das in den USA öffentlich gezeigt wird. Ausgestellt ist eine modifizierte Version des »Stahlradwagens«. Gottlieb Daimler besucht die Weltausstellung während der Hochzeitsreise mit seiner zweiten Frau Lina.

26. MAI: Der britische Kaufmann Frederick Simms gründet die Daimler Motor Syndicate, Ltd. in London. Obwohl eigene Fahrzeuge und Motoren zunächst noch nicht hergestellt werden, ist dies der Ursprung der britischen Automobilindustrie.

1892	Belegschaft	Produktion Fahrzeuge	Umsatz		1893	Belegschaft	Produktion Fahrzeuge	Umsatz
	–	69 (1886–1893)	0,328 Mio. M	Benz & Cie.		150	69 (1886–1893)	–
	92	9 (1886–1893)		Daimler-Motoren-Gesellschaft		121	9 (1886–1893)	0,370 Mio. M

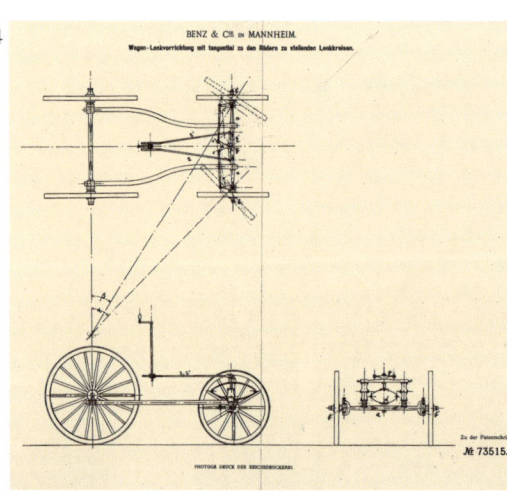

1894	Belegschaft	Produktion Fahrzeuge	Umsatz	
	150	67	–	Benz & Cie.
	125	1	0,461 Mio. M	Daimler-Motoren-Gesellschaft

APR: Mit dem Motor-Velociped (»Velo«) erweitert die Firma Benz & Cie. ihre Angebotspalette um ein besonders preiswertes und kompaktes Modell. Das Benz Velo wird zum ersten Großserienautomobil der Welt: Bis 1901 entstehen von allen Varianten insgesamt rund 1 200 Exemplare.

16. – 22. JUL: Theodor von Liebieg unternimmt mit seinem Benz Victoria eine Fernreise über 939 km. Die Route führt von Reichenberg in Böhmen über Mannheim nach Gondorf an der Mosel. Nach einer Stippvisite im französischen Reims tritt Liebieg am 22. August die Rückreise von Gondorf nach Reichenberg an, wo er neun Tage später eintrifft.

22. JUL: Die erste Automobilwettfahrt findet als Zuverlässigkeitsfahrt zwischen Paris und Rouen statt. 21 Teilnehmer erscheinen am Start, 15 kommen ins Ziel, darunter 9 Fahrzeuge mit nach Daimler-Lizenz produzierten Motoren von Panhard & Levassor und ein 3 PS / 2,2 kW starker Benz Vis-à-Vis.

10. OKT: Gottlieb Daimler trennt sich von der DMG und scheidet offiziell als Aktionär aus. Gemeinsam mit Wilhelm Maybach widmet er sich im Hotel Hermann der Weiterentwicklung des Automobils.

1

18. MÄR: Der erste Motor-Omnibus der Welt, bestellt am 19. Dezember 1894 bei Benz & Cie. in Mannheim, nimmt den planmäßigen Linienverkehr auf der Strecke Siegen – Netphen – Deuz auf. Die Omnibuslinie wird jedoch aufgrund widriger Witterung und technischer Probleme bereits im Dezember 1895 wieder eingestellt.

2

02. NOV: Die erste Automobilwettfahrt in den USA führt im Bundesstaat Illinois über 92 Meilen von Chicago nach Waukegan und zurück. Von den beiden Teilnehmern erreicht nur Oscar Mueller auf Benz das Ziel.

21. NOV: Unter Beteiligung von Henry Lawson wird die im Mai 1893 von Frederick Simms gegründete Daimler Motor Syndicate, Ltd. in die British Motor Syndicate, Ltd. mit einem Kapital von £ 150 000 umgewandelt. Die neue Gesellschaft erwirbt die britischen Daimler- und Maybach-Patente für 350 000 Mark. Als Vorbedingung für diese Transaktion hat Frederick Simms die Rückkehr von Daimler und Maybach in die DMG erwirkt.

3

21. DEZ: Die Auslieferung des 1 000. Daimler-Motors und die am 8. November erfolgte Rückkehr von Gottlieb Daimler und Wilhelm Maybach in die DMG wird mit einem Festakt in Daimlers Garten gefeiert.

14. JAN: Henry Lawson gründet die Daimler Motor Company, Ltd., die die Nutzungsrechte an den Daimler-Patenten von der British Motor Syndicate, Ltd. erwirbt und im Mai 1897 in Coventry die Produktion aufnimmt. Sie ist damit die älteste Automobilfabrik Großbritanniens.

4

28. AUG: Bei der Berliner Gewerbe-Ausstellung führt Dr. Friedrich Hermann Wölfert, seit 1888 Pionier der motorisierten Luftfahrt, sein Prallluftschiff »Deutschland« vor. Angetrieben wird es von einem Daimler-Motor mit 7 PS / 5 kW. Bei einem weiteren Aufstieg auf dem Tempelhofer Feld am 12. Juni 1897 fängt es Feuer und explodiert, wobei Dr. Wölfert und der Mechaniker Knabe ums Leben kommen.

5

01. OKT: Die Daimler-Motoren-Gesellschaft in Cannstatt liefert ihren ersten Lastwagen an die British Motor Syndicate, Ltd. nach London aus. Der erste Lkw der Welt ist mit einem 4-PS-Zweizylindermotor ausgerüstet und für 1 500 kg Nutzlast konzipiert.

6, 7

05. DEZ: Zwei neuartige Benz-Motorwagen, die auf dem Chassis der Modelle Victoria und Vis-à-Vis basieren, werden vom Werk in Mannheim nach Paris versendet. Das zweisitzige Benz Coupé ist das erste Automobil mit geschlossener Karosserie und zugleich das erste motorisierte Coupé. Der Benz »Lieferungswagen« mit Kastenaufbau gilt als erster Transporter und wird an das Pariser Kaufhaus Du bon Marché geliefert.

1895	Belegschaft	Produktion Fahrzeuge	Umsatz	
	150	135	–	Benz & Cie.
	139	8	0,527 Mio. M	Daimler-Motoren-Gesellschaft

1896	Belegschaft	Produktion Fahrzeuge	Umsatz
	250	181	–
	206	24	0,638 Mio. M

1895
1896
1897

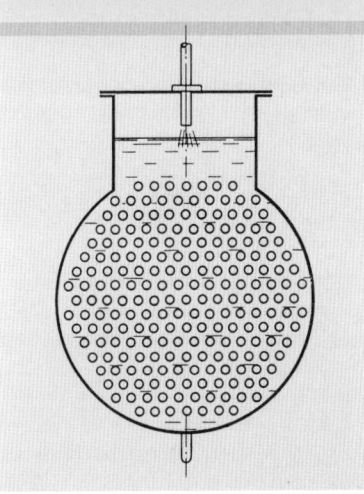

1897	Belegschaft	Produktion Fahrzeuge	Umsatz	
	250	256	–	Benz & Cie.
	184	26	0,666 Mio. M	Daimler-Motoren-Gesellschaft

8, 9, 10, 11
JUL: Benz & Cie. liefert das erste Fahrzeug des Modells Break aus. Der offene Wagen für 12 Personen wird von einem 15 PS / 11 kW starken Zweizylindermotor angetrieben. Ein weiterer Zweizylinderwagen ist der ab Jahresende lieferbare Benz Dos-à-Dos. Er ist mit einem Boxer-Motor ausgerüstet, der 5 PS / 3,7 kW leistet und von Carl Benz wegen der entgegengesetzt angeordneten Zylinder Contra-Motor genannt wird.

12
18. SEP: Das erste Taxi mit Motorantrieb, ein Daimler-Motorwagen Typ Victoria mit Taxameter, wird an den Fuhrunternehmer Friedrich Greiner in Stuttgart ausgeliefert. Mit seiner »Motor-Wagen-Kutscherei« gründet Greiner das erste motorisierte Taxiunternehmen.

30. SEP: In Berlin wird der erste deutsche Automobilclub, der Mitteleuropäische Motorwagen-Verein, gegründet. Gottlieb Daimler und Carl Benz sind Mitbegründer.

13
16. OKT: Der in Baden bei Wien und Nizza lebende Geschäftsmann Emil Jellinek erhält sein erstes Daimler-Automobil, das er anlässlich eines Besuches in Cannstatt in Auftrag gegeben hat. Schon bald betätigt er sich auch als Verkäufer der Daimler-Wagen und fordert von der Daimler-Motoren-Gesellschaft immer wieder schnellere Wagen mit leistungsstärkeren Motoren.

14
03. NOV: Das von dem ungarischen Erfinder David Schwarz konstruierte Ganzmetallluftschiff, das mit einem 12 PS / 9 kW starken Daimler-Motor ausgerüstet ist, startet auf dem Tempelhofer Feld zu seiner Jungfernfahrt. Bei der Landung wird dieses erste Starrluftschiff der Welt zerstört, der Pilot Ernst Jagels kommt mit leichten Verletzungen davon.

15
24. DEZ: Der von Wilhelm Maybach entwickelte Röhrchenkühler wird als deutsches Gebrauchsmuster (Nr. 104 718) angemeldet. Diese innovative Konstruktion stellt einen bedeutenden Meilenstein der Automobilentwicklung dar. Erstmals realisiert wird sie im sogenannten »Phönix«-Wagen, dem ersten Pkw-Typ der Daimler-Motoren-Gesellschaft mit vorn eingebautem Motor.

16
DEZ: Unter der Bezeichnung »Daimler-Geschäftswagen« bietet die Daimler-Motoren-Gesellschaft eine Lieferwagen-Modellreihe für Nutzlasten von 500 bis 2 000 kg an. Sie umfasst fünf Typen mit 3, 4, 6, 8 und 10 PS (2,2, 2,9, 4,4, 5,9 und 7,4 kW).

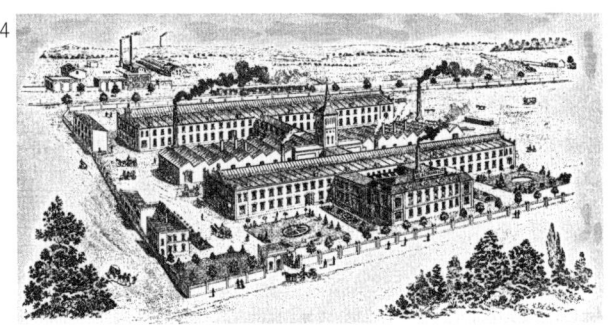

1898	Belegschaft	Produktion Fahrzeuge	Umsatz	
	–	434	–	Benz & Cie.
	261	57	0,816 Mio. M	Daimler-Motoren-Gesellschaft

MAI: Die Daimler-Motoren-Gesellschaft präsentiert ihr erstes Omnibusprogramm, das vier Grundtypen mit einer Leistung von 4, 6, 8 oder 10 PS (2,9, 4,4, 5,9 oder 7,4 kW) umfasst und für die Beförderung von 6 bis 16 Personen konzipiert ist.

13. JUN – 3. JUL: Auf der Automobil-Ausstellung in Paris stellen Gottlieb Daimler und Wilhelm Maybach ein neues Lastkraftwagen-Modell für 5 t Nutzlast vor. Der längsstehende Viertaktmotor ist vorn unter einer Motorhaube eingebaut, und der Antrieb erfolgt über ein Zahnradwechselgetriebe, Kardanwelle und Ritzel auf die Hinterräder.

21. – 25. JUL: Ein mit Bosch Niederspannungs-Magnetzündung ausgerüsteter Daimler »Riemenwagen« unternimmt eine fünftägige Erprobungsfahrt durch die österreichischen Alpen. Später wird die elektrische Zündung auch in einige Lastwagen der DMG eingebaut. Aufgrund der dabei gewonnenen Erfahrungen kommt es bald zur Ablösung der für den Daimler-Motorenbau charakteristischen Glührohrzündung.

AUG: Die Daimler Manufacturing Company, Long Island City, New York, wird unter Beteiligung der General Electric Company gegründet und übernimmt, knapp zwei Jahre nach Steinways Tod, die Geschäftstätigkeit der Daimler Motor Company.

12. SEP: Das erste Daimler-Automobil mit Vierzylindermotor, ein »Phönix« Phaeton, wird an Emil Jellinek ausgeliefert. Der von Maybach konstruierte »Phönix«-Motor hat 2,1 l Hubraum und leistet 8 PS / 5,9 kW bei 720/min.

02. OKT: Ein Daimler-Motoromnibus, der zehn Personen Platz bietet und von einem 10 PS / 7,4 kW starken Zweizylindermotor angetrieben wird, nimmt den fahrplanmäßigen Verkehr zwischen Künzelsau und Mergentheim (Württemberg) auf. Im Auftrag der Postverwaltung übernimmt die private Omnibuslinie die Postbeförderung auf der 30 km langen Strecke. Sie gilt damit als erste Kraftpostlinie in Deutschland, auch wenn der Verkehr bereits im Juli 1899 wieder eingestellt werden muss.

03. NOV: In Marienfelde bei Berlin wird die 1879 von Adolf Altmann gegründete Maschinenbauanstalt in eine Aktiengesellschaft umgewandelt, die unter dem Namen Motorfahrzeug- und Motorenfabrik Berlin AG (MMB) firmiert und nach Daimler Patent-Lizenzen Personenwagen, Omnibusse und Nutzfahrzeuge produziert. Die MMB fusioniert 1902 mit der Daimler-Motoren-Gesellschaft und wird zur »Zweigniederlassung« Berlin-Marienfelde.

1898
1899

17. FEB: Der erste Daimler-Motor für das Luftschiff des Grafen Zeppelin wird ausgeliefert. Der Vierzylinder-Leichtmetallmotor (Baumuster N) hat 4,4 l Hubraum und entwickelt 15 PS / 11 kW bei 700/min.

21. MÄR: In der Rennwoche von Nizza gewinnt Wilhelm Bauer auf einem zweisitzigen Daimler »Phönix«-Rennwagen die Tourenfahrt Nizza – Magagnosc – Nizza über die Entfernung von 85 km mit einer Durchschnittsgeschwindigkeit von 34,7 km/h. Allerdings reicht es in Frankreich weder in der Geschwindigkeitsprüfung noch im Bergrennen Nizza – La Turbie zu einem Sieg. Emil Jellinek, der den von Bauer gesteuerten Daimler unter seinem Pseudonym »Mercédès« gemeldet hat, insistiert daraufhin in Cannstatt, einen völlig neuen Wagen zu bauen, der im nächsten Jahr den Sieg garantieren soll.

08. MAI: Die offene Handelsgesellschaft Benz & Co. Rheinische Gasmotoren Fabrik, Mannheim, wird in eine Aktiengesellschaft umgewandelt. In den Vorstand wird neben Carl Benz der kaufmännische Leiter Julius Ganß berufen. Am 8. Juni erfolgt die Eintragung ins Handelsregister.

02. JUL: Bei der Automobil-Distanzfahrt Frankfurt/M. – Köln belegen zwei Benz 8-PS-Wagen, gesteuert von Fritz Held und Emil Graf, trotz Sturm, Regen und aufgeweichten Straßen die ersten Plätze.

11. AUG: Die Österreichische Daimler-Motoren-Commanditgesellschaft Bierenz, Fischer & Co., Wiener Neustadt, wird als Vertretung der DMG für Österreich-Ungarn gegründet. Die eigene Produktion bleibt bescheiden und beschränkt sich zunächst auf die Montage von aus Cannstatt gelieferten Teilen.

27. AUG: Das Bergrennen auf dem Semmering mit Start in Schottwien/Österreich wird zum ersten Mal veranstaltet. Zunächst noch als Clubausfahrt und nicht als Rennen ausgeschrieben, gehört es bald zu den wichtigsten automobilistischen Ereignissen. In der Klasse der Wagen erzielt Emil Jellinek auf Daimler »Phönix« 16 PS die beste Zeit.

29. SEP: Die DMG meldet den Namen »Daimler« beim Kaiserlichen Patentamt als Warenzeichen an. Die Eintragung als Schutzmarke erfolgt am 4. Dezember.

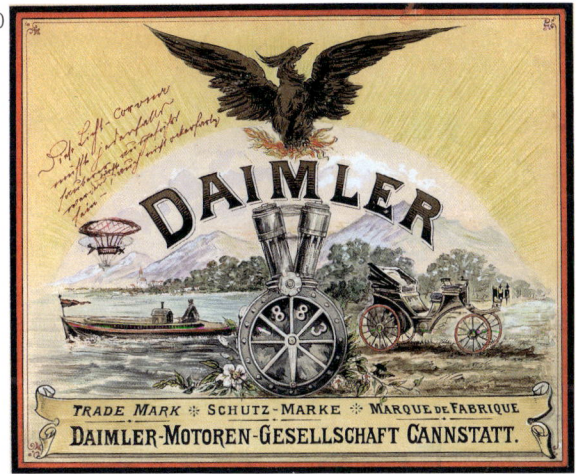

1899	Belegschaft	Produktion Fahrzeuge	Umsatz	
	430	572	–	Benz & Cie.
	327	108	1,584 Mio. M	Daimler-Motoren-Gesellschaft

1900	Belegschaft	Produktion Fahrzeuge	Umsatz		
	400	603	–	Benz & Cie.	
	344	96	2,105 Mio. M	Daimler-Motoren-Gesellschaft	

06. MÄR: Gottlieb Daimler stirbt im Alter von 65 Jahren in Cannstatt.

1

26.–30. MÄR: An der Rennwoche von Nizza nehmen mehrere neu konstruierte Daimler »Phönix« 23 PS Rennwagen teil. Emil Jellinek beteiligt sich mit zwei Wagen, die er, wie bereits im Vorjahr, unter seinem Pseudonym »Mercédès« gemeldet hat. Beim Bergrennen Nizza–La Turbie prallt DMG-Werksfahrer Wilhelm Bauer auf »Mercédès II« gegen eine Begrenzungswand und verunglückt tödlich. Sein Beifahrer Hermann Braun, der sich mit »Mercédès I« bereits beim Rennen Nizza–Marseille überschlagen hat, bleibt auch diesmal unverletzt. Der tragische Ausgang des Rennens veranlasst Jellinek, die Konstruktion eines leichteren Fahrzeugs mit längerem Radstand und niedrigerem Schwerpunkt anzuregen.

2, 3

02. APR: Jellinek und die DMG treffen in Nizza eine Vereinbarung über den Vertrieb von Daimler-Automobilen und -Motoren, in der die Verkaufspreise und -modalitäten festgelegt werden. Vereinbart wird außerdem, dass »eine neue Motorform hergestellt werden und dieselbe den Namen Daimler-Mercedes führen« soll. Jellineks Pseudonym »Mercédès«, das er nach dem Vornamen seiner Tochter aus erster Ehe gewählt hat, ist damit erstmals als Markenbezeichnung vorgesehen. Noch im April bestellt Jellinek in Cannstatt 36 Fahrzeuge zu einem Gesamtpreis von 550 000 Goldmark.

08. JUN: Die DMG bestätigt Emil Jellinek einen weiteren Großauftrag, der 36 Fahrzeuge mit 8-PS-Motor umfasst.

4

02. JUL: In Friedrichshafen startet das erste Zeppelin-Luftschiff LZ 1, angetrieben von zwei Daimler-Motoren, zu seinem Jungfernflug.

14. AUG: Die DMG schließt einen Kaufvertrag mit der Gemeinde Untertürkheim ab, der den Erwerb eines 185 000 m² großen Areals zur Errichtung eines neuen Werks ermöglicht.

5

20. SEP: Der sogenannte Bienenwabenkühler wird als »Kühl- und Kondensationsvorrichtung mit Querstromprinzip« zum Patent angemeldet. Der unter DRP Nr. 122 766 am 8. August 1901 geschützte neuartige Kühler mit hoher Kühlleistung basiert auf dem 1897 von Wilhelm Maybach entwickelten Röhrchenkühler und ist eine wichtige Voraussetzung für die Leistungssteigerung im Fahrzeugmotorenbau.

1900

6
30. OKT: Paul Daimler, der älteste Sohn des Firmengründers, beendet die Konstruktionsarbeiten an seinem Kleinwagen mit quer eingebautem 8-PS-Zweizylindermotor. Das erste Fahrzeug wird im Oktober 1901 fertiggestellt. Der »Paul-Daimler-Wagen« kann sich am Markt jedoch nicht durchsetzen und wird nur in geringer Stückzahl gebaut.

7
22. NOV: Der erste Mercedes 35 PS wird in Cannstatt fertiggestellt; nach ausgedehnter Erprobung und konstruktiver Überarbeitung erfolgt am 22. Dezember der Versand an Emil Jellinek in Nizza.

31. DEZ: Die Firma Benz & Cie. hat im Jahr 1900 neben Stationärmotoren 603 Automobile ausgeliefert, davon 341 ins Ausland. Sie ist damit die größte Automobilfabrik der Welt.

Bei der Daimler-Motoren-Gesellschaft wird die Arbeiterunterstützungskasse gegründet.

Um die Jahrhundertwende erlebt das europäische Bürgertum seine »Belle Époque«. Die industrielle Revolution hat den Wohlstand gemehrt und den Lebensstandard erhöht. Verkehrsmittel wie die Eisenbahn und das Fahrrad erleichtern Reisen an ferne und nicht ganz so ferne Orte. Der Massentourismus entsteht, und mit ihm erblühen Städte wie Nizza. Auf Nizzas Boulevards flanieren die Schönen und Reichen Europas. Man ist unter sich, trifft sich in Café, Kasino und Theater. Zu den exklusiven Vergnügungen dieser Oberschicht zählen auch Rennsportveranstaltungen, denn die Geschwindigkeit ist zur Leitidee jener Jahre geworden. Hier entdecken Adel und gehobenes Bürgertum ein neues Statussymbol: das Automobil.

Belle Époque

3/20
Der erste Mercedes
1901

Mercedes 35 PS  | Emil Jellinek  | Mercedes Jellinek  | Wilhelm Maybach  | Rennwoche »Semaine Automobile«

Beste Kontakte zur exklusiven Gesellschaft auf Nizzas Promenaden hat der Lebemann Emil Jellinek, der die Winter mit seiner Familie an der Riviera verbringt. Der umtriebige Geschäftsmann entdeckt 1898 ein neues Geschäftsfeld: Er vertreibt Fahrzeuge der Daimler-Motoren-Gesellschaft (DMG).
1899 verkauft er 10 Daimler-Wagen, 1900 bereits 29 Stück. Sein wichtigstes Verkaufsargument sind Erfolge bei Rennen, bei denen Jellinek die Daimler-Automobile an den Start bringt.

Dabei tritt er unter dem Pseudonym »Mercédès« auf, dem Vornamen seiner 1889 geborenen Tochter. Immer wieder drängt Jellinek die DMG und ihren Chefkonstrukteur Wilhelm Maybach, leistungsstärkere und schnellere Wagen zu entwickeln. Im April 1900 wird auf seine Anregung hin ein neuartiges Automobil mit einem besonders leichten und leistungsstarken Motor konstruiert.

Mercedes Jellinek

Mit dem Mercedes 35 PS löst sich das Automobil endgültig vom Kutschenbau und erhält seine eigenständige Form.

Mit diesem Fahrzeug, dem Mercedes 35 PS, nutzt Jellinek den Namen seiner Tochter erstmals auch als Produktbezeichnung. Der Mercedes 35 PS leitet einen grundlegenden Wandel im Automobilbau ein und gilt heute als erstes modernes Automobil. Erstmals ähnelt es nicht mehr der Kutsche oder dem Veloziped, sondern besitzt eine unverwechselbare eigene Form.

Der erste Mercedes dominiert im März 1901 die Rennwoche von Nizza. Mit diesen aufsehenerregenden Rennsiegen beginnt die Erfolgsgeschichte der Marke Mercedes und ihr Aufstieg zum Statussymbol. Paul Meyan, Generalsekretär des Automobil-Club de France, ist sich 1901 sicher: »Wir sind in die Ära Mercedes eingetreten.«

»Sportsleute« oder »Herrenfahrer« werden die frühen Automobilisten auf den staubigen, steinigen Straßen genannt: am Steuer des Mercedes 35 PS Oberingenieur Balz, neben ihm seine Frau und im Fond Adolf Daimler mit Gattin.

Emil Jellinek – bevor er das Automobil als Sportgerät entdeckte.

Die Rennen der »Semaine Automobile« von Nizza fordern Mensch und Material: Vom eleganten Nizza aus führen die Rennstrecken in die steilen, kurvigen Gebirgsstraßen hoch über der Côte d'Azur. Der Mercedes 35 PS, der fast alle Wettbewerbe der Rennwoche gewinnt, wird von Wilhelm Werner gesteuert, Emil Jellinek (mit Backenbart) steht innerhalb der Absperrungen – vor den Damen und hinter dem Rennwagen.

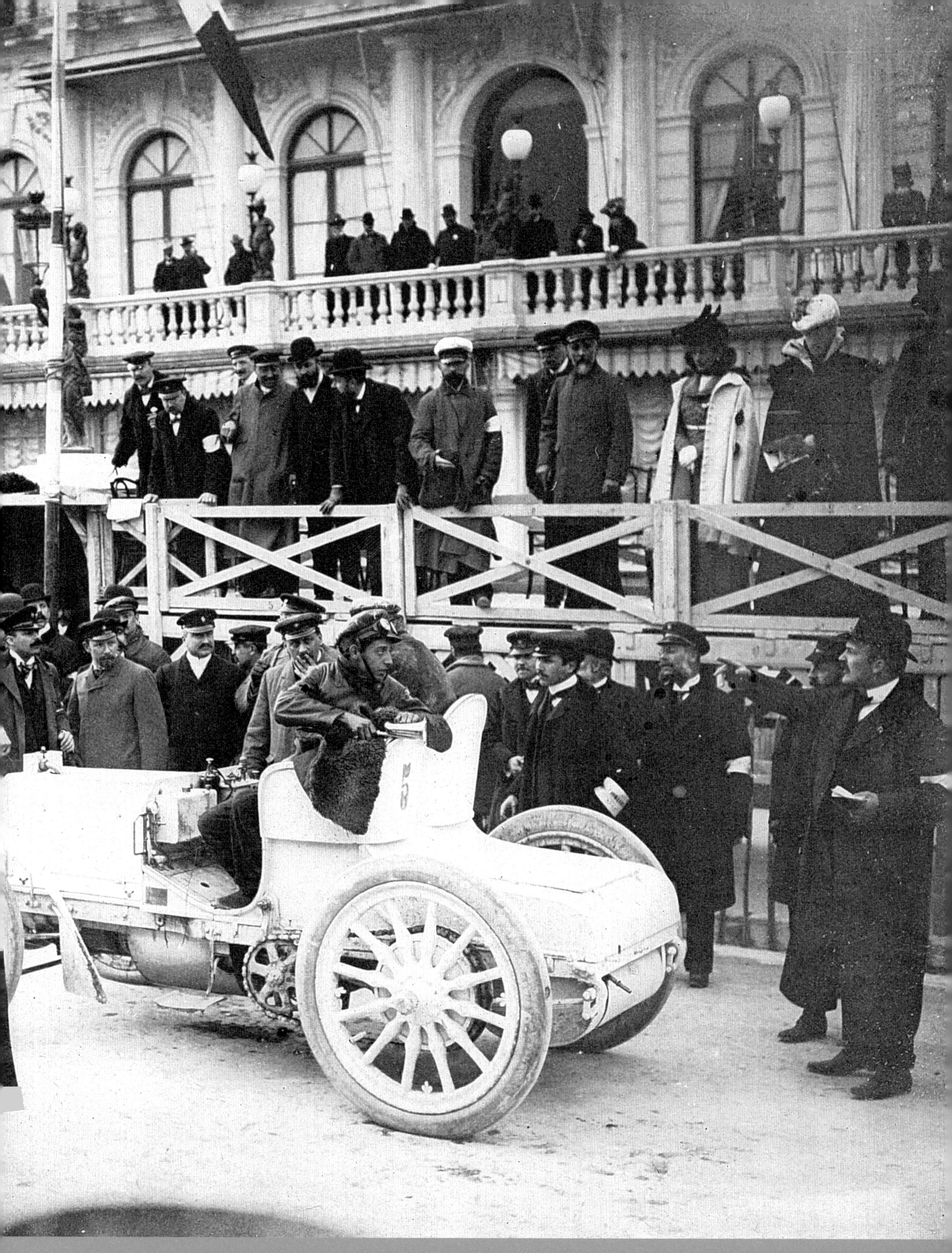

1901	Belegschaft	Produktion Fahrzeuge	Umsatz	
	-	385	-	Benz & Cie.
	424	144	2,482 Mio. M	Daimler-Motoren-Gesellschaft

1
22. MÄR: Der erste Mercedes 12/16 PS, ein Schwestermodell des Typs 35 PS, wird an Emil Jellinek ausgeliefert.

2
25. – 29. MÄR: Bei der Woche von Nizza gewinnt Werksfahrer Wilhelm Werner auf Mercedes 35 PS das Rennen Nizza – Salon – Nizza über eine Distanz von 392 km. Auch beim Bergrennen Nizza – La Turbie belegt Werner mit einer Durchschnittsgeschwindigkeit von 51,4 km/h den ersten Platz. Die Erfolge des neuen Wagens sind so beeindruckend, dass Paul Meyan, Generalsekretär des Automobilclubs von Frankreich, in einem Rückblick auf das Rennen schreibt: »Nous sommes entrés dans l'ère Mercédès« (Wir sind in die Ära Mercedes eingetreten).

11. AUG: Emil Jellinek erhält den ersten Mercedes 8/11 PS, der die Typenpalette der DMG um ein drittes Modell modernster Bauart erweitert.

22. SEP: Dr. Richard Ritter von Stern erzielt auf seinem Mercedes 35 PS den Gesamtsieg beim 3. Semmering-Rennen und gewinnt den von Theodor Dreher gestifteten Wanderpreis des Österreichischen Automobil-Clubs.

3
27. SEP: Der Österreicher Wilhelm Kress nimmt die Flugversuche mit seinem Wasserflugzeug auf, das als das erste Flugzeug mit Verbrennungsmotor gilt und mit einem 35 PS / 26 kW starken Mercedes-Vierzylindermotor ausgerüstet ist. Die Versuche bleiben jedoch erfolglos und müssen eingestellt werden, als das Fluggerät am 3. Oktober kentert und zerstört wird.

1902	Belegschaft	Produktion Fahrzeuge	Umsatz
	-	226	-
	503	197	-

4
01. MÄR: Der erste Mercedes-Simplex 40 PS, eine Weiterentwicklung des Mercedes 35 PS, wird an Jellinek versendet. Fünf Tage später folgen drei weitere Wagen, die ebenfalls für die im April stattfindende Woche von Nizza bestimmt sind. Zusammen mit dem ersten 40-PS-Wagen erhält Jellinek auch den ersten Musterwagen des Mercedes-Simplex 28 PS.

5
07. APR: Beim Bergrennen Nizza – La Turbie siegt E. T. Stead auf Mercedes-Simplex 40 PS mit einem neuen Streckenrekord. Im Meilenrennen am 13. April belegen die Mercedes-Simplex von Degrais, Werner und Lemaître die ersten drei Plätze.

6
07. MAI: Ferdinand Porsche gewinnt das Rennen auf den Exelberg bei Wien in der Kategorie der Wagen. Bei seinem Rennwagen auf Basis des Mercedes-Simplex 28 PS treibt der Benzinmotor über einen Generator elektrische Radnabenmotoren in den Vorderrädern an. Porsche selbst hat diese Antriebstechnik »System Lohner-Porsche« bei der Firma Jacob Lohner & Co. in Wien entwickelt. Derartige Fahrzeuge werden ab 1906 unter der Bezeichnung »Mercédès Mixte« vertrieben.

27. MAI: Mit der Auslieferung des ersten Mercedes-Simplex 20 PS ist auch das dritte Mercedes-Modell des Verkaufsprogramms für 1902 erhältlich. Die Mercedes-Simplex-Typenpalette umfasst Modelle mit 20, 28 und 40 PS (15, 21 und 29 kW).

27. JUN: Die Österreichische Daimler-Motoren-Commanditgesellschaft Bierenz, Fischer & Co., Wiener Neustadt, wird von der Daimler-Motoren-Gesellschaft übernommen und als Tochtergesellschaft weitergeführt. Mit der technischen Leitung wird Paul Daimler betraut.

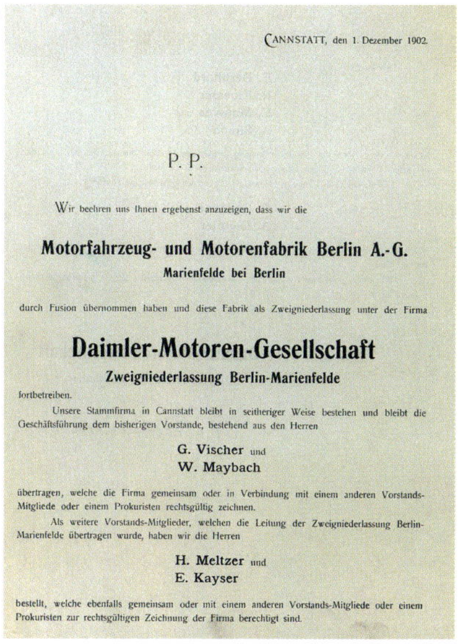

29. JUL: Die Daimler-Motoren-Gesellschaft übernimmt die Motorfahrzeug- und Motorenfabrik Berlin AG (MMB) in Berlin-Marienfelde als »Zweigniederlassung«.

07. SEP: Das 4. Semmering-Rennen endet erneut mit einem Triumph für Mercedes: Wilhelm Werner siegt in neuer Rekordzeit auf Mercedes-Simplex 40 PS und gewinnt den Wanderpreis für Clarence Gray Dinsmore.

26. SEP: Das Warenzeichen »Mercédès«, von der DMG am 23. Juni angemeldet, wird gesetzlich geschützt.

03. OKT: Benz & Cie. stellt auf der Motorwagen-Ausstellung in Hamburg den Typ Parsifal 10/12 PS vor. Das Fahrzeug besitzt einen vorn eingebauten Zweizylindermotor und Kardanantrieb. Damit vollzieht Benz endgültig die Abkehr von Heckmotor und Riemenantrieb. Im Dezember erfolgt auf dem Pariser Salon die Präsentation vor internationalem Publikum.

27. NOV: Die G. F. Milnes & Co., Ltd. in London, an der die Motorfahrzeug- und Motorenfabrik Berlin AG mit 80% beteiligt ist, wird nach der Fusion der MMB mit der DMG in Milnes-Daimler Ltd. umbenannt und übernimmt die alleinige Vertretung der DMG für das gesamte britische Empire.

21. JAN: Mit dem Mercedes-Simplex 18/22 PS liefert die DMG den ersten neuen Mercedes-Typ des Modelljahrs 1903 aus. Der Motor verfügt, erstmals bei der DMG, über hängende Einlassventile, die über Stößelstangen betätigt werden.

24. JAN: Carl Benz scheidet aus der Firma Benz & Cie. aus. 1904 wird er in den Aufsichtsrat des Unternehmens berufen.

17. FEB: Die DMG liefert den ersten Mercedes-Simplex 60 PS an Emil Jellinek. Das neue Modell ist der bislang leistungsstärkste Mercedes-Typ.

08. – 22. MÄR: Anlässlich der Deutschen Automobil-Ausstellung in Berlin wird der erste Benz Vierzylinder-Serienwagen präsentiert. Im Gegensatz zu den Zweizylinder-Modellen ist der Benz Parsifal 16/20 PS mit Kettenantrieb ausgerüstet.

14. – 29. MÄR: Auf der Internationalen Automobil-Ausstellung in Wien stellt die Österreichische Daimler-Motoren-Gesellschaft den von Paul Daimler in Cannstatt konstruierten Kleinwagen als Coupé und Doppel-Phaeton aus. Die Fertigung läuft in Wiener Neustadt an, erreicht aber keine großen Stückzahlen.

FRÜHJAHR: In Mailand wird die Società Italiana dei Motori Daimler gegründet. Sie fungiert als Reparaturwerkstatt und übernimmt den Verkauf der nicht dem Vertrieb durch Jellinek unterliegenden Produkte.

01. APR: Das Bergrennen Nizza – La Turbie endet mit einem Doppelsieg für Otto Hieronimus und Wilhelm Werner auf Mercedes-Simplex 60 PS. Die Freude über den Sieg wird jedoch getrübt durch den tödlichen Unfall von Graf Zborowski, der mit dem 60-PS-Wagen an der gleichen Stelle verunglückt wie drei Jahre zuvor Wilhelm Bauer. Beim Meilenrennen und den Rekordversuchen auf der Promenade des Anglais in Nizza erringt Mercedes am 7. April erneut triumphale Erfolge.

12. APR: Mit der ersten öffentlichen Fahrt eines 14-sitzigen Milnes-Daimler Omnibusses geht in Eastborne die erste Omnibuslinie Englands in Betrieb, bei der Omnibusse mit Benzinmotor zum Einsatz kommen.

09./10. JUN: Ein Großbrand im Cannstatter Werk der DMG vernichtet die Montagehalle mit über 90 teils fertigen, teils in Arbeit befindlichen Wagen. Völlig zerstört werden auch die drei für das Gordon-Bennett-Rennen vorgesehenen 90-PS-Rennwagen. Der Brand hat zur Folge, dass der Bau der neuen Fabrik in Untertürkheim in Tag- und Nachtschichten beschleunigt wird.

02. JUL: Der belgische Rennfahrer Camille Jenatzy siegt im 4. Gordon-Bennett-Rennen in Irland auf Mercedes-Simplex 60 PS. Der Wagen gehört dem amerikanischen Enthusiasten Clarence Gray Dinsmore, der ihn der DMG nach dem Brand in Cannstatt für das Rennen zur Verfügung gestellt hat.

17. SEP: Hermann Braun auf Mercedes-Simplex 60 PS gewinnt das 5. Semmering-Rennen in einer neuen Bestzeit und verhilft Clarence Gray Dinsmore, dem Besitzer des Wagens, zur Verteidigung des Wanderpreises.

DEZ: Im neu errichteten Werk Untertürkheim nimmt die DMG die ersten Produktionsanlagen in Betrieb.

1903	Belegschaft	Produktion Fahrzeuge	Umsatz	
	–	172	–	Benz & Cie.
	821	232	–	Daimler-Motoren-Gesellschaft

1903
1904

1904	Belegschaft	Produktion Fahrzeuge	Umsatz	
	800	–	–	Benz & Cie.
	3 510	698	–	Daimler-Motoren-Gesellschaft

27. JAN: Im Rahmen des Ormond-Daytona Beach Automobil-Turniers in Florida/USA bricht W. K. Vanderbilt jr. mit seinem Mercedes 90-PS-Rennwagen den absoluten Weltrekord über eine Meile mit 148,5 km/h.

30. MÄR: Das von Benz & Cie. am 4. September 1903 angemeldete Warenzeichen wird beim Kaiserlichen Patentamt als Schutzmarke registriert. Es zeigt den Schriftzug »Original Benz«, der von einem Zahnkranz umgeben ist.

MÄR: In Puteaux bei Paris werden die Ateliers Mercédès-Daimler S.A. gegründet, die als Reparaturwerkstatt und Verkaufsstelle für diejenigen Produkte fungieren sollen, die nicht dem Vertrieb durch Jellinek unterliegen.

MÄR: König Edward VII. von England erhält einen Mercedes 18/28 PS.

26. MAI: Die Verwaltung der Daimler-Motoren-Gesellschaft zieht von Cannstatt in das neue Werk Untertürkheim um. Am 17. Oktober wird die Verlegung des Firmensitzes in das Handelsregister eingetragen.

17. JUN: Beim 5. Gordon-Bennett-Rennen, das im Taunus ausgetragen wird, belegen die Mercedes 90-PS-Rennwagen von Camille Jenatzy, Baron Pierre de Caters und Hermann Braun den zweiten, dritten und fünften Platz.

25. SEP: Hermann Braun erzielt beim 6. Semmering-Rennen zum zweiten Mal den Gesamtsieg auf Mercedes, diesmal auf dem 90-PS-Rennwagen von Theodor Dreher.

NOV: Die englische Daimler Motor Company, Ltd. in Coventry wird nach einem Wechsel in den Besitzverhältnissen in Daimler Motor Company (1904), Ltd. umbenannt.

DEZ: In Paris wird die Mercédès Société Française d'Automobiles gegründet, an der neben Emil Jellinek auch die DMG beteiligt ist. Die neue Gesellschaft übernimmt im Juni 1905 die Tochterunternehmen der DMG in Puteaux und Mailand und zum 1. Januar 1906 die bei Jellinek liegenden Vertriebsrechte für Mercedes-Wagen und Schiffsmotoren.

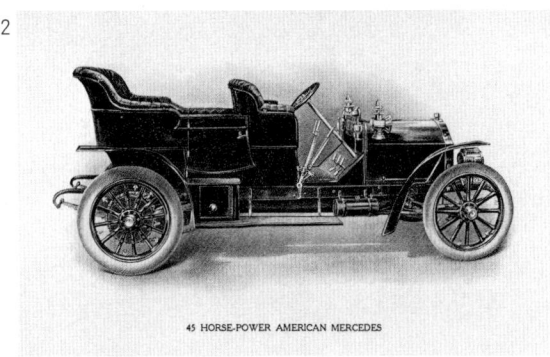

1905	Belegschaft	Produktion Fahrzeuge	Umsatz	
	700	–	–	Benz & Cie.
	3 300	863	–	Daimler-Motoren-Gesellschaft

1
25. JAN: H. L. Bowden erringt den inoffiziellen Weltrekord über eine Meile bei fliegendem Start. Beim Automobil-Turnier von Ormond-Daytona Beach in Florida/USA erzielt er auf einem Mercedes mit zwei 60-PS-Motoren einen Durchschnitt von 176,5 km/h.

30. JAN: E. R. Thomas fährt im Entscheidungslauf des Ormond-Derby in Florida/USA auf Mercedes 90 PS zehn Meilen mit einem Durchschnitt von 153,3 km/h und stellt damit einen neuen Weltrekord auf.

2
JAN: Der »American Mercedes« wird auf der National Automobile Show im New Yorker Madison Square Garden vorgestellt. Der erste Mercedes aus amerikanischer Fertigung, produziert von der Daimler Manufacturing Company, ist im Wesentlichen eine Nachbildung des in Untertürkheim gebauten Mercedes 45 PS.

08. FEB: Georg Wiß gründet die Süddeutsche Automobilfabrik Gaggenau GmbH (S.A.G.) in Gaggenau. Am 27. Februar erfolgt in Rastatt die Eintragung ins Handelsregister.

3
FEB: Die letzte Werkzeugmaschine verlässt die Cannstatter Fabrik der Daimler-Motoren-Gesellschaft auf dem Seelberg in Richtung Untertürkheim.

4
01. JUN: Die erste dauerhafte deutsche Kraftpostlinie wird auf der Strecke Bad Tölz – Lenggries in Betrieb genommen. Zum Einsatz kommen Daimler-Omnibusse für 22 Fahrgäste.

5
11. – 17. AUG: Die erste Herkomer-Konkurrenz, eine 937 km lange Tourenwagenwettfahrt durch Süddeutschland, endet mit einem Dreifachsieg für Mercedes: Edgar Ladenburg, Hermann Weingand und Willy Pöge gewinnen die ersten drei Plätze im Gesamtklassement.

17. SEP: Im 7. Semmering-Rennen siegt erneut Hermann Braun, der mit dem 100-PS-Rennwagen von Theodor Dreher seine Rekordzeit des Vorjahres nochmals verbessert.

6
19. NOV: Zwei Daimler Doppelstock-Omnibusse mit 28 PS / 21 kW eröffnen auf der Strecke Hallesches Tor – Chausseestraße die erste Berliner Omnibuslinie mit benzinbetriebenen Fahrzeugen.

DEZ: Mit Milnes-Daimler Doppeldeckerbussen nimmt die erste Motoromnibuslinie in London ihren Betrieb auf. Bis Mai 1907 wächst die Zahl der Milnes-Daimler Omnibusse in London auf 300 Stück.

1905
1906

1906	Belegschaft	Produktion Fahrzeuge	Umsatz	
	–	–	–	Benz & Cie.
	3 900	546	–	Daimler-Motoren-Gesellschaft

02. APR: Nach einem Arbeitskampf wird die tägliche Arbeitszeit bei der DMG von 10,5 auf 9,5 Stunden reduziert. Gleichzeitig führen mehrere Abteilungen den Zweischichtbetrieb ein, um angesichts der guten Auftragslage die Lieferverpflichtungen erfüllen zu können.

MAI: In Untertürkheim wird der von Wilhelm Maybach konstruierte Mercedes Sechszylinder-Rennwagen fertiggestellt. Anfang August bewährt sich die 120 PS starke Neukonstruktion bei ausgedehnten Erprobungsfahrten am Semmering und auf der Ardennen-Rennstrecke. Ein Riss im Zylinderkopf verhindert dann aber den Einsatz beim Ardennen-Rennen am 13. August.

05. – 13. JUN: Bei der zweiten Herkomer-Konkurrenz, gefahren in Bayern und Österreich über eine Distanz von 1 648 km, belegen Emil Neumaier auf Benz und Willy Pöge auf Mercedes die Plätze zwei und drei.

JUL: In Paris werden unter Beteiligung von Emil Jellinek und der DMG zwei Unternehmen gegründet. Die Société des Automobiles Commerciales, an der die DMG mit etwa 55 % beteiligt ist, erwirbt von der DMG die Werksanlagen in Wiener Neustadt und die Fabrikationslizenzen für Frankreich, Österreich-Ungarn und den Balkan. Die Société Mercédès Electrique, an der die DMG einen 8,5 %igen Anteil hält, ist ein von Jellinek initiiertes Unternehmen, das die Produktion elektrisch betriebener Fahrzeuge nach dem »System Lohner-Porsche« aufnehmen soll. Nach dem Verkauf der Fabrik in Wiener Neustadt wird die Österreichische Motoren-Gesellschaft in eine GmbH umgewandelt. Die technische Leitung übernimmt Ferdinand Porsche, der bei Lohner sieben Jahre zuvor den Radnabenantrieb entwickelt hat.

SEP: Für den zunehmend wichtigen Vertrieb im Inland wird die Deutsche Mercedes-Verkaufsgesellschaft GmbH in Frankfurt/M. gegründet. Beteiligt sind zu gleichen Teilen die bisherige Generalvertretung Flinsch & Co., die Mercédès Société Française d'Automobiles in Paris und die Continental Caoutchouc & Gutta-Percha-Compagnie. Ende 1907 übernimmt die DMG die Anteile von Flinsch und Continental.

23. SEP: Im 8. Semmering-Rennen stellt Hermann Braun auf einem Mercedes 100-PS-Rennwagen von Theodor Dreher einen neuen Semmering-Rekord mit einem Durchschnitt von 77,0 km/h auf. Für Braun ist dies der vierte Sieg in Folge bei diesem bedeutenden österreichischen Bergrennen. Dreher, dessen Wagen zum dritten Mal den Sieg erzielt, wird damit auch zum endgültigen Gewinner des von ihm selbst gestifteten Wanderpreises.

09. OKT: In Mannheim wird die Rheinische Automobil-Gesellschaft AG für den Vertrieb von Benz-Automobilen gegründet.

NOV: Die Österreichische Daimler-Motoren-Gesellschaft präsentiert die neuen Mercédès Mixte Pkw-Modelle für 1907. Der 45-PS- oder 70-PS-Benzinmotor treibt über einen Generator elektrische Radnabenmotoren in den Vorderrädern an.

01. DEZ: Bei der freiwilligen Feuerwehr Grunewald wird die erste von einem Benzinmotor angetriebene Feuerlösch-Gasspritze Deutschlands in Dienst gestellt. Das 32/35-PS-Vierzylinder-Fahrgestell stammt von der Süddeutschen Automobilfabrik Gaggenau.

07. – 23. DEZ: Auf dem Pariser Automobil-Salon debütiert der Mercedes 75 PS. Das neue Topmodell hat 10,2 l Hubraum und ist das erste Serienfahrzeug der DMG mit Sechszylindermotor.

Benz & Cie. kauft ein Fabrikgelände in Mannheim-Waldhof auf dem Luzenberg für 1,6 Mio. Mark.

Die Daimler-Motoren-Gesellschaft gründet im Werk Untertürkheim eine eigene Karosserieabteilung, die die Fertigung der Karosserien für die Mercedes-Personenwagen übernimmt.

1907

Belegschaft	Produktion Fahrzeuge	Umsatz	
–	–	–	Benz & Cie.
–	149	–	Daimler-Motoren-Gesellschaft

13. FEB: In einer schweren Feuersbrunst werden die Fabrikationsanlagen der Daimler Manufacturing Company in New York vollständig zerstört. Acht fertige und etwa 40 im Bau befindliche Wagen gehen in Flammen auf.

1, 2

28. FEB – 12. MÄR: Auf der Internationalen Automobil-Ausstellung in Wien wird der von Ferdinand Porsche konstruierte »Maja«-Wagen zunächst als Fahrgestell präsentiert. Die Produktion des von Emil Jellinek initiierten und nach seiner zweiten Tochter benannten 28/32-PS-Wagens läuft kurze Zeit später bei der Österreichischen Daimler-Motoren-Gesellschaft in Wiener Neustadt an. Jellinek kann mit dem »Maja« aber nicht an den Verkaufserfolg des Mercedes anknüpfen. Eine weitere in Wien präsentierte Neuheit ist der Mercédès Mixte Omnibus mit 45-PS-Benzinmotor und elektrischem Radnabenantrieb.

3

01. APR: Wilhelm Maybach scheidet aus der Daimler-Motoren-Gesellschaft aus. Sein Nachfolger als Leiter des Konstruktionsbüros und der technischen Direktion wird Paul Daimler.

07. MAI: Das motorisierte Versuchsluftschiff des Preußischen Luftschiffer-Bataillons startet zu seiner ersten Fahrt. Das nach dem halbstarren System gebaute Schiff wird von einem 30 PS / 22 kW starken Vierzylindermotor der Süddeutschen Automobilfabrik Gaggenau angetrieben und erzielt am 23. Juli mit 3 Stunden und 27 Minuten einen neuen Dauerflugrekord.

4

04. – 13. JUN: Edgar Ladenburg auf Benz gewinnt das Gesamtklassement der dritten und letzten Herkomer-Konkurrenz und wird mit seinem zweiten Sieg endgültiger Gewinner des Herkomer-Preises. Auf der 1 819 km langen Fahrt durch Sachsen und Süddeutschland steuert Fritz Erle, Leiter der Benz-Rennabteilung, den Tourenwagen von Ladenburg.

5

13. – 16. JUN: Beim Verbandstag der deutschen Berufsfeuerwehren in Stuttgart führt die DMG ein Feuerwehrfahrzeug auf 32/35-PS-Chassis vor, das kurz zuvor im Werk Marienfelde fertiggestellt und an die Feuerwehr Frankfurt/M. ausgeliefert worden ist. Dieses Fahrzeug ist die erste von einem Benzinmotor angetriebene Feuerlösch-Gasspritze, die bei einer deutschen Berufsfeuerwehr in Dienst gestellt wurde.

6

27. JUL: Beim Ardennen-Rennen nach der Grand-Prix-Formel siegt Baron Pierre de Caters auf einem Mercedes Grand-Prix-Rennwagen. Camille Jenatzy belegt auf einem Fahrzeug des gleichen Typs den dritten Platz.

7

22. SEP: Willy Pöge verbessert beim 9. Semmering-Rennen auf seinem Mercedes 120-PS-Rennwagen den Vorjahresrekord von Hermann Braun und gewinnt den erneut von Theodor Dreher gestifteten zweiten Wanderpreis.

8

22. NOV: Auf einer außerordentlichen Generalversammlung der Firma Benz & Cie. wird beschlossen, die Süddeutsche Automobilfabrik Gaggenau GmbH gegen eigene Aktien im Wert von 350 000 Mark zu erwerben.

06. APR: Die beiden von Emil Jellinek und der DMG gegründeten Unternehmen Société Mercédès Electrique und Société des Automobiles Commerciales mit Sitz in Paris werden mit der Österreichischen Daimler-Motoren-Gesellschaft mbH verschmolzen.

9
APR: Ein geländegängiger Daimler-Personenwagen mit Allradantrieb und Allradlenkung beendet eine Erprobungsfahrt über 1 677 km von seinem Produktionswerk Berlin-Marienfelde nach Untertürkheim und zurück. Im Mai wird das Fahrzeug nach Swakopmund im heutigen Namibia verschifft. Dort nutzt es Bernhard Dernburg, Staatssekretär im Reichskolonialamt, zu ausgiebigen Fahrten.

10
APR: Das erste Serienfahrzeug des 35-PS-»Mercedes Cardan-Wagens« verlässt das Werk Untertürkheim. Damit beginnt die Markteinführung des ersten Mercedes-Pkw mit Kardanantrieb.

26. MAI: Benz & Cie. gründet in Budapest die Ungarische Benz-Automobilfabrik AG zur Produktion von Pkw, Lkw und Omnibussen.

11
MAI: Benz bringt mit dem Typ 10/18 PS einen kleinen und preiswerten Wagen auf den Markt. Das erste Exemplar erhält Prinz Waldemar, der Sohn von Prinz Heinrich.

12
09. – 18. JUN: Die erste Prinz-Heinrich-Fahrt, ein vom Bruder des deutschen Kaisers ausgelobter Tourenwagenwettbewerb, wird auf der Strecke Berlin – Hamburg – Köln – Frankfurt/M. gefahren. Sieger wird Fritz Erle auf einem Benz 50-PS-Tourenwagen.

13
07. JUL: Christian Lautenschlager siegt auf einem Mercedes 140 PS beim Großen Preis von Frankreich in Dieppe. Er fährt die 769,88 km mit einer Durchschnittsgeschwindigkeit von 111,1 km/h. Die Plätze zwei und drei belegen Victor Héméry und René Hanriot auf Benz, den Rundenrekord erzielt Otto Salzer auf einem Mercedes 140 PS mit 126,5 km/h.

14
14. SEP: Der erste elektrisch betriebene Automobil-Feuerlöschzug Deutschlands nimmt bei der Berliner Feuerwehr den Betrieb auf. Er umfasst vier Fahrzeuge auf Mercédès Electrique Fahrgestellen der Österreichischen Daimler-Motoren-Gesellschaft. Eine starke Batterie über der Vorderachse versorgt die elektrischen Radnabenmotoren in den Vorderrädern.

20. SEP: Otto Salzer gewinnt auf dem Mercedes 150-PS-Rennwagen von Theodor Dreher das 10. Semmering-Rennen mit einem neuen Streckenrekord von 81,2 km/h.

15
12. OKT: Das mit einem Gesamtaufwand von 4,6 Mio. Mark fertiggestellte Benz-Werk auf dem Luzenberg in Mannheim-Waldhof wird offiziell eingeweiht. Die Automobilfertigung wird bis 1909 sukzessive in die neue Fabrik verlegt. Im alten Werk in der Waldhofstraße verbleibt die Abteilung »Stationärer Motorenbau«.

1907
1908

1908	Belegschaft	Produktion Pkw / Nfz	Umsatz	
	1 860	348 / 298	9,5 Mio. M	Benz & Cie.
	2 860	109 / 122	9,8 Mio. M	Daimler-Motoren-Gesellschaft

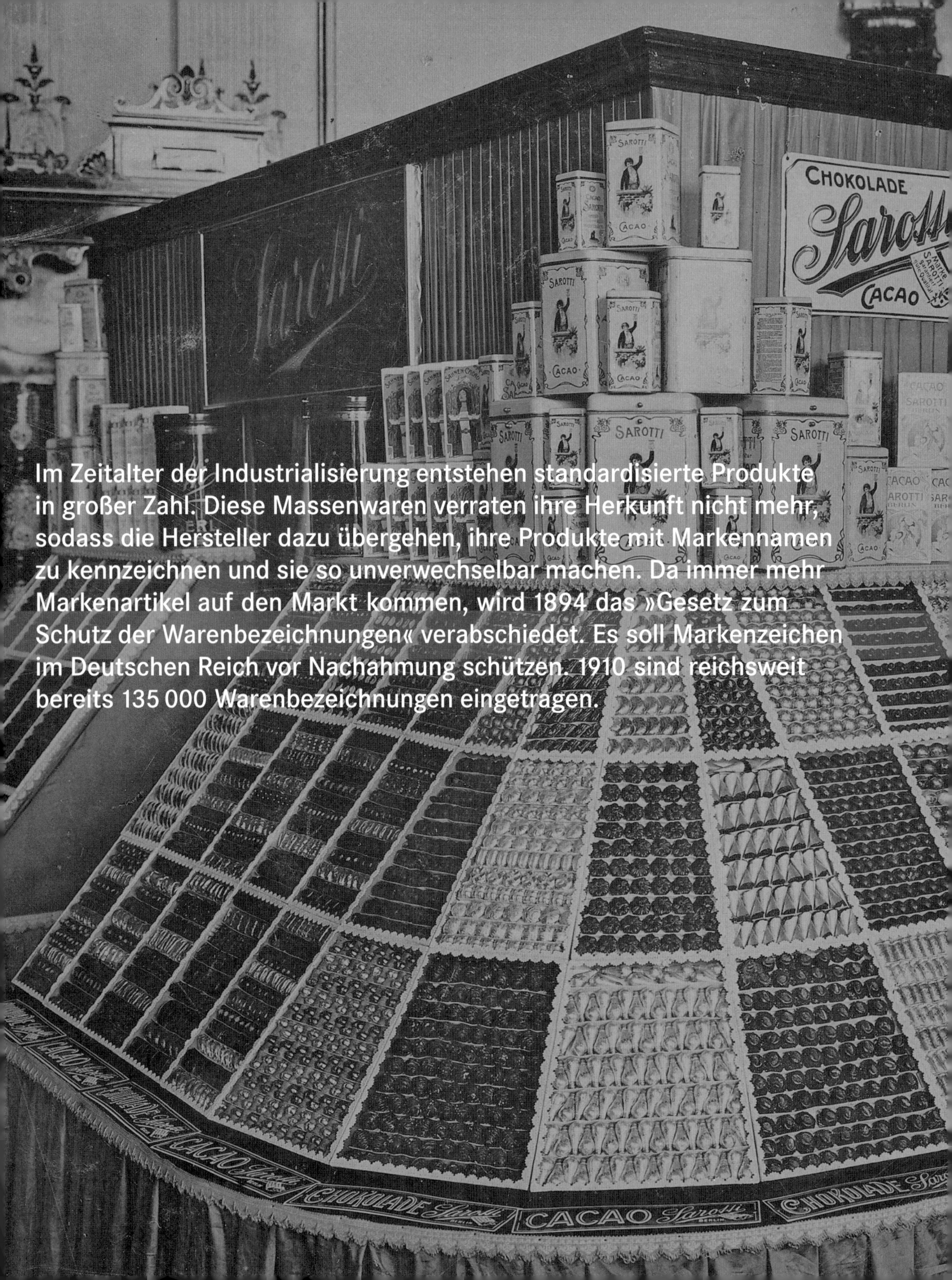

Im Zeitalter der Industrialisierung entstehen standardisierte Produkte in großer Zahl. Diese Massenwaren verraten ihre Herkunft nicht mehr, sodass die Hersteller dazu übergehen, ihre Produkte mit Markennamen zu kennzeichnen und sie so unverwechselbar machen. Da immer mehr Markenartikel auf den Markt kommen, wird 1894 das »Gesetz zum Schutz der Warenbezeichnungen« verabschiedet. Es soll Markenzeichen im Deutschen Reich vor Nachahmung schützen. 1910 sind reichsweit bereits 135 000 Warenbezeichnungen eingetragen.

Die Welt der Marken

4/20
Stern und Lorbeerkranz
1909

Daimler
Dreizackstern

Benz
Lorbeerkranz

Gottlieb Daimler

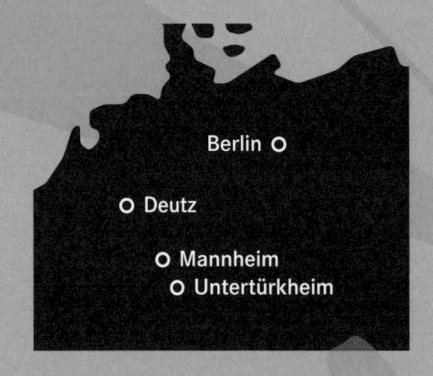

Ursprungsorte der Markenzeichen

Anfang des 20. Jahrhunderts suchen Benz & Cie. und die Daimler-Motoren-Gesellschaft (DMG) nach einprägsamen Markenzeichen. Benz entscheidet sich zuerst für einen stilisierten Zahnkranz, dann für einen Lorbeerkranz, Daimler für einen Stern. Die erste Idee des Daimler-Sterns stammt allerdings schon von 1872 und geht der Überlieferung nach auf den Firmengründer zurück.

Gottlieb Daimler hat seinerzeit auf einem Foto von Köln und Deutz sein Wohnhaus mit einem Stern gekennzeichnet und seiner Frau dazu geschrieben: »Von hier aus wird ein Stern aufgehen, und ich will hoffen, daß er uns und unseren Kindern Segen bringt.«

1909 beantragt die DMG beim Kaiserlichen Patentamt in Berlin Gebrauchsmusterschutz für eine dreizackige und eine vierzackige Variante des Sterns. Der Dreizackstern setzt sich durch und wird auch als Symbol für Daimlers Bemühen um universelle Motorisierung »zu Lande, zu Wasser und in der Luft« verstanden.
Der Markenname »Mercedes« ist bereits seit 1902 gesetzlich geschützt. Ebenfalls 1909 meldet Benz & Cie. den Firmennamen in einem stilisierten Lorbeerkranz als Warenzeichen an.

Heute ist der Mercedes-Stern eines der bekanntesten Markenzeichen der Welt. 1955 nutzt Daimler-Benz die Popularität seines Symbols für den Slogan »Ihr guter Stern auf allen Straßen«. Später entdeckt die Subkultur den Stern als Accessoire, sodass dieser schichtenübergreifend zum Statussymbol wird.

Ein neuer Stern über Deutz: »Von hier aus wird ein Stern aufgehen, und ich will hoffen, daß er uns und unseren Kindern Segen bringen wird«, schreibt Gottlieb Daimler an seine Frau Emma und markiert das neue Wohnhaus in Deutz mit einem Stern. Die Ansicht zeigt einen Blick von Köln nach Deutz, wo Daimler von 1872 bis 1882 in der Gasmotoren-Fabrik Deutz arbeitet.

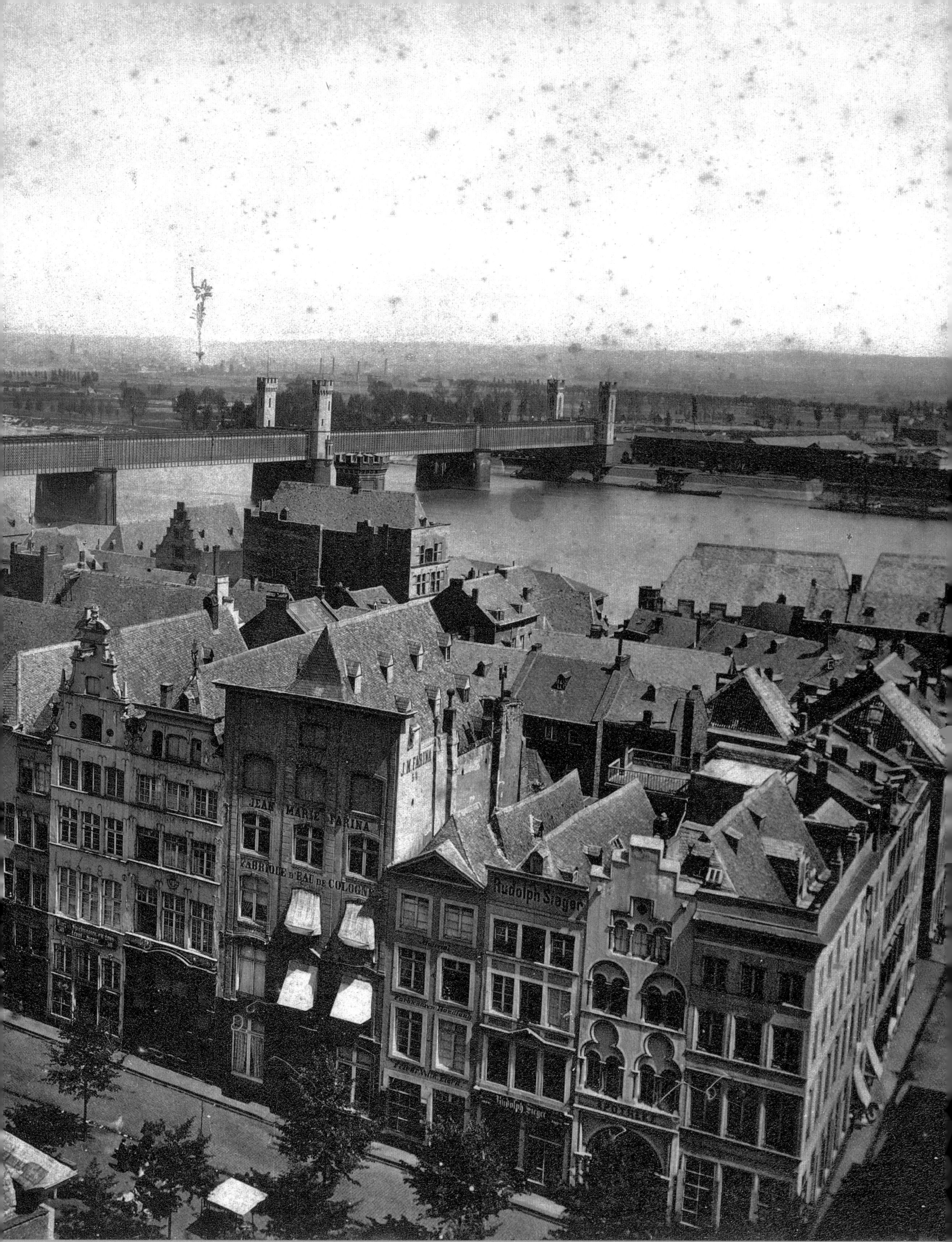
JEAN MARIE FARINA
FABRIQUE D'EAU DE COLOGNE
Rudolph Sieger

1
14. MÄR: Benz & Cie. meldet das von Prosper L'Orange erfundene Vorkammerprinzip bei Dieselmotoren für die Firma zum Patent an (DRP Nr. 230 517).

2
APR: Nach Abschluss eines Vorvertrags zur Lizenzfertigung beschließt die DMG, den von dem Amerikaner Charles J. Knight erfundenen ventillosen Schiebermotor in einer Versuchsserie von sechs Stück zu bauen. Das erste Exemplar wird am 23. Juli fertiggestellt.

3
01. MAI: In Swakopmund/Deutsch-Südwestafrika vollendet der Deutsche Paul Graetz die erste Durchquerung Afrikas im Automobil. Sein 35-PS-Spezialwagen der Süddeutschen Automobilfabrik Gaggenau GmbH ist mit einem Sonderaufbau des Berliner Karosserieherstellers Neuss versehen. Die 9 500 km lange Reise hat am 10. August 1907 in Dar-es-Salaam/Deutsch-Ostafrika begonnen.

4
MAI: Fünf Monate nach der Präsentation des Prototyps im Mercedes Palace in Paris beginnt die DMG mit der Auslieferung des 15/20 PS »Mercedes Cardan-Wagens«, der das Verkaufsprogramm um ein preiswertes Einsteigermodell und einen zweiten Pkw mit Kardanantrieb ergänzt.

5
10. – 18. JUN: Bei der zweiten Prinz-Heinrich-Fahrt auf der 1 858 km langen Strecke Berlin – Breslau – Tatra-Lomnitz – Wien – Salzburg – München belegt der Mercedes von Willy Pöge den zweiten Platz. Der von Werksfahrer Vischer gesteuerte Wagen ist eine leistungsgesteigerte Version des neuen 15/20-PS-Kardanwagens.

6, 7
24. JUN: Die DMG beantragt Gebrauchsmusterschutz für einen Dreizackstern und, vier Tage später, zusätzlich einen Vierzackstern. Beide Varianten werden am 9. Februar 1911 ins Warenzeichenregister eingetragen. Der Vierzackstern kommt erst 1989 bei der Dasa zum Einsatz, während der Dreizackstern sofort verwendet wird und schon nach kurzer Zeit zu den bekanntesten Markenzeichen der Welt gehört.

8
JUL: Mit der Fertigstellung des ersten 120-PS-Vierzylinders J 4 F beginnt bei der DMG die Flugmotorenproduktion. Einen Monat später entsteht der 30 PS / 22 kW starke B 4 F, und im September wird das erste Exemplar des 60-PS-Vierzylinders D 4 F gefertigt, der bis 1912 in Produktion bleibt.

9
06. AUG: Die Firma Benz & Cie. meldet ihr neues Warenzeichen beim Kaiserlichen Patentamt an. Es zeigt den Namen Benz in einem stilisierten Lorbeerkranz und wird am 10. Oktober 1910 in die Zeichenrolle eingetragen.

1909	Belegschaft	Produktion Pkw / Nfz	Umsatz	
	1 950	787 / 428	14,7 Mio. M	Benz & Cie.
	2 810	671 / 158	12,5 Mio. M	Daimler-Motoren-Gesellschaft

1909
1910

10
22. AUG: Fritz Erle gewinnt mit dem Benz 200-PS-Rennwagen, dem späteren »Blitzen Benz«, das Kilometerrennen bei Frankfurt/M. mit einer Durchschnittsgeschwindigkeit von 159,3 km/h.

11
19. SEP: Nach seinem Vorjahreserfolg erzielt Otto Salzer beim 11. Semmering-Rennen auf dem Mercedes 160-PS-Rennwagen von Theodor Dreher zum zweiten Mal die beste Zeit und verbessert seinen Vorjahresrekord auf 84,3 km/h. Damit erzielt Mercedes zum neunten Mal in Folge den Gesamtsieg bei diesem wichtigen Bergrennen.

12
08. NOV: Auf der englischen Brooklands-Bahn stellt Victor Hémery mit dem Benz 200-PS-Rennwagen zwei Weltrekorde auf. Die halbe Meile bei fliegendem Start legt er mit einer Geschwindigkeit von 205,7 km/h zurück.

1910	Belegschaft	Produktion Pkw / Nfz	Umsatz	
	3 340	1 340 / 381	20,9 Mio. M	Benz & Cie.
	3 230	1 106 / 199	20,3 Mio. M	Daimler-Motoren-Gesellschaft

13
01. MÄR: Die Berufsfeuerwehr Breslau stellt die erste auf einem benzingetriebenen Daimler-Chassis gebaute Drehleiter in Dienst. Sie ist damit die erste Feuerwehr Deutschlands, die einen nur aus Benzinautomobilen bestehenden Löschzug besitzt. Alle drei Fahrzeuge (Motorspritze, Drehleiter und Gerätewagen) sind auf 28/32-PS-Fahrgestellen von Daimler Marienfelde aufgebaut.

14
15. MÄR: Die DMG erwirbt die Lizenz für den ventillosen Knight-Schiebermotor zunächst für einen Zeitraum von zehn Jahren.

15
17. MÄR: Barney Oldfield fährt in Daytona Beach, Florida/USA auf Benz 200 PS »Lightning Benz« eine Meile mit einem Schnitt von 211,4 km/h und stellt damit einen neuen Weltrekord auf.

16
02. – 08. JUN: An der dritten Prinz-Heinrich-Fahrt, die auf der Strecke Berlin – Braunschweig – Kassel – Nürnberg – Straßburg – Metz – Homburg v. d. H. ausgetragen wird, beteiligt sich Benz & Cie. mit speziellen Tourensportwagen. Der 100 PS / 74 kW starke Vierzylinder mit 7,2 l Hubraum ist, erstmals bei Benz, als Vierventiler konstruiert. Trotz moderner Technik belegen die 100-PS-Wagen jedoch nur die Plätze acht und zehn. Erfolgreichster Benz-Fahrer ist Fritz Erle, der mit einem 80-PS-Spezialtourenwagen den fünften Platz erringt.

03. OKT: Die außerordentliche Hauptversammlung der Birmingham Small Arms Co., Ltd. beschließt die Übernahme der Daimler Motor Company (1904), Ltd.. 50 Jahre später, im Juni 1960, verkauft der BSA-Konzern die englische Daimler-Gesellschaft an die Jaguar Cars Ltd. in Coventry/Großbritannien.

07. OKT: Die Österreichische Daimler-Motoren-Gesellschaft wird in eine Aktiengesellschaft umgewandelt. Der Anteil der DMG liegt bei etwa 25 %. Am 28. Dezember verpflichtet sich die österreichische Gesellschaft, ab dem 1. März 1911 auf die Verwendung des Namens Mercedes für ihre Produkte zu verzichten.

17
12. NOV: Das Rennen um den Großen Preis von Amerika in Savannah, Georgia/USA endet mit einem Doppelsieg für Benz. David-Bruce Brown und Victor Hémery kreuzen die Ziellinie im Sekundenabstand. Ihre 150-PS-Rennwagen basieren auf dem Benz Grand-Prix-Typ von 1908.

18
03. – 18. DEZ: Auf dem Pariser Automobil-Salon präsentiert die DMG ein Landaulet mit einem ventillosen Knight-Schiebermotor. Die Serienfertigung des Mercedes-Knight 16/40 PS beginnt Anfang 1911.

Die Firma Benz & Cie. liefert ihre ersten beiden Viertakt-Schiffsdieselmotoren.

1911	Belegschaft	Produktion Pkw / Nfz	Umsatz	
	3 870	2 265 / 441	27,7 Mio. M	Benz & Cie.
	–	1 490 / 291	26,2 Mio. M	Daimler-Motoren-Gesellschaft

01. JAN: Zum Jahreswechsel wird die Süddeutsche Automobilfabrik Gaggenau GmbH in die Benzwerke Gaggenau GmbH umgewandelt. Mit erfolgter Übernahme hat Benz eine komplette Nutzfahrzeug-Modellpalette im Verkaufsprogramm.

12. FEB: An der Stuttgarter Börse wird die DMG-Aktie eingeführt. Am 22. Juli erfolgt die Börseneinführung in Berlin, am 4. September schließlich in Frankfurt / M.

23. APR: Bob Burman verbessert den Rekord von Barney Oldfield und fährt in Daytona Beach, Florida / USA auf Benz 200 PS »Blitzen Benz« eine Meile bei fliegendem Start mit einem Durchschnitt von 228,1 km/h. Dies bedeutet die absolut höchste Geschwindigkeit eines Straßenfahrzeugs und einen Weltrekord, der bis 1919 ungeschlagen bleibt.

11. JUN – 07. JUL: Im Rahmen des deutschen Rundflugs um den »B. Z.-Preis der Lüfte« erhält die DMG den Ehrenpreis der »Automobil- und flugtechnischen Gesellschaft« Berlin für den besten Flugmotor. Prämiert wird der 70 PS / 51 kW starke Mercedes-Vierzylinder E 4 F.

29./30. JUN: Hellmuth Hirth gewinnt den Kathreinerpreis für den Überlandflug Berlin – München. Seine Etrich-Rumpler Taube ist mit dem Mercedes-Flugmotor E 4 F ausgerüstet.

JUN: Benz & Cie. beginnt mit der Markteinführung des Benz 8/18 PS, eines Kleinwagens, den der Konstrukteur Karl Ketterer im Sommer 1910 im Rahmen eines internen Wettbewerbs bei Benz entworfen hat. Zur gleichen Zeit läuft die Serienproduktion des Konkurrenzmodells Mercedes 8/18 PS an, das die Typenpalette der DMG um ein weiteres preiswertes Modell der unteren Hubraumklasse ergänzt.

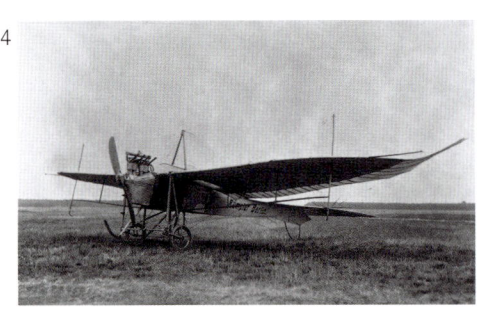

JUN: In Untertürkheim beginnt die Auslieferung des Mercedes 37/90 PS. Das neue Topmodell der DMG, dessen Vierzylindermotor mit Dreiventiltechnik und Doppelzündung ausgerüstet ist, löst die seit Ende 1906 gebauten Sechszylindertypen ab und verfügt wie diese über Kettenantrieb. Der Mercedes 37/90 PS ist die letzte Neuentwicklung der DMG, die mit Kettenantrieb auf den Markt kommt.

26. AUG: Die Firma Benz & Cie. ändert ihren Namen in Benz & Cie., Rheinische Automobil- und Motorenfabrik Mannheim AG.

20. SEP: Das DMG-Werk Marienfelde wird mit der Produktion einer Serie von zehn Viertakt-Schiffsdieselmotoren mit Lufteinblasung beauftragt. Die ersten fünf Exemplare des 100 PS / 74 kW starken Vierzylinders RM 20274 werden 1912 ausgeliefert.

SEP: Eineinhalb Jahre nach dem Erwerb der Fertigungs- und Vertriebsrechte für Deutschland und Österreich-Ungarn liefert Benz & Cie. den ersten Zweitakt-Schiffsdieselmotor »Patent Hesselman« aus eigener Fertigung. Die Zuverlässigkeit des Motors, den die schwedische Aktiebolaget Diesels Motorer in Stockholm seit 1907 produziert, demonstriert eindrucksvoll das Forschungsschiff »Fram«, das Roald Amundsen Anfang 1910 für seine Antarktis-Expedition mit einem 180 PS / 132 kW starken Aggregat dieser Bauart ausrüsten ließ.

27. NOV: Beim Rennen um den Vanderbilt Cup in Savannah, Georgia/USA belegt der amerikanische Rennfahrer Ralph de Palma den zweiten Platz. Sein neuer grau lackierter Mercedes-Rennwagen, von de Palma »Grey Ghost« genannt, basiert auf dem Grand-Prix-Typ von 1908 und ist mit einem überarbeiteten 37/90-PS-Serienmotor ausgerüstet. Auf einem Wagen des gleichen Typs erringt Spencer Wishart den dritten Platz.

08. DEZ: Der Vorstand der Daimler-Motoren-Gesellschaft beschließt die »Aufnahme der Fabrikation von Dieselmotoren für Straßenfahrzeuge« und beauftragt den Betriebsingenieur Fritz Schwarz mit dieser Aufgabe. Schwarz entwickelt zunächst einen Einzylindermotor mit Druckspeicher und Direkteinspritzung, der Ende 1913 einsatzfähig ist.

1912	Belegschaft	Produktion Pkw / Nfz	Umsatz
	6 450	3 095 / 571	37,8 Mio. M
	–	1 866 / 317	29,9 Mio. M

FEB: Die Daimler-Motoren-Gesellschaft liefert einen Mercedes 28/50-PS-Kardanwagen an den japanischen Kaiser Yoshihito aus. Dieses Fahrzeug ist das erste Automobil am japanischen Kaiserhof.

30. AUG: In Elgin, Illinois/USA gewinnt Ralph de Palma das Rennen um die Elgin Trophy und das Rennen der freien Formel auf Mercedes 37/90-PS-Rennwagen. Zweiter wird Erwin Bergdoll auf Benz Grand-Prix-Rennwagen.

01. OKT: Der von Ingenieur Arthur Berger entwickelte Vierzylinder-Flugmotor Benz FX wird der Deutschen Versuchsanstalt für Luftfahrt in Berlin-Adlershof übergeben. Dort beginnen ausgedehnte Untersuchungen im Rahmen des Kaiserpreis-Wettbewerbs um den besten deutschen Flugmotor.

02. OKT: Ralph de Palma gewinnt das Rennen um den Vanderbilt Cup in Milwaukee, Wisconsin/USA auf Mercedes 37/90-PS-Rennwagen. Spencer Wishart wird auf einem Wagen des gleichen Typs Dritter. Beim Großen Preis von Amerika, der vier Tage später auf der gleichen Strecke ausgetragen wird, überschlägt sich der »Grey Ghost« von de Palma nach einer Kollision. Erwin Bergdoll auf Benz belegt den zweiten Platz.

1, 2
27. JAN: Der Benz FX, ein 9,6-l-Vierzylindermotor mit einer Nennleistung von 105 PS / 77 kW, gewinnt den ein Jahr zuvor ausgeschriebenen Kaiserpreis für den besten deutschen Flugmotor. Den zweiten Platz belegt der Mercedes DF 80, ein 90 PS / 66 kW starker 7,2-l-Sechszylinder. Auch der dritte Rang fällt an Benz & Cie.

APR: Die DMG veräußert ihre Anteile an der Österreichischen Daimler-Motoren-AG an die Pilsener Skoda-Werke AG. Damit endet die Verbindung der DMG mit ihrer ehemaligen Tochtergesellschaft.

3
30. SEP: Das neue Verkaufshaus der DMG, der »Mercedes-Palast« in Berlin-Mitte, Unter den Linden 50/51, wird eröffnet.

4
22. DEZ: Mit einem Benz 200 PS, einer modifizierten Variante des »Blitzen Benz«, erzielt L. G. Hornsted auf der Brooklands-Bahn in England zwei Weltrekorde: eine halbe Meile bei stehendem Start mit einer Durchschnittsgeschwindigkeit von 113,8 km/h und einen Kilometer mit 118,8 km/h.

1913	Belegschaft	Produktion Pkw / Nfz	Umsatz	
	–	2 673 / 654	42,4 Mio. M	Benz & Cie.
	5 050	1 567 / 358	31,8 Mio. M	Daimler-Motoren-Gesellschaft

1914	Belegschaft	Produktion Pkw / Nfz	Umsatz
	7 730	1 947 / 1 217	62,7 Mio. M
	5 985	1 404 / 568	55,3 Mio. M

5
26. FEB: Mit seinem »Grey Ghost« gewinnt Ralph de Palma zum zweiten Mal das Vanderbilt-Rennen, das diesmal in Santa Monica, Kalifornien/USA veranstaltet wird.

MÄR: Die Benz-Aktie wird an der Mannheimer Börse eingeführt.

6
MAI: Die ersten Exemplare des Mercedes 28/95 PS, der als neues Spitzenmodell der Produktpalette fungiert, verlassen das Werk. Bis Juli 1915 werden zunächst 25 Fahrzeuge ausgeliefert. Von 1920 bis 1924 entstehen etwa 600 Stück des überarbeiteten Modells.

7
JUN: Das preußische Kriegsministerium beauftragt Benz & Cie. mit der Lieferung von Flugmotoren, nachdem die Produktionskapazitäten der Daimler-Motoren-Gesellschaft für die Bereitstellung der geforderten Stückzahlen nicht ausreichen. Bis 1915 produziert die Firma Benz allein von ihren ersten Sechszylinder-Flugmotoren, dem Bz II mit 115 PS / 85 kW und dem Bz III mit 150 PS / 110 kW, mehr als 3 000 Stück.

8
04. JUL: Christian Lautenschlager gewinnt den Großen Preis von Frankreich in Lyon auf einem Mercedes 4,5-l-Rennwagen, dessen 115 PS / 85 kW starker Vierzylindermotor je zwei Ein- und Auslassventile pro Zylinder besitzt. Die Plätze zwei und drei belegen Louis Wagner und Otto Salzer auf Wagen des gleichen Typs. Mit diesem Dreifachsieg gegen starke Konkurrenz gewinnt die DMG zum zweiten Mal die bedeutendste internationale Rennsportveranstaltung.

JUL: Die DMG führt den Typ 12/32 PS ein, der bis 1919 gebaut und infolge des Krieges hauptsächlich als Feld-Sanitätswagen ausgeliefert wird.

22./23. AUG: In Elgin, Illinois/USA gewinnt Ralph de Palma die Chicago Automobile Club Trophy und die Elgin National Trophy. Sein Rennwagen ist einer der 4,5-l-Grand-Prix-Mercedes, den er von der DMG im Juli 1914 nach dem Sieg in Lyon übernommen hat.

AUG: Bei der DMG geht der Flugmotor Mercedes DF 100 (militärische Bezeichnung D I) in Großserienfertigung. Der 100 PS/74 kW starke Sechszylinder ist eine Weiterentwicklung des DF 80 aus dem Kaiserpreis-Wettbewerb 1913. Bis zum Jahresende läuft auch die Produktion des D II mit 120 PS/88 kW und des D III mit 160 PS/118 kW an. Die beiden aus dem DF 100 abgeleiteten Sechszylinder hat die DMG für den zweiten Kaiserpreis-Wettbewerb konstruiert, der jedoch wegen des Kriegsausbruchs nicht mehr durchgeführt wird.

DEZ: Bei Benz & Cie. geht der Typ DV als erster deutscher V12-Flugmotor in die Prüfstandserprobung. Der 425 kg schwere und 250 PS/184 kW starke Zwölfzylinder mit einem Hubraum von 20,3 l kommt allerdings nicht zum Serieneinsatz.

Erster Weltkrieg

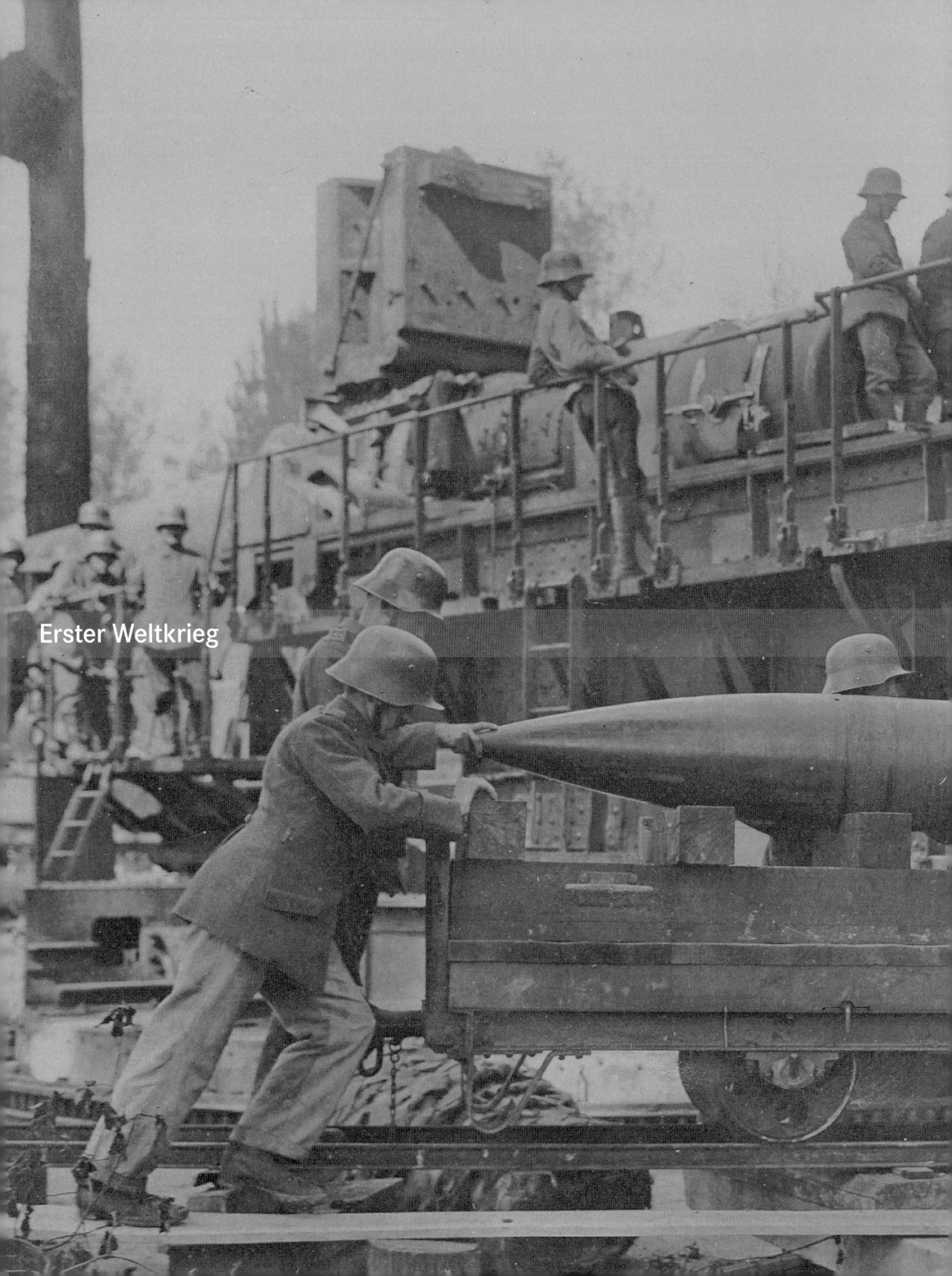

Der Erste Weltkrieg (1914 – 1918) ist der erste hoch technisierte Krieg. Ihn entscheidet nicht allein der Kampf Mann gegen Mann, sondern die Zerstörungskraft der eingesetzten Technik. Im Krieg kommt erstmals ein großer Teil der männlichen Bevölkerung mit Motorfahrzeugen in Kontakt. Dieser Krieg wird mit Maschinengewehren und Geschützen, Panzern und Lastwagen, U-Booten und Kriegsflugzeugen geführt. Voraussetzung dafür ist die Unterstützung der heimischen Industrie. Das Militär drängt sie zur Rüstungsproduktion, benötigt unter anderem Flugmotoren und Fahrzeuge für den Transport von Soldaten, Verpflegung, Waffen und Munition.

5/20
Mobilisierung durch Motorisierung
1914–1918

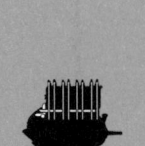

Benz FX Flugmotor

Mercedes D III Flugmotor

Daimler K.D.I. 100

Arthur Berger

Produktionsstätten der Firma Benz & Cie. und der Daimler-Motoren-Gesellschaft
- Berlin-Marienfelde
- Mannheim
- Gaggenau
- Untertürkheim
- Sindelfingen

Benz & Cie. und die Daimler-Motoren-Gesellschaft (DMG) stellen ihre Produktion vollständig auf den Krieg um und fertigen hauptsächlich Lastwagen und Flugmotoren. Bereits vor dem Krieg haben beide Hersteller technisch innovative Triebwerke mit hängenden Ventilen oder Königswellenantrieb der Nockenwelle produziert. 1913 gewinnt Benz mit dem von Arthur Berger entwickelten Triebwerk FX den Kaiserpreis für den besten deutschen Flugmotor.

Der Vierzylinder geht zwar nicht in Serie, weil das Militär stärkere Motoren fordert, prägt bei Benz jedoch die weitere Entwicklung. Im Rahmen des zweiten Kaiserpreis-Wettbewerbs, der wegen des Kriegsausbruchs nicht mehr zum Abschluss kommt, entstehen in Stuttgart und Mannheim leistungsfähige Sechszylinder, die bis Ende 1914 die Einsatzreife erreichen. Die DMG entwickelt den D III, der mit seiner Weiterentwicklung D IIIa zum meistgebauten deutschen Flugmotor des Krieges wird. Fast 12 000 dieser Triebwerke werden bis Ende 1918 produziert.

Da die DMG allein den Bedarf nicht decken kann, hat das Kriegsministerium bereits im Juni 1914 auch die Firma Benz & Cie. mit der Fertigung von Flugmotoren beauftragt. 1916 beginnt die DMG darüber hinaus im neu gebauten Werk Sindelfingen mit der Fertigung kompletter Flugzeuge. Sie erprobt zudem die Kompressortechnik im Flugmotorenbau, denn das Militär wünscht Flugzeuge, die in Höhen über 3 000 Meter fliegen können.

Damit die Motoren trotz des niedrigeren Atmosphärendrucks in diesen Höhen ihre Leistung halten können, wird das Gemisch mit einem Kompressor in den Brennraum gepresst. Im Krieg gelangt diese Technologie nicht mehr zur Serienreife. Später wird sie aber zur Grundlage für die Kompressorwagen der 1920er- und 1930er-Jahre.

Daimler Riesenflugzeug R II

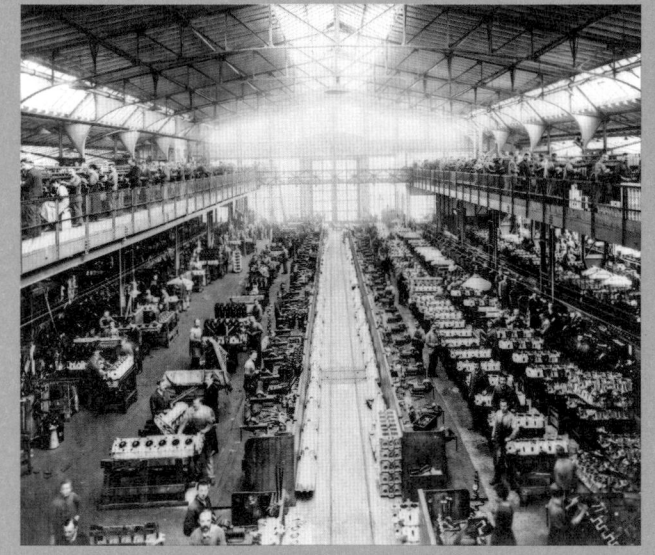

Flugmotorenproduktion bei Benz & Cie. in Mannheim

Daimler Großflugzeug G III auf dem Werksflugplatz Sindelfingen, ein Lizenzbau in Kooperation mit der Flugzeugbau Friedrichshafen

Auslieferung von Benz Gaggenau Lastwagen an das Heer

Neben Flugmotoren sind die Nutzfahrzeuge die wichtigste Säule des Geschäfts in den Kriegsjahren. Beide Firmen verdoppeln in kurzer Zeit ihre Nutzfahrzeugproduktion. Erstmals können die motorisierten Lastwagen ihre Tauglichkeit in großer Zahl beweisen und unterschiedliche Einsätze übernehmen: Leichte Nutzfahrzeuge kommen vor allem als Feld-Sanitätswagen zum Einsatz, schwerere für den Transport von Truppen und Material. Darüber hinaus produzieren beide Hersteller von 1917 an Artillerie-Zugmaschinen, von denen die allradgetriebene Daimler K.D.I. 100 mit über 900 Stück die bei Weitem meistgebaute Ausführung ist.

Kolonne von Benz Gaggenau Lastwagen beim Werk Mannheim

Zahlreiche Soldaten bedienen die neuen Fahrzeuge, lernen ihre Vorzüge gegenüber den Pferdewagen schätzen und werden für die Privatwirtschaft auch nach Kriegsende Nutzfahrzeuge fahren.

In seinen Memoiren vermerkt Carl Benz: »Dann kam der Krieg mit seinen Wunden. Und manch einer sah fortan im neuen Wagen nicht mehr den Staubaufwirbler, sondern den Lebensretter. Nicht rasch genug konnte ihm das Staubaufwirbeln gehen, als der neue Wagen, geschmückt mit dem roten Kreuze auf weißem Grunde, ihn aus der Feuerzone der Gefahr hinüberrettete in die Sicherheit – ins neu geschenkte Leben. Vielen Hunderttausenden ging es so.«

Zwar gelingt der endgültige Durchbruch der Nutzfahrzeuge erst in den 1920er-Jahren, aber ihre Feuerprobe haben sie im Krieg bestanden. Und nicht nur das: Auch die einheitliche Anordnung der Pedale im Fußraum hat 1908 das Militär zuerst bei seinen Lastwagen festgelegt.

Benz Artillerie-Kraftschlepper bei der Übergabe an das Heer

Auslieferung von Mercedes 12/32 PS Feld-Sanitätswagen an das Heer

31. MAI: Ralph de Palma gewinnt mit dem Mercedes Grand-Prix-Rennwagen von 1914 das legendäre 500-Meilen-Rennen in Indianapolis, Indiana/USA. Seine Durchschnittsgeschwindigkeit beträgt 144,6 km/h.

06./07. JUL: Die DMG erwirbt von der Stadt Sindelfingen ein etwa 38 Hektar großes Areal beim Militärflugplatz Böblingen zum Bau einer Flugzeugfabrik. Bis zum 2. Oktober wird das Gelände um 13 Hektar erweitert, um auch ein Karosseriewerk errichten zu können. Die Planung des vorrangig wichtigen Flugzeugwerks beginnt unverzüglich, und Anfang 1916 erfolgt der erste Spatenstich. Im Laufe des Jahres erwirbt die DMG auch in Untertürkheim und Marienfelde Grundstücke zur Erweiterung der Werksanlagen.

HERBST: Benz & Cie. beteiligt sich an den Aviatik-Flugzeugwerken in Freiburg im Breisgau, die 1916 ihren Sitz nach Leipzig verlegen und eine Monatsproduktion von 100 Flugzeugen erreichen. In Lizenzfertigung entsteht der Aufklärer C-V der Deutschen Flugzeugwerke, der mit einem 200 PS / 147 kW starken Benz Sechszylindermotor Bz IV ausgerüstet ist.

24. OKT: Benz & Cie. vereinbart mit der Ungarischen Gummiwarenfabrik-Aktiengesellschaft die Übernahme der Mehrheitsbeteiligung an der Marta Ungarische Automobil AG in Arad. Die neue Beteiligungsgesellschaft beginnt 1916 mit der Produktion von Benz-Flugmotoren und -Lastwagen.

OKT: Die DMG beginnt mit der Entwicklung des ersten deutschen 18-Zylinder-Flugmotors. Der 500 PS / 368 kW starke W-Motor Mercedes D VI mit 45,3 l Hubraum entsteht bis Kriegsende jedoch nur in wenigen Exemplaren.

DEZ: Der Mercedes-Flugmotor D IV absolviert erfolgreich die Bauartprüfung bei der Deutschen Versuchsanstalt für Luftfahrt in Berlin-Adlershof. Der aus dem D III entwickelte Reihenachtzylinder mit 220 PS / 162 kW ist der erste deutsche Flugmotor mit Propellergetriebe.

31. DEZ: Die Flugmotorenproduktion ist das wichtigste Geschäftsfeld der Daimler-Motoren-Gesellschaft und der Firma Benz & Cie.: Bei der DMG beträgt der Anteil am Jahresumsatz 44 %, bei Benz 33 %.

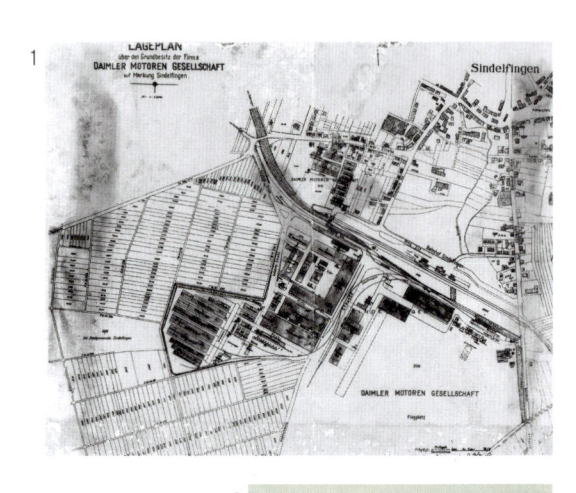

1915	Belegschaft	Produktion Pkw / Nfz	Umsatz	
	–	841 / 1 132	69,8 Mio. M	Benz & Cie.
	7 197	1 302 / 605	87,1 Mio. M	Daimler-Motoren-Gesellschaft

1916	Belegschaft	Produktion Pkw / Nfz	Umsatz
	–	483 / 1 162	106,0 Mio. M
	9 951	428 / 718	121,3 Mio. M

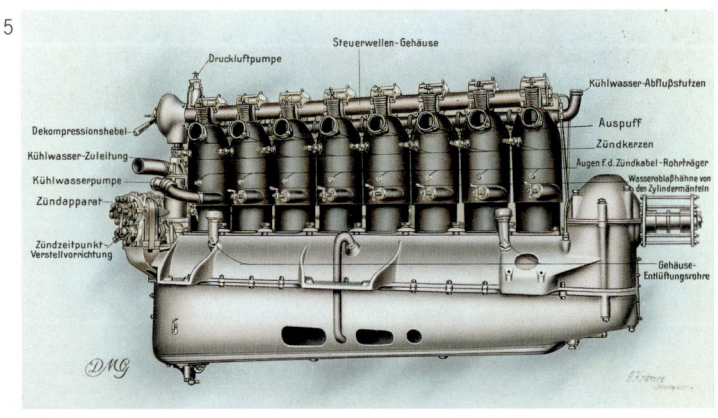

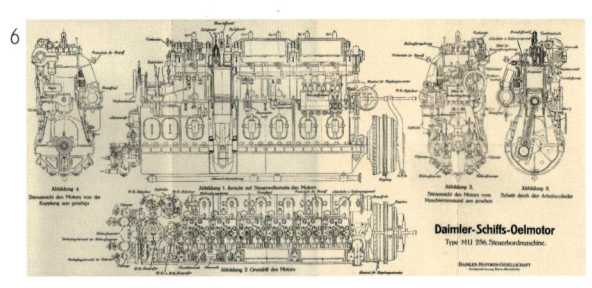

19. JAN: Das DMG-Werk Marienfelde erhält einen Auftrag über zwölf 300 PS / 221 kW starke Sechszylinder-U-Boot-Dieselmotoren. Die ersten sieben Einheiten des Typs MU 256 kommen noch vor Jahresende zur Auslieferung. Auch die Firma Benz & Cie. arbeitet an leistungsstarken Dieselmotoren für den U-Boot-Antrieb und liefert in den Jahren 1915 und 1916 acht Sechszylinder des Typs S 6 Ln mit 450 PS / 331 kW.

FEB: Der Benz-Flugmotor Bz IV mit 200 PS / 147 kW besteht die Bauartprüfung in Berlin-Adlershof. Der aus dem Bz III abgeleitete Sechszylinder mit Vierventiltechnik und zwei Vergasern erweist sich als besonders zuverlässig. Bis 1918 werden insgesamt 6 400 Exemplare gefertigt.

MÄR: Im Werk Sindelfingen beginnt der Bau der ersten Werkshalle, einer großen Montagehalle zur Flugzeugproduktion mit angrenzendem Flugplatz.

FRÜHJAHR: Benz & Cie. gründen in ihrem Werk Mannheim eine Lehrlingsabteilung mit hauptamtlichen Ausbildern, die anfangs 30, später 80 Ausbildungsplätze bietet.

29. JUN: Die Rheinische Automobil-Gesellschaft AG, Vertriebsgesellschaft für Benz-Automobile, fusioniert mit Benz & Cie.

1915
1916

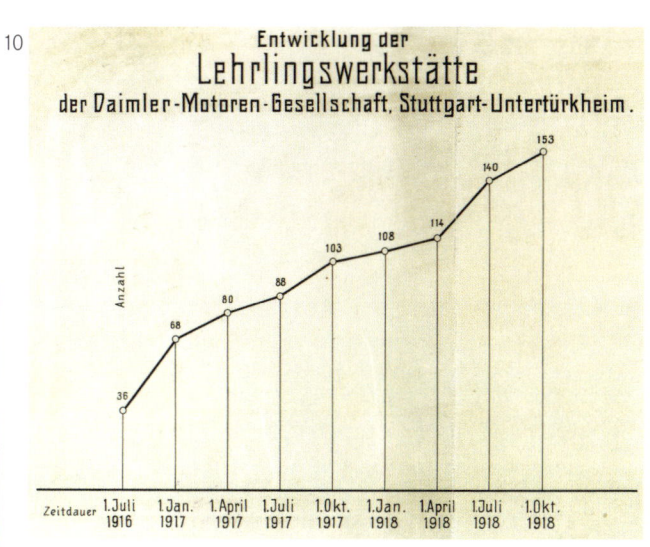

9 JUN: Nach erfolgreich absolvierter Bauartprüfung geht der Mercedes-Flugmotor D IVa in die Großserienfertigung. Der 260 PS/191 kW starke Sechszylinder basiert auf dem D III und löst den Achtzylinder D IV ab.

10 01. JUL: Auch bei der DMG in Untertürkheim wird eine eigene Lehrlingsabteilung eingerichtet. Die ursprüngliche Kapazität von 36 Ausbildungsstellen wird bis Oktober 1918 auf 153 erhöht.

11 28. SEP: Ein mit der Flugzeugbau-Friedrichshafen GmbH abgeschlossener Vertrag ermöglicht es der DMG, Flugzeuge der Firma in Lizenz zu bauen und mit Daimler-Motoren auszurüsten. Die im Vorjahr begonnene Weiterentwicklung eigener Flugzeuge wird daraufhin eingestellt.

12 DEZ: Der Mercedes-Flugmotor D IIIa, eine Weiterentwicklung des D III, besteht die Änderungsprüfung in Berlin-Adlershof. Zusammen mit seinem Vorgänger ist der D IIIa mit rund 12 000 gebauten Exemplaren der meistgebaute deutsche Flugmotor des Ersten Weltkriegs. Nach offizieller Einschätzung bei Kriegsende gilt er neben dem Bz IV als bestbewährter deutscher Flugmotor.

31. DEZ: Bezogen auf ihren Anteil am Gesamtumsatz, erreicht die Flugmotorenproduktion der Daimler-Motoren-Gesellschaft und der Firma Benz & Cie. ihren Höhepunkt: Bei der DMG sind es 64 %, bei Benz 51 % des Umsatzes.

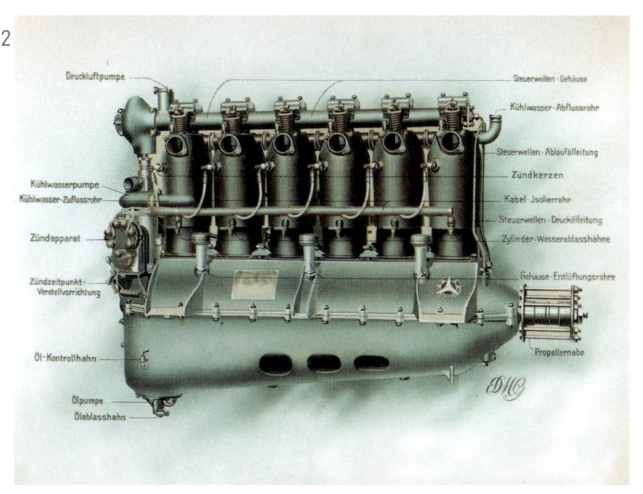

1917	Belegschaft	Produktion Pkw / Nfz	Umsatz	
	–	295 / 1354	140,2 Mio. M	Benz & Cie.
	16 694	401 / 792	171,3 Mio. M	Daimler-Motoren-Gesellschaft

1
JAN: Im DMG-Werk Berlin-Marienfelde wird der erste Prototyp des Sturmpanzerwagens A7V vorgeführt, der nach einem Entwurf der »Abteilung 7 Verkehrswesen« im Preußischen Kriegsministerium ausgeführt ist. Das Kriegsministerium beauftragt die Firmen Loeb, DMG, Büssing und Lanz mit der Produktion von 100 Fahrzeugen. Der erste A7V Sturmpanzerwagen wird im Oktober von der DMG fertiggestellt. Bis Kriegsende entstehen insgesamt nur 23 Stück.

2
FEB: Bei der Daimler-Motoren-Gesellschaft werden die ersten Exemplare der Artillerie-Kraftzugmaschine K.D.I. 100 fertiggestellt. Das im Auftrag der Firma Krupp entwickelte Fahrzeug mit Allradantrieb und einem 100 PS / 74 kW starken Vierzylindermotor wird mit mehr als 900 Einheiten zur meistgebauten Artillerie-Zugmaschine des Krieges.

3
MÄR: Die Daimler-Motoren-Gesellschaft übergibt das erste in Lizenzfertigung hergestellte Großflugzeug Fdh G II an die Fliegertruppe. Bis Juli werden alle 18 Flugzeuge der Serie ausgeliefert. Anschließend läuft in Sindelfingen die Produktion der weiterentwickelten Fdh G III an, von der die DMG insgesamt 245 Stück baut.

4
JUN: Bei Benz & Cie. wird der Artillerie-Kraftschlepper ASK fertiggestellt, eine schwere Zugmaschine mit angetriebenen Hinterrädern. Bis Kriegsende werden 105 Fahrzeuge produziert.

01. JUL: Das Werk Sindelfingen wird beauftragt, die Fertigung von Flugmotoren vorzubereiten. Die Inspektion der Fliegertruppen beabsichtigt damit, die bisher in Untertürkheim konzentrierte Produktion von Mercedes-Flugmotoren zu steigern und gleichzeitig zu dezentralisieren.

Die bei Benz & Cie. 1906 eingerichtete Beamten-Unterstützungskasse wird in eine Unterstützungs- und Pensionskasse umgewandelt, außerdem wird mit 1,5 Mio. Mark eine Arbeiterwohlfahrtseinrichtung gegründet; sie wird anschließend jährlich aus dem Gewinn dotiert.

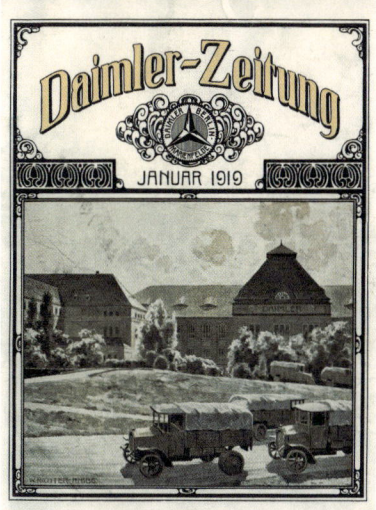

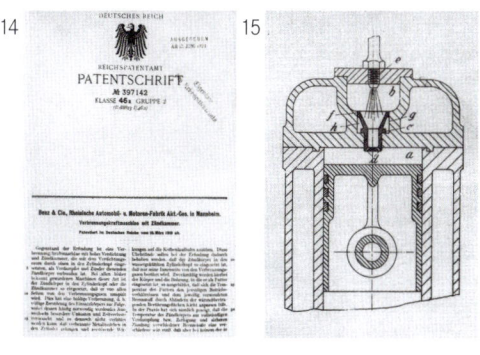

1918	Belegschaft	Produktion Pkw / Nfz	Umsatz	
	12 060	213 / 1 285	148,3 Mio. M	Benz & Cie.
	24 690	108 / 996	265,0 Mio. M	Daimler-Motoren-Gesellschaft

1919	Belegschaft	Produktion Pkw / Nfz	Umsatz
	–	988 / 797	–
	12 688	621 / 550	–

01. JAN: Das Werk Sindelfingen der Daimler-Motoren-Gesellschaft, das bisher unter Leitung von Untertürkheim gestanden hat, wird selbstständiger Betrieb.

06. MÄR: Die Leitung der Daimler-Motoren-Gesellschaft wird unter militärische Aufsicht gestellt und vor dem Zivilgericht wegen des Verdachts überhöhter Preise angeklagt.

MÄR: Im DMG-Werk Sindelfingen beginnen die ersten Werkstätten mit der Flugmotorenproduktion. Im Herbst werden auch die erforderlichen Prüfstände errichtet. Aufgrund des Mangels an Maschinen können die ersten Motoren erst kurz vor Kriegsende ihren Prüfstandslauf absolvieren.

01. APR: Hanns Klemm übernimmt bei der Daimler-Motoren-Gesellschaft in Sindelfingen die Leitung des Konstruktionsbüros für den Flugzeugbau. Er konstruiert das Jagdflugzeug Daimler L 11 und den Aufklärer L 14, die jedoch nicht mehr zum Einsatz kommen.

20. JUN: Im Rahmen einer Vorführung auf dem Sauberg bei Gaggenau wird die Benz-Bräuer-Kraftprotze von der Heeresverwaltung abgenommen. Von den bestellten 100 Fahrzeugen werden bis Kriegsende nur 50 fertiggestellt, kommen aber nicht mehr zum Einsatz. Die Artillerie-Zugmaschine ist als Halbkettenfahrzeug konzipiert.

JUL: Die Karosserieabteilung des DMG-Werks Untertürkheim beginnt mit dem Umzug nach Sindelfingen.

JUL: Ein zweimotoriges AEG-Großflugzeug G V erreicht bei einem Testflug die Rekordhöhe von 6 100 m und demonstriert damit das Leistungspotenzial der Kompressortechnologie. Die beiden aufgeladenen Mercedes D IVa Flugmotoren sind mit einem AEG-Kreiselgebläse ausgerüstet, das den Leistungsverlust in großer Höhe ausgleicht.

OKT: Eine mit Roots-Kompressor ausgerüstete Variante des Mercedes-Flugmotors D IVa erreicht Serienreife, geht aber nicht mehr in Produktion.

NOV: Bei Kriegsende hat Benz & Cie. 12 000 Beschäftigte, verglichen mit 7 700 Mitarbeitern Ende 1914. In den DMG-Werken hat sich die Belegschaftsstärke im gleichen Zeitraum von knapp 6 000 auf über 24 000 erhöht.

09. DEZ: Die Militärbehörde nimmt von dem gegen die Daimler-Motoren-Gesellschaft erhobenen Vorwurf überhöhter Preise wieder Abstand.

Bei Benz & Cie. wird der achtstündige Arbeitstag eingeführt.

JAN: Das Werk Sindelfingen beginnt mit der Produktion von Möbeln, um die Mitarbeiter zu beschäftigen und die aus der Flugzeugfertigung vorhandenen Holzbestände zu nutzen. Bis Mitte 1919 entstehen Hunderte von Schlafzimmermöbeln in einfacher Ausführung sowie hochwertige Wohn- und Schlafzimmermöbel mit Edelholzfurnier.

JAN: Erstmals erscheint eine Kundenzeitschrift der DMG, die »Daimler-Zeitung«, die jedoch bereits im Dezember nach nur sieben Ausgaben wieder eingestellt wird.

FEB: Mit den Daimler Zugwagen DZ 0, DZ 1 und DZ 3 ergänzt die Daimler-Motoren-Gesellschaft ihre Modellpalette um drei allradgetriebene Zugfahrzeuge, die auf der Artillerie-Zugmaschine K.D.I. 100 basieren.

18. MÄR: Benz & Cie. lässt die von Prosper L'Orange entwickelte »Verbrennungskraftmaschine mit Zündkammer« patentrechtlich schützen. Erst dieses sogenannte »Trichterpatent« DRP Nr. 397 142 ermöglicht die praktische Umsetzung des schnelllaufenden Dieselmotors für den Einsatz in Straßenfahrzeugen.

MÄR: Die Angestellten des Werkes Sindelfingen treten in Streik, um in Anbetracht der inflationären Preisentwicklung eine Teuerungszulage zu erhalten. Im Laufe des Jahres finden in allen drei Werken der DMG auch immer wieder Streiks der Arbeiterschaft statt.

06. JUN: Die von dem Kulturphilosophen Eugen Rosenstock-Huessy herausgegebene »Daimler-Werkzeitung« erscheint. In der Zeit des politischen und sozialen Umbruchs nach dem Ende des Ersten Weltkrieges soll sie insbesondere der Arbeiterschaft Perspektiven eines veränderten Wirtschaftsdenkens aufzeigen. Am 26. August 1920, einen Tag nach der Schließung des Werks Untertürkheim, erscheint sie zum letzten Mal.

01. JUL: Im Benz-Werk Gaggenau wird eine Lehrlingsabteilung gegründet.

11. – 15. SEP: Auf der DLG-Ausstellung in Magdeburg debütiert der dreirädrige Benz-Sendling Motorpflug T 3 und erhält die silberne Preismünze. Die neu gegründete Benz-Sendling Motorpflug GmbH in Berlin ist ein Gemeinschaftsunternehmen der Firma Benz & Cie. und der Münchner Motorenfabrik München-Sendling. Die Produktion der Motorpflüge erfolgt bei der Automobil- und Aviatik AG in Leipzig.

17. OKT: Ein Mercedes-Knight 10/30-PS-Versuchswagen, der mit einem Roots-Kompressor ausgerüstet ist, absolviert seine erste Erprobungsfahrt. Damit beginnt bei der Daimler-Motoren-Gesellschaft die Entwicklung des Kompressormotors für Serien-Pkw.

OKT: Bei Benz & Cie. wird der Landtraktor fertiggestellt, der als Schlepper für die Landwirtschaft und als Straßenzugmaschine zum Einsatz kommt.

12. NOV: Die »Daimler-Werksnachrichten« erscheinen als Informationsblatt für die Mitarbeiter der DMG in den Werken Untertürkheim und Sindelfingen. Sie werden im Oktober 1922 wieder eingestellt.

1920 — Belegschaft: – / 6 834 — Produktion Pkw/Nfz: 2 026 / 901 — 1 616 / 536 — Umsatz: – / – — Benz & Cie. / Daimler-Motoren-Gesellschaft

25. MÄR: Im Werk Untertürkheim wird nach dem Betriebsrätegesetz vom 4. Februar ein Betriebsrat gewählt, dessen Aufgabe es ist, die wirtschaftlichen Interessen der Arbeitnehmer wahrzunehmen.

25. AUG: Im Werk Untertürkheim eskalieren Aktionen kommunistischer Arbeitergruppen, die besonnenere Kollegen terrorisieren und auch den ersten nach dem Gesetz gewählten Betriebsrat beherrschen. Die württembergische Regierung lässt daher das Stammwerk der DMG zwangsweise stilllegen.

24. SEP: Mit einer auf 4 200 Personen reduzierten Belegschaft läuft im Werk Untertürkheim die Produktion wieder an.

28. NOV: In Sindelfingen demonstriert die Daimler-Motoren-Gesellschaft zwei neue Daimler Motorpflüge: einen dreirädrigen 25-PS-Pflugschlepper mit Ritzelantrieb und einen vierrädrigen 45-PS-Pflugschlepper mit sehr eng zusammenstehenden Hinterrädern.

NOV: Die Firma Benz & Cie. erhöht ihr Aktienkapital auf 68 Mio. Mark, nachdem die Daimler-Motoren-Gesellschaft ihr Grundkapital bereits im September von 32 Mio. auf 100 Mio. Mark erhöht hatte. Im Januar 1922 folgt eine zweite Kapitalerhöhung auf ebenfalls 100 Mio. Mark. An der Kapitalausstattung gemessen, gehören beide Firmen zu den größten deutschen Industrieunternehmen.

01. DEZ: Der Vorstand der Daimler-Motoren-Gesellschaft beschließt die Konstruktion eines »Dieselmotors für Nutzwagen aller Art«. Die DMG setzt dabei nicht mehr auf die bereits früher erprobte Direkteinspritzung, sondern die auch bei U-Boot-Dieselmotoren verwendete Druckluft-Einblasung.

1921	Belegschaft	Produktion Pkw / Nfz	Umsatz	
	8 000 – 9 000	1 777 / 1 106	–	Benz & Cie.
	6 696	1 581 / 294	–	Daimler-Motoren-Gesellschaft

8
23. APR: Die DMG gibt in ihrem Werk Marienfelde die erste Probeserie von drei Vierzylinder-Fahrzeugdieselmotoren mit Drucklufteinblasung in Auftrag.

23. APR: Benz & Cie. veräußert ihre Anteile an der Automobil- und Aviatik AG in Leipzig an die J. Mehlich AG und verlegt die Produktion der Benz-Sendling Motorpflüge in das Stammwerk in Mannheim.

9
29. MAI: Max Sailer gewinnt bei der Targa Florio in Sizilien auf Mercedes 28/95 PS die für den schnellsten Serienwagen bestimmte Coppa Florio. Er fährt die 432 km lange Strecke in 7 Stunden, 27 Minuten und 16 Sekunden und erzielt damit einen Schnitt von 57,9 km/h.

10
JUN: Die Daimler-Motoren-Gesellschaft bietet den Siegerwagen der Coppa Florio im regulären Verkaufsprogramm an. Der Mercedes 28/95 PS Sport hat einen verkürzten Radstand und ist der erste Serienwagen der DMG mit Vierradbremse.

11, 12
23. SEP – 02. OKT: In Berlin wird zum ersten Mal nach dem Ende des Ersten Weltkriegs wieder die traditionsreiche Automobil-Ausstellung veranstaltet. Dort präsentiert die DMG mit den Vierzylindertypen 6/20 PS und 10/35 PS die weltweit ersten Serien-Pkw mit Kompressormotor. Die Serienproduktion der inzwischen leistungsgesteigerten Modelle 6/25 PS und 10/40 PS läuft erst Ende 1922 an. Die Kompressortechnik ist ein frühes Beispiel für Effizienzsteigerung von Verbrennungsmotoren. Dabei presst ein vom Motor angetriebenes Gebläse das Benzin-Luft-Gemisch unter Druck in die Zylinder, sodass diese besser gefüllt werden und dadurch die Leistung steigt. Mithilfe der Aufladung entwickeln die ersten Kompressor-Mercedes 38 PS / 28 kW aus nur 1,6 l Hubraum bzw. 65 PS / 48 kW aus 2,6 l Hubraum – gut 50 % mehr Leistung als ohne Kompressor.

13
24. SEP: Bei der Eröffnung der Avus-Rennstrecke in Berlin gewinnt Franz Hörner auf einem Benz 10/30-PS-Rennwagen das Rennen der Klasse X B (Wagen mit bis zu 10 Steuer-PS und hängenden Ventilen). Auf einer Strecke von 157,4 km erreicht er einen Durchschnitt von 118,1 km/h.

14
05. NOV: Die Daimler-Motoren-Gesellschaft beantragt Gebrauchsmusterschutz für neue Varianten ihres Markenzeichens. Ein plastischer Dreizackstern im Ring wird beim Patentamt angemeldet, u. a. in der Ausführung als Kühlerfigur. Die Eintragung als Warenzeichen erfolgt am 2. August 1923.

1922	Belegschaft	Produktion Pkw / Nfz	Umsatz	
	–	1 733 / 885	–	Benz & Cie.
	6 720	962 / 380	–	Daimler-Motoren-Gesellschaft

11. MÄR: Rückwirkend zum 1. Januar veräußert die Firma Benz & Cie. ihre Abteilung »Stationärer Motorenbau« an eine Berliner Finanzgruppe. Das ausgegliederte Unternehmen, das von Prosper L'Orange geleitet wird, firmiert als »Motorenwerke Mannheim AG, vormals Benz, Abteilung stationärer Motorenbau«.

1, 2
02. APR: Bei der Targa Florio in Sizilien erringt der italienische Privatfahrer Graf Giulio Masetti den Sieg im Gesamtklassement. Sein 115 PS / 85 kW starker Mercedes 4,5-l-Grand-Prix-Rennwagen von 1914 ist in der italienischen Rennfarbe Rot lackiert. Das Werksteam der Daimler-Motoren-Gesellschaft ist mit sechs Fahrzeugen vertreten. Max Sailer gewinnt den Titel bei den Serienwagen über 4,5 l Hubraum auf einem Typ 28/95 PS, der für das Rennen mit einem Kompressor ausgerüstet wurde. In der Kategorie bis 1,5 l nehmen zwei völlig neu konstruierte Mercedes 1,5-l-Kompressor-Rennwagen teil, die auf dem Pkw-Typ 6/25 PS basieren und von Fernando Minoia und Paul Scheef gefahren werden. Die Targa Florio ist damit das erste Rennen in Europa, bei dem Kompressorwagen zum Einsatz kommen.

3
08. JUN: Der Vorstand von Benz & Cie. gibt eine erste Probeserie von Vorkammer-Dieselmotoren in Auftrag. Die Zweizylinder-Viertaktmotoren entwickeln eine Leistung von 25 PS / 18 kW bei 800/min und werden in drei Benz-Sendling-Motorpflüge des Typs S 6 eingebaut. Die Erprobung dieser Maschinen verläuft so erfolgreich, dass am 6. März 1923 der Bau einer Serie von 100 Stück beschlossen wird.

12. SEP: Mit seiner Denkschrift »Das Leichtflugzeug als allgemeines Sport- und Verkehrsmittel« initiiert Hanns Klemm, Leiter des Karosseriebaus im DMG-Werk Sindelfingen, die Entwicklung und Produktion von Leichtflugzeugen bei der DMG. Die Arbeit an der nach dem Ersten Weltkrieg von Klemm konstruierten L 15 wird wieder aufgenommen.

05. DEZ: In einer außerordentlichen Vorstandssitzung beschließt die Daimler-Motoren-Gesellschaft, ihren Firmensitz aus steuerlichen Gründen von Untertürkheim nach Berlin zu verlegen.

4
DEZ: Ein Daimler-Lastwagen, der mit einem Dieselmotor mit Lufteinblasung ausgerüstet ist, absolviert erfolgreich seine erste Versuchsfahrt.

1923	Belegschaft	Produktion Pkw / Nfz	Umsatz
	8 500	1 382 / 983	–
	–	1 020 / 449	–

5
26. MÄR: In Untertürkheim wird die Lissa Maschinenfabrik GmbH zur Produktion von Schreibmaschinen gegründet und kurz darauf in DMG Büromaschinenfabrik GmbH umbenannt. Der endgültige Beschluss zur Produktion von Schreibmaschinen fällt erst am 27. November durch den Vorstand der Daimler-Motoren-Gesellschaft.

6
14. APR: Der Vorstand von Benz & Cie. in Mannheim beschließt die Serienproduktion des Vierzylinder-Vorkammer-Dieselmotors Typ OB 2. Ende August stehen die ersten Exemplare zum Einbau bereit. Der Typ OB 2 ist der erste serienmäßig produzierte Dieselmotor für Nutzfahrzeuge.

7
30. APR: Dr.-Ing. h. c. Ferdinand Porsche übernimmt als Nachfolger von Paul Daimler die Leitung des Konstruktionsbüros der DMG, nachdem der langjährige Technische Direktor mit Wirkung vom 1. Januar zu Horch gewechselt ist.

8
24. – 30. JUN: Auf der Ostmesse in Königsberg präsentiert die Benz-Sendling Motorpflüge GmbH den Typ S 6 mit Zweizylinder-Dieselmotor. Eines der beiden Ausstellungsstücke wird am 29. Juni zu einem Preis von 165 Mio. Mark verkauft – dabei hat die Inflation ihren Höhepunkt noch nicht erreicht.

1922
1923

19. – 21. JUL: Bei der ADAC-Reichsfahrt gewinnt der Mercedes-Nachwuchs-Rennfahrer Rudolf Caracciola auf Mercedes 1,5-l-Rennsportwagen drei Einzelwertungen und die Gesamtwertung in der Klasse »Tourenwagen bis 6 Steuer-PS«. Es ist der zweite Wettbewerb, den er auf einem Mercedes bestreitet.

AUG: Die Mercedes-Fahrradwerke GmbH in Berlin-Marienfelde, eine Tochtergesellschaft der Daimler-Motoren-Gesellschaft, beginnt mit der Fahrradproduktion unter dem Markennamen »Mercedes«. Die ersten Fahrräder kommen im Januar 1924 in den Handel. Am 13. Mai 1930 stellt das Unternehmen nach rund 27 000 produzierten Fahrrädern seine Tätigkeit wieder ein.

09. SEP: Beim Großen Preis von Europa in Monza/Italien erzielt der Benz Tropfen-Rennwagen mit dem 4. und 5. Platz einen beachtlichen Erfolg. Zahlreiche Siege und Platzierungen bei Bergrennen und Sportwagenrennen schließen sich an.

10. SEP: In Gaggenau erfolgt die erste Versuchsfahrt eines Benz 5-t-Lastwagens, der mit dem serienmäßig gebauten Vorkammer-Dieselmotor OB 2 ausgerüstet ist. Der Vierzylinder mobilisiert eine Leistung von 50 PS / 37 kW bei 1 000/min.

20. – 30. SEP: Ein Daimler Versuchslastwagen mit Dieselmotor absolviert störungsfrei eine Fahrt mit 3,5 t Nutzlast von Berlin-Marienfelde nach Untertürkheim und zurück. Damit demonstriert die DMG eindrucksvoll die Zuverlässigkeit des neuen Fahrzeugmotors.

28. SEP – 07. OKT: Auf der Automobil-Ausstellung in Berlin präsentiert die DMG drei betriebsfähige Nutzfahrzeuge mit Dieselmotor und Druckluft-Einblasung: einen Pritschenwagen, einen Dreiseitenkipper und einen Omnibus. Benz & Cie. stellt den erfolgreichen Tropfen-Rennwagen aus.

26. OKT – 02. NOV: In der Inflationszeit ist die DMG gezwungen, eigenes Geld herauszugeben, um den Zahlungsverkehr aufrechterhalten zu können. Auch andere Firmen sowie verschiedene amtliche Stellen und Banken geben in dieser Zeit eigene Notgeldscheine heraus. Die Inflation wird mit Einführung der Rentenmark zum 20. November beendet.

30. NOV: Das Leichtflugzeug Daimler L 15 startet zu seinem ersten Überlandflug, der es nach Untertürkheim führt. Am 29. Dezember folgt der erste Überlandflug mit Passagier, und am 15. März 1924 absolviert dieses erste Leichtflugzeug der Welt seinen ersten Flug über eine größere Distanz: 120 km von Sindelfingen nach Bensheim.

1
08. FEB: Auf der Nutzfahrzeug-Ausstellung im niederländischen Amsterdam debütiert der erste serienmäßig produzierte Diesel-Lkw der Welt: ein Benz 5-Tonner, der mit dem Vierzylinder-Dieselmotor OB 2 ausgerüstet ist und im September 1923 seine erste Testfahrt absolviert hat.

2
27. APR: DMG-Werksfahrer Christian Werner gewinnt die Targa Florio und die Coppa Florio. Er erzielt damit die ersten bedeutenden Siege der neuen Mercedes 2-l-Rennwagen mit Vierzylinder-Kompressormotor.

3
01. MAI: Die Firma Benz & Cie. und die Daimler-Motoren-Gesellschaft schließen sich zu einer Interessengemeinschaft zusammen. Die gemeinsamen Vertriebsaktivitäten für die Marken Mercedes und Benz übernimmt die Mercedes-Benz Automobil GmbH, die am 30. Mai gegründet wird.

24. SEP: Die Robert Bosch GmbH in Stuttgart nimmt den weltweit ersten an einen Kunden ausgelieferten Diesel-Lkw in Betrieb: einen 5-t-Lastwagen mit dem Vierzylindermotor OB 2, den Benz & Cie. im Februar in Amsterdam präsentiert hat.

OKT: Das von Hanns Klemm konstruierte Leichtflugzeug Daimler L 20 startet zu seinem Erstflug. Angetrieben wird es zunächst von einem Harley-Davidson Motorradmotor mit 12,5 PS / 9 kW.

4, 5, 6
10. – 18. DEZ: Auf der Berliner Automobil-Ausstellung werden die neuen Pkw-Typen Mercedes 15/70/100 PS und 24/100/140 PS vorgestellt. Die beiden Sechszylinder-Kompressorwagen, die in zahlreichen sportlichen wie repräsentativen Karosserievarianten erhältlich sind, lösen den Typ 28/95 PS ab und fungieren als Spitzenmodelle des Verkaufsprogramms. Benz & Cie. präsentiert einen Müllwagen in Frontlenkerausführung als Hinterkipper mit besonders niedriger Ladehöhe.

1924

Belegschaft	Produktion Pkw / Nfz	Umsatz	
–	1 584 / 909	35,4 Mio. RM	Benz & Cie.
7 769	1 333 / 543	29,5 Mio. RM	Daimler-Motoren-Gesellschaft

1924
1925

1925	Belegschaft	Produktion Pkw / Nfz	Umsatz	
	7 250	2 260 / 1 364	52,1 Mio. RM	Benz & Cie.
	7 855	1 406 / 881	52,8 Mio. RM	Daimler-Motoren-Gesellschaft

18. FEB: Der Mercedes-Stern im Lorbeerkranz, eine Kombination der Markenzeichen der DMG und der Firma Benz & Cie., wird beim Patentamt als Warenzeichen angemeldet. Am 25. April folgt die Wortmarke »Mercedes-Benz«. Die beiden Schutzmarken werden am 3. September 1926 bzw. 7. Oktober 1927 in die Zeichenrolle eingetragen.

MAI: Im Werk Untertürkheim wird die erste Serie von 12 Flugmotoren des Typs Mercedes F 7502 fertiggestellt. Den 20 PS / 15 kW starken luftgekühlten Zweizylinder-Boxermotor hat die DMG speziell für das Leichtflugzeug Daimler L 20 entwickelt.

31. MAI – 9. JUN: Am »Deutschen Rundflug 1925« beteiligt sich die DMG mit vier Leichtflugzeugen, die mit dem neuen Mercedes-Motor F 7502 ausgerüstet sind. Neben zwei Daimler L 20 starten in Berlin-Tempelhof auch zwei zweimotorige Daimler L 21, die Hanns Klemm auf Basis der L 20 eigens für den Wettbewerb konstruiert hat. Mit einem dieser Flugzeuge wird Bruno Loerzer Erster Sieger der Gruppe A. Den zweiten und dritten Platz erzielen Martin Schrenk und Hans Guritzer mit der L 20.

JUN: Benz & Cie. führt mit den Typenreihen 2 CNa und 2 CNb die sogenannten »Nieder-Omnibusse« als Neukonstruktion ein. Der über den Achsen gekröpfte Niederrahmen ermöglicht eine geringere Einstiegshöhe und verbesserte Fahreigenschaften.

Als Ergänzung zur Lehrlingsabteilung der Daimler-Motoren-Gesellschaft wird in Stuttgart eine dreiklassige Werkberufsschule gegründet. Sie bildet durchschnittlich 200 Lehrlinge aus.

1923 verliert die Mark dramatisch an Wert. Kostet ein Liter Milch am 16. Juni »nur« 1500 Mark, so steigt sein Preis bis zum 30. November auf 240 Milliarden Mark. Die Hyperinflation lähmt allen Handel, und das bekommt die Automobil-Industrie zu spüren. Hinzu kommt, dass viele ehemalige Militärfahrzeuge und günstige ausländische Automarken auf den deutschen Markt drängen, das Ausland aber Schutzzölle gegen deutsche Waren verhängt. Die deutschen Automobilhersteller kämpfen um ihre Existenz.

Hyperinflation

6/20
Der Stern im Lorbeerkranz
1926

Mercedes Fahrrad | DMG Schreibmaschine | Mercedes-Benz 8/38 PS | Mercedes-Benz 12/55 PS | Dr. Carl Jahr | Dr. Emil Georg von Stauß | Produktionsstätten der Daimler-Benz AG (Berlin-Marienfelde, Mannheim, Gaggenau, Untertürkheim, Sindelfingen)

Die Hyperinflation von 1923 trifft die Daimler-Motoren-Gesellschaft und Benz & Cie. im Kern. Um nicht allein vom Absatz ihrer Automobile abhängig zu sein, die in Zeiten rasanter Geldentwertung immer weniger Käufer finden, stellt die DMG alternative Produkte her: Von 1923 an entstehen im Werk Untertürkheim Schreibmaschinen und im Werk Marienfelde Fahrräder unter dem Markennamen Mercedes. Doch die Ausweitung der Angebotspalette reicht nicht. Um ihr Überleben zu sichern, bilden die DMG und Benz & Cie. im Mai 1924 auf Druck ihrer Hausbanken eine Interessengemeinschaft, die insbesondere Dr. Carl Jahr, Direktor der Rheinischen Kreditbank und Aufsichtsratsmitglied von Benz & Cie., und Dr. Emil Georg von Stauß, Vorstand der Deutschen Bank und Aufsichtsratsmitglied der DMG, vorantreiben. Dabei bleiben beide Firmen formal unabhängig, teilen den gemeinsam erwirtschafteten Gewinn aber untereinander auf. Die Interessengemeinschaft etabliert zunächst eine gemeinsame Produktpolitik und Absatzorganisation, um danach den Weg zur vollständigen Fusion zu verfolgen.

Am 1. Juni 1926 stimmen beide Vorstände für die Verschmelzung zur Daimler-Benz AG, und die Generalversammlungen beider Partner bestätigen die Entscheidung am 28. und 29. Juni. Die Hauptverwaltung des neuen Unternehmens bleibt in Stuttgart, zum handelsrechtlichen Sitz wird Berlin.
Auf der Automobilausstellung in Berlin debütieren im Oktober 1926 die ersten Modelle mit dem neuen Markennamen »Mercedes-Benz«: der Typ 8/38 PS, der in Stuttgart gebaut wird, und der in Mannheim produzierte Typ 12/55 PS.

Ihr Markenzeichen ist der Dreizackstern im Lorbeerkranz, entstanden aus den Signets der beiden Partner. Gottlieb Daimler hat die Fusion nicht mehr erlebt, er starb bereits 1900. Aber der über 80-jährige Carl Benz hat bis zu seinem Tod 1929 einen Sitz im Aufsichtsrat der Daimler-Benz AG. Weitere Fusionsverhandlungen, die das neue Unternehmen auf Betreiben der Deutschen Bank mit BMW (1926) und Opel (1928) führt, scheitern.

Produktion von Mercedes Fahrrädern im Werk Berlin-Marienfelde

Auch ein Daimler: die DMG Schreibmaschine

MERCEDES

das Fabrikat der ältesten

NUTZWA

DAIMLER-BENZ A.-G. Werke in Stuttgart-Untertürkhe

Traditionsbewusst: Die Werbeanzeige der noch jungen Daimler-Benz AG verweist 1927 auf die Wurzeln der Marke Mercedes-Benz.

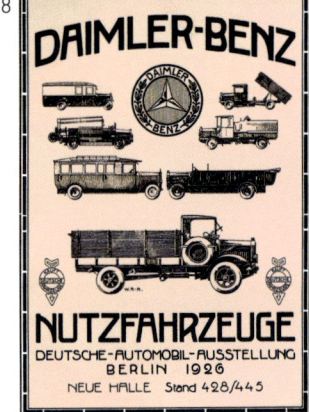

| 1926 | Belegschaft 10 747 | Produktion Pkw / Nfz 2 169 / 1 545 | Umsatz 68,0 Mio. RM | Daimler-Benz AG |

1
28./29. JUN: Die Daimler-Motoren-Gesellschaft und die Firma Benz & Cie., die seit zwei Jahren in einer Interessengemeinschaft verbunden sind, fusionieren zur Daimler-Benz AG. Sitz der Gesellschaft ist in Berlin, die Zentralverwaltung entsteht in Untertürkheim.

2
11. JUL: Rudolf Caracciola gewinnt den Großen Preis von Deutschland auf der Avus in Berlin mit einem Durchschnitt von 135,2 km/h. Das Siegerfahrzeug ist der erste Achtzylinder-Mercedes und gleichzeitig der erste Wagen, den Dr.-Ing. h. c. Ferdinand Porsche für die DMG konstruiert hat. Der 2-l-Achtzylinder-Kompressor-Rennwagen wird allgemein als »Typ Monza« bezeichnet, da seine Rennpremiere im Oktober 1924 beim Großen Preis von Italien in Monza stattgefunden hat. Größere Erfolge erzielt Porsches Konstruktion nur bei verschiedenen nationalen Rennen und, wie beim Avus-Rennen, in der Sportwagen-Kategorie mit viersitziger Karosserie.

3
22. JUL: Beim 12-Stunden-Rennen um den Großen Preis von Guipúzcoa für Tourenwagen im spanischen San Sebastián erringen Otto Merz, Rudolf Caracciola und Christian Werner einen Dreifachsieg. Sie erzielen damit den ersten internationalen Erfolg für den Mercedes-Benz 24/100/140 PS Modell K.

4
21. AUG: Die Daimler-Benz AG meldet die endgültige Form ihres Markenzeichens, bei der die Worte »Mercedes« und »Benz« in den Lorbeerkranz integriert sind, als Warenzeichen an. Die Eintragung in die Zeichenrolle erfolgt am 28. August 1928.

5, 6, 7, 8
29. OKT – 07. NOV: Das erste gemeinsame Daimler-Benz-Programm wird auf der Berliner Automobil-Ausstellung präsentiert. Weltpremiere haben der Typ 8/38-PS-Zweiliterwagen (W 02) und der 12/55-PS-Dreiliterwagen (W 03). Ausgestellt ist außerdem das Modell K, das bereits seit Juli mit Erfolg im Tourenwagensport eingesetzt wird. Das auf dem Typ 24/100/140 PS basierende Spezialmodell mit verkürztem Radstand wird im April 1927 ins reguläre Verkaufsprogramm aufgenommen. In Berlin debütiert auch das neue Nutzfahrzeugprogramm von Mercedes-Benz. Es umfasst die Lkw-Typen L 1, L 2 und L 5 für ein bis fünf Tonnen Nutzlast sowie die Niederrahmen-Fahrgestelle N 1, N 2 und NJ 5 für Omnibus- und Lastwagenaufbauten.

03. DEZ: Der Vorstand der Daimler-Benz AG beschließt, die Lkw-Fertigung des Werks Berlin-Marienfelde, seit Frühjahr 1925 bereits auf die schwere Gewichtsklasse beschränkt, zum 1. April 1927 vollständig auslaufen zu lassen. Dadurch verliert das Werk Marienfelde den Status als Fahrzeugwerk und widmet sich künftig der Teilefertigung und Reparatur. Bereits zum 1. Januar soll auch der Nutzfahrzeug-Verkauf in Gaggenau konzentriert werden.

9
15. DEZ: Hanns Klemm, Leiter des Konstruktionsbüros im Werk Sindelfingen, gründet den Leichtflugzeugbau Klemm und übernimmt mit zehn Mitarbeitern den Flugzeugbau von der Daimler-Benz AG in eigener Regie. Dazu mietet er zunächst die bisherige Produktionshalle im Werk Sindelfingen. Sein erstes in Serie gebautes Flugzeug ist die 1924 konstruierte Klemm L 20, die zum Urtyp aller Leichtflugzeuge wird.

1926
1927

1927	Belegschaft	Produktion Pkw / Nfz	Umsatz
	18 281	7 918 / 2 911	121,4 Mio. RM

10
20. – 31. MAI: Auf der Internationalen Automobil-Ausstellung für Lastwagen und Spezialfahrzeuge in Köln präsentiert Daimler-Benz sein Nutzfahrzeugprogramm, dessen Serienproduktion inzwischen angelaufen ist. Premiere feiert die Diesel-Variante des 5-t-Lastwagens L 5, die mit dem Sechszylindermotor OM 5 ausgerüstet ist und in Folge zum ersten in Großserie produzierten Diesel-Lkw der Welt wird. Die Entwicklung des Motors OM 5 hat begonnen, nachdem in der Daimler-Benz-Interessengemeinschaft die Entscheidung zugunsten des bei Benz entwickelten Vorkammerprinzips gefallen war. Erst die kompressorlose Dieseleinspritzung mithilfe der bei Bosch serienmäßig hergestellten Einspritzpumpe ermöglicht eine wirtschaftliche Großserienfertigung des schnelllaufenden Fahrzeug-Dieselmotors.

11
MAI: Zur Tilgung ihrer Bankschulden nimmt die Daimler-Benz AG eine 6 %ige Obligationsanleihe über 20 Mio. RM auf und erhöht ihr Grundkapital um 14 Mio. auf 50,4 Mio. RM.

12
19. JUN: Der erste Einsatz des Mercedes-Benz Typ S beim Eröffnungsrennen des Nürburgrings endet mit einem Dreifachsieg; den ersten Platz belegt Rudolf Caracciola. Der aus dem Modell K entwickelte Typ S hat einen 6,8-l-Motor mit einer Leistung von 120 PS / 88 kW ohne und 180 PS / 132 kW mit Kompressor.

13
17. JUL: Beim Großen Preis von Deutschland für Sportwagen auf dem Nürburgring erzielen Otto Merz, Christian Werner und Willy Walb auf Mercedes-Benz Typ S einen Dreifachsieg.

14
13./14. AUG: Beim nationalen Rennen auf dem Klausenpass in der Schweiz stellt Adolf Rosenberger mit einem Mercedes Grand-Prix-Rennwagen einen neuen Klausen-Rekord auf. In der Tourenwagen-Klasse über 5 l erringt Mercedes-Benz einen Fünffachsieg: Gewinner ist Rudolf Caracciola, den zweiten Platz belegt die Fahrerin Ernes Merck. Beim internationalen Rennen erzielt Rudolf Caracciola einen neuen Klausen-Rekord für Sportwagen. Drei Typ S und ein Modell K erringen die ersten vier Plätze in der Sportwagenklasse.

| 1928 | Belegschaft 16 733 | Produktion Pkw / Nfz 6 859 / 4 692 | Umsatz 130,8 Mio. RM |

1, 2 MAI: Die ersten Exemplare des Mercedes-Benz Dieselschleppers Typ OE werden ausgeliefert. Das als Straßen- und Ackerschlepper angebotene Modell wird im Werk Mannheim produziert und besitzt einen wassergekühlten, liegend eingebauten Einzylinder-Dieselmotor, der nach dem Vorkammerverfahren arbeitet. Die Leistung des großvolumigen Einzylinders mit dem beachtlichen Hubraum von 4,2 l beträgt 26 PS / 19 kW, die bereits bei 800/min erreicht werden. Der Verkaufspreis liegt je nach Ausführung zwischen 6 000 und 8 500 RM.

3, 4 01. JUN: Die British Mercedes-Benz Ltd. in London erhält ihren ersten Mercedes-Benz Diesellastwagen Typ L 5. Nach ausgiebigen Tests durch die englische Fachzeitschrift »The Commercial Motor« verleiht der Royal Automobile Club der Daimler-Benz AG im September die »Dewar Trophy«, die alljährlich für besondere Leistungen auf dem Gebiet des Kraftwagenbaus vergeben wird.

5 15. JUL: Beim Großen Preis von Deutschland für Sportwagen auf dem Nürburgring kann Mercedes-Benz seinen Erfolg vom Vorjahr wiederholen. Rudolf Caracciola / Christian Werner, Otto Merz und Christian Werner / Willy Walb belegen auf Mercedes-Benz Typ SS (W 06) die ersten drei Plätze. Ihr Wagen ist eine leistungsgesteigerte Version des Typs S, deren 7-l-Motor 140 PS / 103 kW ohne und 200 PS / 147 kW mit Kompressor leistet.

6 29. JUL: Beim Gabelbachrennen in Ilmenau, dem ersten Renneinsatz des Mercedes-Benz SSK, erzielt Rudolf Caracciola einen weiteren Sieg und einen neuen Streckenrekord. Der speziell für Bergrennen entwickelte Rennsportwagen ist eine Weiterentwicklung des Typs SS mit verkürztem Radstand.

7 11. AUG: Mit seinem Klemm-Daimler Leichtflugzeug L 20 »Kamerad« startet der 22-jährige Freiherr von König-Warthausen in Berlin-Tempelhof zu einem Flug um die Welt. Für die erste 6 000 km lange Etappe Berlin — Moskau — Baku — Teheran erhält er den im Dezember 1927 gestifteten Hindenburg-Pokal, mit dem der damalige Reichspräsident die Absicht verfolgt, »das Interesse am Flugsport zu steigern und zu Höchstleistungen zu ermutigen«. Am 22. November 1929 landet er wieder in Deutschland.

8 AUG: Im Werk Gaggenau läuft die Serienproduktion des dreiachsigen Niederrahmen-Fahrgestells N 56 an, das für Schwerlastwagen mit 8,5 t Nutzlast und Omnibusse verwendet wird. Angetrieben wird es wahlweise von einem Sechszylinder-Benzin- oder -Dieselmotor.

04. – 14. OKT: Der Mercedes-Benz 18/80 PS Typ Nürburg 460 (W 08) debütiert auf dem Automobil-Salon in Paris als erster Mercedes-Benz Pkw mit Achtzylinder-Reihenmotor.

08. – 18. NOV: Auf der Internationalen Automobil- und Motorrad-Ausstellung in Berlin wird der Typ Stuttgart 200 (W 02), eine überarbeitete Weiterentwicklung des Typs 8/38 PS, erstmals ausgestellt. Ab Januar 1929 ist er wahlweise mit 2,6-l-Motor erhältlich. Vom 12/55-PS-Dreiliterwagen (W 03 bzw. W 04) wird eine 3,5-l-Variante mit 14/60 PS (W 05) präsentiert.

HERBST: Im Daimler-Benz Werk Sindelfingen, das die Karosserien für die in Untertürkheim gebauten Personenwagen herstellt, wird der Karosseriebau durch Einrichtung eines Presswerks von manueller Einzelanfertigung auf Serienproduktion umgestellt. Dabei kommen zum ersten Mal Tiefziehpressen der Firma Weingarten für die Serienfertigung großer Karosserieteile zum Einsatz.

28. DEZ: Die Österreichische Daimler-Motoren-Gesellschaft AG, ehemalige Tochtergesellschaft der DMG, fusioniert mit der Österreichischen Flugzeugfabrik AG und der Grazer Puch-Werke Aktiengesellschaft zur Austro-Daimler-Puch-Werke Aktiengesellschaft. Die Automobilproduktion wird 1933 eingestellt.

1929

Belegschaft	Produktion Pkw / Nfz	Umsatz
14 870	7 797 / 3 813	130,4 Mio. RM

1
01. JAN: Dr.-Ing. h. c. Hans Nibel, seit 1908 Chefkonstrukteur bei Benz & Cie. und seit 1925 im gemeinsamen Konstruktionsbüro der Interessengemeinschaft gleichberechtigt neben Dr.-Ing. h. c. Ferdinand Porsche tätig, übernimmt die alleinige Verantwortung als Chefkonstrukteur der Daimler-Benz AG, nachdem Porsche das Unternehmen zum Jahresende verlassen hat.

2
04. APR: Dr.-Ing. h. c. Carl Benz, Erfinder des Automobils und einer der Gründungsväter des Unternehmens, stirbt im Alter von 84 Jahren in Ladenburg.

3
17. AUG: Rudolf Caracciola gewinnt mit dem Mercedes-Benz Typ SS die »International Tourist Trophy« in Irland über 410 Meilen.

4, 5
03. – 13. OKT: Auf dem Pariser Salon debütiert der Typ Nürburg 460 (W 08) in überarbeiteter Ausführung mit eleganterer Karosserie und Niederrahmen. Erstmals gezeigt wird auch der Typ Mannheim 350 (W 10), eine Weiterentwicklung des 14/60-PS-3,5-l-Wagens von 1928.

6
29. DEZ: Dr.-Ing. h. c. Wilhelm Maybach, langjähriger Weggefährte von Gottlieb Daimler und Konstrukteur des ersten modernen Automobils, stirbt in Cannstatt im Alter von 83 Jahren.

1929
1930

| 1930 | Belegschaft 10 142 | Produktion Pkw / Nfz 5 715 / 2 105 | Umsatz 98,8 Mio. RM |

JAN: Zur Sicherung der Arbeitsplätze übernimmt das Werk Sindelfingen im Lohnauftrag die Karosserieproduktion für den Wanderer Typ W 11. Bis Januar 1932 entstehen insgesamt 2 702 Einheiten.

7
18./19. JUL: Rudolf Caracciola gewinnt mit einem Typ SSK den Großen Preis von Irland über 300 Meilen mit 139 km/h Durchschnittsgeschwindigkeit und damit die »Irish Times Trophy«.

8
JUL: Dr.-Ing. h. c. Hans Nibel, Leiter des Konstruktionsbüros und Vorstandsmitglied der Daimler-Benz AG, übergibt Papst Pius XI. eine Spezialanfertigung des Typs Nürburg 460.

9
09./10. AUG: Rudolf Caracciola siegt im Internationalen Klausenpass-Rennen in der Schweiz auf Mercedes-Benz Typ SSK mit einem neuen Sportwagenrekord.

10
21. SEP: Nach seinem Sieg beim Schwabenberg-Rennen gewinnt Rudolf Caracciola die Europa-Bergmeisterschaft auf Mercedes-Benz Typ SSK.

11, 12
02. – 12. OKT: Auf dem Pariser Salon präsentiert die Daimler-Benz AG das größte, schwerste und exklusivste Modell ihres Pkw-Verkaufsprogramms, den Typ 770 »Großer Mercedes« (W 07) mit einem 7,7-l-Achtzylinder-Reihenmotor, der mit oder ohne Kompressor geliefert wird. Der Typ 770 fungiert als Repräsentationsfahrzeug für höchste Ansprüche.

OKT: Mercedes-Benz führt neue Typenbezeichnungen für seine Nutzfahrzeuge ein. Dem Buchstaben L (für Lastwagen) oder O (für Omnibus) folgt eine vierstellige Zahl, die für die Nenn-Nutzlast in kg steht. So wird z. B. aus dem L 1 der L 2000, aus dem N 2 der O 4000, aus dem L 5 der L 5000 und aus dem N 56 der L 8500 oder O 8500.

Im Zeichen der Weltwirtschaftskrise steht ein Viertel der Jahresproduktion der Daimler-Benz AG auf Halde.

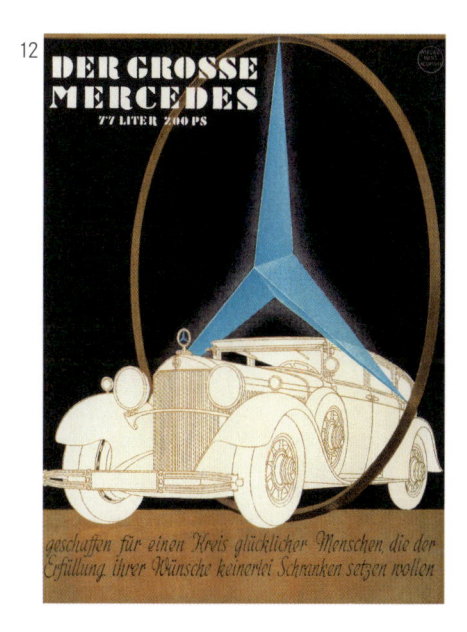

Roaring Twenties

Die 1920er-Jahre sind eine Zeit starker kultureller Dynamik und eines neuen Lifestyles. Neben politischen Lagerkämpfen und schnell aufeinander folgenden Wirtschaftskrisen und -aufschwüngen wird der Lebenswandel freizügiger und die Kunst experimentiert in Dadaismus, Futurismus oder Neuer Sachlichkeit mit neuen Ausdrucksformen. Bald wird diese Epoche als »Roaring Twenties« bezeichnet, wohl nicht zuletzt wegen der röhrenden Kompressorwagen, die als Film- und Traumautos der 1920er- und 1930er-Jahre das Bild von dieser Zeit prägen.

7/20
Ein Freund, ein guter Freund
1930

Mercedes-Benz Typ SS — **Mercedes-Benz 500 K Spezial-Roadster** — **Lilian Harvey**  — **Die Film-Tankstelle** (Berlin-Zehlendorf)

Sie ist jung, schön und elegant und fährt in ihrem privaten Mercedes-Benz Kompressorwagen Typ SS am Drehort in einer Berliner Tankstelle vor. So verdreht die Schauspielerin und Mercedes-Liebhaberin Lilian Harvey den »Dreien von der Tankstelle« den Kopf. Mehr noch: Die Film-Diva symbolisiert eine neue Verbindung von Weiblichkeit und Automobilität, die dem Automobil in den 1920er-Jahren andere Attribute zuweist: weibliche Eleganz, Schönheit und Anmut statt raubeiniger Rennatmosphäre.

Zu keiner Zeit finden sich so viele Plakate und Werbeanzeigen, die schicke oder sportliche Frauen zusammen mit Luxuswagen darstellen. Das Automobil wird zum Zeichen luxuriösen Lebens, das neben Nutzen und Tempo auch wegen der Ästhetik seiner Karosserien und dem Spaß am Fahren geschätzt wird.

Nicht zufällig entstehen zu dieser Zeit die ersten Cabriolets, die den Komfort und die Sicherheit der geschlossenen Karosserie mit dem Fahrspaß und Freiheitsgefühl der offenen Form verbinden. Daimler-Benz verleiht der Sehnsucht nach Exklusivität und Schönheit mit seinen Kompressorwagen Ausdruck. Ihre glänzenden Karosserien mit großzügig geschwungenen Kotflügeln und aufwendig gestaltetem Interieur reagieren auf die Ansprüche der Oberschicht: Luxus, Eleganz und Sportlichkeit.

Die Kompressorwagen sind die Vorzeigemodelle der Marke und werden zu Wahrzeichen ihrer Epoche. Den Höhepunkt der Entwicklung bilden dabei die Fahrzeuge der 1930er-Jahre – insbesondere der 500 K Spezial-Roadster.

Mitte der 1920er-Jahre entdecken die modernen Frauen ihre Liebe zum Automobil. Selbst am Steuer zu sitzen gehört zu den neuen freieren Lebensformen, zunächst der Frauen der Oberschicht. Der Mercedes-Benz Typ S ist einer der legendären Kompressorwagen, die auf der Straße wie auf der Rennstrecke Weltruhm erlangen.

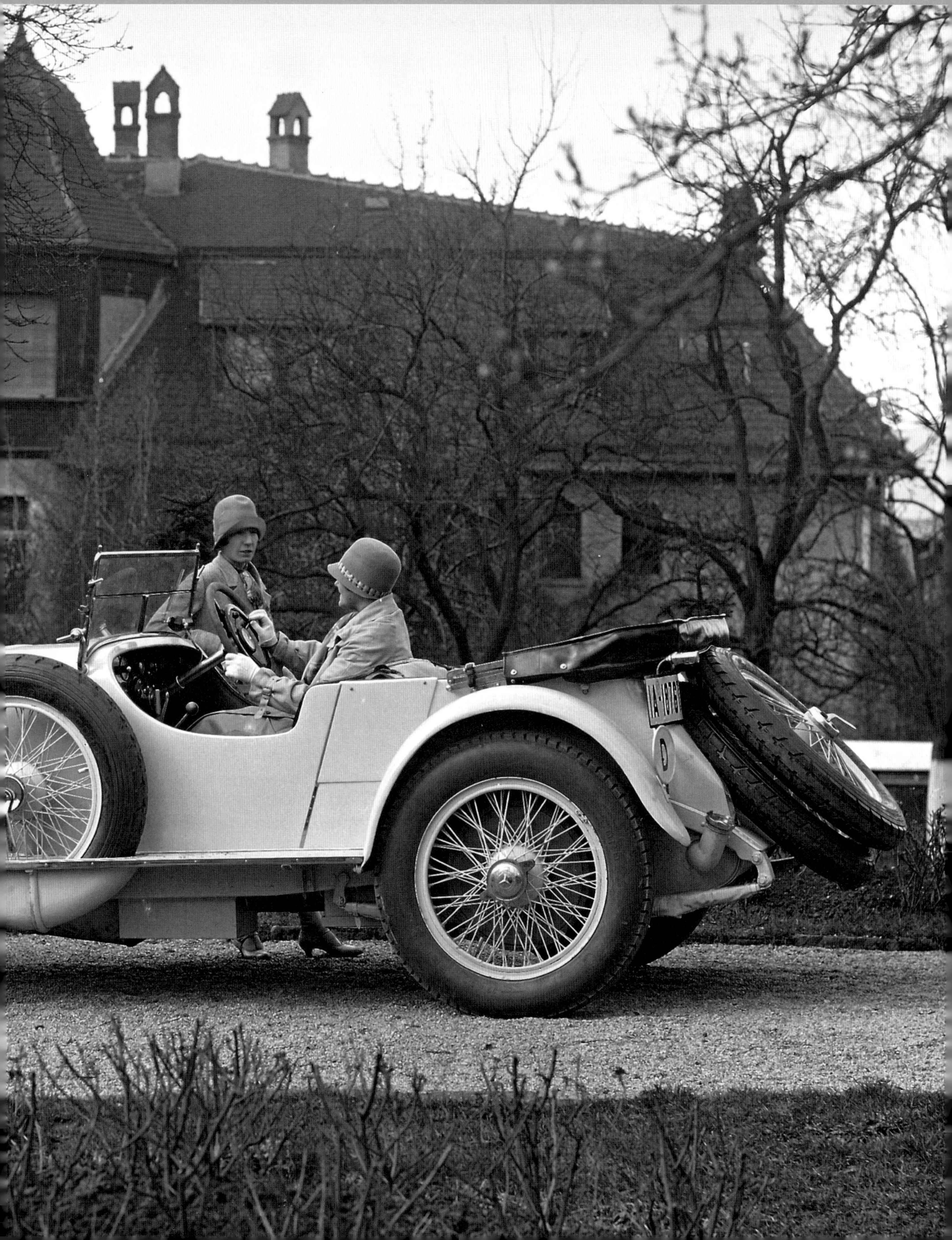

1
FEB: Der Typ Nürburg (W 08) wird wahlweise auch mit Schnellgang-Getriebe und 5-l-Motor angeboten. Diese Variante erhält später die Bezeichnung Typ Nürburg 500.

2, 3
19. FEB – 01. MÄR: Auf der Internationalen Automobil-Ausstellung in Berlin debütieren zwei sportlich-elegante Varianten des Typs Mannheim (W 10): der als viersitziges Spezial-Cabriolet NC lieferbare 370 K und der zweisitzige 370 S, der als Roadster oder Cabriolet erhältlich ist.

4
12./13. APR: Bei der Mille Miglia, dem 1 000-Meilen-Rennen Rom – Brescia – Rom, belegt das Team Rudolf Caracciola / Wilhelm Sebastian auf Mercedes-Benz Typ SSKL (W 06 RS) mit einer Schnittgeschwindigkeit von 101,1 km/h den ersten Platz. Caracciola siegt damit als erster nicht-italienischer Fahrer in der Geschichte der Mille Miglia. Der SSKL (für »Super-Sport-Kurz-Leicht«) ist die letzte Stufe in der Entwicklung der S-Reihe. Er wird nur als Rennsport-Zweisitzer gebaut und ist mit einem 7-l-Motor ausgerüstet, der 240 PS /176 kW ohne und 300 PS / 221 kW mit Kompressor leistet und eine Geschwindigkeit von bis zu 235 km/h ermöglicht.

5
03. AUG: Rudolf Caracciola siegt beim Avus-Rennen in Berlin auf Mercedes-Benz SSKL mit einer Durchschnittsgeschwindigkeit von 185,7 km/h.

20. SEP: Rudolf Caracciola wird nach seinem Sieg im Drei-Hotter-Bergrennen erneut Europa-Bergmeister für Sportwagen, diesmal auf Mercedes-Benz Typ SSKL.

6, 7, 8
01. – 11. OKT: Auf dem Pariser Salon stellt die Daimler-Benz AG den Typ 170 (W 15) der Öffentlichkeit vor. Ein innovatives Merkmal dieses Modells ist sein fortschrittliches Fahrwerkskonzept. Der Typ 170 verfügt als erster Mercedes-Benz Serien-Pkw über eine hydraulische Bremsanlage sowie Schwingachsen vorne und hinten, d. h. eine Einzelradaufhängung der Vorder- und Hinterräder. In der Wirtschaftskrise ist der W 15 als kleinstes Pkw-Modell der Daimler-Benz AG der richtige Wagen zur rechten Zeit.

9
NOV: Zur Kapazitätsauslastung beginnt das Werk Sindelfingen mit der Karosseriefertigung für BMW; bis 1937 werden insgesamt 22 197 Einheiten, darunter sämtliche Serienkarosserien für den BMW 3/20 PS, in Sindelfingen hergestellt.

1931   Belegschaft 9 686   Produktion Pkw / Nfz 3 297 / 1 974   Umsatz 68,8 Mio. RM

1931

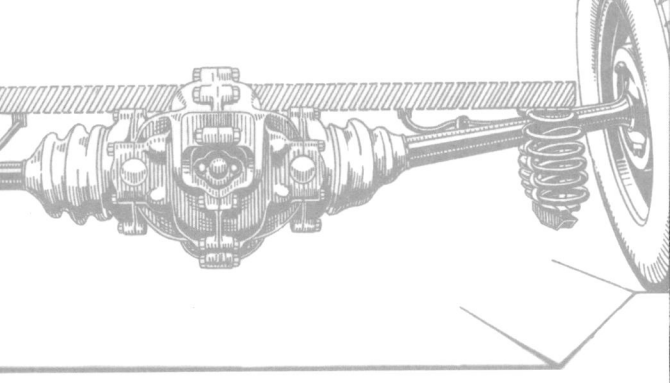

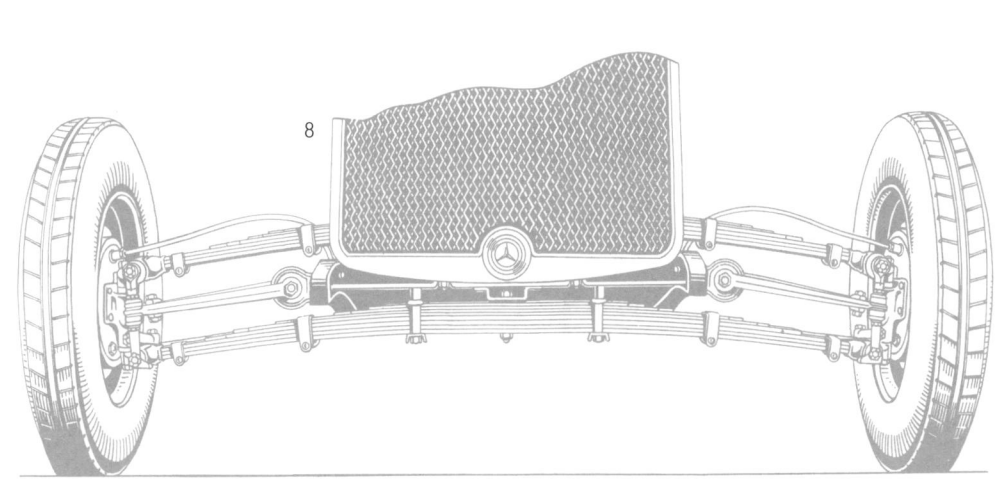

1932

Belegschaft	Produktion Pkw / Nfz	Umsatz
9 148	5 807 / 1 595	65,0 Mio. RM

15. JAN: Mercedes-Benz erweitert seine Nutzfahrzeug-Modellpalette um die Sattelzugmaschine LZ 7000 für eine Nenn-Nutzlast von 7 t. Im Juni folgt der LZ 4000 für 4 t.

1
11. – 20. MÄR: Auf dem Genfer Automobil-Salon präsentiert Daimler-Benz den Lo 2000 in der Ausführung mit Dieselmotor. Der neue 2-t-Lkw ist der erste serienmäßig gebaute Leichtlastwagen der Welt mit Dieselmotor. Mit seiner überragenden Wirtschaftlichkeit verhilft der Lo 2000 Diesel nicht nur dem Diesel-Lastwagen, sondern dem Lkw insgesamt zum endgültigen Durchbruch.

2
22. MAI: Manfred von Brauchitsch siegt beim Avus-Rennen in Berlin auf Mercedes-Benz SSKL und stellt mit 200 km/h einen Klassenweltrekord auf. Die bei diesem Rennen eingesetzte Variante des SSKL ist mit einer stromlinienförmigen Karosserie der Fellbacher Karosseriefirma Vetter versehen und wird von Manfred von Brauchitsch aufgrund ihres Aussehens liebevoll »Gurke« genannt.

16. DEZ: Die ordentliche Hauptversammlung der Daimler-Benz AG beschließt die Auflösung des Reservefonds in Höhe von 2,27 Mio. RM und die Herabsetzung des Grundkapitals auf 43,62 Mio. RM durch Einziehung von Stammaktien im Nennwert von 6,74 Mio. RM. Beide Maßnahmen können die Verluste des Geschäftsjahrs 1931 nur teilweise decken.

31. DEZ: Die Zahl der Beschäftigten beträgt nur noch 9 148 Personen und hat sich damit in fünf Jahren auf fast die Hälfte reduziert.

1932
1933

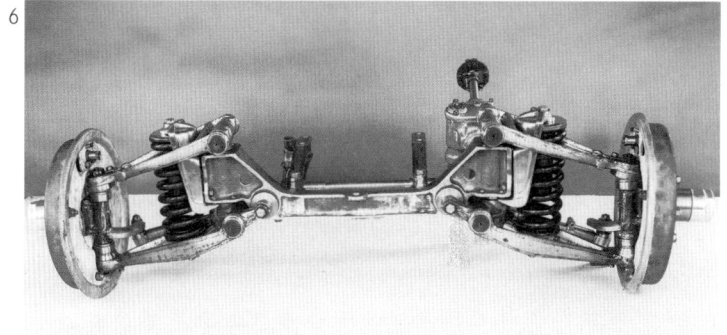

1933	Belegschaft	Produktion Pkw / Nfz	Umsatz
	14 312	7 967 / 3 520	100,9 Mio. RM

3, 4, 5, 6, 7, 8
11. – 23. FEB: Auf der Internationalen Automobil- und Motorrad-Ausstellung in Berlin werden als Neuheiten die Pkw-Typen 200 (W 21), 290 (W 18) und 380 (W 22) präsentiert. Der Typ 380 begründet die Tradition der sportlich-eleganten Kompressorwagen mit Achtzylindermotor, die später von den weltberühmten Nachfolgemodellen 500 K und 540 K fortgeführt wird. Im Typ 380 ist als Weltneuheit eine Vorderachskonstruktion realisiert, die bis heute weltweite Verbreitung gefunden hat: die Einzelradaufhängung an zwei parallelen Querlenkern mit Schraubenfedern. Die Nutzfahrzeug-Modellpalette wird durch das Fahrgestell Lo 3500 für 3,5-t-Lastwagen und Omnibusse sowie die Sattelzugmaschinen LZ 4000 und LZ 8000 erweitert.

MÄR: Nachdem die Absatzzahlen für Pkw und Lkw wieder ansteigen, wird die Kurzarbeit in allen Werken der Daimler-Benz AG aufgehoben. Die Auftragslage ermöglicht sogar eine Neueinstellung von Arbeitskräften. Bis Jahresende werden mehr als 5 000 Beschäftigte eingestellt, und die Belegschaftsstärke erhöht sich auf über 14 000.

9
18. NOV: Der neue Mercedes-Benz Rennwagen, der nach der ab 1934 gültigen 750-kg-Formel konstruiert ist, wird in Untertürkheim zum ersten Mal erprobt.

Das Jahr 1934 markiert eine Zäsur im Automobilrennsport. Weil die Internationale Automobilsport-Behörde fürchtet, dass Bremsen und Reifen den immer schwereren und ungemein leistungsstarken neuen Motoren nicht standhalten, beschränkt sie das Maximalgewicht der Boliden auf 750 Kilogramm. Die deutschen Hersteller konstruieren Fahrzeuge für die neue 750-kg-Formel – mit staatlicher Unterstützung. Triumphe deutscher Fahrzeuge sind wichtige Propagandamaßnahmen für das NS-Regime, weil sie Prestigegewinn im Ausland bedeuten.

Die neue Rennformel

8/20
Silberpfeile: Geburt einer Legende
1934

Der erste Mercedes-Benz W 25 Rennwagen mit seinem Entwicklungsteam

Mercedes-Benz 750-kg-Rennwagen W 25

Manfred von Brauchitsch

Rudolf Caracciola

Luigi Fagioli

Alfred Neubauer

Das Internationale Eifelrennen auf dem Nürburgring führt am 2. Juni 1934 zur Geburt einer Legende. Mercedes-Benz Rennleiter Alfred Neubauer muss der Schreck in die Glieder gefahren sein, als seine neuen 750-kg-Rennwagen W 25 einen Tag vor dem Start ein Kilogramm zu viel auf die Waage bringen. Das Comeback von Mercedes-Benz im Grand-Prix-Rennsport droht nach zwei Jahren Abstinenz an Übergewicht zu scheitern. Und das bei einem Fahrzeug, das nichts enthält, was verzichtbar wäre.

Fast nichts. Denn nach kurzem Überlegen kommt Neubauer die Idee, den weißen Lack von der Karosserie abschleifen zu lassen. Nach dieser Diät entspricht der Wagen der 750-Kilogramm-Formel und gewinnt mit Manfred von Brauchitsch am Steuer das Rennen in Rekordzeit. Silber wird zur Farbe des Erfolgs: Die Mercedes-Benz Rennwagen starten auch weiterhin in dieser Farbgebung, fahren von Sieg zu Sieg und schreiben als »Silberpfeile« Motorsportgeschichte.

Diesen W 25 fährt Manfred von Brauchitsch beim Eifelrennen, rechts neben dem Wagen steht Alfred Neubauer.

Neue Rekordzeit! Manfred von Brauchitsch wird als Sieger abgewunken.

Erfolge der Silberpfeile im Jahr 1934

Allein in den Jahren 1934 und 1935 gewinnt der W 25 nicht weniger als 14 Rennen – auf dem Nürburgring, am Schweizer Klausenpass, bei Pescara, auf Rennstrecken in Monza, San Sebastián, Monaco, Tripolis, Montlhéry, Montjuich, Spa, im Berner Bremgarten und auf der Berliner Avus. Am Steuer der Boliden sitzen Rudolf Caracciola, Luigi Fagioli und Manfred von Brauchitsch. Zudem erzielt Rudolf Caracciola Ende 1934 auf der Rekordstrecke in Gyon bei Budapest und auf der Avus internationale Klassenrekorde mit Geschwindigkeiten von bis zu 317,5 km/h.

1935 gewinnt er in der Saison auf dem W 25 sechs Grand-Prix-Rennen – darunter drei der fünf Großen Preise, die für die erstmals ausgetragene Europameisterschaft gewertet werden. Am Ende der Saison ist er damit Europameister. Caracciolas Erfolgsserie basiert auf einem schnellen Auto und einem perfekt eingespielten Team, ist aber auch das Ergebnis eiserner Disziplin und fahrerischen Könnens.

Ein einsames Rennen gegen die Zeit: Der W 25 in der aerodynamisch günstigeren, geschlossenen Version, von Caracciola liebevoll »Renn-Limousine« genannt, bei der Rekordfahrt auf der Avus in Berlin.

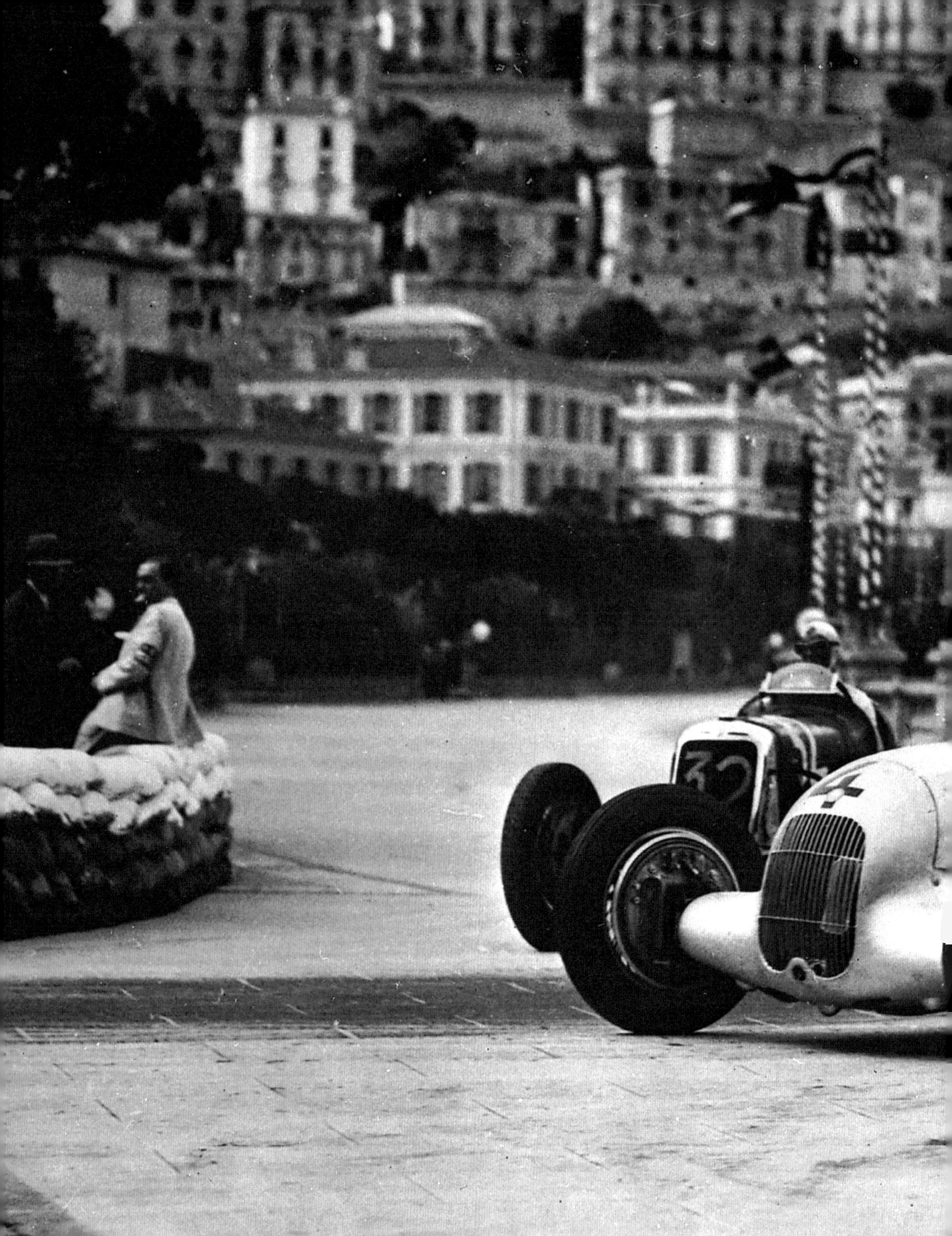
32

Rudolf Caracciola im Mercedes-Benz W 25
auf dem engen kurvigen Straßenkurs um den
Großen Preis von Monaco

1934	Belegschaft 22 975	Produktion Pkw / Nfz 11 255 / 5 617	Umsatz 146,8 Mio. RM

1, 2
08. – 18. MÄR: Auf der Berliner Automobil-Ausstellung debütieren zwei Neukonstruktionen von Daimler-Benz: der Typ 130 (W 23), erster serienmäßig gebauter Mercedes-Benz Pkw mit Heckmotor, und der Sportwagen Typ 500 K (W 29), der mit einem Achtzylinder-Kompressormotor ausgerüstet ist und den Typ 380 ablöst. Der 500 K ist als sogenannter Autobahn-Kurierwagen »für besonders hohe Geschwindigkeiten« ausgestellt.

3
APR: In Untertürkheim wird das erste Fahrzeug des Mercedes-Benz G 4 fertiggestellt und geht in die Erprobung. Der geländegängige Dreiachs-Personenwagen basiert auf dem Konzept des Lastwagens G 3a.

4, 5
MAI: Mit dem Produktionsanlauf des geländegängigen Lastwagens G 3a, der seit 1933 bereits in Untertürkheim gefertigt wird, beginnt in Berlin-Marienfelde nach rund siebenjähriger Unterbrechung wieder die Serienfertigung von Lastwagen. Im November geht auch die 12-t-Zugmaschine DB s 7 in Produktion. Daimler-Benz fertigt das mit einem Maybach V 12-Motor ausgerüstete Fahrzeug im Auftrag der Wehrmacht.

6, 7
03. JUN: Die Ära der Silberpfeile beginnt mit dem Grand-Prix-Rennwagen W 25, der nach der neu eingeführten 750-kg-Formel entwickelt wurde. Beim ersten Einsatz, dem Internationalen Eifelrennen auf dem Nürburgring, siegt Manfred von Brauchitsch in neuer Rekordzeit. Dem Mercedes-Benz Team gehören auch Rudolf Caracciola, Luigi Fagioli, Hanns Geier, Ernst Henne und Rennleiter Alfred Neubauer an.

03. JUL: Die ordentliche Hauptversammlung der Daimler-Benz AG genehmigt die Herabsetzung des Grundkapitals im Verhältnis 5:3 auf 26,17 Mio. RM.

8
21./22. JUL: Bei der Zuverlässigkeitsfahrt »2 000 km durch Deutschland« erhalten Mercedes-Benz Fahrer in Einzel- und Mannschaftswertung insgesamt 26 goldene, drei silberne und drei bronzene Medaillen. Ihren ersten Wettbewerbseinsatz hat die 1,5-l-»Sport-Limousine«, deren Fahrgestell die Basis für den Anfang 1935 präsentierten Typ 150 Sport-Roadster bildet.

Der erste Start mit dem neuen MERCEDES-BENZ-Rennwagen ein Sieg!

Internationales Eifelrennen 1934 auf dem Nürburgring: Überlegener Sieger Manfred von Brauchitsch auf MERCEDES-BENZ in neuer Rekordzeit!

Daimler-Benz Aktiengesellschaft Stuttgart-Untertürkheim

9

05. AUG: Rudolf Caracciola gewinnt das Internationale Klausenrennen in der Schweiz mit der besten Zeit des Tages und erringt mit 83,9 km/h einen neuen Streckenrekord. Caracciola erzielt damit seinen ersten Sieg auf dem Mercedes-Benz 750-kg-Rennwagen W 25.

10

23. SEP: Beim Großen Preis von Spanien in San Sebastián, dem Abschlussrennen der Saison 1934, erzielt das Mercedes-Benz Rennteam seinen ersten Doppelsieg: Luigi Fagioli gewinnt vor Rudolf Caracciola.

11

OKT: Auf dem Automobil-Salon in Paris debütiert die exklusivste und eleganteste Variante des Mercedes-Benz 500 K: der Spezial-Roadster.

26. OKT: Vertreter der Daimler-Benz AG und der Kölner Firma Otto Wolff unterzeichnen einen Vertrag »zu einem gemeinschaftlichen geschäftlichen und industriellen Zusammengehen in China auf dem Gebiete des Motoren- und Automobilbaues«.

12

28. – 30. OKT: Auf der Rekordstrecke von Gyon bei Budapest erzielt Rudolf Caracciola mit dem Rekordwagen W 25 internationale Rekorde, u. a. mit einer Geschwindigkeit von 317,5 km/h (1 km mit fliegendem Start), und einen Weltrekord mit 188,6 km/h (1 Meile mit stehendem Start).

13

10. DEZ: Bei einer Rekordfahrt auf der Avus in Berlin stellt Rudolf Caracciola mit dem Rekordwagen W 25 einen neuen Streckenrekord auf. Er fährt 5 km bei fliegendem Start mit 311,98 km/h.

1935

Belegschaft	Produktion Pkw / Nfz	Umsatz
26 997	15 199 / 8 459	226,1 Mio. RM

1
01. JAN: Max Sailer, langjähriger Mitarbeiter und ehemaliger Werksrennfahrer der Daimler-Motoren-Gesellschaft, wird als Nachfolger des am 25. November 1934 verstorbenen Dr.-Ing. h. c. Hans Nibel leitender Direktor des Konstruktionsbüros und des Versuchs.

2
JAN: Daimler-Benz liefert eine gepanzerte Pullman-Limousine des Typs 770 »Großer Mercedes« an das japanische Kaiserhaus aus. Seitenscheiben, Heckscheibe und Trennscheibe bestehen aus Panzerglas, Dach und Türen sind mit Stahlplatten gepanzert. Mit dieser Staatslimousine führt das Unternehmen seine Kompetenz im Bau von beschussgesicherten Sonderschutzfahrzeugen fort, die mit dem 1928 eingeführten Mercedes-Benz Nürburg begonnen hat.

3, 4, 5, 6
14. – 24. FEB: Daimler-Benz präsentiert auf der Internationalen Automobil- und Motorrad-Ausstellung in Berlin den Heckmotor-Sportwagen Typ 150 (W 30) mit 1,5-l-Vierzylindermotor. Der unkonventionelle Sportroadster basiert auf der 1,5-l-»Sport-Limousine«, die 1934 erfolgreich an der Zuverlässigkeitsfahrt »2 000 km durch Deutschland« teilgenommen hat. Der Motor ist vor der Hinterachse eingebaut und würde heute als Mittelmotor bezeichnet. Auf dem Nutzfahrzeugsektor debütieren der Schwerlastwagen L 6500, der Omnibus Lo 2600 und der Schnellomnibus Lo 3100 mit stromlinienförmiger Karosserie in Frontlenkerausführung.

7
06. APR: Im Werk Gaggenau wird das zehntausendste Mercedes-Benz Nutzfahrzeug mit Dieselmotor ausgeliefert.

8
22. APR: Beim Großen Preis von Monaco, dem ersten Grand-Prix-Rennen der Saison 1935, erzielt Luigi Fagioli auf Mercedes-Benz 750-kg-Rennwagen W 25 den ersten Platz.

9
06. MAI: Fritz Nallinger übernimmt die Leitung der Konstruktions-, Entwicklungs- und Versuchsabteilung für Großmotoren. Der zunehmend wichtige Großmotorenbereich wird organisatorisch in einer eigenen Einheit, dem Werk 6 (ab 1938 Werk 60), zusammengefasst.

10. MAI: Die Steyr-Daimler-Puch Aktiengesellschaft mit Sitz in Steyr/Österreich entsteht durch Fusion der Austro-Daimler-Puch-Werke Aktiengesellschaft mit der Steyr-Werke AG.

10
16. JUN: Mercedes-Benz gewinnt – wie bereits im Vorjahr – das Internationale Eifelrennen auf dem Nürburgring, diesmal mit Rudolf Caracciola am Steuer des 750-kg-Rennwagens W 25.

10

Caracciola siegt auf MERCEDES-BENZ im Eifel-Rennen 1935!

1892 gefährliche Kurven
7700 m Höhenunterschied

stellten unerhörte Anforderungen an Fahrer und Wagen. Aus phantastischen Spitzengeschwindigkeiten mußten die Fahrzeuge in die Kurven gezwungen werden, mit faszinierender Beschleunigung schossen die Wagen in die langen, dennoch aber heimtückischen Geraden. Die Überlegenheit der mit Bosch-Kerzen und Continental-Reifen ausgerüsteten MERCEDES-BENZ-Wagen kommt am deutlichsten dadurch zum Ausdruck, daß drei MERCEDES-BENZ-Wagen rundenweise in prächtiger Fahrt führten, Caracciola in der 11. Runde mit 123,85 km/std. die schnellste Zeit des Tages fuhr, daß außer dem siegreichen Caracciola auch noch die beiden MERCEDES-BENZ-Fahrer Luigi Fagioli und H. Lang den 4. und 5. Platz belegten und daß schließlich auch in der großen Sportwagenklasse H. Lang auf MERCEDES-BENZ-SSK-Wagen den Sieg eroberte.

MERCEDES-BENZ führt weiterhin in Leistung und Qualität!

DAIMLER-BENZ AG. STUTTGART-UNTERTÜRKHEIM

1935

11

11
23. JUN: Der Große Preis von Frankreich in Montlhéry endet mit einem Doppelsieg für Mercedes-Benz: Rudolf Caracciola siegt vor Manfred von Brauchitsch. Weitere Doppelsiege erzielt der W 25 am 30. Juni beim Großen Preis von Barcelona, am 14. Juli beim Großen Preis von Belgien und am 25. August beim Großen Preis der Schweiz.

12
22. SEP: Beim letzten Grand-Prix-Rennen der Saison, dem Großen Preis von Spanien in San Sebastián, erringen die Silberpfeile ihren ersten Dreifachsieg: Rudolf Caracciola siegt vor Luigi Fagioli und Manfred von Brauchitsch. Caracciola gewinnt damit die Europameisterschaft der Rennsaison 1935, nachdem er bereits die Deutsche Meisterschaft errungen hat.

13
OKT: Auf dem Pariser Automobil-Salon wird der 500 K Spezial-Roadster in einer überarbeiteten, noch eleganteren Ausführung präsentiert. Sie basiert wie die erste Variante auf einem Fahrgestell mit zurückgesetztem Motor.

NOV: Mit der Fertigstellung von zehn Mercedes-Benz 130 in Dänemark beginnt die Produktion von Mercedes-Benz Pkw im Ausland. Der Zusammenbau der aus Deutschland gelieferten Teile erfolgt im ehemaligen Chrysler-Montagewerk, das aufgrund dänischer Importbeschränkungen die Fertigung von Chrysler Automobilen aufgeben musste.

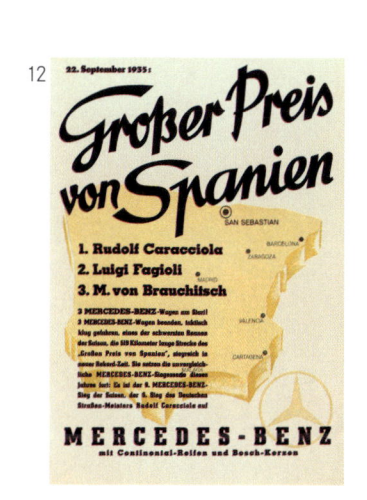

12

22. September 1935:

Großer Preis von Spanien

1. Rudolf Caracciola
2. Luigi Fagioli
3. M. von Brauchitsch

MERCEDES-BENZ
mit Continental-Reifen und Bosch-Kerzen

13

JAN: Im Werk Berlin-Marienfelde beginnt die Großserienfertigung des Flugmotors DB 600, eines V12-Aggregats mit 33,9 l Hubraum, Kompressoraufladung und hängend angeordneten Zylindern. Bis Mitte 1938 entstehen fast 1 800 Stück.

JAN: Das Werk Marienfelde nimmt die Serienproduktion des geländegängigen 3-t-Lastwagens LG 3000 für die Wehrmacht auf. Bis Ende 1940 werden 5 870 Fahrzeuge hergestellt, davon 520 im Werk Untertürkheim.

3, 4, 5, 6, 7, 8, 9, 10
15. FEB – 01. MÄR: Auf der Internationalen Automobil- und Motorrad-Ausstellung in Berlin debütiert mit dem Mercedes-Benz Typ 260 D (W 138) der erste serienmäßig produzierte Diesel-Personenwagen der Welt. Besondere Vorzüge des innovativen Fahrzeugs sind seine ausgeprägte Wirtschaftlichkeit und Zuverlässigkeit. Zugleich werden die neuen Pkw-Typen 170 V (W 136) und 170 H (W 28) präsentiert. Darüber hinaus findet anlässlich des Jubiläums »50 Jahre Automobilbau« eine Ehrung der Automobilpioniere Carl Benz und Gottlieb Daimler statt. Neuheiten aus dem Nutzfahrzeugbereich sind der Leichtlastwagen L 1100, das Fahrgestell Lo 3750 für mittelschwere Lkw und Omnibusse, das Dreiachs-Fahrgestell L 10000 für 10-t-Lastwagen und Omnibusse sowie der Frontlenker-Omnibus LoP 3500.

1936	Belegschaft	Produktion Pkw / Nfz	Umsatz
	32 164	22 994 / 9 218	295,1 Mio. RM

11 FEB: Die Tochtergesellschaft Daimler-Benz Motoren GmbH wird gegründet und beginnt in Genshagen südlich von Berlin mit der Errichtung eines Flugmotorenwerks. Bis zum Jahresende werden fast alle Gebäude fertiggestellt. Im Mai 1937 läuft die Serienproduktion des DB 600 an.

12 04. MÄR: Das Zeppelin-Luftschiff LZ 129 »Hindenburg« geht auf Jungfernfahrt. Angetrieben von vier Mercedes-Benz 16-Zylinder-V-Motoren DB 602 (LOF 6) mit einer Maximalleistung von je 1 200 PS / 882 kW, absolviert es innerhalb von neun Monaten drei Südamerika- und zehn planmäßige Nordamerika-Reisen über eine Entfernung von insgesamt 308 421 km.

13 APR: Daimler-Benz schließt mit dem Kölner Unternehmen Otto Wolff einen Vertrag über die Lieferung von Mercedes-Benz Diesel-Lkw nach China sowie die Einrichtung und den Betrieb eines Montage-, Reparatur- und Produktionswerks. Im März 1938 wird bereits das 2 000. Fahrgestell des Diesel-Lastwagens L 2000 geliefert.

14 17. MAI: Nach dem Sieg beim Großen Preis von Monaco am 13. April gewinnt Rudolf Caracciola auf 750-kg-Rennwagen W 25 mit einer Durchschnittsgeschwindigkeit von 160,3 km/h auch den Großen Preis von Tunis. In der Rennsaison 1936 ist dies der letzte Sieg für die Silberpfeile von Mercedes-Benz.

15, 16 01. – 11. OKT: Auf dem Pariser Salon wird der Typ 540 K (W 29) mit einem leistungsgesteigerten 5,4-l-Kompressormotor als Nachfolgemodell des 500 K vorgestellt. Premiere hat auch der Typ 230 (W 143), der auf dem Typ 200 (W 21) basiert und als dessen Nachfolger fungiert. Der 2,3-l-Sechszylindermotor leistet 55 PS / 40 kW, 15 PS / 11 kW mehr als die 2-l-Ausführung.

17 11. NOV: Rudolf Caracciola erzielt mit einem Vollstromlinien-Rekordwagen auf der Reichsautobahn Frankfurt—Darmstadt fünf internationale Klassenrekorde und einen Weltrekord. Die Distanz von zehn Meilen bei fliegendem Start fährt er mit der Rekordgeschwindigkeit von 333,48 km/h.

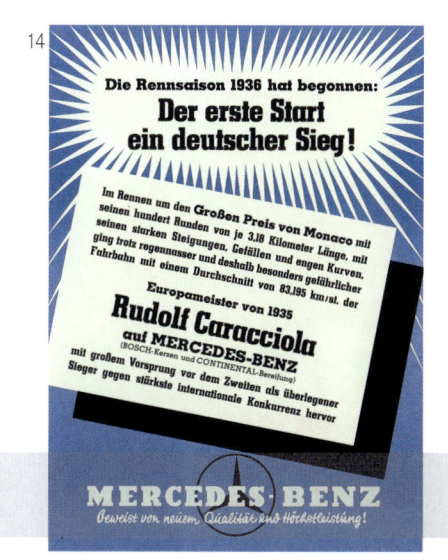

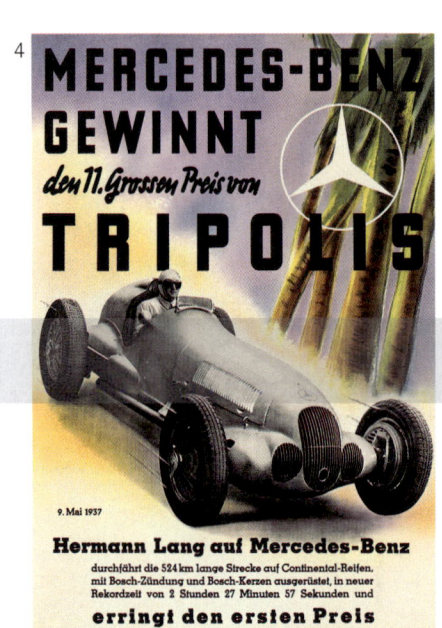

| **1937** | Belegschaft 40 361 | Produktion Pkw / Nfz 27 955 / 12 367 | Umsatz 399,1 Mio. RM |

1, 2
20. FEB – 07. MÄR: Der Typ 320 (W 142) wird auf der Internationalen Automobil- und Motorrad-Ausstellung in Berlin als Nachfolger des Typs 290 (W 18) vorgestellt. Die Typen 230 (W 143) und 260 D (W 138) präsentieren sich in verbesserter Ausführung mit geräumigerer Karosserie, modernisierter Innenausstattung und verbreiterter Spurweite.

3
MÄR/APR: Bei Daimler-Benz wird die erste nicht mehr in Einzelanfertigung produzierte Versuchsserie von 30 Volkswagen fertiggestellt. Der Reichsverband der Automobilindustrie hat die Produktion dieses von Dr.-Ing. h. c. Ferdinand Porsche konstruierten Musterwagens VW 30 (Porsche Typ 60) im Juli 1936 in Auftrag gegeben.

4
09. MAI: Der für die Saison 1937 neu entwickelte 750-kg-Rennwagen W 125 beendet seinen ersten Renneinsatz mit einem Sieg: Hermann Lang gewinnt den Großen Preis von Tripolis mit einer Durchschnittsgeschwindigkeit von 212,5 km/h und erzielt damit seinen ersten Grand-Prix-Sieg.

5
30. MAI: Hermann Lang siegt im Endlauf des formelfreien Avus-Rennens in Berlin auf einem W 125 Stromlinienrennwagen mit einer Durchschnittsgeschwindigkeit von 261,2 km/h. Dies ist nicht nur ein neuer Streckenrekord, sondern zugleich auch die höchste in einem Rennen erzielte Durchschnittsgeschwindigkeit – ein Rekord, der erst 1958 übertroffen wird.

1937

25. JUL: Beim Großen Preis von Deutschland auf dem Nürburgring erzielt Mercedes-Benz mit Rudolf Caracciola und Manfred von Brauchitsch einen Doppelsieg. Der Große Preis von Monaco am 8. August endet sogar mit einem Dreifachsieg – ebenso wie der Große Preis der Schweiz am 22. August.

JUL: In Mannheim werden die ersten Fahrzeuge des leichten Lastwagens L 1500 fertiggestellt. Das Werk Mannheim übernimmt die Produktion dieses Typs aus Gaggenau und wird damit auch zum Nutzfahrzeugwerk.

12. SEP: Der Große Preis von Italien in Monza endet mit einem Doppelsieg für Mercedes-Benz. Rudolf Caracciola gewinnt das Rennen vor Hermann Lang und wird damit zum zweiten Mal Europameister. Caracciola siegt auch am 26. September beim Großen Masaryk-Preis im tschechoslowakischen Brno (Brünn), der jedoch nicht für die Europameisterschaft gewertet wird.

01. OKT: Dr.-Ing. h. c. Wilhelm Kissel, langjähriger Mitarbeiter bei Benz & Cie. und seit 1926 im Daimler-Benz Vorstand, wird zum Vorstandsvorsitzenden der Daimler-Benz AG ernannt. Kissel leitet die Vorstandssitzungen bereits seit 1930 und ist mit Inkrafttreten des neuen Aktiengesetzes nun auch formell Vorsitzender des Vorstandes.

14. – 25. OKT: Auf der Motor Show in London stellt Mercedes-Benz den 540 K Spezial-Roadster in einer neuen Ausführung vor, die nun auf dem regulären Fahrgestell basiert.

11. NOV: Eine von Dr. Hermann Wurster geflogene Messerschmitt Bf 109 V 13 der Bayerischen Flugzeugwerke stellt mit 610,21 km/h einen neuen internationalen Geschwindigkeitsrekord auf. Angetrieben wird das Rekordflugzeug von einem Daimler-Benz Flugmotor DB 601 Re III.

NOV: Als erster Flugmotor mit Benzineinspritzung geht der DB 601, der weitestgehend auf dem DB 600 basiert, im Werk Genshagen in Serienproduktion. Im Januar 1938 nimmt auch das Werk Berlin-Marienfelde die Serienfertigung des DB 601 auf.

1938

Belegschaft	Produktion Pkw / Nfz	Umsatz
46 713	27 662 / 15 025	462 Mio. RM

1
28. JAN: Rudolf Caracciola erreicht auf der Autobahn Frankfurt – Darmstadt bei einem Kilometer mit fliegendem Start eine Geschwindigkeit von 432,7 km/h. Dies ist die höchste auf einer normalen Verkehrsstraße erzielte Geschwindigkeit – ein Rekord, der bis heute ungebrochen ist.

2, 3
18. FEB – 06. MÄR: Auf der Internationalen Automobil- und Motorrad-Ausstellung in Berlin wird der Typ 770 »Großer Mercedes« (W 150) in einer grundlegend überarbeiteten Ausführung vorgestellt. Der 7,7-l-Achtzylinder-Reihenmotor leistet nun 155 PS/114 kW, mit zugeschaltetem Kompressor sogar 230 PS/169 kW. Neu sind auch der Ovalrohrrahmen, die Vorderachse mit Doppel-Querlenkern und Schraubenfedern sowie die De-Dion-Hinterachse (werksintern »Parallelradachse« genannt). Eine weitere Neuheit ist ein geländegängiges Spezialfahrzeug mit Vierradantrieb und Vierradlenkung, das als Chassis ausgestellt ist und kurze Zeit später als »Kolonial- und Jagdwagen« Mercedes-Benz G 5 auf den Markt kommt.

4
15. MAI: Beim Großen Preis von Tripolis erzielt Mercedes-Benz mit dem neuen 3-l-Formel-Rennwagen W 154 einen Dreifachsieg: Hermann Lang gewinnt das Rennen vor Manfred von Brauchitsch und Rudolf Caracciola. Mit einem Dreifachsieg für Mercedes-Benz endet am 3. Juli auch der Große Preis von Frankreich in Reims und der Große Preis der Schweiz im Berner Bremgarten am 21. August.

5
24. JUL: Der Engländer Richard Seaman, seit der Saison 1937 Grand-Prix-Rennfahrer im Mercedes-Benz Team, gewinnt den Großen Preis von Deutschland auf dem Nürburgring mit einer Durchschnittsgeschwindigkeit von 129,8 km/h. Den zweiten Platz belegen Rudolf Caracciola und Hermann Lang.

6
07. AUG: Hermann Lang siegt bei der Coppa Ciano in Livorno/Italien mit der besten Strecken- und Rundenzeit. Am 14. August erzielt Rudolf Caracciola bei der Coppa Acerbo in Pescara/Italien erneut einen Sieg für Mercedes-Benz.

7
11. SEP: Mit einem dritten Platz beim Großen Preis von Italien sichert sich Rudolf Caracciola auf Mercedes-Benz zum dritten Mal die Europameisterschaft. Er wiederholt damit seinen Erfolg von 1935 und 1937 und gilt als erfolgreichster Rennfahrer seiner Zeit.

8
SEP: Die Rennabteilung beginnt mit der Konstruktion des neuen 1,5-l-Rennwagens W 165 für das Tripolis-Rennen der Saison 1939. Die Entwicklung zur Einsatzreife gelingt in der Rekordzeit von weniger als acht Monaten.

9, 10
SEP: Im Werk Untertürkheim beginnt die Produktion des Mercedes-Benz 320 als Kübelsitzwagen. Im November geht auch der 170 V Kübelwagen in Serie.

31. DEZ: Mit einem Umsatzanteil von 38 % wird die Nutzfahrzeug-Produktion im Geschäftsjahr 1938 zum wichtigsten Geschäftsfeld der Daimler-Benz AG. Diese Spitzenstellung behält die Nutzfahrzeugsparte bis 1941.

| 1939 | Belegschaft 42 979 | Produktion Pkw / Nfz 26 505 / 15 694 | Umsatz 527,6 Mio. RM |

08. – 14. FEB: Auf der Autobahn bei Dessau erzielt Rudolf Caracciola mit zwei Mercedes-Benz 3-l-Rekordwagen mehrere internationale Rekorde der Klasse D. In einem für stehenden Start konstruierten Wagen mit einzeln verkleideten Rädern fährt er am 8. Februar eine Meile mit 204,6 km/h und am 14. Februar einen Kilometer mit 177,4 km/h. In dem Wagen mit Vollstromlinienkarosserie erreicht er am 9. Februar bei fliegendem Start über eine Meile einen Durchschnitt von 399,6 km/h.

17. FEB – 05. MÄR: Auf der Internationalen Automobil- und Motorrad-Ausstellung in Berlin wird ein neuer Typ 230 (W 153) präsentiert, der sich vom bisherigen 2,3-l-Modell durch ein völlig neu entwickeltes Chassis und modernere Karosserien unterscheidet. Er löst die zwei- bis viersitzigen Varianten des W 143 ab, während die Sechssitzer weiterhin im Programm bleiben. Das neue Modell ist der erste Mercedes-Benz Pkw, der in Ganzstahlbauweise ausgeführt ist.

01. MÄR: Oberst Adolf von Schell, der Generalbevollmächtigte für das Kraftfahrwesen, legt eine Neuordnung des deutschen Kraftfahrzeug-Typenprogramms vor, mit der die Anzahl der Typen deutlich verringert und auf die einzelnen Hersteller verteilt wird. Dieses sogenannte Schell-Programm, das bereits am 2. März durch gesetzliche Verordnung verabschiedet wird, reduziert die Zahl der Pkw-Typen von 52 auf 30 und die Zahl der Lkw-Typen von 133 auf 21. Es soll am 1. Januar 1940 wirksam werden.

1
08. APR: Beim Großen Preis von Pau in Frankreich, dem ersten Einsatz des für die Saison 1939 überarbeiteten 3-l-Formelrennwagens, erzielt Mercedes-Benz einen Doppelsieg mit Hermann Lang und Manfred von Brauchitsch. Hermann Lang gewinnt auch das Internationale Eifelrennen auf dem Nürburgring am 21. Mai und den Großen Preis von Belgien am 25. Juni.

2
26. APR: Mit dem von einem Zwölfzylinder-Flugmotor DB 601 Re V angetriebenen Messerschmitt-Rekordflugzeug Me 209 (Werksbezeichnung Bf 109 R) erreicht Flugkapitän Fritz Wendel 755,11 km/h und stellt damit einen absoluten Geschwindigkeitsrekord auf, der 30 Jahre ungebrochen bleibt.

3
07. MAI: Beim Großen Preis von Tripolis, dem ersten und einzigen Start des 1,5-l-Formelrennwagens W 165, erzielen Hermann Lang und Rudolf Caracciola einen eindrucksvollen Doppelsieg. Den neuen Achtzylinder-Rennwagen, der mit nur 1,5 l Hubraum eine Leistung von 254 PS / 187 kW mobilisiert, hat die Daimler-Benz Rennabteilung speziell für das Rennen in Tripolis entwickelt.

MAI: Das Grundkapital der Daimler-Benz AG wird durch Ausgabe neuer Stammaktien auf 39,15 Mio. RM erhöht. Die neuen Aktien werden den Inhabern alter Stammaktien im Verhältnis 2:1 zum Kurs von 112 % zum Bezug angeboten.

4
11. JUN: Hermann Lang gewinnt das Wiener Höhenstraßen-Rennen auf Mercedes-Benz W 154 Bergrennwagen. Am 6. August siegt er mit einem W 125 Bergrennwagen auch beim Großen Bergpreis von Deutschland auf der Großglocknerstraße und wird damit »Großdeutscher Bergmeister« der Saison 1939.

5
JUL: Das Werk Mannheim beginnt mit der Serienproduktion des geländefähigen 3-t-Lastwagens LGF 3000, der seit Juli 1938 bereits in Untertürkheim gebaut wird. Bis Mai 1941 entstehen allein in Mannheim rund 8 200 Stück.

6, 7
20. AUG: Der Große Preis der Schweiz im Bremgartenwald bei Bern endet mit einem Dreifachsieg für Mercedes-Benz: Hermann Lang siegt vor Rudolf Caracciola und Manfred von Brauchitsch und ist am Ende der erfolgreichste Fahrer der Saison.

01. SEP: Der Auftragsbestand ist bei Kriegsausbruch doppelt so hoch wie im Vorjahr und übersteigt mit einem Wert von 600 Mio. RM den gesamten Vorjahresumsatz um die Hälfte.

05. SEP: Nach dem Ausbruch des Zweiten Weltkriegs tritt anstelle des Schell-Programms ein neues Kriegsprogramm in Kraft, das die Typenpalette der deutschen Kraftfahrzeug-Industrie noch weiter verkleinert. Die Zahl der Pkw-Typen reduziert sich auf fünf; darunter der Mercedes-Benz 170 V. Als kriegswichtige Lastwagen aus der Produktion von Daimler-Benz werden der 3-Tonner und der 4,5-Tonner deklariert.

9
12. OKT: Der Mercedes-Benz T 80 absolviert seinen ersten Lauf auf dem Rollenprüfstand. Der dreiachsige Rekordwagen, von Hans Stuck 1936 initiiert und von Dr.-Ing. h. c. Ferdinand Porsche konstruiert, wird von einem V 12-Flugmotor DB 603 angetrieben. Die Entwicklung zur Einsatzreife verhindert der Zweite Weltkrieg.

10
OKT: Im Werk Mannheim wird die Pkw-Fertigung eingestellt. Die Produktion des Mercedes-Benz 500 N läuft ganz aus, während der Typ 320 in Untertürkheim weitergebaut wird. Das Werk Mannheim widmet sich damit ausschließlich der Produktion von Nutzfahrzeugen.

1939

1940

| **1940** | Belegschaft 46 248 | Produktion Pkw / Nfz 14 842 / 14 683 | Umsatz 540,1 Mio. RM |

06. MÄR: Die ehemalige Werkstatt von Gottlieb Daimler im Cannstatter Gewächshaus wird zum 40. Todestag des Firmengründers als Gedächtnisstätte eingeweiht.

23. APR: Fritz Nallinger, seit 1935 als Technischer Direktor für Konstruktion, Entwicklung und Produktion von Großmotoren verantwortlich, wird in den Vorstand berufen und übernimmt nach der Erkrankung von Max Sailer dessen Aufgaben als Chefkonstrukteur.

OKT: Das Werk Mannheim beginnt mit der Serienfertigung des allradgetriebenen 3-t-Lastwagens L 3000 A. Im April 1941 geht in Mannheim und in Gaggenau auch der L 3000 S mit Hinterradantrieb in Serie. Ab Juni 1941 ist die Fahrzeugproduktion des Werks Mannheim auf diese beiden Typen konzentriert.

04. NOV: In einer außerordentlichen Hauptversammlung der Daimler-Benz AG wird beschlossen, das Grundkapital durch Ausgabe neuer Stammaktien von 39,15 Mio. auf 50,22 Mio. RM zu erhöhen. Die neuen Aktien werden den Inhabern der alten Stammaktien im Verhältnis 4:1 zum Kurs von 135 % zum Bezug angeboten.

1941	Belegschaft	Produktion Pkw / Nfz	Umsatz
	54 851	8 863 / 14 187	645,9 Mio. RM

1
09. JAN: Die Daimler-Benz GmbH Kolmar wird als Tochtergesellschaft der Daimler-Benz AG gegründet. In einer angemieteten Fabrikationsstätte im elsässischen Colmar läuft im April die Produktion von Flugmotorenteilen an.

2
JAN: Im Werk Gaggenau beginnt die Serienproduktion des 4,5-t-Lastwagens L 4500 S. Der L 4500 A mit Allradantrieb folgt zwei Monate später.

3
09./10. MAI: Das Werk Mannheim wird als erstes Daimler-Benz Werk Ziel von Luftangriffen.

4
MAI: Das Werk Genshagen nimmt die Großserienfertigung des V12-Flugmotors DB 605 auf. Die leistungsgesteigerte Weiterentwicklung des DB 601 hat einen Hubraum von 35,7 l und wird mit über 40 000 gebauten Exemplaren zum meistgebauten Mercedes-Benz Flugmotor des Zweiten Weltkriegs.

MAI: Im Werk Untertürkheim geht der Scheinwerfermotor M 148 in Serienproduktion. Das ursprünglich für künftige Pkw-Modelle entwickelte V12-Aggregat hat 6 l Hubraum und leistet als Scheinwerfermotor 105 PS / 77 kW. Bis Mitte 1943 entstehen mehr als 700 Stück. Dazu kommen über 2 600 Exemplare des weiterentwickelten M 173 mit 6,5 l Hubraum und 125 PS / 92 kW.

5, 6
MAI: Die ersten Fahrzeuge des allradgetriebenen Leichtlastwagens L 1500 A werden in Untertürkheim fertiggestellt. Im Juli läuft auch die Produktion des L 1500 S mit Hinterradantrieb an. Beide Typen sind mit einem 2,6-l-Vergasermotor ausgerüstet. Der L 1500 A wird überwiegend als Mannschaftswagen für die Wehrmacht gebaut, der L 1500 S als Pritschenwagen und leichtes Löschgruppenfahrzeug.

7
JUN: Im Werk Marienfelde beginnt die Serienfertigung des DB 603, eines V12-Flugmotors mit Kompressoraufladung, Benzineinspritzung und 44,5 l Hubraum, dessen Konzept auf dem DB 601 basiert.

29. JUL: In der Hauptversammlung der Daimler-Benz AG wird der Vorstand ermächtigt, das Grundkapital mit Zustimmung des Aufsichtsrats durch Ausgabe neuer Stammaktien um bis zu 25 Mio. RM zu erhöhen.

SEP: Das Reichsluftfahrtministerium überträgt der Daimler-Benz AG die Geschäftsführung der im Januar gegründeten Flugmotorenwerke Ostmark GmbH mit Werken in Wien, Brno (Brünn) und Maribor. Im Juni 1943 geht die unternehmerische Leitung an die Steyr-Daimler-Puch AG über.

1941

OKT: Das Werk Gaggenau beginnt mit der Serienfertigung von Anthrazitkohlegeneratoren für Lastwagen. Bis Oktober 1944 werden fast 14 000 Stück produziert.

01. NOV: Auf Anweisung des Reichsluftfahrtministeriums übernimmt Daimler-Benz von der Henschel AG die Treuhänderschaft über das Flugmotorenwerk Reichshof (Rzeszów) 180 km östlich von Krakau und gründet zu diesem Zweck die Flugmotorenwerk Reichshof GmbH.

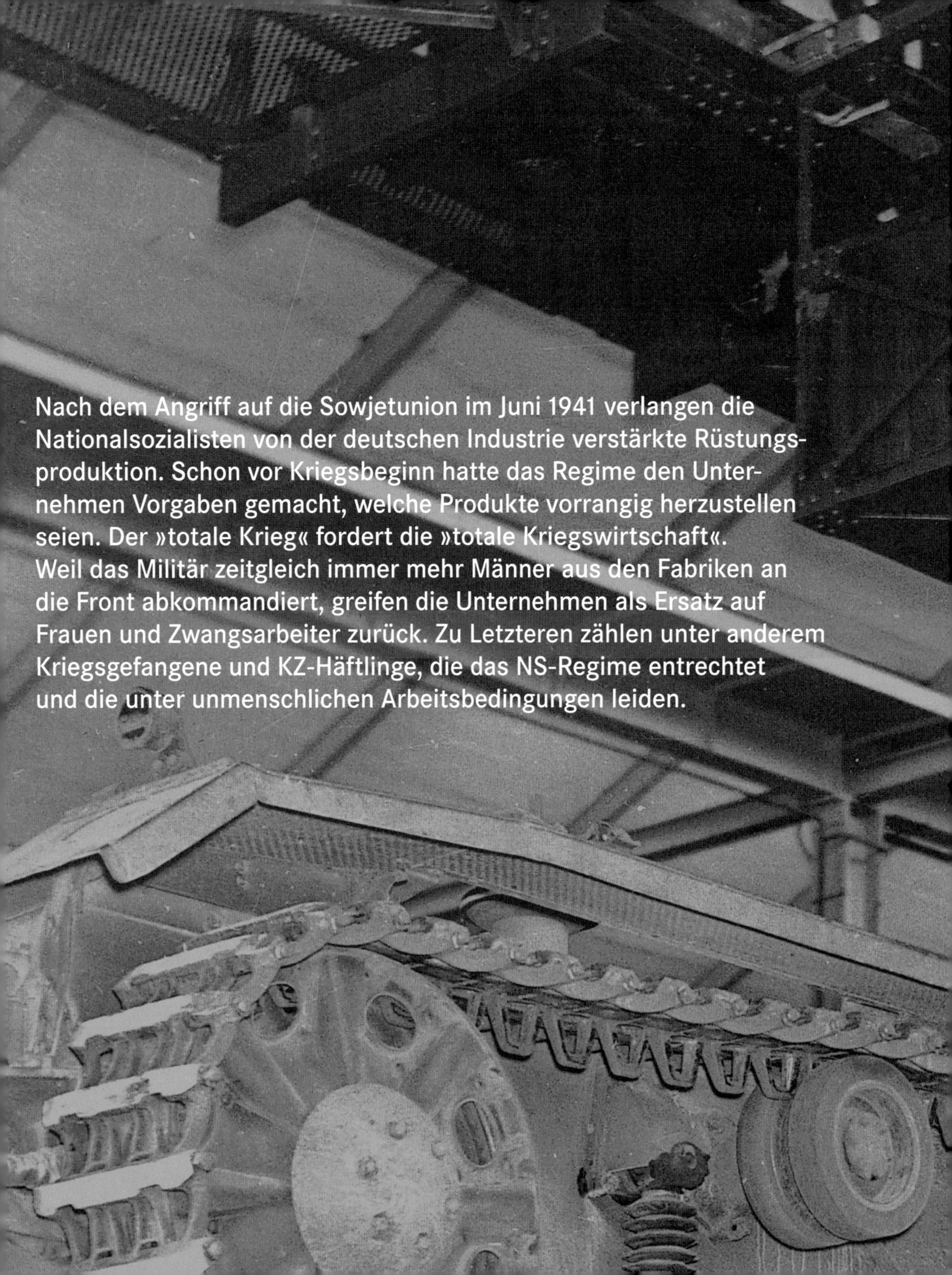

Nach dem Angriff auf die Sowjetunion im Juni 1941 verlangen die Nationalsozialisten von der deutschen Industrie verstärkte Rüstungsproduktion. Schon vor Kriegsbeginn hatte das Regime den Unternehmen Vorgaben gemacht, welche Produkte vorrangig herzustellen seien. Der »totale Krieg« fordert die »totale Kriegswirtschaft«. Weil das Militär zeitgleich immer mehr Männer aus den Fabriken an die Front abkommandiert, greifen die Unternehmen als Ersatz auf Frauen und Zwangsarbeiter zurück. Zu Letzteren zählen unter anderem Kriegsgefangene und KZ-Häftlinge, die das NS-Regime entrechtet und die unter unmenschlichen Arbeitsbedingungen leiden.

Rüstungsproduktion

9/20
Kriegswirtschaft 1941

Produktion von Flugmotoren im Werk Genshagen

Mercedes-Benz DB 600 / DB 601

Mercedes-Benz LG 3000

Wilhelm Kissel

Produktionswerke des DB 600 / DB 601

Berlin-Marienfelde
Genshagen

Von 1937 an produziert die Daimler-Benz AG verstärkt Rüstungsgüter wie den Lastwagen LG 3000 und Flugmotoren wie den DB 600 und DB 601. Um neben dem Werk Marienfelde zusätzliche Kapazitäten für die Flugmotorenproduktion zu schaffen, wird 1936 das Werk Genshagen gebaut, das südlich von Berlin gut getarnt im Wald liegt. Bis Kriegsbeginn nimmt der Anteil der Rüstungsproduktion am Unternehmensumsatz stetig zu. Im Sommer 1941 glaubt im Vorstand der Daimler-Benz AG unter ihrem Vorstandsvorsitzenden Wilhelm Kissel niemand mehr an einen kurzen Krieg und die baldige Rückkehr zur Produktion von Zivilfahrzeugen. Wichtigstes Geschäftsfeld ist die Produktion von Lastwagen, während die Pkw-Fertigung – seit Kriegsbeginn ohnehin auf den militärischen Bedarf beschränkt – zurückgeht und bis Ende 1942 praktisch ganz eingestellt wird. Das Unternehmen forciert nun die Herstellung und Montage von Aggregaten und Komponenten für das Heer, die Luftwaffe und die Marine. Große Bedeutung gewinnt auch die Ersatzteilfertigung und die Reparatur von Militärfahrzeugen und Motoren.

Für die gesteigerte Rüstungsproduktion werden neue Arbeitskräfte benötigt, weil zahlreiche Arbeiter als Soldaten an der Front kämpfen. Zunächst stellt das Unternehmen Frauen ein, um die geforderten Stückzahlen herstellen zu können. Da diese Arbeitskräfte jedoch nicht ausreichen, kommen auch bei Daimler-Benz Zwangsarbeiter zum Einsatz: Kriegsgefangene, verschleppte Zivilisten oder Häftlinge aus Konzentrationslagern. Zwangsarbeiter aus Westeuropa wohnen in Gasthöfen, Privatquartieren oder Schulen.

»Ostarbeiter« und Kriegsgefangene sind unter schlechten Haftbedingungen in Barackenlagern interniert. KZ-Häftlinge bewacht die SS unter menschenverachtenden Bedingungen. Sie werden gegen Entgelt an Unternehmen »ausgeliehen«. Ende 1944 ist fast jeder zweite Daimler-Benz Mitarbeiter ein ziviler Zwangsarbeiter, Kriegsgefangener oder KZ-Häftling. Nach dem Krieg bekennt sich Daimler-Benz zu seinen Verstrickungen in das NS-Regime und engagiert sich auch in der Stiftungsinitiative der deutschen Wirtschaft »Erinnerung, Verantwortung und Zukunft«, die unter anderem humanitäre Leistungen für ehemalige Zwangsarbeiter erbringt.

Fertigung von Flugmotorenteilen im Werk Berlin-Marienfelde

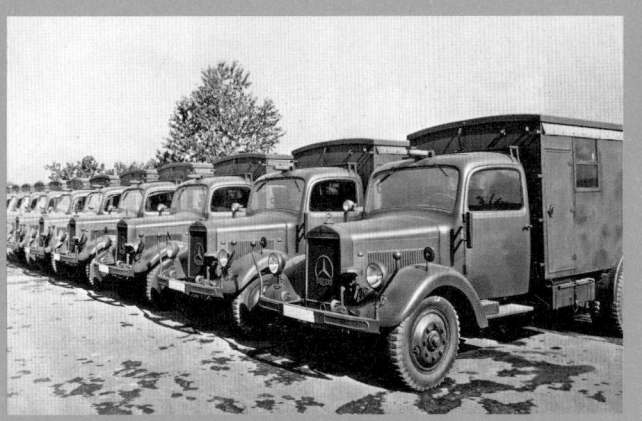

Mercedes-Benz Dreitonner – bereit zur Auslieferung im Werk Sindelfingen

Reparatur von Militärfahrzeugen im Werk Sindelfingen

Frauen in der Produktion im Werk Untertürkheim, 1939. Rund ein Drittel der Vorkriegsbelegschaft ist zum Kriegsdienst eingezogen und wird zunächst vor allem durch Frauen ersetzt. Weil die Frauen nicht die passenden Berufsausbildungen haben, werden sie für einzelne Arbeitsaufgaben, hier die Arbeit an Bohrmaschinen, angelernt. Die Produktion wird stärker arbeitsteilig organisiert.

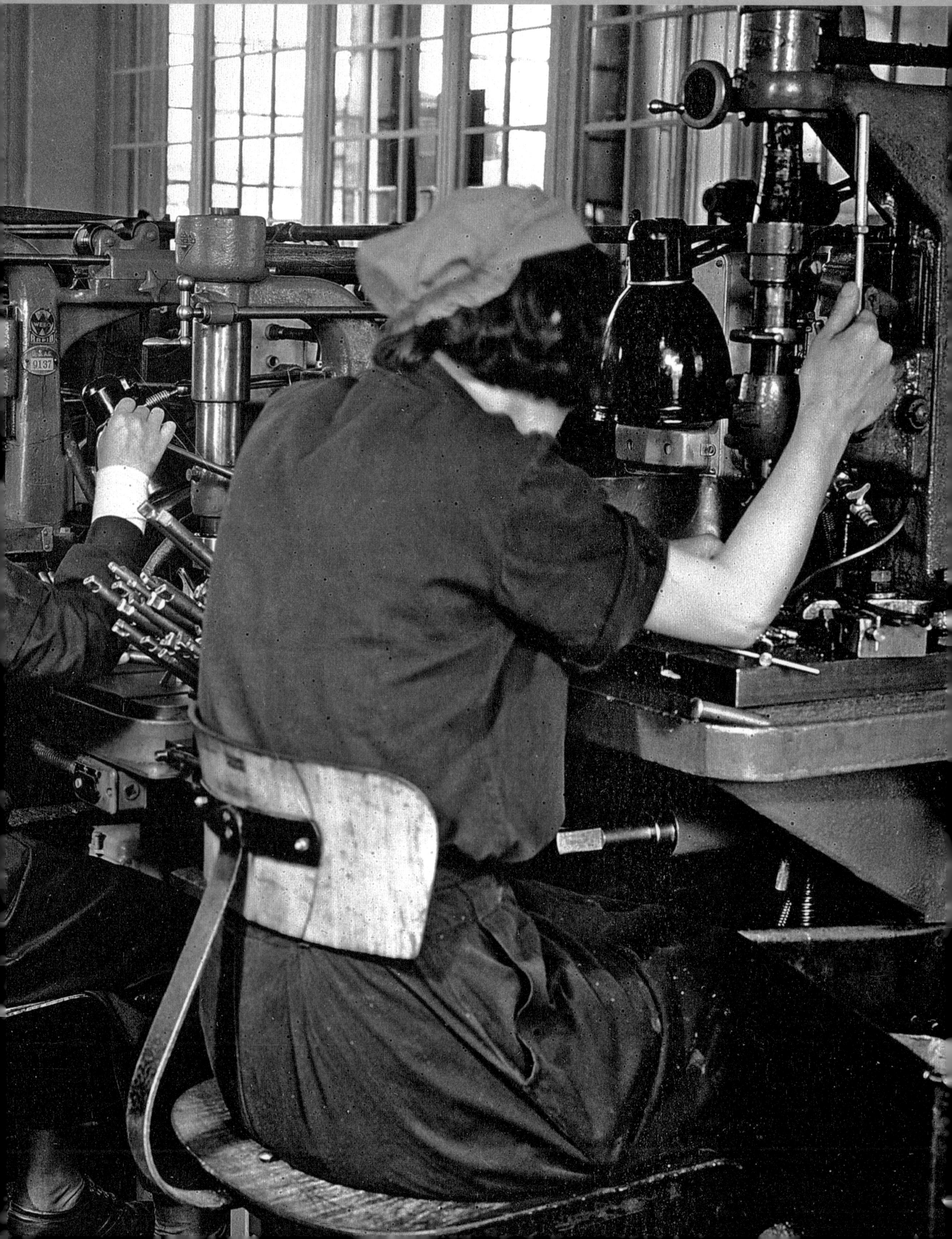

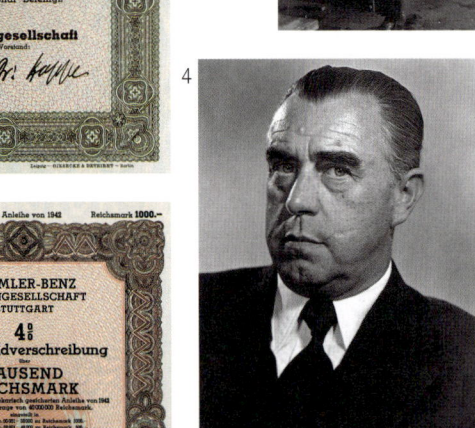

1942

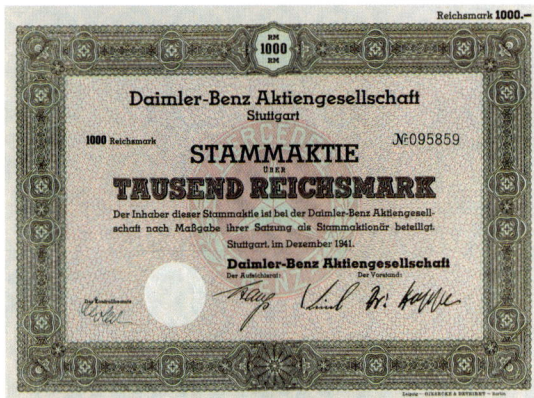

Belegschaft	Produktion Pkw / Nfz	Umsatz
62 886	4 166 / 14 552	839,2 Mio. RM

JAN: Mit Zustimmung des Aufsichtsrats beschließt der Vorstand der Daimler-Benz AG eine Erhöhung des Grundkapitals auf 75,22 Mio. RM durch Ausgabe neuer Stammaktien im Nennwert von 25 Mio. RM. Die Aktien sind ab dem Geschäftsjahr 1942 dividendenberechtigt und werden den Inhabern alter Stammaktien im Verhältnis 2:1 zum Kurs von 135% zum Bezug angeboten. Nach der Kapitalerhöhung beschließt der Aufsichtsrat eine Berichtigung des Grundkapitals um 20% auf 90,26 Mio. RM.

MÄR: Daimler-Benz nimmt eine 4%ige Anleihe über nominal 40 Mio. RM mit einer Laufzeit von 25 Jahren auf.

APR: Im weißrussischen Minsk beginnt der Bau eines »Groß-K-Werks«, eines großen Reparaturwerks für Militärfahrzeuge, mit dessen Leitung Daimler-Benz beauftragt wird.

30. JUN: Die Hauptversammlung ermächtigt den Vorstand der Daimler-Benz AG, das Grundkapital mit Zustimmung des Aufsichtsrats um bis zu 30 Mio. RM zu erhöhen. Die erneute Kapitalerhöhung erfolgt im Mai 1943.

JUN: Das Reichsluftfahrtministerium beauftragt Daimler-Benz mit der Entwicklung und Produktion von Flugtriebwerken. Dazu wird im November ein neues Werk in zwei ehemaligen Lederfabriken in Backnang nördlich von Stuttgart ausgebaut. Im Januar 1943 konzentriert das Unternehmen seine Triebwerkentwicklung an diesem Standort.

02. JUL: In einer Direktionsmitteilung ordnet der Daimler-Benz Vorstand eine beschleunigte Umsetzung der vom Reichsminister für Bewaffnung und Munition verfügten Produktionsumstellung an. Die Verfügung untersagt jegliche Entwicklungsarbeiten für die Friedenszeit und fordert eine Produktivitätssteigerung der Lkw-Fertigung durch weitere Vereinheitlichung und Konzentration. Das Werk Mannheim soll anstelle des eigenen 3-t-Lastwagens den Opel »Blitz« produzieren und die Fertigung im Werk Gaggenau auf den L 4500 konzentriert werden.

18. JUL: Der Vorstandsvorsitzende Dr.-Ing. h. c. Wilhelm Kissel stirbt unerwartet. Sein Nachfolger wird am 23. August Dr. Wilhelm Haspel, der seit Mai 1927 mit der Leitung des Werks Sindelfingen betraut ist.

AUG: Auf Anweisung von Reichsminister Speer schließt Daimler-Benz mit der Adam Opel AG einen Vertrag zur Lizenzfertigung des 3-t-Lastwagens Opel »Blitz« ab. Unter der internen Bezeichnung L 701 beginnt die Produktion im Werk Mannheim allerdings erst im August 1944.

NOV: Im Werk Untertürkheim läuft die Produktion der Pkw-Typen 170 V und 320 aus. Damit endet bei Daimler-Benz die Serienfertigung von Personenwagen. Bis Februar 1944 werden allerdings noch rund 50 Fahrzeuge in Einzelanfertigung gebaut. Der 170 V ist mit 93 033 produzierten Exemplaren, davon 19 075 Kübelwagen, der bei Weitem meistgebaute Mercedes-Benz Pkw-Typ.

NOV: In Peenemünde übergibt Daimler-Benz ein im Werk Sindelfingen gefertigtes Heckteil mit Leitflächen für die von Wernher von Braun entwickelte Großrakete A 4. Das 7,5 m lange Bauteil mit einem Durchmesser von 1,6 m besteht aus einem Stahlgerippe mit einer Verkleidung aus hoch warmfestem Stahlblech. Daimler-Benz wird mit der Lieferung einer Pilotserie von 175 Heckteilen beauftragt. Die Produktion läuft jedoch erst im Sommer 1944 an.

11. DEZ: Der langjährige Aufsichtsratsvorsitzende Dr. Emil Georg von Stauß stirbt. Sein Nachfolger wird Hans Rummel von der Deutschen Bank.

31. DEZ: Die Ersatzteilproduktion und Reparatur von Fahrzeugen und Aggregaten wird mit einem Anteil von 32% das wichtigste Geschäftsfeld des Daimler-Benz Konzerns und verweist damit die Nutzfahrzeugfertigung auf Platz zwei.

1942
1943

JAN: Die neu gegründete Daimler-Benz GmbH Neupaka beginnt in Nova Paka im Norden der Tschechoslowakei in stillgelegten Textilfabriken mit der Einrichtung von zwei großen Werken zur Produktion von Flakscheinwerfermotoren und Motorkleinteilen.

FEB: Nach der Verlagerung der Schnellbootmotorenfertigung nach Untertürkheim übernimmt das Werk Marienfelde die Produktion des Panzerwagens »Panther«, der parallel auch bei Henschel, MAN und der Niedersächsischen Maschinenfabrik gefertigt wird.

29. APR: Der Vorstand der Daimler-Benz AG beschließt mit Zustimmung des Aufsichtsrats, das Grundkapital durch Ausgabe neuer Stammaktien um 30 Mio. RM auf 120 Mio. RM zu erhöhen. Die Aktien, die ab dem Geschäftsjahr 1943 dividendenberechtigt sind, werden den Inhabern alter Aktien im Verhältnis 3:1 zum Kurs von 130 % zum Bezug angeboten. Die Hauptversammlung am 8. Juni genehmigt für das Geschäftsjahr 1942 eine Dividendenausschüttung von 6 % auf 90 Mio. RM Stammaktien.

7
APR: Der Mercedes-Benz 230 (W 153) mit Kohlegenerator geht in einer kleinen Serie in Produktion. Um den Leistungsverlust gegenüber dem Benzinbetrieb zumindest teilweise zu kompensieren, kommt statt des 2,3-l-Sechszylinders der 2,6-l-Motor M 159 zum Einsatz. Bis Januar 1944 werden 34 Fahrzeuge fertiggestellt.

AUG: Zum Schutz vor Luftangriffen beginnen die Werke der Daimler-Benz AG mit der Verlagerung ihrer Produktionsanlagen an Standorte außerhalb der gefährdeten Ballungsräume. Allein das Werk Untertürkheim, das als erstes die Verlagerung der Fertigungsstätten einleitet, wird bis Ende 1944 an 21 Standorte verlagert.

15. SEP: Der Vorstandsvorsitzende Wilhelm Haspel ordnet an, Maschinen, Werkzeuge und sonstiges Inventar, das nicht unbedingt für die Produktion benötigt wird, aus den Werken zu verlagern, ebenso wie Dokumente und Unterlagen, die für die Unterhaltung und den Nachweis des Vermögens der AG notwendig sind. In diesem Rahmen werden die Hollerith-Abteilung und die Zentral- und Finanzbuchhaltung aus dem Werk Untertürkheim ausgelagert.

8, 9
17. SEP: Daimler-Benz stellt einen Holzgasgenerator für den Pkw-Typ 170 V vor, der nur 70 kg wiegt, 800 RM kostet, an einem Tag eingebaut werden kann und mit einer Füllung von 24 kg Holzkohle eine Reichweite von etwa 100 bis 130 km ermöglicht. Bis November 1944 entstehen im Werk Gaggenau mehr als 6 400 Stück.

10
26. NOV: Das Werk Untertürkheim ist Ziel eines britischen Nachtangriffs. Bis Ende Oktober hat die Konzernleitung einen Gesamtschaden durch Fliegerangriffe von 70 Mio. RM verzeichnet.

1943	Belegschaft	Produktion Pkw / Nfz	Umsatz
	64 497	52 / 11 375	942,0 Mio. RM

11. MÄR: Das Reichsluftfahrtministerium beschließt die Verlagerung des Flugmotorenwerks Genshagen in eine Gipsgrube bei Obrigheim am Neckar. Die Maßnahme mit dem Tarnnamen »Goldfisch«, die von der SS unter größter Geheimhaltung durchgeführt wird, ist die erste Verlagerung eines Daimler-Benz Werks an einen unterirdischen Standort. Bereits am 21. März beginnen 500 Zwangsarbeiter mit den Bauarbeiten in Obrigheim.

1
05. MAI: Bertha Benz, Witwe von Carl Benz und durch ihre legendäre Fernfahrt von 1888 Wegbereiterin des Automobils, stirbt im Alter von 95 Jahren in Ladenburg.

2
06. AUG: Das Werk Genshagen wird durch Luftangriffe so stark zerstört, dass keine nennenswerte Produktion mehr stattfinden kann.

3
05. SEP: Schwere Luftangriffe auf das Werk Untertürkheim verursachen Schäden in Höhe von 30,2 Mio. RM und legen den Produktionsbetrieb lahm. Das gleiche Schicksal ereilt das Werk Gaggenau am 10. September und das Werk Sindelfingen am 13. September.

DEZ: Die Anzahl der im Daimler-Benz Konzern beschäftigten ausländischen Zivilarbeiter, darunter ein großer Teil Zwangsarbeiter, erreicht mit rund 27 000 Personen den Höchststand. Hinzu kommen noch etwa 10 500 Kriegsgefangene und KZ-Häftlinge. Der Anteil ausländischer Arbeitskräfte und KZ-Häftlinge an der Gesamtbelegschaft beträgt damit rund 50 %.

1944	Belegschaft	Produktion Pkw / Nfz	Umsatz
	63 663	1 / 8 559	953,9 Mio. RM

1945	Belegschaft	Produktion Pkw / Nfz	Umsatz
	12 927	0 / 1 037	130,4 Mio. RM

23. MÄR: Als erstes Werk der Daimler-Benz AG wird das Werk Mannheim von amerikanischen Truppen besetzt.

4
24. MÄR: Das Werk Marienfelde wird durch einen Luftangriff so stark beschädigt, dass eine Wiederaufnahme der Produktion nicht möglich ist.

09. APR: Französische Truppen besetzen das Werk Gaggenau.

20. APR: Das Werk Untertürkheim wird stillgelegt und drei Tage später von französischen Truppen besetzt. Am 8. Juli erfolgt die Übergabe an die amerikanische Besatzungsmacht.

24./25. APR: Truppen der Roten Armee besetzen in der Nacht das Werk Berlin-Marienfelde, konfiszieren dort die noch vorhandenen Maschinen und beginnen Anfang Mai mit der Demontage.

5
20. MAI: Das Werk Untertürkheim wird provisorisch wiedereröffnet, 1 240 Arbeiter und Angestellte beginnen mit dem Wiederaufbau.

6
20. JUN: Das weitgehend zerstörte Werk Berlin-Marienfelde wird unter Treuhänderschaft gestellt. Im Juni beginnt es mit der Vorbereitung zur Produktion von Kartoffelhacken, Handwagen und Gepäckträgern für Fahrräder.

7 JUN: Das Werk Mannheim beginnt wieder mit der Produktion des 3-t-Lastwagens L 701. Der Lizenz-Nachbau des Opel »Blitz« ist bereits von August 1944 bis zum Zusammenbruch in Mannheim vom Band gelaufen. Bis Mitte 1949 entstehen 10 300 Fahrzeuge.

8 16. AUG: Daimler-Benz erhält von der amerikanischen Militärregierung die vorläufige Genehmigung zur Produktion eines 0,75-t-Lieferwagens auf Basis des Typs 170 V. Im Dezember wird die Produktionsgenehmigung für Lieferwagen, Polizeifahrzeuge und Krankenwagen auf ein Jahr ausgedehnt.

9 AUG: Im Werk Gaggenau läuft die Fertigung des 4,5-t-Lastwagens Typ L 4500 wieder an. Bis zum Jahresende entstehen insgesamt 290 Stück, alle in einfachster Ausführung mit Einheitsfahrerhaus aus Holz, aber ohne Stoßstange und Peilstäbe.

AUG: Ingenieure aus der ehemaligen Daimler-Benz Flugmotorenentwicklung beginnen unter der Leitung von Albert Friedrich mit der Konzeption eines motorgetriebenen Universalgeräts für die Landwirtschaft, das 1948 als »Unimog« präsentiert wird.

10 09. OKT: Die Daimler-Benz AG erhält den Auftrag, ein Instandsetzungsprogramm für amerikanische Militärfahrzeuge anlaufen zu lassen, und richtet im Werk Untertürkheim ein Reparaturwerk ein.

11 26. OKT: Dr. Wilhelm Haspel wird auf Anweisung der amerikanischen Militärregierung aus seinem Amt als Vorstandsvorsitzender entlassen. Seine Aufgaben übernimmt Dr. Otto Hoppe.

20. NOV: Die amerikanische Production Control Commission erteilt Albert Friedrich die Genehmigung zum Bau von zehn Prototypen seines Allzweck-Schleppers. Bereits acht Tage später beginnt die Entwicklung bei der Firma Erhard & Söhne in Schwäbisch Gmünd.

12 NOV: Das Werk Sindelfingen beginnt mit der Produktion von Fahrradanhängern, von denen bis März 1946 1 150 Stück hergestellt werden. Die Sindelfinger Produkte der unmittelbaren Nachkriegszeit umfassen außerdem Handwagen, Obstdörren, Haushaltsgegenstände aus Duralblech, elektrische Kochplatten und Holzspielzeug.

NOV: In Untertürkheim nimmt die Versuchsabteilung in provisorisch instand gesetzten Gebäuden wieder ihren Betrieb auf. Das Konstruktionsbüro für Nutzfahrzeuge wird aus Gaggenau nach Untertürkheim verlagert.

DEZ: Nach den ersten Wahlen zum Betriebsrat konstituieren sich die gewählten Arbeitnehmervertretungen in den Werken Untertürkheim, Sindelfingen, Mannheim und Gaggenau.

Trümmergesellschaft

Der Untergang des NS-Regimes bedeutet für Deutschland den Beginn einer neuen Zeitrechnung. Mit der Berliner Deklaration vom 5. Juni 1945 übernehmen die vier Siegermächte USA, Sowjetunion, Großbritannien und Frankreich die oberste Regierungsgewalt in Deutschland und teilen das Land in vier Besatzungszonen auf. Sie verwalten eine Gesellschaft in Trümmern. Viele Häuser, Straßen und Fabrikanlagen sind zerstört. An die Produktion neuer Waren ist zunächst kaum zu denken. Mühevoll wird das zerstörte Land wieder aufgebaut.

10/20
Neustart
1945

Kriegszerstörungen im Werk Untertürkheim

Mercedes-Benz L 701  | Mercedes-Benz L 4500  | Mercedes-Benz 170 V Krankenwagen  | Lucius D. Clay  | Produktionswerke der Daimler-Benz AG

Bei Kriegsende sind die Werke der Daimler-Benz AG in Untertürkheim, Sindelfingen, Mannheim, Gaggenau und Marienfelde zu vier Fünfteln zerstört und, zum Teil seit März 1945, von alliierten Truppen besetzt. »Die Gesellschaft«, so heißt es im ersten Geschäftsbericht von 1948, »hatte praktisch aufgehört zu existieren.«
Das Unternehmen gerät in eine existenzbedrohende Lage: Die Produktionsanlagen sind zerstört, viele Maschinen konfisziert, der Markt für Automobile ist zusammengebrochen, und die knappen Rohstoffe behindern den Übergang von der Kriegs- zur Friedensproduktion erheblich.
Glücklicherweise befinden sich die meisten Werke der Daimler-Benz AG unter amerikanischer Besatzung, die dem Unternehmen viele Freiheiten lässt. Enteignet werden das Werk Genshagen ebenso wie alle 18 Niederlassungen in der sowjetischen Zone und eine Reihe von Tochterunternehmen im Ausland. Nur dank des Einsatzes der Mitarbeiter, der Reparaturaufträge der US-Militärregierung unter Oberbefehlshaber Lucius D. Clay und der

Herstellung von Ersatzprodukten wie Bettgestellen und Fahrradanhängern geht das Geschäft weiter. Besonderes Interesse haben die amerikanischen Besatzer an Nutzfahrzeugen: Die einst staatlich verordnete Lizenzproduktion des Lastwagens Opel »Blitz«, die Mitte 1944 im Werk Mannheim angelaufen war, wird fortgesetzt. Bereits im Juni beginnt man dort, den Drei-Tonnen-Lastwagen unter der Bezeichnung L 701 zu fertigen. Das unter französischer Besatzung stehende Werk Gaggenau produziert ab August 1945 den mit 4,5 Tonnen Nutzlast schwersten deutschen Lkw, den L 4500.

Bei den Personenwagen bringt die Daimler-Benz AG das Modell 170 V aus der Vorkriegszeit im Mai 1946 als Pritschen-, Kasten- und Krankenwagen auf den Markt. Die Ausführung als Limousine folgt erst gut ein Jahr später. In dieser Zeit des tastenden Neuanfangs entwickeln ehemalige Daimler-Benz Flugmotoren-Ingenieure einen neuen Fahrzeugtyp: ein Universal-Motorgerät, kurz »Unimog«, das flexibel einsetzbar ist und vor allem die Arbeit in der Landwirtschaft erleichtern soll. Nach dem Debüt im August 1948 auf der Landwirtschaftsausstellung in Frankfurt beginnt die Serienproduktion Anfang 1949.

Produktion des 3-t-Lastwagens L 701 im Werk Mannheim

Mercedes-Benz 170 V Krankenwagen

Mercedes-Benz L 4500

Das Universal-Motorgerät »Unimog«

Ein Fahrzeug der amerikanischen Militärregierung in einer Reparaturlinie im Werk Untertürkheim. Bis zur Währungsreform, im Juni 1948, haben Reparaturaufträge eine große Bedeutung für das Unternehmen und es werden spezielle Reparaturwerke eingerichtet.

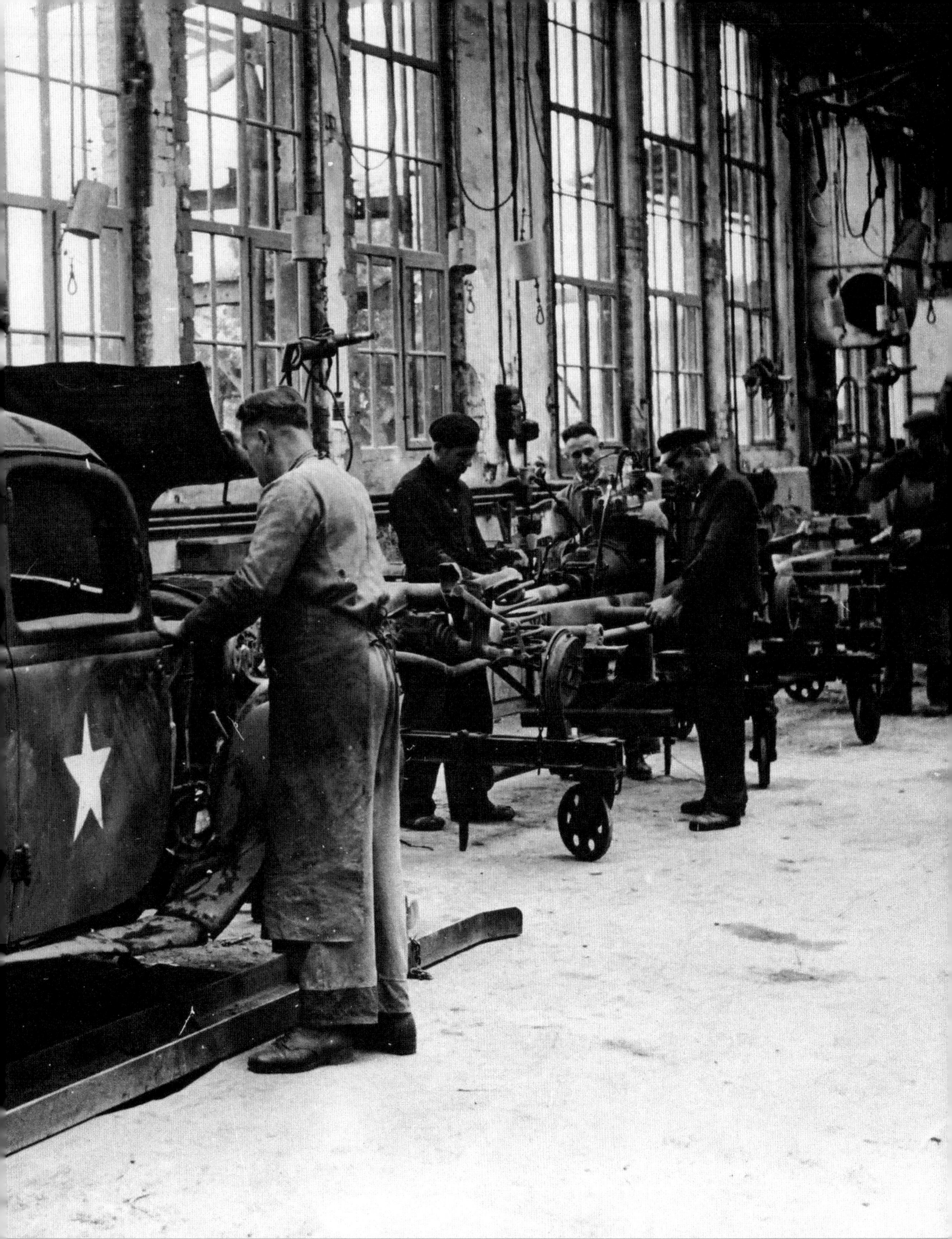

1946

Belegschaft	Produktion Pkw / Nfz	Umsatz
18 868	214 / 2 019	74,8 Mio. RM

JAN: Im Werk Sindelfingen beginnt die Fertigung von Gasgeneratoren für Pkw. Bis August 1948 werden insgesamt 765 Stück produziert.

22. FEB: Der erste nach Kriegsende gebaute Mercedes-Benz Pkw-Motor, ein 1,7-l-Vierzylinder für den Typ 170 V, wird in Untertürkheim fertiggestellt.

MÄR: Heinrich Rößler, seit Anfang Januar als Konstrukteur in der »Abteilung Landwirtschaft« bei Erhard & Söhne tätig, vollendet einen neuen Gesamtentwurf für den von Albert Friedrich initiierten Universal-Schlepper. Dieser Entwurf bildet die Basis für den Bau von sechs Prototypen.

APR: Der Alliierte Kontrollrat beschließt, die Daimler-Benz AG in den Sparten Pkw- und Lkw-Bau bestehen zu lassen und zwangsverwaltete Betriebsstellen in die Verfügungsgewalt des Unternehmens zurückzugeben.

MAI: Mit der Endmontage der ersten Kasten-, Liefer- und Krankenwagen des Typs 170 V (W 136) beginnt bei der Daimler-Benz AG die Pkw-Nachkriegsproduktion. Bis Jahresende werden insgesamt 214 Einheiten produziert. Die Montage erfolgt nicht mehr in Untertürkheim, sondern im Werk Sindelfingen.

MAI: Albert Friedrich und die Geschäftsleitung der Firma Erhard & Söhne nehmen Gespräche mit der Maschinenfabrik Gebr. Boehringer in Göppingen auf, um sie als Mitgesellschafter einer noch zu gründenden Entwicklungsgesellschaft für »Traktoren neuartiger Konstruktion mit Vierradantrieb« zu gewinnen.

01. JUN: Im Werk Mannheim wird eine »Innerbetriebliche Abmachung der Daimler-Benz AG Mannheim und des Betriebsrates« zur Mitbestimmung vereinbart.

06. JUN: Die Daimler-Benz AG kann das bislang unter Treuhänderschaft stehende Werk Berlin-Marienfelde wieder übernehmen. Unter schwierigsten Bedingungen läuft eine Ersatzteilfertigung an, und bis Ende 1947 werden zwei Fabrikationshallen und zwei Verwaltungsgebäude wiederhergestellt.

AUG: Im Auftrag der amerikanischen Militärregierung beginnt die Daimler-Benz AG in Waiblingen mit der Einrichtung eines großen Reparaturbetriebs für Militärfahrzeuge. Geplant ist die Instandsetzung von monatlich 400 Fahrzeugen mit einer Belegschaft von 800 Mitarbeitern. Ein weiterer Betrieb, vor allem zur Reparatur von Lkw, entsteht in Uhingen.

09. OKT: Der erste Prototyp des von Heinrich Rößler konstruierten »Universal-Motorgeräts für die Landwirtschaft« beginnt mit der Erprobung, zunächst nur als Fahrgestell. Im November erhält das Fahrzeug Fahrerhaus und Pritsche und wird auf den Namen »Unimog« getauft.

DEZ: Der gesamte Fahrzeug- und Motorenverkauf der Daimler-Benz AG wird unter zentraler Leitung in Untertürkheim zusammengefasst. Damit endet die weitgehende Selbstständigkeit der in verschiedenen Besatzungszonen liegenden Werke mit eigener Leitung von Ein- und Verkauf.

06. MAI: Auf Basis des im April 1946 vom Alliierten Kontrollrat für die Westzonen erlassenen »Betriebsrätegesetzes« schließen Werk- und Unternehmensleitung in Untertürkheim und der Betriebsrat des Werks eine Betriebsvereinbarung ab, die die Mitbestimmung regelt.

JUL: Im Werk Sindelfingen wird der erste Typ 170 V (W 136) als viertürige Limousine fertiggestellt. Der erste Mercedes-Benz Pkw der Nachkriegsproduktion basiert im Wesentlichen auf dem Vorkriegsmodell.

18. AUG – 07. SEP: Die Daimler-Benz AG präsentiert ihr Produktionsprogramm auf der Exportmesse in Hannover, die zum ersten Mal veranstaltet wird und sich in der Folgezeit zur weltgrößten Industriemesse entwickelt.

AUG: Die ersten 15 Lehrlinge verbringen einen zweiwöchigen Aufenthalt im Haus Lämmerbuckel, dem neuen Jugenderholungsheim der Daimler-Benz AG auf der Schwäbischen Alb.

OKT: Der 1000. Mercedes-Benz Pkw seit Beginn der Nachkriegsproduktion wird fertiggestellt.

1947	Belegschaft	Produktion Pkw / Nfz	Umsatz
	21 697	1 045 / 2 406	99,0 Mio. RM

1
01. JAN: Nach dem Freispruch im Spruchkammerverfahren übernimmt Dr. Wilhelm Haspel wieder die Leitung der Daimler-Benz AG.

JAN: Das Unimog Entwicklungsteam zieht von Schwäbisch Gmünd nach Göppingen, wo die Maschinenfabrik Gebr. Boehringer die Weiterentwicklung und Serienproduktion des Universal-Motorgeräts übernimmt.

2
APR: Im Werk Sindelfingen beginnt die Produktion des Omnibus-Typs O 4500. Das Chassis wird vom Werk Gaggenau geliefert, das den O 4500 bereits in den Jahren 1943 und 1944 produziert hat.

MAI: Die bei Kriegsende unterbrochenen Forschungs- und Entwicklungsarbeiten der Daimler-Benz AG werden wieder aufgenommen.

JUN: Für technische Berufe sind 1 508, für kaufmännische Berufe 69 Lehrlinge in Ausbildung.

3
JUN: Daimler-Benz wird von der amerikanischen Armee aufgefordert, zusätzlich zu dem Reparaturwerk in Waiblingen auch die Leitung der Betriebe in Esslingen, Böblingen und Schwäbisch Gmünd zu übernehmen, die bisher von der US Army in Eigenregie geführt wurden und ca. 4 600 Mitarbeiter beschäftigen.

02. JUL: Der Vorstand der Daimler-Benz AG und die Betriebsräte der Werke Untertürkheim, Mannheim, Gaggenau und Sindelfingen vereinbaren eine »Vorläufige Betriebsordnung der Daimler-Benz AG«, in der u. a. eine Arbeitszeit von 48 Wochenstunden festgelegt wird.

4
JUL: Im Reparaturwerk Esslingen wird der 10 000. instand gesetzte Jeep an die US Army übergeben.

5
29. AUG – 05. SEP: In Frankfurt/M., auf der ersten Landwirtschaftsausstellung der DLG nach Kriegsende, wird der Unimog der Öffentlichkeit vorgestellt. Die Serienproduktion läuft im Februar 1949 an. Der Dieselmotor des Unimog stammt von Mercedes-Benz und basiert auf dem 1,7-l-Vierzylinder, der ab Mai 1949 im neuen Diesel-Pkw 170 D zum Einsatz kommt.

6, 7
DEZ: Der Schwerlastwagen L 4500 wird zum L 5000 aufgewertet; gleichzeitig erhält der ebenfalls modifizierte Omnibus O 4500 die neue Bezeichnung O 5000.

1948	Belegschaft 27 409	Produktion Pkw / Nfz 5 116 / 4 770	Umsatz 198,8 Mio. DM

184

1948
1949

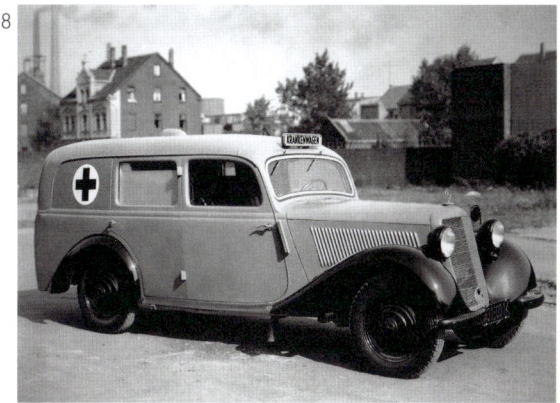

1949	Belegschaft	Produktion Pkw / Nfz	Umsatz
	30 315	17 417 / 5 915	344,8 Mio. DM

8 JAN: Der 170 V Krankenwagen wird durch eine Ausführung mit modernerer und geräumigerer Karosserie ersetzt. Seinen Aufbau erhält das neue Modell im Karosseriewerk Lueg in Bochum, das zugleich als Vertretung der Daimler-Benz AG fungiert.

FEB: Zum ersten Mal seit Ende des Zweiten Weltkriegs erreicht Daimler-Benz eine Monatsproduktion von 1 000 Personenwagen.

9 MÄR: Die Maschinenfabrik Gebr. Boehringer in Göppingen liefert die ersten serienmäßig hergestellten Fahrzeuge des Typs Unimog aus. Unter der Baureihenbezeichnung 70200 werden dort bis 1951 insgesamt 600 Einheiten produziert.

23. APR: Karl Wilfert, Leiter der Karosserie-Entwicklung im Werk Sindelfingen, meldet ein Sicherheits-Türschloss zum Patent an.

10 13. MAI: Der Vorstandsvorsitzende Wilhelm Haspel übergibt die letzte in Untertürkheim instand gesetzte Ford-Limousine an die US Army. Die »Ford-Sedan-Reparaturlinie« wird anschließend aus Kapazitätsgründen in das Reparaturwerk Esslingen verlegt.

1949

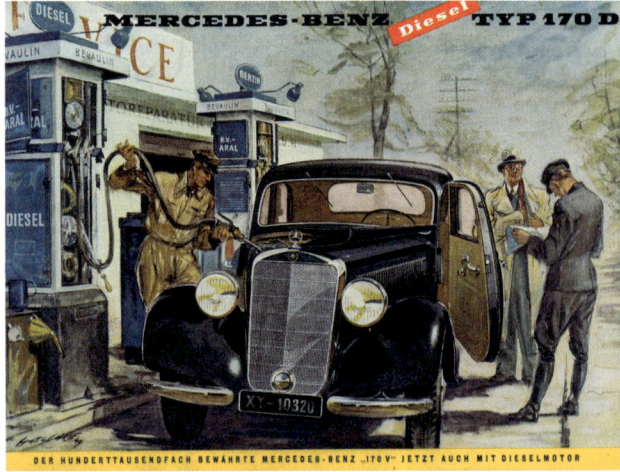

1, 2, 3, 4, 5
20. – 30. MAI: Auf der Technischen Exportmesse in Hannover debütieren die Typen 170 S und 170 D, die ersten nach dem Krieg entwickelten Mercedes-Benz Pkw-Modelle. Der 170 S hat gegenüber dem 170 V eine geräumigere Karosserie und eine serienmäßige Lüftungsanlage, die auf Wunsch mit Heizung kombinierbar ist. Er wird auch als Cabriolet B und als besonders luxuriöses Cabriolet A angeboten. Der 170 D basiert auf dem 170 V und ist der erste Diesel-Pkw der Nachkriegszeit. Weitere Neuheiten sind der Lkw L 3250 und der Omnibus O 3250, die bei Daimler-Benz eine neue Ära im Nutzfahrzeugbau einläuten.

6
10. JUN: Im Werk Mannheim läuft der letzte L 701 vom Band. Der Lizenzbau des Opel »Blitz« ist seit Juni 1945 in insgesamt 10 300 Exemplaren entstanden.

7
15. JUN: Der erste Serienmotor des Typs OM 312 wird im Werk Mannheim fertiggestellt. Der 90 PS / 66 kW starke Sechszylinder-Dieselmotor ist der erste nach dem Krieg entwickelte Nutzfahrzeug-Diesel und die erste Ausführung der erfolgreichen Motorenfamilie OM 300.

04. OKT: In Zürich wird die Handelsgesellschaft für Daimler-Benz Erzeugnisse, eine Importgesellschaft unter Beteiligung der Daimler-Benz AG, gegründet.

01. NOV: Der Reparaturbetrieb in Esslingen beendet die Arbeiten für die US Army und wird von der Daimler-Benz AG übernommen.

8
24. DEZ: Der erste Mercedes-Benz Omnibus der Mannheimer Nachkriegsproduktion wird fertiggestellt, nachdem das Werk Mannheim einen Teil der Omnibusfertigung aus Sindelfingen übernommen hat. Das Premieren-Fahrzeug ist ein O 3500, der im Mai noch als O 3250 präsentiert wurde und ab Januar 1950, wie das zugrunde liegende Lkw-Modell, unter der neuen Bezeichnung auf den Markt kommt.

31. DEZ: Nach einer Lockerung der Exportbeschränkungen für die Industrie in der Bizone und der französischen Zone erreicht der Exportumsatz der Daimler-Benz AG einen Wert von 6,1 Mio. DM, entsprechend 1,8 % des Gesamtumsatzes.

1950	Belegschaft	Produktion Pkw / Nfz	Umsatz
	30 982	33 906 / 8 446	502,4 Mio. DM

JAN: Der Lkw-Typ L 3250 erhält eine höhere Nutzlastkapazität und die neue Bezeichnung L 3500.

26. FEB: Heinrich Rößler und Albert Friedrich melden den Unimog zum Patent an, nachdem sie am 21. November 1948 bereits Patentschutz für das Grundkonzept des Fahrzeugs beantragt haben. Die beiden Patente mit dem Titel »Ackerschlepper« werden am 8. Dezember 1955 unter Nr. 937 509 und am 11. Oktober 1956 unter der Nr. 950 430 erteilt.

28. FEB: Der Typ 170 S ist auf Wunsch ab Werk mit Autoradio lieferbar. Ab August ist die Sonderausstattung auch für die Modelle 170 V und 170 D erhältlich.

02. MÄR: Vier Monate nach dem Reparaturwerk Esslingen stellen auch die Betriebe in Schwäbisch Gmünd, Waiblingen und Esslingen die Arbeiten für die US Army ein und werden von der Daimler-Benz AG übernommen.

01. JUN: Der Typ 170 D wird neben der Ausführung als Limousine und Krankenwagen auch als Fahrgestell mit Karosserievorbau, Windschutzscheibe und Bodenanlage ins Verkaufsprogramm aufgenommen. Damit begründet Daimler-Benz die bis heute andauernde Tradition, Fahrgestelle zum Aufbau von Lieferwagen, Krankenwagen und Bestattungswagen anzubieten.

JUN: Die Pkw-Modelle 170 V und 170 D gehen in einer überarbeiteten Ausführung mit der internen Bezeichnung 170 Va und 170 Da in Produktion. Die Verbesserungen umfassen leistungsgesteigerte Motoren, eine geräumigere Karosserie mit von außen zugänglichem Kofferraum und ein verbessertes Fahrwerk.

JUN: Im Werk Berlin-Marienfelde beginnt die Fertigung von Stationärmotoren, die bis dahin das Werk Mannheim produziert hat. Den Anfang machen der Zweizylinder M 202 und der Vierzylinder M 204.

AUG: Alle Mercedes-Benz Pkw-Modelle sind auf Wunsch mit Ruhesitzeinrichtung für die Vordersitze lieferbar.

27. OKT: Die am 1. Dezember 1948 gegründete Unimog-Entwicklungsgesellschaft überträgt der Daimler-Benz AG alle Rechte am Unimog und den dafür entwickelten Zusatzgeräten.

OKT: Der 50 000. Mercedes-Benz Personenwagen der Nachkriegsproduktion verlässt in Sindelfingen das Montageband.

OKT: Mit dem L 6600 geht im Werk Gaggenau der erste nach Kriegsende neu konstruierte Mercedes-Benz Schwerlastwagen in die Serienproduktion. Einen Monat später folgt das Omnibus-Fahrgestell O 6600, das seine Karosserie im Werk Sindelfingen erhält.

31. DEZ: Der Exportumsatz der Daimler-Benz AG summiert sich auf 66,6 Mio. DM – mehr als das Zehnfache des Vorjahreswerts und 13,3 % des Gesamtumsatzes. Wichtigstes Exportland ist Schweden mit einem Anteil von 28 %. Brasilien, das als erstes großes Exportgeschäft nach dem Krieg die Lieferung von 1 000 Lkw-Chassis in zerlegtem Zustand beauftragt hat, liegt an zweiter Stelle.

DEZ: In den Werken der Daimler-Benz AG ist die erste Phase des Wiederaufbaus abgeschlossen. Verglichen mit dem Stand von 1943 sind die Werke Mannheim und Gaggenau zu 97 % und das Werk Untertürkheim zu 80 % wiederaufgebaut. Das Werk Sindelfingen wurde sogar um 51 % vergrößert.

Am 21. Juni 1948 wird die D-Mark als neue Währung eingeführt. Erstmals existiert in Deutschland wieder ein stabiles Zahlungsmittel. Über Nacht füllen sich die Regale mit Waren. Zeitgleich beginnen die Amerikaner, dem zerstörten Westeuropa im Rahmen des Marshallplans Kredite zum Wiederaufbau zu gewähren. Mit der Sozialen Marktwirtschaft erhält Deutschland ein Wirtschaftssystem, das nicht nur eine Phase des wirtschaftlichen Aufschwungs einleitet, sondern auch Fundament für eine stabile Demokratie ist. Am 23. Mai 1949 wird die Bundesrepublik Deutschland gegründet, an deren Spitze der Rheinländer Konrad Adenauer als Bundeskanzler steht.

Republikgründung

11/20
Adenauers »Adenauer«
1951

Bundeskanzler Konrad Adenauer

Mercedes-Benz 300    Konrad Adenauer    Produktionswerke in Indien und Südamerika

Mit dem Namen des Bundeskanzlers eng verbunden ist der erste große Prestigeerfolg der Daimler-Benz AG nach 1945. Bei der ersten Internationalen Automobil-Ausstellung in Frankfurt – zugleich die erste internationale Automobilmesse im Nachkriegs-Deutschland – präsentiert Mercedes-Benz 1951 den Typ 300, den größten und schnellsten Serien-Personenwagen deutscher Produktion.

Der Wagen begeistert nicht nur die 570 000 Ausstellungsbesucher, sondern auch Bundeskanzler Adenauer. Bald lässt sich der Kanzler nur noch in der Mercedes-Benz Limousine chauffieren. Der 300er wird zum Repräsentationswagen der jungen Bundesrepublik, und der Volksmund nennt ihn nach seinem bekanntesten Passagier folgerichtig den »Adenauer«.

Mercedes-Benz 300 mit der von Konrad Adenauer erfundenen »Vorrichtung zur Verhinderung der Entstehung von Zugluft«

Mit der Einführung des 300 verfügt Mercedes-Benz 1951 wieder über eine Produktpalette, die dem Niveau der Vorkriegszeit entspricht. Und auch wirtschaftlich nähert sich das Unternehmen den Jahren vor 1939 an: Von 1949 bis 1955 vervierfacht sich der Umsatz und übersteigt bereits 1950 den Wert von 1938. Die Exportumsätze steigen noch weitaus stärker – 1951 beträgt die Exportquote bereits 22,4 Prozent und erreicht 1958 mit 44,9 Prozent einen ersten Höhepunkt. Das Unternehmen wird internationaler: Es gründet Tochtergesellschaften in Argentinien (1951) und Brasilien (1953) und ein Joint Venture in Indien (1954), um dort Nutzfahrzeuge zu produzieren und neue Märkte zu erschließen.

Der Kanzler lässt sich in diesem übrigens nicht nur gerne fahren – als leidenschaftlicher Erfinder hat er auch Verbesserungsideen für den Staatswagen: Er entwickelt eine »Vorrichtung zur Verhinderung der Entstehung von Zugluft«, die dann auch in Adenauers »Adenauer« eingebaut wird.

Werk der Mercedes-Benz Argentina in Buenos Aires

Werk der Mercedes-Benz do Brasil in São Paulo

Tata-Werk in Jamshedpur/Indien

Der Mercedes-Benz 300 ist von 1951 bis 1963 der Dienstwagen des deutschen Bundeskanzlers Konrad Adenauer. Wo immer der Kanzler mit dem »Dreihunderter« auftaucht, steht er im Mittelpunkt des Interesses.

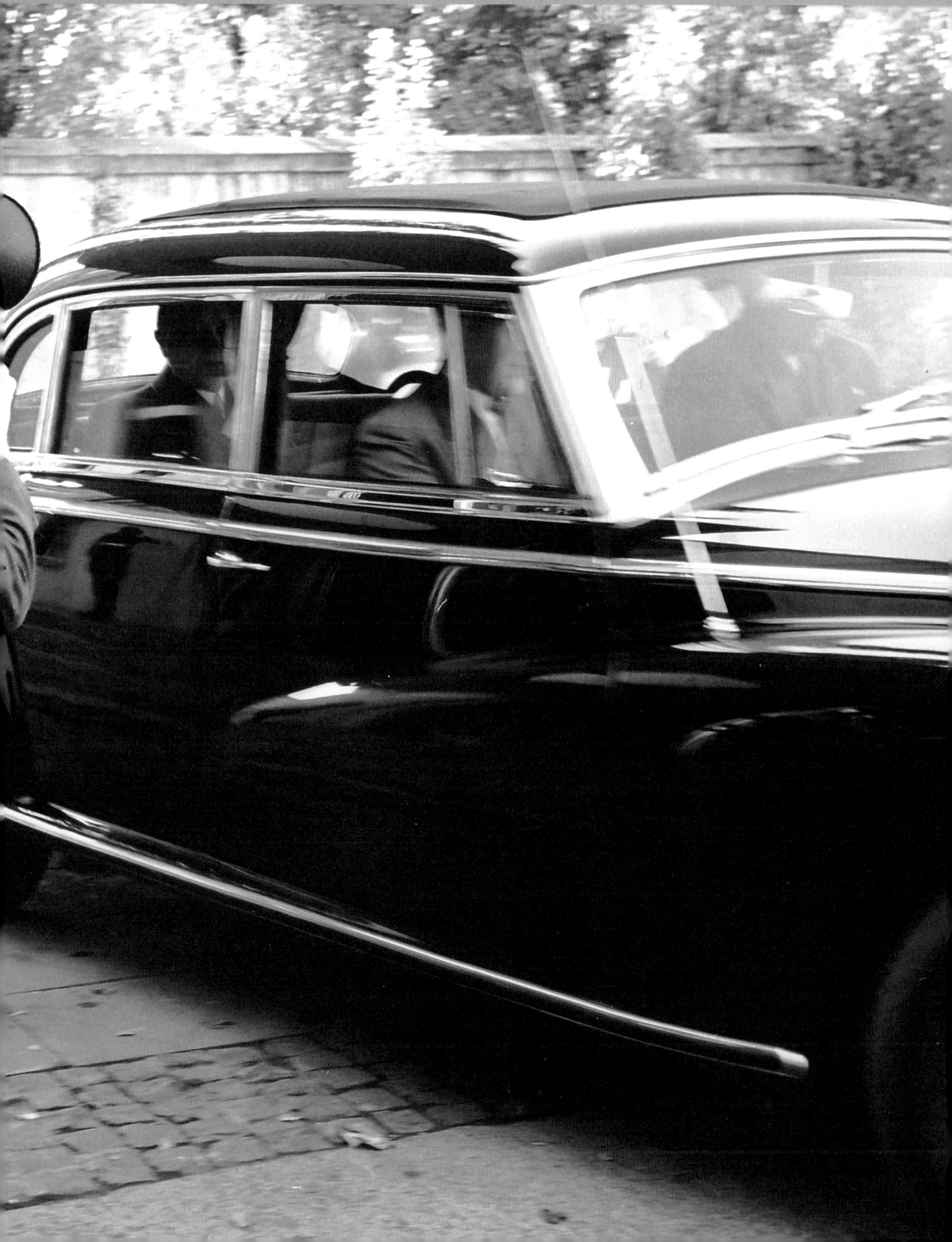

1951

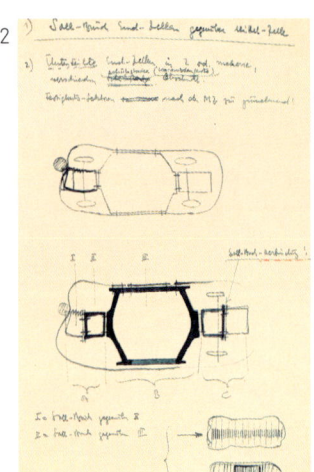

Belegschaft	Produktion Pkw / Nfz	Umsatz
33 224	42 222 / 13 226	711,3 Mio. DM

1
05. JAN: Die Mercedes-Benz Pkw-Modelle 170 S und 170 V werden auf Wunsch mit Schiebedach angeboten. Für den 170 D ist die Sonderausstattung im März erhältlich.

2
23. JAN: Die Sicherheitsfahrgastzelle wird zum Patent angemeldet. Diese Erfindung von Béla Barényi, geschützt unter der Nr. 854 157, bildet auch heute noch die Grundlage für die passive Sicherheit im Automobilbau.

3
18. & 24. FEB: Daimler-Benz beteiligt sich mit drei Vorkriegsrennwagen W 154 am »Premio Presidente de la Nación Juan D. Peron« und dem »Premio Evita Peron« in Argentinien. Den Sieg verhindern u. a. Reifenschäden an zwei Fahrzeugen. Hermann Lang, Juan Manuel Fangio und Karl Kling belegen die Plätze zwei, drei und sechs.

4
MÄR: Einen Monat nach dem Produktionsende des O 5000 wird in Sindelfingen die Fertigung des O 6600 eingestellt und nach Mannheim verlegt. Die Omnibusproduktion ist damit im Werk Mannheim konzentriert.

5, 6, 7
19. – 29. APR: Auf der ersten Internationalen Automobil-Ausstellung (IAA) in Frankfurt/M. werden die beiden Sechszylinder-Pkw-Typen 220 (W 187) und 300 (W 186) vorgestellt. Der Typ 300, größter und schnellster Serien-Pkw deutscher Produktion, wird im Volksmund später »Adenauer-Wagen« genannt, nachdem sich – neben anderen Prominenten aus Politik und Industrie – auch der erste Bundeskanzler bevorzugt im Typ 300 chauffieren ließ. In Frankfurt debütiert außerdem der O 6600 H, der erste nach dem Krieg entwickelte Mercedes-Benz Omnibus in Frontlenker-Bauart. Mit seinem Heckmotor und dem eigenständigen Fahrgestell, das nicht mehr auf einem Lkw-Chassis basiert, begründet er bei Daimler-Benz eine neue Ära der Omnibusentwicklung.

JUN: Im Werk Gaggenau, das die Produktion des Unimog von der Maschinenfabrik Gebr. Boehringer in Göppingen übernommen hat, läuft unter der Baureihenbezeichnung 2010 das erste bei Daimler-Benz gebaute Exemplar des Universal-Motorgeräts vom Band.

07. – 09. AUG: Die Daimler-Benz AG gründet mit dem argentinischen Geschäftsmann Jorge Antonio auf Basis eines Gentlemen's Agreement die Mercedes-Benz Argentina S.R.L. mit Sitz in Buenos Aires. Zum Aufbau eines Montagewerks wird das Unternehmen am 29. Mai 1952 in eine Aktiengesellschaft umgewandelt, an der Daimler-Benz zu einem Drittel beteiligt ist.

8
04. – 14. OKT: Auf dem Automobil-Salon in Paris debütiert der Typ 300 S (W 188), eine sportliche zweitürige Variante des Typs 300, die als Coupé, Cabriolet A und Roadster angeboten wird. Die Markteinführung erfolgt im Mai 1952.

31. DEZ: Der Exportumsatz der Daimler-Benz AG erreicht 159,6 Mio. DM, 140 % mehr als im Vorjahr und 22,4 % des Gesamtumsatzes. Unter den 65 Exportländern liegt Brasilien an erster Stelle.

1951
1952

| 1952 | Belegschaft 35 447 | Produktion Pkw / Nfz 36 824 / 19 818 | Umsatz 866,5 Mio. DM |

06. JAN: Heinrich C. Wagner wird nach dem plötzlichen Tod von Dr. Wilhelm Haspel zum Vorstandsvorsitzenden der Daimler-Benz AG ernannt.

JAN: Der Pkw-Typ 170 S erscheint in modellgepflegter Ausführung, die intern 170 Sb (W 191) genannt wird. Gleichzeitig debütiert unter der Bezeichnung 170 DS eine Variante mit Dieselmotor.

FEB: Daimler-Benz Mitarbeiter erhalten die Möglichkeit, jährlich einen fabrikneuen Mercedes-Benz Pkw mit Preisnachlass zu erwerben. Damit nimmt das »Jahreswagengeschäft« seinen Anfang.

12. MÄR: Mercedes-Benz präsentiert der Presse den 300 SL Rennsportwagen (W 194), der einen 170 PS starken 3-l-Vergasermotor und einen Gitterrohrrahmen besitzt. Das erste nach Kriegsende neu entwickelte Wettbewerbsfahrzeug von Mercedes-Benz soll in Sportwagenrennen eingesetzt werden.

MÄR: Der 100 000. nach Kriegsende produzierte Personenwagen der 170er-Typenreihe (W 136) verlässt das Montageband in Sindelfingen.

04. – 07. APR: Die Daimler-Benz AG schließt mit dem brasilianischen Geschäftsmann Alfred Jurzykowsky einen Vertrag über die Gründung eines Gemeinschaftsunternehmens in São Paulo ab. Geplant ist die Errichtung eines Montagewerks zur Fertigung von Lastwagen und Omnibussen.

03./04. MAI: Der erste Einsatz des 300 SL Rennsportwagens endet mit einem großen Erfolg. Bei der Mille Miglia, dem legendären 1 000-Meilen-Rennen Brescia—Rom—Brescia, erringt der 300 SL mit Karl Kling und Beifahrer Hans Klenk gegen starke internationale Konkurrenz den zweiten Platz.

18. MAI: Beim Preis von Bern für Sportwagen erzielt der 300 SL Rennsportwagen nicht nur seinen ersten Sieg, sondern gleich einen Dreifacherfolg. Karl Kling gewinnt vor Hermann Lang und Fritz Rieß.

MAI: Die Typen 170 V und 170 D erscheinen in nochmals verbesserter Ausführung mit erhöhtem Sitzkomfort und vergrößerter Frontscheibe. Die überarbeiteten Modelle erhalten die interne Bezeichnung 170 Vb und 170 Db (W 136).

1

13./14. JUN: Das legendäre 24-Stunden-Rennen von Le Mans endet mit einem spektakulären Doppelsieg für Mercedes-Benz. Das Team Hermann Lang / Fritz Rieß gewinnt vor Theo Helfrich / Helmut Niedermayr auf Mercedes-Benz 300 SL Rennsportwagen mit Flügeltüren.

2

JUN: Im Werk Mannheim wird der erste Trolleybus des Typs O 6600 T fertiggestellt, der eigens für einen Auftrag aus Argentinen entwickelt wurde. Die Lieferung von 350 Fahrzeugen nach Buenos Aires ist eines der größten Exportgeschäfte der frühen Nachkriegszeit.

3

31. JUL: Durch einen Vertrag mit Maximilian (»Maxie«) Hoffman sichert sich die Daimler-Benz AG einen Zugang zum US-amerikanischen Markt. Die Hoffman Motor Car Co. fungiert zunächst als Generalvertreter für den Osten der Vereinigten Staaten, ab Ende 1953 für die gesamten USA. Bis Ende 1952 exportiert Daimler-Benz insgesamt 253 Pkw in die USA.

4

03. AUG: Beim Großen Jubiläumspreis vom Nürburgring für Sportwagen erzielt Mercedes-Benz mit der Roadster-Version des 300 SL Rennsportwagens einen Vierfachsieg: Erster wird Hermann Lang, die Plätze zwei, drei und vier belegen Karl Kling, Fritz Rieß und Theo Helfrich.

20. OKT: Die Daimler-Benz AG gründet den Bereich Chefinspektion, der die Aufgabe erhält, ergänzende Maßnahmen zur Sicherung der Qualität der Produkte durchzuführen. Die Zuständigkeit, ursprünglich nur auf Untertürkheim und Sindelfingen beschränkt, wird 1955 auf alle Produktionswerke im In- und Ausland erweitert.

5, 6

19. – 23. NOV: Karl Kling und sein Beifahrer Hans Klenk gewinnen auf Mercedes-Benz 300 SL Rennsportwagen die 3. Carrera Panamericana, ein Langstreckenrennen in Mexiko über eine Distanz von 3 111 km. Als Zweiter erreicht Hermann Lang mit Beifahrer Erwin Grupp das Ziel.

DEZ: Die Daimler-Benz AG gründet die Unterstützungskasse »Securitas« und leistet als erste Zuweisung einen Betrag von 6,7 Mio. DM. Im März 1954 erfolgt die Umbenennung in »Daimler-Benz Unterstützungskasse«.

31. DEZ: Der Exportumsatz der Daimler-Benz AG mit über 80 Ländern erreicht einen Gesamtwert von 226,2 Mio. DM, eine Steigerung von 42 % gegenüber dem Vorjahr. Wichtigstes Exportland wird Argentinien, das diese Stellung bis 1955 behält.

2

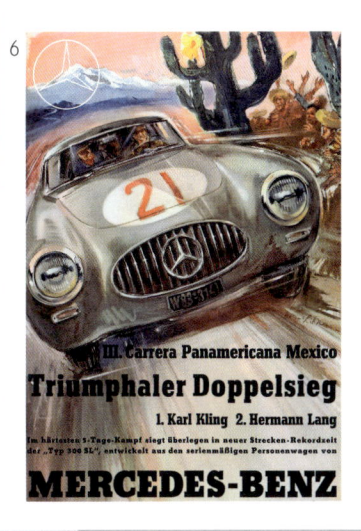

1953

| 1953 | Belegschaft 35 760 | Produktion Pkw / Nfz 34 975 / 16 685 | Umsatz 876,0 Mio. DM |

15. JAN: Nach nur einem Jahr im Amt des Vorstandsvorsitzenden stirbt Heinrich C. Wagner. Sein Nachfolger wird Dr. Fritz Könecke.

19. – 29. MÄR: Auf der IAA in Frankfurt/M. ergänzt der L 4500 das Programm der mittelschweren Lkw aus Mannheimer Produktion. Gleichzeitig präsentiert sich der Schwerlastwagen L 5000 in weiterentwickelter Ausführung als L 5500.

24. JUL: Nach den Bestimmungen des Betriebsverfassungsgesetzes vom 14. Oktober 1952 wird der Aufsichtsrat, dem erstmals auch Arbeitnehmervertreter angehören, neu konstituiert.

3. AUG: Der Unimog, der seit Mai mit Mercedes-Stern auf dem Kühlergrill ausgeliefert wird, erhält die interne Baureihenbezeichnung 401. Eine Variante mit geschlossenem Ganzstahl-Fahrerhaus erweitert die Modellpalette. Damit wird der Absatz von überwiegend land- und forstwirtschaftlichen Kunden auf Gewerbe, Industrie und Kommunen ausgedehnt. Im November kommt eine Ausführung mit längerem Radstand (Baureihe 402) hinzu.

AUG: Auf Basis des Betriebsverfassungsgesetzes wird aus den Mitgliedern der Betriebsräte der einzelnen Werke und Niederlassungen ein Gesamtbetriebsrat gebildet. Erster Vorsitzender wird Ernst Schäfer, Vorsitzender des Betriebsrats im Werk Sindelfingen.

02. SEP: In einer Besprechung mit Maximilian Hoffman beschließt der Daimler-Benz Vorstand die Entwicklung von zwei Sportwagen-Modellen, darunter die Serienversion des 300 SL Rennsportwagens.

1, 2, 3
08. SEP: In Sindelfingen wird der Typ 180 (W 120) der Presse vorgestellt. Er ist der erste Mercedes-Benz Pkw mit selbsttragender Karosserie in Pontonform und löst den 170 Sb ab. Mit der Abkehr von der klassischen Rahmenbauweise und seinem modernen Design markiert der Typ 180 bei Daimler-Benz den Beginn einer neuen Ära im Pkw-Bau. Am 10. September starten die ersten 297 Fahrzeuge in einer Sternfahrt zu den Niederlassungen und Vertretungen. Zusammen mit dem 180 erscheinen die Typen 170 S-V und 170 S-D, die mit aufgewerteter Karosserie als Nachfolger des 170 Vb bzw. 170 Db fungieren.

07. OKT: Die von Alfred Jurzykowsky in São Paulo gegründete Mercedes-Motores S.A. wird in Mercedes-Benz do Brasil S.A. umbenannt. Im April 1955 erhält die Daimler-Benz AG als Gegenleistung für gelieferte Maschinen und die Lizenzrechte für die Produktion des L 312 einen Aktienanteil von 25 %.

4
09. DEZ: Anlässlich einer Feuerwehrtagung präsentiert Daimler-Benz das Tanklöschfahrzeug TLF 15/36 TA, das als erstes Mercedes-Benz Nutzfahrzeug über einen Dieselmotor mit Abgasturbolader verfügt. Der OM 312 A entwickelt 115 PS / 85 kW, 25 PS /18 kW mehr als der zugrunde liegende Saugmotor.

5
23. DEZ: Der Mercedes-Benz 220 (W 187) wird auch als Coupé angeboten. Der Zweitürer, der auf dem Cabriolet A basiert, begründet die Ahnenreihe der Mercedes-Benz Oberklasse-Coupés.

31. DEZ: Mit einem Exportumsatz von 244,2 Mio. DM – 27,9 % des Gesamtumsatzes – ist die Daimler-Benz AG der größte Exporteur von Personenwagen und Nutzfahrzeugen unter den deutschen Automobilherstellern.

1953

16. – 27. JAN: Auf dem Brüsseler Automobil-Salon debütiert der Typ 180 D (W 120). Damit ist die neue »Ponton«-Limousine auch als Dieselvariante erhältlich.

06. – 14. FEB: Auf der International Motor Sports Show in New York präsentiert Mercedes-Benz die Sportwagen-Typen 190 SL (W 121) und 300 SL (W 198). Der 300 SL Seriensportwagen basiert auf der Rennsportversion der Saison 1952 und verfügt ebenfalls über einen Gitterrohrrahmen und Flügeltüren. Sein 215 PS / 158 kW starker 3-l-Motor ist mit einer Bosch-Einspritzanlage ausgestattet und steht für den ersten Einsatz der Benzineinspritzung in einem Serienfahrzeug mit Viertaktmotor. Die Benzineinspritzung ermöglicht gegenüber der konventionellen Gemischaufbereitung über Vergaser eine Leistungssteigerung und zugleich eine effizientere Nutzung des Kraftstoffs.

11. – 21. MÄR: Auf dem Genfer Automobil-Salon debütieren der neu entwickelte Mercedes-Benz 220 (intern 220 a, W 180) mit Ponton-Karosserie und der überarbeitete Typ 300 mit leistungsgesteigertem Motor (intern 300 b, W 186). Das Oberklasse-Modell 220 a, mit dem die Eingelenk-Pendelachse in den Automobilbau eingeführt wird, löst den Typ 220 (W 187) von 1951 ab.

MÄR: Die indische Tata Engineering and Locomotive Comp. (Telco) und die Daimler-Benz AG schließen einen Vertrag über Zusammenarbeit beim Vertrieb und die Errichtung eines Montagewerks in Jamshedpur/Indien ab. Daimler-Benz beteiligt sich an der Telco mit 11,44 %.

JUN: Als Weiterentwicklung des Lkw-Typs L 5500 führt Daimler-Benz den L 325 mit dem neuen Motor OM 325 ein. Gleichzeitig erhält der L 6600 die Bezeichnung L 315. Bis Anfang 1955 werden auch die übrigen Lkw- und Omnibus-Modelle umbenannt. Dabei ersetzt eine dreistellige Baumusterbezeichnung die bisherige Angabe in Kilogramm Nutzlast.

04. JUL: Der erste Einsatz des neuen 2,5-l-Formel-1-Rennwagens W 196 endet mit einem spektakulären Doppelsieg für Mercedes-Benz. Auf der Stromlinien-Ausführung des W 196 gewinnt Juan Manuel Fangio, der sein erstes Rennen für Mercedes-Benz bestreitet, vor Karl Kling den Großen Preis von Frankreich in Reims.

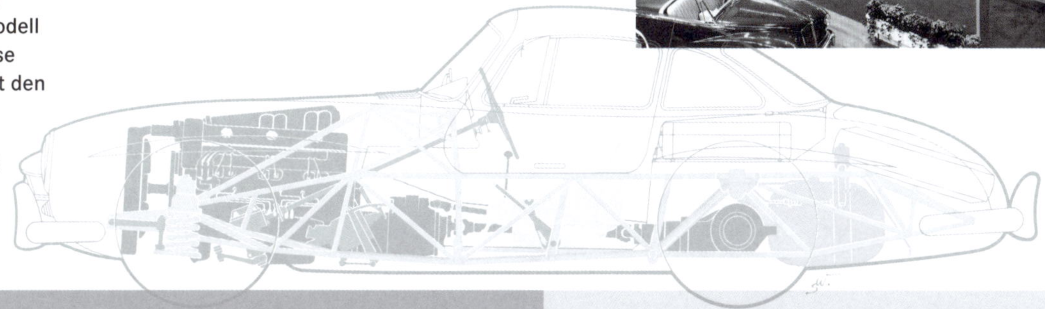

1954	Belegschaft	Produktion Pkw / Nfz	Umsatz
	40 647	48 816 / 19 094	1 054,5 Mio. DM

1
JUL: Die mittelschweren Lkw-Typen L 3500 und L 4500 und der Schwerlastwagen L 315 werden auch in Frontlenker-Ausführung angeboten, zunächst allerdings nur als Fahrgestell ohne Fahrerhaus und Aufbau.

2
01. AUG: Nach einem vierten Platz beim Großen Preis von England am 17. Juli in Silverstone gewinnt Juan Manuel Fangio den Großen Preis von Deutschland auf dem Nürburgring. Weitere Siege des Argentiniers folgen am 22. August beim Großen Preis der Schweiz und am 5. September beim Großen Preis von Italien in Monza. Fangio ist damit bereits vor dem letzten Rennen der Saison mit großem Vorsprung Formel-1-Weltmeister.

3
AUG: Im Werk Sindelfingen läuft die Serienproduktion des im Februar präsentierten Sportwagens 300 SL (W 198) mit Einspritzmotor an. Die charakteristischen Flügeltüren des Hochleistungssportwagens führen zu der populären Bezeichnung »Flügeltürer«.

4
SEP: Im Daimler-Benz Museum wird der 50 000. Besucher seit der Wiedereröffnung im Jahr 1951 begrüßt.

24. OKT: Beim Abschlussrennen der Formel-1-Saison, dem Großen Preis von Spanien in Pedralbes, belegt Juan Manuel Fangio den dritten Platz. Vier Siege in sechs Rennen, dazu zwei weitere Siege auf Maserati, sind die Bilanz seiner ersten Saison für Mercedes-Benz.

5
OKT: Die ersten 500 Teilesätze für Mercedes-Benz Lkw erreichen das Telco-Werk in Jamshedpur, 300 km westlich von Kalkutta/Indien. Bis zum Jahresende werden 100 Fahrzeuge fertiggestellt.

6, 7
06. DEZ: In Mannheim präsentiert Daimler-Benz den Typ O 321 H, einen Frontlenker-Omnibus mit Heckmotor. Als erster in Semi-Integral-Bauweise konstruierter Mercedes-Benz Omnibus leitet der O 321 H eine grundlegende Wende im Omnibusbau des Unternehmens ein.

1954

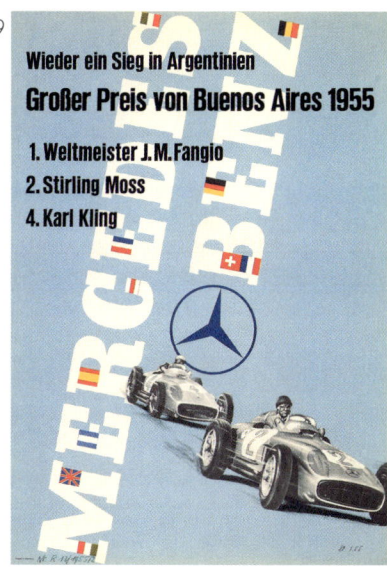

| 1955 | Belegschaft 48 497 | Produktion Pkw / Nfz 63 683 / 29 228 | Umsatz 1 437,0 Mio. DM |

8
16. JAN: Beim ersten Rennen der Formel-1-Saison, dem Großen Preis von Argentinien, erzielt Formel-1-Weltmeister Juan Manuel Fangio auf seinem Mercedes-Benz W 196 trotz schwieriger Rahmenbedingungen infolge extremer Hitze einen weiteren Sieg.

9
30. JAN: Der Große Preis von Buenos Aires endet mit dem Gesamtsieg für Juan Manuel Fangio, der in beiden Läufen den zweiten Platz belegt hat. In dem formelfreien Rennen setzt Mercedes-Benz eine leistungsgesteigerte Version des W 196 ein, die mit einem 3-l-Motor ausgerüstet ist.

10
10. – 20. MÄR: Auf dem Automobil-Salon in Genf präsentiert Mercedes-Benz die Serienversion des Sportwagens 190 SL, der ab Mai in Sindelfingen produziert wird.

11
MÄR: Die Typen 180 und 180 D (W 120) sind auch als Fahrgestelle mit Teilkarosserie für Krankenwagen-Aufbauten erhältlich.

07. APR: Im US-Bundesstaat Delaware wird die Daimler-Benz of North America, Inc. als reine Importgesellschaft gegründet.

12
30. APR / 01. MAI: Bei der Mille Miglia, dem legendären 1 000-Meilen-Rennen Brescia—Rom—Brescia, erzielt Mercedes-Benz mit dem neuen Rennsportwagen 300 SLR einen Doppelsieg: Das Team Stirling Moss / Denis Jenkinson gewinnt mit einem neuen Streckenrekord und einer Durchschnittsgeschwindigkeit von 157,6 km/h vor Juan Manuel Fangio, der das strapaziöse Straßenrennen allein bewältigt. In der GT-Kategorie siegen John Fitch / Kurt Gesell auf 300 SL Seriensportwagen und belegen den fünften Platz in der Gesamtwertung, in der Dieselklasse erzielt das Team Helmut Retter / Wolfgang Larcher den Sieg auf 180 D.

30. APR – 07. MAI: Das Team W. J. J. Tak / W. C. Niemöller auf Mercedes-Benz 300 SL gewinnt die »Tulpen-Rallye« mit Zielort im niederländischen Noordwijk. Den dritten Platz belegen Werner Engel und G. Armbrecht auf Mercedes-Benz 220.

13
15. MAI: Beim Flugplatzrennen in Cumberland, Maryland/USA erzielt Paul O'Shea auf Mercedes-Benz 300 SL seinen ersten Sieg in der vom Sports Car Club of America veranstalteten nationalen Sportwagen-Meisterschaft. Am Ende der Saison ist O'Shea Sportwagen-Meister der Klasse D.

1
29. MAI: Das Internationale Eifelrennen auf dem Nürburgring wird zum Schauplatz eines weiteren Doppelsiegs des Mercedes-Benz 300 SLR: Juan Manuel Fangio gewinnt das Rennen vor Stirling Moss. Beim Großen Preis von Schweden am 7. August in Kristianstad können die 300 SLR Rennsportwagen von Fangio und Moss diesen Erfolg wiederholen.

2
MAI: Der erste Unimog S (Baureihe 404) verlässt im Werk Gaggenau das Produktionsband. Der leichte geländegängige Lastwagen der 1,5-t-Klasse ist mit einem Sechszylinder-Vergasermotor ausgerüstet, der auf dem Pkw-Aggregat des Typs 220 basiert und zunächst 80 PS / 59 kW leistet.

01. JUN: Die I.M.A., S.A., Daimler-Benz Generalvertretung für Belgien, eröffnet in Malines bei Brüssel ein Montagewerk für Pkw, in dem zunächst der Typ 180 D montiert werden soll.

3
05. JUN: Nach einem Ausfall beim Großen Preis von Monaco am 22. Mai siegt Juan Manuel Fangio beim Großen Preis von Belgien in Spa-Francorchamps und am 19. Juni beim Großen Preis der Niederlande in Zandvoort, jeweils mit knappem Vorsprung vor seinem Teamgefährten Stirling Moss.

4
JUN: Mit dem LP 315, der auf dem Hauben-Lkw L 315 basiert, bietet die Daimler-Benz AG ihren ersten serienmäßigen Frontlenker-Lkw ab Werk an.

1955

1955

16. JUL: Beim Großen Preis von England in Aintree erzielt der Brite Stirling Moss seinen ersten Grand-Prix-Sieg. Den zweiten Platz belegt Juan Manuel Fangio, der damit erneut bereits im vorletzten Rennen die Formel-1-Weltmeisterschaft für sich entscheidet.

18. JUL: Auf der Hauptversammlung der Daimler-Benz AG wird Hermann J. Abs zum Nachfolger des scheidenden Aufsichtsratsvorsitzenden Hans Rummel bestellt. Zu dieser Aktionärsversammlung meldet die Dachgesellschaft der Flick-Gruppe einen Aktienbesitz von 25 % des Grundkapitals an. Die Deutsche Bank verfügt ebenfalls über 25 % und die Quandt-Gruppe über 3,5 % der Aktien.

20. – 24. JUL: Die in Jugoslawien ausgetragene Rallye Adria von Belgrad über Dubrovnik nach Opatija gewinnen Werner Engel und Horst Straub auf Mercedes-Benz 300 SL. Am Ende der Motorsportsaison ist Werner Engel Europameister der Tourenwagen.

17. – 21. AUG: Bei der Fernfahrt Lüttich–Rom–Lüttich siegt das belgische Team Olivier Gendebien / Pierre Stasse auf Mercedes-Benz 300 SL. Den vierten Platz belegen Werner Engel und Horst Straub, ebenfalls auf 300 SL.

25. – 28. AUG: Die Alpenrallye »Stella Alpina« über 1 116 km durch die Dolomiten mit Start- und Zielort im italienischen Trient gewinnt Olivier Gendebien mit seiner Beifahrerin Gilberte Thirion auf Mercedes-Benz 300 SL.

11. SEP: Das Abschlussrennen der Formel-1-Saison, der Große Preis von Italien, endet mit einem weiteren Erfolg für Juan Manuel Fangio, der auf der Stromlinienversion des Mercedes-Benz W 196 zum Sieg fährt – seinem vierten bei sechs Rennen. Zweiter wird Piero Taruffi, ebenfalls auf Mercedes-Benz.

17. SEP: Bei der Tourist Trophy im irischen Dundrod erzielen die 300 SLR Rennsportwagen einen Dreifachsieg. Das Team Stirling Moss / John Fitch gewinnt das Rennen vor Juan Manuel Fangio / Karl Kling und Wolfgang Graf Berghe von Trips / Andre Simon.

22. SEP – 02. OKT: Auf der IAA in Frankfurt/M. wird der Typ L 319 als erster Mercedes-Benz Transporter der Nachkriegszeit präsentiert. Premiere haben auch das Cabriolet des Sechszylindertyps 220 (W 180), das im Juli 1956 als 220 S Cabriolet auf den Markt kommt, und die Coupé-Version des 190 SL mit abnehmbarem Hardtop. Weitere Messeneuheiten sind eine weiterentwickelte Variante des »Adenauer-Mercedes« mit Borg-Warner Automatikgetriebe (intern 300 c, W 186) und eine überarbeitete Version des 300 S mit Benzineinspritzung (intern 300 Sc, W 188). Im Rahmen der Modellpflege erhalten beide Modelle, wie auch der 180 und 180 D (W 120), eine Eingelenk-Pendelachse.

08. OKT: Nach dem Umsturz in Argentinien wird die Mercedes-Benz Argentina S.A. von der Militärregierung unter Treuhänderschaft gestellt und Ende 1957 beschlagnahmt. Erst im Herbst 1958 erkennen argentinische Gerichte die Rechtmäßigkeit des Anteils von Daimler-Benz an.

16. OKT: Die Targa Florio, das strapaziöse Straßenrennen auf dem Madonie-Rundkurs in Sizilien, wird zur Bewährungsprobe für die Mercedes-Benz 300 SLR Rennsportwagen. Beim letzten Rennen, das für den Konstrukteurstitel der Sportwagen-Weltmeisterschaft 1955 gewertet wird, belegen Stirling Moss / Peter Collins und Juan Manuel Fangio / Karl Kling nach einem dramatischen Rennverlauf die ersten beiden Plätze und sichern dadurch den Titelgewinn mit nur einem Punkt Vorsprung vor Ferrari.

24. OKT: Nach einer äußerst erfolgreichen Saison gibt die Daimler-Benz AG ihre Entscheidung bekannt, sich für die nächsten Jahre vom Motorsport zurückzuziehen.

NOV: In Manila auf den Philippinen wird von der Daimler-Benz Generalvertretung Universal Motors Corporation ein Montagewerk für den Typ 180 D eingeweiht.

08. DEZ: In Sindelfingen läuft, 16 Monate nach Beginn der Serienproduktion, der 1 000. Mercedes-Benz 300 SL vom Band. Der Exportanteil ist mit 930 Stück außergewöhnlich hoch.

Wirtschaftswunder

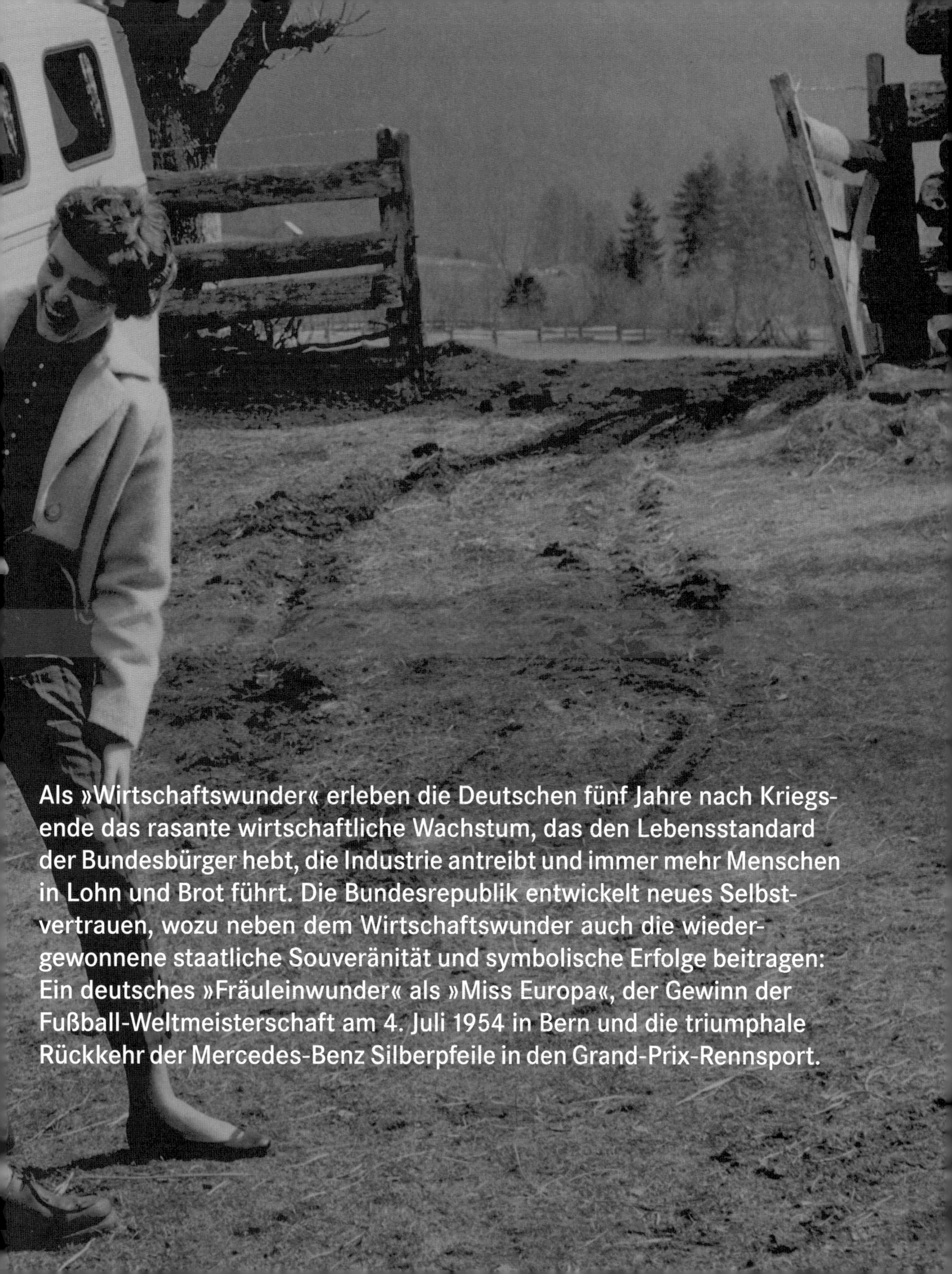

Als »Wirtschaftswunder« erleben die Deutschen fünf Jahre nach Kriegsende das rasante wirtschaftliche Wachstum, das den Lebensstandard der Bundesbürger hebt, die Industrie antreibt und immer mehr Menschen in Lohn und Brot führt. Die Bundesrepublik entwickelt neues Selbstvertrauen, wozu neben dem Wirtschaftswunder auch die wiedergewonnene staatliche Souveränität und symbolische Erfolge beitragen: Ein deutsches »Fräuleinwunder« als »Miss Europa«, der Gewinn der Fußball-Weltmeisterschaft am 4. Juli 1954 in Bern und die triumphale Rückkehr der Mercedes-Benz Silberpfeile in den Grand-Prix-Rennsport.

12/20
Flügeljahre
1954

Doppelsieg beim Großen Preis von Frankreich 1954:
Fangio und Kling auf der Zielgeraden in Reims

Mercedes-Benz Rennsportwagen 300 SL

Mercedes-Benz 2,5-l-Stromlinienrennwagen W 196 R

Mercedes-Benz 2,5-l-Rennwagen W 196 R

Mercedes-Benz Rennsportwagen 300 SLR

Mercedes-Benz 300 SL

Am Tag des »Fußball-Wunders von Bern« kehren die Mercedes-Benz Silberpfeile nach 15 Jahren in den Grand-Prix-Rennsport zurück und sorgen für Verwunderung. Bei ihrem ersten Rennen, dem Großen Preis von Frankreich in Reims, belegen die Piloten Juan Manuel Fangio und Karl Kling auf dem neu entwickelten Rennwagen W 196 R die Plätze eins und zwei. Am Ende der Saison ist Fangio Formel-1-Weltmeister. Ein Triumph, den er 1955 wiederholen kann.

Im gleichen Jahr fährt der Brite Stirling Moss mit dem 300 SLR bei der Mille Miglia einen Rekord für die Ewigkeit: In 10 Stunden, 7 Minuten und 48 Sekunden rast er die 1 000 Meilen (1 597 Kilometer) auf dem Straßenkurs von Brescia nach Rom und zurück.

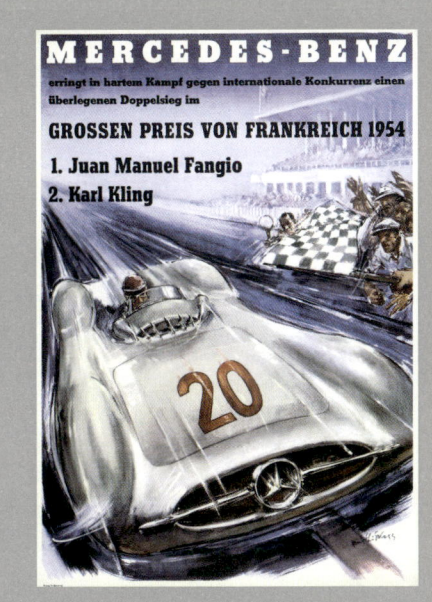

Juan Manuel Fangio  Karl Kling  Stirling Moss  Rudolf Uhlenhaut  Schauplätze spektakulärer Erfolge

Die Anfänge der dritten großen Rennsportära von Mercedes-Benz prägt allerdings der 300 SL im Jahr 1952. Bei der Entwicklung des neuen Rennsportwagens muss Versuchs-Chef Rudolf Uhlenhaut, schon vor dem Krieg Technischer Leiter der Rennabteilung, aus Kostengründen vorhandene Komponenten nutzen. Der 3-Liter-Sechszylindermotor mit Antriebsstrang sowie Vorder- und Hinterachse stammen aus dem 1951 eingeführten Typ 300, dem »Adenauer-Mercedes«.

Da dessen Rahmen zu schwer und für den harten Renneinsatz nicht verwindungssteif genug ist, entwickelt Uhlenhaut einen Gitterrohrrahmen – ein Netzwerk zusammengeschweißter Rohre, das nur 50 Kilogramm wiegt und dennoch äußerst stabil ist.

Unschlagbar: Der 300 SLR von Stirling Moss und Denis Jenkinson auf der Fahrt zum Rekordsieg der Mille Miglia 1955.

Einziger Haken: Der seitliche Einstieg ist durch die neue Rahmenkonstruktion zu hoch für konventionelle Türen. Deshalb erhält der 300 SL Türen, die wie Flügel nach oben aufschwingen. Der neue Rennwagen ist äußerst erfolgreich: Bei der Mille Miglia, seinem ersten Renneinsatz, fährt der 300 SL auf die Plätze zwei und vier. Beim Sportwagenrennen in Bern belegen die Wagen kurz darauf die Plätze eins bis drei, und bei den »24 Stunden von Le Mans« feiern sie einen Doppelsieg. 1952 gewinnen Karl Kling und Hans Klenk die Carrera Panamericana in Mexiko, obwohl ihnen bei Tempo 220 ein Geier in die Windschutzscheibe geflogen ist. Die spektakulären Rennerfolge des 300 SL führen vor allem in den USA zur Nachfrage nach einer Version für den Straßenverkehr.

Maximilian Hoffman, seinerzeit Generalimporteur für Mercedes-Benz in den USA, kann den Vorstand im Herbst 1953 von dieser Idee überzeugen: Bereits im Februar 1954 debütiert der 300 SL Seriensportwagen in New York. Er ist der weltweit erste Serien-Pkw mit Viertaktmotor, bei dem die Benzineinspritzung zum Einsatz kommt. Sie ermöglicht trotz des vergleichsweise kleinen Hubraums eine hohe Leistung bei moderatem Verbrauch. Seine unverwechselbaren Türen, seine bemerkenswerten Fahrleistungen und seine Rennsport-Vergangenheit machen den 300 SL zum Traumsportwagen der 1950er-Jahre und lassen ihn zur Legende werden.

Mercedes-Benz 300 SL Rennsportwagen mit seinem Schöpfer Rudolf Uhlenhaut ...

... und nach der Kollision mit einem Geier bei der Carrera Panamericana in Mexiko.

Die Mercedes-Benz Sportwagen 300 SL (vorne)
und 190 SL (dahinter) bei ihrer Weltpremiere auf
der New York Motor Sports Show

| 1956 | Belegschaft 51 826 | Produktion Pkw / Nfz 69 601 / 38 375 | Umsatz 1 659 Mio. DM |

1
24. – 28. FEB: Bei der Rallye del Sestrière in Italien erzielen Walter Schock und Rolf Moll auf Mercedes-Benz 300 SL den Gesamtsieg. Zwei Monate später, bei der in Griechenland ausgetragenen Rallye Akropolis vom 26. bis 29. April, können sie diesen Erfolg wiederholen und gewinnen erneut das Gesamtklassement. Am Ende der Saison belegt das Team Schock / Moll den ersten Platz in der Europameisterschaft der Tourenwagen.

2
04. MAI: Die ersten 563 Fahrzeuge der neuen Pkw-Typen 190 (W 121), 219 (W 105) und 220 S (W 180) verlassen das Werk Sindelfingen und fahren in einer Sternfahrt zu den Niederlassungen und Vertretungen, wo sie einen Tag später der Öffentlichkeit präsentiert werden.

20. MAI: Paul O'Shea, der im Vorjahr die vom Sports Car Club of America veranstaltete nationale Sportwagen-Meisterschaft für die Serienwagen der Klasse D gewonnen hat, erzielt in Cumberland, Maryland / USA auf Mercedes-Benz 300 SL seinen ersten Saisonsieg.

3
20. JUN: Der Typ 300 wird in einer verlängerten Sonderausführung angeboten, die einen um 100 mm längeren Radstand und eine um 140 mm vergrößerte Beinfreiheit im Fond aufweist. Das erste Exemplar dieser Ausführung hat Bundeskanzler Adenauer bereits im Mai erhalten.

25. JUN: Friedrich Flick wird erster, Herbert Quandt zweiter Stellvertreter des Aufsichtsratsvorsitzenden. Mit Hermann J. Abs bilden sie das Aufsichtsratspräsidium.

4
JUL: Im Werk Sindelfingen beginnt die Serienproduktion des Typs 220 S Cabriolet (W 180), der auf der IAA 1955 als 220 Cabriolet A/C präsentiert wurde und nun mit dem leistungsgesteigerten Motor des 220 S auf den Markt kommt.

JUL: Im Mercedes-Benz Werk Gaggenau wird der erste LG 315 fertiggestellt. Der geländegängige 5-t-Lastwagen wurde für einen Auftrag der neu gegründeten Bundeswehr entwickelt und wird bis 1964 in einer Stückzahl von mehr als 6600 Fahrzeugen geliefert.

29. AUG – 02. SEP: Ein Mercedes-Benz 300 SL belegt bei der härtesten Rallye auf dem europäischen Kontinent, der Fernfahrt Lüttich – Rom – Lüttich, erneut den ersten Platz. Wie im Vorjahr kommt der Sieger aus Belgien, diesmal das Team Willy Mairesse / Willy Génin.

5
09. – 16. SEP: Mit dem Unimog 30 PS debütiert auf der DLG-Ausstellung in Hannover die neue Baureihe 411, die die Baureihen 401 und 402 ablöst. Der Vierzylinder-Dieselmotor hat nun 30 PS / 22 kW, ist aber auf Wunsch auch weiterhin mit 25 PS / 18 kW erhältlich.

1956

28. SEP: Drei Jahre nach der offiziellen Gründung von Mercedes-Benz do Brasil wird das Werk São Bernardo do Campo in Gegenwart von Staatspräsident Kubitschek feierlich eingeweiht.

SEP: Die Produktion des leichten Transporters Typ L 319 als Kasten- und Pritschenwagen wird im Werk Sindelfingen aufgenommen. Im Werk Mannheim geht die Kleinbus-Variante als Typ O 319 in Serie.

01. OKT: Für die in der Metallindustrie beschäftigten Arbeiter und Angestellten wird die fünftägige Arbeitswoche bei einer wöchentlichen Regelarbeitszeit von 45 Stunden eingeführt.

04. – 14. OKT: Auf dem Internationalen Automobil-Salon in Paris debütiert das 220 S Coupé, ein geschlossener Zweitürer auf Basis des 220 S Cabriolets, der mit einem festen Coupédach ausgestattet ist.

NOV: Der Schwerlastwagen L 326 ergänzt die Mercedes-Benz Modellpalette erstmals um ein Nutzfahrzeug mit 200 PS / 147 kW Motorleistung. Zunächst nur für den Export bestimmt, ist der L 326 ab März 1957 auch im Inland lieferbar und trägt den gestiegenen Leistungsanforderungen Rechnung.

28. DEZ: Der Sports Car Club of America gibt den Punktestand in der nationalen Sportwagen-Meisterschaft bekannt. Der Vorjahresmeister Paul O'Shea gewinnt auf 300 SL erneut den Titel für die Serienwagen der Kategorie D.

31. DEZ: Der Auslandsumsatz der Daimler-Benz AG erreicht 618,6 Mio. DM, 21 % mehr als im Vorjahr und 37,7 % des Gesamtumsatzes. Das Unternehmen exportiert in 127 Länder über ein Netz von 183 Generalvertretern und 1 200 Untervertretungen. Wichtigstes Exportland ist Indien.

| **1957** | Belegschaft 57 085 | Produktion Pkw / Nfz 80 899 / 44 798 | Umsatz 1 803,0 Mio. DM |

1
14. – 24. MÄR: Der Typ 300 SL Roadster (W 198 II), der Nachfolger des berühmten Flügeltüren-Coupés, hat Weltpremiere auf dem Genfer Automobil-Salon. Der Hochleistungs-Sportwagen ist als erster Mercedes-Benz Pkw auf Wunsch mit Sicherheitsgurten lieferbar.

11. APR: Studebaker-Packard nimmt aufgrund eines zwischen der Daimler-Benz AG und Curtiss-Wright geschlossenen Vertrages den Vertrieb von Mercedes-Benz Pkw und Dieselmotoren in den USA auf.

2
02. JUN: In Fort Worth, Texas/USA gewinnt Paul O'Shea, der zweifache amerikanische Sportwagen-Meister in der Kategorie D, sein erstes Rennen mit dem 300 SLS, einem gewichtserleichterten Rennsportwagen auf Basis des 300 SL Roadsters.

3
JUN: Im Werk Mannheim geht der Mercedes-Benz Typ L 321 in Produktion. Der neue Lkw-Typ für 5,5 t Nutzlast wird als Haubenfahrzeug und Frontlenker in den Varianten Pritschenwagen, Kipper und Sattelschlepper, wahlweise auch mit Allradantrieb, angeboten.

JUN: Drei Viertel des Daimler-Benz Aktienkapitals ist im Besitz von Großaktionären: Die Flick-Gruppe hält 37,9 %, die Deutsche Bank 25 % und die Quandt-Gruppe 14 %.

4
JUN: Die Mercedes-Benz Pkw-Modelle werden mit einem umklappbaren Mercedes-Stern auf der Kühlermaske ausgeliefert, um die Verletzungsgefahr bei Unfällen zu verringern.

5, 6, 7, 8
19. – 29. SEP: Auf der IAA in Frankfurt/M. präsentiert Daimler-Benz der Öffentlichkeit ein verbessertes Typenprogramm. Zu den wichtigsten Neuerungen zählt der Typ 300 mit modernisierter Karosserie und Einspritzmotor (intern 300 d, W 189). Dabei kommt erstmals eine Saugrohreinspritzung zum Einsatz. Der Typ 180 debütiert in verbesserter Ausführung (intern 180 a, W 120) mit einem 65 PS / 48 kW starken 1,9-l-Motor. Die Modelle 219 und 220 S präsentieren sich mit leistungsgesteigerten Motoren und der auf Wunsch verfügbaren hydraulisch-automatischen Kupplung »Hydrak«. Auf dem Nutzfahrzeug-Sektor ergänzen die Frontlenker-Varianten LP 321, LP 329 und LP 326 die Modellpalette. Mit dem LP 321 bietet Daimler-Benz erstmals auch in der mittelschweren Klasse einen Frontlenker-Lkw ab Werk an. Premiere hat auch der neue Großraumomnibus O 317 mit Unterflurmotor und Luftfederung, der bis zu 120 Personen Platz bietet. Die geschlossene Variante des Unimog 30 PS (Baureihe 411) debütiert in einer Ausführung mit längerem Radstand und geräumigerem Fahrerhaus.

NOV: Der 20 000. Unimog Diesel wird ausgeliefert. Einschließlich des Unimog S, der von einem Sechszylinder-Benzinmotor angetrieben wird, sind bisher insgesamt 25 000 Unimogs entstanden.

9
13. DEZ: Der Sports Car Club of America veröffentlicht die offiziellen Ergebnisse der Nationalen Sportwagen-Meisterschaft. Danach ist Paul O'Shea zum dritten Mal in Folge amerikanischer Sportwagen-Meister, diesmal auf Mercedes-Benz 300 SLS bei den Sportwagen der Klasse D.

31. DEZ: Der Auslandsumsatz der Daimler-Benz AG steigt gegenüber dem Vorjahr um 21% auf 745,5 Mio. DM. Der Vertrieb erfolgt über 184 Generalvertreter und 1 600 Untervertretungen in 136 Ländern. Die USA werden zum wichtigsten Exportmarkt für Pkw und verweisen Schweden auf den zweiten Platz.

1957
1958

1958	Belegschaft	Produktion Pkw / Nfz	Umsatz
	75 006	99 209 / 57 482	2 676,0 Mio. DM

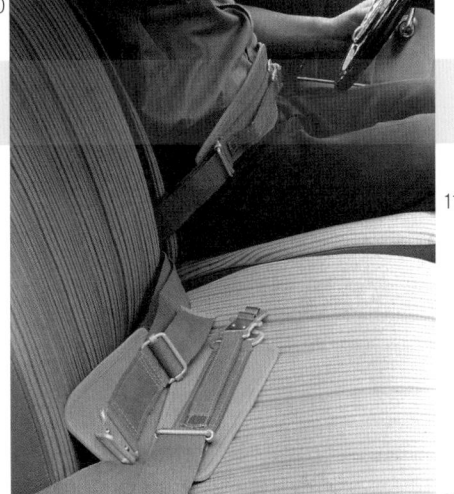

10
FEB: Mercedes-Benz bietet für alle Pkw-Modelle Sicherheitsgurte an den Vordersitzen als Sonderausstattung ab Werk an. Die Beckengurte sind für alle Fahrzeuge mit Einzelsitzen lieferbar. Ab November sind Gurte auch für die Fondsitzbänke und für durchgehende Fahrersitzbänke verfügbar.

03. MÄR: Der Mercedes-Benz 300 ist auf Wunsch mit einem ZF-Saginaw-Servo-Lenkgetriebe erhältlich. Er ist das erste Mercedes-Benz Modell, das mit Servolenkung angeboten wird.

11
04. – 07. MÄR: Bei der Coronation Safari, einer Rallye durch Kenia, Uganda und Tanganjika, erringt John Manussis auf Mercedes-Benz 219 den Sieg im Gesamtklassement.

01. APR: Daimler-Benz beteiligt sich mit 88% am Stammkapital der Auto Union GmbH, Ingolstadt/Düsseldorf.

12, 13
MAI: Im Werk Mannheim läuft die Produktion des Omnibus-Typs O 317 an. Gleichzeitig geht in Gaggenau der Frontlenker-Dreiachs-Lkw Typ LP 333 in Serie. Der im Volksmund als »Tausendfüßler« bekannte Schwerlastwagen besitzt zwei gelenkte Vorderachsen, um der neuen Zulassungsordnung optimal zu entsprechen.

14
MAI: Das neue Verwaltungshochhaus in Untertürkheim wird fertiggestellt.

02. JUL: Das Keilzapfen-Türschloss mit zwei Sicherheitsrasten wird zum Patent angemeldet. Das neuartige Konstruktionsdetail, das ein Aufspringen und Verklemmen der Türen bei einem Unfall verhindert, kommt im August 1959 zum Serieneinsatz.

30. JUL: Daimler-Benz gründet mit der Australian Motors Industries Ltd. die Mercedes-Benz Australia Pty. Ltd. in Port Melbourne. Das Unternehmen, an dem Daimler-Benz zunächst mit einem Drittel beteiligt ist, übernimmt die Montage von Mercedes-Benz Pkw und Nutzfahrzeugen aus CKD-Fahrzeugsätzen (completely knocked down, vollständig zerlegt).

AUG: Die neu gegründete Mercedes-Benz Sales, Inc. (MBS) in South Bend/Indiana, eine Tochtergesellschaft von Studebaker-Packard, übernimmt den Vertrieb von Mercedes-Benz Pkw in den USA.

01./02. SEP: Der Typ 220 SE (W 128) mit Einspritzmotor wird in Sindelfingen der Presse vorgestellt. Die bereits seit Jahren etablierte Technologie zur Leistungs- und Effizienzsteigerung wird damit auch für die Großserienfertigung verfügbar. Der Aufpreis gegenüber dem Typ 220 S mit Vergasermotor beträgt 1 900 DM. Gleichzeitig erscheint mit dem Typ 190 D (W 121) ein weiterer Diesel-Pkw. Er ist mit einem 50 PS / 37 kW starken Vierzylindermotor ausgerüstet.

SEP: Im Werk Sindelfingen wird, weniger als fünf Jahre nach dem Serienanlauf des Typs 180 D, das 100 000. Fahrzeug dieses Modells fertiggestellt.

01. DEZ: Für den Typ 300 bietet Daimler-Benz auf Wunsch eine Kühlanlage an. Die Sonderausstattung, heute als Klimaanlage bekannt, wurde vor allem für den Einsatz in tropischen Ländern entwickelt.

31. DEZ: Die Investitionen der Daimler-Benz AG seit der Währungsreform am 20. Juni 1948 belaufen sich auf 692,8 Mio. DM, davon 215,4 Mio. für Immobilien und 477,4 Mio. für Mobilien.

31. DEZ: Der Umsatz der Daimler-Benz AG überschreitet zum ersten Mal in ihrer Geschichte die 2-Milliarden-Grenze. Der Exportumsatz erreicht 965,4 Mio. DM, 30 % mehr als im Vorjahr und 44,9 % vom Gesamtumsatz. Der Export geht in 136 Länder mit insgesamt mehr als 2 000 Vertriebs- und Kundendienstunternehmen.

1958

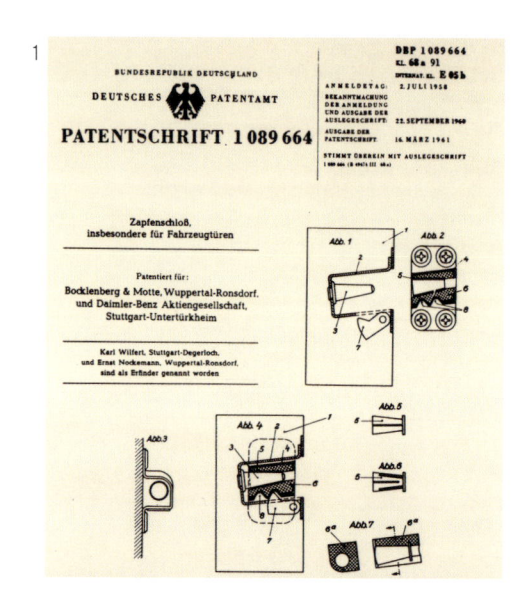

1959	Belegschaft	Produktion Pkw / Nfz	Umsatz
	82 737	108 440 / 57 522	2 949,0 Mio. DM

01. JAN: Die 44-Stunden-Woche wird in allen Werken und Niederlassungen eingeführt.

08. JAN – 20. FEB: Die Rallye Méditerranée – Le Cap über eine Distanz von 14 045 km vom Mittelmeer bis nach Kapstadt/Südafrika endet überraschend mit dem Gesamtsieg von Karl Kling / Rainer Günzler auf Mercedes-Benz 190 D.

05. MÄR: In Stuttgart präsentiert Daimler-Benz der Presse drei Lkw-Typen in der neuen Kurzhauber-Bauform: den L 322 und das Exportmodell L 327 in der mittelschweren Klasse aus Mannheimer Produktion sowie den in Gaggenau gebauten Schwerlastwagen L 337. Damit beginnt die Ablösung der bisherigen Langhauber-Lkw. Wie bei den Vorgängertypen wird parallel die jeweilige Frontlenker-Variante angeboten.

27. – 31. MÄR: Die Coronation Safari in Ostafrika wird erneut zum Erfolg für Mercedes-Benz: Das Fahrerteam William A. Fritschy / John Ellis gewinnt das Gesamtklassement auf Mercedes-Benz 219.

MÄR: Der amerikanische Journalist Bill Carroll demonstriert die Wirtschaftlichkeit der Mercedes-Benz Diesel-Pkw mit einer Langstreckenfahrt von Seattle, Washington/USA nach Washington, D.C. Sein 190 D verbraucht auf der 5 122 Meilen / 8 243 km langen Strecke nur 5,7 l pro 100 km (41 Meilen pro Gallone). Dies entspricht Gesamtkosten von nur 32,27 US-Dollar.

MÄR: Im Werk der Mercedes-Benz Australia Pty. Ltd. in Melbourne rollt der erste in Australien montierte Mercedes-Benz Pkw, ein Typ 220 S (W 180), vom Band.

MÄR: Daimler-Benz plant eine Beteiligung an der Reorganisation der BMW AG, deren Selbstständigkeit und Marke erhalten bleiben soll. Am 9. Dezember scheitern diese Pläne in der BMW-Hauptversammlung.

17. – 27. SEP: Auf der IAA in Frankfurt/M. debütieren die modellgepflegten Vierzylinder-Pkw 180 b / 180 Db (W 120) und 190 b / 190 Db (W 121) sowie die neu entwickelten Oberklassemodelle 220 b, 220 Sb und 220 SEb (W 111). Das nachgestellte »b« in der Typenbezeichnung wird nur intern benutzt und dient zur Unterscheidung von den Vorgängermodellen. Alle neuen Pkw-Typen haben einen »entschärften Innenraum«, um bei einem Unfall Verletzungen zu vermeiden oder zu verringern. Bei der »Heckflossen-Karosserie« der Sechszylinder ist außerdem die auf Béla Barényi zurückgehende Sicherheitszelle mit Knautschzonen zum ersten Mal in einem Serien-Pkw realisiert. Premiere hat auch der Stadtomnibus O 322 mit Heckmotor und Luftfederung.

SEP: Im Werk Sindelfingen beginnt Daimler-Benz mit systematischen Crashtests, die vorerst unter freiem Himmel stattfinden.

31. DEZ: Die Daimler-Benz AG übernimmt die restlichen Anteile der Auto Union GmbH gemäß vertraglicher Vereinbarung vom 21. Dezember.

31. DEZ: Der gesamte Exportumsatz der Daimler-Benz AG überschreitet mit 1 027,5 Mio. DM erstmals die Milliardengrenze. Die Pkw-Lieferungen in die USA erhöhen sich um 5 320 Einheiten auf 12 968 Fahrzeuge.

1960

Belegschaft	Produktion Pkw / Nfz	Umsatz
92 908	122 684 / 64 478	3 720,8 Mio. DM

1
18. – 25. JAN: Das Team Walter Schock / Rolf Moll erringt den ersten deutschen Gesamtsieg in der Rallye Monte Carlo mit einem Mercedes-Benz 220 SE.

2
15. – 18. APR: Bei der Rallye East African Safari können William A. Fritschy / John Ellis ihren Vorjahreserfolg wiederholen und gewinnen auf Mercedes-Benz 219 erneut die Gesamtwertung.

3
14. / 15. MAI: Den Gesamtsieg beim 6-Stunden-Rennen für Tourenwagen auf dem Nürburgring erzielen Leopold von Zedlitz / Rudi Golderer auf Mercedes-Benz 220 SE.

4
19. – 22. MAI: Bei der Rallye Akropolis in Griechenland erzielen Walter Schock und Rolf Moll den Sieg im Gesamtklassement auf Mercedes-Benz 220 SE, nachdem sie die Veranstaltung bereits 1956 gewonnen hatten.

27. JUL: Der Aufsichtsrat der Daimler-Benz AG genehmigt den Ankauf eines 1,5 Mio. m² großen Industriegeländes in Wörth bei Karlsruhe. Geplant ist die Errichtung eines neuen Lkw-Montagewerks.

10. AUG: Die Daimler-Benz AG beteiligt sich über ihre Tochtergesellschaft Industriemotorenbau GmbH mit 71% an der Maybach-Motorenbau GmbH Friedrichshafen. Die Firmen vereinbaren, in der Entwicklung und Produktion von schnelllaufenden Großmotoren zusammenzuarbeiten.

5
08. – 12. SEP: Walter Schock / Rolf Moll erringen auf der Polen-Rallye ihren dritten Gesamtsieg des Rennjahres. Am Ende der Saison sind sie Europameister der Tourenwagen – zum zweiten Mal nach 1956.

6
01. OKT: Die Werksanlagen der Horex KG in Bad Homburg werden von Daimler-Benz zur Herstellung von Motorsteuerungsteilen übernommen. Die Produktion vor allem von Ventilen läuft Anfang 1961 an.

7
17. DEZ: Der Daimler-Benz Vorstandsvorsitzende Dr. Fritz Könecke übergibt einen Mercedes-Benz 300 Landaulet in verlängerter Spezialausführung an Papst Johannes XXIII.

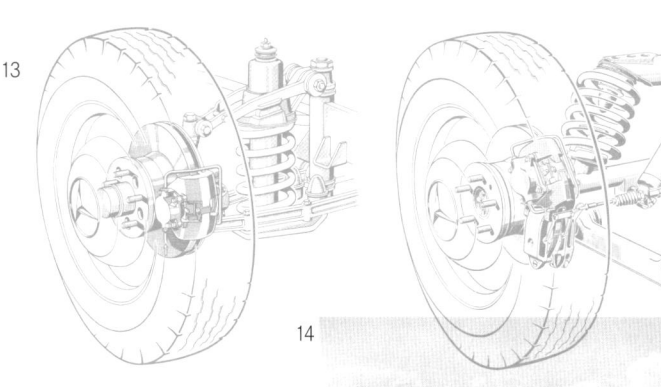

1961	Belegschaft	Produktion Pkw / Nfz	Umsatz
	95 265	137 431 / 62 405	4 163,8 Mio. DM

19. JAN – 06. FEB: Bei der Rallye Algier – Zentralafrika über rund 11 000 km erzielt Mercedes-Benz einen spektakulären Doppelsieg in der Gesamtwertung. Karl Kling / Rainer Günzler gewinnen vor Sergio Bettoja / Hermann Eger, beide Teams auf 220 SE.

01. FEB: Anstelle der bisher ab Werk lieferbaren Beckengurte werden in allen Mercedes-Benz Limousinen der Großserie Schrägschultergurte verwendet. Bei den SL-Modellen und dem Typ 300 kommen weiterhin Beckengurte zum Einsatz.

10. FEB: Dipl.-Ing. Walter Hitzinger wird zum Vorstandsvorsitzenden der Daimler-Benz AG ernannt. Er tritt die Nachfolge von Dr. Fritz Könecke an, der das Unternehmen aus persönlichen Gründen verlassen hat.

25. FEB: Zum Jubiläum »75 Jahre Motorisierung des Verkehrs« wird in Stuttgart-Untertürkheim das neue Daimler-Benz Museum eröffnet und das 220 SE Coupé der Baureihe 111 präsentiert. Der neue Zweitürer ist als erster Mercedes-Benz Pkw mit Scheibenbremsen an den Vorderrädern ausgerüstet.

16. – 26. MÄR: Auf dem Genfer Automobil-Salon hat das neue 220 SE Coupé seine Salonpremiere. Außerdem debütiert der 300 SL in einer technisch überarbeiteten Version mit Scheibenbremsen an Vorder- und Hinterrädern.

31. MÄR – 04. APR: Die Rallye East African Safari endet zum vierten Mal mit einem Gesamtsieg für Mercedes-Benz. Die Gewinner sind John Manussis, Bill Coleridge und David Beckett auf 220 SE, den zweiten Platz belegt das Team William A. Fritschy / Kim Mandeville, ebenfalls auf 220 SE.

01. APR: Zur Kapazitätserweiterung des Werks Untertürkheim pachtet Daimler-Benz Werksanlagen und Gelände der Württembergischen Baumwollspinnerei und -Weberei in Brühl bei Esslingen.

10. APR: Die Modelle 220 SE und 220 SE Coupé werden auf Wunsch mit Automatikgetriebe angeboten. Das Viergang-Planetengetriebe mit hydraulischer Kupplung ist als Eigenentwicklung speziell auf die Mercedes-Benz Personenwagen abgestimmt.

31. MAI: Der Aufsichtsrat der Auto Union GmbH beschließt eine Konzentration der gesamten Produktion im Werk Ingolstadt. Im dadurch frei werdenden Werk Düsseldorf, das Daimler-Benz im April 1962 zunächst pachtweise übernimmt, läuft zum Jahresende die Fertigung des Transporters L 319 und des Dieselmotors OM 636 an, ebenso wie die Herstellung von Lenkgetrieben und Schaltgestängen. Anfang 1962 wird auch die Produktion des Kleinbusses O 319 nach Düsseldorf verlagert.

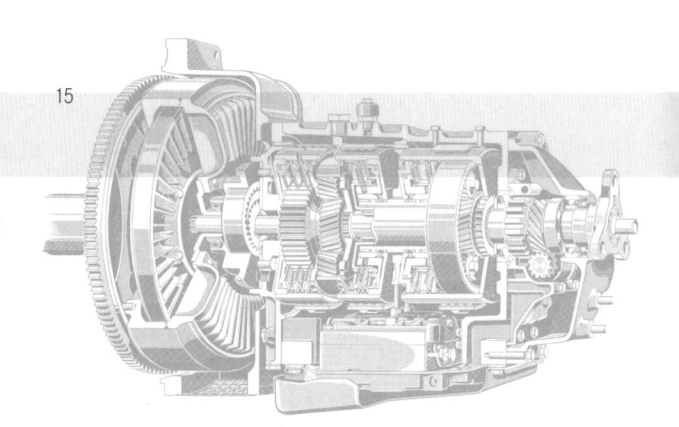

01. JUL: Die Daimler-Benz AG und die Maybach-Motorenbau GmbH vereinbaren, die Fertigung der Großmotoren-Baureihen MB 820/836, MB 835/839 und MB 518 von Untertürkheim nach Friedrichshafen zu verlegen. Bereits im September übernimmt Maybach die Produktion der MB 820 und 836, die anderen Baureihen folgen bis Ende 1962.

1, 2, 3, 4, 5
21. SEP – 01. OKT: Auf der IAA in Frankfurt/M. werden die neuen Pkw-Typen 190 und 190 D (intern 190 c und 190 Dc, W 110), das neue 220 SE Cabriolet (W 111) sowie der Typ 300 SE (W 112) präsentiert. Die Modelle 190 und 190 D sind nicht nur als Limousine, sondern auch als Fahrgestelle für Kombiwagen und Krankenwagen erhältlich. Der 300 SE ist serienmäßig mit Automatikgetriebe, Luftfederung und Scheibenbremsen an Vorder- und Hinterrädern ausgerüstet. Auf der IAA debütieren auch die Großmotoren-Baureihen MB 833 und MB 838.

6
26. OKT – 05. NOV: Das Team Walter Schock / Manfred Schiek gewinnt auf Mercedes-Benz 220 SE den Großen Straßenpreis von Argentinien für Tourenwagen, ein strapaziöses Rennen über mehr als 4 500 km.

NOV: Die Fertigung des neu entwickelten Daimler-Benz Automatikgetriebes wird aus dem Stammwerk Untertürkheim in den Werksteil Hedelfingen verlagert, nachdem die Lenkungsfertigung von dort nach Düsseldorf verlegt wurde.

1962
Belegschaft 100 144 Produktion Pkw / Nfz 146 393 / 66 185 Umsatz 4 590,0 Mio. DM

01. JAN: Die wöchentliche Arbeitszeit wird auf 42,5 Stunden reduziert.

13. FEB: Mit dem ersten Spatenstich in Wörth am Rhein beginnt der Bau des zukünftigen Nutzfahrzeugwerks der Daimler-Benz AG.

7, 8
15. – 25. MÄR: Auf dem Genfer Automobil-Salon werden die Typen 300 SE Coupé und Cabriolet (W 112) präsentiert; beide sind, wie die zugrunde liegende Limousine, serienmäßig mit Luftfederung, Automatikgetriebe und vier Scheibenbremsen ausgestattet.

01. APR: Die Daimler-Benz AG pachtet von ihrer Tochtergesellschaft Auto Union GmbH das Werk Düsseldorf.

MAI: Das Werk Untertürkheim beginnt mit der Auslagerung der Pkw-Tauschaggregate-Fertigung in die von der Württembergischen Baumwollspinnerei und -Weberei gepachteten Werksanlagen. Die Verlagerung ist im März 1963 abgeschlossen, und mit Wirkung vom 1. April wird Brühl eigenständiger Werksteil.

9
20. – 27. MAI: Der Unimog U 65 (Baureihe 406) wird auf der DLG-Ausstellung in München vorgestellt. Das neue Modell ist mit einem 65 PS / 48 kW starken Sechszylinder-Dieselmotor ausgerüstet und erweitert das Unimog-Modellprogramm im Schlepper- und Zugmaschinenbereich um eine zweite eigenständige Baureihe. Die Serienproduktion beginnt im April 1963.

10
23. – 27. MAI: Das Team Eugen Böhringer / Peter Lang gewinnt auf Mercedes-Benz 220 SE die Gesamtwertung der Rallye Akropolis in Griechenland. Bei der Polen-Rallye vom 2. bis 6. August können beide erneut den Sieg im Gesamtklassement einfahren.

10. JUL: 75 sportbegeisterte Mitarbeiter und Mitarbeiterinnen der Daimler-Benz AG gründen in Stuttgart die Sportgemeinschaft Stern (SG Stern). In der Folgezeit entstehen auch an vielen anderen Standorten des Unternehmens Sportgemeinschaften.

11
12. JUL: Daimler-Benz eröffnet sein neues Ausbildungszentrum auf dem Lämmerbuckel bei Wiesensteig auf der Schwäbischen Alb.

14. – 25. AUG: Bei der Tour d'Europe, der größten Langstreckenfahrt des Kontinents über rund 9 500 km, erringen Alfred Becker / Rudi Golderer den Gesamtsieg auf Mercedes-Benz 220 SE.

1963	Belegschaft 98 569	Produktion Pkw / Nfz 153 182 / 68 262	Umsatz 4 652,6 Mio. DM

17. – 19. AUG: Das Damenteam Ewy Rosqvist / Ursula Wirth gewinnt auf Mercedes-Benz 220 SE den »Coupe des Dames« bei der Rallye der 1 000 Seen, die rund 2 000 km quer durch Finnland führt.

23. AUG – 03. SEP: Eugen Böhringer und Hermann Eger erringen auf Mercedes-Benz 220 SE den Gesamtsieg bei der Langstreckenrallye Lüttich – Sofia – Lüttich. Dies ist der dritte Saisonsieg für Eugen Böhringer, der das Rennjahr 1962 mit dem Gewinn der Rallye-Europameisterschaft abschließt.

SEP: Der einmillionste Mercedes-Benz Pkw der Nachkriegsproduktion, ein Typ 220 SE, verlässt das Montageband in Sindelfingen.

25. OKT – 04. NOV: Das Damenteam Ewy Rosqvist / Ursula Wirth erzielt beim Großen Straßenpreis von Argentinien für Tourenwagen einen sensationellen Sieg auf Mercedes-Benz 220 SE.

19. – 26. JAN: Ewy Rosqvist und Ursula Wirth gewinnen auf Mercedes-Benz 220 SE den »Coupe des Dames« bei der Rallye Monte Carlo.

08. FEB: Im Werk Sindelfingen werden der letzte 300 SL und der letzte 190 SL fertiggestellt.

14. – 24. MÄR: Auf dem Genfer Automobil-Salon debütiert der Mercedes-Benz 230 SL (W 113), der die Sportwagentypen 300 SL und 190 SL ablöst und als weltweit erster Sportwagen über die von Béla Barényi entwickelte Sicherheitskarosserie verfügt. Sein Hardtop hat eine konkav geformte Dachlinie, die zu der Bezeichnung »Pagoden-SL« führt. Der neue SL ist als erster Mercedes-Benz Pkw serienmäßig mit einer Zweikreis-Bremsanlage ausgerüstet. Eine weitere Neuheit des Genfer Salons ist der Typ 300 SE lang mit 10 cm längerem Radstand, der die Tradition der S-Klasse Langlimousinen begründet.

16. – 19. MAI: Das Team Eugen Böhringer / Rolf Knoll erzielt auf Mercedes-Benz 300 SE den Gesamtsieg bei der Rallye Akropolis in Griechenland.

04. – 07. JUL: Das Fahrerteam Eugen Böhringer / Klaus Kaiser siegt in der Deutschland-Rallye auf Mercedes-Benz 300 SE, den zweiten Platz belegen Dieter Glemser / Martin Braungart auf Mercedes-Benz 220 SE. Glemser / Braungart gewinnen auch die Polen-Rallye vom 31. Juli bis 4. August auf Mercedes-Benz 220 SE.

1963

JUL: Der im März präsentierte 300 SE lang ist auf Wunsch mit einer Unterdruck-Zentralverriegelung erhältlich, die alle Türen, den Kofferraum und den Tankdeckel gleichzeitig verschließt. Ab November 1964 wird die Komfortausstattung auch für die übrigen Oberklassemodelle von Mercedes-Benz angeboten.

JUL: Die neu gegründete Tochtergesellschaft Mercedes-Benz Motorenbau GmbH übernimmt Werksanlagen und Belegschaft der Porsche-Diesel-Motorenbau GmbH in Friedrichshafen-Manzell. Bereits im August läuft dort die aus Untertürkheim verlagerte Fertigung der Großmotoren-Baureihen MB 833, 837 und 838 an.

06. AUG: Die Typen 220, 220 S, 220 SE und 300 SE erhalten eine Zweikreis-Bremsanlage, wie sie im März bereits beim 230 SL eingeführt wurde. Außerdem wird der Typ 220 in diesem Rahmen mit Scheibenbremsen an den Vorderrädern aufgewertet.

27. – 31. AUG: Eugen Böhringer und Klaus Kaiser gewinnen mit einem Mercedes-Benz 230 SL die Gesamtwertung der Langstrecken-Rallye Lüttich – Sofia – Lüttich. Für Böhringer ist dies der zweite Sieg bei dieser strapaziösen Veranstaltung.

12. – 22. SEP: Auf der IAA in Frankfurt/M. wird mit dem Typ 600 »Großer Mercedes« (W 100) ein neuer Repräsentationswagen vorgestellt. Das Spitzenmodell, das serienmäßig mit zahlreichen technischen Besonderheiten ausgestattet ist, wird als fünf- bis sechssitzige Limousine und als sieben- bis achtsitzige Pullman-Version angeboten. Darüber hinaus präsentiert die Daimler-Benz AG den Typ LP 1620. Die Frontlenker der neuen schweren Nutzfahrzeug-Generation zeichnen sich durch die Motoranordnung »unter Boden« und das völlig neue sogenannte kubische Fahrerhaus aus. Eine weitere Messeneuheit ist der L 2220, der erste schwere Dreiachser von Mercedes-Benz seit Beginn der Nachkriegsproduktion.

SEP: Für das komplette Mercedes-Benz Lkw-Programm werden neue Typenbezeichnungen eingeführt, die das seit 1954 verwendete System der Konstruktionsnummern ersetzen. Aus dem L 338 wird auf diese Weise der L 1418, aus dem L 319 D der L 405. Dabei lassen die letzten beiden Ziffern auf die gerundete Motorleistung, die ein- oder zweistellige Zahl davor auf das zulässige Gesamtgewicht des Fahrzeugs schließen. Der L 1418 ist dementsprechend als Lkw mit ca. 180 PS/132 kW und einem Gesamtgewicht von 14 t identifizierbar.

01. OKT: Das neue Werk Wörth nimmt die Produktion auf. 100 Mitarbeiter beginnen mit dem Rohbau von Lkw-Fahrerhäusern.

23. OKT – 02. NOV: Die ersten vier Plätze im Großen Straßenpreis von Argentinien für Tourenwagen werden von Mercedes-Benz Fahrerteams belegt: 1. Böhringer/Kaiser auf 300 SE; 2. Glemser/Braungart auf 300 SE; 3. Rosqvist/Wirth auf 220 SE; 4. Bordeu/Winter auf 300 SE.

| 1964 | Belegschaft 104 086 | Produktion Pkw / Nfz 165 532 / 69 889 | Umsatz 5 070,5 Mio. DM |

01. JAN: Eine weitere Arbeitszeitverkürzung auf 41,25 Wochenstunden tritt in Kraft.

12. – 22. MÄR: Anlässlich des Genfer Automobil-Salons wird ein überarbeitetes Nutzfahrzeug-Verkaufsprogramm präsentiert. Wichtigste Neuerung sind die Dieselmotoren OM 352 und OM 346, die – zum ersten Mal bei Daimler-Benz – mit Direkteinspritzung arbeiten und die Vorkammer-Dieselmotoren OM 322 und OM 326 ablösen. Das bisher favorisierte Vorkammerverfahren, das bei Benz & Cie. entwickelt wurde, gewährleistet einen etwas ruhigeren Lauf und bleibt daher für Pkw-Dieselmotoren noch jahrzehntelang unverzichtbar. Im Nutzfahrzeugbereich kann sich dagegen die Direkteinspritzung durchsetzen, da sie – nach langjähriger Entwicklungsarbeit – Vorteile hinsichtlich Kraftstoffverbrauch und Laufleistung aufweist.

21. JUN: Beim 6-Stunden-Rennen auf dem Nürburgring erzielen Eugen Böhringer und Dieter Glemser auf Mercedes-Benz 300 SE mit einer Durchschnittsgeschwindigkeit von 127,2 km/h den Sieg im Gesamtklassement.

25. / 26. JUL: Das 24-Stunden-Rennen in Spa-Francorchamps/Belgien endet mit einem Gesamtsieg von Robert Crevits und Gustave Gosselin auf Mercedes-Benz 300 SE. Die erzielte Durchschnittsgeschwindigkeit des belgischen Teams liegt bei 164,875 km/h.

SEP: Die ersten Exemplare des Mercedes-Benz 600 (W 100) werden ausgeliefert. Seine Markteinführung erlebt der neue »Große Mercedes« nicht nur als Limousine mit normalem Radstand, sondern zur gleichen Zeit auch als viertürige Pullman-Limousine mit Vis-à-vis-Fondsitzanlage. Als dritte Variante debütiert eine sechstürige Pullman-Ausführung mit Klappsitzen vor der Fondsitzbank.

28. OKT – 07. NOV: Nach dem Erfolg im Vorjahr gewinnt das Fahrerteam Böhringer / Kaiser auf Mercedes-Benz 300 SE erneut den Großen Straßenpreis von Argentinien für Tourenwagen. Den zweiten und dritten Platz belegen Glemser / Braungart und von Korff-Rosqvist / Falk, ebenfalls auf 300 SE. Damit gewinnt Mercedes-Benz zum vierten Mal in Folge das schwierigste Langstreckenrennen der Welt.

14. NOV: Eugen Böhringer gewinnt auf Mercedes-Benz 300 SE den Großen Preis von Macao für Tourenwagen mit einer Durchschnittsgeschwindigkeit von 105,2 km/h.

01. JAN: Die Volkswagen AG übernimmt die Aktienmehrheit der Auto Union von der Daimler-Benz AG. Das Werk Düsseldorf, das Daimler-Benz seit 1961 von der Auto Union gepachtet hat, wird nun über die Daimler-Benz Tochtergesellschaft Industriemotorenbau GmbH erworben und von dieser weiterhin gepachtet.

01. JAN: Nach Auflösung des Vertretungsvertrages mit Studebaker-Packard übernimmt die am 17. Dezember 1964 gegründete Mercedes-Benz of North America, Inc. (MBNA) nominell den Vertrieb aller Daimler-Benz Produkte in den USA. Der operative Betrieb der neuen Vertriebsgesellschaft beginnt am 15. März.

20. – 31. JAN: Auf dem Automobil-Salon in Brüssel debütiert der Mercedes-Benz LP 608, ein leichter Frontlenker-Lkw in der Klasse bis 6 t. Die belgische Generalvertretung I.M.A., S.A. präsentiert einen in ihrem Werk in Malines bei Brüssel gefertigten Kombiwagen auf Basis des 190 D.

30. MÄR: Der Berliner Wirtschaftssenator Prof. Karl Schiller nimmt einen zehn Meter hohen drehbaren Mercedes-Stern auf dem Dach des Europa-Centers am Kurfürstendamm offiziell in Betrieb. Die 15 t schwere Ausführung des weltbekannten Markenzeichens ist nicht nur der größte Mercedes-Stern in der Bundesrepublik, sondern auch die größte drehbare und hydraulisch kippbare Neonanlage der Welt.

08. APR: Der 500 000. Mercedes-Benz Diesel-Pkw der Nachkriegsproduktion, ein Typ 190 D (W 110), verlässt in Sindelfingen das Montageband.

18. MAI: Die neue Omnibus-Modellreihe Mercedes-Benz O 302 wird im Werk Mannheim der Presse präsentiert. Die Serienproduktion ist bereits im März angelaufen.

14. JUL: Der erste im Werk Wörth montierte Lkw, ein LP 608, läuft vom Band.

JUL: Daimler-Benz erwirbt über seine Tochtergesellschaft Kraftfahrzeug- und Industriemotoren-Bau GmbH eine Mehrheitsbeteiligung an der Maschinenfabrik Esslingen (ME).

09. SEP: Eine Delegation der Daimler-Benz AG, an ihrer Spitze Aufsichtsratsvorsitzender Dr. Hermann J. Abs, übergibt Papst Paul VI. ein Mercedes-Benz 600 Pullman-Landaulet in Sonderausführung.

1965	Belegschaft	Produktion Pkw / Nfz	Umsatz
	98 200	174 007 / 73 064	4 938,7 Mio. DM

222

7, 8, 9, 10, 11, 12, 13

16. – 26. SEP: Auf der IAA in Frankfurt/M. stellt Daimler-Benz eine grundlegend neue Modellpalette vor. Die Pkw-Typen 250 S, 250 SE und 300 SE (W 108) sowie 300 SEL (W 109) lösen die Limousinen der Baureihe W 111 und W 112 ab. Sie begründen eine vollkommen eigenständige Oberklasse-Baureihe, die sich auch stilistisch deutlich von den Mittelklasse-Modellen abhebt. Die Mittelklasse-Baureihe W 110 präsentiert sich in überarbeiteter Ausführung mit den Modellen 200 D und 200 sowie dem neuen Sechszylindertyp 230. Sie wird ergänzt durch den ebenfalls neuen 230 S, der die Limousinen der Baureihe W 111 weiterführt. Die Mittelklasse-Modelle sind wie zuvor als Fahrgestelle für Krankenwagen und Kombiwagen erhältlich, erstmals auch in einer Ausführung mit verlängertem Radstand. Mit den Lkw-Typen LP 810, LP 1013 und LP 1213 debütiert eine völlig neue Frontlenker-Baureihe der mittelschweren Klasse. Der Motor ist wie beim LP 1620 »unter Boden« angeordnet, wodurch außer dem Raumgewinn eine bessere Schall- und Wärmeisolierung erreicht wird. Weitere Neuheiten sind die Sattelzugmaschine LPS 2020 mit zwei gelenkten Achsen und die ersten Mercedes-Benz Frontlenker-Kipper LPK 608, LPK 1213 und LPK 1620. Der Unimog U 80 (Baureihe 416) ergänzt die Typenpalette des geländegängigen Alleskönners um eine zusätzliche Modellreihe, die für den Einsatz als Straßenzugmaschine und Sattelzugmaschine konzipiert ist. Er basiert auf dem 1963 eingeführten U 65, hat aber einen längeren Radstand und einen leistungsstärkeren Motor.

01. OKT: Dr. Joachim Zahn, seit dem 1. Oktober 1958 im Vorstand der Daimler-Benz AG, wird zum Sprecher des Vorstands bestellt.

14

31. DEZ: Prof. Fritz Nallinger tritt nach 43 Jahren aktiven Wirkens, davon 25 Jahre im Vorstand der Daimler-Benz AG, in den Ruhestand. Sein Nachfolger wird Dr. Hans Scherenberg, dem nun die Verantwortung für alle Bereiche der Produktentwicklung obliegt.

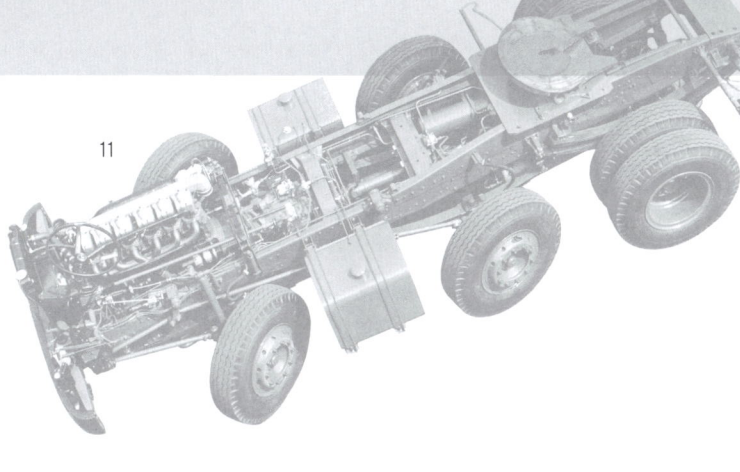

| 1966 | Belegschaft 102 313 | Produktion Pkw / Nfz 191 625 / 82 629 | Umsatz 5 589,4 Mio. DM |

08. MÄR: Daimler-Benz beteiligt sich mit 26,7% an der United Car and Diesel Distributors (Pty.) Ltd. (UCCD), Pretoria. Die langjährige Daimler-Benz Generalvertretung für Südafrika produziert über ihre 100%ige Tochtergesellschaft Car Distributors Assembly Ltd. (CDA) in East London unter anderem Mercedes-Benz Fahrzeuge aus CKD-Teilesätzen.

1
MÄR: Im Werk Sindelfingen beginnt die Produktion des Pkw-Typs 300 SEL (W 109), der sich vom 300 SE (W 108) durch die serienmäßige Luftfederung und den 10 cm längeren Radstand unterscheidet.

MÄR: Das Werk Düsseldorf produziert die 100 000. Servolenkung.

2
08. – 15. MAI: Auf der DLG-Ausstellung in Frankfurt/M. präsentiert Daimler-Benz eine erweiterte Unimog-Modellpalette, die um ein mittleres Segment zwischen der Baureihe 411 und den Baureihen 406/416 ergänzt wurde. Der Unimog U 40 (Baureihe 421), der bereits seit Januar produziert wird, ist mit einem 2-l-Vorkammer-Diesel aus dem Pkw-Bereich ausgerüstet, während der U 54 (Baureihe 403) von einem Vierzylinder-Direkteinspritzer aus dem Lkw-Programm angetrieben wird.

3
MAI: Im Werksteil Hedelfingen des Stammwerks Untertürkheim wird das 100 000. Pkw-Automatikgetriebe fertiggestellt. 1966 werden bereits 23% der Mercedes-Benz Pkw mit automatischem Getriebe geliefert.

25. JUN: Die Daimler-Benz AG und die Volkswagenwerk AG gründen die Deutsche Automobilgesellschaft in Hannover als gemeinsam betriebene Forschungs- und Entwicklungsgesellschaft.

4, 5
AUG: Die in Belgien bei der I.M.A., S.A. gefertigten Kombiwagen auf Basis der Typen 200 D, 200, 230 und 230 S werden als »Mercedes-Benz UNIVERSAL« auch auf dem deutschen Markt angeboten.

28. OKT: Die Maybach-Motorenbau GmbH und die Mercedes-Benz Motorenbau GmbH werden zusammengeführt und firmieren unter dem Namen Maybach Mercedes-Benz Motorenbau GmbH in Friedrichshafen-Manzell. Die Beteiligung von Daimler-Benz liegt bei 83%.

6
03. DEZ: Die Daimler-Benz AG beteiligt sich mit einem Anteil von 36% an der Gründung der türkischen Otobüs ve Motorlu Araclar Sanayi A.S. (OTOMARSAN) in Istanbul. Die Teilefertigung und Montage von Omnibussen des Typs O 302 wird Mitte 1968 aufgenommen.

7
30. DEZ: Über die Kraftfahrzeug- und Industriemotoren-Bau GmbH erwirbt Daimler-Benz eine Mehrheitsbeteiligung an der Württembergischen Baumwollspinnerei und -Weberei.

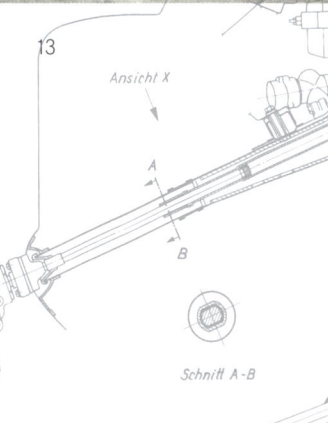

1967	Belegschaft	Produktion Pkw / Nfz	Umsatz
	97 743	200 470 / 72 831	5 627,1 Mio. DM

01. JAN: Die tarifliche Wochenarbeitszeit für die in der Metallindustrie beschäftigten Arbeiter und Angestellten wird auf 40 Stunden verkürzt.

8, 9, 10
18. – 29. JAN: Mit den Typen L 406, L 408 und O 309 debütiert auf dem Automobil-Salon in Brüssel eine neue Transporter- und Kleinbus-Generation, die die seit 1956 gebauten Modelle der Baureihe 319 ablöst.

11
09. – 19. MÄR: Auf dem Genfer Automobil-Salon wird der Typ 250 SL (W 113) mit 2,5-l-Einspritzmotor vorgestellt, der bereits seit dem 27. Februar ausgeliefert wird und als Nachfolger des 230 SL fungiert. Lieferbar ist auch eine Variante ohne Roadster-Verdeck und Verdeckkasten, die stattdessen mit einer Fondsitzbank ausgestattet ist.

APR: Über ihre 100%ige Tochtergesellschaft Porcher & Meffert GmbH nimmt die Daimler-Benz AG das Leasing-Geschäft für das gesamte Fahrzeugprogramm auf.

12
APR: Mercedes-Benz erweitert sein Pkw-Verkaufsprogramm im Inland um eine sieben- bis achtsitzige Ausführung des Typs 200 D (W 110) mit verlängertem Radstand. Die ursprünglich nur für den Export vorgesehene Variante, die vor der Fondsitzbank über zwei Klappsitze mit drei Plätzen verfügt, ist die erste Mercedes-Benz Langlimousine der Mittelklasse.

13
AUG: Alle Mercedes-Benz Pkw-Modelle werden serienmäßig mit einer neuen Sicherheitslenkung ausgerüstet. Diese besteht aus einer Teleskoplenksäule, die sich bei einer Frontalkollision zusammenschiebt, und einem Lenkradpralltopf, der die Verletzungsgefahr bei einem Aufprall auf das Lenkrad vermindert.

14, 15
14. – 24. SEP: Auf der IAA in Frankfurt/M. präsentiert Daimler-Benz der Öffentlichkeit den Prototyp des neuen Standard-Linienomnibusses O 305. Er wurde nach den Vorschlägen des Verbandes öffentlicher Verkehrsbetriebe entwickelt, dem 170 Unternehmen angehören. Die Serienproduktion beginnt Ende 1968. Weitere Neuheiten auf dem Omnibussektor sind eine verlängerte Variante des Reisebusses O 302 mit 13 Sitzreihen und der Kleinomnibus O 309 mit erhöhtem Dach. Bei den Lkw debütieren der LP 808, der die leichte Baureihe erweitert, die mittelschweren Frontlenker LP 1513 und LP 1517 sowie die Schwerlastwagen LP 2223 und LPS 2223, die mit dem neuen 230 PS/169 kW starken Vierventil-Dieselmotor OM 355 ausgerüstet sind.

Autonation

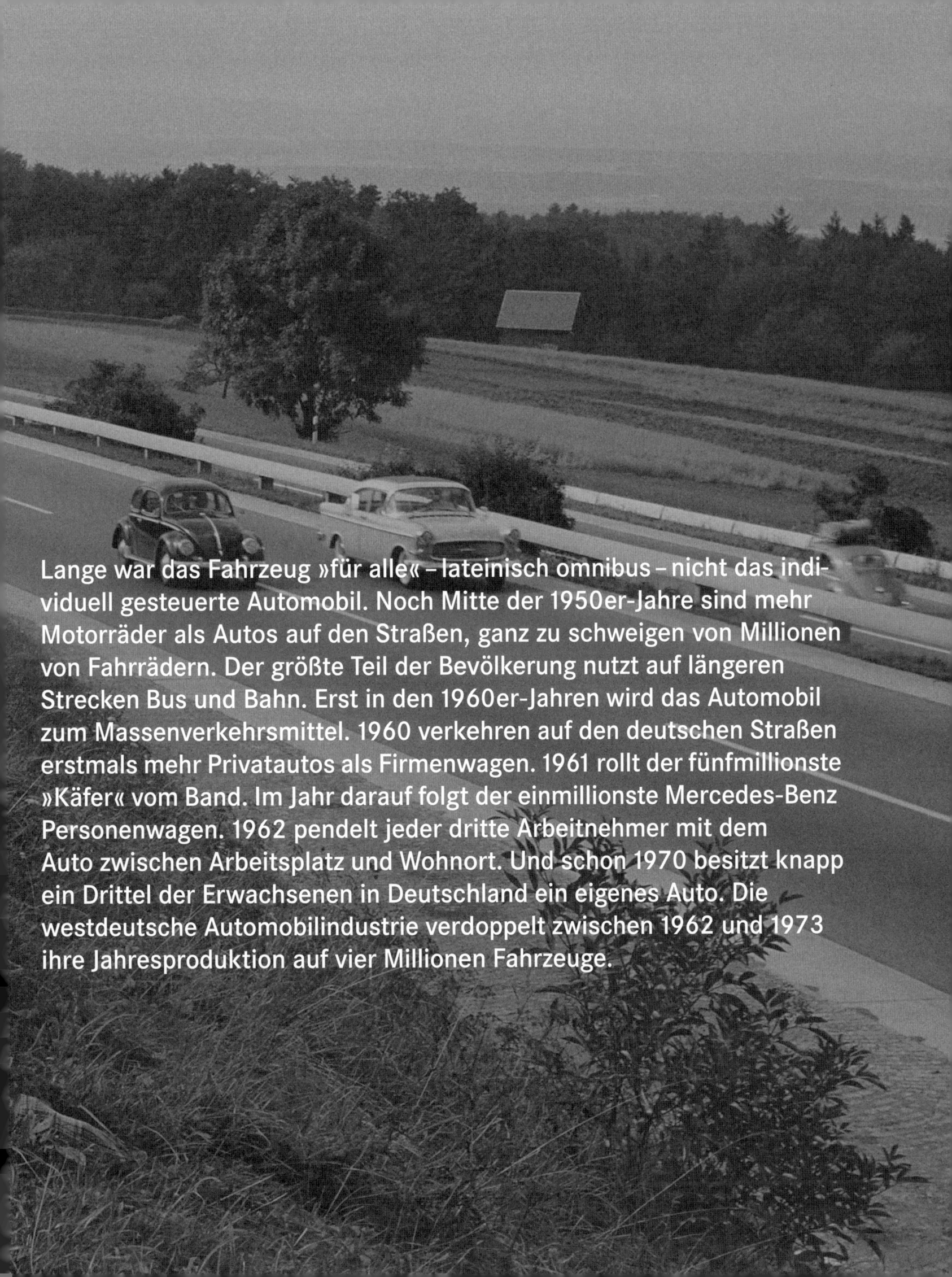

Lange war das Fahrzeug »für alle« – lateinisch omnibus – nicht das individuell gesteuerte Automobil. Noch Mitte der 1950er-Jahre sind mehr Motorräder als Autos auf den Straßen, ganz zu schweigen von Millionen von Fahrrädern. Der größte Teil der Bevölkerung nutzt auf längeren Strecken Bus und Bahn. Erst in den 1960er-Jahren wird das Automobil zum Massenverkehrsmittel. 1960 verkehren auf den deutschen Straßen erstmals mehr Privatautos als Firmenwagen. 1961 rollt der fünfmillionste »Käfer« vom Band. Im Jahr darauf folgt der einmillionste Mercedes-Benz Personenwagen. 1962 pendelt jeder dritte Arbeitnehmer mit dem Auto zwischen Arbeitsplatz und Wohnort. Und schon 1970 besitzt knapp ein Drittel der Erwachsenen in Deutschland ein eigenes Auto. Die westdeutsche Automobilindustrie verdoppelt zwischen 1962 und 1973 ihre Jahresproduktion auf vier Millionen Fahrzeuge.

13/20
Expansion in Deutschland 1968

Lkw-Produktion im Werk Wörth

Mercedes-Benz »Strich-Acht«

Mercedes-Benz L 206 D / L 306 D

Dr. Joachim Zahn

Neue Inlandswerke im Daimler-Benz Konzern

Mit der Verbreitung des Automobils wächst die Daimler-Benz AG. Das Unternehmen erweitert sein Werk Untertürkheim und baut neue Produktionsstätten, z. B. in Wörth. Daimler-Benz übernimmt die Werke von Horex in Bad Homburg, von der Auto Union in Düsseldorf und von Hanomag-Henschel in Hamburg, Bremen und Kassel. Zudem beteiligt man sich 1960 an der Maybach-Motorenbau GmbH in Friedrichshafen. Am Ende des Jahrzehnts beschäftigt der Daimler-Benz Konzern eineinhalbmal so viele Mitarbeiter wie 1960.

Die Pkw-Produktion hat sich verdoppelt, und es werden fast dreimal so viele Nutzfahrzeuge hergestellt wie zehn Jahre zuvor. Dazu zählen auch die Lastwagen und Transporter der 1969 gegründeten Hanomag-Henschel Fahrzeugwerke GmbH, an der Daimler-Benz mit 51 Prozent beteiligt ist.

Zuweilen schießen die Spekulationen über den Expansionsdrang des Unternehmens freilich ins Kraut. So verkündet die Bild-Zeitung 1964 eine vermeintliche »Welt-Sensation«: die gleichberechtigte Partnerschaft von VW und Mercedes-Benz bei der Auto Union (heute Audi).

Tatsächlich aber verkauft Daimler-Benz seine Tochtergesellschaft Ende 1964 an VW. Daimler-Benz hatte die Auto Union GmbH 1958 und 1959 in zwei Schritten übernommen und dadurch das Typenprogramm um Modelle der Mittel- und Unterklasse ergänzt. Unter seinem Vorstandsvorsitzenden Dr. Joachim Zahn konzentriert sich das Unternehmen seit Mitte der 1960er-Jahre auf Personenwagen der Mittel- und Oberklasse, während es Nutzfahrzeuge in allen Klassen anbietet. Dass auch Personenwagen des mittleren und oberen Segments hohe Stückzahlen erreichen, beweisen die Mittelklassefahrzeuge der Anfang 1968 eingeführten »Neuen Generation«. Die legendären »Strich-Acht«-Modelle, deren Zusatz »/8« hinter der Typenbezeichnung auf das Jahr der Markteinführung verweist, werden bis 1976 1,9 Millionen Mal gebaut.

Anfang 1971 erweitern die neuen Typen L 206 D und L 306 D das Mercedes-Benz Nutzfahrzeug-Programm um das Leichttransporter-Segment in der Gewichtsklasse unterhalb von 3,5 Tonnen. Sie basieren auf bewährten Modellen von Hanomag-Henschel und erreichen bis 1977 eine Produktionsstückzahl von rund 185 000.

Mercedes-Benz Leichttransporter L 206 D / L 306 D als Pritschenwagen, Kombiwagen und Kastenwagen

Mercedes-Benz L 206 D Kastenwagen

Die Daimler-Benz Konzernzentrale im Werk Untertürkheim

Finishbänder im Pkw-Werk Sindelfingen. Die neue Mittelklasse-Baureihe, die unter dem Namen »Strich-Acht« bekannt wird, dominiert das Bild. Sie wird zum ersten Million-Seller der Marke Mercedes-Benz.

Band 7

1968
Belegschaft	Produktion Pkw / Nfz	Umsatz
108 121	216 284 / 94 523	6 633,2 Mio. DM

1, 2, 3, 4
09. / 10. JAN: Die »Neue Mercedes-Benz Generation« wird in Hockenheim der Presse vorgestellt. Neben den neuen 2,8-l-Modellen 280 S, 280 SE (W 108), 280 SE Coupé und Cabriolet (W 111) sowie 280 SL (W 113) debütiert eine vollkommen neu entwickelte Mittelklasse-Baureihe, die die Typen 200 D, 220 D, 200, 220 (W 115) sowie 230 und 250 (W 114) umfasst. Der Zusatz »/8«, der in der Typenbezeichnung auf das Erscheinungsjahr 1968 hinweist, dient im internen Gebrauch zur Unterscheidung von den Vorgängermodellen. Im Volksmund wird die Mittelklasse-Baureihe daher »Strich-Acht« genannt.

28. FEB: Die Lkw-Vertriebsorganisation der Fried. Krupp GmbH wird einschließlich der dort tätigen Mitarbeiter von der Daimler-Benz AG übernommen.

5
14. – 24. MÄR: Auf dem Genfer Automobil-Salon präsentiert Daimler-Benz den Typ 300 SEL 6.3 (W 109), dessen 6,3-l-V8-Motor sportwagenmäßige Fahrleistungen garantiert.

6
09. MAI: Der zweimillionste nach Kriegsende produzierte Mercedes-Benz Pkw, ein Typ 220/8, läuft in Sindelfingen vom Band und wird für die Fernsehlotterie »Ein Platz an der Sonne für jung und alt« gestiftet.

7
MAI: In der Mittelklasse-Baureihe W 114 / W 115 wird das Verkaufsprogramm der Fahrgestelle für Krankenwagen- und Kombiwagen-Aufbauten erweitert: eine Ausführung mit verlängertem Radstand ist neben der seit Januar angebotenen regulären Variante lieferbar.

8
19. NOV: In Hockenheim präsentiert Mercedes-Benz der Presse die neuen Coupé-Typen 250 C und 250 CE (W 114), die die Pkw-Modellpalette um eine zweite Coupé-Linie erweitern. Erstmals ist nun auch die Mittelklasse-Baureihe in einer Coupé-Variante erhältlich. Der 250 CE verfügt als erster Mercedes-Benz Pkw über einen Motor mit elektronisch gesteuerter Benzineinspritzung.

9
NOV: Daimler-Benz erwirbt rund 90 % des Aktienkapitals der Ernst Heinkel AG, Stuttgart-Zuffenhausen. Das Unternehmen wird 1970 in »Maschinen- und Werkzeugbau Zuffenhausen« (MAWAG) umbenannt.

24. DEZ: Daimler-Benz gründet gemeinsam mit den Rheinischen Stahlwerken AG die Hanomag-Henschel Fahrzeugwerke GmbH (HHF) in Hannover.

10
DEZ: Im Werk Mannheim beginnt die Produktion der ersten Standard-Linienomnibusse des Typs Mercedes-Benz O 305.

1968
1969

| 1969 | Belegschaft 136 356 | Produktion Pkw / Nfz 256 713 / 170 527 | Umsatz 8 840,4 Mio. DM |

11
01. JAN: Daimler-Benz baut seine Vertriebsorganisation in Frankreich durch Übernahme der Aktienmehrheit der SOFIDEL S.A. aus.

09. JAN: Der 500 000. Nutzfahrzeug-Dieselmotor aus der Nachkriegsfertigung des Werks Mannheim wird fertiggestellt.

12
15. – 26. JAN: Auf dem Automobil-Salon in Brüssel feiern die Coupé-Modelle 250 C und 250 CE (Baureihe 114) ihre Salon-Premiere.

JAN: Mercedes-Benz Argentina liefert den 25 000. in Argentinien gebauten Lkw aus.

FEB: Die spanische CISPALSA (Compania Hispano Alemana de Productos Mercedes-Benz, S.A.), an der die Daimler-Benz AG eine 50,5 %ige Beteiligung besitzt, entsteht durch Zusammenlegung der ENMASA in Barcelona und der Daimler-Benz Generalvertretung IDASA in Madrid.

13
MÄR: Erich Waxenberger siegt im 6-Stunden-Rennen von Macao auf Mercedes-Benz 300 SEL 6.3.

01. APR: Die Hanomag-Henschel Fahrzeugwerke GmbH, an der Daimler-Benz mit 51 % beteiligt ist, pachtet von der Rheinstahl Hanomag AG und der Rheinstahl Henschel AG deren Werke Bremen, Hamburg-Harburg und Kassel-Mittelfeld, in denen rund 10 000 Mitarbeiter beschäftigt sind.

JUL: Daimler-Benz und MAN (Maschinenfabrik Augsburg-Nürnberg AG) fassen ihre Produktbereiche Hochleistungs-Dieselmotoren und Turboflugtriebwerke zusammen und gründen die MTU-Gruppe. Aus der Maybach Mercedes-Benz Motorenbau GmbH wird die MTU Motoren- und Turbinen-Union Friedrichshafen GmbH, aus der MAN-Turbo GmbH die MTU Motoren- und Turbinen-Union München GmbH. Die Anteile der MTU München liegen paritätisch bei Daimler-Benz und bei MAN. An der MTU Friedrichshafen ist die MTU München mit ca. 84 % beteiligt, während sich ca. 16 % der Anteile in Privatbesitz befinden.

06. AUG: Im Werk Sindelfingen läuft der 250 000. Mercedes-Benz Pkw mit Benzineinspritzung vom Band. Das Jubiläumsfahrzeug ist ein 280 SE der Baureihe 108.

01. SEP: In Bremen läuft der erste Hanomag-Henschel Leichttransporter vom Band, nachdem das Werk die Produktion der Kastenwagen und Kombiwagen dieser Baureihe aus Hamburg-Harburg übernommen hat.

14, 15, 16, 17, 18
11. – 21. SEP: Auf der IAA in Frankfurt/M. debütiert das Experimentalfahrzeug C 111 mit einem 280 PS / 206 kW starken Dreischeiben-Wankelmotor und Kunststoffkarosserie. Weitere Neuheiten sind die Pkw-Modelle 300 SEL 3.5 sowie 280 SE 3.5 Coupé und Cabriolet, die mit dem 200 PS / 147 kW starken 3,5-l-V8-Motor M 116 ausgerüstet sind. Premiere hat auch der Elektro-Versuchsomnibus OE 302. Der Elektromotor wird aus einer Batterie gespeist, die von einem Diesel-Generator-Aggregat aufgeladen wird – ein frühes Beispiel für hybride Antriebstechnologie. Zum ersten Mal präsentiert Daimler-Benz ein Automatikgetriebe für Nutzfahrzeuge: die Wandler-Dreigang-Automatik W 3 D 080, die als Sonderausstattung für Stadtomnibusse angeboten wird. Die neuen Fernverkehrs-Lastwagen LP 1632 und LP 2032 führen das hydraulisch kippbare Fahrerhaus in das Lkw-Programm ein. Angetrieben werden sie von dem vollkommen neu entwickelten V 10-Dieselmotor OM 403. Der 320 PS / 235 kW starke Direkteinspritzer ist die erste Ausführung der neuen V-Motorenfamilie OM 400. Das Unimog-Programm wird mit der Straßenzugmaschine U 100 aus der Baureihe 416 um ein neues 100 PS / 74 kW starkes Topmodell ergänzt.

1

SEP: Neben den neuen Mercedes-Benz Pkw-Modellen mit 3,5-l-Motor wird auch eine weitere Karosserievariante der Mittelklasse-Baureihe W 115 / W 114 für den Verkauf freigegeben: die viertürige Langlimousine mit verlängertem Radstand, die als Sieben- bis Achtsitzer konzipiert ist und zunächst in den Modellvarianten 220 D und 230 angeboten wird.

27. NOV: Die Mietanlagen Industrievertriebs-GmbH wird als Tochtergesellschaft der Daimler-Benz AG gegründet und übernimmt das gesamte Leasing-Geschäft für Mercedes-Benz Fahrzeuge.

NOV: Auf Initiative von Entwicklungsvorstand Prof. Hans Scherenberg gründet Daimler-Benz in Untertürkheim den Bereich »Zentrale Forschung«, mit dessen Aufbau Prof. Hans-Joachim Förster betraut wird. Ziel der Abteilung ist es, Wissen über neue Technologien zu sammeln und auf dieser Basis Konzepte für die Zukunft zu entwickeln.

1970	Belegschaft 138 861	Produktion Pkw / Nfz 280 419 / 196 149	Umsatz 10 546,2 Mio. DM

01. JAN: Im Rahmen der organisatorischen Umgestaltung der SOFIDEL-Gruppe wird deren Vertriebsgesellschaft, die Royal Elysée S.A., in Mercedes-Benz France S.A. umbenannt.

2, 3
12. – 22. MÄR: Auf dem Genfer Salon wird der C 111 mit überarbeiteter Karosserie und Vierscheiben-Wankelmotor mit 257 kW / 350 PS und 300 km/h Höchstgeschwindigkeit vorgestellt. Das »rollende Versuchslabor« beschleunigt von 0 auf 100 km/h in 4,8 Sekunden.

10. AUG: Hermann J. Abs tritt als Aufsichtsratsvorsitzender zurück. Sein Nachfolger wird Franz Heinrich Ulrich.

SEP: Daimler-Benz und MAN vereinbaren, bei ihren Nutzfahrzeug-Motoren und -Antriebsachsen zukünftig in begrenztem Umfang gleiche Komponenten zu verwenden. Die gegenseitigen Teilelieferungen sollen 1972/73 einsetzen.

4
SEP: In Untertürkheim wird ein neu erbautes Ausbildungs- und Sportzentrum eröffnet.

5
OKT: In der Iranian Diesel Manufacturing Company (IDEM) in Täbris/Iran, am 31. Mai 1969 unter Beteiligung von Daimler-Benz gegründet, wird die Montage von Nutzfahrzeug-Dieselmotoren aufgenommen.

6
12. DEZ: In Untertürkheim präsentiert Daimler-Benz der Presse das gemeinsam mit Teldix entwickelte Anti-Blockier-System (ABS) der ersten Generation.

DEZ: Daimler-Benz übernimmt von der Rheinstahl AG die restlichen 49 % des Stammkapitals der Hanomag-Henschel Fahrzeugwerke GmbH, Hannover. Das Unternehmen wird damit zur 100 %igen Tochtergesellschaft der Daimler-Benz AG.

7, 8
21. JAN: Im Werk Düsseldorf präsentiert Daimler-Benz die neuen Leichttransporter L 206 D und L 306 D, die auf den Hanomag-Henschel-Modellen F 20 bis F 35 basieren, sich aber in einigen Ausstattungsmerkmalen unterscheiden. Die Mercedes-Benz Nutzfahrzeug-Palette wird dadurch um das Leichttransporter-Segment erweitert.

9
11. – 21. FEB: Auf dem Automobil-Salon RAI in Amsterdam debütieren die Typen 280 SE 3.5 und 280 SEL 3.5, die die Modellpalette der Oberklasse-Baureihe 108 um zwei 147 kW / 200 PS starke Achtzylinder-Limousinen erweitern.

10
14. APR: Der neue Sportwagentyp 350 SL (Baureihe 107) wird in Hockenheim der internationalen Presse vorgestellt. Mit seinen waagerecht angeordneten Scheinwerfern, den großformatigen Blinkleuchten und den großflächigen, gerippten Rückleuchten ist er stilprägend für künftige Mercedes-Benz Pkw. Neue Maßstäbe in der Fahrzeugsicherheit setzt das integrale Sicherheitskonzept mit zahlreichen innovativen Details, darunter auf Wunsch lieferbaren Dreipunkt-Automatikgurten, die erstmals direkt am Sitz verankert sind.

11
24. JUL: Beim 24-Stunden-Rennen im belgischen Spa-Francorchamps erringen Hans Heyer und Clemens Schickentanz auf 300 SEL 6.8 AMG einen Klassensieg und den zweiten Platz im Gesamtklassement. Ihr Renntourenwagen, wegen seiner roten Lackierung und seiner martialischen Erscheinung liebevoll »rote Sau« genannt, ist bei der Firma AMG entstanden, die Hans Werner Aufrecht und Erhard Melcher 1967 gegründet haben.

29. JUL: Dr. Joachim Zahn, seit 1965 Sprecher des Vorstands, wird zum Vorstandsvorsitzenden ernannt.

12
AUG: Als 150 000. Unimog läuft in Gaggenau ein U 52 der Baureihe 421 vom Band und wird am 27. September von Vorstandsmitglied Dr. Hanns Martin Schleyer als Spende für das Jugend- und Kinderdorf Wahlwies übergeben.

1970
1971

1971	Belegschaft	Produktion Pkw / Nfz	Umsatz
	141 083	284 230 / 188 095	11 343,4 Mio. DM

1970 erreicht die Zahl der Verkehrstoten in der Bundesrepublik Deutschland ihren Höhepunkt. Mehr als 19 000 Verkehrsteilnehmer sterben auf deutschen Straßen. 30 Jahre später ist diese Zahl um rund zwei Drittel gesunken – bei doppelt so hohem Verkehrsaufkommen. Allen voran die Fortschritte der Notfallmedizin und die technischen Vorkehrungen der Automobilindustrie sind dafür verantwortlich. 1965 hat das Buch »Unsafe at Any Speed« des amerikanischen Anwalts Ralph Nader eine große Diskussion über Sicherheit im Straßenverkehr ausgelöst, die bald auch Deutschland erreicht. US-Präsident Lyndon B. Johnson verordnet 1968 strengere Sicherheitsstandards für den Straßenverkehr und zwingt damit die Autoindustrie, ihre Fahrzeuge sicherer zu machen.

Safety first

14/20
Sicherheit als Markenversprechen
1970

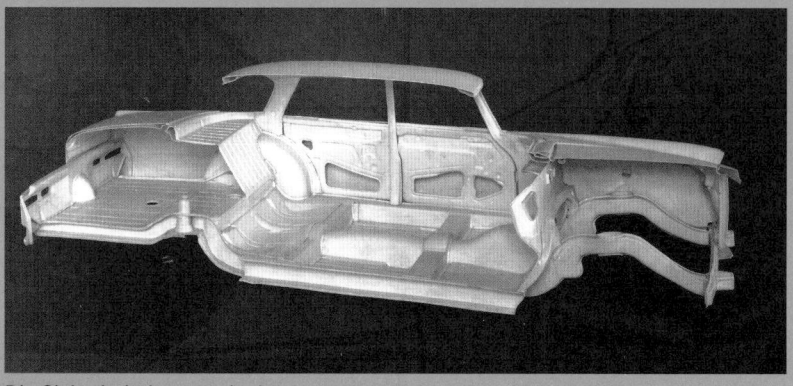

Die Sicherheitskarosserie der Oberklasse-Baureihe W 111 im Schnittmodell

Mercedes-Benz S-Klasse (W 116)

Mercedes-Benz S-Klasse (W 126)

Béla Barényi

Crashtest-Dummy

Standorte der Sicherheits-Entwicklung

Lange bevor in Deutschland eine breite Debatte über die Fahrzeugsicherheit einsetzt, ist dieses Thema Daimler-Benz ein Anliegen. Schon in den späten 1940er- und 1950er-Jahren haben sich Ingenieure des Unternehmens ihre Erfindungen zum Insassenschutz patentieren lassen. 1951 meldet Béla Barényi seine Idee einer gestaltfesten Fahrgastzelle mit Knautschzonen vorne und hinten zum Patent an. Die nach diesem Prinzip konstruierte Sicherheitskarosserie wird 1959 erstmals in einem Serien-Personenwagen realisiert: bei den Mercedes-Benz Oberklasse-Limousinen der Baureihe W 111, den sogenannten »Heckflossen-Modellen«. Ebenfalls 1959 etabliert Daimler-Benz als erster deutscher Fahrzeughersteller dauerhaft Crashtests und nutzt dabei von Beginn an menschenähnliche Versuchspuppen, sogenannte Dummys. Ende der 1960er- Jahre beginnt das Unternehmen, systematisch Straßenunfälle zu untersuchen, und nimmt 1973 ein neues Unfallversuchszentrum in Sindelfingen in Betrieb.

Crashtest im Werk Sindelfingen mit der Heißwasserrakete als Antrieb des Versuchsfahrzeugs

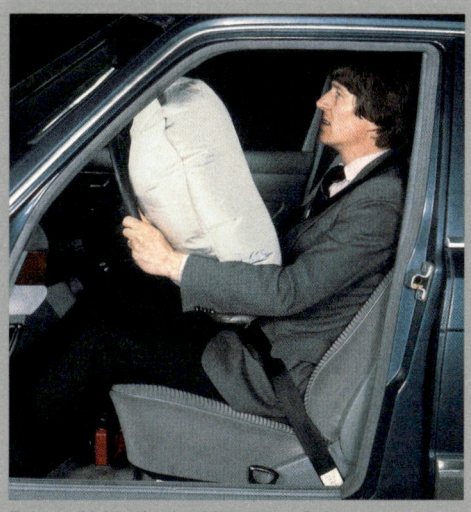

Fahrer-Airbag in der Mercedes-Benz S-Klasse

Zwei große Schritte zu mehr Sicherheit im Straßenverkehr sind die Einführung von Anti-Blockier-System (ABS) und Airbag. Das erste ABS stellt Mercedes-Benz 1970 vor und bringt es Ende 1978 in überarbeiteter und volldigitalisierter Form in der S-Klasse der Baureihe W 116 auf den Markt. Diese richtungweisende Innovation ermöglicht die uneingeschränkte Lenkfähigkeit des Fahrzeugs auch bei einer Vollbremsung und leitet damit eine neue Ära der Fahrzeugsicherheit ein. Mit dem Airbag, der in der Luftfahrt bereits erprobt ist, experimentieren die Mercedes-Benz Ingenieure seit 1969 und führen bis 1971 rund 600 Versuche durch. Bevor sie die Arbeit aufnehmen können, müssen sie sich zu Sprengmeistern ausbilden lassen, schließlich löst eine Sprengladung den Luftsack aus. Der Aufwand lohnt sich: Im Oktober 1971 meldet das Unternehmen den Airbag unter dem Titel »Aufprallschutzvorrichtung für den Insassen eines Kraftfahrzeugs« zum Patent an. Dennoch vergehen noch fast zehn Jahre intensiver Entwicklungsarbeit, bis die lebensrettende Innovation serienreif ist: In der S-Klasse der Baureihe W 126 führt Daimler-Benz 1981 als weltweit erster Hersteller den Airbag im Automobil ein.

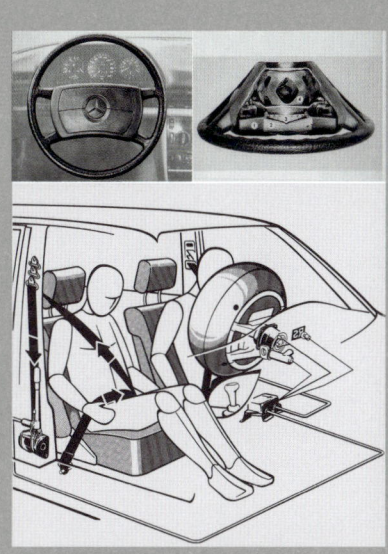

Airbag und Gurtstrammer, 1981 von Daimler-Benz im Serien-Automobil eingeführt

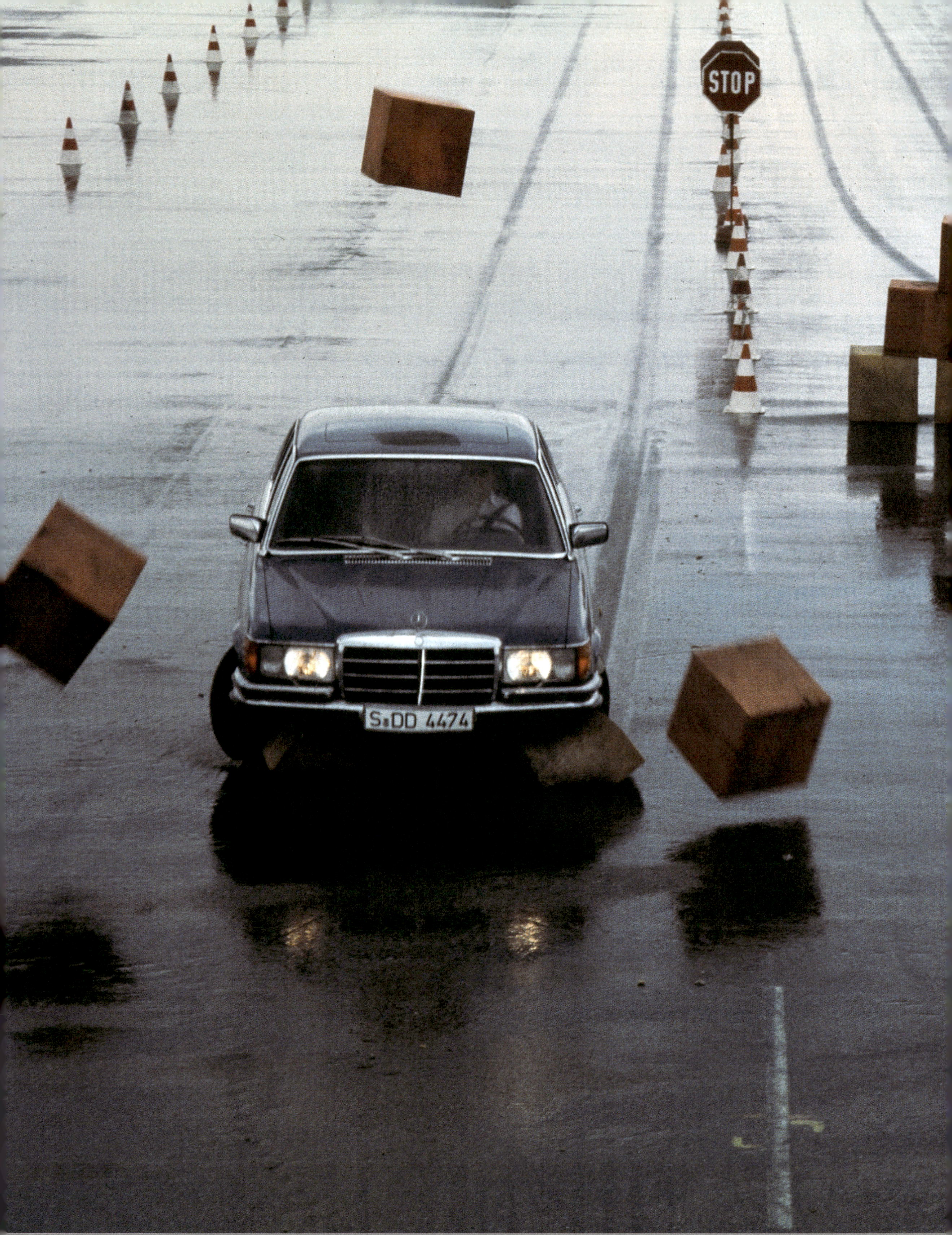
STOP
S DD 4474

Mercedes-Benz S-Klasse bei einer Demonstration des Anti-Blockier-Systems. Das mit ABS ausgerüstete Fahrzeug bleibt trotz Vollbremsung lenkfähig, während das Fahrzeug ohne ABS mit blockierenden Rädern auf das Hindernis trifft.

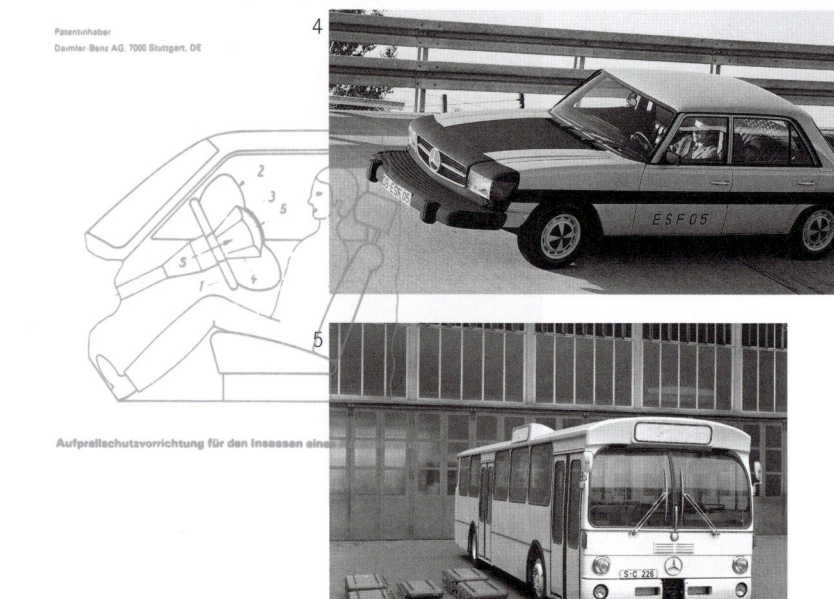

1971

1
07. SEP: Im Werk Sindelfingen wird der einmillionste Diesel-Pkw seit Beginn der Nachkriegsproduktion im Jahre 1949 fertiggestellt.

2
07. – 17. OKT: Auf dem Pariser Automobil-Salon debütiert das neue Coupé-Modell 350 SLC (Baureihe 107), dessen Serienfertigung im Februar 1972 anläuft.

08. OKT: In Indonesien beteiligt sich Daimler-Benz mit 33,3 % an der Montage- und Produktionsgesellschaft P. T. German Motor Manufacturing in Wanaherang und mit 51% an der Vertriebsgesellschaft P. T. Star Motors Indonesia.

21. OKT: Karl Hauff, der Betriebsratsvorsitzende des Werks Untertürkheim, wird zum Vorsitzenden des Gesamtbetriebsrats der Daimler-Benz AG gewählt. Er löst Ernst Schäfer ab, der nach mehr als 50-jähriger Tätigkeit für das Unternehmen in den Ruhestand geht.

3
23. OKT: Die Daimler-Benz AG meldet das Airbag-System zum Patent an (Patentschrift Nr. DE 21 52 902 C2).

4
26. OKT: Auf der 2. Internationalen Konferenz über Experimentier-Sicherheits-Fahrzeuge in Sindelfingen stellt Daimler-Benz das ESF 05 vor.

NOV: Im Werksteil Hedelfingen wird das 500 000. Automatikgetriebe gefertigt.

5
17. DEZ: Mercedes-Benz präsentiert den Erdgas-Versuchsbus OG 305, dessen liegend eingebauter Sechszylindermotor nicht mit Diesel, sondern mit preisgünstigem Erdgas betrieben wird. Dies ermöglicht besonders wirtschaftlichen Betrieb und deutlich geringere Abgasemissionen.

6
DEZ: Die Verwaltung des Werks Untertürkheim bezieht das neu gebaute Verwaltungsgebäude im Werksteil Mettingen. Die Neugliederung des Werksbereichs ist damit abgeschlossen: Motorenwerk in Untertürkheim, Getriebewerk in Hedelfingen, Achsenwerk und Verwaltung in Esslingen-Mettingen, Tauschaggregate in Esslingen-Brühl.

7, 8 JAN: Die allradgetriebenen Kipper LAPK 1632 und LAPK 2032 ergänzen die Mercedes-Benz Lkw-Typenpalette. Die neuen Baufahrzeuge basieren auf Modellen aus dem Hanomag-Henschel Verkaufsprogramm, sind jedoch mit dem Mercedes-Benz V10-Motor OM 403 ausgerüstet.

9 09. – 19. MÄR: Auf dem Automobil-Salon in Genf präsentiert Mercedes-Benz den aktuellen Stand der Sicherheitstechnik anhand des 350 SLC, dessen Serienproduktion im Februar angelaufen ist. Neben der Sicherheitskarosserie mit entschärftem Innenraum und Sicherheitslenkung weist der 350 SLC zahlreiche weitere sicherheitsrelevante Details auf, die von Mercedes-Benz entwickelt wurden: den kollisionsgeschützten Tank, das Vierspeichen-Sicherheitslenkrad, Sicherheitstürgriffe sowie verschmutzungsarme Seitenscheiben und Heckleuchten.

10 MÄR: Ein internationales Symposium für Elektro-Straßenfahrzeuge in Brüssel bildet den Rahmen für die Premiere des Mercedes-Benz LE 306. Das Versuchsfahrzeug ist der erste Elektro-Transporter mit Batteriewechseltechnik.

20. – 28. APR: Auf der Hannover-Messe präsentiert Daimler-Benz sein neues Nutzfahrzeug-Dieselmotorenprogramm. Die V-Motoren-Baureihe OM 400, die im Mai 1970 mit dem V10-Aggregat OM 403 in Produktion gegangen ist, umfasst nun auch V6-, V8- und V12-Motoren, die nach dem Baukastenprinzip entwickelt wurden. Ebenfalls neu ist der für liegenden Einbau konzipierte Sechszylinder-Reihenmotor OM 407 h.

11 25. APR: In Frankfurt/M. und Hockenheim präsentiert Mercedes-Benz der internationalen Presse die neuen Typen 280, 280 E, 280 C und 280 CE, die die Modellpalette der Baureihe 114 nach oben abrunden. Sie verfügen über einen neu entwickelten 2,8-l-Sechszylindermotor der Baureihe M 110, der mit zwei oben liegenden Nockenwellen ausgerüstet ist. Die Vergaserversion (im 280 und 280 C) leistet 118 kW /160 PS, der Einspritzer 136 kW /185 PS.

01. MAI: Das Werk Sindelfingen beginnt als erstes Werk der Daimler-Benz AG mit der stufenweisen Einführung der gleitenden Arbeitszeit.

12, 13 28. MAI – 04. JUN: Auf der Landwirtschaftsschau der DLG in Hannover debütiert der Prototyp des Allrad-Ackerschleppers MB-trac 65/70 (Baureihe 440). Die Produktion der Serienausführung läuft ein Jahr später im Werk Gaggenau an. Das speziell für die Belange der Land- und Forstwirtschaft entwickelte Fahrzeug basiert auf dem Unimog.

1972

1972	Belegschaft	Produktion Pkw / Nfz	Umsatz
	143 793	323 878 / 201 931	12 466,4 Mio. DM

1972

31. MAI: Auf der 3. Internationalen ESV-Konferenz in Washington, D.C. präsentiert Daimler-Benz das Experimentier-Sicherheitsfahrzeug ESF 13, eine Weiterentwicklung des ESF 05.

26. JUN: In Spanien fusioniert die CISPALSA mit der in Vitoria ansässigen VW-Tochtergesellschaft IMOSA zur MEVOSA (Compañía Hispano Alemana de Productos Mercedes-Benz y Volkswagen, S.A.), an der Daimler-Benz und VW mit jeweils 26,8 % beteiligt sind.

AUG: Die Mercedes-Benz of North America, Inc. bezieht nach dreijähriger Planungs- und Bauzeit ihre neue Hauptverwaltung in Montvale, New Jersey/USA knapp 50 km vom Zentrum New Yorks entfernt.

05. – 15. OKT: Auf dem Automobil-Salon in Paris präsentiert Mercedes-Benz der Öffentlichkeit eine neue Generation von Oberklasse-Limousinen, die zum ersten Mal die Bezeichnung »S-Klasse« trägt. Die Modellpalette der Baureihe 116 umfasst zunächst die Typen 280 S, 280 SE und 350 SE.

30. NOV: Der einmillionste Lkw ab 3,5 t zulässigem Gesamtgewicht, den die Daimler-Benz AG seit 1945 produziert hat, verlässt das Montageband im Werk Wörth.

1973

24./25. JAN: Daimler-Benz eröffnet in Stuttgart die Ausstellung »Sicherheit sichtbar gemacht«. Damit präsentiert das Unternehmen den erreichten Stand und aktuelle Entwicklungen der Verkehrssicherheit erstmals einer breiten Öffentlichkeit. Nach dem Start in Stuttgart wird die Ausstellung in 15 weiteren deutschen Städten sowie an 13 europäischen Standorten gezeigt.

27. FEB: Daimler-Benz unterzeichnet ein Abkommen mit dem Staatskomitee für Wissenschaft und Technik der UdSSR über eine technisch-wissenschaftliche Zusammenarbeit. Anschließend findet in Moskau eine Mercedes-Benz-Sonderausstellung statt, die als erste derartige Präsentation eines westlichen Automobilherstellers in der Sowjetunion internationale Beachtung findet (28. Februar bis 9. März).

FEB: In Mannheim beginnt die Serienproduktion des Standard-Überland-Linienbusses O 307, dessen Prototyp im August 1970 auf der Fachmesse »Schiene und Straße« vorgestellt wurde. Die auf dem Standard-Linienbus O 305 basierende Überlandvariante ist mit dem neuen 155 kW / 210 PS starken Sechszylinder-Reihenmotor OM 407 ausgerüstet, der im Heck in Unterflurposition eingebaut ist. Mit dem Serienanlauf des O 307 wird der neue Motor auch in den O 305 eingebaut. Beide Modelle werden auf Wunsch mit einer Motorkapselung angeboten, die die Außengeräusche um die Hälfte reduziert.

1973	Belegschaft	Produktion Pkw / Nfz	Umsatz
	150 014	331 682 / 215 935	13 793,9 Mio. DM

6
13. MÄR: Daimler-Benz stellt in Kyoto/Japan anlässlich der 4. Internationalen ESV-Konferenz das Experimental-Sicherheitsfahrzeug ESF 22 auf Basis der S-Klasse (Baureihe 116) vor.

7
15. – 25. MÄR: Auf dem Genfer Automobil-Salon debütieren die Mercedes-Benz Pkw-Typen 450 SE und 450 SEL (Baureihe 116) sowie 450 SL und 450 SLC (Baureihe 107). Sie sind mit einem 165 kW / 225 PS starken 4,5-I-V8-Motor ausgerüstet und runden die Modellpalette der S-Klasse sowie der SL-Roadster und SLC-Coupés nach oben ab.

MAI: Die österreichische Steyr-Daimler-Puch AG und die Daimler-Benz AG vereinbaren eine Kooperation bei Entwicklung, Produktion und Vertrieb geländegängiger Fahrzeuge.

8
26. JUN: Die Daimler-Benz AG übergibt das erste Versuchsfahrzeug des Elektro-Transporters LE 306 an die »Gesellschaft für Elektrischen Straßenverkehr« (GES), die als Kooperationspartner bei der Erprobung von 30 Elektro-Transportern fungieren soll.

01. JUL: Im Werk Gaggenau läuft die Serienproduktion des im Vorjahr präsentierten Ackerschleppers MB-trac 65/70 an.

9
28. AUG: Der Vorstand der Daimler-Benz AG beschließt, die Produktion der Leichttransporter im Werk Bremen zu konzentrieren und in Hamburg-Harburg stattdessen die Teilefertigung für Pkw und Nutzfahrzeuge anzusiedeln.

AUG: Die am 18. April zusammen mit der italienischen Generalvertretung Autostar S.p.A. in Rom gegründete Mercedes-Benz Italia S.p.A. nimmt den Vertrieb von Nutzfahrzeugen auf.

10, 11, 12
13. – 23. SEP: Auf der IAA in Frankfurt/M. präsentiert Daimler-Benz der Öffentlichkeit die modellgepflegten Limousinen und Coupés der Mittelklasse-Baureihe 114/115. Der neue Typ 230.4 löst den bisherigen 220 ab, und der 240 D ergänzt als dritter Diesel das Verkaufsprogramm. Gleichzeitig debütiert eine »Neue Generation« schwerer Baustellenfahrzeuge mit Frontlenker-Fahrerhaus und einem zulässigen Gesamtgewicht von 16 bis 26 t.

01. OKT: Nach Abschluss einer Betriebsvereinbarung am 22. Juni beginnt die Daimler-Benz Zentrale in Untertürkheim mit der schrittweisen Einführung des Gleitzeitsystems.

12. OKT: Herbert Lucy, Betriebsratsvorsitzender des Werks Mannheim, wird als Nachfolger des altershalber ausscheidenden Karl Hauff Vorsitzender des Gesamtbetriebsrats der Daimler-Benz AG.

23. OKT: Im Rahmen einer Neuordnung der Nutzfahrzeug-Fertigung und einer Einbeziehung der Hanomag-Henschel Werke in den Produktionsverbund des Gesamtunternehmens beschließt der Vorstand der Daimler-Benz AG, im Werk Kassel die Montage von Mercedes-Benz Lkw für den Export aufzunehmen.

13
DEZ: Erstmals bietet die Daimler-Benz AG vergünstigte Belegschaftsaktien für ihre Mitarbeiter an.

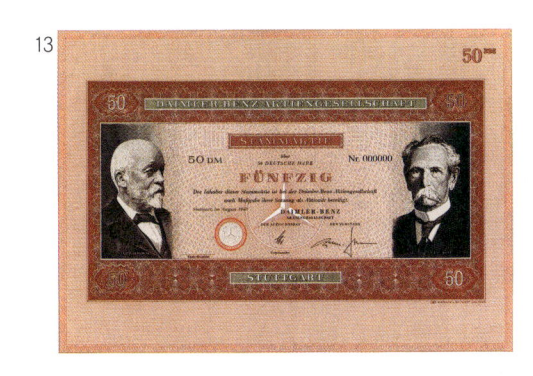

1974

Belegschaft	Produktion Pkw / Nfz	Umsatz
149 175	340 006 / 205 344	15 282,8 Mio. DM

01. JAN: Daimler-Benz gründet die Mercedes-Benz United Kingdom Ltd. in Brentford, um den Vertrieb in Großbritannien in eigener Regie zu übernehmen, und beteiligt sich über seine schweizerische Tochtergesellschaft Daimler-Benz Holding AG an der MERFAG AG in Zürich, die die Vertriebsrechte für Mercedes-Benz Lkw und Busse in der Schweiz besitzt.

11. MÄR: Daimler-Benz Vorstandsmitglied Prof. Hans Scherenberg nimmt am Vorabend des Genfer Automobil-Salons die Auszeichnung »Auto des Jahres 1974« entgegen. Eine internationale Jury aus 45 Fachjournalisten hat die Pkw-Typen 450 SE und 450 SEL sowie 450 SL und 450 SLC im Januar mit dem begehrten Preis ausgezeichnet.

1
13. – 15. MAI: In Wörth debütiert die »Neue Generation« schwerer Mercedes-Benz Lkw mit einem zulässigen Gesamtgewicht von 16 bis 26 t. Die Modellpalette umfasst Pritschenwagen, Sattelzugmaschinen und Fahrgestelle.

2
29. MAI: Im Rahmen einer Pressekonferenz in Frankfurt/M. übergibt Vorstandsmitglied Heinz Schmidt dem Organisationskomitee der Fußballweltmeisterschaft insgesamt 72 Mercedes-Benz Omnibusse. Jede der insgesamt 16 an der Endrunde teilnehmenden Mannschaften erhält für die Dauer der Weltmeisterschaft einen gelb lackierten Luxus-Bus des Typs O 302, der mit der Flagge des jeweiligen Landes dekoriert ist.

3, 4
04. JUN: Mit dem ESF 24 stellt Daimler-Benz die neueste Version des Experimentier-Sicherheitsfahrzeugs auf der 5. Internationalen ESV-Konferenz in London vor. Das ESV-Programm wird damit nach mehr als dreijähriger intensiver Entwicklungsarbeit abgeschlossen.

5, 6, 7
JUL: In Frankfurt/M. und Hockenheim präsentiert Mercedes-Benz der internationalen Presse drei neue Pkw-Typen. Der 240 D 3.0 (Baureihe 115) mit einem 59 kW / 80 PS starken 3-l-Fünfzylindermotor ist nicht nur der leistungsstärkste Diesel-Pkw, sondern auch der erste Fünfzylinder-Serien-Pkw der Welt. Die gleichzeitig präsentierten Typen 280 SL und 280 SLC fungieren als neue Einsteigermodelle in der Sportwagenklasse (Baureihe 107).

8, 9
15. – 22. SEP: Auf der Landwirtschaftsschau der DLG in Frankfurt/M. feiern zwei neue Hochleistungsschlepper Premiere: der Unimog U 120 (Baureihe 425), dessen Serienproduktion im Januar 1976 anläuft, und der Prototyp MB-trac 95/105, der im Juli 1976 als MB-trac 1000 (Baureihe 442) in Serie geht.

10
03. – 13. OKT: Auf dem Automobil-Salon in Paris stellt Mercedes-Benz die neue Omnibus-Modellreihe O 303 der Öffentlichkeit vor.

11
04. – 08. NOV: Im Rahmen des zweiten NATO/CCMS-Symposiums über die Entwicklung schadstoffarmer Antriebssysteme in Düsseldorf gibt die Daimler-Benz AG einen Überblick über ihre Aktivitäten auf dem Umweltschutzsektor. Erstmals präsentiert wird ein Mercedes-Benz 450 SL mit Methanolantrieb.

28. NOV: Die Regierung von Kuwait erwirbt das Aktienpaket der Quandt-Gruppe, etwa 14 % des Grundkapitals der Daimler-Benz AG.

1974
1975

| 1975 | Belegschaft 149 742 | Produktion Pkw / Nfz 350 098 / 229 302 | Umsatz 19 051,0 Mio. DM |

03. JAN: Friedrich Karl Flick informiert Franz Heinrich Ulrich, den Aufsichtsratsvorsitzenden von Daimler-Benz und Vorstandssprecher der Deutschen Bank, über die Absicht, seine Daimler-Benz Beteiligung von 39 % des Aktienkapitals im Wert von ca. 3 Mrd. DM an den Iran zu veräußern.

14. JAN: Die Deutsche Bank erwirbt 29 % aus dem Daimler-Benz Aktienpaket von Friedrich Karl Flick für ca. 2 Mrd. DM; die restlichen 10 % bleiben bei Flick.

12
07. APR: Daimler-Benz präsentiert in Esslingen einen Versuchsbus für kombinierten Batterie-/Oberleitungsbetrieb. Der auf dem OE 302 basierende DUO-Bus beginnt noch am gleichen Tag seine Erprobung im Linienverkehr.

16.–24. APR: Auf der Hannover-Messe debütieren der Unimog U 150 (Baureihe 425) als neue Straßenzugmaschine und der MB-trac 65/70 in der Ausführung als Industriezugmaschine. Mit 110 kW / 150 PS ist der U 150 das bislang leistungsstärkste Unimog-Modell.

22. APR: Der Vorstand der Daimler-Benz AG beschließt, in Campinas, etwa 100 km vom Stammwerk der Mercedes-Benz do Brasil in São Bernardo do Campo entfernt, ein 1,7 Mio. m² großes Gelände zu erwerben. Dort entsteht bis 1978 ein neues Montagewerk für Omnibusse und ein zentrales Ersatzteillager.

13, 14
15. MAI: Das neue Spitzenmodell der S-Klasse, der Mercedes-Benz 450 SEL 6.9 (Baureihe 116) mit einem 210 kW / 286 PS starken V8-Motor und hydropneumatischer Federung, wird der Öffentlichkeit vorgestellt.

28. JUL: Im Werk Wörth läuft der 500 000. Lkw seit Produktionsbeginn im Juli 1965 vom Band.

1975

1, 2, 3
11. – 21. SEP: Auf der IAA in Frankfurt/M. wird die Nutzfahrzeug-Palette der »Neuen Generation« durch neue Mittelklasse-Lastwagen von 10, 12 und 14 t Gesamtgewicht ergänzt und abgerundet. Die im Herbst 1973 begonnene Erneuerung des Lkw-Verkaufsprogramms über 10 t ist damit abgeschlossen. Die in Frankfurt präsentierte Sattelzugmaschine 2032 S (6x2/4) mit zwei gelenkten Vorderachsen und Antrieb der Planetenrad-Hinterachse knüpft an die Tradition des berühmten LPS 333 aus den 1950er-Jahren an. Außerdem demonstriert Daimler-Benz der Fachpresse anlässlich der IAA das erste Versuchsfahrzeug mit Wasserstoffantrieb und Hydrid-Speicher. Es basiert auf einem Kleinbus des Typs L 307.

SEP: Im Untertürkheimer Werksteil Hedelfingen wird das einmillionste Automatikgetriebe für Pkw fertiggestellt.

SEP: Für die S-Klasse (Baureihe 116) sowie die SL- und SLC-Modelle (Baureihe 107) ist in Verbindung mit Automatikgetriebe erstmals ein Tempomat als Sonderausstattung erhältlich.

09. OKT: Der einmillionste im Werk Mannheim produzierte Nutzfahrzeug-Dieselmotor verlässt das Montageband. Der V6-Motor des Typs OM 401 hat eine Leistung von 141 kW/192 PS und gehört der im Mai 1970 eingeführten Motorenfamilie OM 400 an. Der Jubiläumsmotor wird der Stadt Mannheim für ein Mercedes-Benz Feuerwehrfahrzeug gestiftet.

1976   Belegschaft 155 003   Produktion Pkw/Nfz 370 348 / 247 756   Umsatz 21 303,0 Mio. DM

07. JAN: Der erste serienmäßig produzierte Unimog U 120 (Baureihe 425) läuft im Werk Gaggenau vom Band und begründet innerhalb der Unimog-Modellpalette eine neue Baureihe der schweren Klasse. Einen Monat später geht auch der U 150 in Serienproduktion.

4, 5
27. JAN: Die Pkw-Mittelklasse-Baureihe 123 mit den Typen 200 D, 220 D, 240 D, 300 D, 200, 230, 250, 280 und 280 E wird im südfranzösischen Bandol vorgestellt. Sie löst die »Strich-Acht«-Modelle der Baureihen 114/115 ab, die jedoch noch bis Jahresende parallel zu den neuen Typen produziert werden.

03. FEB: Um die aus dem Flick-Paket übernommenen Aktien platzieren zu können, gründet die Deutsche Bank die Mercedes-Automobil-Holding AG (MAH).

03. FEB: Der fünfmillionste seit 1946 produzierte Pkw-Motor wird im Werk Untertürkheim fertiggestellt.

6
12. – 15. JUN: Bei einer 64 Stunden dauernden Rekordfahrt auf der Versuchsbahn in Nardò/Italien erzielt der C 111-II D drei Weltrekorde und 16 Klassenrekorde mit Durchschnittsgeschwindigkeiten von mehr als 250 km/h. Sein 140 kW/190 PS starker Fünfzylinder-Dieselmotor OM 617 A mit Abgasturbolader basiert auf dem Großserien-Aggregat der Pkw-Typen 240 D 3.0 und 300 D.

248

16. JUL: Franz Heinrich Ulrich tritt als Vorsitzender des Aufsichtsrats zurück. Dr. Wilfried Guth, Vorstandsmitglied der Deutschen Bank AG, wird zum Nachfolger gewählt.

JUL: Im Werk Gaggenau beginnt die Serienproduktion des MB-trac 1000 (Baureihe 442), der kurz nach Produktionsstart einen leistungsgesteigerten Motor erhält und in MB-trac 1100 umbenannt wird. Als zweite Variante der schweren Baureihen folgt im Oktober der MB-trac 1300 (Baureihe 443), der im April auf der Hannover-Messe debütiert hat.

JUL: Fahrgestelle für Krankenwagen-, Bestattungswagen- und Spezial-Aufbauten ergänzen das Modellprogramm der Mittelklasse-Baureihe 123. Neben der Version mit regulärem Radstand (F 123) wird auch wieder eine verlängerte Variante (VF 123) angeboten.

14. OKT: Nach dem Ausscheiden von VW aus der spanischen MEVOSA erhöht die Daimler-Benz AG ihren Geschäftsanteil auf 42,7 %.

18. OKT: Der Vorstand der Daimler-Benz AG beschließt, das neu entwickelte T-Modell der Mittelklasse-Baureihe 123 im Werk Bremen zu bauen. Damit wird eine schrittweise Umstrukturierung in ein reines Pkw-Produktionswerk eingeleitet.

19. OKT: Anlässlich des Jubiläums »25 Jahre Unimog in Gaggenau« präsentiert Daimler-Benz in Baden-Baden den Unimog U 1000 als erstes Modell der Baureihe 424, die das Programm der Schweren Klasse ergänzt. Die Serienproduktion beginnt im Februar 1977. Gleichzeitig erhalten die Unimog- und MB-trac-Modelle neue Bezeichnungen nach dem Vorbild des MB-trac 800 bis MB-trac 1300. Anstelle der Motorleistung in PS enthalten die Typenbezeichnungen nun den aufgerundeten zehnfachen Wert. Aus dem U 150 wird dadurch der U 1500.

Ölkrise

Am 16. Oktober 1973 beschränken die arabischen Staaten die Rohöllieferungen an den Westen. Der Grund: Die USA haben Israel im Jom-Kippur-Krieg gegen Ägypten und Syrien unterstützt. Was folgt, ist die erste Ölkrise mit Versorgungsengpässen und fünf »autofreien Sonntagen«. Infolge der Ölkrise treten in den USA, wie auch in Deutschland, Energiesparprogramme in Kraft, die die Verringerung von Abgasmengen und Benzinverbrauch regeln. Besonders heikel für die Automobilindustrie sind die von der US-Regierung festgelegten Grenzwerte für den sogenannten Flottenverbrauch. Sie regulieren, wie viel Kraftstoff alle für den US-Markt produzierten Fahrzeuge eines Herstellers im Durchschnitt verbrauchen dürfen.

15/20
Turbodiesel und »Baby-Benz«
1977

Mercedes-Benz Turbodieselmotor auf dem Prüfstand

Ein Schaf im Wolfspelz? Der Rekordwagen Mercedes-Benz C 111-III beweist die Leistungsfähigkeit des Turbodiesels.

Mercedes-Benz 300 SD Turbodiesel

Mercedes-Benz C 111-III Diesel-Rekordwagen

Mercedes-Benz Kompaktklasse

Werner Breitschwerdt

Jimmy Carter

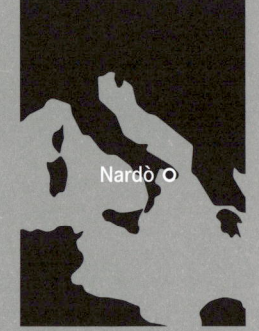

Hochgeschwindigkeits-teststecke

Die Flottenverbrauchsvorschriften, die unter US-Präsident Jimmy Carter mit dem Modelljahr 1978 in Kraft treten, betreffen Daimler-Benz existenziell. Auf dem wichtigen amerikanischen Markt haben die Fahrzeuge der S-Klasse, die relativ viel Kraftstoff verbrauchen, einen hohen Anteil. Um die geforderten Grenzwerte einhalten zu können, setzen die Automobilhersteller auf neue Einspritzsysteme, Leichtbau und verbesserte Aerodynamik. Daimler-Benz entschließt sich zudem, eine Diesel-Ausführung der S-Klasse zu entwickeln, die im Verbrauch sparsamer ist.

Der 1977 vorgestellte 300 SD ist der erste serienmäßig produzierte Diesel-Personenwagen mit Turboaufladung. Die Zwangsbeatmung verhilft dem Diesel zu einer respektablen Mehrleistung, ohne dass sich der Verbrauch erhöht. Die Kombination von Dieselmotor und Luxuslimousine ist 1977 eine verwegene Idee, deren Richtigkeit im April 1978 eine noch verwegenere Rekordfahrt beweist: Der Rekordwagen C 111-III fährt mit dem nochmals leistungsgesteigerten Motor des 300 SD auf der Hochgeschwindigkeitsteststrecke in Nardò zwölf Stunden mit

Tempo 320 – bei einem Verbrauch von 16 Litern pro 100 Kilometer. Er stellt damit die Leistungsfähigkeit und Zuverlässigkeit des Turbodiesels unter Beweis. Zeitgleich entscheidet das Unternehmen, eine dritte, kleinere Pkw-Baureihe zu entwickeln. Die 190er-Modelle der Kompaktklasse – firmenintern als Baureihe W 201 bezeichnet – werden von 1982 an als »Baby-Benz« weltweit populär. Der W 201 ist leichter, kompakter und deshalb auch sparsamer als andere Modelle, entspricht in Fahrverhalten, Raumkomfort und Sicherheit aber den hohen Mercedes-Benz Standards. Höchste Sicherheitsanforderungen erfüllt das kompakte Fahrzeug durch die Gabelträger-Struktur des Vorderwagens, die die Kollisionsenergie auch bei einem asymmetrischen Frontalaufprall optimal verteilt.

Für den Fahrkomfort und die aktive Sicherheit spielt die Raumlenker-Hinterachse des »Baby-Benz« eine zentrale Rolle, insbesondere wegen des relativ kurzen Achsabstands. Die innovative Konstruktion ist das Ergebnis eines langwierigen und aufwendigen Entwicklungsprozesses. Dabei haben die Mercedes-Benz Ingenieure und Techniker unter Entwicklungsvorstand Werner Breitschwerdt nicht weniger als 77 verschiedene Achsen konstruiert und 40 dieser Konstruktionen gebaut, um sie in Versuchsfahrzeugen ausgiebig zu testen. Mit Erfolg: Auch fast 30 Jahre nach ihrer Einführung gilt die Raumlenker-Hinterachse als Nonplusultra der Achskonstruktionen.

Nach dem Offset-Crash: Die hohen Sicherheitsstandards der Oberklasse gewährleistet auch die Mercedes-Benz Kompaktklasse.

Die Mercedes-Benz Kompaktklasse im Windkanal

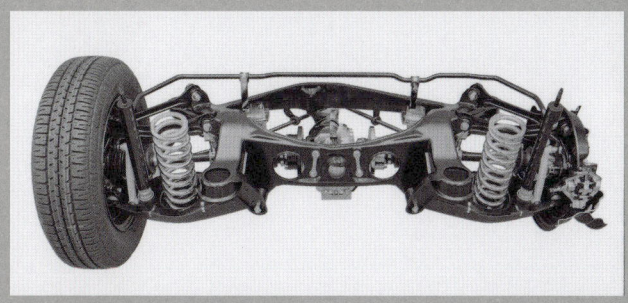

Die patentierte Raumlenkerachse der Mercedes-Benz Kompaktklasse

Mit diesem Fahrdynamik-Versuchsfahrzeug werden 40 verschiedene Achskonstruktionen umfassend erprobt. »Testsieger« wird die Raumlenkerachse, die auch nach fast 30 Jahren noch als optimale Hinterachskonstruktion gilt.

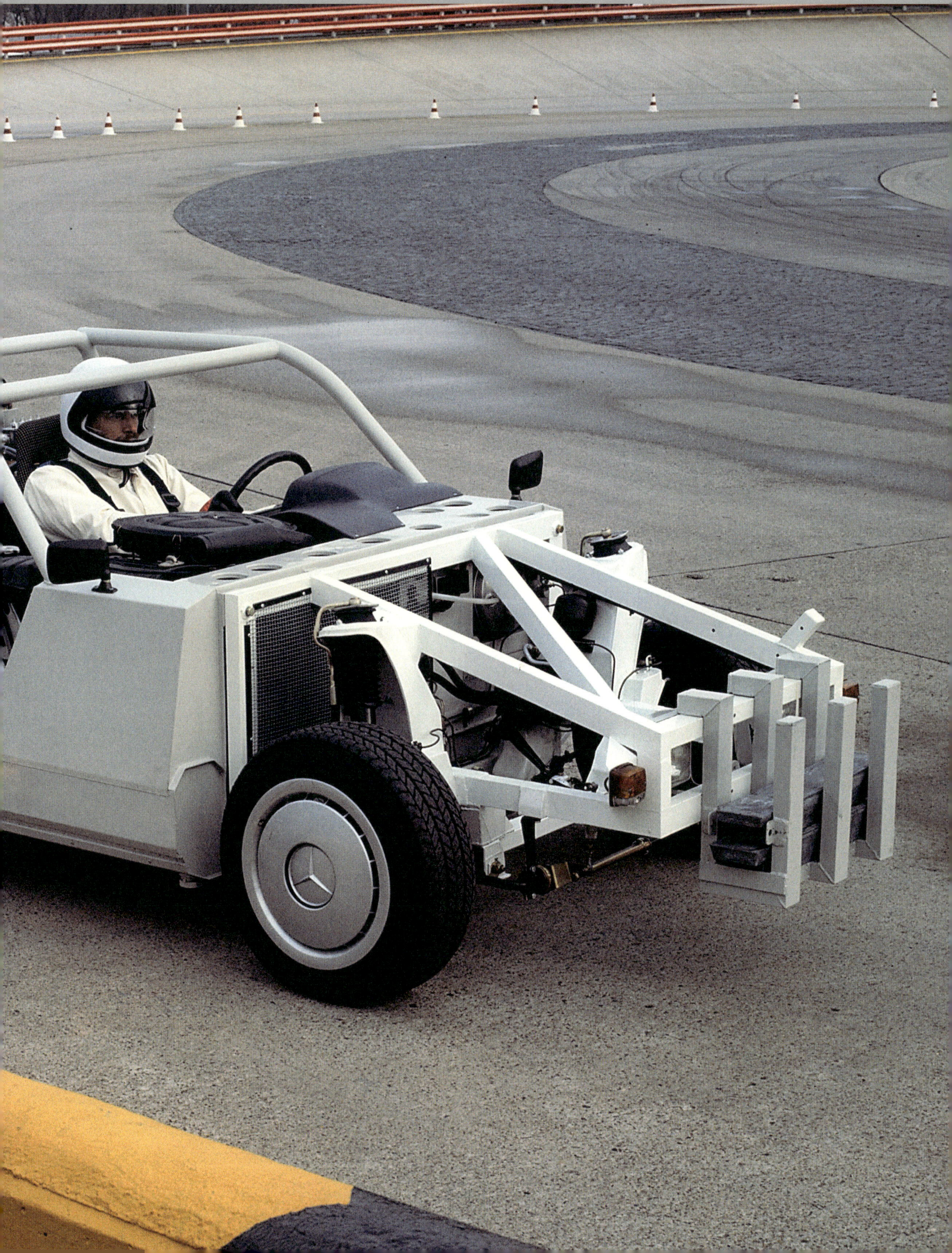

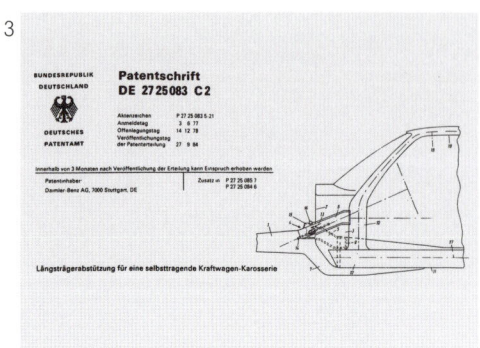

| 1977 | Belegschaft 163 302 | Produktion Pkw / Nfz 401 255 / 248 100 | Umsatz 22 469,2 Mio. DM |

11. MÄR: Im Werk Graz-Thondorf der Steyr-Daimler-Puch AG legt der österreichische Bundeskanzler Bruno Kreisky den Grundstein für eine Erweiterung der Produktionsanlagen. Die im Februar mit der Daimler-Benz AG gegründete Geländefahrzeug Gesellschaft mbH (GfG), an der beide Partner mit 50 % beteiligt sind, nimmt Ende 1978 die Produktion des gemeinsam entwickelten Geländewagens auf.

17. – 27. MÄR: Mit den Typen 230 C, 280 C und 280 CE präsentiert Daimler-Benz auf dem Genfer Automobil-Salon die Coupé-Variante der Baureihe 123.

02. APR: Die Daimler-Benz AG eröffnet in Frankfurt/M. ein Omnibus-Gebrauchtwagen-Centrum (OGC).

25. – 29. APR: In Braunlage/Harz wird die neue Transporter-Reihe TN mit den Typen 207 D, 208, 307 D und 308 (Baureihe 601) der Presse vorgestellt. Die Produktion ist bereits im Januar im Werk Bremen angelaufen.

02. JUN: Im Werk Kassel, das zur zentralen Produktionsstätte für Lkw-Achsen innerhalb des Daimler-Benz Nutzfahrzeugbereichs aufgebaut wird, entsteht die einmillionste Nutzfahrzeugachse, die in einer Feierstunde Journalisten und Ehrengästen aus Politik und Wirtschaft präsentiert wird.

03. JUN: Daimler-Benz meldet die »Längsträgerabstützung für eine selbsttragende Kraftwagenkarosserie« zum Patent an. Dieses Gabelträger-Prinzip ist das zentrale Merkmal einer auf asymmetrischen Frontalaufprall ausgelegten Fahrzeugstruktur und wird 1979 bei der S-Klasse erstmals in der Serienproduktion verwirklicht.

30. JUL: Daimler-Benz Lehrlinge aus den Werken Untertürkheim und Sindelfingen belegen beim »hobby/Shell Kilometer-Marathon« mit selbst konstruierten und gebauten Rekordfahrzeugen die ersten beiden Plätze. Der Sieger Jürgen Rapp aus Untertürkheim benötigt für die Strecke von 6,78 km nur 10,1 cm³ Treibstoff, das entspricht 674 km pro Liter.

01. AUG: Daimler-Benz übernimmt von der amerikanischen White Motor Corporation den Schwerstfahrzeug-Hersteller Euclid, Inc. in Cleveland, Ohio/USA.

12. AUG – 28. SEP: Beim Rallye-Marathon London – Sydney erzielen Andrew Cowan / Colin Malkin / Mike Broad und Anthony Fowkes / Peter O'Gorman einen Doppelsieg auf Mercedes-Benz 280 E. Die »härteste Rallye der Welt« führt sechseinhalb Wochen über eine Strecke von 30 000 km quer durch Europa, Südasien und Australien.

6, 7, 8, 9, 10, 11, 12

15. – 25. SEP: Auf der IAA in Frankfurt/M. stellt Mercedes-Benz der Öffentlichkeit die T-Modelle der Baureihe 123 mit den Typen 240 TD, 300 TD, 230 T, 250 T und 280 TE vor. Weitere Pkw-Neuheiten sind der 450 SLC 5.0 mit 5-l-V8-Leichtmetallmotor und der 300 SD als erste Dieselvariante der S-Klasse. Der für den US-Markt bestimmte 300 SD, der im April 1978 auf den Markt kommt, verfügt als weltweit erster Serien-Pkw über einen Dieselmotor mit Abgasturbolader. Die effizienzsteigernde Technologie ermöglicht einen Leistungszuwachs von rund 40 % ohne nennenswerten Mehrverbrauch. Weltpremiere hat außerdem der Schubgelenkbus O 305 G, der auf dem Standard-Linienbus O 305 basiert. In überarbeiteter Form präsentieren sich die leichten und mittleren Lastwagen mit einem zulässigen Gesamtgewicht von 6 bis 10 t. Darüber hinaus demonstriert Daimler-Benz zwei mit Hydrid-Speichern ausgerüstete Versuchsfahrzeuge: einen Pkw 280 E für Benzin-Wasserstoff-Mischbetrieb und einen City-Bus mit Reinwasserstoffantrieb. Von den aktuellen Schwerpunkten seiner Forschungsarbeit präsentiert das Unternehmen u. a. die Abgasreinigung bei Ottomotoren mit Drei-Wege-Katalysator und Sauerstoffsonden-Regelung.

13

15. SEP: Zeitgleich mit dem 450 SLC 5.0 und den neuen T-Modellen beginnt für eine weitere Variante der Baureihe 123 der Verkauf: für die viertürigen Langlimousinen mit verlängertem Radstand und 7 bis 8 Sitzen, die zunächst als 240 D, 300 D und 250 erhältlich sind.

14

OKT: Im Werk Sindelfingen läuft der fünfmillionste Pkw seit Wiederaufnahme der Produktion im Jahr 1946 vom Band. Die erste Million wurde in 16 Jahren gefertigt, die zweite in 6 Jahren, die dritte in 4 Jahren, die vierte in 3 Jahren und die fünfte in 2 Jahren.

OKT: Die National Automotive Industry Company Ltd. (NAI) in Dschidda/Saudi-Arabien nimmt die Montage von Mercedes-Benz Nutzfahrzeugen auf. An dem am 3. März 1975 gegründeten Unternehmen, das gemeinsam mit dem langjährigen Vertriebspartner E. A. Juffali & Bros. betrieben wird, ist Daimler-Benz mit 50 % beteiligt.

14. DEZ: Im Werk Gaggenau wird das einmillionste Nutzfahrzeug-Schaltgetriebe seit Beginn der Nachkriegsproduktion fertiggestellt.

15

31. DEZ: Prof. Hans Scherenberg geht nach 35-jähriger Tätigkeit für Daimler-Benz, davon zwölf Jahre als Vorstandsmitglied, in den Ruhestand. Seine Nachfolge als Entwicklungschef tritt Werner Breitschwerdt an.

31. DEZ: Nach der stufenweisen Eingliederung in den Produktionsverbund wird die Hanomag-Henschel Fahrzeugwerke GmbH mit ihren Werken in Bremen, Hamburg-Harburg und Kassel auch aktienrechtlich auf die Daimler-Benz AG umgewandelt.

1977

1978	Belegschaft	Produktion Pkw / Nfz	Umsatz
	167 165	393 203 / 239 702	24 235,9 Mio. DM

1
01. APR: Im Werk Bremen beginnt die Serienproduktion des T-Modells der Baureihe 123. Damit wird das traditionsreiche Werk, in dem bis 1961 Pkw der Marke Borgward hergestellt wurden, zum zweiten Pkw-Werk der Daimler-Benz AG.

2
29./30. APR: In Nardò/Italien erzielt der Mercedes-Benz C 111-III bei einer zwölfstündigen Rekordfahrt neun Geschwindigkeits-Weltrekorde und elf internationale Klassenrekorde mit Durchschnittsgeschwindigkeiten von rund 320 km/h. Das Rekordfahrzeug besitzt einen 169 kW / 230 PS starken Fünfzylinder-Dieselmotor mit Abgas-Turboaufladung und Ladeluftkühlung.

3
17. AUG – 24. SEP: Die ersten fünf Plätze der Südamerika-Rallye Vuelta à la America del Sud über eine Streckenlänge von 30 000 km werden nach 38 Tagen strapaziöser Fahrt von Mercedes-Benz Teams belegt: 1. Andrew Cowan / Colin Malkin auf 450 SLC; 2. Sobiesław Zasada / Andrzej Zembrzuski auf 450 SLC; 3. Anthony Fowkes / Klaus Kaiser auf 280 E; 4. Timo Mäkinen / Jean Todt auf 450 SLC; 5. Herbert-Ernst Kleint / Günther Klapproth auf 280 E.

4
22. – 25. AUG: Das gemeinsam mit Bosch entwickelte Anti-Blockier-System (ABS) der zweiten Generation wird in Untertürkheim der Presse vorgestellt. Ab Dezember ist es als Weltneuheit zunächst für die Limousinen der S-Klasse (Baureihe 116) verfügbar.

5
AUG: Die ersten Serienfahrzeuge des Unimog U 1300 L (Baureihe 435) laufen in Gaggenau vom Band. Nach einer zweijährigen Erprobungsphase hat die Bundeswehr im Dezember 1977 einen Großauftrag zur Lieferung des geländegängigen 2-t-Lastwagens erteilt. Bei der Übergabe der ersten Fahrzeuge wird auch der 124 kW / 168 PS starke U 1700 L vorgeführt, der das Programm der schweren Baureihe 435 ab 1979 um ein neues Topmodell erweitert.

SEP: Im Werk Sindelfingen läuft der zweimillionste Mercedes-Benz Diesel-Pkw der Nachkriegsproduktion vom Band.

02. OKT: Freunde der klassischen Musik aus allen Bereichen des Unternehmens treffen sich zur ersten Probe des neu gegründeten Daimler-Benz Orchesters Stuttgart.

6
22. – 25. OKT: Auf der transport 78, der internationalen Fachmesse für Verkehrstechnik, präsentiert Daimler-Benz den Elektro-Hybridbus OE 305 und den Spur-Bus für das O-Bahn-System als alternative Lösungen für den öffentlichen Personennahverkehr.

7, 8
05. – 10. FEB: In Toulon/Frankreich werden die gemeinsam mit Steyr-Daimler-Puch entwickelten Geländewagen der Baureihe 460 der Presse vorgestellt. Die in Graz/Österreich produzierte Typenreihe umfasst vier Modelle, die mit zwei Radständen und fünf unterschiedlichen Aufbauvarianten zur Wahl stehen. Die Modellpalette reicht vom 240 GD über den 300 GD und 230 G bis zum 280 GE, mit einem Leistungsspektrum von 53 kW / 72 PS bis 110 kW / 150 PS.

06. FEB: Im Werk Gaggenau, das die Fertigung aus dem Untertürkheimer Werkteil Hedelfingen übernommen hat, wird der erste Drehmomentwandler für Pkw-Automatikgetriebe fertiggestellt.

21. MÄR: Der Aufsichtsrat der Daimler-Benz AG bestätigt die Pläne des Vorstands, die Transporter-Fertigung von Bremen nach Düsseldorf zu verlegen und die Kompaktklasse-Baureihe 201 auch in Bremen zu produzieren.

APR: Der 10 000. MB-trac wird im Werk Gaggenau fertiggestellt.

9
05. MAI: Versuchsingenieur Dr. Hans Liebold erzielt mit einem C 111-IV auf dem Rundkurs im italienischen Nardò einen neuen Geschwindigkeitsbestwert von 403,978 km/h. Außerdem verbessert er die Werte für Distanzen von 10 und 100 km sowie 10 und 100 Meilen. Angetrieben wird der Rekordwagen von einem 368 kW / 500 PS starken 4,8-l-V8-Motor, der auf dem 4,5-l-Serienaggregat basiert und zusätzlich mit zwei Abgasturboladern ausgerüstet ist.

10
08. MAI: Im Rahmen eines fünfjährigen Modellversuchs nehmen die ersten vier von insgesamt 13 Elektro-Hybridbussen des Typs OE 305 mit kombiniertem Diesel-/Batteriebetrieb den regulären Linienverkehr in Stuttgart auf. Sieben weitere Fahrzeuge folgen im September in Wesel.

11
01. JUN: In Esslingen beginnen fünf Mercedes-Benz DUO-Omnibusse auf Basis des O 305 die Erprobung im Linieneinsatz. Zwei dieser Versuchsbusse sind für kombinierten Batterie-/Oberleitungsbetrieb konzipiert, die drei anderen – darunter ein Schubgelenkbus auf Basis des O 305 G – für Diesel-/Oberleitungsbetrieb.

12, 13
08. JUN – 01. JUL: Auf der Internationalen Verkehrsausstellung in Hamburg demonstriert Daimler-Benz erstmals das O-Bahn-Konzept im praktischen Einsatz. Bei diesem flexiblen System, das die Vorteile von Bahn und Omnibus kombiniert, verkehren automatisch spurgeführte Busse auf einer eigenen Spurführungs-Trasse. Mit dem S 80 präsentiert sich der Prototyp eines Stadtlinienbusses der 1980er-Jahre, der die Fahrgäste noch komfortabler befördern soll. Die mit dem S 80 gewonnenen Erkenntnisse fließen in die Entwicklung des O 405 ein, der im Herbst 1983 als Standardlinienbus der zweiten Generation vorgestellt wird.

14
08. JUL: Beim »Kilometer-Marathon« auf dem Hockenheimring belegen drei Lehrlingsteams aus Untertürkheim und Sindelfingen mit selbst gebauten »Sparmobilen« die ersten drei Plätze. Der Untertürkheimer Fahrer Frank Maier verbessert dabei den 1977 erzielten Weltrekord auf 970 km pro Liter Treibstoff.

JUL: In Sindelfingen wird der einmillionste Pkw der Mittelklasse-Baureihe 123 fertiggestellt.

1978
1979

1979 | Belegschaft 174 431 | Produktion Pkw / Nfz 424 667 / 256 467 | Umsatz 27 367,4 Mio. DM

1, 2, 3, 4
13. – 23. SEP: Die neuen S-Klasse Modelle 280 S, 280 SE, 280 SEL, 380 SE, 380 SEL, 500 SE und 500 SEL (Baureihe 126) werden in Frankfurt/M. auf der IAA vorgestellt. Außerdem debütiert der 300 TD Turbodiesel (Baureihe 123), der erste auf dem deutschen Markt angebotene Diesel-Pkw mit Abgasturbolader. Auf dem Nutzfahrzeugsektor präsentiert Daimler-Benz ein modellgepflegtes Schwerlastwagen-Programm. Die wichtigsten Neuerungen sind der großvolumige V8-Motor OM 422, der in vier verschiedenen Varianten mit bis zu 276 kW / 375 PS angeboten wird, sowie ein besonders komfortables Großraumfahrerhaus. Die Serienproduktion der »Neuen Generation 80« läuft im Herbst 1980 an. Eine weitere Neuheit ist die überarbeitete Generation der Omnibus-Baureihe O 303, die sich mit ungeteilter Windschutzscheibe und den neuen Luxus-Reisebussen O 303 RHS und O 303 RHD präsentiert.

5
06. / 07. OKT: Beim Internationalen Sparpreis im schweizerischen Veltheim stellt der Untertürkheimer Lehrling Frank Maier mit umgerechnet 1 284,13 km pro Liter Diesel einen neuen Weltrekord auf.

6
28. NOV: In Berlin präsentiert die Daimler-Benz AG ihre Aktivitäten auf dem Gebiet der Alkoholkraftstoffe. An einem Großversuch im Rahmen des vom Bundesministerium für Forschung und Technologie geförderten Projekts »Alternative Antriebe« nimmt auch eine Flotte von 80 Mercedes-Benz Versuchsfahrzeugen teil. Noch im Herbst beginnen Transporter des Typs 208, die mit M 15 (85 % Super, 15 % Methanol) betrieben werden, mit der Erprobung. Versuchs-Pkw, die für den Betrieb mit Reinmethanol oder Reinethanol ausgerüstet sind, kommen im Folgejahr zum Einsatz.

NOV: Im Werkteil Rastatt des Mercedes-Benz Werks Gaggenau wird das 10 000. Nutzfahrzeug-Automatikgetriebe des Typs W 3D 080 fertiggestellt.

06. DEZ: Die Mercedes-Leasing-GmbH entsteht durch Umbenennung der Mietanlagen Industrievertriebs-GmbH und bringt damit ihr Hauptbetätigungsfeld auch im Firmennamen zum Ausdruck.

7
09. – 14. DEZ: Bei der Bandama-Rallye an der Elfenbeinküste erringen die Fahrerteams Hannu Mikkola / Arne Hertz, Björn Waldegaard / Hans Thorszelius, Andrew Cowan / Klaus Kaiser und Vic Preston jr. / Mike Doughty auf Mercedes-Benz 450 SLC 5.0 einen Vierfachsieg.

8
31. DEZ: Prof. Joachim Zahn geht nach 21-jähriger Betriebszugehörigkeit, davon 14 Jahren an der Spitze des Unternehmens, in den Ruhestand. Am 2. Juli 1980 wird er in den Aufsichtsrat berufen.

9
DEZ: Im Werk Sindelfingen beginnt die Serienfertigung der neuen S-Klasse der Baureihe 126, bei der die Teilautomatisierung von Montageabläufen eingeführt wird. Dabei kommen neuartige »Hängedrehförderer« zum Einsatz, die die Fahrzeuge zur Seite schwenken und so die Arbeit über Kopf weitgehend überflüssig machen.

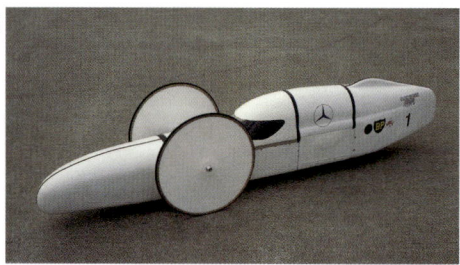

1980	Belegschaft	Produktion Pkw / Nfz	Umsatz
	183 532	435 745 / 272 868	31 053,7 Mio. DM

10
01. JAN: Dr. Gerhard Prinz wird als Nachfolger von Prof. Joachim Zahn Vorstandsvorsitzender der Daimler-Benz AG.

01. JAN: Daimler-Benz verstärkt sein Engagement in wichtigen europäischen Exportmärkten. In der Schweiz wird die Beteiligung an der MERFAG AG auf 51% erhöht; die in Mercedes-Benz (Schweiz) AG umbenannte Gesellschaft übernimmt nun auch die Generalvertretung für Pkw. In Österreich fungiert die am 22. Oktober 1979 in Salzburg neu gegründete Daimler-Benz Österreich Vertriebsgesellschaft mbH, an der Daimler-Benz mit 50% beteiligt ist, als Generalvertreter für Pkw und Nutzfahrzeuge.
Die Mercedes-Benz Belgium S.A./N.V. in Brüssel und die Mercedes-Benz Nederland B.V. in Utrecht entstehen durch Übernahme der bisherigen Generalvertretungen IMA und MATINAUTO in Belgien bzw. AGAM und MEHACO in den Niederlanden.

11
11. – 15. FEB: Auf der internationalen Ausstellung »ENVITEC – Technik im Umweltschutz« präsentiert Daimler-Benz eine Reihe von Versuchsfahrzeugen mit umweltschonenden Technologien: einen 240 D mit Geräuschkapselung, einen City-Bus mit Gyro-Antrieb sowie einen Elektro-Transporter, bei dem besonderer Wert auf Kostensenkung für den Elektro-Antrieb gelegt wurde.

12, 13
06. – 16. MÄR: Auf dem Genfer Automobil-Salon werden die neuen Typen 380 SL/SLC und 500 SL/SLC (Baureihe 107) mit Achtzylinder-Leichtmetallmotoren vorgestellt.

14
APR: Nach 55 Jahren und 155 892 gebauten Fahrzeugen, davon 111 555 der Marken Henschel und Hanomag-Henschel, endet im Werk Kassel die Lkw-Montage. Die Neuordnung der Daimler-Benz Produktionsstruktur, in der Kassel als zentrale Fertigungsstätte für Nutzfahrzeugachsen fungiert, erreicht damit eine weitere Stufe.

12. MAI: Im Werk Wörth übergibt der Daimler-Benz Vorstandsvorsitzende Gerhard Prinz an Bundesminister Kurt Gscheidle das 25 000. an die Deutsche Bundespost ausgelieferte Mercedes-Benz Nutzfahrzeug. Das Jubiläumsfahrzeug ist ein LP 813 Pritschenwagen.

15
09. – 14. JUN: Mercedes-Benz präsentiert der Presse neue Modelle der Mittelklasse-Baureihe 123, die mit Reihenvierzylindern der neu entwickelten Motoren-Baureihe M 102 ausgerüstet sind. Die Limousinen 200 und 230 E, das T-Modell 230 TE und das Coupé 230 CE werden im Juni eingeführt, und der 200 T erscheint zusammen mit dem bereits im September 1979 auf der IAA vorgestellten 300 TD Turbodiesel.

25. JUN: Das Werk Bad Homburg produziert das hundertmillionste Ventil und die hundertzehnmillionste Ventilführung.

04. AUG: Das Anti-Blockier-System ABS ist für alle Pkw-Typen des Mercedes-Benz Verkaufsprogramms lieferbar.

08. AUG: Die Werksanlagen der Anambra Motor Manufacturing Co., Ltd. (ANNAMCO) in Enugu/Nigeria werden offiziell eröffnet. Die am 17. Januar 1977 gegründete Gesellschaft, an der Daimler-Benz mit 40 % beteiligt ist, montiert dort mittelschwere Mercedes-Benz Nutzfahrzeuge.

AUG: Mercedes-Benz erweitert die Serienausstattung aller Diesel-Pkw durch eine Schnellstartanlage, die die Vorglühzeiten dank parallel geschalteter Stabglühkerzen deutlich verkürzt.

AUG: Im Werk Sindelfingen läuft das 473 035. und letzte Exemplar der 1972 eingeführten S-Klasse Baureihe 116 vom Band. Der silberne 300 SD wird von der Fahrzeugsammlung des Daimler-Benz Museums übernommen.

12. – 18. SEP: Auf der DLG-Ausstellung in Hannover wird der MB-trac 1500 (Baureihe 443) als neues Topmodell der schweren Baureihen präsentiert.

18. SEP: Die amerikanische Tochtergesellschaft Mercedes-Benz of North America eröffnet in Hampton / Newport News, Virginia/USA ein neues Werk, in dem jährlich bis zu 6 000 mittelschwere Lkw aus CKD-Teilesätzen montiert werden sollen. Die Teilesätze werden von der Mercedes-Benz do Brasil geliefert.

28. SEP: In Essen nimmt die O-Bahn ihren ersten planmäßigen Linienbetrieb im Personennahverkehr auf. 21 Mercedes-Benz Schubgelenkbusse verkehren auf einer 1,3 km langen spurgeführten Strecke.

SEP: Mit den Modellen MB 100 und MB 130 präsentiert die spanische Tochtergesellschaft MEVOSA eine Baureihe leichter Mercedes-Benz Transporter, die im Werk Vitoria produziert werden.

02. – 12. OKT: Auf dem Automobil-Salon in Paris erweitert Mercedes-Benz das Modellprogramm seiner Baustellenfahrzeuge der schweren Klasse. Die zwei- und dreiachsigen Kipper und Allradkipper 1928 K / AK und 2628 K / AK werden von dem 206 kW / 280 PS starken V8-Saugmotor OM 422 angetrieben.

04. /05. OKT: Beim Internationalen Sparpreis im schweizerischen Veltheim erzielt die Untertürkheimer Auszubildende Jutta Lange einen neuen Weltrekord für Sparmobile mit Benzinmotor. Die zurückgelegte Strecke beträgt umgerechnet 1 267 km pro Liter Kraftstoff.

1980

7
13. – 20. OKT: Auf der Ausstellung Drive Electric '80 in London präsentiert Daimler-Benz einem internationalen Publikum den Elektro-Hybridbus OE 305 sowie den Elektrotransporter 307 E. Im Rahmen eines Großversuchs werden 18 dieser Transporter unter Alltagsbedingungen in Berlin und Stuttgart erprobt.

8
30. OKT: Der Neubau des Daimler-Benz Bildungszentrums Haus Lämmerbuckel auf der Schwäbischen Alb wird seiner Bestimmung übergeben. Erforderlich wurde er durch den hohen Anstieg des Aus- und Weiterbildungsbedarfs – um 50 % allein von 1975 bis 1980.

04. NOV: Die Daimler-Benz AG erhöht ihre Beteiligung an der spanischen MEVOSA auf 52,77 %. Am 2. April 1981 erfolgt die Umbenennung in Mercedes-Benz España, S.A. Im Rahmen einer Produktionsneuordnung werden die Aggregatefertigung in Barcelona und die Nutzfahrzeugmontage in Vitoria konzentriert.

9
07. NOV: Als 100 000. Mercedes-Benz Omnibus der Mannheimer Nachkriegsproduktion läuft ein O 303 Luxus-Fernreise-Hochdecker vom Band.

10
15. – 19. NOV: Für den Deutschlandbesuch von Papst Johannes Paul II. stellt Daimler-Benz ein besonderes »Papamobil« zur Verfügung: Das eigens zu diesem Zweck entwickelte Fahrzeug auf Basis des Geländewagens 230 G ermöglicht mit seiner Plexiglaskuppel beste Sichtbarkeit bei gleichzeitigem Schutz vor Wind und Regen.

11
09. – 14. DEZ: Bei der Bandama-Rallye, jetzt offiziell als »Rallye Côte d'Ivoire« bezeichnet, erringen die Teams Björn Waldegaard / Hans Thorszelius und Jorge Recalde / Nestor Straimel trotz schärfster Konkurrenz einen Doppelsieg auf Mercedes-Benz 500 SLC. Damit endet die Rallyebeteiligung des Unternehmens.

22. DEZ: Im Werk Wörth wird der einmillionste Lastwagen fertiggestellt: ein Typ 1633 mit 243 kW / 330 PS und 16 t zulässigem Gesamtgewicht.

| 1981 | Belegschaft 188 039 | Produktion Pkw / Nfz 447 233 / 268 925 | Umsatz 36 660,7 Mio. DM |

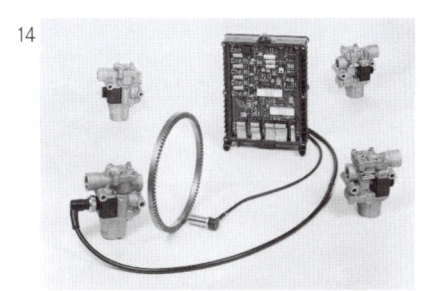

12, 13, 14
26. JAN – 01. FEB: In Rovaniemi / Finnland präsentiert Daimler-Benz der internationalen Presse ein Anti-Blockier-System für Nutzfahrzeuge, das gemeinsam mit dem Bremsenhersteller WABCO entwickelt wurde. Das System wird als Weltneuheit zunächst für Schwerlastwagen und den Reiseomnibus O 303 angeboten.

15
02. MÄR: In Untertürkheim wird ein Versuchsomnibus vom Typ O 305 mit Methanolantrieb vorgestellt. Drei Tage später startet im Rahmen des vom Bundesministerium für Forschung und Technologie unterstützten Projekts »Alternative Antriebe« ein Großversuch in Berlin mit 30 methanolbetriebenen Pkw des Typs 280 SE.

05. – 15. MÄR: Auf dem internationalen Automobil-Salon in Genf präsentiert Daimler-Benz den Airbag und den Gurtstrammer. Ab 20. Juli sind die kombinierten Rückhaltesysteme für Fahrer und Beifahrer zunächst in den S-Klasse Limousinen der Baureihe 126 erhältlich. Damit führt Daimler-Benz diese wichtigen Bausteine der passiven Sicherheit als weltweit erster Hersteller in den Serienautomobilbau ein.

16. MÄR: Im Mercedes-Benz Werk Sindelfingen öffnet das neue Kundencenter seine Pforten. Kunden aus aller Welt können hier in zeitgemäßem Ambiente ihren Mercedes-Benz Personenwagen abholen.

01. – 08. APR: Auf der Hannover-Messe wird ein spurgeführter Großraumwagen als Ergänzung des »O-Bahn«-Konzepts vorgestellt. Der 24 m lange, vierachsige Doppelgelenkbus O 305 G 2 bietet 238 Personen Platz und wird von zwei Elektromotoren mit jeweils 250 kW angetrieben.

05. MAI: Die Daimler-Benz AG und Consolidated Freightways, Inc., San Francisco, Kalifornien/USA unterzeichnen einen Vertrag zur Übernahme des Schwerlastwagenherstellers Freightliner und des Leichtmetall-, Guss- und Schaumstoffteileherstellers Consolidated Metco durch Daimler-Benz.

10. JUN: Nach fast 18-jähriger Produktionszeit der Baureihe W 100 übernimmt das Daimler-Benz Museum den letzten produzierten Mercedes-Benz Typ 600.

01. AUG: Daimler-Benz übernimmt von der Consolidated Freightways, Inc. die Freightliner Corporation und die Consolidated Metco, Inc. mit Sitz in Portland, Oregon/USA. Damit beteiligt sich die Daimler-Benz AG erstmals am nordamerikanischen Schwerlastwagengeschäft.

17. – 27. SEP: Auf der IAA in Frankfurt/M. debütieren die S-Klasse Coupés 380 SEC und 500 SEC (Baureihe 126). Premiere hat auch das Mercedes-Benz Energiekonzept, das insbesondere bei den Sechszylinder- und Achtzylinder-Pkw eine deutliche Reduzierung des Kraftstoffverbrauchs ermöglicht. Eine weitere Neuheit ist eine Limousine des Typs 200 (Baureihe 123), die für wahlweisen Betrieb mit Benzin oder Flüssiggas ausgerüstet ist und ab Herbst 1982 angeboten werden soll. Mit dem Auto 2000 präsentiert Mercedes-Benz auf der IAA einen Versuchsträger für Innovationen im Pkw-Bau, der mit drei unterschiedlichen Antriebsaggregaten erprobt wird: einem V6-Dieselmotor mit Registeraufladung, einem V8-Ottomotor mit Zylinderabschaltung und einer Gasturbine. Auf dem Nutzfahrzeugsektor debütieren die in Design und Ausstattung überarbeiteten Modelle der Transporter-Baureihe T 2 sowie die 4,6-t-Varianten der Baureihe T 1. Ebenfalls neu sind zwei großvolumige, besonders sparsame Saugmotoren, die in den mittelschweren und schweren Lastwagen zum Einsatz kommen: der V6-Motor OM 421 und das V10-Aggregat OM 423.

01. OKT: Die Steyr-Daimler-Puch AG übernimmt von Daimler-Benz die 50%ige Beteiligung an der Geländefahrzeug Gesellschaft mbH und montiert den Geländewagen im Werk Graz/Österreich nunmehr im Lohnauftrag. Zur Wahrnehmung ihrer Interessen in Graz gründet die Daimler-Benz AG am 12. November die UBG Beratungsgesellschaft mbH.

08. NOV: Im Werk Berlin-Marienfelde erfolgt die Grundsteinlegung des neuen Forschungszentrums für die 1977 gegründete Daimler-Benz Forschungsgruppe Berlin. 25 Mio. DM investiert Daimler-Benz in den Bau eines Fahrsimulators, um das Verhalten von Fahrer und Fahrzeug im Straßenverkehr künftig noch intensiver erforschen zu können.

DEZ: Das Geburtshaus von Gottlieb Daimler in Schorndorf, das die Daimler-Benz AG im Juli 1979 erworben und umfassend restauriert hat, wird als Gedenkstätte für den Erfinder und Firmengründer offiziell eröffnet.

1981

1982

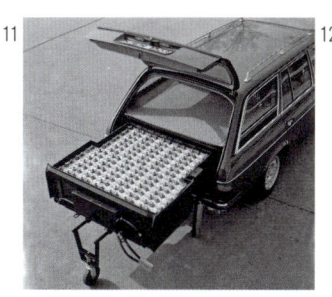

1982	Belegschaft	Produktion Pkw / Nfz	Umsatz
	185 687	464 911 / 243 513	38 905,1 Mio. DM

01. JAN: Die im November 1981 gegründete Mercedes-Benz Hellas S.A. mit Sitz in Athen übernimmt den Geschäftsbetrieb der bisherigen Generalvertretung.

9
04. JAN: Airbag und Gurtstraffer sind auf Wunsch für alle Typen des Mercedes-Benz Pkw-Verkaufsprogramms lieferbar.

10
01. – 20. JAN: Das französische Team Georges Groine / Thierry de Saulieu / Bernard Malfériol gewinnt auf einem Unimog U 1700 L die Lkw-Wertung der Rallye Paris – Dakar. Auf dem zweiten Platz folgt ein U 1300 L von Laleu und Langlois.

FEB: Im Rahmen des Freightliner-Erwerbs übernimmt Daimler-Benz die Freightliner Credit Corporation, die ihre Finanzierungstätigkeit auch auf Mercedes-Benz Fahrzeuge ausdehnt und in Mercedes-Benz Credit Corporation umbenannt wird.

11, 12
21. – 28. APR: Auf der Hannover-Messe präsentiert die Daimler-Benz AG einen Forschungs-Pkw mit Elektroantrieb. Er basiert auf dem T-Modell, ist mit einem 30 kW / 41 PS starken Elektromotor und einer 600 kg schweren Nickel-Eisen-Batterie bestückt und wird unter realistischen Bedingungen im Alltagsverkehr erprobt. Mit einem 280 TE, der für Benzin-Wasserstoff-Mischbetrieb ausgerüstet ist, stellt Daimler-Benz einen wasserstoffbetriebenen Pkw erstmals einer breiteren Öffentlichkeit vor.

13
20. – 26. MAI: Auf der DLG-Ausstellung in München wird der MB-trac 1000 (Baureihe 441) präsentiert. Er fungiert als Bindeglied zwischen der leichten Modellreihe und den 1976 eingeführten schweren Baureihen des MB-trac.

25. MAI: Der Vorstand der Daimler-Benz AG trifft die Grundsatzentscheidung, das Projekt eines Verwaltungsneubaus in Stuttgart-Möhringen weiterzuverfolgen. Als erster Planungsschritt wird zum 1. Juli ein Architektenwettbewerb ausgeschrieben.

14
26. – 28. MAI: Die erheblich erweiterte O-Bahn-Versuchsstrecke in Rastatt wird der internationalen Presse vorgestellt. Eine Schnellfahr-Trasse erlaubt Geschwindigkeiten von bis zu 100 km/h.

01. JUL: Die Mercedes-Benz Italia S.p.A. übernimmt das Pkw-Geschäft von der bisherigen Generalvertretung Autostar S.p.A.

15
01. SEP: Die Limousinen, Coupés und T-Modelle der Baureihe 123 kommen in modellgepflegter Form mit aufgewerteter Serienausstattung auf den Markt.

1982

03. SEP: Das Mercedes-Benz Werk Bremen feiert nach knapp dreijähriger Bauzeit Richtfest für die neuen Fertigungshallen auf dem Erweiterungsgelände im Holter Feld.

09. SEP: Die indonesische P. T. German Motor Manufacturing nimmt in Wanaherang bei Jakarta ein neues Montagewerk für Mercedes-Benz Pkw und Nutzfahrzeuge in Betrieb.

13. SEP: Als zweimillionstes im Werk Sindelfingen gebautes Fahrzeug der Baureihe 123 verlässt ein Typ 200 D das Montageband.

OKT: Anlässlich des fünften Todestages von Dr. Hanns Martin Schleyer stiftet Daimler-Benz den jährlich zu vergebenden »Hanns-Martin-Schleyer-Preis« für herausragende Verdienste um die Förderung der notwendigen Grundübereinstimmung zwischen Sozialpartnern in einer an persönlicher Freiheit und sozialem Frieden orientierten Wirtschafts- und Gesellschaftsordnung.

03. NOV: In Peking wird für die etwa 4 500 Mercedes-Benz Fahrzeuge in der Volksrepublik China ein Kundendienst-Zentrum mit Reparaturwerkstatt eingeweiht. Damit ist Daimler-Benz das erste europäische Automobilunternehmen, das – zusammen mit der staatlichen chinesischen Import-Organisation Machimpex – eine solche Werkstatt eingerichtet hat.

24. NOV: Das Mercedes-Benz Werk Düsseldorf produziert seine fünfmillionste Servolenkung, deren Fertigung in Düsseldorf 1962 angelaufen ist.

29. NOV: Mit den Typen 190 und 190 E präsentiert die Daimler-Benz AG erstmals seit Beginn der Nachkriegsproduktion ein Fahrzeug der Kompaktklasse und ergänzt das Pkw-Verkaufsprogramm um eine dritte Baureihe neben Mittelklasse und S-Klasse. Völlig neue Maßstäbe setzt das Fahrwerk des 190/190 E. Die neue Dämpferbein-Vorderachse und das innovative Hinterachskonzept in Form der patentierten Raumlenkerachse sorgen für ein gleichermaßen hohes Niveau an Fahrkomfort wie an Fahrpräzision.

07. DEZ: 1 200 Fahrzeuge der neuen Mercedes-Benz Kompaktklasse starten im Werk Sindelfingen zu einer Sternfahrt in die bundesdeutschen Niederlassungen und Vertretungen. Dort steht die neue Baureihe ab dem 8. Dezember zu Besichtigung, Probefahrt und zum Verkauf bereit.

17. DEZ: In Arbon/Schweiz wird die NAW Nutzfahrzeuggesellschaft Arbon & Wetzikon AG gegründet, an der Daimler-Benz mit 40 % beteiligt ist. Partner sind die AG Adolph Saurer mit 45 % und die Oerlikon Bührle Holding AG mit 15 %.

5, 6
01. – 20. JAN: Bei der Rallye Paris – Dakar gewinnen Jacky Ickx und Claude Brasseur auf Mercedes-Benz 280 GE die Pkw-Wertung. Die Lkw-Wertung geht an das Team Georges Groine / Thierry de Saulieu / Bernard Malfériol auf einem Mercedes-Benz Allrad-Kipper Typ 1936 AK.

JAN: Die Daimler-Benz AG erwirbt von der Stadt Germersheim das 180 Hektar große Gelände der Insel Grün, um auf dem größten zusammenhängenden Industriegebiet der Bundesrepublik Deutschland ein zentrales Ersatzteillager zu errichten.

01. APR: Die Schweizer NAW Nutzfahrzeuggesellschaft Arbon & Wetzikon AG nimmt die industrielle Tätigkeit auf. In Arbon werden Sonderfahrzeuge auf Basis des Schwerlastwagen-Programms von Mercedes-Benz gefertigt, das Werk Wetzikon produziert Omnibus-Fahrgestelle unter Verwendung von Daimler-Benz Aggregaten.

13. / 14. APR: In Bonn präsentiert Daimler-Benz mit einer Ausstellung unter dem Titel »Forschung, Entwicklung, Realisierung« den aktuellen Stand und projektierte Entwicklungen auf den Gebieten der Sicherheit, Energieeinsparung, Abgasreinigung und Geräuschminderung. Zu den vorgestellten Technologien gehört die katalytische Abgasnachbehandlung, die bei Ottomotoren zur Erreichung künftiger, vom Umwelt-Bundesamt vorgeschlagener Abgasgrenzwerte unerlässlich ist.

7
11. JUL: Im Werk Mannheim läuft der zweimillionste Mercedes-Benz Nutzfahrzeug-Dieselmotor seit Beginn der Nachkriegsproduktion vom Band. Das Jubiläumsexemplar ist ein 390 kW / 530 PS starker V12-Motor OM 424 A, der als Fahrmotor für einen schweren Autokran ausgeliefert wird.

8
13. – 21. AUG: Auf der Versuchsbahn in Nardò/Italien legt ein Mercedes-Benz 190 E 2.3-16 in nur 201 Stunden, 39 Minuten und 43 Sekunden eine Distanz von 50 000 km zurück und stellt mit einer Geschwindigkeit von 247,9 km/h einen neuen Weltrekord auf. Weitere Ergebnisse der Rekordfahrt, an der insgesamt drei Fahrzeuge teilnehmen, sind zwei Weltrekorde über 25 000 km und 25 000 Meilen sowie neun Klassenrekorde.

9, 10, 11, 12
15. – 25. SEP: Auf der IAA in Frankfurt/M. debütieren zwei neue Modelle der Kompaktklasse: Der 190 D verfügt über einen Vierzylinder-Dieselmotor aus der neu entwickelten Motorenfamilie OM 600, der durch seine Geräuschkapselung als »Flüsterdiesel« Furore macht. Der bereits durch seine Weltrekordfahrt in Nardò/Italien bekannte 190 E 2.3-16 ist der erste Mercedes-Benz Serien-Personenwagen mit Vierventiltechnik. Premiere haben auch die Standard-Linienbusse der zweiten Generation, von der zwei Prototypen präsentiert werden: der Solowagen O 405 und der Schubgelenkbus O 405 G. Als Antrieb dient der neu entwickelte Reihensechszylinder OM 427 h, der als Saugmotor und auch als aufgeladene Variante zum Einsatz kommt. Ebenfalls präsentiert wird die neue Schwerlastzugmaschine 3850 AS 6x6, die von dem 368 kW / 500 PS starken V10-Motor OM 423 LA angetrieben wird.

NOV: Nach Inbetriebnahme der neuen Werksanlagen im Holter Feld beginnt im Werk Bremen die Serienfertigung der Kompaktklasse-Baureihe 201. Die T-Modelle der Baureihe 123 werden weiterhin auf dem ursprünglichen, jetzt als »Südwerk« bezeichneten Gelände produziert, das bis 1961 von Borgward und 1962 bis 1974 von Hanomag bzw. Hanomag-Henschel genutzt wurde.

13
01. DEZ: Prof. Werner Breitschwerdt wird Nachfolger des am 29. Oktober unerwartet verstorbenen Vorstandsvorsitzenden Dr. Gerhard Prinz. Das Ressort »Forschung und Entwicklung« übernimmt am 3. Mai 1984 Dr. Rudolf Hörnig.

1983	Belegschaft 184 877	Produktion Pkw / Nfz 481 845 / 204 619	Umsatz 40 004,8 Mio. DM

1984

	Belegschaft	Produktion Pkw / Nfz	Umsatz
	199 872	483 881 / 205 397	43 505,4 Mio. DM

JAN: Die Daimler-Benz AG reorganisiert ihre Aktivitäten auf dem nordamerikanischen Nutzfahrzeugmarkt und veräußert ihre Euclid-Beteiligung an die amerikanische Baumaschinengesellschaft Clark Equipment Company in Buchanan, Michigan/USA. Die Nutzfahrzeugaktivitäten in den USA werden damit auf die Freightliner-Gruppe konzentriert.

01. – 20. JAN: Mercedes-Benz Nutzfahrzeuge erringen einen Doppelsieg bei der sechsten Rallye Paris – Dakar, die sich über 20 Tage und 12 000 km erstreckt. Den ersten Platz unter 31 Mitbewerbern der Lkw-Kategorie belegt der Franzose Pierre Laleu mit einem Mercedes-Benz Servicefahrzeug auf Basis des Typs 1936 AK.

20. – 25. FEB: Die neuen Mercedes-Benz Lastwagen der Leichten Klasse werden in Rom der internationalen Presse vorgestellt. Mit den Modellen 709 – 1120 deckt die Baureihe LN 2 die Klasse von 6,5 bis 11 t ab.

07. MÄR: Der baden-württembergische Wirtschaftsminister Dr. Rudolf Eberle übernimmt im Werk Sindelfingen drei Mercedes-Benz Personenwagen des Typs 230 E, die mit geregeltem Abgaskatalysator ausgerüstet und für den Betrieb mit Superbenzin ausgelegt sind. Die Fahrzeuge werden in einem wegweisenden Modellversuch der Landesregierung eingesetzt, an dem zu Vergleichszwecken auch zwei gleiche Fahrzeuge ohne Katalysator teilnehmen.

MÄR: Die Daimler-Benz AG übernimmt mit 50,1% die Mehrheit an der südafrikanischen United Car and Diesel Distributors (Pty.) Ltd. (UCDD), Pretoria, einem der größten Unternehmen der südafrikanischen Automobilindustrie. Im April erfolgt die Umbenennung in Mercedes-Benz of South Africa.

04. – 11. APR: Auf der Hannover-Messe feiern die Lastwagen der neuen Leichten Klasse ihre Messepremiere. Außerdem präsentiert Daimler-Benz eine Reihe von Themen aus der Forschungs- und Entwicklungsarbeit, darunter das Fahrdynamik-Auto, mit dem die Raumlenkerachse zur Serienreife entwickelt wurde.

12. MAI: Ein Rennen mit 20 identischen Mercedes-Benz 190 E 2.3-16 »Sechzehnventilern« bildet den Höhepunkt bei der Eröffnung des neuen Nürburgrings. 20 internationale Rennfahrer, die in den letzten 25 Jahren auf dem Nürburgring gewonnen haben, kämpfen um den Sieg, den am Ende Ayrton Senna erzielt.

19. JUL: Der 290 958. und letzte im Werk Bremen produzierte Transporter der Baureihe TN verlässt das Montageband. Damit ist die gesamte Transporterfertigung im Werk Düsseldorf konzentriert, wo der TN bereits seit 1980 unter der Bezeichnung T 1 produziert wird. Mit dieser Verlagerung ist auch die Neuordnung der Produktionsstruktur abgeschlossen, und Bremen fungiert als reines Pkw-Werk.

13./14. SEP: Anlässlich des Serienanlaufs des neuen Mercedes-Benz Standard-Linienbusses O 405 präsentiert das Werk Mannheim der Presse eine neu errichtete Montagehalle mit 48 Stationen. Die neuen Produktionseinrichtungen ermöglichen eine bislang unerreichte Flexibilität und Produktqualität.

SEP: Mercedes-Benz bietet die Pkw-Modelle 190 E (Baureihe 201), 230 E (Baureihe 123) und 380 SE (Baureihe 126) auch für den deutschen Markt auf Wunsch mit geregeltem Katalysator an. Die Motoren sind niederverdichtet und für den Betrieb mit unverbleitem Normalbenzin ausgelegt.

08. OKT: In Berlin startet ein vom Bundesministerium für Forschung und Technologie gefördertes Versuchsprogramm mit wasserstoffbetriebenen Kraftfahrzeugen. In die praktische Erprobung gehen fünf Mercedes-Benz 280 TE für Benzin-Wasserstoff-Mischbetrieb und fünf Transporter vom Typ 310 mit Reinwasserstoffantrieb.

28. OKT: Im Werk Gaggenau entsteht viereinhalb Jahre nach Produktionsbeginn der einmillionste Drehmomentwandler für Pkw-Automatikgetriebe.

OKT: Mit den Modellen 300 D, 300 TD und 300 CD (Baureihe 123) sowie 300 SD (Baureihe 126) bringt Mercedes-Benz die ersten Serien-Personenwagen mit Rußfilter auf den Markt. Die sauberen Turbodiesel-Pkw mit der ersten Generation des Dieselpartikelfilters werden zunächst in elf westlichen US-Staaten angeboten.

26. NOV: Im spanischen Sevilla präsentiert Daimler-Benz der internationalen Presse eine völlig neu konstruierte Generation der Mittleren Mercedes-Klasse. Die Typenreihe 124 mit den Modellen 200 D – 300 E löst die Limousinen der Baureihe 123 ab, die mit 2,4 Mio. Fahrzeugen einen neuen Produktionsrekord verbuchen können. Bemerkenswerte Neuentwicklungen sind die beiden Sechszylinder-Benzinmotoren der Baureihe M 103 mit 2,6 und 3,0 l Hubraum und die Dieselaggregate der Motorenfamilie OM 600 mit vier, fünf und sechs Zylindern.

19. DEZ: Im Werk Wörth verlässt als letzter von 301 730 gebauten leichten Lastwagen der LP-Reihe ein LP 813 das Montageband.

DEZ: Die ersten Fahrzeuge des neuen Standardlinienbusses O 405, dessen Serienproduktion kurz zuvor angelaufen ist, werden ausgeliefert.

| 1985 | Belegschaft
231 082 | Produktion Pkw / Nfz
547 342 / 213 910 | Umsatz
52 408,9 Mio. DM |

01. – 22. JAN: Bei der Rallye Paris – Dakar gewinnt das deutsche Team Karl Friedrich Capito / Jost Capito auf einem Mercedes-Benz Unimog U 1300 L die Lkw-Wertung, die damit zum vierten Mal in Folge von einem Mercedes-Benz errungen wird.

09. JAN: Im Mercedes-Benz Werk Sindelfingen starten 1 294 Fahrzeuge der neuen Mittleren Mercedes-Klasse (Baureihe 124) zu den bundesdeutschen Niederlassungen und Vertretungen, wo die Markteinführung der neuen Modellreihe am 10. Januar beginnt.

17. JAN: Nach ihrer Wahl zum »Truck of the Year« erhält die neue Lkw-Baureihe LN 2 (Typen 709 – 1320) die begehrte Auszeichnung auf dem Internationalen Nutzfahrzeug-Salon in Brüssel.

14. FEB: Daimler-Benz übernimmt die 50 %ige Beteiligung der MAN an der MTU Motoren- und Turbinen-Union München GmbH. Mit diesem Schritt wird die MTU München zur 100 %igen Tochtergesellschaft der Daimler-Benz AG.

26. FEB: Nach einem entsprechenden Pilotprojekt im Werk Düsseldorf beschließt der Vorstand der Daimler-Benz AG, flächendeckend im gesamten Unternehmen eine Untersuchung zur Optimierung der Gemeinkosten (OGK) durchzuführen. Das Projekt wird mit Unterstützung der Unternehmensberatung McKinsey umgesetzt.

01. APR: Die tarifliche Wochenarbeitszeit in der deutschen Metallindustrie wird auf 38,5 Stunden verkürzt.

17. – 24. APR: Auf der Hannover-Messe präsentiert Mercedes-Benz sein neues Vierachs-Lkw-Programm. Es umfasst sechs Grundtypen in vier Leistungsklassen von 184 kW / 250 PS bis 261 kW / 355 PS, die als Kipper- und Betonmischerfahrgestelle mit zwei angetriebenen Achsen angeboten werden.

23. APR / 15. MAI: Unter Mitwirkung der baden-württembergischen Landesregierung werden die vertraglichen Grundlagen für eine Mehrheitsbeteiligung an der Dornier-Gruppe geschaffen. Nach der Zustimmung des Bundeskartellamts am 7. Juni erwirbt die Daimler-Benz AG 66,5 % der Dornier-Gesellschaftsanteile.

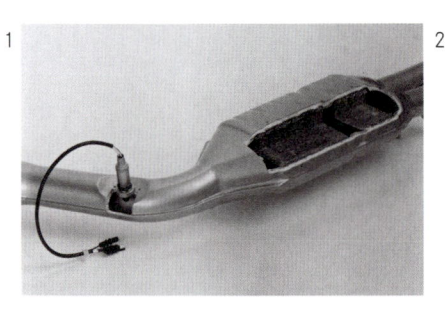

1
APR: Der Mercedes-Benz 230 E (Baureihe 124) wird als erstes Pkw-Modell auf Wunsch mit einer Abgasreinigungsanlage ausgerüstet, die auf der Katalysator-Technologie der zweiten Generation basiert. Dabei kommen hochverdichtete Motoren zum Einsatz, die mit unverbleitem Superbenzin betrieben werden und über ein multifunktionales Gemischaufbereitungs- und Zündsystem verfügen. In Verbindung mit der sogenannten Rückrüst- oder RÜF-Version gestattet dieses MF-System auch den Betrieb mit verbleitem Normalbenzin und die spätere Nachrüstung des geregelten Katalysators.

2
10. MAI: Im Daimler-Benz Forschungszentrum, das auf dem Werksgelände in Berlin-Marienfelde angesiedelt ist, wird der von Daimler-Benz entwickelte und realisierte Fahrsimulator offiziell eingeweiht.

3
19. – 24. MAI: Auf dem Internationalen UITP-Kongress in Brüssel präsentiert Daimler-Benz den Standard-Midibus O 402, der das Stadtbusprogramm nach unten abrundet.

4
24. – 29. JUN: Ein von Auszubildenden der Daimler-Benz AG gebautes Solarmobil gewinnt die in der Schweiz veranstaltete Tour de Sol, eine Rallye für Solarfahrzeuge von Romanshorn nach Genf.

03. JUL: Dr. Wilfried Guth verlässt den Aufsichtsrat der Daimler-Benz AG. Als Nachfolger übernimmt Dr. Alfred Herrhausen den Vorsitz.

11. JUL: Daimler-Benz übernimmt einen 49%igen Anteil an der mexikanischen Fábrica de Autotransportes Mexicana S.A. (FAMSA), die mittelschwere Nutzfahrzeuge und Omnibusfahrgestelle in Fremdlizenz produziert und vertreibt.

16. JUL: Im Werkteil Hedelfingen des Mercedes-Benz Werks Untertürkheim wird das dreimillionste Automatikgetriebe produziert.

5, 6, 7, 8, 9, 10, 11, 12
12. – 22. SEP: Auf der IAA in Frankfurt/M. präsentiert Mercedes-Benz ein verbessertes und erweitertes Pkw-Programm. Neben den modellgepflegten Typen der S-Klasse und der SL-Reihe, die mit einer neuen Motorenpalette angeboten werden, debütieren auch die T-Modelle der Baureihe 124 und die Kompaktklasse-Typen 190 E 2.3 und 190 E 2.6. Für alle Modelle mit Benzinmotor wird auf Wunsch eine geregelte Abgasreinigungsanlage mit Dreiwege-Katalysator angeboten. Serienausführung ist jeweils die sogenannte »RÜF-Version«, bei der das Fahrzeug ohne Katalysator und Lambdasonde, aber mit dem multifunktionalen Gemischaufbereitungs- und Zündsystem ausgeliefert wird. Darüber hinaus werden die Fahrdynamik-Systeme ASD (Automatisches Sperrdifferential) und ASR (Antriebs-Schlupf-Regelung) sowie der automatisch zuschaltende Vierradantrieb 4MATIC vorgestellt. Weltpremiere haben außerdem die Schwerlastwagen-Modelle 1635 und 1644, die serienmäßig mit der neuen elektropneumatischen Schaltung (EPS) ausgerüstet sind. Angetrieben werden die neuen Modelle von den neu entwickelten, besonders wirtschaftlichen V8-Turbomotoren OM 442 A und OM 442 LA. Der erstmals präsentierte Standard-Überlandlinienbus O 407 verfügt über den neu entwickelten Motor OM 447 h, der serienmäßig eine Geräuschkapselung aufweist. Eine weitere Neuheit ist der kleine Reisebus O 301, dessen Chassis die schweizerische NAW Nutzfahrzeuggesellschaft Arbon & Wetzikon liefert – wie das Chassis für den ebenfalls neuen Standard-Midibus O 402.

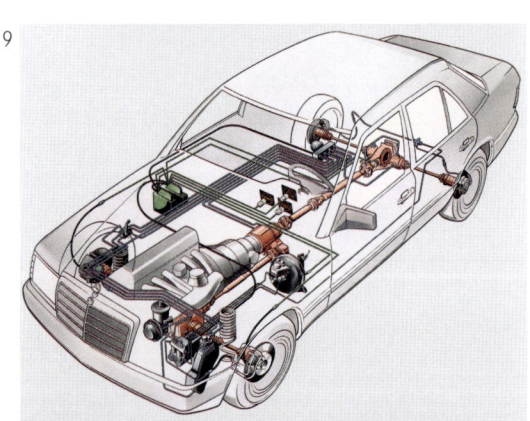

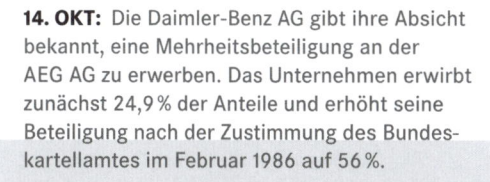

14. OKT: Die Daimler-Benz AG gibt ihre Absicht bekannt, eine Mehrheitsbeteiligung an der AEG AG zu erwerben. Das Unternehmen erwirbt zunächst 24,9 % der Anteile und erhöht seine Beteiligung nach der Zustimmung des Bundeskartellamtes im Februar 1986 auf 56 %.

19. DEZ: Der zehnmillionste seit 1946 im Werk Untertürkheim gebaute Pkw-Motor wird fertiggestellt. Acht Tage zuvor ist bereits der einmillionste Vierzylindermotor der Baureihe M 102 vom Band gelaufen.

DEZ: Der erste in Serie produzierte Mercedes-Benz O 405 G, ein Schubgelenkbus der zweiten Generation, wird vom Werk Mannheim ausgeliefert.

1986	Belegschaft	Produktion Pkw / Nfz	Umsatz
	319 965	600 025 / 226 344	65 498,2 Mio. DM

21. JAN: Daimler-Benz gründet als 100 %ige Tochtergesellschaft die Mercedes-Benz Japan Co., Ltd., die Anfang 1987 die Generalvertretung für alle Mercedes-Benz Fahrzeuge in Japan übernimmt.

29. JAN – 06. FEB: Auf der Jubiläumsausstellung »Welt mobil« zum 100. Geburtstag des Automobils präsentiert Daimler-Benz auch dessen Zukunft. Dargestellt sind etwa 50 Forschungs- und Entwicklungsprojekte, darunter auch die 1981 realisierte Studie des subkompakten Nahverkehrsfahrzeugs NAFA. Erster Präsentationsort der Ausstellungsreihe ist der Stuttgarter Killesberg.

01. FEB: Das im Rahmen der Jubiläumsaktivitäten neu gestaltete Daimler-Benz Museum öffnet nach elfmonatigen Umbauarbeiten mit erweiterter Ausstellungsfläche und neuer Konzeption seine Pforten.

03. – 08. FEB: In Rovaniemi / Finnland präsentiert Daimler-Benz im Fahrversuch wichtige Bausteine der Fahrzeugsicherheit: das Fahrdynamikkonzept ASR (Antriebs-Schlupf-Regelung) bei Pkw und Nutzfahrzeugen, das automatische Sperrdifferential (ASD) sowie den automatisch schaltenden Vierradantrieb (4MATIC) bei Pkw.

02. MÄR: Der erste 6 km lange Streckenabschnitt des weltweit größten O-Bahn-Systems in Adelaide/Australien wird offiziell eingeweiht. Es umfasst 12 Linien, auf denen 92 spurgeführte Busse, darunter 51 Schubgelenk-Fahrzeuge, die nördlichen Vororte bedienen, wobei Reisegeschwindigkeiten bis 100 km/h erreicht werden.

17. – 22. MÄR: Ein neuer Mercedes-Benz Großtransporter wird in Rom der internationalen Presse vorgestellt. Die neu entwickelte Baureihe T 2, intern auch LN 1 genannt, umfasst die Modelle 507 D – 811 D mit einem zulässigen Gesamtgewicht von 3,5 bis 7,5 t.

09. – 16. APR: Auf der Hannover-Messe präsentiert Daimler-Benz den Antriebsstrang des neuen dieselelektrischen Duo-Busses O 405 GTD sowie Komponenten eines mit reinem Wasserstoff betriebenen Versuchs-Pkw auf Basis des 230 E.

17. APR: In Stuttgart wird die SG Stern Deutschland gegründet. Sie fungiert als Dachorganisation der Sportgemeinschaften an den unterschiedlichen Standorten der Daimler-Benz AG.

APR: Mit der Auslieferung der ersten Fahrgestelle für Krankenwagen- und Kombiwagen-Aufbauten erweitert Mercedes-Benz das Verkaufsprogramm der Mittelklasse-Baureihe 124. Die Fahrgestelle mit Teilkarosserie, die mit regulärem und verlängertem Radstand (F 124 und VF 124) angeboten werden, sind erstmals nicht von der Limousine, sondern vom T-Modell abgeleitet und werden im Werk Bremen produziert.

10. – 14. JUN: Auf der transport '86 in München, der internationalen Fachmesse für Verkehrstechnik, debütiert der Trolley-Bus O 405 T. Er weist wie der DUO-Bus O 405 GTD eine neuartige elektrische Antriebstechnik auf, die gemeinsam mit Dornier und AEG entwickelt wurde.

29. JUN: Der britische Unternehmer Richard Branson schlägt den 1952 vom Luxusliner »United States« aufgestellten Rekord für die schnellste Atlantik-Überquerung, für den dieser das Blaue Band erhielt. Bransons »Virgin Atlantic Challenger II« verfügt über zwei MTU-Zwölfzylinder der Baureihe 396 mit je 1 441 kW / 1 960 PS und hat damit die 5500 km von New York bis zum Leuchtturm Bishops Rock/Großbritannien in 3 Tagen, 8 Stunden und 31 Minuten zurückgelegt.

25. JUL: Dreieinhalb Jahre nach Serienanlauf wird im Untertürkheimer Werksteil Mettingen die einmillionste Raumlenkerachse montiert. Die patentierte, bei Daimler-Benz entwickelte Hinterachskonstruktion wird zu diesem Zeitpunkt in alle Pkw-Modelle der Baureihen 201 und 124 eingebaut.

24. AUG: Beim ADAC-Kouros 1 000-km-Rennen auf dem Nürburgring erzielt der Sauber-Mercedes C 8 seinen ersten Rennsieg – zugleich den ersten Sieg eines Gruppe-C-Rennsportwagens des schweizerischen Sauber-Teams. Der von Henri Pescarolo und Mike Thackwell gesteuerte Rennsportwagen ist mit einem Mercedes-Benz Biturbo-V8-Motor ausgerüstet, der auf dem 5-l-Serienaggregat M 117 basiert.

01. SEP: Mercedes-Benz bietet alle Pkw-Modelle mit Benzinmotor serienmäßig mit Dreiwege-Katalysator an; die Rückrüstfahrzeuge sind – mit entsprechendem Preisabschlag – bis August 1989 auf Wunsch weiterhin lieferbar.

SEP: Im Werk Mannheim beginnt die Produktion des DUO-Busses O 405 GTD. Neben dem 177 kW / 240 PS oder 206 kW / 280 PS starken Dieselmotor im Heck verfügt der innovative Schubgelenk-Linienbus über ein elektrisches Antriebssystem mit 220 kW / 299 PS, das über Stromabnehmer aus dem Oberleitungsnetz gespeist wird. Die ersten 18 Fahrzeuge kommen bei der O-Bahn in Essen zum Einsatz.

01. OKT: Das von Daimler-Benz initiierte Forschungsprojekt PROMETHEUS (»Programm für ein europäisches Transportwesen mit höchster Effizienz und unerreichter Sicherheit«), das dem Verkehr der Zukunft neue Perspektiven sichern soll, beginnt als Teil der europäischen Forschungsinitiative EUREKA unter Beteiligung von 14 europäischen Automobilherstellern.

11. OKT: Die türkische Beteiligungsgesellschaft OTOMARSAN eröffnet in Nidge/Aksaray, 240 km südlich von Ankara, auf einem über 500 000 m² großen Gelände ein Montagewerk für Mercedes-Benz Nutzfahrzeuge. An dem neuen Fertigungsstandort sollen Lastwagen, Unimog und Dieselmotoren produziert werden.

1986

15./16. JAN: Auf Mallorca präsentiert Daimler-Benz die neue Transporter-Baureihe MB 100 – 180, die für Nutzlasten von 1 000 bis 1 800 kg konzipiert ist und im spanischen Werk Vitoria produziert wird. Eine Variante für den deutschen Markt wird im Herbst unter der Bezeichnung MB 100 D vorgestellt.

30. JAN: Im Werk Mannheim wird das 500 000. Exemplar der Dieselmotorenfamilie OM 400 fertiggestellt. Die Motoren dieser 1970 eingeführten Aggregatefamilie kommen in Nutzfahrzeugen und als Industriemotoren zum Einsatz. Das ursprüngliche V10-Aggregat OM 403 wurde nach dem Baukastensystem durch V-Motoren mit sechs und acht Zylindern sowie einen Reihensechszylinder ergänzt, die im Laufe der Jahre kontinuierlich weiterentwickelt wurden.

05. – 15. MÄR: Auf dem Genfer Automobil-Salon debütiert die Coupé-Variante der Baureihe 124 mit den Modellen 230 CE und 300 CE.

08. – 15. MÄR: Daimler-Benz präsentiert die technisch und stilistisch grundlegend überarbeitete und auf acht Typen erweiterte MB-trac-Modellpalette auf dem Internationalen Landmaschinen-Salon SIMA in Paris. Der MB-trac 1600 turbo (Baureihe 443) mit einem 115 kW / 156 PS starken Sechszylindermotor ist das neue Flaggschiff des Typenprogramms.

10. NOV: Mit einer Sitzung des Stiftungskuratoriums und einem Festakt im Rathaus der Stadt Ladenburg nimmt die von der Daimler-Benz AG gegründete »Gottlieb Daimler und Karl Benz Stiftung« ihre Tätigkeit auf. Die mit einem Gründungskapital von 50 Mio. DM ausgestattete gemeinnützige Stiftung hat ihren Sitz im Benz-Haus in Ladenburg. Sie soll sich durch Förderung von Wissenschaft und Forschung den Wechselbeziehungen zwischen Mensch, Umwelt und Technik widmen und damit zur Gestaltung und Sicherung einer menschenwürdigen Zukunft beitragen.

11. NOV: Im Werk Berlin-Marienfelde läuft der erste Pkw-Tauschmotor vom Band. Die Tauschmotorenfertigung wird bis Oktober 1987 sukzessive vom Untertürkheimer Werkteil Brühl nach Berlin verlagert.

NOV: Das Projekt TOPAS (Tankfahrzeug mit optimierten passiven und aktiven Sicherheitseinrichtungen) wird nach Abschluss der zweiten Phase auf dem Contidrom in Jeversen in der Lüneburger Heide demonstriert.

NOV: Die Veröffentlichung der Dokumentation »Die Daimler-Benz AG in den Jahren 1933 – 1945« ist ein wichtiger Beitrag zur Aufarbeitung der Geschichte von Daimler-Benz im Nationalsozialismus.

1987	Belegschaft	Produktion Pkw / Nfz	Umsatz
	326 288	604 447 / 234 141	67 475,1 Mio. DM

08. APR: Die Trac-Technik Entwicklungsgesellschaft mbH, Köln, und die Trac-Technik Vertriebsgesellschaft mbH, Gaggenau, an denen Daimler-Benz und Klöckner-Humboldt-Deutz (KHD) mit 40 bzw. 60 % beteiligt sind, nehmen die Arbeit auf, nachdem das Bundeskartellamt die Kooperation beider Firmen im Bereich Ackerschlepper genehmigt hat.

APR: Im Werk Mannheim läuft der letzte Mercedes-Benz Standard-Linienbus der ersten Generation SL I vom Band. Von den Typen O 305, O 305 G und O 307 sind seit Ende 1968 insgesamt 24 269 Einheiten entstanden.

19. – 23. MAI: Auf der Kommunalfahrzeugmesse IFAT in München wird der U 600 aus der Baureihe 407 als Prototyp vorgestellt. Hauptmerkmale sind ein geräumigeres Fahrerhaus und ein neues Getriebe. Mit der Baureihe 407 beginnt eine Neustrukturierung des gesamten Unimog-Typenprogramms.

22. MAI: Daimler-Benz feiert 14 Monate nach Baubeginn das Richtfest für den Verwaltungsneubau in Stuttgart-Möhringen.

MAI: Die Verkehrsbetriebe Zürich geben die Lieferung von 35 Mercedes-Benz Schubgelenk-Trolleybussen des Typs O 405 GTZ in Auftrag. Ein Prototyp dieses neuartigen Linienbusses wird in Zürich seit 1986 im Linieneinsatz praxisnah erprobt. Der 172 kW / 234 PS starke, über Stromabnehmer aus dem Oberleitungsnetz gespeiste elektrische Antrieb ist mit einem 66 kW / 90 PS starken 5-Zylinder-Dieselmotor als Zusatzantrieb kombiniert. Bei einem Ausfall des Oberleitungsnetzes gestattet der Dieselmotor ausreichende Mobilität bis zu 35 km/h. Die Lieferung der 35 Busse erfolgt in den Jahren 1988 und 1989.

JUN: Im Mercedes-Benz Werk Düsseldorf wird die zehnmillionste Pkw-Lenkung fertiggestellt.

AUG: Im Mercedes-Benz Werk Düsseldorf läuft der 500 000. Transporter der Baureihe T1 vom Band. 290 958 Fahrzeuge wurden bis 1984 im Werk Bremen produziert, 209 042 seit 1980 in Düsseldorf.

01. SEP: Edzard Reuter übernimmt von Prof. Werner Breitschwerdt die Amtsgeschäfte als Vorstandsvorsitzender.

10. – 20. SEP: Auf der IAA in Frankfurt/M. debütieren die Mercedes-Benz Pkw-Typen 190 D 2.5 Turbo (Baureihe 201) und 300 TD Turbo (Baureihe 124). Die V8-Modelle der S-Klasse werden mit leistungsgesteigerten Motoren vorgestellt. Als weitere Neuheit präsentiert Daimler-Benz den Beifahrer-Airbag, der ab Anfang 1988 zunächst in der S-Klasse Baureihe 126 angeboten wird. Deutschland-Premiere hat der im spanischen Werk Vitoria produzierte MB 100 D, ein Transporter für 1 t Nutzlast. Die Reisebusse O 303 RHD und RHS präsentieren sich mit verbessertem Antriebsstrang, dessen Herzstück der V8-Saugmotor OM 442 oder die aufgeladene Ausführung OM 442 A bildet. Der 320 kW / 435 PS starke OM 442 LA mit Ladeluftkühlung kommt in der neuen Vierachs-Zugmaschine 3544 S 8x4/4 zum Einsatz. Neu ist außerdem das Anti-Blockier-System für Transporter mit hydraulischer Bremsanlage, dessen Regelverhalten die transporterspezifischen Massen- und Gewichtsverhältnisse berücksichtigt. Erstmals präsentiert wird auch das automatische Notruf-System ARTHUR, das bei einem Unfall andere Verkehrsteilnehmer warnen und Rettungsdienste alarmieren kann.

20. SEP: Beim Saisonfinale des Supercups auf dem Nürburgring erringt Jean-Louis Schlesser den ersten Rennsieg des Gruppe-C-Rennsportwagens Sauber-Mercedes C 9, der wie sein Vorgänger C 8 von einer aufgeladenen Variante des Mercedes-Benz V8-Motors M 117 angetrieben wird.

24. – 28. NOV: Der Unimog U 900 mit neu entwickelter Fahrerkabine und überarbeiteter Technik debütiert als erstes Modell der Baureihe 417 auf der Landwirtschaftsmesse Agritechnica in Frankfurt/M.

1988

| 1987 | 1988 | Belegschaft 338 749 | Produktion Pkw / Nfz 565 268 / 257 951 | Umsatz 73 495,0 Mio. DM |

15. JAN: Die Daimler-Benz AG gibt ihre Entscheidung bekannt, sich wieder am Motorsport zu beteiligen und Aktivitäten von Privatteams in der Gruppe A und der Gruppe C werkseitig zu unterstützen.

17. FEB: Der zehnmillionste Mercedes-Benz Pkw der Nachkriegsproduktion läuft im Werk Sindelfingen vom Band.

25. FEB: Mit dem fünfmillionsten nach Kriegsende gebauten Pkw-Dieselmotor feiert Daimler-Benz ein weiteres Millionen-Jubiläum, diesmal im Werk Untertürkheim.

FEB: Der Beifahrer-Airbag ist als Sonderausstattung zunächst für die Limousinen und Coupés der S-Klasse verfügbar und wird ab September auch für die mittlere Baureihe 124 angeboten.

06. MÄR: Das Fahrerteam Jean-Louis Schlesser / Mauro Baldi / Jochen Mass gewinnt mit dem Sauber-Mercedes C 9 im spanischen Jerez das erste Rennen der Sportwagen-Weltmeisterschaft 1988. Weitere Siege in Brno (Brünn/Tschechoslowakei), auf dem Nürburgring und in Spa-Francorchamps/Belgien folgen.

29. MÄR: Der einmillionste Kompaktklasse-Pkw der Baureihe 201, ein Typ 190, wird im Werk Bremen fertiggestellt und von Vorstandsmitglied Prof. Werner Niefer als Spende an einen Vertreter der Jugendstätten der Stadt Bremen übergeben.

01. APR: Die wöchentliche tarifliche Arbeitszeit in der Metallindustrie wird um eine Stunde auf 37,5 Stunden verkürzt. In allen Werken der Daimler-Benz AG wird anstelle des bisher gezahlten Stundenlohns der Monatslohn für Arbeiter eingeführt.

20. – 27. APR: Auf der Hannover-Messe präsentiert Daimler-Benz der Öffentlichkeit auch in der Schweren Klasse ein überarbeitetes Unimog-Typenprogramm. Die Modelle der neuen Baureihen 427 und 437 sind mit dem Reihensechszylinder OM 366 bzw. OM 366 A ausgerüstet und lösen die Baureihen 424, 425 und 435 ab.

MAI: Auf der International Trucker Show in Anaheim, Kalifornien/USA debütiert die »Thunder & Lightning Edition« der neuen Freightliner Schwerlastwagen-Generation, die als Haubenfahrzeug (Conventional) und Frontlenker (COE, cab over engine) angeboten wird.

13. JUN: Die Daimler-Benz AG stellt für humanitäre Leistungen an ehemalige Zwangsarbeiterinnen und Zwangsarbeiter der NS-Diktatur insgesamt 20 Mio. DM für verschiedene Organisationen zur Verfügung.

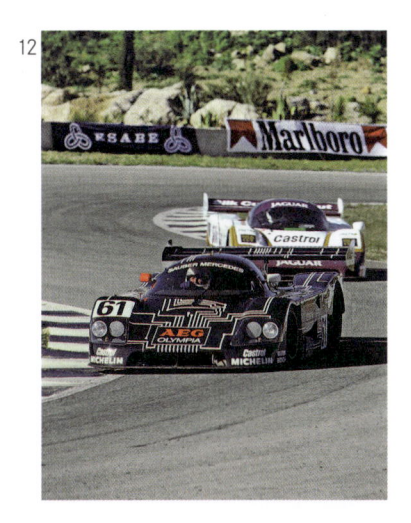

01. JUL: Die im Vorjahr gegründete Mercedes-Benz Finanz GmbH, deren Geschäftsanteile zu 100 % bei Daimler-Benz liegen, nimmt ihre Tätigkeit auf. Als Tochtergesellschaft fungiert die durch Umbenennung der Mercedes Leasing GmbH gebildete Mercedes-Benz Leasing GmbH. Unter dem Namen Mercedes-Benz Lease Finanz bieten die beiden in Personalunion geführten Unternehmen Leasing- und Finanzierungslösungen für alle Mercedes-Benz Produkte an.

1, 2
04. – 08. JUL: In Singen am Bodensee wird die neue Schwere Klasse von Mercedes-Benz der Fachpresse vorgestellt. Die Typenpalette der SK-Lkw umfasst Sattelzugmaschinen, Pritschenwagen und Baustellenfahrzeuge in der Gewichtsklasse ab 17 t. Angetrieben werden die neuen Schwerlastwagen von unterschiedlichen Versionen des V8-Motors OM 442 oder von dem neu entwickelten ladeluftgekühlten V6-Turbomotor OM 441 LA.

3
22. AUG: Die stilistisch überarbeiteten Modelle der Kompaktklasse werden der Presse präsentiert. Mit dem Typ 190 E 2.5-16 erscheint ein neues Topmodell der Baureihe 201, das den 190 E 2.3-16 ablöst.

4
25. SEP: Nach drei Rennsiegen in Hockenheim, auf dem Norisring und in Diepholz sichert sich Jean-Louis Schlesser auf Sauber-Mercedes C 9 mit einem vierten Platz auf dem Nürburgring den Gewinn des Supercups und zugleich den ersten Meisterschaftstitel für Sauber-Mercedes.

1988

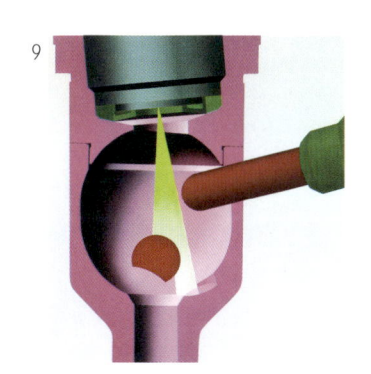

1989

27. SEP: Die Daimler-Benz AG und die chinesische Maschinenbau-Gruppe Northern Industries Corporation (NORINCO) unterzeichnen in Peking einen Vertrag, der die Lizenzproduktion von Mercedes-Benz Schwerlastwagen in Baotou in der Mongolei vorsieht. 1990 sollen die ersten Fahrzeuge montiert und unter eigenem Warenzeichen der NORINCO vertrieben werden.

29. SEP – 09. OKT: Auf dem Pariser Salon debütieren die Mercedes-Benz Pkw-Typen 200 E, 250 D Turbo, 200 TE (Baureihe 124) und 560 SE (Baureihe 126).

15. OKT: Beim Abschlussrennen der DTM-Saison auf dem Hockenheimring erzielt Roland Asch auf Mercedes-Benz 190 E 2.3-16 Gruppe A in beiden Läufen den zweiten Platz und sichert sich damit den Vizemeistertitel der Deutschen Tourenwagen-Meisterschaft.

20. NOV: Beim Abschlussrennen der Sportwagen-Weltmeisterschaft im australischen Sandown Park erringen die Sauber-Mercedes C 9 mit Jean-Louis Schlesser / Jochen Mass und Mauro Baldi / Stefan Johansson ihren ersten Doppelsieg. Damit liegt Schlesser in der Fahrerwertung auf Platz zwei, ebenso wie das Team Sauber-Mercedes in der Markenwertung.

19. DEZ: Prof. Werner Niefer übergibt das einmillionste Mittelklassemodell der Baureihe 124, einen Typ 200 E, an Frau Ursula Späth, Gattin des baden-württembergischen Ministerpräsidenten und Schirmherrin von AMSEL (Aktion Multiple Sklerose Erkrankter Landesverband).

1989	Belegschaft	Produktion Pkw / Nfz	Umsatz
	368 226	546 060 / 261 193	76 392 Mio. DM

10. JAN: Zur Erinnerung an die Menschen, die während des NS-Regimes Zwangsarbeit leisten mussten, wird im Werk Untertürkheim die Skulptur »Tag und Nacht« des Bildhauers Bernhard Heiliger aufgestellt.

12. – 22. JAN: Auf dem Internationalen Nutzfahrzeug-Salon in Brüssel debütieren die modellgepflegten Transporter der Baureihe T 1, die sich mit neuen, umweltfreundlicheren Dieselaggregaten der Motorenfamilie OM 600 und verbesserter Aerodynamik präsentieren.

FEB: Im Rahmen der Initiative »Diesel '89« rüstet Mercedes-Benz alle Diesel-Pkw mit überarbeiteten Motoren aus, deren Partikelemission durch Verbesserung des Verbrennungsablaufs um 40 % reduziert werden konnte. Damit erfüllen die verbesserten Dieselmodelle auch ohne Rußfilter die strengen in den USA geltenden Partikelgrenzwerte und arbeiten praktisch rauchfrei. Möglich geworden ist dieser Fortschritt durch eine neu konstruierte Vorkammer mit Schrägeinspritzung, die eine effizientere Verbrennung gewährleistet.

09. – 19. MÄR: Die neue Roadster-Baureihe R 129 mit den Modellen 300 SL, 300 SL-24 und 500 SL feiert ihre Weltpremiere auf dem Genfer Automobil-Salon. Wichtige Innovationen sind das elektrohydraulisch zu betätigende Verdeck, der bei Überschlaggefahr automatisch ausfahrende Überrollbügel und der Integralsitz. Zum ersten Mal gezeigt wird auch der sportliche 190 E 2.5-16 Evolution, der zur Homologierung des Gruppe-A-Renntourenwagens in einer limitierten Auflage von 500 Stück produziert wird und ab Ende März zur Auslieferung kommt.

01. APR: Eine weitere Verkürzung der tariflichen Wochenarbeitszeit auf 37 Stunden tritt in Kraft.

05. – 12. APR: Auf der Hannover-Messe präsentiert Mercedes-Benz die neue Lkw-Generation der Mittelschweren Klasse. Die neuen MK-Lastwagen, die als Pritschenwagen, Sattelzugmaschinen und Baustellenfahrzeuge angeboten werden, verfügen über die modernen Fahrerhäuser der im Vorjahr eingeführten SK-Modelle. Als Antriebsaggregat fungiert der 160 kW / 218 PS starke V6-Motor OM 441.

1989

09. APR: Beim Auftaktrennen der Sportwagen-Weltmeisterschaft im japanischen Suzuka treten die Sauber-Mercedes C 9 mit einem neuen Motor und in silberner Farbgebung auf. Der weiterentwickelte Mercedes-Benz V8-Motor M 119 verfügt nun über Vierventiltechnik und ein noch höheres Leistungspotenzial. Mauro Baldi / Jean-Louis Schlesser und Kenny Acheson fahren die neuen Silberpfeile gleich bei ihrem ersten Einsatz zum Doppelsieg.

10.–16. APR: Auf der Fachmessse BAUMA in München debütieren die Unimog-Modelle U 2100 und U 2150 (Baureihe 437), die mit 157 kW/214 PS in eine neue Leistungsdimension vorstoßen.

24. APR: Im Bildungszentrum Haus Lämmerbuckel auf der Schwäbischen Alb konstituiert sich der Konzernbetriebsrat des Daimler-Benz Konzerns. Zum ersten Vorsitzenden des Gremiums wird Herbert Lucy gewählt, der zugleich Vorsitzender des Gesamtbetriebsrats der Daimler-Benz AG ist.

19. MAI: Die Deutsche Aerospace AG (Dasa) wird durch Zusammenfügung der Dornier GmbH, der MTU Motoren- und Turbinen-Union München/Friedrichshafen sowie zweier Bereiche der AEG AG als ein 100%iges Tochterunternehmen des Daimler-Benz Konzerns gegründet. Vorstandsvorsitzender ist Jürgen E. Schrempp.

20./21. MAI: Am dritten Rennwochenende der Truck-Racing-Saison auf dem Hungaroring in Budapest gewinnt Thomas Hegmann mit dem seit Saisonbeginn eingesetzten neuen Renntruck Mercedes-Benz 1450 S den zweiten Lauf der Klasse C und erzielt damit seinen ersten Saisonsieg.

01. JUN: In Portugal werden durch Gründung der Mercedes-Benz Portugal Comércio de Automóveis, S.A. die Vertriebsaktivitäten in eigener Regie übernommen.

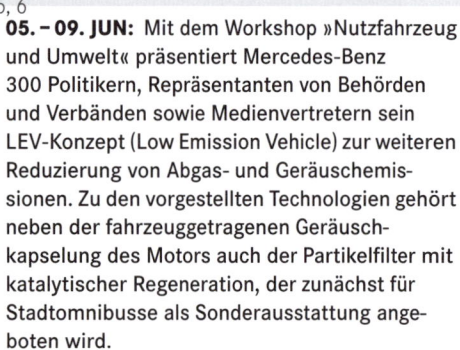

05.–09. JUN: Mit dem Workshop »Nutzfahrzeug und Umwelt« präsentiert Mercedes-Benz 300 Politikern, Repräsentanten von Behörden und Verbänden sowie Medienvertretern sein LEV-Konzept (Low Emission Vehicle) zur weiteren Reduzierung von Abgas- und Geräuschemissionen. Zu den vorgestellten Technologien gehört neben der fahrzeuggetragenen Geräuschkapselung des Motors auch der Partikelfilter mit katalytischer Regeneration, der zunächst für Stadtomnibusse als Sonderausstattung angeboten wird.

10./11. JUN: 37 Jahre nach dem ersten und bislang einzigen Mercedes-Benz Erfolg in Le Mans erringen die Sauber-Mercedes C 9 beim legendären 24-Stunden-Rennen einen Doppelsieg. Am Steuer der erfolgreichen Silberpfeile sind Jochen Mass / Stanley Dickens / Manuel Reuter und Mauro Baldi / Kenny Acheson / Gianfranco Brancatelli.

29. JUN: Im Rahmen der neuen Konzernstruktur der Daimler-Benz AG wird die Mercedes-Benz AG gegründet. Vorstandsvorsitzender wird Prof. Werner Niefer. Unter dem Dach der Daimler-Benz AG als geschäftsführender Holding agieren somit die Mercedes-Benz AG, die AEG AG und die Deutsche Aerospace AG als eigenständige Unternehmen.

15./16. JUL: Beim Truck-Racing-Wochenende auf dem Nürburgring gewinnt Thomas Hegmann auf Mercedes-Benz 1450 S beide Läufe der Klasse C und übernimmt damit die Führung in der Fahrerwertung.

04. AUG: Mehr als 18 Jahre nach Serienbeginn läuft das 237 287. und letzte Exemplar der SL-Baureihe R 107 im Werk Sindelfingen vom Band. Das Jubiläumsfahrzeug ist ein signalroter 500 SL, der in die Sammlung des Mercedes-Benz Museums übergeht.

01. SEP: Mercedes-Benz führt die Touring-Garantie ein, die die Fahrer von Mercedes-Benz Pkw und Geländewagen vier Jahre lang europaweit gegen Pannenfolgen schützt.

11. SEP: Im Mercedes-Benz Werk Kassel läuft die fünfmillionste Nutzfahrzeugachse vom Montageband.

14.–24. SEP: Auf der IAA in Frankfurt/M. werden die modellgepflegten Typen der Baureihe 124 vorgestellt, die sich stilistisch überarbeitet mit verbesserter Serienausstattung präsentieren. Als neue Topmodelle der Baureihe fungieren die Typen 300 E-24, 300 CE-24 und 300 TE-24 mit dem 162 kW / 220 PS starken Vierventilmotor M 104. Gleichzeitig debütiert mit den Typen 250 D lang und 260 E lang eine sechstürige Langlimousine als weitere Variante der Mittelklasse-Baureihe. Premiere haben außerdem die grundlegend überarbeiteten Geländewagen der neuen Baureihe 463. Auf der IAA debütieren auch der Niederflur-Stadtlinienomnibus O 405 N und der Überlandbus O 408.

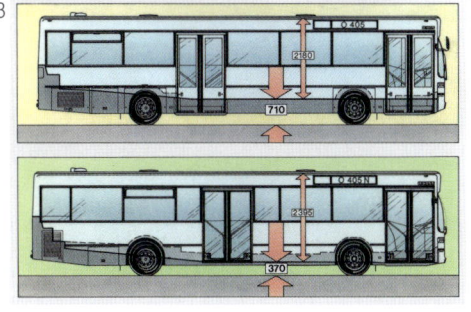

15./16. SEP: Am vorletzten Wochenende der Truck-Racing-Saison auf dem Nürburgring endet der erste Lauf der Klasse C mit einem Vierfachsieg und der zweite Lauf mit einem Doppelsieg für Mercedes-Benz. Thomas Hegmann auf Mercedes-Benz 1450 S sichert sich mit einem zweiten Platz im ersten Lauf und einem Sieg im zweiten Lauf den Fahrertitel der Klasse C, und am Ende gewinnt Mercedes-Benz auch die Markenwertung mit großem Vorsprung.

12. OKT: Als einmillionster im Werk Bremen gefertigter Mercedes-Benz Pkw rollt ein 250 TD vom Band.

29. OKT: Beim Abschlussrennen der Sportwagen-Weltmeisterschaft in Mexico City erzielt das Team Jean-Louis Schlesser / Jochen Mass seinen vierten Saisonsieg, der für Sauber-Mercedes der achte Sieg der Saison 1989 ist. Die Fahrerwertung gewinnt Jean-Louis Schlesser vor Jochen Mass, die Markenwertung geht mit großem Vorsprung an Sauber-Mercedes.

17. NOV: Die Gesellschafterversammlung und der Aufsichtsrat der Messerschmitt-Bölkow-Blohm AG (MBB) stimmen der Mehrheitsbeteiligung von Daimler-Benz zu. Damit gehört die MBB als Tochterunternehmen zur Deutschen Aerospace AG.

20. NOV: Karl Feuerstein, Betriebsratsvorsitzender des Werks Mannheim, wird neuer Vorsitzender des Gesamtbetriebsrats der Daimler-Benz AG. Herbert Lucy, der das Amt seit 1973 innehatte, geht aus gesundheitlichen Gründen in den Vorruhestand.

08. DEZ: Die Deutsche Airbus GmbH wird mit Sitz in Hamburg gegründet. Sie umfasst die frühere MBB-Unternehmensgruppe »Transport- und Verkehrsflugzeuge« und die ehemalige Deutsche Airbus GmbH (München).

1990	Belegschaft 376 785	Produktion Pkw / Nfz 581 912 / 260 432	Umsatz 85 500 Mio. DM

01. JAN: Die Mercedes-Benz Asia nimmt ihre Tätigkeit auf. Sie betreut die Märkte in Südostasien mit Ausnahme von Indonesien und Japan.

16. JAN: In Stuttgart gründen Mitarbeiter des Unternehmens den Mercedes-Benz Chor, der bald darauf die ersten Benefizkonzerte im Stuttgarter Raum veranstaltet.

1

11. – 21. JAN: Auf dem Internationalen Nutzfahrzeug-Salon in Genf wird die Schwere Klasse (SK) von Mercedes-Benz mit der Auszeichnung »Truck of the Year 1990« dekoriert. Die begehrte Trophäe, die von Fachjournalisten aus 13 Ländern vergeben wird, übernimmt Helmut Werner, Nutzfahrzeug-Vorstand und stellvertretender Vorstandsvorsitzender der Mercedes-Benz AG.

2, 3

08. – 18. MÄR: Der Mercedes-Benz 190 E 2.5-16 Evolution II (Baureihe 201), der wie sein Vorgängermodell in einer limitierten Auflage von 500 Exemplaren produziert wird, hat Weltpremiere auf dem Genfer Automobil-Salon. Ausgestellt ist auch ein Mercedes-Benz 300 E-24 für variablen Methanol-Benzin-Mischbetrieb, dessen Motorsteuerung sich automatisch dem Mischungsverhältnis der Kraftstoffkomponenten anpasst.

4

08. APR: Beim ersten Rennen der Sportwagen-Weltmeisterschaft im japanischen Suzuka belegen Jean-Louis Schlesser / Mauro Baldi und Jochen Mass / Karl Wendlinger auf Sauber-Mercedes C 9 die ersten beiden Plätze.

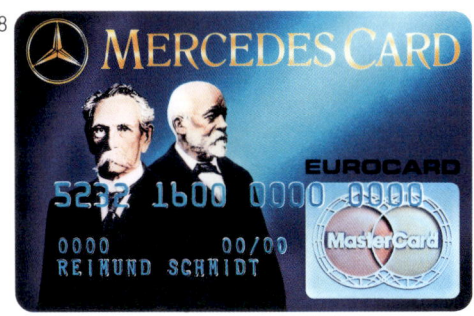

20. APR – 01. MAI: Mercedes-Benz präsentiert auf dem Turiner Automobil-Salon den neuen Typ 190 E 1.8 mit 1,8-l-Einspritzmotor, der in der Baureihe 201 das bisherige Vergasermodell Typ 190 ablöst. Er wird als besonders preiswertes Einsteigermodell vor allem für junge Fahrer lanciert. Gleichzeitig entfallen auch die Vergasertypen 200 und 200 T aus der Mittleren Baureihe 124, sodass das Pkw-Verkaufsprogramm ab Ende April nur noch Modelle mit Einspritzmotoren umfasst.

21./22. APR: Beim Auftaktrennen der Truck-Race-Saison gewinnt Thomas Hegmann, Vorjahres-Champion der Klasse C, auf Mercedes-Benz 1450 LS beide Läufe. Sein Bruder Axel belegt in der Klasse A auf Mercedes-Benz 1733 LS den ersten Platz im zweiten Lauf.

29. APR: Bei seinem ersten Einsatz erzielt der neue Gruppe-C-Rennsportwagen Mercedes-Benz C 11 einen Doppelsieg. Der Silberpfeil von Mauro Baldi / Jean-Louis Schlesser passiert die Ziellinie vor dem Wagen von Jochen Mass / Karl Wendlinger. Der vollkommen neu entwickelte C 11 ist mit einer überarbeiteten Version des im C 9 eingesetzten Vierventil-V8-Motors M 119 ausgerüstet.

02. – 09. MAI: Auf dem Innovationsmarkt der Hannover-Messe debütiert ein Elektro-Versuchsfahrzeug auf Basis der Kompaktklasse, das mit einer Natrium-Nickelchlorid-Hochtemperaturbatterie ausgestattet ist. Der Mercedes-Benz 190 Elektro dient als Erprobungsträger für verschiedene Antriebsvarianten und Batteriesysteme.

14. MAI: Der einmillionste im Werk Düsseldorf gebaute Mercedes-Benz Transporter rollt vom Band. Das ehemalige Auto-Union-Werk hat die Transporterfertigung im Jahre 1962 aus Sindelfingen übernommen. Das Jubiläumsfahrzeug, ein 208 D Kleinbus mit Rollstuhllift, wird der Deutschen Multiple-Sklerose-Gesellschaft gestiftet.

MAI: Als erster deutscher Automobilhersteller bietet Mercedes-Benz seinen Kunden mit der »MercedesCard« eine eigene Kreditkarte an, die in Kooperation mit der EuroCard-Organisation von 7,9 Millionen Vertragsfirmen akzeptiert wird.

01. JUN: Der erste Bauabschnitt des Daimler-Benz Forschungszentrums Ulm wird offiziell eingeweiht. Zugleich erfolgt die Grundsteinlegung zum zweiten Bauabschnitt, der weitere Laborgebäude sowie ein Kommunikationszentrum mit Seminar- und Vortragsräumen umfasst.

13. – 17. JUN: Auf der Landwirtschaftsmesse »Nordagrar« in Hannover debütiert der 132 kW / 180 PS starke MB-trac 1800 Intercooler (Baureihe 443) als neues Topmodell des MB-trac Verkaufsprogramms.

21. JUN: In Irvine, Kalifornien/USA wird die Mercedes-Benz Advanced Design of North America gegründet, die das erste Advanced Design Studio für Mercedes-Benz Pkw im Ausland betreibt.

01. JUL: Fast genau ein Jahr, nachdem die ersten Mitarbeiter ihre neuen Büros bezogen haben, wird die neue Konzernhauptverwaltung in Stuttgart-Möhringen mit einem Nachbarschaftstag der Öffentlichkeit präsentiert. 60 000 Besucher besichtigen die Bürohäuser, die zentrale Halle und die Ausstellung.

01. JUL: Die Daimler-Benz Inter Services (debis) wird als vierter Unternehmensbereich der Daimler-Benz AG gegründet. Er umfasst die Geschäftsfelder Systemhaus, Finanzdienstleistungen, Versicherungen sowie Handel und Marketing Services.

01. SEP: Prof. Hartmut Weule übernimmt als Nachfolger des am 30. April 1990 ausgeschiedenen Dr. Rudolf Hörnig die Verantwortung für das Vorstandsressort »Forschung und Technik«.

15./16. SEP: In Zolder/Belgien beim vorletzten Rennen der Truck-Racing-Saison, gewinnt Axel Hegmann auf Mercedes-Benz 1733 S beide Läufe der Klasse A und sichert sich damit den Fahrertitel der Europameisterschaft. In der Klasse C siegt Steve Parrish auf 1450 LS in beiden Läufen.

19. SEP: Die Daimler-Benz Aktie wird an der Wertpapierbörse in Tokio eingeführt. Am 6. Dezember folgt die Notierung an der Londoner Börse.

23. SEP: In Montreal, beim vorletzten Rennen der Saison, gewinnen Jean-Louis Schlesser / Mauro Baldi durch ihren Sieg mit dem Mercedes-Benz C 11 die Fahrerwertung der Gruppe-C-Weltmeisterschaft. Jochen Mass wird wie im Vorjahr Vizeweltmeister. Die Teamwertung hat Mercedes-Benz bereits am 2. September, zwei Rennen vor dem Saisonfinale in Mexiko, im englischen Donington Park für sich entschieden.

28. SEP: Die einmillionste im Werk Gaggenau gefertigte Außenplanetenachse läuft vom Montageband. Das Werk hat die Fertigung der Außenplaneten-Vorder- und -Hinterachsen im Jahr 1972 aufgenommen.

04.–14. OKT: Der Typ 500 E mit einem 240 kW / 326 PS starken 5-l-V8-Vierventilmotor debütiert als Topmodell der Mittleren Mercedes-Klasse (Baureihe 124) auf dem Pariser Salon. Die Montage des Fahrzeugs erfolgt bei Porsche in Stuttgart-Zuffenhausen.

06./07. OKT: Beim Saison-Finale im spanischen Jarama gewinnt Steve Parrish auf Mercedes-Benz 1450 LS beide Läufe der Klasse C. Er wird dadurch mit deutlichem Punktevorsprung Truck-Racing-Europameister der Klasse C. Thomas Hegmann wird Vizemeister. Außerdem gewinnt Mercedes-Benz die Herstellerwertung der Klassen A und C.

OKT: Mit der AMG Motorenbau- und Entwicklungs-Gesellschaft mbH in Affalterbach wird im Rahmen eines Kooperationsvertrags vereinbart, auf den Gebieten Entwicklung, Fertigung, Vertrieb und Service von Pkw und Pkw-Teilen zusammenzuarbeiten. Ab Mai 1991 ergänzen die AMG-Modelle das Verkaufsprogramm der Mercedes-Benz Niederlassungen und Vertretungen.

OKT: Mercedes-Benz bietet für alle Diesel-Pkw eine aufwendige Abgasreinigungsanlage an, bei der ein speziell für Dieselmotoren entwickelter Oxidationskatalysator mit einer Abgasrückführung kombiniert ist. Dieses sehr effiziente System ist zunächst für Diesel-Pkw mit Saugmotor, ein halbes Jahr später dann auch für die Typen mit Turbomotor als Sonderausstattung verfügbar.

15. NOV: Die Mercedes-Benz AG und der sowjetische Omnibuskonzern AVTROKON unterzeichnen in Moskau Verträge über die Lizenzfertigung des Omnibusses O 303 in der Sowjetunion. Die ersten Busse sollen bereits 1991 im Werk Golizyno bei Moskau montiert werden. Geplant ist eine Jahresproduktion von 2 500 Einheiten.

21. NOV: Die türkische Beteiligungsgesellschaft OTOMARSAN wird in Mercedes-Benz Türk A.S. umbenannt, nachdem die Daimler-Benz AG ihre Geschäftsanteile im Jahr 1989 auf 50,3 % aufgestockt hat.

1990

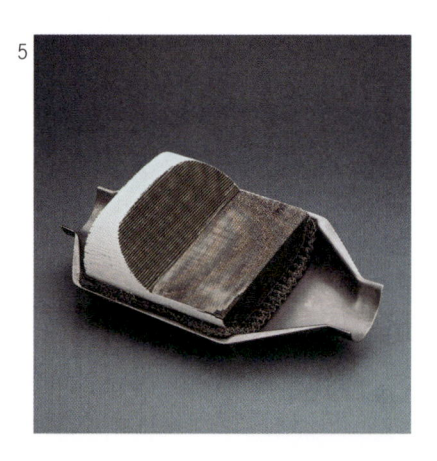

12. – 20. JAN: Auf der North American International Auto Show in Detroit, Michigan/USA präsentiert Mercedes-Benz das Experimentalfahrzeug F 100 mit zahlreichen innovativen Konstruktionsmerkmalen.

17. JAN: Die FAMSA (Fabrica de Autotransportes Mexicana S.A.) wird in Mercedes-Benz Mexico S.A. de C.V. umbenannt. Seine Beteiligung hat Daimler-Benz bereits 1989 auf 50,3 % erhöht.

08. FEB: Bei der Nutzfahrzeug Ludwigsfelde GmbH rollt ein Mercedes-Benz 814 aus der Baureihe LN 2 als erster auf dem Gebiet der ehemaligen DDR produzierter Mercedes-Benz Lkw vom Band. Das im Januar von der Treuhandanstalt gegründete Unternehmen fertigt die Mercedes-Benz Lastwagen zunächst im Lohnauftrag. Prof. Werner Niefer, Vorstandsvorsitzender der Mercedes-Benz AG, übergibt das Premierenfahrzeug in einer Feierstunde als Spende an den brandenburgischen Ministerpräsidenten Manfred Stolpe.

25. FEB: Mit einem Projektvorschlag der Konzerngesellschaft Dornier GmbH in Friedrichshafen beginnt bei Daimler-Benz die Entwicklung eines Brennstoffzellen-Aggregats, das als Antrieb eines Elektrofahrzeugs verwendet werden kann. Bereits drei Jahre später präsentiert Daimler-Benz mit dem Forschungsfahrzeug NECAR (New Electric Car) den ersten Meilenstein der neuen Antriebstechnologie.

26. FEB: Auf der TECHNOGERMA in Seoul gibt die Mercedes-Benz AG den erfolgreichen Abschluss eines Kooperationsvertrags mit der südkoreanischen SsangYong Motor Company bekannt. Danach soll in Südkorea ab 1994 die Lizenzproduktion von Mercedes-Benz Transportern für den Inlandsmarkt und definierte Märkte Südostasiens erfolgen.

01. MÄR: Die Mercedes-Benz Danmark AS mit Sitz in Hillerød wird durch Übernahme der bisherigen Generalvertretung Bohnstedt-Petersen AS gegründet.

07. – 17. MÄR: Auf dem Genfer Automobil-Salon debütiert die S-Klasse Baureihe 140 mit den Modellen 300 SE/SEL, 400 SE/SEL, 500 SE/SEL und 600 SE/SEL. Die neue S-Klasse Limousine zeichnet sich nicht nur durch eine Vielzahl technischer Innovationen aus, sondern präsentiert mit ihrem »Plakettenkühler« und dem auf der Motorhaube platzierten Stern auch eine stilistisch neue Interpretation des traditionellen Mercedes-Kühlergrills. Sie wird zudem zum Wegbereiter für innovative Umwelttechnik: Bereits bei ihrer Entwicklung wurde die S-Klasse konsequent auf Recyclingfähigkeit, auf die Verwendung recycelter Materialien und auf die völlige Vermeidung der umweltschädlichen Fluor-Chlor-Kohlenwasserstoffe ausgelegt. In Genf wird außerdem der neueste Elektro-Versuchs-Pkw auf Basis der Kompaktklasse vorgestellt, bei dem zwei aus Natrium-Nickelchlorid-Batterien gespeiste Elektromotoren je ein Hinterrad antreiben. Vorteil des neuen Antriebskonzepts ist der Wegfall gewichtsintensiver mechanischer Komponenten.

08. MÄR: In Phoenix, Arizona/USA präsentiert die US-amerikanische Tochtergesellschaft Freightliner unter dem Namen »Business Class« ihre erste Lkw-Baureihe im mittleren Gewichtssegment von 9,5 bis 15,9 t. Die Haubenfahrzeuge sind vor allem für den Verteilerverkehr konzipiert.

1991	Belegschaft	Produktion Pkw / Nfz	Umsatz
	379 252	585 162 / 297 191	95 010 Mio. DM

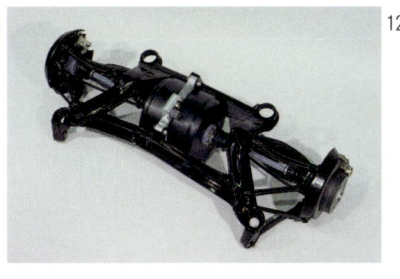

10. – 17. APR: Auf der Hannover-Messe präsentiert Mercedes-Benz im Rahmen seines LEV-Konzepts (Low Emission Vehicle) ein neues Nutzfahrzeug-Motorenprogramm, das bereits die ab Herbst 1993 gültigen europäischen Abgasbestimmungen der Norm EURO 1 erfüllt. Die neue Palette schadstoffarmer Motoren, die mit Turboaufladung und Ladeluftkühlung ausgerüstet sind, umfasst das V6-Aggregat OM 401 LA, den V8-Motor OM 402 LA und den Reihensechszylinder OM 366 LA.

22. – 27. APR: Im schweizerischen Lugano präsentiert Mercedes-Benz der internationalen Presse den Typ 814 DA, eine allradgetriebene Variante der Transporterbaureihe T 2, die als Transporter, Kleinbus und Fahrgestell für Sonderaufbauten angeboten wird.

07. MAI: Die Mercedes-Benz AG entscheidet sich für Papenburg im Emsland als Standort einer neuen Prüfstrecke.

26. JUN – 05. JUL: In seinem spanischen Produktionswerk Vitoria präsentiert sich der Transporter MB 100 D in modellgepflegter Ausführung mit neu gestalteter Frontpartie, verbesserter Ausstattung und überarbeiteter Technik.

JUL: Die debitel wird als rechtlich selbstständiges Unternehmen der debis, der METRO und des amerikanischen Telekommunikationskonzerns NYNEX gegründet.

01. JUL: Die MTU München übernimmt die in Brandenburg ansässige Luftfahrttechnik Ludwigsfelde GmbH (LTL).

13./14. JUL: Auf dem Nürburgring gewinnt Steve Parrish auf Mercedes-Benz 1450 S sein erstes Rennen in der Klasse C Truck-Racing-Saison. In Klasse A erzielt Axel Hegmann auf Mercedes-Benz 1733 S ebenfalls seinen ersten Saisonsieg. Am Ende der Saison ist Axel Hegmann Vizemeister in der Klasse A, Steve Parrish liegt in der Klasse C auf dem dritten Platz.

19. JUL: Die Mercedes-Benz AG und die US-amerikanische Diesel Technology Corporation (DTC) vereinbaren die gemeinsame Entwicklung und Produktion eines elektronischen Einspritzsystems für Nutzfahrzeug-Dieselmotoren. Das Ziel besteht darin, die anspruchsvollen amerikanischen Abgasnormen, die 1994 und 1998 in Kraft treten sollen, bei möglichst niedrigem Kraftstoffverbrauch zu erfüllen. Die DTC, eine Tochtergesellschaft der Penske Transportation, ist Hersteller von Diesel-Einspritzsystemen.

27. AUG: In Sindelfingen wird die neue Mercedes-Benz Reisebus-Generation der Typenreihe O 404 präsentiert. Der Nachfolger des O 303 wird ab Januar 1992 im Werk Mannheim produziert.

31. AUG – 05. SEP: In der Ulmer Donauhalle präsentiert Setra mit einem S 315 HD die neue Reisebus-Generation der Baureihe 300. Weitere Modelle sind der S 309 HD und der S 315 HDH.

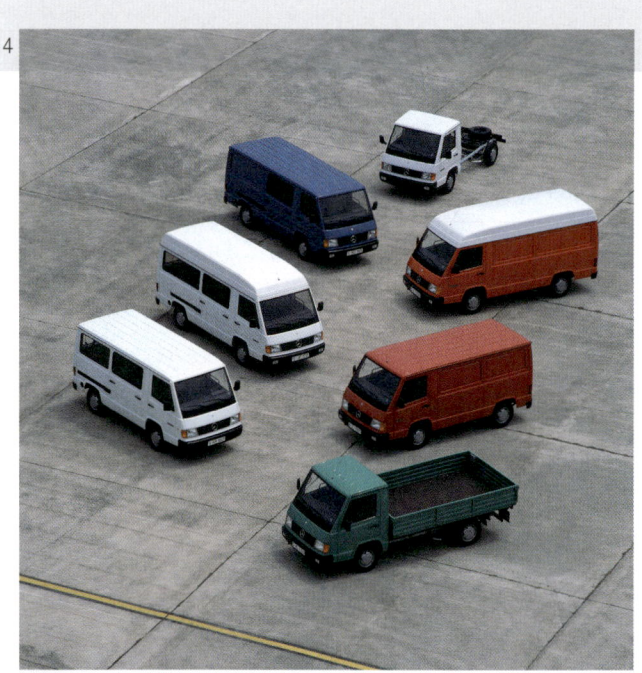

1991

1991

06. SEP: Bei der Nutzfahrzeuge Ludwigsfelde GmbH, die seit Anfang 1991 Mercedes-Benz Lkw im Lohnauftrag produziert, wird der erste in Ludwigsfelde gebaute Großtransporter der Baureihe T 2 fertiggestellt.

6, 7, 8, 9, 10
12. – 22. SEP: Auf der IAA in Frankfurt/M. präsentiert Mercedes-Benz das Cabriolet 300 CE-24 (Baureihe 124) sowie das Experimentalfahrzeug C 112 mit V12-Mittelmotor und aktivem Fahrwerk. Weltpremiere hat außerdem der neue Geländewagentyp 350 GD Turbodiesel. Der Kooperationspartner AMG stellt die Modelle 190 E 3.2, 300 E 3.4, 300 TE 3.4, 300 CE 3.4 und 500 SL 6.0 aus.

11
27. SEP: Nach fast fünfjähriger Planungs- und Bauzeit nimmt die Mercedes-Benz AG in Germersheim ihr neues zentrales Versorgungslager (ZVL) in Betrieb. Auf einer überbauten Fläche von 125 000 m² sind über 260 000 verschiedene Ersatzteil-Artikel für Personenwagen und Nutzfahrzeuge gelagert.

12
29. SEP: Nach dem Saison-Abschlussrennen auf dem Hockenheimring ist Klaus Ludwig auf AMG-Mercedes 190 E 2.5-16 Evolution II Vizemeister der Deutschen Tourenwagen-Meisterschaft. Mercedes-Benz gewinnt die Markenwertung und AMG die Teamwertung.

13
18. – 23. OKT: Auf der Ausstellung Car & Bus im belgischen Kortrijk wird der neue Reisebus Mercedes-Benz O 404 von einer zwölfköpfigen internationalen Jury aus Fachjournalisten zum »Coach of the Year 1992« gekürt.

23. OKT – 08. NOV: Auf der Tokyo Motor Show präsentiert Mercedes-Benz den Typ 400 E, der das Modellprogramm der Mittleren Mercedes-Klasse um eine zweite Limousine mit V8-Motor erweitert. Das neue Modell wird zunächst nur in Japan und den USA angeboten.

14, 15
27. OKT: Das Team Schumacher/Wendlinger siegt auf Sauber-Mercedes C 291 beim Saisonabschlussrennen der Sportwagen-Weltmeisterschaft in Autopolis/Japan.

28. NOV: Die Mercedes-Benz AG gibt die Entscheidung bekannt, ihr Gruppe-C-Engagement zu beenden und vorerst auch keine Formel-1-Beteiligung anzustreben.

29. NOV: Die Mercedes-Benz AG und das Land Baden-Württemberg unterzeichnen einen Vertrag, der den ganzheitlichen Umweltschutz für das Werk Sindelfingen zum Ziel hat. Mit Investitionen von 1,5 Mrd. DM will Mercedes-Benz nicht nur reinere Luft, sondern auch saubereres Abwasser und weniger Sonderabfälle erzielen. Insbesondere die Lösemittelbelastung soll in drei Schritten drastisch reduziert werden.

17. DEZ: Im Werk Gaggenau läuft der letzte MB-trac vom Band. Der wachsende Wettbewerbsdruck auf dem Ackerschleppermarkt hat die Produktionseinstellung und die Aufgabe des Marktsegments MB-trac trotz der Kooperation mit KHD unvermeidbar gemacht.

285

| 1992 | Belegschaft 376 467 | Produktion Pkw / Nfz 536 117 / 277 502 | Umsatz 98 549 Mio. DM |

01. JAN: Die Hubschrauberbereiche der Deutschen Aerospace und der französischen Aerospatiale werden integriert zur Eurocopter S.A. mit Sitz in Paris.

09. – 19. JAN: Die S-Klasse Coupés 500 SEC und 600 SEC (Baureihe 140) haben Weltpremiere auf der North American International Auto Show in Detroit.

17. – 26. JAN: Auf dem Internationalen Nutzfahrzeug-Salon in Genf debütiert der O 405 GN, der die 1989 präsentierte Niederflur-Stadtbus-Baureihe O 405 N um eine Gelenkbus-Variante erweitert.

06. FEB: Bei der saudi-arabischen Beteiligungsgesellschaft National Automotive Industry Company (NAI) feiert Mercedes-Benz ein besonderes Produktionsjubiläum. Im Montagewerk in Dschidda/Saudi-Arabien wird eine Schwerlastzugmaschine des Typs 1935 S an den Kunden übergeben, die aus dem zweimillionsten von Mercedes-Benz in alle Welt exportierten Nutzfahrzeug-Teilesatz gebaut wurde.

24. FEB: Mit der Verkaufsfreigabe für das neue Geländewagen-Modell 290 GD wird das Verkaufsprogramm des Geländewagens neu strukturiert. Die Basis-Modellreihe 460, die seit der Einführung der Baureihe 463 das Segment für professionelle Nutzung abdeckt, erhält die neue Baureihenbezeichnung 461. Der 290 GD löst den 250 GD ab, und der 230 GE wird in das Programm der Baureihe 461 übernommen.

05. – 15. MÄR: Auf dem Genfer Automobil-Salon feiern die Coupés der S-Klasse Europa-Premiere. Außerdem präsentiert Mercedes-Benz ein »Flexible-Fuel«-Versuchsfahrzeug auf Basis des 300 SE (Baureihe 140), dessen Motorsteuerung für variablen Benzin-Methanol-Mischbetrieb bis zu einem Methanolanteil von 85 % ausgelegt ist.

09. MÄR: Mercedes-Benz präsentiert der Presse drei limitierte Sondermodelle der Kompaktklasse: Der 190 E 1.8 AVANTGARDE ROSSO, der 190 E 2.3 AVANTGARDE AZZURRO und der 190 D 2.5 AVANTGARDE VERDE sollen das bestehende Ausstattungsangebot um drei moderne, jugendliche Varianten bereichern.

16. / 23. MÄR: Daimler-Benz erhöht seine Beteiligung an der schweizerischen NAW Nutzfahrzeuggesellschaft Arbon & Wetzikon auf 100 %. Der 45 %-Anteil der AG Adolph Saurer wird am 16. März übernommen, eine Woche später folgen auch die 15 % der Oerlikon Bührle Holding AG.

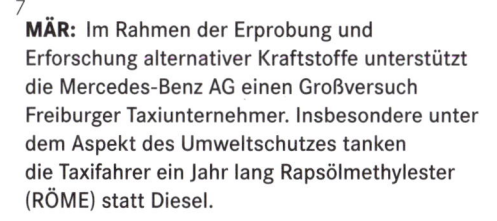

7
MÄR: Im Rahmen der Erprobung und Erforschung alternativer Kraftstoffe unterstützt die Mercedes-Benz AG einen Großversuch Freiburger Taxiunternehmer. Insbesondere unter dem Aspekt des Umweltschutzes tanken die Taxifahrer ein Jahr lang Rapsölmethylester (RÖME) statt Diesel.

8
03. APR: Auf einer Pressekonferenz in Stuttgart präsentieren Mercedes-Benz und der debis-Geschäftsbereich Finanzdienstleistungen ein neues Nutzfahrzeug-Leasingangebot: Die Mercedes-Benz Charter Way GmbH bietet der Transportwirtschaft ab Mai 1992 die Langzeitvermietung von kompletten Nutzfahrzeugen – vom Transporter bis zum Fernverkehrszug.

08. APR: Zweieinhalb Jahre nach Unterzeichnung der Lizenzverträge mit dem russischen Omnibushersteller AVTROKON tritt die Umsetzung in die entscheidende Phase. In Gegenwart des Vorstandsvorsitzenden Prof. Werner Niefer werden die ersten sechs SKD-Busse (semi knocked-down, teilzerlegt) des Typs O 303 im Mercedes-Benz Werk Mannheim nach Russland versendet. AVTROKON wird 250 Mio. DM in das Projekt investieren, einschließlich der Montage von zunächst 85 Bussen, die als SKD-Fahrzeuge und CKD-Teilesätze nach Golizyno/Russland geliefert werden.

9, 10, 11, 12, 13, 14
09. – 17. MAI: Auf der IAA Nutzfahrzeuge in Hannover debütiert mit den Typen U 90 (Baureihe 408) sowie U 110 und U 140 (Baureihe 418) die Nachfolgegeneration der leichten und mittleren Unimog-Baureihen. Als Designstudie und Innovationsträger präsentiert sich der Euro-Experimental-Truck EXT-92, mit dem Mercedes-Benz demonstriert, wie das Fernverkehrsfahrzeug der Zukunft aussehen könnte. Omnibus-Neuheiten sind der O 100 City auf Basis des MB 100 D und der Prototyp des bei Mercedes-Benz Türk produzierten Reisebusses O 340. Von der Reisebus-Baureihe O 404 werden die Basisvariante O 404 RH und der Doppeldecker O 404 DD vorgestellt. Setra präsentiert den Reisebus S 312 HD als neue Variante der Baureihe 300 und den S 215 NR, den ersten Niederflur-Überlandbus Europas.

15
25. MAI: In Anwesenheit von Bundeskanzler Dr. Helmut Kohl und 500 prominenten Ehrengästen wird in Rastatt das dritte Mercedes-Benz Pkw-Montagewerk offiziell eingeweiht. In der ersten Ausbaustufe werden aus dem Werk Sindelfingen angelieferte lackierte Karosserien der Mittleren Klasse (Baureihe 124) fertigmontiert.

MAI: Die Mercedes-Benz AG präsentiert die Ergebnisse der vom Vorstand beauftragten Weiterentwicklung der Führungsorganisation. Diese umfasst die Einführung von Leistungszentren in den Werken und in der Zentrale sowie die Reduzierung der Führungsebenen von sechs auf vier. Die Umsetzung soll zum 1. Januar 1993 flächendeckend in der gesamten Mercedes-Benz AG erfolgen.

06./07. JUN: Auf dem Circuit Paul Ricard im südfranzösischen Le Castellet gewinnt Steve Parrish auf Mercedes-Benz 1450 S beide Läufe der Klasse C und erzielt damit seinen ersten Saisonsieg. An den folgenden Rennwochenenden gewinnt Parrish stets mindestens einen von beiden Läufen.

1
09. JUN: Das 300 CE-24 Cabriolet, im September 1991 auf der IAA präsentiert, erlebt seine Markteinführung in Deutschland. Damit wird die Mittlere Mercedes-Klasse (Baureihe 124) um einen offenen Viersitzer erweitert.

15. JUN: Der zweimillionste Pkw der Mittleren Baureihe 124, ein silberner Typ 200 E, verlässt das Finishband in Sindelfingen und wird der Gattin des Bundespräsidenten, Frau Marianne von Weizsäcker, als Spende für das Müttergenesungswerk übergeben.

01. JUL: In Yokohama/Japan erfolgt die Gründung des zweiten Mercedes-Benz Advanced Design Studios außerhalb Deutschlands.

01. JUL: Die Dasa und die AEG gründen die TEMIC Telefunken microelectronic GmbH mit Firmensitz in Heilbronn.

2
13. JUL: Der Mercedes-Benz 600 SL mit dem 300 kW / 408 PS starken V 12-Motor der S-Klasse wird als neues Topmodell der Baureihe 129 der Presse vorgestellt.

23. JUL: Der letzte von 672 383 im Werk Düsseldorf gebauten Transportern der Baureihe T 2 wird fertiggestellt, nachdem die Produktion der Mercedes-Benz Großtransporter sukzessive in das brandenburgische Werk Ludwigsfelde verlagert worden ist.

3, 4
25. JUL – 09. AUG: Bei den Olympischen Sommerspielen in Barcelona kommt eine Flotte von zwölf Elektro-Kleinbussen und -Transportern auf Basis des MB 100 zum Einsatz, teilweise mit Sonderaufbauten für Zeitnahme und Fernsehen.

5
31. JUL: In Sindelfingen läuft der einmillionste Mercedes-Benz Pkw mit Airbag vom Band.

25. AUG: Im Werk Mannheim wird der letzte von 25 778 Komplettbussen der Omnibus-Modellreihe O 303 fertiggestellt. Zusätzlich sind in 18 Produktionsjahren 11 977 Fahrgestelle entstanden, die von anderen Herstellern mit einer Karosserie versehen wurden. Zusammen mit 330 weiteren Fahrgestellen, die bis Februar 1993 gefertigt werden, ergibt sich eine Stückzahl von 38 085 Einheiten, die den O 303 zum erfolgreichsten Reisebus weltweit macht.

27. AUG: Im Werk Sindelfingen rollt in Gegenwart des Mercedes-Benz Vorstandsvorsitzenden Prof. Werner Niefer ein 560 SEC als letztes Fahrzeug der S-Klasse Baureihe 126 vom Band. Insgesamt sind in 13 Produktionsjahren 892 193 Limousinen und Coupés entstanden.

6
19./20. SEP: Im belgischen Zolder siegt Steve Parrish auf Mercedes-Benz 1450 S in beiden Läufen der Klasse C. Er sichert sich damit bereits im vorletzten Rennen der Truck-Racing-Saison den Gewinn der Europameisterschaft. Außerdem gewinnt Mercedes-Benz die Herstellerwertung.

288

30. SEP: Auf der CFC and Halon Alternatives Conference in Washington, D. C. wird die Mercedes-Benz S-Klasse von der Environmental Protection Agency mit dem Stratospheric Ozone Protection Award ausgezeichnet. Die oberste US-amerikanische Umweltbehörde EPA würdigt damit die S-Klasse als erstes FCKW-freies Automobil und Wegbereiter für eine automobile Zukunft ohne Fluor-Chlor-Kohlenwasserstoffe.

01. OKT: Die Mercedes-Benz AG bietet ihren Mitarbeiterinnen und Mitarbeitern neben dem Kauf eines Mercedes-Benz Jahreswagens ab sofort auch das Jahreswagen-Leasing an. Dieses attraktive Modell ermöglicht es dem bezugsberechtigten Mitarbeiter, die Gesamtkosten für die einjährige Nutzung des Fahrzeugs zuverlässig zu planen.

7, 8, 9, 10
01. OKT: Mercedes-Benz präsentiert der Presse den Typ 400 E, der die mittlere Pkw-Baureihe 124 nun auch im Inland um ein zweites Achtzylindermodell ergänzt. Gleichzeitig werden neue Vier- und Sechszylindertypen vorgestellt, die mit Vierventil-Ottomotoren der Baureihen M 111 und M 104 ausgerüstet sind. Für alle Mercedes-Benz Pkw gehören Airbag und ABS fortan zur Serienausstattung.

11, 12
02. OKT: In Binz auf der Insel Rügen beginnt ein vom Bundesministerium für Forschung und Technologie gefördertes Großprojekt zur Praxiserprobung von Elektrofahrzeugen der neuesten Generation. Mercedes-Benz beteiligt sich mit 20 Fahrzeugen, von denen je zehn auf dem Typ 190 und dem Transporter MB 100 D basieren.

13
05. OKT: Im neuen Omnibuswerk der Karl Kässbohrer Fahrzeugwerke GmbH in Neu-Ulm beginnt nach knapp zweijähriger Bauzeit die Serienfertigung von Setra Omnibussen. Das erste Fahrzeug, das in Produktion geht, ist ein Reisebus des Typs S 315 HD.

07. OKT: Auf dem Pariser Automobil-Salon wird die S-Klasse von einer internationalen Jury aus Automobiljournalisten mit dem Titel »The World Car 1992« ausgezeichnet. In der Begründung wird die zukunftsprägende Bedeutung der S-Klasse im Hinblick auf Umweltverträglichkeit, Sicherheit und Komfort hervorgehoben.

14
08. – 18. OKT: Als neue Einstiegsmodelle der S-Klasse Baureihe 140 debütieren der 300 SE 2.8 und der 300 SD auf dem Pariser Automobil-Salon. Mit dem 300 SD ist erstmals auch in den europäischen Märkten ein Dieselmodell der S-Klasse lieferbar. Ihre Publikumspremiere feiern außerdem die neuen Modelle der Pkw-Baureihe 124.

15
11. OKT: Mit einem dritten Platz beim Saison-Abschlussrennen auf dem Hockenheimring gewinnt Klaus Ludwig auf AMG-Mercedes 190 E 2.5-16 Evolution II die Deutsche Tourenwagen-Meisterschaft (DTM). Den zweiten und dritten Platz belegen Kurt Thiim und Bernd Schneider, beide ebenfalls auf AMG-Mercedes. Damit gewinnt Mercedes-Benz auch die Markenwertung.

12. OKT: Die Mercedes-Benz AG und die Ssang-Yong Motor Company (SYMC) unterzeichnen einen weiteren Kooperationsvertrag, der neben der bereits vereinbarten Lizenzfertigung von Mercedes-Benz Dieselmotoren und Transportern nun auch die Produktion von Benzinmotoren beinhaltet. Die Daimler-Benz AG wird in diesem Zusammenhang eine 5 %ige Beteiligung an SsangYong übernehmen.

16
28. OKT: Auf der Omnibusmesse Autobus RAI in Maastricht/Niederlande wird der Setra S 315 HDH aus der 1991 präsentierten Baureihe 300 von einer internationalen Jury aus Fachjournalisten mit dem Preis »Coach of the Year 1993« ausgezeichnet.

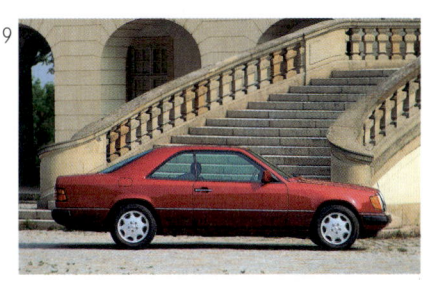

Individualisierung

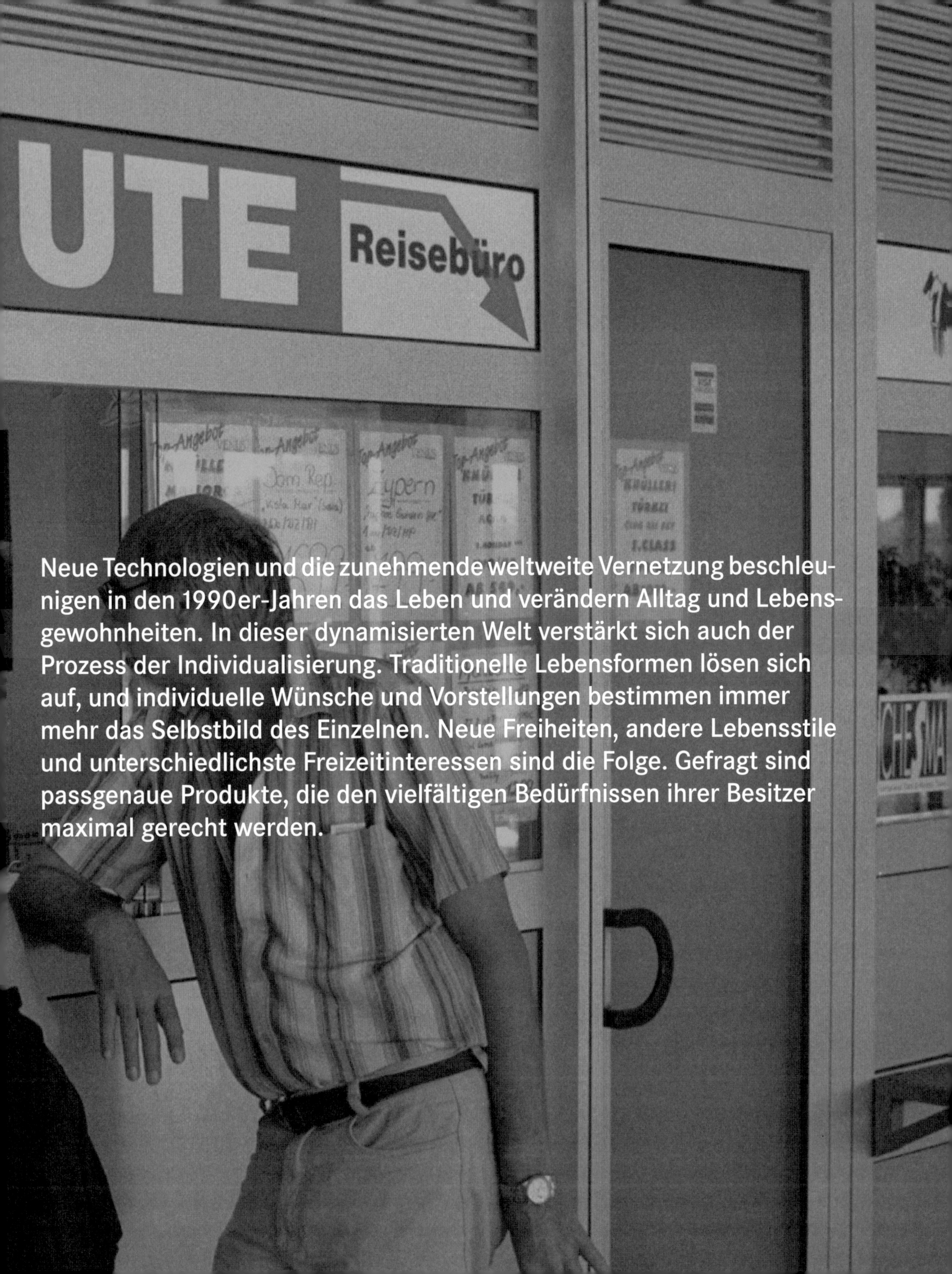

Neue Technologien und die zunehmende weltweite Vernetzung beschleunigen in den 1990er-Jahren das Leben und verändern Alltag und Lebensgewohnheiten. In dieser dynamisierten Welt verstärkt sich auch der Prozess der Individualisierung. Traditionelle Lebensformen lösen sich auf, und individuelle Wünsche und Vorstellungen bestimmen immer mehr das Selbstbild des Einzelnen. Neue Freiheiten, andere Lebensstile und unterschiedlichste Freizeitinteressen sind die Folge. Gefragt sind passgenaue Produkte, die den vielfältigen Bedürfnissen ihrer Besitzer maximal gerecht werden.

16/20
Produktoffensive Personenwagen 1993

Mercedes-Benz C-Klasse T-Modell | Mercedes-Benz SLK  | Mercedes-Benz M-Klasse | Mercedes-Benz A-Klasse | Jürgen Hubbert  | Dr. Dieter Zetsche

Auf den Wunsch der Kunden nach Fahrzeugen, die noch spezifischer auf ihre individuellen Wünsche abgestimmt sind, reagiert Mercedes-Benz 1993 mit einer Produktoffensive. Die Marke erschließt unter Pkw-Vorstand Jürgen Hubbert eine Vielzahl neuer Marktsegmente. Dabei entstehen neue Klein- und Kompaktwagen, Kombis, Roadster, Allzweckfahrzeuge und Großraumlimousinen. Entscheidend ist der Premium-Anspruch, mit dem Mercedes-Benz in allen Segmenten antritt.

Den Anfang macht 1993 die C-Klasse. Als erste Mercedes-Benz Pkw-Baureihe wird sie in unterschiedlichen Design- und Ausstattungslinien angeboten, deren eigenständiger Charakter vor allem in der Interieurgestaltung zum Ausdruck kommt. Darüber hinaus bietet die C-Klasse bei praktisch gleichem Preisniveau mehr Leistung, Komfort und Sicherheit als ihr Vorgänger und verkörpert damit die neue Preis-Wert-Philosophie von Mercedes-Benz.

Im gleichen Jahr wird auf der IAA in Frankfurt/M. die Konzeptstudie »Vision A 93« vorgestellt, ein Vorläufer der späteren A-Klasse, mit der Mercedes-Benz 1997 die Produktpalette um ein sehr kompaktes Fahrzeug erweitert. 1994 geht Mercedes-Benz noch einen Schritt weiter und präsentiert zwei Studien des Subkompaktwagens Micro Compact Car, der 1998 unter der eigenständigen Marke smart auf den Markt kommt.

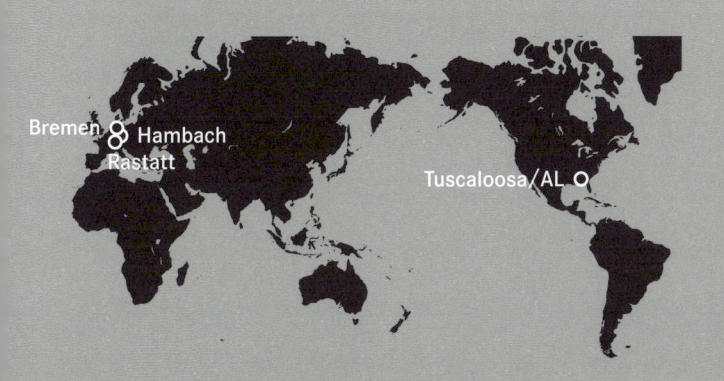

Produktionsstandorte der neuen Fahrzeugklassen

Mit Frontantrieb und neuartigem Karosseriekonzept: die »Vision A 93« als Basis der Mercedes-Benz A-Klasse

Mercedes-Benz C-Klasse in ihren vier Design- und Ausstattungslines

Eco-Sprinter und Eco-Speedster, zwei seriennahe Studien des Micro Compact Car, des späteren smart

Für ebenso viel Furore sorgt im gleichen Jahr die Premiere der Roadster-Studie SLK, die von Entwicklungschef Dr. Dieter Zetsche initiiert wurde und zwei Jahre später in Serie geht. 1995 erregt die E-Klasse Baureihe W 210 durch ihr innovatives Design mit vier elliptischen Frontscheinwerfern (»vier Augen«) viel Aufmerksamkeit. Im Folgejahr präsentiert das Unternehmen mit dem T-Modell der C-Klasse und der V-Klasse zwei weitere Modellreihen, die die Produktpalette erweitern.

1997 begründet die im amerikanischen Werk in Tuscaloosa/Alabama gefertigte M-Klasse das Segment der Sport Utility Vehicles, und im gleichen Jahr kommen das CLK Coupé und die A-Klasse auf den Markt.

Bestand das Produktprogramm 1993 aus 5 Klassen mit 13 Hauptvarianten, so waren es 1998 bereits 10 Klassen mit 16 Hauptvarianten. Im Jahr 2010, 17 Jahre nach dem Start der Produktoffensive bei den Personenwagen, umfasst die Mercedes-Benz Pkw-Palette 16 Klassen mit 25 Hauptvarianten, die mit einer Vielzahl an Modellen und Ausstattungen für nahezu jeden individuellen Wunsch die automobile Erfüllung bieten.

Das Design-Team der E-Klasse, die 1995 mit ihrem »Vier-Augen-Gesicht« Furore macht

Studie SLK, auf dem Automobil-Salon in Turin noch ohne das innovatie Vario-Dach präsentiert

Mercedes-Benz Pkw-Modellpalette im Jahr
1983 – ohne das 1979 eingeführte G-Modell

Die deutlich erweiterte Mercedes-Benz
Pkw-Modellpalette des Jahres 1997

| 1993 | Belegschaft 366 736 | Produktion Pkw / Nfz 486 239 / 241 941 | Umsatz 97 737 Mio. DM | (Daimler-Benz AG) |

1
26. JAN: Im Rahmen eines Pressegesprächs in Stuttgart erklärt Helmut Werner, stellvertretender Vorstandsvorsitzender der Mercedes-Benz AG, dass Mercedes-Benz in den nächsten Jahren eine weitreichende Neuausrichtung seiner strategischen Produktpolitik vornehmen wird. Geplant ist die Wandlung vom traditionellen Oberklasse-Hersteller zum exklusiven Full-Line-Anbieter mit hochwertigen Fahrzeugen in allen Marktsegmenten.

29. JAN: Auf einer Pressekonferenz in Stuttgart gibt Vorstandsmitglied Dr. Dieter Zetsche die Entscheidung des Vorstands bekannt, die bisher an 18 Standorten angesiedelte Pkw-Entwicklung zukünftig auf Untertürkheim und Sindelfingen zu konzentrieren. Die mit Gesamtinvestitionen von rund 800 Mio. DM verbundene Entscheidung umfasst eine Konzentration der Motoren- und Getriebeentwicklung im Werk Untertürkheim sowie den Bau eines Entwicklungs- und Vorbereitungszentrums (EVZ) für Pkw in Sindelfingen.

2
JAN: Auf der North American International Auto Show in Detroit, Michigan/USA präsentiert Mercedes-Benz die Studie eines SL-Roadsters mit neuartigem Panorama-Glasdach, das auch bei schlechtem Wetter beste Rundumsicht bietet. Der 600 SL ist in perlmuttweißer Effektlackierung ausgeführt, die mit einer zweifarbigen schwarz-weißen Voll-Lederausstattung kombiniert ist.

10. FEB: Die Mercedes-Benz AG und die koreanische SsangYong Motor Company vereinbaren nun auch im Pkw-Bereich eine Kooperation. Geplant ist die von Mercedes-Benz unterstützte Entwicklung eines SsangYong Personenwagens auf Basis der Mercedes-Benz Pkw-Baureihe W 124.

02. MÄR: Im Internationalen Congress Centrum Berlin (ICC) präsentiert Mercedes-Benz vor über 1 000 Vertretern der Zuliefererindustrie das Kooperationskonzept TANDEM, das in der Kommunikation zwischen Mercedes-Benz und seinen Zulieferern eine zukunftsweisende Neuausrichtung vorsieht. Es definiert damit in Zeiten zunehmender Dynamik und Härte des internationalen Wettbewerbs eine neue Qualität der Zusammenarbeit zwischen Automobilhersteller und Zulieferer.

3, 4
04. – 14. MÄR: Auf dem Genfer Automobil-Salon präsentiert Mercedes-Benz mit der Studie eines eleganten viersitzigen Coupés eine neue Interpretation des Mercedes-Gesichts. Die 1995 vorgestellte E-Klasse (Baureihe 210) und der 1997 eingeführte CLK bringen Design-Elemente der Coupé-Studie in die Serienproduktion. Weltpremiere feiert auch der 500 GE, ein limitiertes Sondermodell des Geländewagens, das mit einem 177 kW / 240 PS starken 5-l-V8-Motor ausgerüstet ist.

01. APR: Die tarifliche Arbeitszeit in der Metallindustrie reduziert sich in den »alten« Bundesländern auf 36 Wochenstunden.

5
03./04. APR: Bei der Auftaktveranstaltung der Truck-Racing-Saison in Brands Hatch/Großbritannien gewinnt Steve Parrish auf Mercedes-Benz 1450 S beide Läufe der Klasse C. Gérard Cuynet siegt im zweiten Lauf der Klasse A auf Mercedes-Benz 1733 S.

05. APR: Auf einer Pressekonferenz in Detroit, Michigan/USA gibt der Mercedes-Benz Vorstandsvorsitzende Prof. Werner Niefer bekannt, dass das Unternehmen im Laufe des Jahres mit dem Bau eines neuen Pkw-Werks in Nordamerika beginnen wird, in dem ab 1997 ein vierradgetriebenes Freizeitfahrzeug produziert werden soll.

26. APR: Die Mercedes-Benz AG und die US-amerikanische Detroit Diesel Corporation (DDC) geben bekannt, dass sie Verträge zur Entwicklung und Produktion sowie zum Vertrieb eines Dieselmotors für schwere Lkw und Busse abgeschlossen haben. Die Verträge beziehen sich auf den aufgeladenen 12-l-Reihensechszylinder OM 457 LA, der mit Vierventiltechnik und einer elektronisch gesteuerten Einspritzanlage mit Steckpumpen ausgerüstet wird.

27. APR: Die Dasa übernimmt 51 % der Anteile am niederländischen Flugzeughersteller Fokker.

APR: Im Mercedes-Benz Werk Sindelfingen geht die erste Wasserlackieranlage in Betrieb, die umweltfreundliches Lackieren mit stark reduziertem Einsatz flüchtiger Lösemittel ermöglicht. Im Werk Bremen werden die SL-Roadster bereits seit 1989 nach diesem Verfahren lackiert.

1993

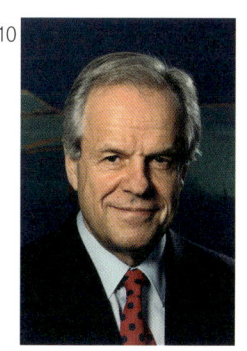

6
10.–31. MAI: Mit einer Pressefahrvorstellung auf dem Lämmerbuckel auf der Schwäbischen Alb präsentiert Mercedes-Benz unter dem Namen »C-Klasse« die neue Kompakt-Limousine der Baureihe 202. Der Verkauf startet ebenfalls am 10. Mai, und die Markteinführung erfolgt am 18. Juni.

7
10. MAI: Mit dem Verkaufsstart der C-Klasse werden auch die Typenbezeichnungen aller Mercedes-Benz Pkw-Modelle geändert: Ein der dreistelligen Zahl voranstehender Buchstabe oder eine Buchstabenkombination – wie C oder SL – gibt nun die Klassenzugehörigkeit an, und die nachgestellten Buchstaben wie D, E, T, S etc., die bisher der Kennzeichnung von Motor- oder Karosserievarianten dienten, entfallen.

8
10. MAI: Gleichzeitig mit der C-Klasse startet Mercedes-Benz den Verkauf aufgewerteter Modelle in zwei weiteren Pkw-Baureihen. Die stilistisch überarbeiteten Modelle der Baureihe 124 gehen unter der neuen Bezeichnung »E-Klasse« an den Start, und in der SL-Baureihe 129, nun »SL-Klasse« genannt, lösen die Modelle SL 280 und SL 320 die bisherigen Sechszylindertypen 300 SL und 300 SL-24 ab.

17. MAI: Im Werk Bremen verlässt der letzte Mercedes-Benz 190 E 2.5-16 das Produktionsband. Seit März 1984 sind damit insgesamt 25 200 Exemplare des sportlichen »Sechzehnventilers« entstanden.

9
19. MAI: Mercedes-Benz eröffnet das Oldtimer-Center in Fellbach bei Stuttgart. Die ab 1996 als Classic Center firmierende Institution fungiert als Niederlassung für klassische Mercedes-Benz Fahrzeuge. Sie unterstützt Oldtimer-Besitzer aus aller Welt in technischen Belangen, mit Ersatzteilen und Accessoires und nicht zuletzt durch Vermittlung und Verkauf des gewünschten Klassikers.

23. MAI: Das Stuttgarter Neckarstadion, in unmittelbarer Nähe des Mercedes-Benz Werks Untertürkheim gelegen, erhält den neuen Namen Gottlieb-Daimler-Stadion.

10
27. MAI: Helmut Werner übernimmt als Nachfolger von Prof. Werner Niefer den Vorstandsvorsitz der Mercedes-Benz AG.

11, 12
18. JUN: In seinen Niederlassungen und Vertretungen präsentiert Mercedes-Benz der Öffentlichkeit die neue C-Klasse der Baureihe 202 und die aufgewerteten Modelle der Baureihe 124, die den Namen »E-Klasse« erhalten hat. Eine bemerkenswerte technische Innovation sind die weltweit ersten Pkw-Dieselmotoren mit Vierventiltechnik: ein 2,2-l-Vierzylinder (nur in der C-Klasse), ein 2,5-l-Fünfzylinder und ein 3,0-l-Sechszylinder (nur in der E-Klasse). Die seit 1990 angebotene Abgasreinigungsanlage mit Oxidationskatalysator und Abgasrückführung wird für alle Mercedes-Benz Diesel-Pkw zum Bestandteil der Serienausstattung.

1, 2, 3, 4, 5, 6
09. – 19. SEP: Auf der IAA in Frankfurt/M. präsentiert Mercedes-Benz die Konzeptstudie »Vision A 93«, einen Vorläufer der späteren A-Klasse. Unter den vorgesehenen Antriebsvarianten befindet sich auch ein Elektroantrieb mit Natrium-Nickelchlorid-Batterie. Eine Besonderheit der Elektro-Variante ist der erstmalige Einsatz eines Antriebssystems mit 550-Volt-Technik, das wichtige Vorteile wie Gewichtsreduzierung und höhere Spitzenleistung des Motors ermöglicht. Als neues Topmodell der C-Klasse debütiert der C 36 AMG mit 206 kW / 280 PS. Der bei AMG entwickelte 3,6-l-Sechszylindermotor kommt in abgewandelter Form auch im E 36 AMG zum Einsatz, der als T-Modell, Coupé und Cabriolet lieferbar ist. Leistungsgesteigerte Varianten der E-Klasse Limousine und des SL werden mit einem 280 kW / 381 PS starken 6,0-l-V8-Motor als E 60 AMG und SL 60 AMG angeboten. Eine weitere Messeneuheit ist ein Elektrofahrzeug auf Basis der C-Klasse, das über eine erstmals flüssigkeitsgekühlte, in zwei Modulen eingebaute Natrium-Nickelchlorid-Hochtemperaturbatterie verfügt. Heizung, Klimaanlage und Servolenkung sind in neuartiger Technik ausgeführt. Premiere hat auch das Geländewagenmodell G 320, das mit dem 3,2-l-Vierventilmotor der E- und S-Klasse ausgerüstet ist und im Frühjahr 1994 den G 300 ablöst. Eine wichtige Neuerung ist der auf den Einsatz im Geländewagen abgestimmte Fahrer-Airbag, der ab März 1994 zur Serienausstattung gehört.

11. SEP: Die Mercedes-Benz AG und die südkoreanische SsangYong Motor Company (SYMC) unterzeichnen einen Kooperationsvertrag, der die Lizenzproduktion von Sechs- und Achtzylinder-Nutzfahrzeug-Dieselmotoren bei SsangYong in Südkorea vorsieht.

7, 8
18. SEP: Im belgischen Zolder sichert sich Gérard Cuynet auf Mercedes-Benz 1733 S mit einem Sieg im ersten Lauf den Meisterschaftstitel der Klasse A. Dieser Sieg beim vorletzten Rennen der Truck-Race-Saison ist für Cuynet der neunte in Folge und der vierzehnte Saisonsieg. Auch die Herstellerwertung der Klasse A geht an Mercedes-Benz.

9
19. SEP: Nach dem Abschlussrennen der DTM-Saison 1993 auf dem Hockenheimring ist Roland Asch auf AMG-Mercedes 190 E Klasse 1 zum zweiten Mal Vizemeister der Deutschen Tourenwagen-Meisterschaft.

10
20. SEP: Im Omnibus-Gebrauchtwagen-Centrum in Frankfurt/M. präsentiert Mercedes-Benz der Presse den Reisebus O 340 anlässlich seines Verkaufsstarts in Deutschland. Der Reisebus aus der Produktion der türkischen Tochtergesellschaft Mercedes-Benz Türk ergänzt die Modellpalette der Mercedes-Benz Reiseomnibusse nun auch im Inland um eine Variante im unteren Preissegment.

23. SEP: Die Mercedes-Benz AG gibt ihre Entscheidung bekannt, sich über ihre Tochtergesellschaft Diesel Project Development, Inc. (DPD) mit 40 Mio. US-Dollar, entsprechend rund 13 %, an dem US-amerikanischen Motorenhersteller Detroit Diesel Corporation (DDC) in Detroit, Michigan/USA zu beteiligen. Dieser Schritt erfolgt im Oktober anlässlich der Einführung der DDC-Aktien an der New Yorker Börse.

30. SEP: Die Mercedes-Benz AG entscheidet sich für Tuscaloosa im US-Bundesstaat Alabama als Standort für die Produktion ihres zukünftigen vierradgetriebenen Freizeitfahrzeugs, das 1996 als AAVision präsentiert wird und 1997 als M-Klasse auf den Markt kommt.

02./03. OKT: Beim Truck-Racing-Saisonfinale in Jarama/Spanien siegt Steve Parrish auf Mercedes-Benz 1450 S im ersten Lauf vor Axel Hegmann. Im zweiten Lauf fährt Hegmann vor Parrish als Sieger durchs Ziel. Damit ist Parrish zum dritten Mal Europameister der Klasse C – vor seinen Markenkollegen Markus Oestreich, Axel Hegmann und Heinz Dehnhardt. Mercedes-Benz gewinnt die Herstellerwertung der Klasse C mit großem Vorsprung.

05. OKT: Die Daimler-Benz Aktie wird an der New York Stock Exchange eingeführt. Damit erschließt sich das Unternehmen den direkten Zugang zum größten Kapitalmarkt der Welt.

11. OKT: Mit dem ersten Spatenstich auf dem Daimler-Benz Gelände am Potsdamer Platz beginnen die Bauarbeiten auf Berlins größter Baustelle.

15. – 20. OKT: Auf dem Omnibus-Salon Car and Bus in Kortrijk/Belgien debütiert der Doppelstockbus Setra 328 DT als neues Flaggschiff der Reisebus-Baureihe 300.

19. OKT: Der Vorstand der Mercedes-Benz AG entscheidet sich für das Werk Bremen als Produktionsstandort einer weiteren Roadster-Baureihe. Der kompakte Roadster auf Basis der C-Klasse, der 1994 den Namen SLK erhält, wird 1996 eingeführt. Die Entscheidung für Bremen bedeutet Investitionen in Höhe von 700 Mio. DM.

19. OKT: Die zweite Baustufe des Daimler-Benz Forschungszentrums in Ulm wird mit einem Festakt ihrer Bestimmung übergeben.

03. NOV: Die Mercedes-Benz AG gibt ihren Entschluss bekannt, sich an der Firma ILMOR Engineering mit Sitz in Northampton/England zu beteiligen. In Kooperation mit ILMOR sollen die Motorsportaktivitäten in der Saison 1994 auf die Formel 1 und das 500-Meilen-Rennen in Indianapolis, Indiana/USA ausgedehnt werden.

01. DEZ: Mercedes-Benz und die Treuhandanstalt unterzeichnen in Ludwigsfelde einen Vertrag zur vollständigen Übernahme der Nutzfahrzeuge Ludwigsfelde GmbH (NLG) und der Entwicklungsgesellschaft für Kraftfahrzeugtechnik mbH (EGL). Danach übernimmt die Mercedes-Benz AG, die 25 % an beiden Gesellschaften hält, von der Treuhandanstalt deren 75 %ige Beteiligung zum 1. Januar 1994.

02. DEZ: Das Werk Bad Homburg erhält als erstes Werk der Mercedes-Benz AG vom TÜV CERT die Bestätigung dafür, dass sein Qualitätsmanagement-System die hohen Anforderungen der Norm DIN ISO 9001 erfüllt.

15. DEZ: Der Vorstand der Mercedes-Benz AG entscheidet sich für das Werk Rastatt als Produktionsort der neuen A-Klasse, die 1997 auf den Markt kommen soll. Die Standortentscheidung, für die bis zuletzt auch Alternativen in Frankreich, England und Tschechien geprüft wurden, erfolgte nach intensiven Verhandlungen mit dem Gesamtbetriebsrat, bei denen die Einsparung einer Kostendifferenz von 200 Mio. DM im Vordergrund stand.

1994	Belegschaft	Produktion Pkw/Nfz	Umsatz
	330 551	594 366 / 291 854	104 075 Mio. DM

14, 15, 16, 17, 18
10./11. JAN: Im Werk Mannheim stellt Mercedes-Benz der Presse ein neues Programm schadstoffarmer Nutzfahrzeugmotoren vor, die die Abgasgrenzwerte der ab Herbst 1996 vorgeschriebenen europäischen Norm EURO 2 erfüllen. Die mit Turboaufladung und Ladeluftkühlung ausgerüsteten Reihenmotoren OM 364 LA und OM 366 LA erreichen die EURO-2-Standards u. a. dank einer neuen Einspritzpumpe, neuer Einspritzdüsen und eines verbesserten Turboladers, bei den V-Motoren OM 441 LA und OM 442 LA und dem Reihensechszylinder OM 457h LA kommt zusätzlich die elektronische Einspritzregelung »Electronic Diesel Control« (EDC) zum Einsatz.

13. JAN: Die Mercedes-Benz Omnibuses Mexico S.A., Gemeinschaftsunternehmen der Mercedes-Benz Mexico und des brasilianischen Aufbauherstellers CAIO, nimmt in Monterrey im mexikanischen Bundesstaat Nuevo León ihr neues Omnibuswerk offiziell in Betrieb. Produziert werden Mercedes-Benz Stadt- und Überlandbusse auf Basis des Fahrgestells OF 1318.

1, 2, 3
31. JAN: Anlässlich der Mercedes-Benz Omnibus-Tage in Frankfurt/M. debütiert der Überlandlinienbus O 405 NÜ mit Niederflurtechnik. Als erster erdgasgetriebener Niederflur-Stadtbus Europas wird der Gelenkbus O 405 GNG präsentiert. Die Serienproduktion des neuen Erdgasbusses, der auch als Solowagen O 405 NG und Überlandbus O 405 NÜG angeboten wird, beginnt im Sommer. Im Juli nehmen die ersten Fahrzeuge den regulären Linienbetrieb in Hannover auf.

4
10. – 19. FEB: Auf dem Nutzfahrzeug-Salon RAI in Amsterdam präsentiert Mercedes-Benz dem Publikum die neuen schadstoffarmen EURO-2-Motoren. Eine weitere Neuheit ist die in Design und Ausstattung überarbeitete SK-Sattelzugmaschine 1938 LS. Sie gibt einen Vorgeschmack auf die modellgepflegte Generation der Mittelschweren und Schweren Klasse, die im Mai eingeführt wird.

22. FEB: Der Vorstand der Daimler-Benz AG beschließt, in Kooperation mit der Schweizerischen Gesellschaft für Mikroelektronik und Uhrenindustrie AG (SMH) das innovative Stadtauto Micro Compact Car (MCC) zu bauen.

5
04. MÄR: Mit dem Eco-Sprinter und dem Eco-Speedster präsentiert Mercedes-Benz der Presse zwei seriennahe Studien des Micro Compact Car, das vier Jahre später unter dem Namen smart auf den Markt kommt. Skizziert wird dabei auch der Einsatz alternativer Antriebe, unter anderem eine Elektro-Version mit Natrium-Nickelchlorid-Batterie und eine Hybrid-Variante mit kombiniertem Diesel- und Elektromotor.

6, 7, 8
10. – 20. MÄR: Auf dem Genfer Automobil-Salon werden die stilistisch und technisch aufgewerteten S-Klasse Modelle der Baureihe 140 präsentiert. Weltpremiere hat außerdem das S 420 Coupé, das die Familie der S-Klasse Coupés um ein drittes Modell ergänzt. In der E-Klasse debütieren das E 200 Cabriolet und das auf 500 Einheiten limitierte Sondermodell E 500 Limited mit besonders exklusiver Ausstattung.

9
15. MÄR: Mercedes-Benz stellt im schwedischen Arjeplog die neue, gemeinsam mit Bosch entwickelte Fahrdynamik-Regelung FDR vor, die ein Jahr später als »Electronic Stability Program« (ESP) ihre Markteinführung erlebt und einen weiteren Meilenstein auf dem Gebiet der Fahrsicherheit darstellt.

10
15. MÄR: Der »Funmog«, Studie eines geländegängigen Freizeitmobils auf Basis des Unimog U 90 (Baureihe 408), wird auf der Internationalen Off-Road-Messe in Köln präsentiert und dort zum »Geländewagen des Jahres 1994« gekürt.

11
22. MÄR: Mercedes-Benz präsentiert der Presse im Werk Sindelfingen das Projekt »Lackierung 2000«, mit dem die Pkw-Montagewerke Bremen, Sindelfingen und Rastatt bis 1998 schrittweise auf umweltfreundliche Wasserbasislackierung umgestellt werden. Neben einer Emissionsminderung steht dabei auch eine Reduzierung der umweltbelastenden Reststoffe und des Abwassers im Vordergrund.

12
27. MÄR: Beim Formel-1-Rennen in Interlagos/Brasilien geht zum ersten Mal der Sauber-Mercedes C 13 an den Start. Damit kehrt Mercedes-Benz als Motorenlieferant für das Sauber-Team nach 40 Jahren in die Formel 1 zurück. Der 3,5-l-V10-Vierventilmotor wiegt nur 122,6 kg und leistet über 515 kW / 700 PS.

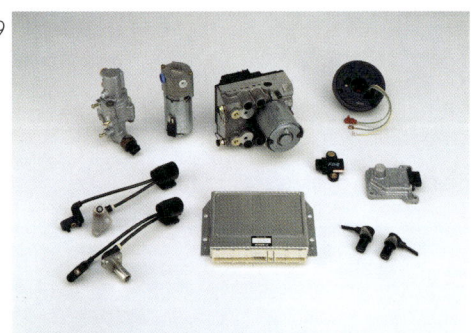

1994

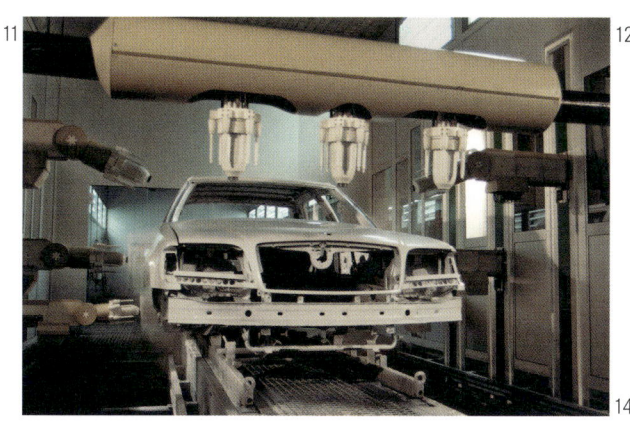

13
03./04. APR: Beim Truck-Racing-Saisonauftakt in Brands Hatch/Großbritannien gewinnt Steve Parrish auf dem neuen Renntruck Mercedes-Benz 1834 S beide Läufe der Super Race Trucks. Der dreifache Europameister der Klasse C ist damit auch unter dem neuen Reglement auf Anhieb erfolgreich.

14, 15
13. APR: Im Forschungszentrum Ulm präsentiert Daimler-Benz ein auf Basis des MB 100 gebautes Brennstoffzellen-Fahrzeug mit Namen NECAR (New Electric Car). Es entstand in enger Zusammenarbeit mit dem kanadischen Unternehmen Ballard Power Systems in Vancouver. Als Abgas gibt das Fahrzeug nur den unverbrannten Anteil der Frischluft sowie Wasserdampf ab.

22. APR: Im Beisein der Vorstandsvorsitzenden Helmut Werner und Dr. Ferdinand Piëch wird in Stuttgart ein Liefer- und Lizenzvertrag zwischen der Mercedes-Benz AG und der Volkswagen AG unterzeichnet. Dieser ermöglicht es Volkswagen, den Nachfolger seines Transporters LT aus der neuen Transporter-Baureihe von Mercedes-Benz abzuleiten. Mercedes-Benz wird Lenkungen, Getriebe und Achsen im Wert von rund 250 Mio. DM jährlich zuliefern.

16
22. APR – 01. MAI: Auf dem Turiner Automobil-Salon hat die Studie SLK Weltpremiere. Der puristische Roadster markiert einen Entwicklungsschritt auf dem Weg zu dem kompakten sportlichen Zweisitzer, der 1996 als SLK auf den Markt kommt.

27. APR: In Biel/Schweiz wird die Micro Compact Car AG (MCC AG) als Gemeinschaftsunternehmen der Mercedes-Benz AG und der Schweizerischen Gesellschaft für Mikroelektronik und Uhrenindustrie (SMH) gegründet.

17
MAI: In Ulm präsentiert Setra der Presse den Reisebus S 250 Spezial als besonders preisgünstige und wirtschaftliche Variante.

18
06. MAI: Der Eurotunnel unter dem Ärmelkanal wird von der britischen Königin Elizabeth II. und dem französischen Staatspräsidenten François Mitterand feierlich eröffnet. Die Sicherheit der Passagiere und die Wartung der beiden Eisenbahntunnel gewährleistet ein zweispuriger Servicetunnel, der von den Fahrzeugen des Service Tunnel Transportation System (STTS) befahren wird. Die von Mercedes-Benz und AEG entwickelten und bei NAW aufgebauten Sonderfahrzeuge fahren spurgeführt mit bis zu 80 km/h durch die nur 4,8 m breite Röhre. Dank der austauschbaren Aufbaumodule können sie für Rettungs- und Feuerwehreinsätze ebenso verwendet werden wie für Wartungs- und Kontrollaufgaben.

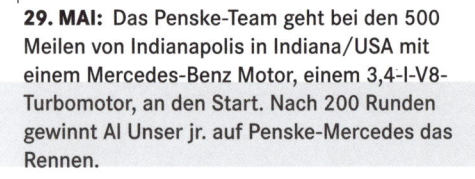

1
29. MAI: Das Penske-Team geht bei den 500 Meilen von Indianapolis in Indiana/USA mit einem Mercedes-Benz Motor, einem 3,4-l-V8-Turbomotor, an den Start. Nach 200 Runden gewinnt Al Unser jr. auf Penske-Mercedes das Rennen.

30. MAI: In Stuttgart wird die von der Gesellschaft für Unternehmensgeschichte erstellte Dokumentation »Zwangsarbeit bei Daimler-Benz« vorgestellt.

2
MAI: Die Mercedes-Benz Lastwagen der Mittelschweren Klasse (MK) und Schweren Klasse (SK) werden in einer modellgepflegten Ausführung mit verbesserter Ausstattung und modifiziertem Erscheinungsbild in den Markt eingeführt. Alle Modelle sind auf Wunsch sukzessive mit Euro-2-Motoren lieferbar. Die überarbeiteten Baureihen werden auch als Pritschenwagenfahrgestelle mit niedrigem Rahmen und Sattelzugmaschinen mit tiefliegender Sattelkupplung angeboten. Diese Low- und Midi-Liner ermöglichen eine größere Ladehöhe und damit ein höheres Transportvolumen.

01. JUN: Die Mercedes-Benz Sverige AB wird in Stockholm durch Übernahme der bisherigen Generalvertretung Philipsons Bil AB gegründet.

3
03. JUN: In Jakarta/Indonesien präsentiert Mercedes-Benz der Presse den neuen Lastwagen MB 700, dessen Serienproduktion bei der indonesischen Beteiligungsgesellschaft P. T. German Motor Manufacturing in Jakarta angelaufen ist. Der Leichtlastwagen mit einem zulässigen Gesamtgewicht von 7,5 t besitzt ausgeprägte Schlechtwegeigenschaften und ist für den asiatischen Markt bestimmt.

29. JUL: Die Mercedes-Benz AG gibt ihre Absicht bekannt, den Omnibushersteller Karl Kässbohrer GmbH zum 1. Januar 1995 zu übernehmen.

01. AUG: Für alle Mercedes-Benz Pkw-Typen werden der Beifahrer-Airbag sowie Kopfstützen auch im Fond Bestandteil der Serienausstattung.

24. AUG: Die Vorstandsvorsitzenden der Mercedes-Benz AG und der Volkswagen AG, Helmut Werner und Dr. Ferdinand Piëch, unterzeichnen in Hannover eine Liefervereinbarung über Motoren und Automatikgetriebe. Danach wird die Mercedes-Benz AG von Volkswagen einen Sechszylinder-Benzinmotor mit Automatikgetriebe beziehen. Dieses entsprechend den Anforderungen von Mercedes-Benz adaptierte Aggregat soll ausschließlich in der zukünftigen Großraumlimousine von Mercedes-Benz zum Einsatz kommen.

4, 5, 6, 7, 8
03. – 11. SEP: Auf der IAA Nutzfahrzeuge in Hannover präsentiert Mercedes-Benz den bei der türkischen Tochtergesellschaft gefertigten Reisebus O 350 Tourismo und den Prototyp des O 405 GNTD, eines Niederflur-Duo-Busses mit Dieselmotor und elektrischem Radnabenantrieb. Der kompakte Radnabenantrieb gestattet es, den Niederflurbereich zu vergrößern und auch im Hinterwagen des neuen Gelenkbusses stufenlose Ein- und Ausstiege zu realisieren. Zudem ist auf diese Weise auch der Antrieb von zwei Achsen – Hinterachse und Mittelachse – möglich. Die elektrische Energie wird über den mit einem Generator gekoppelten Dieselmotor im Heck oder über Einspeisung aus dem Oberleitungsnetz bereitgestellt. Premiere hat auch der Prototyp des Mercedes-Benz 1117 mit Hybridantrieb, bei dem der 125 kW/170 PS starke Dieselmotor mit einem 46 kW / 63 PS starken Elektromotor kombiniert ist. Der Elektromotor wird von Blei-Gel-Batterien gespeist, die ein Gesamtgewicht von 2 000 kg aufweisen und unterflur zwischen Vorder- und Hinterrädern montiert sind. Bereits im regulären Lieferprogramm werden die Elektrotransporter 308 E und MB 100 E angeboten, die in allen Ausführungen eines klassischen Mercedes-Benz Transporters erhältlich sind. In Hannover ist der MB 100 E als Pritschenwagen und der 308 E als Kipper ausgestellt. In der Ausführung als Kombi und als Minibus kommt der MB 100 E bei der Nutzfahrzeug-IAA außerdem als Pressetaxi zum Einsatz. Setra präsentiert eine neue Kombibus-Baureihe mit den Typen S 315 H sowie S 315 GT und der Überland-Ausführung S 315 UL.

1994

1994

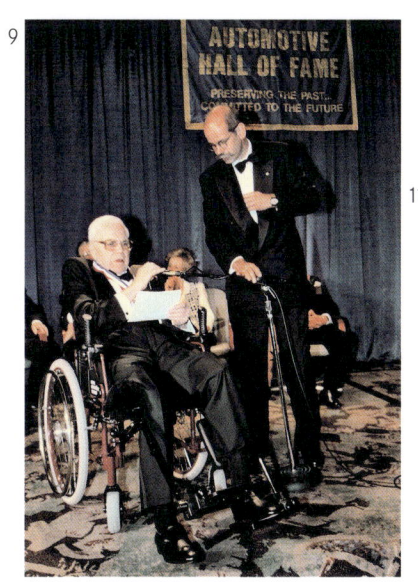

9
16. SEP: Béla Barényi, der Nestor der passiven Sicherheit und von 1939 bis 1972 Konstrukteur im Bereich Vorentwicklung bei Daimler-Benz, wird in Anerkennung seiner bahnbrechenden Arbeiten für die Entwicklung der Fahrzeugsicherheit in die Automotive Hall of Fame in Detroit, Michigan/USA aufgenommen.

10
19. SEP: In Stuttgart wird der notarielle Kaufvertrag zur Übernahme des Busherstellers Karl Kässbohrer GmbH durch die Mercedes-Benz AG unterzeichnet.

22. SEP: Die Mercedes-Benz AG und der chinesische Bushersteller Yangzhou Motor Coach Manufacturer (YMC) unterzeichnen in Stuttgart eine Absichtserklärung zur Gründung eines Joint Ventures für die Fertigung von Omnibussen und Omnibus-Fahrgestellen in China.

26. SEP: Mit dem ersten Spatenstich beginnen die Bauarbeiten für ein neues »Entwicklungs- und Vorbereitungszentrum« (EVZ) in Sindelfingen. Der Gebäudekomplex, vom renommierten Architekten Renzo Piano entworfen, wird nach seiner Fertigstellung den Design-Bereich und die Pkw-Entwicklung beherbergen.

28. SEP: Die Mercedes-Benz AG gibt ihre Absicht bekannt, zusammen mit dem zukünftigen Gemeinschaftsunternehmen Mahle-Wizemann-Pleuco (MWP) eine Gesellschaft zu gründen, die Entwicklung, Produktion und Vertrieb von Ventiltriebsystemen für Personenwagen und Nutzfahrzeuge zum Ziel hat. Mercedes-Benz wird das Werk Bad Homburg in die neue Gesellschaft einbringen.

11
01./02. OKT: Beim Truck-Racing-Saisonfinale, traditionell im spanischen Jarama, gewinnt Slim Borgudd auf Mercedes-Benz 1834 S beide Läufe der Super Race Trucks. Steve Parrish sichert sich mit einem zweiten und einem vierten Platz seine vierte Europameisterschaft – die erste unter dem neuen Reglement in der Klasse der Super Race Trucks. Slim Borgudd wird Vizemeister, und die Herstellerwertung geht erneut an Mercedes-Benz.

12
06. – 16. OKT: Auf dem Automobil-Salon in Paris präsentiert Mercedes-Benz eine weiterentwickelte Version der seriennahen Roadster-Studie SLK, die nun mit einem Variodach ausgerüstet ist. Das innovative Faltdach verschwindet auf Knopfdruck innerhalb von 25 Sekunden im Kofferraum und lässt dort noch genügend Platz für Reisegepäck.

13
09. OKT: Beim Abschlussrennen der DTM-Saison auf dem Hockenheimring siegen Kurt Thiim im ersten und Bernd Schneider im zweiten Lauf, beide auf AMG-Mercedes C-Klasse. In der Gesamtwertung gewinnt Klaus Ludwig zwei Jahre nach seinem ersten DTM-Titel zum zweiten Mal die Deutsche Tourenwagen-Meisterschaft auf Mercedes-Benz. Vizemeister wird Jörg van Ommen, ebenfalls auf Mercedes-Benz.

10. OKT: Der 10 000. Mercedes-Benz E 500 wird in seinem Montagewerk in Zuffenhausen ausgeliefert. Der glückliche Kunde ist Ex-Rennfahrer Hans Herrmann.

28. OKT: Mercedes-Benz stellt sein neues Konzept für die Formel 1 vor. Der neue Partner heißt Team McLaren International, dem Mercedes-Benz die gemeinsam mit der englischen Firma Ilmor entwickelten neuen 3-l-V10-Motoren zur Verfügung stellt.

14
OKT: Die AEG Daimler-Benz Industrie und die südafrikanische Anglo American Corporation gründen ein Gemeinschaftsunternehmen, an dem die Partner zu gleichen Teilen beteiligt sind. Das Joint Venture ist weltweit der erste Hersteller, der ZEBRA-Hochenergiebatterien in einer Pilotlinie in großen Stückzahlen produziert.

15
14. – 19. NOV: Auf der Family Car-Ausstellung in Peking präsentiert Mercedes-Benz das speziell für China entwickelte Konzept eines kompakten Familienautos, das »Family Car China« (FCC).

22. NOV: Die Mercedes-Benz India Ltd. wird im indischen Pune unter 49 %iger Beteiligung der Tata Engineering and Locomotive Comp., Ltd. gegründet.

08. DEZ: Als erstes deutsches Automobilunternehmen gründet Mercedes-Benz eine eigene Vertriebsgesellschaft für Russland in Moskau, die Mercedes-Benz Avtomobili (AOST).

20. DEZ: Der Vorstand der Daimler-Benz AG entscheidet sich für Hambach-Saargemünd in Lothringen/Frankreich als Standort zur Herstellung des Micro Compact Car, das 1998 als »smart« auf den Markt kommt.

01. JAN: Die Deutsche Aerospace AG wird umbenannt in Daimler-Benz Aerospace AG.

01. JAN: Die Lenkungsfertigung im Werk Düsseldorf wird als 100 %ige Tochtergesellschaft Mercedes-Benz Lenkungen GmbH ausgegliedert.

1

23. JAN: Die ersten 500 Fahrzeuge der neuen Transporterbaureihe Sprinter (T 1 N) verlassen das Werk Düsseldorf und starten zu einer Sternfahrt in die Verkaufsstützpunkte. Der vollkommen neu entwickelte Sprinter ist als erster Transporter serienmäßig mit Scheibenbremsen an Vorder- und Hinterrädern sowie dem Anti-Blockier-System ABS inklusive Automatischem Bremsdifferential ABD ausgerüstet. Im Mai wird der Sprinter zum »Van of the Year 1995« gewählt.

2

JAN: In der C-Klasse geht eine neuartige Türinnenverkleidung aus Flachs und Sisal in die Serienfertigung. Damit erweitert Mercedes-Benz das Einsatzspektrum nachwachsender Rohstoffe im Automobilbau.

3, 4

06. FEB: Im nordschwedischen Arjeplog präsentiert Mercedes-Benz der Presse das Fahrsicherheitssystem »Electronic Stability Program« (ESP), das die Schleudergefahr in kritischen Fahrsituationen verringert, sowie ein elektronisch gesteuertes Fünfgang-Automatikgetriebe, das besonders komfortables und wirtschaftliches Fahren ermöglicht. Beide Komponenten gehören ab Mai zur Serienausstattung des S 600 Coupé.

23. FEB: Die EvoBus GmbH entsteht mit Wirkung vom 1. Januar 1995 durch Zusammenlegung des Produktbereiches Omnibus der Mercedes-Benz AG mit der Karl Kässbohrer GmbH, nachdem die EU-Kommission die Fusion am 14. Februar genehmigt hat. Die Eigenständigkeit der Marken Mercedes-Benz und Setra bleibt weiterhin erhalten.

28. FEB: Die Präsidenten der Freightliner Corporation und der Oshkosh Truck Corporation in Oshkosh, Wisconsin / USA unterzeichnen in Portland, Oregon / USA eine Absichtserklärung zur weitreichenden Zusammenarbeit auf den Gebieten Entwicklung, Produktion, Vertrieb und Marketing. Die Vereinbarung sieht vor, dass sich Freightliner kapitalmäßig an der Oshkosh Truck Corporation beteiligt und das Oshkosh-Werk in Gaffney, South Carolina / USA übernimmt.

01. MÄR: Die Mercedes-Benz AG gründet die Tochtergesellschaft Mercedes-Benz Technology GmbH, kurz MBtech, mit der das Ziel verfolgt wird, bei Mercedes-Benz entwickelte Mess- und Prüfverfahren über Partnerfirmen als Entwicklungsdienstleistung anzubieten.

5, 6, 7, 8

09. – 19. MÄR: Auf dem Genfer Automobil-Salon präsentiert Mercedes-Benz das Vario Research Car, ein Forschungsauto mit variablem Karosseriekonzept. Premiere hat außerdem die Ultraschall-Einparkhilfe PARKTRONIC, mit der der S 600 ab April serienmäßig ausgestattet wird. Ebenfalls vorgestellt wird das SL-Sondermodell »Mille Miglia«, das anlässlich des legendären Straßenrennens ab Mai in einer limitierten Auflage angeboten wird.

9

08. / 09. APR: Das Auftaktrennen der Truck-Racing-Saison, das erstmals nicht in Brands Hatch / Großbritannien, sondern im spanischen Albacete stattfindet, endet mit einem Doppelsieg für Mercedes-Benz. Slim Borgudd und Steve Parrish auf Mercedes-Benz 1834 S belegen in beiden Läufen der Super Race Trucks die ersten beiden Plätze. Das erste Rennen gewinnt Borgudd, das zweite Parrish.

26. APR: In Prag wird die Mercedes-Benz Bohemia s.r.o. als Vertriebsgesellschaft für die Tschechische Republik gegründet.

10

APR: Im Werk Pyungtaek der südkoreanischen SsangYong Motor Company beginnt die Serienfertigung eines gemeinsam mit Mercedes-Benz auf Basis des MB 100 entwickelten leichten Transporters, der in Korea von der SsangYong-Vertriebsorganisation unter dem Namen »Istana« angeboten wird. Ab Anfang 1996 wird er unter den Bezeichnungen MB 100, MB 140 und MB 180 von der Mercedes-Benz Vertriebsorganisation auf den asiatischen Märkten außerhalb Koreas vertrieben.

1995	Belegschaft	Produktion Pkw / Nfz	Umsatz	
	310 993	600 314 / 329 716	102 985 Mio. DM	(Daimler-Benz AG)

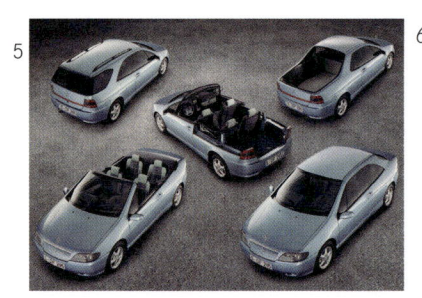

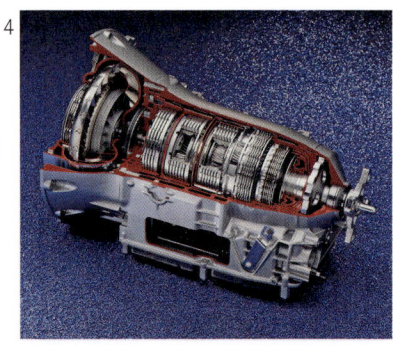

304

11. 15. MAI: Mercedes-Benz bietet für die Limousinen und Coupés der S-Klasse das Navigationssystem Auto-Pilot-System (APS) als Sonderausstattung an.

12. 24. MAI: Jürgen E. Schrempp wird neuer Vorstandsvorsitzender der Daimler-Benz AG.

10. JUN: In Anwesenheit des türkischen Staatspräsidenten Süleyman Demirel eröffnet die Mercedes-Benz Türk A.S. ihr neues Omnibuswerk in Hosdere, einem Stadtteil von Istanbul. Die Produktionskapazität liegt in der ersten Baustufe bei 2 000 Fahrzeugen pro Jahr.

13. 12. JUN: Die Freightliner Corporation, 100%ige Tochtergesellschaft der Daimler-Benz AG, erwirbt die Geschäftsanteile des US-amerikanischen Feuerwehrfahrzeugherstellers American LaFrance von der Figgie International Inc.

14, 15. 24. JUN: Die neuen E-Klasse Limousinen der Baureihe 210 werden auf dem Markt eingeführt. Die vollkommen neu entwickelte Modellreihe sorgt nicht nur durch ihr markantes Design mit dem »Vier-Augen-Gesicht« für Aufsehen, sondern geht auch mit mehr als 30 technischen Innovationen an den Start.

01. JUL: Die Mercedes-Benz AG bringt das Werk Bad Homburg mit seinen 650 Mitarbeitern in ein Gemeinschaftsunternehmen mit Mahle-J. Wizemann-Pleuco (MWP) ein. Die so entstandene rechtlich und wirtschaftlich eigenständige EuroVal Motorkomponenten GmbH bietet Entwicklung und Fertigung kompletter Ventiltriebsysteme für Pkw und Nutzfahrzeuge an.

04. JUL: Die EvoBus GmbH und die russische Firma AVTROKON vereinbaren die Lizenzfertigung von Stadtbussen des Typs Mercedes-Benz O 405 und O 405 G im AVTROKON-Werk Golizyno westlich von Moskau. Dort wird seit 1994 bereits der Reisebus O 303 produziert.

16. 11. JUL: Auf einer Pressekonferenz in Anwesenheit des baden-württembergischen Wirtschaftsministers Dr. Dieter Spöri gibt die Mercedes-Benz AG ihre Absicht bekannt, im Werk Mannheim ein Kompetenzzentrum für emissionsfreie Nutzfahrzeuge (KEN) einzurichten. Damit bündelt Mercedes-Benz seine jahrzehntelangen Entwicklungsaktivitäten auf dem Gebiet der emissionsfreien Nutzfahrzeugantriebe. Neben der Prototypenentwicklung soll das KEN auch die anwendungsorientierte Modifikation von Serienfahrzeugen und den Einbau alternativer Antriebe in einzelne Kundenfahrzeuge betreiben.

1, 2, 3, 4, 5, 6
14. – 24. SEP: Auf der IAA in Frankfurt/M. ergänzen die Typen C 230 Kompressor und C 250 Turbodiesel die Modellpalette der C-Klasse, die sich außerdem mit aufgewerteter Serienausstattung präsentiert. Erstmals gezeigt werden auch der E 50 AMG, das Topmodell der E-Klasse, sowie die stilistisch und technisch überarbeiteten Typen der SL-Reihe. Weltpremiere feiern zwei Modelle in gepanzerter Sonderschutz-Ausführung: die neue Staatslimousine S 600 Pullman mit einem um 1 m verlängerten Radstand sowie der E 420, der als erstes E-Klasse Modell mit Sonderschutz ab Werk angeboten wird. Dank ihrer bereits im Werk integrierten Schutzelemente bieten die Mercedes-Benz Sonderschutzfahrzeuge einzigartige Sicherheit gegen Anschläge und Bedrohungen durch Gewaltverbrechen.

7
15. – 25. SEP: Auf dem ersten Nutzfahrzeug-Salon Mondial du Transport Routier in Paris stellt Mercedes-Benz den Anfang 1995 eingeführten Sprinter auch als 4,6-t-Transporter und als Elektrofahrzeug mit der Typenbezeichnung 308 E vor. Als Energiespeicher des 33 kW starken Drehstrom-Asynchronmotors dient dem Sprinter 308 E eine für ca. 600 Ladezyklen ausgelegte Blei-Gel-Batterie. Alternativ wird der Sprinter 308 E auch mit einer leistungsstärkeren Hochenergiebatterie von AEG geliefert.

8, 9
SEP: Das Penske-Mercedes Team erringt in der amerikanischen Indy-Car-Serie der Saison 1995 die Vize-Meisterschaft durch Al Unser jr. sowie die Vize-Meisterschaft der Hersteller.

1995

1995

01. OKT: In den »alten« Bundesländern wird die wöchentliche tarifliche Arbeitszeit auf 35 Stunden verkürzt.

10, 11
07./08. OKT: Beim Abschlussrennen der Truck-Racing-Saison, das traditionell im spanischen Jarama stattfindet, belegen Slim Borgudd, Steve Parrish und Markus Oestreich auf Mercedes-Benz 1834 S im ersten Lauf die ersten drei Plätze. Dies entspricht auch der Platzierung in der Gesamtwertung der Europameisterschaft. Slim Borgudd wird mit großem Vorsprung zum ersten Mal Europameister der Super Race Trucks, Steve Parrish wird Vizemeister. Mercedes-Benz gewinnt die Herstellerwertung.

12
16. OKT: Der neue Leichttransporter Vito, der im nordspanischen Mercedes-Benz Werk Vitoria vom Band läuft, wird in Spaniens Hauptstadt Madrid der Presse vorgestellt. Im März 1996 erfolgt die Markteinführung in Deutschland, wo der Vito den MB 100 D ablöst.

13, 14
16. OKT: Nach dem DTM-Abschlussrennen auf dem Hockenheimring ist Bernd Schneider auf AMG-Mercedes C-Klasse Gesamtsieger sowohl der Deutschen Tourenwagen-Meisterschaft (DTM) als auch der International Touring Car Championship (ITC). Vizemeister der DTM ist Jörg van Ommen, Vizemeister der ITC Jan Magnussen. Auch der Sieg in der Markenwertung geht an Mercedes-Benz.

15
20. – 25. OKT: Auf der Omnibusmesse Car and Bus im belgischen Kortrijk präsentiert Setra den dreiachsigen, 13,65 m langen Reisebus S 217 HDH, dessen USA-Version bereits im Vorjahr eingeführt wurde.

16
27. – 29. OKT: In der Messe in Kassel, dem ersten von vier Standorten der »Setra Show 1995«, stellt Setra den Überland-Gelenkbus SG 321 UL vor, der das Programm der Kombibus Baureihe um eine Variante mit besonders hoher Beförderungskapazität ergänzt.

17
28. OKT: In Chicago, Illinois/USA präsentiert Freightliner der internationalen Presse die neue Schwerlastwagen-Baureihe »Century Class« und rundet damit seine Produktpalette im Gewichtssegment ab 15 t nach oben ab.

18
10. NOV: Im Kundencenter des Mercedes-Benz Werks Sindelfingen wird das erste designo-Beratungszentrum eröffnet, in dem sich anspruchsvolle Individualisten ihr Wunschauto zusammenstellen lassen können. Fünf weitere Beratungszentren sind in Deutschland geplant.

19
12. NOV: Nach dem letzten Formel-1-Rennen der Saison hat das Team McLaren-Mercedes insgesamt 30 WM-Punkte und belegt dadurch den vierten Platz in der Konstrukteurswertung.

15. NOV: Im Werk Jelcz bei Wrocław (Breslau) wird der erste Mercedes-Benz Linienbus aus polnischer Produktion an die Verkehrsbetriebe der Stadt Gdynia (Gdingen) übergeben. Der Bus ist das Ergebnis eines Montage-Liefervertrages zwischen der Mercedes-Benz AG und ihrem polnischen Generalvertreter, der Unternehmensgruppe Sobiesław Zasada. Der erste in Jelcz gebaute Transporter vom Typ Vito verlässt die Montagehalle am 17. September 1996.

19. NOV: Bundeskanzler Dr. Helmut Kohl legt in Ho-Chi-Minh-Stadt den Grundstein für das neue Werk von Mercedes-Benz in Vietnam. Zusammen mit der Saigon Automobil Mechanical Corp. (Samco) und der May 1st Automobil Factory werden ab 1996 Personenwagen und Nutzfahrzeuge montiert. Der erste Pkw, ein E 230 Elegance, rollt am 12. August 1996 vom Band.

21. NOV: In Indien beginnt die Markteinführung der E-Klasse Limousinen E 220 und E 250 Diesel (Baureihe 124); die Montage aus CKD-Teilesätzen erfolgt seit September bei der Mercedes-Benz India Ltd. in Pune/Indien.

01. JAN: Die Mercedes-Benz AG und die Dr. Ing. h. c. F. Porsche AG gründen die CTS Fahrzeugdachsysteme GmbH in Hamburg, an der beide Partner zu gleichen Teilen beteiligt sind. Mercedes-Benz bringt das Produktleistungszentrum Dachsysteme in Hamburg, Porsche seine Dachsystem-Entwicklung und -Fertigung in das Joint Venture ein.

1

06. – 15. JAN: Auf der North American International Auto Show in Detroit, Michigan/USA präsentiert Mercedes-Benz mit »AAVision« die Konzept-Studie eines allradgetriebenen Allzweckfahrzeugs. Dieses All Activity Vehicle (AAV) ist gleichermaßen als Freizeitautomobil, Familienwagen und Off-Roader nutzbar.

11. JAN: In Freiburg im Breisgau übernimmt der baden-württembergische Verkehrsminister Hermann Schaufler einen Mercedes-Benz 1517 Hybrid-Lastwagen. Bei Fahrten in der Innenstadt wird der Lkw von einem nahezu geräuschlosen 46 kW / 63 PS starken Elektromotor angetrieben. Bei Überlandfahrten wird auf den zweiten Antrieb umgeschaltet, einen abgas- und geräuschreduzierten 125 kW / 170 PS starken Dieselmotor. Durch die parallele Anordnung beider Antriebe ist auch der kombinierte Betrieb mit 171 kW / 233 PS möglich.

2, 3, 4

11. – 21. JAN: Der neue Leichttransporter Vito, kurz zuvor zum »Van of the Year 1996« gekürt, wird auf dem Genfer Nutzfahrzeug-Salon einer breiten Öffentlichkeit vorgestellt und dort mit der begehrten Auszeichnung dekoriert. Premiere haben auch die überarbeiteten Lkw der neuen Leichten Klasse (LK). Wichtigste Neuerung sind die »ECO POWER«-Motoren OM 904 LA, aufgeladene Reihenvierzylinder mit Ladeluftkühlung und Dreiventiltechnik, die als erste Motoren der neuen Aggregatefamilie OM 900 eingeführt werden. Weitere Neuheiten sind die Allradversion des Sprinter sowie eine erdgasbetriebene Variante des Transporters, die als Prototyp unter der Bezeichnung Sprinter 314 G präsentiert wird. Für Erdgasbetrieb konzipiert ist auch der mittelschwere Lastwagen 1820 G, dessen 160 kW / 218 PS starker Motor im Vergleich zum leistungsgleichen Basisaggregat reduzierte Abgas- und Geräuschemissionen ermöglicht. Der O 405 GNTD, ein Niederflur-Duo-Gelenkbus mit Dieselmotor und elektrischem Radnabenantrieb, ist als Serienfahrzeug für die Verkehrsbetriebe der Stadt Zürich ausgestellt.

22. JAN: Der Aufsichtsrat der Daimler-Benz AG stimmt der Empfehlung des Vorstands zu, die finanzielle Unterstützung für die Dasa-Tochter Fokker einzustellen, nachdem Gespräche mit der niederländischen Regierung über die Zukunft des in wirtschaftliche Schwierigkeiten geratenen Flugzeugherstellers gescheitert sind.

1996	Belegschaft	Produktion Pkw / Nfz	Umsatz
	290 029	645 156 / 340 736	106 339 Mio. DM

31. JAN: In der Ulmer Donauhalle präsentiert EvoBus der Presse den Setra S 315 NF, mit dem die Marke ihre Kombibus-Baureihe um einen Niederflur-Linienbus erweitert.

JAN: Auf den »Mercedes-Benz Omnibus-Tagen« in Frankfurt/M. debütieren der Niederflur-Gelenk-Überlandbus O 405 GNÜ und der O 405 NK, eine verkürzte Ausführung des O 405 N.

01. FEB: Die ABB Daimler-Benz Transportation GmbH (Adtranz), ein von der Daimler-Benz AG und Asea Brown Boveri (ABB), Zürich, gegründetes Gemeinschaftsunternehmen im Bereich Bahnaktivitäten, nimmt seine Tätigkeit auf.

02. FEB: Die Mercedes-Benz Mexico (MB Mex) wird 100%ige Tochter der Daimler-Benz AG.

07. – 17. MÄR: Auf dem Genfer Automobil-Salon präsentiert Mercedes-Benz im Rahmen seiner Produktoffensive drei Weltneuheiten: die T-Modelle der C-Klasse (Baureihe 202) und der E-Klasse (Baureihe 210) sowie die aus dem Vito abgeleiteten Großraumlimousinen der V-Klasse (Baureihe 638).

MÄR: Im Werk Rastatt, das auf die Produktion der A-Klasse vorbereitet wird, nimmt eine neuartige Lackieranlage den Probebetrieb auf. Die Lackierung der A-Klasse erfolgt nach dem Pulver-Slurry-Verfahren, das bei Decklack und Klarlack einen weitgehenden Verzicht auf Lösemittel gestattet.

01. APR: Die Mercedes-Benz AG und der Pkw-Generalvertreter National Automotive Company (NATCO) schließen ein Joint Venture und einen Lizenzvertrag ab, der die Montage von E-Klasse Limousinen in Ägypten vorsieht. Es entsteht die gemeinsame Produktions- und Vertriebsgesellschaft Egyptian German Automotive Company (EGA).

19. APR: In Brasilia werden die vertraglichen Voraussetzungen geschaffen, die A-Klasse zukünftig auch in Juiz de Fora im brasilianischen Bundesstaat Minas Gerais zu produzieren. Damit wird ein weiterer Schritt zur Globalisierung des Unternehmens eingeleitet.

25. APR – 05. MAI: Auf dem Internationalen Automobil-Salon in Turin wird die Serienversion des Mercedes-Benz SLK (Baureihe R 170) der Öffentlichkeit vorgestellt. Das markanteste Merkmal des kompakten sportlichen Zweisitzers ist das innovative Variodach, das auch im versenkten Zustand noch ein respektables Kofferraumvolumen bietet.

03. MAI: Die rhenag Rheinische Energie AG in Köln und der Hermes Versand Service erhalten die ersten Prototypen des für Erdgasbetrieb modifizierten Transporters Mercedes-Benz Sprinter und beginnen mit der praxisnahen Erprobung im Alltagsbetrieb. Ausgerüstet mit der innovativen sequenziellen Gastechnologie, erzielt der Sprinter mit sechs unterflur angeordneten Gasflaschen eine Reichweite von rund 250 km.

07. – 11. MAI: Auf der IFAT, der Internationalen Fachmesse für Entsorgung in München, debütiert der kompakte Geräteträger Unimog UX 100 (Baureihe 409).

13. MAI: In Konstanz wird der Setra Niederflur-Linienbus S 315 NF von einer internationalen Jury aus Fachjournalisten mit dem Titel »Bus of the Year 1996« ausgezeichnet. Den zweiten Platz belegt der Mercedes-Benz O 405 GNTD mit elektrischem Radnabenantrieb.

14. MAI: Der Forschungsbereich von Daimler-Benz stellt auf dem Potsdamer Platz in Berlin ein weiteres Fahrzeug mit Brennstoffzellen-Antrieb vor. NECAR II (New Electric Car) auf Basis der V-Klasse bezieht seine Energie aus der gesteuerten Reaktion von Wasserstoff- und Sauerstoffgas, bei der elektrischer Strom entsteht. Die Brennstoffzelle konnte in Gewicht und Volumen so stark verringert werden, dass nahezu der gesamte Innenraum des Fahrzeugs zur Verfügung steht.

18. / 19. MAI: Auf dem italienischen Autodromo di Santamonica holt Markus Oestreich im zweiten Lauf der Super Race Trucks den ersten Saisonsieg für Mercedes-Benz. Seit Saisonbeginn wird die Evolutions-Ausführung des Mercedes-Benz Renntrucks 1834 S mit einem hubraumstärkeren V6-Dieselmotor eingesetzt.

22. MAI: Die Hauptversammlung der Daimler-Benz AG beschließt, den Nennwert der Aktie von 50 DM auf 5 DM herabzusetzen. Damit soll die Attraktivität der Aktie insbesondere für Privatanleger gesteigert und die Barriere zum variablen Handel gesenkt werden.

03. JUN: Das neue Dieselmodell der S-Klasse, der S 300 Turbodiesel mit einem 130 kW /177 PS starken, verbrauchsgünstigen Vierventilmotor, erlebt seine Markteinführung und fungiert als Nachfolger des S 350 Turbodiesel. Gleichzeitig debütieren die Coupés der Oberklasse-Baureihe 140 in modellgepflegter Ausführung unter dem neuen Namen »CL-Klasse«.

05. JUN: Die Dornier Luftfahrt GmbH, eine 100 %ige Tochtergesellschaft der zur Dasa gehörenden Dornier GmbH (Friedrichshafen), geht in die industrielle Führung der US-amerikanischen Fairchild Aircraft Holding Inc. (San Antonio, Texas /USA) über. Es entsteht ein Gemeinschaftsunternehmen, an dem die Dornier GmbH mit 20 % und die Firma Fairchild Aircraft mit 80 % beteiligt ist. Dieser Schritt bedeutet für die Daimler-Benz Aerospace den Rückzug aus dem unmittelbaren Geschäft mit Regionalflugzeugen, nachdem bereits im Januar die finanzielle Unterstützung von Fokker eingestellt wurde.

05. JUN: Auf der 132. und letzten Hauptversammlung der AEG AG wird beschlossen, das Unternehmen mit wirtschaftlicher Wirkung zum 1. Januar 1996 auf die Daimler-Benz AG zu verschmelzen, nachdem das operative Geschäft in rechtlich selbstständige Einheiten überführt worden ist. Die Bereiche Energietechnik sowie Anlagen- und Automatisierungstechnik werden veräußert, die Geschäftsfelder Mikroelektronik (TEMIC), Bahnsysteme (Adtranz) und Postautomatisierung (AEG Electrocom) direkt von der Daimler-Benz AG geführt. Die industrielle Führung des Bereichs Dieselantriebe geht auf die Mercedes-Benz AG über.

05. JUN: Im Werk Aksaray der Mercedes-Benz Türk feiert der MB 800 Premiere, ein leichter Lastwagen für den Verteilerverkehr mit bis zu 5,4 t Nutzlast. Ausgerüstet mit dem in der Türkei gebauten Vierzylinder-Dieselmotor OM 364 A, ist der MB 800 für den türkischen Inlandsmarkt und die osteuropäischen Märkte bestimmt.

10. JUN: Der von engagierten Mercedes-Benz Mitarbeitern und Mitarbeiterinnen gegründete Arbeitskreis Umwelt (AKU) beginnt seine regelmäßigen Treffen mit einer Veranstaltung zum Thema Photovoltaik.

1996

1996

30. JUN: Beim Großen Preis von Frankreich in Magny-Cours stellt AMG zum ersten Mal das offizielle Safety Car der Formel 1. Der silberne Mercedes-Benz C 36 AMG kommt in der Folgezeit immer dann zum Einsatz, wenn die Rennen für kurze Zeit unterbrochen werden. Ein Fahrzeug des gleichen Typs dient als Medical Car und gewährleistet mit Prof. Sid Watkins, dem Grand-Prix-Chefarzt der FIA, die schnellstmögliche ärztliche Notfallversorgung verunglückter Formel-1-Fahrer oder Streckenposten.

01. – 05. JUL: Im Werk Mannheim präsentiert Mercedes-Benz die V6- und V8-Motoren der vollkommen neu entwickelten Motorenfamilie OM 500, die in der neuen Schwerlastwagen-Modellreihe Actros sowie bei Omnibussen zum Einsatz kommen. Die besonders umweltfreundlichen und wirtschaftlichen Aggregate arbeiten nach der Steckpumpe-Leitung-Düse-Technik und entwickeln eine Leistung von 230 kW / 313 PS bis 420 kW / 571 PS.

05. JUL: Unter dem Namen »Actros« stellt Mercedes-Benz der Presse eine von Grund auf neu entwickelte Schwerlastwagen-Baureihe vor, die ab Oktober die Modelle der Schweren Klasse (SK) ablöst. Innovationen sind die Motoren der Aggregatefamilie OM 500 sowie die Telligent Bremsanlage mit elektronischer Regelung und Scheibenbremsen rundum.

23. JUL: Bei Daimler-Benz beginnt mit dem Start ins konzerneigene Intranet eine neue Qualität der internen Kommunikation.

JUL: Der im Frühjahr eingeführte kompakte Transporter Vito wird mit umweltfreundlichem, lokal emissionsfreiem Elektroantrieb vorgestellt. Als Energiespeicher dient dem 108 E eine wartungsfreie AEG Hochenergiebatterie, die für mindestens 800 Ladezyklen ausgelegt ist. Als kleines, kompaktes und wendiges Fahrzeug eignet sich der Elektro-Vito insbesondere für den Verteilerverkehr und die Beförderung der Personen in Innenstädten.

JUL: Mit der Markteinführung der Fahrgestelle mit Teilkarosserie ergänzt Mercedes-Benz das Modellprogramm der E-Klasse Baureihe 210 um eine weitere Variante. Angeboten wird nur noch die Ausführung mit verlängertem Radstand, die mit der Baureihe 123 zur bei Weitem dominierenden Version geworden ist. Die verlängerten Fahrgestelle (VF 210) werden im Auftrag von Daimler-Benz erstmals komplett bei der Binz GmbH & Co. KG in Lorch (Württemberg) produziert.

AUG: Mercedes-Benz bietet die Modelle C 230 und E 230 auf Wunsch mit Natural Gas Technology (NGT) für bivalenten Betrieb mit Benzin und Erdgas an. Das Erdgas ermöglicht einen besonders umweltfreundlichen und preisgünstigen Betrieb.

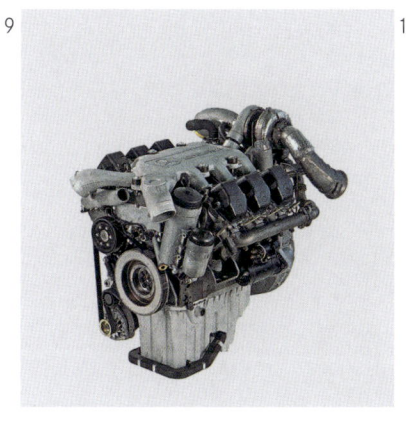

1996

AUG: Mercedes-Benz präsentiert den Hybrid-Omnibus O 405 NÜH, der mit elektrischem Radnabenantrieb, einer Natrium-Nickelchlorid-Hochleistungsbatterie und einem abgasarmen Dieselmotor ausgerüstet ist. Die ersten vier Exemplare des umweltfreundlichen Niederflurbusses nehmen im Januar 1997 den Linienverkehr zwischen Oberstdorf, Sonthofen und Kempten auf. Dabei werden sie im Rahmen eines vom Bayerischen Staatsministerium für Landesentwicklung und Umweltschutz initiierten Pilotprojekts unter Alltagsbedingungen erprobt. Die elektrische Traktionsbatterie wird nur zum emissions- und geräuschlosen Fahren im Innenstadtbereich genutzt; bei Überlandfahrten übernimmt der 184 kW / 250 PS starke Dieselmotor den Antrieb, indem er als Generator für die Radnabenmotoren fungiert und die Traktionsbatterie wieder auflädt.

16. SEP: Bundeskanzler Dr. Helmut Kohl und der argentinische Staatspräsident Carlos Menem eröffnen in Buenos Aires ein neues Transporterwerk, in dem der Mercedes-Benz Sprinter produziert wird.

21. – 29. SEP: Auf der IAA Nutzfahrzeuge in Hannover feiert die Schwerlastwagen-Baureihe Actros ihre Publikumspremiere. Außerdem debütieren der Großraumtransporter Vario sowie die neue Überlandomnibus-Baureihe O 550 Integro. Weitere Neuheiten sind der O 405 NÜL, eine Langausführung des bewährten Niederflur-Überlandbusses, und eine erdgasbetriebene Variante des kurzen Niederflur-Linienbusses O 405 NK. Ausgestellt wird außerdem die Omnibus-Studie »Innovisia«, die neben dem aktiven Fahrwerksystem »Active Body Control« (ABC) mit einer Vielzahl weiterer Innovationen ausgestattet ist. Mit dem Setra S 315 GT-HD präsentiert EvoBus den ersten Hochdeckerbus aus der Kombifamilie, den in der Folgezeit viele Omnibusunternehmer als wirtschaftliche Alternative favorisieren. Premiere hat auch der 15 m lange Überlandbus S 319 UL.

03. – 13. OKT: Auf dem Pariser Automobil-Salon wird die Coupé-Studie F 200 Imagination vorgestellt, in der zahlreiche technische Innovationen erstmals realisiert sind. Aufsehen erregt das voll einsatzfähige Experimentalfahrzeug vor allem dadurch, dass es ohne Lenkrad und Pedalerie auskommt.

08. OKT: Im Mercedes-Benz Museum wird der Daimler-Benz Innovationspreis an die beiden TEMIC-Mitarbeiter verliehen, die die sogenannte Planartechnologie für Halbleiterbauelemente entwickelt haben. Diese Basisinnovation wird im Fahrzeugbau für die ABS-Steuerung und das Motormanagement eingesetzt und reduziert Baugröße und Produktionskosten in erheblichem Maße.

12./13. OKT: Beim Saison-Abschlussrennen in Jarama/Spanien sichert sich Steve Parrish auf Mercedes-Benz 1834 S mit zwei dritten Plätzen in beiden Läufen den Europameistertitel der Super Race Trucks. Damit wird Parrish zum fünften Mal Champion in der Truck-Racing-Europameisterschaft.

13. OKT: Mit Abschluss der Formel-1-Rennsaison 1996 hat das Team McLaren-Mercedes insgesamt 49 WM-Punkte und belegt dadurch den vierten Platz in der Konstrukteurswertung.

18. OKT: Im Werk Rastatt wird die letzte von 36 464 E-Klasse Limousinen der Baureihe 210 fertiggestellt. Damit endet nach gut vier Jahren und insgesamt 134 420 Fahrzeugen der Baureihen 124 und 210 die E-Klasse Fertigung in Rastatt, und die Montagehalle wird auf die Produktion der A-Klasse umgestellt.

22. OKT: Wilhelm Maybach (1846 – 1929), ehemaliger Chefkonstrukteur der Daimler-Motoren-Gesellschaft und Schöpfer des ersten modernen Automobils, wird in die Automotive Hall of Fame in Detroit, Michigan/USA aufgenommen.

10. NOV: Beim Abschlussrennen der International Touring Car Championship (ITC) im japanischen Suzuka gewinnt Dario Franchitti den ersten und Bernd Schneider den zweiten Lauf. Damit ist Bernd Schneider Vizemeister der ITC, und mit der Einstellung der Rennserie beendet Mercedes-Benz sein Engagement in der DTM / ITC als erfolgreichster Hersteller. In den Jahren 1986 bis 1996 wurden insgesamt 86 Siege mit Mercedes-Benz Renntourenwagen errungen.

25. NOV: Mercedes-Benz stellt den Brems-Assistenten (BAS) als weiteren Pionierbeitrag zur Verbesserung der Fahrsicherheit vor. Ab Dezember gehört er zur Serienausstattung zunächst der S-Klasse und der SL-Klasse.

20. DEZ: Mercedes-Benz erhält als erster Automobilhersteller die weltweite Zertifizierung seines Qualitätsmanagements nach der internationalen Norm ISO 9001. Die Stuttgarter Zentrale sowie die Werke und Niederlassungen im Inland sind bereits Ende 1994 zertifiziert worden.

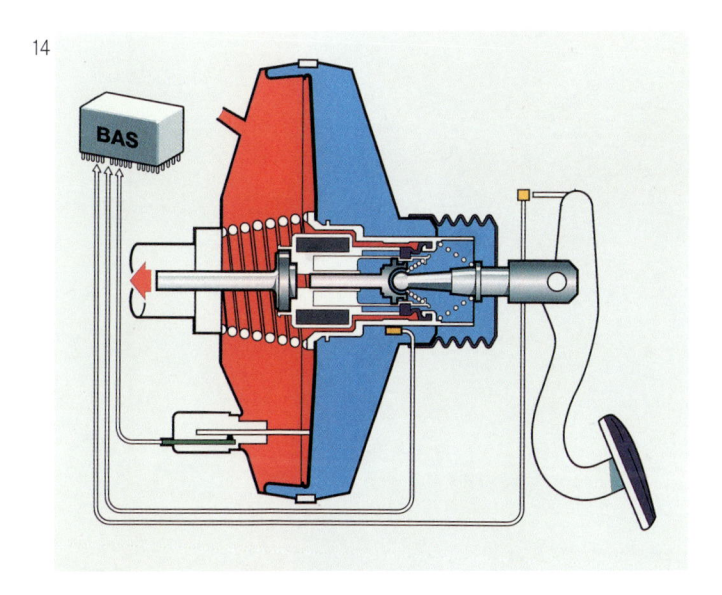

Globalisierung

Seit den 1990er-Jahren macht ein Begriff in Deutschland Karriere, der bündig die weltweiten Verflechtungen in Wirtschaft, Politik und Gesellschaft zusammenfasst: Globalisierung. Mit dem Mauerfall und dem Ende des Kommunismus verändert sich die Welt rasant. Alte Bindungen reißen ab, neue transnationale Akteure treten an ihre Stelle. Für die Industrie verspricht die Globalisierung nicht nur neue Absatzmärkte, sondern verschärft zugleich den Wettbewerb.

17/20
Produktoffensive Nutzfahrzeuge 1995

Mercedes-Benz O 350 Tourismo

Mercedes-Benz Vito    Mercedes-Benz Sprinter    Mercedes-Benz Actros    Mercedes-Benz Integro

Dem verstärkten Wettbewerbsdruck begegnet Mercedes-Benz bei den Nutzfahrzeugen mit einer Neuausrichtung der Produktpolitik sowie umfassenden Maßnahmen zur Steigerung der Effizienz und zur Senkung der Kosten. Die Werke der Tochtergesellschaften in der Türkei und in Spanien, die kostengünstiger produzieren können, konzentrieren sich nicht nur auf nationalen und regionalen Absatz, sondern fertigen zunehmend Fahrzeuge für den internationalen Markt. So ist der in der Türkei entwickelte und von 1994 an produzierte Reisebus O 350 Tourismo, der durch sein attraktives Preis-Leistungs-Verhältnis überzeugt, auch auf den westeuropäischen Märkten erhältlich. Bei den Transportern steht der 1995 eingeführte Mercedes-Benz Vito, der in Spanien für den Weltmarkt produziert wird, beispielhaft für die neue Vernetzung.

Die Nutzung von Synergien und die kostengünstigere Produktion stehen 1995 auch bei der Gründung der EvoBus GmbH im Vordergrund. Durch diesen Zusammenschluss des Omnibusbereichs von Mercedes-Benz mit der Omnibussparte des traditionsreichen

Mercedes-Benz O 550 Integro

Das Mercedes-Benz Transporterprogramm von 1996 mit den Baureihen Vito, Sprinter und Vario

Helmut Werner

Mercedes-Benz Nutzfahrzeugwerke in Spanien und der Türkei

Herstellers Karl Kässbohrer GmbH in Ulm können beide Partner ihre traditionellen Stärken kombinieren. Ein erstes Ergebnis ist der 1996 präsentierte Überlandbus Mercedes-Benz O 550 Integro, der die spezifische Kompetenz der Marke Setra gerade in diesem Segment konsequent nutzt.

Die Produktoffensive im Nutzfahrzeugbereich, vom Vorstandsvorsitzenden Helmut Werner in seiner Zeit als Nutzfahrzeug-Vorstand initiiert, setzt neben einem attraktiven Preis-Wert-Verhältnis auf Innovationen mit hohem Nutzen für den Kunden. Dabei berücksichtigen die Entwickler neben dem Mehrwert für den Spediteur oder Omnibus-Unternehmer auch sehr stark die Bedürfnisse des Fahrers. Die 1995 eingeführte Transporter-Baureihe Mercedes-Benz Sprinter überzeugt mit Einzelradaufhängung vorn, Scheibenbremsen rundum und ABS durch ein in diesem Segment einzigartiges Maß an Sicherheit und Komfort. Die Schwerlastwagen-Baureihe Actros leitet 1996 einen Generationswechsel im Mercedes-Benz Lkw-Programm ein.

Neue Motoren setzen Maßstäbe bei Umweltverträglichkeit und Wirtschaftlichkeit, zu der auch die Gewichtsoptimierung von Hinterachsaufhängung und Rahmen beitragen. Die elektronisch geregelte Telligent Bremsanlage mit Scheibenbremsen sorgt für einen um 25 Prozent verringerten Bremsweg, und das automatisierte Getriebe EAS entlastet den Fahrer. Zu den wichtigsten Zielen der Nutzfahrzeug-Entwicklung gehört die Senkung der Lebenszyklus-Kosten, das heißt aller Ausgaben für Anschaffung oder Leasing, für den Betrieb und für Wartung oder Reparaturen. Verlängerte Wartungsintervalle und eine noch längere Motorlebensdauer, wie sie bei Sprinter und Actros erzielt wurden, tragen dazu ebenso bei wie die Umstellung auf Scheibenbremsen. Deren Beläge halten nicht nur länger, sondern können auch schneller ausgetauscht werden, sodass sich die Wartungskosten reduzieren.

In den Folgejahren setzt Mercedes-Benz seine Produktoffensive konsequent fort: 1997 erscheint die Linienbus-Baureihe Citaro, 1998 das innovative Entsorgungsfahrzeug Econic. Ebenfalls 1998 debütiert mit dem Atego eine Modellreihe leichter und mittelschwerer Lkw, und der Reisebus Travego schließt 1999 die erste Phase der Produktoffensive ab.

Das Typenprogramm der Mercedes-Benz Lastwagen- und Transporter mit den Baureihen Actros, Atego, Econic, Vario, Sprinter und Vito

Mercedes-Benz Citaro

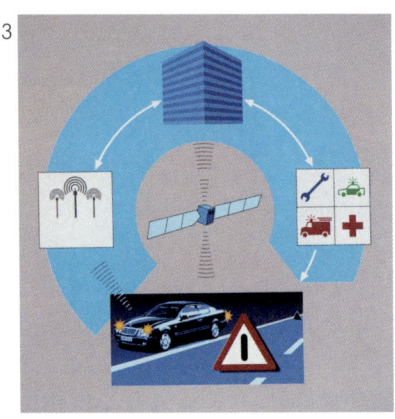

1997	Belegschaft 300 068	Produktion Pkw / Nfz 726 686 / 422 438	Umsatz 124 050 Mio. DM

11. – 20. JAN: Mit dem Mercedes-Benz CLK debütiert eine neue Modellreihe sportlich-eleganter Coupés (Baureihe 208) auf der North American International Auto Show in Detroit, Michigan/USA.

17. – 26. JAN: Auf dem Internationalen Nutzfahrzeug-Salon in Brüssel erhält der Mercedes-Benz Actros die Auszeichnung »International Truck of the Year 1997«, die von einer internationalen Jury aus Fachjournalisten vergeben wird. Premiere feiert der Vito 114, eine 105 kW / 143 PS starke Variante des Transporters, die vor allem für den schnellen Personentransport sowie für Kurier- und Rettungsdienste interessant ist.

23. JAN: Der Aufsichtsrat der Daimler-Benz AG betraut Klaus-Dieter Vöhringer mit der Verantwortung für das Vorstandsressort »Forschung und Technik«. Vöhringer folgt auf Prof. Hartmut Weule, der am 31. Dezember 1996 ausgeschieden ist.

29. JAN: Knapp zwei Jahre nach ihrer Gründung nimmt die EvoBus GmbH den Produktionsverbund zwischen den Standorten Mannheim und Ulm/Neu-Ulm auf. Rohbau und Tauchlackierung für alle Mercedes-Benz Überland- und Reisebusse sowie die Setra Kombi- und Zweiachs-Reisebusse erfolgen künftig in Mannheim, während Endmontage und Decklackierung in Ulm/Neu-Ulm stattfinden.

29. JAN: Mercedes-Benz präsentiert das in Zusammenarbeit mit debis Telematic Services entwickelte TELE AID, ein intelligentes Auto-Notrufsystem, das nach einem Unfall selbsttätig einen Notruf absetzt.

06. – 16. FEB: Auf der Auto-RAI in Amsterdam werden die Typen E 280 und E 320 mit neu entwickelten V6-Motoren der Öffentlichkeit vorgestellt. Neben den Varianten mit konventionellem Hinterradantrieb debütieren beide Typen auch als 4MATIC-Version mit permanentem Allradantrieb, die gemeinsam mit Steyr-Daimler-Puch entwickelt wurde und wie die G-Klasse in Graz/Österreich produziert wird. Die Markteinführung der neuen Modelle erfolgt sukzessive und beginnt mit dem E 280 4MATIC im Februar.

06. – 16. MÄR: Die Mercedes-Benz Präsentation auf dem Genfer Automobil-Salon steht ganz im Zeichen der neuen A-Klasse, die dort ihre Weltpremiere feiert. In der kompakten Allroundlimousine der Baureihe 168 sind mehr als 20 technische Innovationen realisiert, die vor allem der passiven Sicherheit und der Raumökonomie zugute kommen. Mercedes-Benz Vorstandsmitglied Prof. Jürgen Hubbert nimmt auf dem Genfer Salon die begehrte Auszeichnung »Cabrio of the Year« entgegen, mit dem eine internationale Jury den Mercedes-Benz SLK ausgezeichnet hat.

1997

09. MÄR: Der Schotte David Coulthard holt beim Formel-1-Saisonauftakt in Australien im neuen silbern lackierten MP4-12 den ersten Sieg für das Team McLaren-Mercedes. Sein finnischer Teamkollege Mika Häkkinen erreicht den dritten Platz. Mit ihrem silbernen Outfit knüpfen die beiden Formel-1-Rennwagen an die Erfolge der legendären Silberpfeile an.

14. MÄR: Das 5 000. Exemplar der kompakten Hochleistungslimousine C 36 AMG (Baureihe 202) wird ausgeliefert.

24. MÄR: Mercedes-Benz präsentiert unter dem Namen »mobilo« eine neue Mobilitätsgarantie. Sie beinhaltet einen kostenlosen Pannenservice mit 24-Stunden-Einsatzbereitschaft und sichert die Mobilität auch im Reparaturfall durch Übernahme der Kosten für Teilebeschaffung, Unterbringung und Weiterfahrt per Bahn oder Flugzeug. Das »mobilo«-Paket gilt für die Dauer von vier Jahren in 23 europäischen Ländern für jeden ab dem 1. April durch Mercedes-Benz verkauften und ausgelieferten neuen Pkw.

01. APR: Der Daimler-Benz Konzern erhält eine neue Organisationsstruktur. Dabei wird die Mercedes-Benz AG auf die Daimler-Benz AG verschmolzen. Es entstehen die Geschäftsfelder Personenwagen, Nutzfahrzeuge, Luft- und Raumfahrt (Daimler-Benz Aerospace), Dienstleistungen (debis) sowie Direkt geführte industrielle Beteiligungen. Das Geschäftsfeld Dienstleistungen, vertreten durch die debis, umfasst die Bereiche Finanzdienstleistungen / Versicherungen, IT-Services, Telekommunikations- und Mediendienste, Handel und Immobilienmanagement. Die Direkt geführten industriellen Beteiligungen sind die Bahnsysteme mit der Adtranz (ABB Daimler-Benz Transportation GmbH), der Bereich Dieselantriebe (MTU) sowie die Mikroelektronik (TEMIC).

09. APR: Das neue V-Motorenwerk in Stuttgart-Bad Cannstatt wird im Beisein des baden-württembergischen Ministerpräsidenten Erwin Teufel eingeweiht. Die »Fabrik der Zukunft«, in der mit modernsten Fertigungsmethoden jährlich über 300 000 V6- und V8-Motoren produziert werden sollen, setzt in großem Umfang auf umweltschonende Techniken. Teil dieses Konzepts ist Europas größte fotovoltaische Solaranlage, die auf dem Hallendach montiert ist und Sonnenlicht direkt in Elektrizität umwandelt.

11. APR: Daimler-Benz präsentiert den neuen Hochleistungssportwagen CLK-GTR. Das straßentaugliche Coupé ist die Homologationsversion des für die FIA-GT-Meisterschaft konstruierten Rennsportwagens und wird in einer Stückzahl von nur 25 Exemplaren gebaut. Es besitzt ein als Mittelmotor angeordnetes V12-Triebwerk, das aus 6,9 l Hubraum 412 kW / 560 PS schöpft und ein maximales Drehmoment von 720 Nm erreicht. Die Karosserie besteht aus Kohlefaser-Verbundwerkstoff.

16. – 20. APR: Auf der Internationalen Off-Road-Geländewagen-Ausstellung in München wird die G-Klasse als weltweit erster Geländewagen mit einem elektrohydraulisch betätigten Stoffverdeck vorgestellt.

11. MAI: Beim zweiten Lauf der FIA-GT-Meisterschaft in Silverstone / Großbritannien erzielen Bernd Schneider und Alexander Wurz den ersten Rennsieg mit dem Rennsportwagen Mercedes-Benz CLK-GTR.

21. MAI: Das neue geländegängige Freizeitfahrzeug der M-Klasse (Baureihe 163) débütiert in Tuscaloosa, Alabama/USA. Gleichzeitig wird das neue amerikanische Werk nach zweijähriger Bauzeit in Anwesenheit von 5 000 Gästen offiziell eröffnet.

1

26. MAI: In Stuttgart präsentiert Daimler-Benz den NEBUS, den ersten linientauglichen Bus mit Brennstoffzellenantrieb. Sechs Jahre nach Anlauf des Projekts »Brennstoffzelle« haben die Arbeiten auf dem Weg zum Serieneinsatz einen ersten Abschluss erreicht. Die neue Technologie wurde gemeinsam mit dem kanadischen Forschungsunternehmen Ballard Power Systems, Inc. entwickelt, an dem Daimler-Benz sich im April 1997 mit 25 % beteiligt hat.

2

01. JUN: Bei der Stuttgarter Straßenbahnen AG beginnt der Linieneinsatz von 17 Niederflur-Gelenkbussen des Typs Mercedes-Benz O 405 GNDE, die mit Hybridantrieb ausgerüstet sind. Dabei erzeugt der 220 kW / 300 PS starke Dieselmotor die elektrische Energie, mit der vier Radnabenmotoren an der Mittelachse und der Hinterachse angetrieben werden.

3, 4, 5

01. – 06. JUN: Auf dem UITP-Kongress in Stuttgart präsentiert EvoBus die neue Stadtbusgeneration Mercedes-Benz Citaro, die als Solowagen und als Gelenkbus erhältlich ist. Am 27. November erhält die Hamburger Hochbahn AG die ersten elf Fahrzeuge der Serienproduktion. Ebenfalls ausgestellt ist der O 345, ein Stadtbus aus der Produktion der Mercedes-Benz Türk S.A., der auch als Gelenkbus O 345 G angeboten wird und speziell für den Einsatz in der Türkei und den osteuropäischen Märkten konzipiert ist.

6, 7

06. JUN: Das neue CLK Coupé, das sich seit seinem Verkaufsstart am 3. März sehr starker Nachfrage erfreut, steht bei den Niederlassungen und Vertretungen zur Probefahrt bereit. Gleichzeitig erleben die stilistisch und technisch aufgewerteten Limousinen und T-Modelle der C-Klasse Baureihe 202 ihre Markteinführung.

8

13. JUN: Im Werk Berlin-Marienfelde wird die Produktion des Dreizylindermotors für das smart City-Coupé aufgenommen.

9

14. / 15. JUN: Beim Truck-Racing-Wochenende auf dem Circuit Paul Ricard im südfranzösischen Le Castellet erzielt Markus Oestreich im ersten Lauf der Super Race Trucks den ersten Saisonsieg für Mercedes-Benz. Der 1838 S ist seit Saisonbeginn mit dem 884 kW / 1 200 PS starken Innovationsmotor OM 501 LA ausgerüstet. In der Kategorie der Race Trucks gewinnt Heinz-Werner Lenz auf Mercedes-Benz 1838 S beide Qualifyings und beide Rennläufe und übernimmt damit die Führung in der Gesamtwertung der Race Trucks.

10

29. JUN: Beim Großen Preis von Frankreich in Magny-Cours wird erstmals ein Vorserienmodell des CLK 55 AMG als neues Safety Car der Formel 1 eingesetzt. Es löst den seit Juni 1996 genutzten C 36 AMG ab. Als neues Medical Car ist bereits seit dem Großen Preis von San Marino am 27. April das E 60 AMG T-Modell im Einsatz.

1997

322

1997

01. JUL: Daimler-Benz beteiligt sich mehrheitlich an seiner ältesten Generalvertretung, der Meris & Cie. S.A., und gründet die Mercedes-Benz Luxembourg S.A.

11
03. JUL: Das Mercedes-Benz Altfahrzeug und Altteile Center (MB ATC GmbH) in Stuttgart-Obertürkheim nimmt offiziell seinen Betrieb auf. Daimler-Benz ist damit der erste deutsche Automobilhersteller, der mit einem eigenen Verwertungsfachbetrieb einen aktiven Beitrag zur Altfahrzeugentsorgung leistet.

12
01. SEP: Die Daimler-Benz AG präsentiert in Marseille/Frankreich die neuen Baustellenfahrzeuge der Actros Schwerlastwagenfamilie.

13, 14, 15, 16, 17, 18
11. – 21. SEP: Auf der IAA in Frankfurt/M. präsentiert sich die A-Klasse erstmals mit ihren Design- und Ausstattungslines Classic, Elegance und Avantgarde. In der C-Klasse wird neben dem neuen Topmodell C 43 AMG mit V8-Motor der C 220 Turbodiesel vorgestellt, der über einen Dieselmotor mit Common-Rail-Direkteinspritzung verfügt. In der E-Klasse debütieren die Typen E 240 mit V6-Motor sowie E 430 und E 55 AMG mit V8-Motor. Alle fünf Modellneuheiten der C- und E-Klasse sind als Limousine und als T-Limousine erhältlich, das E 55 AMG T-Modell allerdings erst im Frühjahr 1998. Auch die V-Klasse erhält mit dem V 280 ein neues 128 kW / 174 PS starkes Topmodell. Außer den Neuheiten im Verkaufsprogramm präsentiert Daimler-Benz mit dem NECAR 3 (New Electric Car) einen weiteren Meilenstein bei der Entwicklung des zukünftigen Automobilantriebs. Auf Basis der A-Klasse aufgebaut, ist es das weltweit erste Brennstoffzellen-Fahrzeug mit bordeigener Wasserstofferzeugung. Ein weiteres Forschungsfahrzeug, das in Frankfurt Weltpremiere hat, ist der F 300 Life-Jet, Studie eines offenen dreirädrigen Freizeitfahrzeugs mit aktivem Fahrwerk.

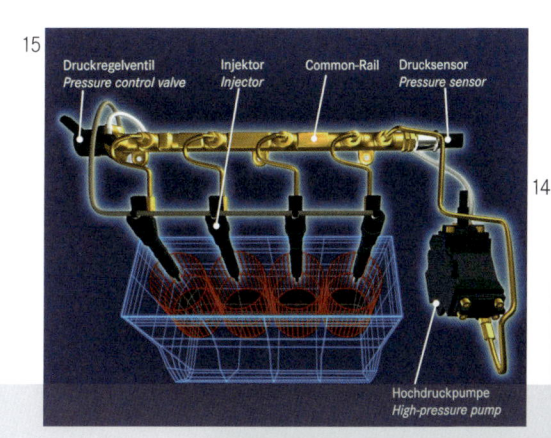

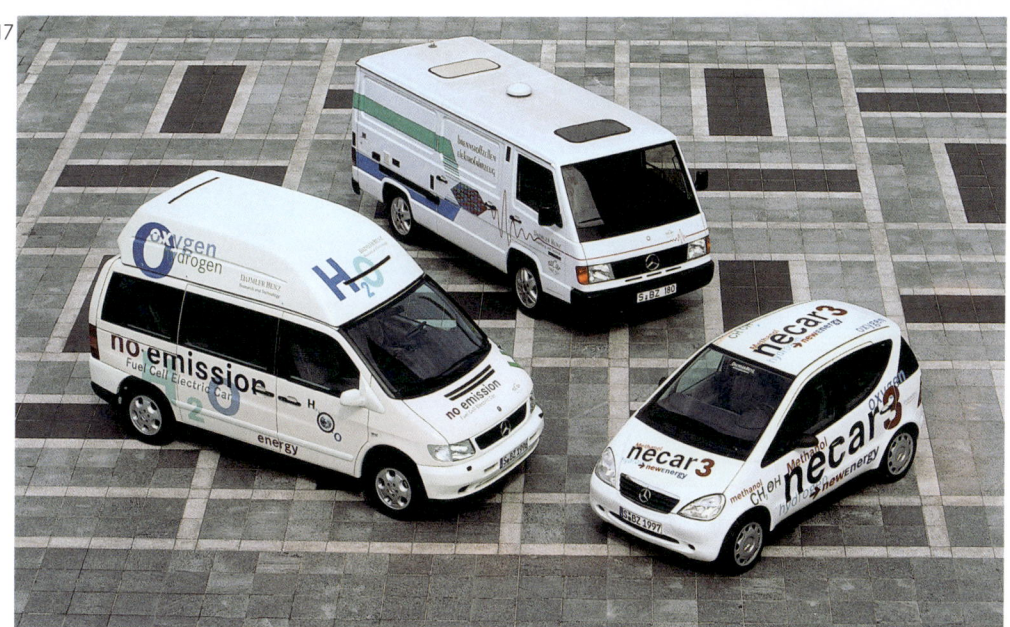

20./21. SEP: Am vorletzten Rennwochenende der Truck-Racing-Saison im belgischen Zolder sichert sich Heinz-Werner Lenz auf Mercedes-Benz 1838 S mit einem dritten und einem vierten Platz den Meisterschaftstitel in der Klasse der Race Trucks.

28. SEP: Mercedes-Benz, Motorenpartner des Penske-Teams, gewinnt die Herstellerwertung in der CART World Series, der ehemaligen Indy-Car-Serie. Auf den ca. 588 kW / 800 PS starken V8-Motor vertrauen auch die Kundenteams Bettenhausen, Forsythe, Hogan und Pac West.

SEP: Das Geländewagen-Modell 290 GD Turbodiesel (Baureihe 461), das über einen 88 kW / 120 PS starken Fünfzylinder-Dieselmotor mit Direkteinspritzung verfügt, löst den bisherigen 290 GD mit Vorkammer-Saugmotor ab.

04./05. OKT: Beim Truck-Racing-Saisonfinale in Jarama/Spanien gewinnt Markus Oestreich auf Mercedes-Benz 1834 S den ersten Lauf der Super Race Trucks. Am Ende belegt er in der Gesamtwertung den dritten Platz vor Slim Borgudd, und Mercedes-Benz wird Zweiter in der Konstrukteurswertung.

19. OKT: Anlässlich einer Veranstaltung der American Trucking Association gibt Daimler-Benz bekannt, das im Februar 1997 erworbene Schwerlastwagen-Geschäft von Ford künftig unter der Marke »Sterling« zu führen. Die neben Mercedes-Benz und Freightliner dritte Fahrzeugmarke des Konzerns erweitert die Produktpalette in den USA vor allem um Baustellen- und Verteilerfahrzeuge.

17. – 22. OKT: Auf der Omnibusmesse Busworld in Kortrijk/Belgien präsentiert Setra den dreiachsigen Luxus-Reisebus S 317 HDH/3.

22. OKT: Mit der Design-Studie Mercedes-Benz Maybach bietet Daimler-Benz auf der Tokyo Motor Show einen Ausblick auf die innovative Technik und Ausstattung zukünftiger Luxus-Automobile.

24. OKT: Fast auf den Tag genau vier Jahre nach dem ersten Spatenstich wird mit dem debis-Haus am Potsdamer Platz in Berlin der neue Hauptsitz der debis AG eingeweiht. Das Dienstleistungsunternehmen des Daimler-Benz Konzerns konzentriert damit seine Aktivitäten an einem der dynamischsten Standorte Europas.

26. OKT: Im letzten Formel-1-Rennen der Saison, beim Großen Preis von Europa, der in Jerez/Spanien stattfindet, erringen die beiden McLaren-Mercedes Piloten Mika Häkkinen und David Coulthard einen Doppelsieg. In der Gesamtwertung der Saison 1997 wird Coulthard Vierter und Häkkinen Sechster. In der Herstellerwertung belegt McLaren-Mercedes den vierten Platz.

26. OKT: Bernd Schneider und Klaus Ludwig siegen auf Mercedes-Benz CLK-GTR beim Saison-Abschlussrennen in Laguna Seca, Kalifornien/USA. Bernd Schneider gewinnt mit diesem Erfolg die Fahrerwertung der FIA-GT-Meisterschaft, und die Teamwertung geht an AMG-Mercedes.

1997

8, 9
27. OKT: In Anwesenheit des französischen Staatspräsidenten Jacques Chirac, des deutschen Bundeskanzlers Dr. Helmut Kohl und des Daimler-Benz Vorstandsvorsitzenden Jürgen E. Schrempp eröffnet die Micro Compact Car AG ihr Montagewerk smartville im französischen Hambach.

06. NOV: Die Egyptian German Automotive Company (EGA), an der die Daimler-Benz AG mit 26% beteiligt ist, eröffnet ihr Montagewerk in 6th-of-October-City, 40 km südwestlich von Kairo. Das Joint Venture produziert in dem neuen Werk Limousinen des Typs E 200 für den ägyptischen Markt.

10
11. NOV: Nach dem »Elchtest« der schwedischen Zeitschrift »Teknikens Värld« wird die im Oktober angelaufene Auslieferung der A-Klasse für 12 Wochen unterbrochen, um eine geänderte Fahrwerksabstimmung und die Nachrüstung mit dem Fahrdynamiksystem ESP in der Serienproduktion umsetzen zu können. Mit diesen Modifikationen erfüllt die A-Klasse auch Extremtests unter wenig praxisnahen Bedingungen besser als der Wettbewerb.

11
28. NOV: Die Yaxing-Benz Ltd. mit Sitz in Yangzhou/China wird offiziell eingeweiht. An dem zum 1. März von Daimler-Benz und der Yangzhou Motor Coach Manufacturer General (YMCG) gegründeten Joint Venture zur Produktion von Bussen und Omnibusfahrgestellen sind beide Unternehmen mit jeweils 50% beteiligt.

12
07. DEZ: Mit dem Setra S 319 NF präsentiert EvoBus im Omnibus-Montagewerk Neu-Ulm einen der ersten 15-m-Wagen in Niederflurbauweise.

13
DEZ: Der C 220 CDI mit Common-Rail-Direkteinspritzung, auf der IAA im September noch als C 220 Turbodiesel präsentiert, wird in den Markt eingeführt. Durch die CDI-Technologie setzt Mercedes-Benz neue Maßstäbe der Effizienz: der C 220 CDI leistet 92 kW/125 PS aus 2,2 l Hubraum bei einem durchschnittlichen Verbrauch von 6,1 l Diesel. Neben einer besseren Leistungsausbeute je Liter Hubraum verbessert sich das nutzbare Drehmoment bei reduziertem Schadstoffausstoß.

| **1998** | Belegschaft | Produktion Pkw / Nfz | Umsatz | |
| | 441 502 | 947 517 / 492 643 | 131 782 Mio. € | DaimlerChrysler AG |

1, 2
10. – 19. JAN: Unter dem Motto »Das Jahr der Achtzylinder« präsentiert Mercedes-Benz auf der North American International Auto Show die V8-Modelle ML 430 und CLK 430.

3
05. – 15. FEB: Auf dem Internationalen Nutzfahrzeug-Salon RAI in Amsterdam wird der leichte Verteilerlastwagen Atego der Öffentlichkeit vorgestellt. Die neue Fahrzeugfamilie deckt das Gewichtssegment von 6,5 bis 15 t ab.

4
09. FEB: Die ersten mit ESP ausgerüsteten Fahrzeuge der A-Klasse verlassen nach einer dreimonatigen Produktionsunterbrechung das Montageband im Werk Rastatt.

25. FEB: In Como/Italien wird die Daimler-Benz Advanced Design Italia S.r.l. gegründet; das – nach Irvine, Kalifornien/USA und Yokohama/Japan – dritte Advanced Design Studio des Unternehmens widmet sich vor allem der Innenraumgestaltung.

FEB: Die EvoBus GmbH übernimmt in Samano/Spanien die Grundstücke und Gebäude der ehemaligen Setra S.A. und begründet damit ihren fünften europäischen Produktionsstandort.

5, 6, 7
05. – 15. MÄR: Auf dem Genfer Automobil-Salon feiern das CLK Cabriolet und das E 55 AMG T-Modell ihre Weltpremiere. Das smart City-Coupé der Micro Compact AG wird in der überarbeiteten Version präsentiert, die im Herbst in Serie geht.

1998

8
05. MÄR: Im Rahmen eines zweitägigen Innovations-Symposiums im Stuttgarter Mercedes-Forum wird der Daimler-Benz Innovationspreis 1997 für das Grundkonzept der A-Klasse vergeben. Gleichzeitig präsentiert Daimler-Benz ein A-Klasse Versuchsfahrzeug mit Elektroantrieb, der seinen Strom von einer ZEBRA-Hochleistungsbatterie auf Natrium-Nickelchlorid-Basis bezieht.

9
08. MÄR: Das neue, speziell für den nordamerikanischen Highway konzipierte Freightliner-Schwerlastwagen-Modell Argosy geht mit einer Vielzahl von technischen Innovationen in Serie.

10
08. MÄR: Beim Großen Preis von Australien, dem Auftaktrennen der Formel-1-Saison in Melbourne, setzt AMG ein C 55 AMG T-Modell als neues Medical Car ein. Das offizielle Safety Car ist weiterhin der seit 1997 eingesetzte CLK 55 AMG.

21. MÄR: Nach der erfolgreichen Markteinführung in den USA erscheint die M-Klasse auch bei den europäischen Niederlassungen und Vertriebspartnern.

11
31. MÄR: Das neu entwickelte Entsorgungsfahrzeug Mercedes-Benz Econic wird im schweizerischen Arbon der Presse präsentiert. Die Produktion erfolgt bei der Schweizer Tochtergesellschaft NAW Nutzfahrzeuge AG, die auch für die komplette Entwicklung verantwortlich war.

12
12. APR: Beim ersten Rennen der FIA-GT-Meisterschaft 1998 erzielen Klaus Ludwig / Ricardo Zonta, Jean-Marc Gounon / Marcel Tiemann und Bernd Schneider / Mark Webber in Oschersleben einen Dreifachsieg auf Mercedes-Benz CLK-GTR.

13, 14, 15
24. APR – 03. MAI: Auf dem Turiner Automobil-Salon wird die neue Modellpalette der überarbeiteten SL-Klasse präsentiert. Ein magmarotes Showcar mit sportlich-dynamischen Attributen demonstriert die Vielseitigkeit des A-Klasse Konzepts. Die Marke smart präsentiert sich fünf Monate vor Verkaufsstart ebenfalls mit einem attraktiven Showcar.

16
25./26. APR: Beim Truck-Racing-Saison-Auftakt im französischen Dijon gewinnt Markus Oestreich auf dem neuen Mercedes-Benz Atego Renntruck den zweiten Lauf der Super Race Trucks. Ludovic Faure und Steve Parrish belegen die Plätze zwei und drei.

17
29. APR – 03. MAI: Das neue Topmodell der G-Klasse, der G 500 mit einem 221 kW / 300 PS starken V8-Motor, wird auf der Internationalen Off-Road-Messe in München der Öffentlichkeit präsentiert.

1
05. MAI: Ein neuartiger Service-Vertrag, mit dem auch Privatkunden die gesamten Kosten für Wartung und Reparaturen abdecken können, erweitert die Dienstleistungspalette für alle neu zugelassenen Mercedes-Benz Pkw.

2
07. MAI: Die Daimler-Benz AG und die US-amerikanische Chrysler Corporation unterzeichnen einen Vertrag zum Unternehmenszusammenschluss, nachdem Gespräche über eine mögliche Fusion erst am Tag zuvor an die Öffentlichkeit gedrungen sind.

13. JUN: Daimler-Benz gründet die Mercedes-Benz Latinas Inc. als neue Vertriebsgesellschaft für den lateinamerikanischen Raum und die Karibik.

15. JUN: Mit einer Sonderausschüttung von 20 DM je Aktie gibt Daimler-Benz Gewinnrücklagen in Höhe von 7,4 Mrd. DM an seine Aktionäre weiter. In einer anschließenden Kapitalerhöhung im Verhältnis 10:1 wird der ausgeschüttete Betrag wieder dem Unternehmen zugeführt.

26. JUN: Daimler-Benz gibt den Beschluss bekannt, die AMG GmbH in Affalterbach stufenweise zu übernehmen. Zum 1. Januar 1999 überträgt AMG zunächst 51 % der Geschäftsanteile an Daimler-Benz, die restlichen Anteile folgen schrittweise innerhalb von zehn Jahren.

3
28. JUN: Auf dem Hockenheimring endet der erste Einsatz des neuen Rennsportwagens Mercedes-Benz CLK-LM in der FIA-GT-Meisterschaft mit einem Doppelsieg von Bernd Schneider / Mark Webber und Klaus Ludwig / Ricardo Zonta.

4
20. JUL: Die ersten 54 Mitarbeiter beziehen die neue Zentrale der Vertriebsorganisation Mercedes-Benz Deutschland am Potsdamer Platz in Berlin. Bis Ende August ziehen insgesamt rund 550 Mitarbeiter aus Stuttgart und anderen Standorten mit ihren Familien nach Berlin, wo zusätzlich etwa 200 neue Arbeitsplätze geschaffen werden.

22. JUL: Der erste Lkw der Marke Sterling verlässt das Produktionswerk im kanadischen St. Thomas und erweitert damit neben Freightliner die amerikanische Schwerlastwagen-Familie von Daimler-Benz.

5
24. JUL: Das neue Reihenmotorenwerk innerhalb des Daimler-Benz Stammwerks Stuttgart-Untertürkheim wird offiziell seiner Bestimmung übergeben. In der mit Investitionen von 900 Mio. DM errichteten Produktionsstätte entstehen die hochmodernen Dieselmotoren mit CDI-Direkteinspritzung.

27. JUL: Daimler-Benz, Nissan Motor und Nissan Diesel unterzeichnen eine Grundsatzvereinbarung zur gemeinsamen Entwicklung eines leichten Nutzfahrzeugs im Bereich von 3 bis 9 t.

1998

1998

28. JUL: Der Daimler-Benz Vorstand beschließt, die exklusive Luxus-Limousine Mercedes-Benz Maybach zur Serienreife zu entwickeln und im Werk Sindelfingen zu produzieren.

7, 8, 9
JUL: Sechs neue Diesel-Pkw mit CDI-Direkteinspritzung erweitern die Mercedes-Benz Modellpalette: Außer dem C 200 CDI und dem E 220 CDI, jeweils als Limousine und T-Modell, sowie dem E 200 CDI erlebt auch der A 170 CDI seine Markteinführung. Im September folgt mit dem A 160 CDI ein zweites Diesel-Modell der A-Klasse.

10
JUL: In der E-Klasse wird als Weltneuheit der sogenannte Windowbag angeboten, der bei einem Seitenaufprall das Risiko von Kopfverletzungen deutlich reduziert.

AUG: Die Daimler-Benz Corporate University nimmt ihre Arbeit auf. Das Kernziel der international ausgerichteten Institution besteht darin, Führungskräfte auf die strategischen Aufgaben des Konzerns vorzubereiten.

11, 12, 13, 14, 15, 16, 17
03. – 10. SEP: Auf der IAA Nutzfahrzeuge in Hannover wird die Modellpalette des Mercedes-Benz Atego um eine zweite Linie ergänzt. Die neu entwickelte Typenreihe für den schweren Verteilerverkehr in der Gewichtsklasse von 18 bis 26 t kommt noch vor Jahresende auf den Markt. Mercedes-Benz präsentiert außerdem die Transporter-Studie »Altra« mit selbsttragender Leichtmetallkarosserie, die eine um 500 kg höhere Nutzlast ermöglicht. Weltpremiere feiert auch der Midi-Stadtbus Mercedes-Benz Cito mit Niederflurtechnik und dieselelektrischem Antriebskonzept. Die Überlandvariante Citaro Ü und der Dreiachser Citaro L erweitern die Modellfamilie des erfolgreichen Linienbusses, und mit dem Integro L debütiert ein weiterer Dreiachser. Erstmals ausgestellt ist auch der Mercedes-Benz Tourismo in der Variante als Super-Reisehochdecker. Setra präsentiert den S 319 GT-HD als neuen Reisebus der 15-m-Klasse und führt für seine Omnibus-Baureihen die neuen Bezeichnungen TopClass, ComfortClass und MultiClass ein.

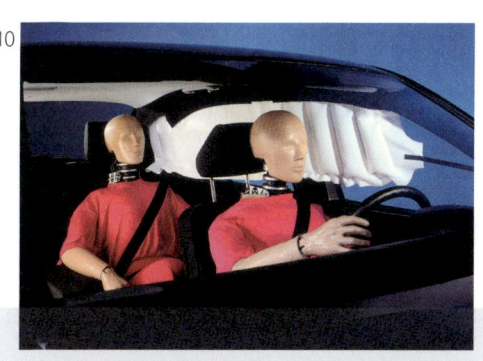

17. SEP: Auf der außerordentlichen Hauptversammlung der Daimler-Benz AG in der Stuttgarter Hanns-Martin-Schleyer-Halle stimmen 99,9 % der Aktionäre für die Fusion mit Chrysler. Fast gleich hoch ist der Anteil bei der Chrysler Corporation, in deren außerordentlicher Aktionärsversammlung 97,5 % des anwesenden Aktienkapitals für den Zusammenschluss votieren.

1, 2
01. – 11. OKT: Die neue S-Klasse der Baureihe 220 feiert ihre Publikums-Weltpremiere auf dem Automobil-Salon in Paris. Das Topmodell der traditionsreichen Marke Mercedes-Benz geht mit über 30 Innovationen an den Start, darunter die mit dem Adaptivem Dämpfungs-System (ADS) kombinierte Luftfederung AIRMATIC. Weitere Neuerungen sind das Anzeige- und Bediensystem COMAND, das schlüssellose Fahrberechtigungssystem KEYLESS-GO und der Abstandsregeltempomat DISTRONIC. Die Daimler-Benz Tochter Micro Compact Car AG präsentiert in Paris eine Diesel-Variante des smart City-Coupés.

3
02. OKT: Das smart City-Coupé erlebt seinen Verkaufsstart in Deutschland, einen Tag später auch in den übrigen acht europäischen Märkten.

4
02. OKT: Das Daimler-Benz Areal auf dem Potsdamer Platz wird in Anwesenheit von Bundespräsident Dr. Roman Herzog von mehr als 4 000 Gästen und über 1 000 Journalisten mit einem Festakt eingeweiht. Der neue Potsdamer Platz, entstanden nach dem Masterplan von Renzo Piano und Christoph Kohlbecker, umfasst 19 Gebäude, 10 neue Straßen, eine zentrale Piazza und rund 12 000 m² Wasserfläche direkt an der ehemaligen Grenze zwischen Ost- und Westberlin. Die Realisierung des Projekts hat vor Ort die debis Immobilienmanagement GmbH, eine 100 %ige Tochter der debis AG, übernommen.

5, 6
03./04. OKT: Beim Abschlussrennen der Truck-Racing-Europameisterschaft, traditionell im spanischen Jarama, sichert sich Ludovic Faure auf Mercedes-Benz Atego Renntruck mit einem dritten und einem zweiten Platz den Europameistertitel der Super Race Trucks. Mercedes-Benz gewinnt die Konstrukteurswertung mit großem Vorsprung. In der Klasse der Race Trucks gewinnt Heinz-Werner Lenz auf Mercedes-Benz 1838 S beide Läufe und wird zum zweiten Mal Europameister.

7
07. OKT: Die Daimler-Benz AG vereinbart mit der Firma Thomas Built Buses die Übernahme des in High Point, North Carolina/USA ansässigen Herstellers von Schulbuskarosserien. Daimler-Benz übernimmt 100 % der Aktien des Unternehmens über seine Tochtergesellschaft Freightliner Corp.

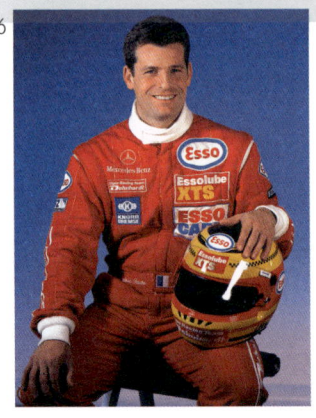

8
08. OKT: Das Prüfgelände in Papenburg im Emsland, von Daimler-Benz mit Investitionen von 260 Mio. DM errichtet, wird nach 43-monatiger Bauzeit offiziell eröffnet. Die mit einer Fläche von 870 Hektar größte Erprobungsstrecke Europas wird an sieben Tagen pro Woche rund um die Uhr genutzt.

9
15. OKT: Die Daimler-Benz AG und die Firma Hako Holding GmbH & Co., Bad Oldesloe, unterzeichnen ein Memorandum of Understanding, nach dem die Montageeinrichtungen und die Produkt- und Vertriebsrechte für den UX 100 mit Wirkung zum 1. Januar 1999 an Hako veräußert werden.

10
15. OKT: Daimler-Benz eröffnet das Customer Assistance Center (CAC) im niederländischen Maastricht. Ob Notruf, 24-Stunden-Service, Informationsanfrage oder Reklamation, das CAC steht für Mercedes-Benz Kunden 24 Stunden pro Tag an 365 Tagen im Jahr bereit.

18. OKT: Die EvoBus GmbH übernimmt 49 % der Geschäftsanteile des Aufbauherstellers Karl Koch GmbH in Mudersbach. Anfang 2000 beginnt in Dortmund die Fertigung von Kleinomnibussen auf Basis von Mercedes-Benz Transportern.

11
24. OKT: Als erster Automobilhersteller gewährt Daimler-Benz eine lebenslange Garantie für Mobilität und gegen Durchrostung. Das kostenlose Service-Paket mit der Bezeichnung »mobilo-life« gilt für alle Mercedes-Benz Pkw, die ab dem 24. Oktober erstmals zugelassen werden.

12
25. OKT: Beim Saisonabschlussrennen der FIA-GT-Meisterschaft im kalifornischen Laguna Seca sichern sich Klaus Ludwig und Ricardo Zonta den Fahrertitel vor Bernd Schneider und Mark Webber, beide Teams auf AMG-Mercedes CLK-LM. In der Teamwertung gewinnt AMG-Mercedes mit großem Vorsprung, nachdem die Mercedes-Benz Rennsportwagen jedes der zehn Rennen der Meisterschaft gewonnen haben.

27. OKT: smartville, die Produktionsstätte des smart City-Coupés im französischen Hambach, wird als erstes Automobilwerk in Frankreich für sein Umweltmanagement zertifiziert und registriert.

31. OKT: Daimler-Benz übernimmt den von der Swatch Group AG gehaltenen Anteil von 19 % an der Micro Compact Car AG. MCC ist somit eine 100 %ige Tochter der Daimler-Benz AG.

1

01. NOV: Mika Häkkinen gewinnt in Suzuka den Großen Preis von Japan, das letzte Rennen der an Spannung kaum zu überbietenden Saison, und wird damit Formel-1-Weltmeister. Die Konstrukteurswertung geht an das West McLaren-Mercedes Team.

2

05. NOV: Das Wuppertaler Umweltinstitut Öko-Trend verleiht dem Mercedes-Benz A 160 CDI den Titel »umweltverträglichstes Auto Deutschlands«.

12. NOV: Mit dem Eintrag der Kapitalerhöhungen ins Handelsregister ist die Fusion von Daimler-Benz und Chrysler zur DaimlerChrysler AG vollzogen. Aus aktienrechtlichen Gründen bleibt die Daimler-Benz AG zunächst bestehen, bis die Hauptversammlungsbeschlüsse zur Verschmelzung rechtsgültig sind.

3

13. NOV: Anlässlich der Motorsport-Saisonabschlussparty im Mercedes-Benz Museum in Stuttgart wird die 184 kW / 250 PS starke A-Klasse Studie »A 190 Twin« mit zwei 1,9-l-Motoren präsentiert. Mika Häkkinen und David Coulthard erhalten die sportliche A-Klasse als Dienstwagen.

4

17. NOV: Am »Day One«, dem ersten Börsenhandelstag der neuen DaimlerChrysler Aktie an der New York Stock Exchange, der Frankfurter Börse sowie 19 weiteren Handelsplätzen, ändern auch die Tochtergesellschaften Dasa und debis ihre Firmennamen. Die Daimler-Benz Aerospace AG firmiert als DaimlerChrysler Aerospace AG, und die Daimler-Benz Interservices (debis) AG wird in DaimlerChrysler Services (debis) AG umbenannt.

5

27. NOV: In Pulheim bei Köln wird das erste Eurologistik Center (ELC) für Mercedes-Benz Teile eröffnet. Das mit Investitionen von rund 70 Mio. DM erweiterte Teile-Center verfügt über 58 000 m² Lagergrundfläche und lagert mehr als 100 000 verschiedene Ersatzteile.

6

02. DEZ: Der Abstandsregeltempomat DISTRONIC, der in der neuen S-Klasse erhältlich ist, wird in der Stuttgarter Liederhalle mit dem Daimler-Benz Innovationspreis 1998 ausgezeichnet.

16. DEZ: Der Aufsichtsrat der DaimlerChrysler AG trifft zu seiner konstituierenden Sitzung zusammen und wählt Hilmar Kopper zu seinem Vorsitzenden. Der Präsidialausschuss beruft den 17-köpfigen Vorstand der DaimlerChrysler AG, dem Jürgen E. Schrempp und Robert Eaton gemeinsam vorsitzen.

21. DEZ: Mit der Eintragung ins Stuttgarter Handelsregister wird die Daimler-Benz AG auf die DaimlerChrysler AG verschmolzen. Damit ist Daimler-Benz als Unternehmen erloschen und der abschließende rechtliche Schritt der Fusion von Daimler-Benz und Chrysler wirksam geworden. Gleichzeitig wird die Notierung der Daimler-Benz Aktie an den Börsen beendet.

1999	Belegschaft 466 938	Produktion Pkw / Nfz 1 097 142 / 551 473	Umsatz 149 985 Mio. €

01. JAN: Die Mercedes-AMG GmbH in Affalterbach, an der DaimlerChrysler zunächst mit 51 % beteiligt ist, nimmt ihre Geschäftstätigkeit auf.

09. – 18. JAN: Auf der North American International Auto Show in Detroit, Michigan/USA präsentiert Mercedes-Benz den »Vision SLR«, die Studie eines GT-Sportwagens für das 21. Jahrhundert. Als künftiges Topmodell der M-Klasse ist die Studie AMG ausgestellt.

15. – 24. JAN: Auf dem Internationalen Nutzfahrzeug-Salon in Brüssel präsentiert sich der Vito in überarbeiteter Version mit CDI-Dieselmotoren und einem neu entwickelten Fünfganggetriebe. Die Lkw-Baureihe Mercedes-Benz Atego erhält die Auszeichnung »International Truck of the Year 1999«.

20. JAN: DaimlerChrysler und ABB geben ihre Entscheidung bekannt, das Gemeinschaftsunternehmen Adtranz in das Geschäfts-Portfolio von DaimlerChrysler zu integrieren. Zu diesem Zweck übernimmt DaimlerChrysler den bisher von ABB gehaltenen 50 %-Anteil.

26. FEB: Das Mercedes-Benz Customer Assistance Center (CAC) in Maastricht/Niederlande erhält den »Cat Award« für das innovativste Unternehmen der Call-Center-Branche.

01. MÄR: Die 100 000. M-Klasse wird im amerikanischen Werk Tuscaloosa fertiggestellt. Am 9. März erhält die erfolgreiche Mercedes-Benz Baureihe auf dem Genfer Salon den begehrten »World Car Award«, der das Auto mit der besten Tauglichkeit für alle fünf bewohnten Kontinente der Erde auszeichnet.

03. MÄR: Die 100 %ige Daimler-Benz Tochtergesellschaft Freightliner Corp. und die britische Mayflower Corp. unterzeichnen eine Absichtserklärung zur Gründung eines Joint Ventures. Dieses wird die Freightliner-Tochtergesellschaft Thomas Built Buses mit den Mayflower-Töchtern Walter Alexander und Dennis Bus and Coach mit dem Ziel zusammenführen, Niederflurbusse in Leichtbauweise für den öffentlichen Nahverkehr herzustellen und in ganz Nordamerika zu vertreiben.

10. MÄR: Erich Klemm, Betriebsratsvorsitzender des Werks Sindelfingen, wird zum Vorsitzenden des Gesamtbetriebsrats gewählt, nachdem Karl Feuerstein aus gesundheitlichen Gründen von seinen Betriebsratsämtern zurückgetreten ist.

11. – 21. MÄR: Der Genfer Automobil-Salon bildet den Rahmen für die Weltpremiere des neuen Mercedes-Benz CL Coupés der Baureihe C 215, das als weltweit erster Serien-Pkw mit dem aktiven Fahrwerksystem »Active Body Control« (ABC) ausgerüstet ist. Mit dem CLK 55 AMG debütiert eine besonders leistungsstarke Variante des CLK Coupés. Erstmals präsentiert werden außerdem die modellgepflegte V-Klasse sowie die gepanzerte Sonderschutzausführung der S-Klasse. Die Sonderschutz-Modellpalette mit E-Klasse, S-Klasse und G-Klasse geht unter der neuen Bezeichnung »Mercedes-Benz Guard« an den Start. Die Micro Compact Car smart GmbH zeigt die Diesel-Variante des smart City-Coupés, die Ende des Jahres auf den Markt kommt.

17. MÄR: In Washington, D.C. debütiert das auf Basis der A-Klasse aufgebaute Brennstoffzellen-Fahrzeug NECAR 4, das einen neuen Meilenstein für alternative Antriebe setzt. Das im Vergleich zum Vorgänger NECAR 3 um 40 % leistungsfähigere Brennstoffzellen-System, das mit verflüssigtem Wasserstoff betrieben wird, findet komplett im Unterboden der A-Klasse Platz. Das Fahrzeug erreicht eine Höchstgeschwindigkeit von rund 145 km/h, kann mit einer Tankfüllung bis zu 450 km weit fahren und bietet für fünf Personen mit Gepäck ausreichend Platz.

1999

25. MÄR: Auf der Mid America Trucking Show in Louisville, Kentucky/USA werden neue Freightliner-Lkw der Business Class vorgestellt, die erstmals mit Mercedes-Benz Motoren ausgerüstet sind. Die Sechszylinder-Reihenmotoren der Baureihe OM 906 LA haben 6,4 l Hubraum und eine Leistung bis zu 205 kW / 279 PS.

25. MÄR: Die debitel-Aktie notiert erstmals an der Frankfurter Börse. Das Emissionsvolumen umfasst rund 700 Mio. Euro. Mit einem Börsenwert von etwa 6 Mrd. DM gehört debitel zu den größten deutschen Börsengängen der vergangenen Jahre. Nach dem Börsengang befinden sich rund 20 % des Grundkapitals der debitel AG in Streubesitz.

MÄR: Zum 20. Geburtstag der Mercedes-Benz G-Klasse erscheint das luxuriös ausgestattete Sondermodell G 500 Classic.

23. APR: DaimlerChrysler eröffnet in Juiz de Fora im brasilianischen Bundesstaat Minas Gerais das erste Mercedes-Benz Pkw-Produktions- und -Montagewerk in Lateinamerika. In dem mit einem Investitionsaufwand von 760 Mio. Euro errichteten Werk wird die A-Klasse für den südamerikanischen Markt produziert.

APR: Die Mercedes-AMG GmbH präsentiert eine ganze Reihe neuer sportlicher Hochleistungsmodelle. Der mit einem 386 kW / 525 PS starken 7,3-l-V12 ausgerüstete SL 73 AMG ist der bislang leistungsstärkste SL; die Typen S 55 AMG, SL 55 AMG und G 55 AMG verfügen über einen 5,5-l-V8 mit bis zu 265 kW / 360 PS.

26. MAI: Das Steyr-Daimler-Puch-Werk im österreichischen Graz, wo bereits die Mercedes-Benz G-Klasse vom Band läuft, beginnt mit der Produktion der M-Klasse. Der erfolgreiche Off-Roader von Mercedes-Benz wird damit zwei Jahre nach dem Start in Tuscaloosa, Alabama/USA auch an einem europäischen Standort gefertigt.

MAI: Bei der DaimlerChrysler Tochter EvoBus GmbH startet im Werk Mannheim die Serienproduktion des Midi-Busses Mercedes-Benz Cito.

11. JUN: DaimlerChrysler und Magna Europe geben bekannt, dass DaimlerChrysler die Anteile der Steyr-Daimler-Puch Fahrzeugtechnik (SFT), Graz/Österreich, am dortigen Automobilwerk Eurostar übernehmen wird. DaimlerChrysler wird im Eurostar-Werk weiterhin die Großraumlimousine Chrysler Voyager produzieren.

11. JUN: Die DaimlerChrysler Aerospace (Dasa) und die spanische Construcciones Aeronáuticas S.A. (CASA) unterzeichnen eine Absichtserklärung, die beiden Unternehmen zusammenzuschließen.

JUN: Mit der Markteinführung des A 190 erweitert Mercedes-Benz das Typenprogramm der A-Klasse um ein neues 92 kW / 125 PS starkes Topmodell.

JUN: Der neue Mercedes-Benz Reisebus Travego, der die Nachfolge des O 404 antritt, wird im debis-Haus in Berlin der Presse präsentiert.

19. – 21. JUL: Auf den Nutzfahrzeug-Technologietagen in Papenburg präsentiert DaimlerChrysler den aktuellen Stand seiner Forschungs- und Entwicklungsarbeit für künftige Technologien und Konzepte im Nutzfahrzeug, darunter den Spur-Assistenten, den Abstandsregel-Tempomaten sowie eine Leichtbau-Sattelzugmaschine. Unter den Fahrzeugen mit alternativen Antrieben wird auch ein Vario 814 D mit Hybridantrieb vorgestellt, der neben dem 100 kW / 136 PS starken Dieselmotor einen Elektromotor mit 55 kW / 75 PS aufweist. Die 1,2 t schweren Bleibatterien erlauben im rein elektrisch gefahrenen Stadtzyklus eine Reichweite von 35 km.

1999

11 JUL: Nach vier Produktionsjahren und rund einer Million verkaufter Exemplare erscheinen die Limousinen und T-Modelle der E-Klasse Baureihe 210 in modellgepflegter Ausführung, perfektioniert in Design, Technik und Ausstattung, bei den Niederlassungen und Vertriebspartnern der Marke Mercedes-Benz.

12 26. AUG – 10. SEP: Auf der Izmir-Messe debütiert der Mercedes-Benz O 560 Intouro als neuer Überlandomnibus für den kombinierten Verkehr. Der bei Mercedes-Benz Türk gebaute Kombibus wurde vor allem für den türkischen Markt und die osteuropäischen Märkte entwickelt.

27. AUG: DaimlerChrysler und die Westfalia Werke GmbH & Co. in Rheda-Wiedenbrück vereinbaren eine 49%-Beteiligung von Daimler-Chrysler an der Westfalia Van Conversion GmbH, dem Fahrzeugausbaugeschäft von Westfalia.

13 AUG: Die Mercedes-Benz CLK Coupés und Cabriolets starten nach einer Modellpflege mit reichhaltigerer Serienausstattung ins Modelljahr 2000. Mit dem CLK 430 Cabriolet und dem CLK 55 AMG Coupé ergänzen zwei neue Modelle das Verkaufsprogramm. Gleichzeitig wird bei allen CLK Modellen, bei der C-Klasse und SL-Klasse, das Elektronische Stabilitätsprogramm ESP Bestandteil der Serienausstattung.

01. SEP: DaimlerChrysler Business TV geht auf Sendung. Sein Mitarbeiterkanal DaimlerChrysler TV (DCTV) ist das erste und weltweit einzige unternehmensinterne Fernsehprogramm, das täglich aktuelle Informationen rund um den Globus in sieben Sprachen ausstrahlt. DCTV kann von mehr als 420 000 Mitarbeitern in 36 Ländern auf fünf Kontinenten gesehen werden.

1
01. SEP: Nach rund vierjähriger Entwicklungszeit beginnt im Mercedes-Benz Werk Berlin-Marienfelde die Produktion des CDI-Dieselmotors für den smart. Der Dreizylindermotor hat einen Hubraum von 800 cm³ und ist damit der kleinste in einem Pkw eingesetzte Dieselmotor der Welt.

2, 3, 4, 5
16. – 26. SEP: Auf der IAA in Frankfurt/M. präsentiert die Marke Mercedes-Benz zahlreiche neue Modelle: Star der Ausstellung ist die neue Roadster-Variante der Sportwagen-Studie »Vision SLR«. Die S-Klasse wird um die V12-Variante S 600 und die Dieselmodelle S 320 CDI, S 400 CDI ergänzt, und in der M-Klasse erweitern der dieselbetriebene ML 270 CDI und der sportliche ML 55 AMG das Angebot. Auf Basis der S-Klasse stellt Mercedes-Benz ein neues Hybrid-Fahrzeug vor; dabei ist ein 132 kW/180 PS starker V6-Benzinmotor mit einem 80 kW starken Elektromotor kombiniert. Die Marke smart ist mit einer zweisitzigen Roadster-Studie vertreten und präsentiert außerdem das smart Cabriolet mit innovativer Verdecktechnik.

01. OKT: Die Mercedes-Benz ATC GmbH, Altfahrzeug- und Altteile-Center, führt als erstes markengebundenes Automobilverwertungsunternehmen eine zwölfmonatige Garantie für gebrauchte Teile ein.

02./03. OKT: Beim letzten Rennwochenende der Truck-Racing-Saison in Jarama/Spanien gewinnt Heinz-Werner Lenz auf Mercedes-Benz 1838 S den zweiten Lauf der Race Trucks. Damit wird er zum dritten Mal in Folge Europameister in der Klasse der Race Trucks. Bei den Super Race Trucks reicht es für Vorjahresmeister Ludovic Faure auf Mercedes-Benz Atego Renntruck nur zu einem sechsten Platz.

14. OKT: DaimlerChrysler, die französische Lagardère-Gruppe und der französische Staat kündigen die Gründung des bedeutendsten Luft- und Raumfahrtunternehmens Europas an. Der deutsch-französische Konzern mit dem Namen »European Aeronautic Defence and Space Company« (EADS) soll durch Zusammenlegung der Aerospatiale Matra S.A. und der DaimlerChrysler Aerospace (Dasa) entstehen.

6, 7
14. – 20. OKT: Auf der Omnibusmesse Busworld im belgischen Kortrijk debütiert die außen und innen komplett neu gestaltete Reisebus-Baureihe Mercedes-Benz Tourismo aus der Produktion der türkischen Tochtergesellschaft Mercedes-Benz Türk. Setra stellt den Kombibus S 317 GT-HD vor, der die ComfortClass erweitert und mit bis zu 61 Sitzen eine wirtschaftliche Alternative für den Linien- und Gelegenheitsverkehr darstellt.

1999

18. OKT: Die Dasa und das französisch-britische Gemeinschaftsunternehmen Matra Marconi Space (MMS) beschließen die Zusammenlegung ihrer Raumfahrtaktivitäten und die Gründung des Raumfahrtunternehmens Astrium. Mit über 8 000 Mitarbeitern und einem Umsatz von 2,25 Mrd. Euro wird Astrium Branchenführer in Europa sein.

8
31. OKT: Mit einem Sieg beim Saison-Abschlussrennen, dem Großen Preis von Japan in Suzuka, wird Mika Häkkinen auf McLaren-Mercedes zum zweiten Mal Formel-1-Weltmeister.

15. NOV: Jazzbegeisterte Laienmusiker und –musikerinnen des Unternehmens rufen die DaimlerChrysler Big-Band und das DaimlerChrysler Classic Jazz Orchestra ins Leben.

9
NOV: Mercedes-Benz präsentiert die Pullman-Variante der S-Klasse als neue Repräsentationslimousine mit luxuriösem Raumangebot und modernster Technik.

10, 11, 12, 13
NOV: Mercedes-AMG ergänzt sein Typenprogramm um den CL 55 AMG, das CLK 55 AMG Cabriolet und den E 55 AMG 4MATIC, der als Limousine und T-Modell angeboten wird.

02. DEZ: In Madrid wird der Vertrag über die Fusion von CASA, Aérospatiale Matra S.A. und Dasa zur EADS unterzeichnet. Mit einer Gesamtbelegschaft von 96 000 Mitarbeitern und einem Umsatz von zusammengerechnet rund 21 Mrd. Euro gehört die EADS zu den drei größten Luft- und Raumfahrtunternehmen der Welt und ist in Europa die Nummer 1.

14
06. – 22. DEZ: Der NEBUS (»New Electric Bus«) wird bei der Hamburger Hochbahn AG im regulären Linienverkehr eingesetzt, um Praxiserfahrungen zu sammeln und den Prototyp eines emissionsfreien Brennstoffzellen-Stadtbusses erlebbar zu machen.

1, 2
10. – 23. JAN: Die North American Auto Show in Detroit, Michigan/USA steht für Mercedes-Benz im Zeichen zweier Roadster-Weltpremieren: Neben dem modellgepflegten SLK der Baureihe R 170, der nun auch als Sechszylinder angeboten wird, präsentiert sich die Roadster-Studie »Vision SLA« auf Basis der A-Klasse.

22. JAN: Der smart cdi, die Diesel-Variante des City-Coupés, erlebt seine Markteinführung.

26. JAN: Robert Eaton, seit November 1998 gemeinsam mit Jürgen E. Schrempp Vorstandsvorsitzender der DaimlerChrysler AG, gibt seine Entscheidung bekannt, zum 31. März 2000 in den Ruhestand zu gehen.

JAN: Die New Yorker Verkehrsbetriebe beauftragen DaimlerChrysler Commercial Buses North America mit der Lieferung von 125 Orion VII Hybrid-Stadtbussen. Dieser erste Großauftrag über Hybridbusse folgt einer mehr als einjährigen Testphase, in der zehn Fahrzeuge des Vorgängermodells Orion VI einer praxisnahen Erprobung im Liniendienst unterzogen wurden. Anfang 2001 erteilt die Stadt New York einen Auftrag über die Lieferung von 200 zusätzlichen Fahrzeugen.

03. FEB: Die DaimlerChrysler AG gibt bekannt, dass sie mit Wirkung vom 1. Januar eine Beteiligung von 40 % an TAG McLaren erworben hat.

3, 4, 5, 6
02. – 13. FEB: Auf dem Nutzfahrzeug-Salon RAI in Amsterdam präsentiert Mercedes-Benz zwei innovative Sicherheitssysteme für Schwerlastwagen: die Telligent Abstandsregelung und den Spur-Assistenten, die ab Juni als Sonderausstattung für die Mercedes-Benz Actros Sattelzugmaschinen angeboten werden. Weltpremiere feiert auch eine überarbeitete Generation des Sprinters – wenige Tage nach der Fertigstellung des 500 000. Fahrzeugs im Werk Düsseldorf. Wichtige Neuerungen sind neue CDI-Dieselmotoren und das auf Wunsch lieferbare automatisierte Sechsgang-Schaltgetriebe »Sprintshift«. Eine weitere Neuheit ist eine erdgasbetriebene Ausführung des Mercedes-Benz Econic, die mit dem 205 kW / 279 PS starken Gasmagermotor M 906 LAG ausgerüstet ist und ab Juni produziert wird. Der häufig für kommunale Aufgaben verwendete Econic kann im innerstädtischen Einsatz die Vorteile des abgas- und geräuscharmen Erdgasantriebs besonders gut zur Geltung bringen.

25. FEB: DaimlerChrysler, Ford und General Motors vereinbaren die Gründung eines gemeinsamen Unternehmens, das alle e-Business-Aktivitäten zunächst dieser drei Hersteller zum größten elektronischen Marktplatz der Welt zusammenschließen soll. Diese virtuelle Plattform, ab 16. Mai »Covisint« genannt, hat das Ziel, allen Zulieferern und Händlern die Basis für eine wesentlich schnellere, effizientere und vor allem kostengünstigere Kooperation zu bieten.

7
12. MÄR: Der CL 55 AMG präsentiert sich beim Großen Preis von Australien erstmals als neues Safety Car der Formel 1, das fortan von Bernd Mayländer gefahren wird. Als Medical Car dient das seit 1998 eingesetzte C 55 AMG T-Modell.

8
13. MÄR: Die DaimlerChrysler Konzernzentrale in Stuttgart-Möhringen bildet den Rahmen für die Weltpremiere der neuen Generation des Mercedes-Benz Unimog. Die neuen Modelle U 300 und U 400 (Baureihe 405) verfügen über die innovative Wechsellenkung Vario-Pilot, eine elektronisch gesteuerte Telligent Schaltung und die neue Hydraulikanlage Vario Power.

9, 10
21. MÄR: Die neue Mercedes-Benz C-Klasse der Baureihe 203 feiert im neu errichteten Event-Center in Sindelfingen Weltpremiere. Anlässlich der Premierenfeier präsentiert die britische Stargeigerin Vanessa Mae ihren Song »The Power of C« und gestaltet damit den musikalischen Rahmen der Veranstaltung.

21. MÄR: Die EU-Wettbewerbskommission genehmigt die Fusion der Raumfahrtaktivitäten von Dasa und Matra Marconi Space zu Europas größtem Raumfahrtunternehmen Astrium. Beide Partner halten je 50 % des Joint Ventures.

2000	Belegschaft	Produktion Pkw / Nfz	Umsatz
	416 501	1 161 601 / 552 471	162 384 Mio. €

27. MÄR: Die DaimlerChrysler Tochter debis und die Deutsche Telekom vereinbaren, ihre Aktivitäten auf dem Gebiet der Informationstechnologie durch ein Joint Venture zu bündeln. Dazu wird sich die Deutsche Telekom am debis Systemhaus im Zuge einer Kapitalerhöhung mit 50,1 % beteiligen. Das debis Systemhaus erhält mit dieser Transaktion einen starken Partner, der die Informationstechnologie als strategisches Geschäftsfeld weiter ausbauen wird.

15. APR: Der baden-württembergische Innenminister Dr. Thomas Schäuble übernimmt im DaimlerChrysler Werk Sindelfingen 29 C-Klasse T-Modelle und 29 E-Klasse Limousinen für die Polizei Baden-Württembergs. Diese 58 Fahrzeuge sind die ersten von insgesamt rund 3 630 Mercedes-Benz Pkw, für die das Innenministerium einen Leasingvertrag mit der debis Car Fleet Management GmbH abgeschlossen hat. 170 Transporter der Baureihen Vito und Sprinter sind ebenfalls Bestandteil des Großauftrags. Teil des Kostenkonzepts ist die grün-silberne Farbgebung, in der sich die neuen Einsatzfahrzeuge präsentieren. Diese ist nicht nur zeitgemäßer als das traditionell grün-weiße Erscheinungsbild, sondern ermöglicht nach Entfernung der grünen Spezial-Klebefolien eine bessere Wiedervermarktung der dann silbernen statt weißen Fahrzeuge.

17. APR: DaimlerChrysler eröffnet in der Mercedes-Benz Pkw-Entwicklung in Sindelfingen das modernste Virtual Reality Center der Automobilindustrie. Der Einsatz von Virtual-Reality-Technologie soll eine erhebliche Verkürzung der Entwicklungszeit sowie eine Qualitätsverbesserung für den gesamten Entwicklungsprozess ermöglichen.

19. APR: Die üstra Hannoversche Verkehrsbetriebe AG erhält den ersten von 56 erdgasbetriebenen Linienbussen der Mercedes-Benz Citaro Modellreihe, die anlässlich der Weltausstellung Expo 2000 zum Einsatz kommen. Der Citaro G mit vier Türen, Türautomatik und Rollstuhlrampe ist zugleich das erste Fahrzeug der Baureihe, das mit dem umweltfreundlichen Erdgasantrieb ausgerüstet ist. Die in Hannover eingesetzten Fahrzeuge sind in einem individuellen, speziell für die üstra entworfenen Innen- und Außendesign des britischen Designers James Irvine gestaltet.

27./28. MAI: Beim Truck-Racing-Rennwochenende auf dem Autodromo di Santamonica in Italien gewinnt Heinz-Werner Lenz auf Mercedes-Benz 1838 S beide Läufe der Race Trucks und erzielt damit seinen ersten Saisonsieg.

28. MAI: Mit zwei spannenden Rennen auf dem Hockenheimring meldet sich die DTM als neue Motorsportserie »Deutsche Tourenwagen Masters« vor einem begeisterten Publikum zurück. In beiden Läufen des Auftaktrennens siegt Bernd Schneider, der im Team AMG-Mercedes bereits 1995 den DTM- und ITC-Titel gewonnen hat, auf dem neuen Mercedes-Benz CLK-DTM Rennsport-Tourenwagen.

29. MAI: Nur drei Jahre nach der Eröffnung des Mercedes-Benz V-Motorenwerks in Bad Cannstatt läuft dort der einmillionste Motor der V6-/V8-Baureihe M 112/113 vom Band.

30. MAI: Mercedes-AMG präsentiert das Hightech-Coupé Mercedes-Benz CL 55 AMG »F1 Limited Edition«. Das Sondermodell wird in einer limitierten Serie von 55 Exemplaren produziert und ist als weltweit erstes Serienfahrzeug mit Keramikbremsen ausgerüstet.

02. JUN: Eine internationale Jury des Industrie Forum Design Hannover verleiht dem Linienbus Mercedes-Benz Citaro auf der CeBit 2000 in Hannover den begehrten »iF Design Award«.

2000

23. JUN: Die Partner von Airbus Industrie, die European Aeronautic Defence and Space Company (EADS) und BAE Systems, geben in Paris die Gründung der Airbus Integrated Company (AIC) bekannt. Gleichzeitig fällt mit der »Authorisation to Offer« der Startschuss für die Markteinführung des geplanten Airbus Megaliners, der 2007 unter der Bezeichnung A 380 auf den Markt kommen soll. Die EADS wird 80 %, BAE Systems 20 % an der AIC halten. Das in Frankreich gegründete Unternehmen wird seinen Hauptgeschäftssitz in Toulouse haben und an Standorten in Frankreich, Deutschland, Spanien und Großbritannien rund 38 000 Mitarbeiter beschäftigen.

26. JUN: DaimlerChrysler und die Hyundai Motor Company unterzeichnen in Seoul/Südkorea eine Vereinbarung, nach der beide Unternehmen eine Allianz bilden und DaimlerChrysler zunächst einen 10 %-Anteil an Hyundai erwirbt.

10. JUL: Die Aktien der European Aeronautic Defence and Space Company (EADS) werden erstmals an den Börsen in Frankfurt/M., Paris und Madrid notiert. Damit wird der Zusammenschluss von Aerospatiale Matra S.A., Construcciones Aeronáuticas S.A. (CASA) und DaimlerChrysler Aerospace (Dasa) abgeschlossen. Mit dem Börsengang vollzieht EADS als erstes Unternehmen ein Listing, das an drei europäischen Börsen gleichzeitig erfolgt und unterstreicht seine Position als länderübergreifendes, europäisches Unternehmen.

15./16. JUL: Beim Truck Grand Prix auf dem Nürburgring erzielt Markus Oestreich auf Atego Renntruck mit einem ersten Platz im zweiten Lauf den ersten Saisonsieg für Mercedes-Benz in der Klasse der Super Race Trucks. Der Atego wird seit Saisonbeginn in einer neu konstruierten Variante mit Gitterrohrrahmen eingesetzt.

17. JUL: Nach schwierigen internationalen Verhandlungen unterzeichnet DaimlerChrysler Vorstandsmitglied Dr. Manfred Gentz für die am 16. Februar 1999 ins Leben gerufene Stiftungsinitiative der deutschen Wirtschaft »Erinnerung, Verantwortung und Zukunft« in Berlin die »Gemeinsame Erklärung«. Diese macht den Weg frei für eine mit je 5 Mrd. DM von der deutschen Wirtschaft und der Bundesregierung dotierte Stiftung. Diese Bundesstiftung leistet über Partnerorganisationen humanitäre Zahlungen zugunsten früherer Zwangsarbeiterinnen und Zwangsarbeiter sowie weiterer NS-Opfer und bildet die Grundlage für einen Zukunftsfonds, der zur Sicherung der Menschenrechte und der Völkerverständigung beitragen soll. DaimlerChrysler zählt zu den 17 Gründern der Stiftungsinitiative, denen sich rund 6 500 weitere Firmen anschlossen.

19. JUL: DaimlerChrysler und die kanadische Western Star Trucks Holding, Ltd. geben bekannt, dass die DaimlerChrysler AG den in Kelowna, British Columbia/Kanada beheimateten Lkw-Hersteller über ihre US-amerikanische Tochtergesellschaft Freightliner übernehmen wird. Die Transaktion erfordert noch die Genehmigung der kanadischen und US-amerikanischen Kartellbehörden und soll bis zum Herbst vollzogen werden. Neben der Lkw-Premium-Marke Western Star umfasst das Portfolio des kanadischen Herstellers auch die Omnibusmarke Orion.

20. JUL: DaimlerChrysler und die Detroit Diesel Corporation geben bekannt, dass DaimlerChrysler die vollständige Übernahme des US-amerikanischen Unternehmens plant. Die Penske Corporation, mit 48,6 % der größte Anteilseigner von Detroit Diesel, hat diesem Vorgehen zugestimmt.

28. JUL: Jürgen E. Schrempp, Vorstandsvorsitzender von DaimlerChrysler, und Katsuhiko Kawasoe, Präsident von Mitsubishi Motors, unterzeichnen Verträge, die eine Allianz der beiden Unternehmen besiegeln. DaimlerChrysler wird einen 34 %igen Anteil an Mitsubishi Motors erwerben.

04. AUG: DaimlerChrysler und der internationale Luftfahrt- und Bahntechnikkonzern Bombardier mit Sitz in Montreal/Kanada vereinbaren einen Verkauf der DaimlerChrysler Tochter Adtranz an Bombardier. Damit setzt DaimlerChrysler seine Fokussierung auf das Automobilgeschäft fort.

08. SEP: Basierend auf einer Vereinbarung zwischen beiden Unternehmen benennt DaimlerChrysler Rolf Eckrodt als neuen Chief Operating Officer bei Mitsubishi Motors. Die DaimlerChrysler AG erwirbt das Recht, ihren im Oktober zu erwerbenden 34%igen Anteil an Mitsubishi nach einer Frist von drei Jahren unbegrenzt zu erhöhen.

09. SEP: Mercedes-Benz gibt den Ausstieg aus der US-amerikanischen CART FedEx Championship Serie zum Ende der Saison 2000 bekannt. Damit konzentriert Mercedes-Benz seine Motorsportaktivitäten in der Saison 2001 auf die Formel 1 und die DTM.

11. SEP: Covisint, die Business-to-Business-Handelsplattform der Automobilbranche, erhält die kartellrechtliche Genehmigung der US-amerikanischen Federal Trade Commission.

19. SEP: Die DaimlerChrysler Vertriebsorganisation Deutschland (DCVD) wird von der DEKRA Umwelt GmbH für ihr vorbildliches Umweltmanagement ausgezeichnet. Damit erfüllt die DCVD als erste Vertriebszentrale eines Fahrzeugherstellers in Deutschland die ISO 14 001, den weltweit fortschrittlichsten Standard.

19. SEP: Im DaimlerChrysler Werk in East London/Südafrika beginnt die Produktion der Mercedes-Benz C-Klasse für die weltweiten Rechtslenkermärkte.

20. SEP: Knapp drei Jahre nach dem Produktionsstart läuft als 500 000. Fahrzeug der Mercedes-Benz A-Klasse im Werk Rastatt ein A 190 vom Band. Am gleichen Tag zeichnet das Wuppertaler Institut Öko-Trend den A 160 CDI zum dritten Mal in Folge mit dem Prädikat »besonders empfehlenswert« aus.

1, 2, 3, 4, 5, 6
23. – 30. SEP: Auf der IAA Nutzfahrzeuge in Frankfurt/M. debütieren der Mercedes-Benz Medio, ein Minibus mit einer Beförderungskapazität von bis zu 40 Personen, die völlig neu entwickelte Omnibus-Fahrgestell-Generation Mercedes-Benz OC 500 sowie die vierachsige Schwerlastzugmaschine Actros 4153 S 8x4/4. Außerdem präsentiert Mercedes-Benz eine dem ESP vergleichbare Stabilitätsregelung für Reisebusse und Actros Sattelzugmaschinen sowie die Alu-Sprinter-Studie, die fahrfertige Studie eines Leichtbau-Transporters für den Verteilerverkehr. Premiere feiert auch der Unimog U 500, der mit einer Leistung von 205 kW / 280 PS die leistungsfähigste Variante in der mehr als 50-jährigen Erfolgsgeschichte dieses Klassikers darstellt.

7, 8, 9, 10
28. SEP – 15. OKT: Auf dem Automobil-Salon in Paris präsentiert Mercedes-Benz die modellgepflegte G-Klasse und das neue Sportcoupé der C-Klasse, eine weitere eigenständige Modellvariante mit der innovativen Technik der Limousine. Die Marke smart zeigt das Showcar »smart coupé«, das auf der 1999 in Frankfurt/M. präsentierten Roadster-Studie basiert.

01. OKT: Das Bundeskartellamt genehmigt ohne Einschränkung die Mehrheitsbeteiligung der T-Systems International GmbH, einer Tochter der Deutschen Telekom, an einem Joint Venture mit DaimlerChrysler Services. Unter dem Namen T-Systems entsteht damit das zweitgrößte Systemhaus in Europa mit 40 000 Mitarbeitern und einem Gesamtumsatz von rund 10 Mrd. Euro. Die unternehmerische Führung des debis Systemhauses, das DaimlerChrysler Services in das Gemeinschaftsunternehmen eingebracht hat, geht an die Deutsche Telekom über.

07./08. OKT: Beim Truck-Racing-Saisonabschluss im spanischen Jarama ist Mercedes-Benz dreifacher Vizemeister: Auf Platz zwei liegt Markus Oestreich auf Atego Renntruck in der Klasse der Super Race Trucks, Heinz-Werner Lenz auf Mercedes-Benz 1838 S in der Klasse der Race Trucks und Mercedes-Benz in der Konstrukteurswertung.

11
08. OKT: Beim Eifelrennen auf dem Nürburgring, dem achten und vorletzten Rennen der DTM-Saison, sichert sich Bernd Schneider auf Mercedes-Benz CLK mit einem zweiten und einem vierten Platz den Titelgewinn und wird DTM-Meister des Jahres 2000.

09. OKT: DaimlerChrysler bündelt seine e-Business-Aktivitäten und gründet die DCX NET Holding mit einem Startkapital von 550 Mio. Euro.

13. OKT: Drei Tage nach der Genehmigung durch die Europäische Kommission schließt DaimlerChrysler die Übernahme des US-Motorenherstellers Detroit Diesel Corporation ab.

12, 13
22. OKT: Beim Saison-Abschlussrennen, dem Großen Preis von Malaysia in Kuala Lumpur, belegen David Coulthard und Mika Häkkinen auf McLaren-Mercedes den zweiten und vierten Platz. Damit ist Häkkinen, zweifacher Formel-1-Weltmeister der Jahre 1998 und 1999, vor seinem Teamkollegen Coulthard Vizeweltmeister.

2000

2000

1
01. NOV: Ein neues Brennstoffzellen-Fahrzeug auf Basis der A-Klasse startet zu ausgedehnten Testfahrten in Kalifornien. Das NECAR 4 Advanced ist speziell für den Einsatz in der »California Fuel Cell Partnership« entstanden – einer im April 1999 gegründeten Kooperation auf Initiative von Fahrzeugherstellern, Regierungsbehörden und Energielieferanten. Im Gegensatz zum Vorgänger NECAR 4, dessen Brennstoffzellen mit Flüssigwasserstoff betrieben werden, fährt der NECAR 4 Advanced erstmals mit Druckwasserstoff. Die hinsichtlich Volumen und Gewicht optimierte Brennstoffzellen-Einheit erlaubt mit ihrer Leistung von 75 kW eine Spitzengeschwindigkeit von 145 km/h.

03. NOV: Mit dem Beschluss zur Gründung der DaimlerChrysler Bank baut DaimlerChrysler das Finanzdienstleistungsgeschäft deutlich aus. Die DaimlerChrysler Bank wird umfassende Bankdienstleistungen anbieten und mit neuen Finanzprodukten über das klassische Fahrzeugleasing- und -finanzierungsgeschäft hinausgehen. Die DaimlerChrysler Services (debis) AG konzentriert sich damit noch stärker auf das weiter wachsende Finanzdienstleistungsgeschäft.

2
07. NOV: In Anwesenheit von Bundeskanzler Gerhard Schröder präsentiert DaimlerChrysler in Berlin zwei Brennstoffzellen-Fahrzeuge mit alltagstauglicher Technik: das auf Basis der Mercedes-Benz A-Klasse entstandene NECAR 5, bei dem der Methanol-Reformer erstmals im Unterboden untergebracht ist, und den mit der gleichen Antriebstechnologie ausgerüsteten Jeep Commander 2.

16. NOV: Mit einer gemeinsamen Erklärung zur Förderung der Chancengleichheit setzen Unternehmensleitung und Gesamtbetriebsrat der DaimlerChrysler AG ein Zeichen für Toleranz und kulturelle Vielfalt. Konkrete Maßnahmen zur Förderung von Frauen werden in einer gleichzeitig verabschiedeten Gesamtbetriebsvereinbarung festgelegt.

3
22. – 25. NOV: Auf dem Internationalen Omnibus-Salon FIAA 2000 in Madrid erhält der Mercedes-Benz Cito die von einer internationalen Jury aus Fachjournalisten verliehene Auszeichnung »International Bus of the Year 2001«.

22. NOV: DaimlerChrysler und die Caterpillar Inc. unterzeichnen ein Rahmenabkommen über eine globale Allianz mit jeweils 50%iger Beteiligung. Beide Unternehmen wollen mittelschwere Motoren, Kraftstoffsysteme und andere Antriebsstrangkomponenten künftig gemeinsam entwickeln, herstellen und vertreiben.

05. DEZ: DaimlerChrysler und T-Online, größter Internet-Service-Provider in Europa, geben die Gründung eines Joint Ventures bekannt, das fahrzeugbezogene Kundenportale im deutschsprachigen Raum aufbauen und betreiben soll. DaimlerChrysler ist an dem Gemeinschaftsunternehmen mit 51% beteiligt.

2001
Belegschaft 372 470 | Produktion Pkw/Nfz 1 249 951 / 494 866 | Umsatz 152 873 Mio. €

4, 5, 6
07. – 21. JAN: Die North American Auto Show in Detroit, Michigan/USA ist für Mercedes-Benz Schauplatz dreier Weltpremieren. Neben dem neuen T-Modell der C-Klasse werden die Typen C 32 AMG und SLK 32 AMG präsentiert, die als betont sportliche Topmodelle ihrer Baureihen von einem 260 kW / 354 PS starken Kompressormotor mobilisiert werden.

12. JAN: DaimlerChrysler gibt seine Absicht bekannt, nach der Übernahme des amerikanischen Motorenherstellers Detroit Diesel und der Integration der MTU Friedrichshafen in das Geschäftsfeld Nutzfahrzeuge alle Aktivitäten seines Komponentenbereichs zukünftig im neuen Geschäftsbereich DaimlerChrysler Powersystems zu bündeln.

7, 8
27. FEB – 11. MÄR: Auf dem Automobil-Salon in Genf wird die modellgepflegte Ausführung der A-Klasse vorgestellt, die sich mit verfeinerter Ausstattung und leistungsgesteigerten Dieselmotoren präsentiert. Zusätzlich erweitert eine Langversion mit 17 cm längerem Radstand das Angebot. Weltpremiere feiert auch der sportliche Mercedes-Benz C 32 AMG in der Variante als T-Modell.

9
04. – 08. MÄR: In der Donauhalle in Ulm präsentiert EvoBus mit dem Setra S 417 HDH das erste Modell der neuen Luxus-Reisebus-Baureihe TopClass 400.

342

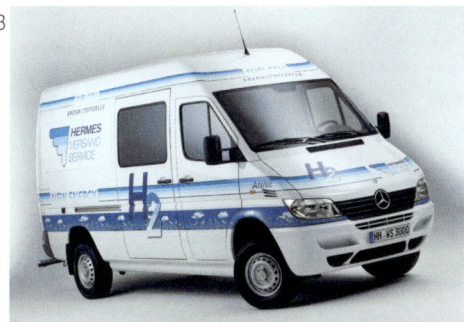

10
07. MÄR: DaimlerChrysler gibt seine Entscheidung bekannt, das Werk Gaggenau neu auszurichten und innerhalb des Konzerns zu einem Kompetenzzentrum für mechanische und automatisierte mechanische Schaltgetriebe auszubauen. Im Rahmen dieses Konzepts soll auch die Wettbewerbsfähigkeit des Unimog-Bereichs durch die für Mitte 2002 geplante Verlagerung in das Lkw-Werk Wörth verbessert werden.

11
MÄR: Bei Mercedes-AMG in Affalterbach rollt der 10 000. Mercedes-Benz E 55 AMG aus den Produktionshallen. Der E 55 AMG wird damit zum erfolgreichsten Modell in der AMG-Geschichte.

20. MÄR: Repräsentanten der Verkehrsbetriebe von Amsterdam, Barcelona, Hamburg, London, Luxemburg, Porto, Stockholm, Stuttgart und Reykjavík unterzeichnen in Amsterdam die Verträge zum Kauf von jeweils drei Mercedes-Benz Citaro Stadtbussen mit Brennstoffzellen-Technologie. Die Auslieferung dieser weltweit ersten am Markt erhältlichen Kleinserie von Brennstoffzellen-Fahrzeugen ist für den Zeitraum Ende 2002 bis 2003 vorgesehen.

12
22. MÄR: Auf der Mid America Trucking Show in Louisville, Kentucky/USA feiert der Sprinter seine Premiere in Amerika. In den USA präsentiert sich der erfolgreiche Transporter von Mercedes-Benz in leicht verändertem Design unter der Marke Freightliner. Eine Bestellung des weltweit führenden Expresszustellers Federal Express über 1 900 Einheiten liegt bereits vor.

02. APR: Die Continental AG, Hannover, erwirbt mit Wirkung vom 1. April 60 % der von DaimlerChrysler gehaltenen Anteile an der TEMIC GmbH, Nürnberg, und übernimmt gleichzeitig die unternehmerische Führung. Die restlichen 40 % der Anteile sollen bis 2005 auf Continental übertragen werden.

03. APR: Die Europäische Kommission genehmigt den Verkauf der DaimlerChrysler Rail Systems GmbH (Adtranz), Berlin, an Bombardier. Der Übergang des Geschäfts erfolgt zum 1. Mai.

11. APR: DaimlerChrysler und Volvo einigen sich über die Übernahme des bisher von Volvo gehaltenen Anteils von 3,3 % an der Mitsubishi Motors Corporation. Mit dieser Aktienübertragung, die den Erwerb aller Rechte aus der bisherigen Zusammenarbeit zwischen Mitsubishi und Volvo einschließt, erhöht die DaimlerChrysler AG ihre Beteiligung an Mitsubishi auf 37,3 %.

01. MAI: Die Mercedes-Benz Lease Finanz GmbH wird zur DaimlerChrysler Bank und die Mercedes-Benz Leasing GmbH zur DaimlerChrysler Services Leasing GmbH umfirmiert.

21. JUN: DaimlerChrysler und die Hyundai Motor Company (HMC) vereinbaren die Gründung eines Gemeinschaftsunternehmens zur Produktion von Nutzfahrzeug-Dieselmotoren. Geplant ist die Fertigung von Mercedes-Benz Dieselmotoren der Aggregatefamilie OM 900. Dieses Projekt ist der erste konkrete Schritt der Zusammenarbeit mit Hyundai auf dem Nutzfahrzeug-Sektor.

29. JUN: Auf dem Stuttgarter Pragsattel erfolgt der erste Spatenstich für das neue Verwaltungsgebäude der DaimlerChrysler Bank. Mit einer Bürofläche von 30 000 m² soll es ab Februar 2002 als Standort für das Deutschlandgeschäft der Bank fungieren. Der Ausbau der internationalen Aktivitäten und die Steuerung der weltweiten Leasing- und Finanzierungsgesellschaften verbleiben in der Zentrale von DaimlerChrysler Services in Berlin.

13
26. JUL: DaimlerChrysler startet zusammen mit dem Hermes Versand Service eine Kooperation, um den Mercedes-Benz Sprinter mit Brennstoffzellenantrieb im Alltagsbetrieb beim Kunden zu erproben.

14
29. JUL: Beim Großen Preis von Deutschland in Hockenheim wird zwei Tage vor dem Debüt der neuen SL-Baureihe 230 der SL 55 AMG als neues Safety Car der Formel 1 präsentiert. Als offizielles Medical Car ist seit Saisonbeginn das C 32 AMG T-Modell im Einsatz.

15, 16
31. JUL: In den Hamburger Deichtorhallen feiert der Mercedes-Benz SL 500 als erstes Modell der neuen Roadster-Baureihe R 230 seine Weltpremiere. Der neue SL ist mit zahlreichen Innovationen ausgestattet.

1

28. AUG: Im 50. Jahr der Marke Setra wird in Ulm der 75 000. Setra Omnibus ausgeliefert. Das Jubiläumsfahrzeug, ein S 415 HD in 5-Sterne-Luxus-Ausführung, ist eines der ersten Exemplare der im Frühjahr präsentierten Baureihe TopClass 400.

2

04. SEP: In der Konzernzentrale in Stuttgart-Möhringen präsentiert DaimlerChrysler die neue Sattelzugmaschinen-Baureihe Mercedes-Benz Axor, die für den schweren Verteilerverkehr, den Mittelstrecken-Fernverkehr und Flotteneinsätze konzipiert ist. Die Markteinführung erfolgt Anfang 2002.

3

09. SEP: Beim achten Lauf der DTM auf dem A1-Ring im österreichischen Spielberg verteidigt Bernd Schneider mit einem dritten Saisonsieg seinen Titel und wird auf Mercedes-Benz CLK-DTM bereits zwei Rennen vor Saisonende DTM-Meister 2001. Am Ende der Saison ist Uwe Alzen Vizemeister, ebenfalls auf Mercedes-Benz.

4, 5, 6, 7, 8, 9

11. – 23. SEP: Auf der IAA in Frankfurt/M. präsentiert Mercedes-Benz den SL 55 AMG, die besonders leistungsstarke Variante der neuen SL-Baureihe. Als weitere Hochleistungsmodelle debütieren der S 63 AMG und der CL 63 AMG, die mit einem 326 kW / 444 PS starken 6,3-l-V 12-Motor ausgerüstet sind. Erstmals in der Öffentlichkeit gezeigt werden außerdem der G 270 CDI als neues Einsteigermodell der G-Klasse, die modellgepflegte Typenpalette der M-Klasse und der Vaneo, der innovative Compact-Van auf Basis der A-Klasse. Neben neuen Sondermodellen und dem Showcar »smart tridion4« präsentiert die Marke smart ein alternatives Antriebskonzept unter dem Namen »smart hyper« (»Hybrid Performance«), das durch die Kombination aus Diesel- und Elektromotor eine spürbare Verringerung von Kraftstoffverbrauch und Emissionswerten ermöglicht. Der Messeauftritt steht unter dem Motto »The Story of Passion« und schließt die Veranstaltungen im Rahmen des 100-jährigen Jubiläums der Marke Mercedes-Benz ab.

17. SEP: Das Mercedes-Benz Werk Kassel produziert die zehnmillionste Nutzfahrzeug-Achse seit Übernahme des ehemaligen Hanomag-Henschel Werks in den Daimler-Benz Produktionsverbund.

08. OKT: Die neu erbaute Kindertagesstätte »Sterntaler« am Standort Stuttgart-Möhringen wird offiziell ihrer Bestimmung übergeben.

10

14. OKT: Mit einem dritten Platz beim Saisonfinale, dem Großen Preis von Japan in Suzuka, sichert sich David Coulthard auf McLaren-Mercedes den Vizemeistertitel der Formel 1.

17. OKT: Im Werksteil Mettingen des Mercedes-Benz Werks Untertürkheim wird die Fertigstellung der zehnmillionsten Raumlenker-Hinterachse gefeiert.

11, 12, 13

17. – 24. OKT: Auf der Fachmesse Busworld im belgischen Kortrijk erhält die neue Reisebus-Baureihe Setra TopClass 400 die Auszeichnung »Coach of the Year 2002«. Weltpremiere haben der kompakte Reisebus Setra S 411 HD und die Hochboden-Busfamilie Mercedes-Benz Conecto, eine rundum modellgepflegte Weiterentwicklung des O 345. Die Überland-Variante Conecto H löst in Deutschland den O 407 ab. Der Stadtbus Conecto C wurde vor allem für den türkischen und belgischen Markt entwickelt, die Schulbus-Ausführung Conecto E für den Einsatz in Frankreich und Belgien.

2001

19. OKT: Im Rahmen eines Festakts bei der Binz GmbH & Co. KG in Lorch (Württemberg) feiern Mercedes-Benz und Binz die Fertigstellung des 50 000. Fahrgestells für Krankenwagen-, Bestattungswagen- und Spezial-Aufbauten seit 1949. Binz fertigt die verlängerten Mercedes-Benz Fahrgestelle mit Teilkarosserie seit 1996.

24. OKT – 07. NOV: Auf der Tokyo Motor Show präsentiert DaimlerChrysler mit dem F 400 Carving ein Forschungsfahrzeug mit zukunftsweisenden Lenk- und Fahrwerkssystemen, darunter die aktive Sturzverstellung.

07. NOV: Unternehmensleitung und Gesamtbetriebsrat der DaimlerChrysler AG beschließen im Rahmen einer Betriebsvereinbarung, zum 1. Januar 2002 Langzeitkonten für die rund 150 000 Mitarbeiter des Fahrzeuggeschäftes in Deutschland einzurichten. Mit der Möglichkeit, pro Jahr bis zu 150 Stunden auf ein Langzeitkonto zu buchen, schafft DaimlerChrysler ein weiteres attraktives Instrument zur individuellen Arbeitszeitgestaltung.

23. NOV: Die DaimlerChrysler AG und die europäischen Großstädte Madrid, London, Porto, Luxemburg, Hamburg, Barcelona, Stuttgart, Stockholm und Amsterdam starten das von der Europäischen Union geförderte Projekt CUTE (Clean Urban Transport for Europe), das die Erprobung von Brennstoffzellen-Bussen im täglichen Linienverkehr vorsieht. Das Projekt beginnt mit dem Aufbau der erforderlichen Wasserstoff-Infrastruktur.

10. DEZ: Unternehmensleitung und Gesamtbetriebsrat der DaimlerChrysler AG schließen zwei neue Gesamtbetriebsvereinbarungen zur Teilzeit und zur Familienzeit ab. Die neuen Flexibilisierungsinstrumente räumen den Mitarbeitern zusätzliche Möglichkeiten zur Realisierung individueller Lebenskonzepte ein.

20. DEZ: Die DaimlerChrysler AG und die Mitsubishi Motors Corporation geben ihre Entscheidung bekannt, in Kölleda in Thüringen gemeinsam ein Motorenwerk zu bauen, in dem ab dem Frühjahr 2004 Benzinmotoren für Kleinwagen der Marken Mitsubishi und smart produziert werden sollen. Das neue Werk soll von dem im Oktober 2001 gegründeten deutsch-japanischen Gemeinschaftsunternehmen MDC Power GmbH errichtet und betrieben werden. Die Investitionssumme beläuft sich auf insgesamt 244 Mio. Euro.

20. DEZ: Mercedes-Benz verzeichnet ein neues Produktionsjubiläum: Im Werk Sindelfingen läuft als 20-millionster Mercedes-Benz Pkw der Nachkriegsproduktion ein C-Klasse Sportcoupé in der Farbe Brillantsilber vom Band.

DEZ: Die Mercedes-Benz Actros Sattelzugmaschinen können als weltweit erste Serien-Lkw auf Wunsch mit der Telligent Stabilitätsregelung ausgerüstet werden. Das innovative System ist vergleichbar mit dem Elektronischen Stabilitätsprogramm (ESP), das seit August 1999 zur Serienausstattung aller Mercedes-Benz Pkw gehört.

| 2002 | Belegschaft 365 571 | Produktion Pkw / Nfz 1 238 927 / 483 029 | Umsatz 149 583 Mio. € |

JAN: Die DaimlerChrysler Services AG und die Deutsche Telekom AG bringen den vereinbarten vollständigen Verkauf des debis Systemhauses an die Deutsche Telekom zum Abschluss. Danach übernimmt die Deutsche Telekom AG von DaimlerChrysler Services AG den verbliebenen Anteil von 49,9 % an der T-Systems ITS (vormals debis Systemhaus AG), nachdem die DaimlerChrysler Tochter eine entsprechende vertraglich vereinbarte Verkaufsoption mit Wirkung zum 1. Januar 2002 ausgeübt hat. Der Verkauf der Beteiligung soll bis Anfang März 2002 abgeschlossen werden. Anschließend wird das Unternehmen zu 100 % zu T-Systems, dem Systemhaus der Deutschen Telekom, gehören.

1
07. – 21. JAN: Auf der North American International Auto Show in Detroit, Michigan/USA präsentiert Mercedes-Benz mit der faszinierenden Design-Studie »Vision GST« (Grand Sports Tourer) ein völlig neuartiges Fahrzeugkonzept, das 2005 als R-Klasse auf den Markt kommt.

2
15. – 27. JAN: Auf der International Motor Show in Brüssel debütiert die neue Mercedes-Benz E-Klasse der Baureihe 211. Zu den Innovationen zählt die auf Wunsch erhältliche Luftfederung AIRMATIC DC, bei der Federung und Dämpfung elektronisch gesteuert sind. Die Markteinführung bei den europäischen Mercedes-Benz Niederlassungen und -Vertriebspartnern erfolgt ab dem 16. März 2002.

24. JAN: DaimlerChrysler und GE Capital geben bekannt, dass GE Capital einen Teil des Capital Services Portfolios in den USA von DaimlerChrysler Capital Services übernehmen wird. Für den Verkauf des Commercial Real Estate und Asset-Based Lending Portfolios wird DaimlerChrysler 1,3 Mrd. Euro (1,2 Mrd. US-Dollar) erhalten.

3
05. FEB: Mit dem M 271 präsentiert Mercedes-Benz eine neue Generation von Vierzylinder-Benzinmotoren mit dem innovativen TWINPULSE-System – einer Kombination aus Kompressoraufladung, Ladeluftkühlung, Vierventiltechnik, verstellbaren Nockenwellen und Lanchester-Ausgleichswellen. Der 1,8-l-Reihenvierzylinder wird in vier Varianten von 105 kW /143 PS bis 141 kW /192 PS angeboten und kommt ab Juni zunächst in der C-Klasse zum Einsatz, ab Herbst auch im CLK und der E-Klasse.

4
03. MÄR: Beim Formel-1-Auftaktrennen der Saison in Melbourne/Australien kommt der SL 55 AMG in einer leistungsgesteigerten Version als neues Safety Car zum Einsatz.

05. MÄR: Die Micro Compact Car smart GmbH (Renningen) und die BRABUS GmbH (Bottrop) unterzeichnen ein Memorandum of Understanding mit der Absicht, ein gemeinsames Unternehmen mit Namen smart-BRABUS GmbH zu gründen. An dem zu gründenden Unternehmen werden beide Muttergesellschaften einen Anteil von jeweils 50 % halten.

5, 6, 7
07. – 17. MÄR: Auf dem Genfer Automobil-Salon präsentiert Mercedes-Benz mit der Baureihe 209 die zweite Generation der CLK-Klasse, die im Mai auf den Markt kommt. Die leistungsstärkste Variante ist der CLK 55 AMG mit einem 270 kW / 367 PS starken V8-Motor. Eine weitere Neuheit ist der A 210 EVOLUTION, das 103 kW / 140 PS starke Topmodell der A-Klasse.

8
21. – 23. MÄR: Auf der Mid America Trucking Show in Louisville, Kentucky/USA debütiert die Freightliner Business Class M2, eine neue Generation von Verteiler-Lastwagen im mittelschweren Segment. Erstmals nutzt Freightliner serienmäßig Aggregate wie Motoren und Getriebe aus dem Produktionsverbund von DaimlerChrysler. Die Reihen-Dieselmotoren der Aggregatefamilie OM 900 stammen aus der Produktion des Werks Mannheim.

01. APR: Die DaimlerChrysler AG übt ihre Put-Option zum Verkauf ihrer restlichen Anteile an der Conti Temic microelectronic GmbH aus und veräußert die verbliebenen 40 % an die Continental AG. Mit Begleichung der Kaufpreisrate in Höhe von 215,3 Mio. Euro wird Continental dann – wie geplant – alleiniger Eigentümer der Temic sein.

APR: EvoBus bietet die Luxus-Reisebusse der Modellreihen Mercedes-Benz Travego und Setra TopClass 400 mit zwei weiteren wegweisenden Sicherheitsinnovationen an: Der Brems-Assistent (BA), der bei einer Vollbremsung automatisch den maximalen Bremsdruck aufbaut, gehört ab sofort zur Serienausstattung, und die Fahrdynamik-Regelung FDR – vergleichbar dem ESP der Mercedes-Benz Pkw – ist auf Wunsch erhältlich.

05. MAI: Die DaimlerChrysler AG, die Hyundai Motor Company und die Mitsubishi Motors Corporation geben die Gründung der Global Engine Alliance L.L.C. bekannt. Das Ziel des Joint Ventures mit Sitz in den USA besteht in der Entwicklung und Produktion einer neuen Generation von Vierzylinder-Benzinmotoren, die in künftigen Modellen von Chrysler, Hyundai und Mitsubishi zum Einsatz kommen soll.

19. MAI: Beim DTM-Rennen im englischen Donington Park fährt Jean Alesi den ersten Sieg für den neuen Mercedes-Benz CLK-DTM Rennsport-Tourenwagen ein.

31. MAI: DaimlerChrysler und die Beijing Automotive Industry (Group) Company (BAIC) geben Details ihrer 30-Jahre-Vereinbarung für ein Joint Venture in China, der Beijing Jeep Corporation, bekannt.

05. JUN: In Washington, D.C. beendet das Brennstoffzellenfahrzeug NECAR 5 nach 16 Tagen und 5 250 km seine spektakuläre Langstreckenfahrt durch die USA von der Westküste zur Ostküste. Das Fahrzeug wird mit Methanol betrieben und erzeugt den erforderlichen Wasserstoff während der Fahrt.

06. JUN: Mit der erstmaligen Präsentation von UMTS-Diensteangeboten in einem fahrenden Pkw feiern die Kooperationspartner DaimlerChrysler, Siemens, Sun Microsystems, T-Mobile, Jentro und die MBDS/Universität Nizza Sophia Antipolis eine Weltpremiere in Berlin. In einer speziell dafür ausgerüsteten Mercedes-Benz S-Klasse demonstrieren die Partner ein umfassendes Portfolio an mobilen Multimedia-Diensten, die durch die Nutzung des breitbandigen UMTS-Mobilfunkstandards erstmals möglich werden.

26. JUN: Zwei Tage nach seinem Rollout aus dem DaimlerChrysler Werk Sindelfingen beginnt für das erste Exemplar des Maybach 62 in Southampton die Reise zur Weltpremiere. Der Ocean Liner »Queen Elizabeth II« bringt die Highend-Luxuslimousine nach New York, wo sie am 2. Juli der Öffentlichkeit vorgestellt wird.

JUN: Die Ensyu Railway Co., Ltd. beginnt in der japanischen Stadt Shizuoka mit der Praxiserprobung eines Mitsubishi Fuso Aero Hybridbusses. Der erste Hybridbus in Asien wird zunächst während der Fußball-WM eingesetzt, danach in der Nachbarstadt Hamamatsu, und legt bis September 2003 störungsfrei 50 000 km zurück.

08. JUL: Sechs Monate nach der Premiere der E-Klasse Baureihe 211 erweitert Mercedes-Benz das Modellprogramm um die Sonderschutzausführung mit integriertem Hochschutz. Die Markteinführung der E-Klasse Guard Limousinen beginnt im Herbst.

23. – 29. JUL: Beim Weltjugendtag in Toronto/Kanada zeigt sich Papst Johannes Paul II. zum ersten Mal in seinem neuen Papamobil auf Basis der Mercedes-Benz M-Klasse.

31. JUL: Knapp zehn Monate nach der Grundsteinlegung eröffnet DaimlerChrysler das neue Center of Excellence im Werk Sindelfingen. Der mit einem Investitionsvolumen von rund 10 Mio. Euro realisierte Neubau erweitert das bestehende Mercedes-Benz Kundencenter und integriert auf einer Gesamtfläche von über 2 200 m² das Maybach-Atelier. Das Kompetenzcenter der Luxuswagenmarke dient gleichzeitig als Zentrale der internationalen Maybach-Vertriebsorganisation mit 25 Sales Centern in Europa, Asien und Amerika.

26. AUG: Als erster Unimog aus dem Werk Wörth wird ein U 400 feierlich an seinen Käufer übergeben. Am ursprünglichen Produktionsstandort Gaggenau ist am 2. August der letzte von 320 748 gebauten Unimogs vom Band gelaufen: ein U 4000 mit Doppelkabine und Pritsche.

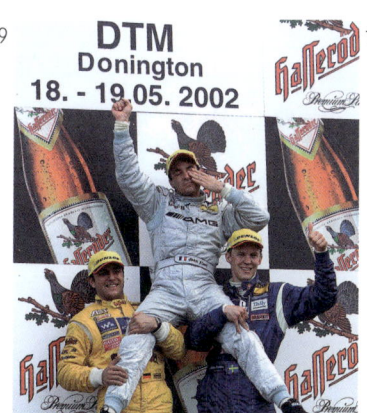

2002

2002

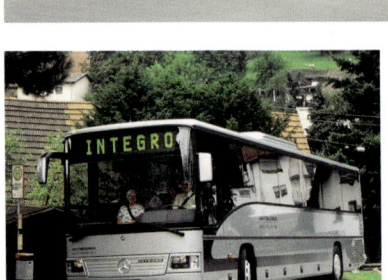

1, 2, 3, 4, 5, 6
10. – 19. SEP: Auf der IAA Nutzfahrzeuge in Hannover debütiert die zweite Generation der erfolgreichen Fernverkehr-Lkw-Baureihe Actros. Der Mercedes-Benz Sprinter präsentiert sich mit vielen praktischen Verbesserungen in einer modellgepflegten Ausführung, die wie der neue Actros Anfang 2003 auf den Markt kommt. Die überarbeiteten Sprinter-Varianten mit einem zulässigen Gesamtgewicht bis 3,5 t werden serienmäßig mit dem Fahrsicherheitssystem ESP ausgerüstet. Premiere feiern auch die Unimog-Modelle U 3000, U 4000 und U 5000 aus der neu entwickelten hochgeländegängigen Baureihe 437.4 für schwierige Einsätze abseits aller Straßen und Wege. Der Nachfolger der bis Mitte des Jahres in Gaggenau hergestellten schweren Unimog-Baureihen 427 und 437 läuft am neuen Unimog-Produktionsstandort in Wörth vom Band.
Mit dem Integro M präsentiert EvoBus eine 12,97 m lange Hochboden-Variante der erfolgreichen Überlandbus-Baureihe. Premiere hat auch der völlig neu entwickelte Doppelstockbus Setra S 431 DT. Das Flaggschiff der Baureihe TopClass 400 ist mit dem Mercedes-Benz V8-Motor OM 502 LA ausgerüstet, der bis zu 370 kW / 503 PS leistet. Außerdem debütiert der zweiachsige Überland-Linienbus S 316 UL. Mit einem S 315 GT-HD der ComfortClass und einem S 319 UL der MultiClass präsentieren sich beide Baureihen in einem überarbeiteten Erscheinungsbild.

7
12. SEP: Die DaimlerChrysler AG erhält für ihr Entwicklungsprojekt POEMA (Program Poverty and Environment in Amazonia / Programm Armut und Umwelt in Amazonien) im brasilianischen Regenwald eine hohe internationale Auszeichnung: den World Summit Business Award for Sustainable Development Partnerships.

16. SEP: DaimlerChrysler und Volkswagen bekräftigen in Hannover ihr Engagement für erneuerbare Kraftstoffe. Volkswagen wird sich wie DaimlerChrysler an einem Forschungsprojekt mit dem Freiberger Unternehmen Choren Industries GmbH zur Herstellung hochwertiger Kraftstoffe aus Biomasse beteiligen. Mit diesem Forschungsprojekt im vorwettbewerblichen Umfeld wollen beide Unternehmen schneller fundierte Erfahrungen mit erneuerbaren Kraftstoffen sammeln.

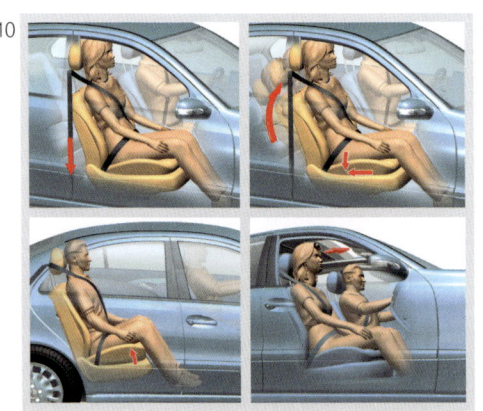

20. SEP: Die DaimlerChrysler AG gibt bekannt, dass sie einen weiteren 30%-Anteil an Ilmor Engineering Ltd. (Brixworth, Northamptonshire/ Großbritannien) erwerben wird. DaimlerChrysler wird damit seinen Kapitalanteil von bisher 25% auf insgesamt 55% aufstocken und mit Wirkung vom 31. Oktober 2002 Mehrheitsanteilseigner sein. Mario Illien, Liz Morgan – die Witwe des Firmenmitgründers Paul Morgan – und Roger Penske halten dann jeweils 15% der Anteile.

8, 9, 10
26. SEP – 13. OKT: Auf dem Automobil-Salon in Paris debütieren aufgewertete Generationen der S-Klasse (Baureihe 220) und der CL-Klasse (Baureihe 215). Neuerungen in der S-Klasse sind das vorbeugende Insassenschutzsystem PRE-SAFE, ein V12-Motor mit Biturbo-Aufladung und der auf Wunsch verfügbare intelligente Allradantrieb 4MATIC. Ihre Salonpremiere feiern auch der Maybach 57 und der Maybach 62, die beiden Varianten der Highend-Luxuslimousine, die den traditionsreichen Namen Maybach wieder aufleben lässt. smart präsentiert mit dem roadster und dem roadster-coupé zwei sportliche kompakte Zweisitzer, die im April 2003 auf den Markt kommen sollen.

11
06. OKT: Bernd Schneider siegt beim zehnten Lauf der DTM auf dem Hockenheimring und sichert sich damit die Vizemeisterschaft. In der Teamwertung belegt das Team Vodafone AMG-Mercedes mit Schneider und Alesi am Ende der Saison den ersten Platz.

12, 13
07. OKT: In ihrer Konzernzentrale in Stuttgart-Möhringen präsentiert die DaimlerChrysler AG der Presse zwei neue Fahrzeuge mit Brennstoffzellen-Antrieb. Der Mercedes-Benz F-Cell auf Basis der A-Klasse wird ab 2003 mit einer Testflotte von 60 Fahrzeugen im Rahmen von internationalen Kooperationen in Europa, USA, Japan und Singapur bei Kunden in Praxistests erprobt. Ebenfalls im Jahr 2003 beginnt die Erprobung von Brennstoffzellen-Bussen auf Basis des Mercedes-Benz Citaro, die im Rahmen der Projekte CUTE und ECTOS bei Verkehrsbetrieben in zehn europäischen Großstädten im anspruchsvollen täglichen Linienverkehr eingesetzt werden.

14, 15
10. OKT: Anlässlich des 35-jährigen Jubiläums von AMG präsentiert die Mercedes-AMG GmbH zwei neue Hochleistungsfahrzeuge: Der E 55 AMG ist mit 350 kW / 476 PS die stärkste bisher gebaute E-Klasse, und mit dem 170 kW / 231 PS starken C 30 CDI AMG hat die Marke aus Affalterbach erstmals auch einen Diesel im Modellprogramm.

13. DEZ: Mit sieben neu entwickelten geschlossenen Autotransportzügen setzt DaimlerChrysler Maßstäbe beim Transport von Mercedes-Benz Neufahrzeugen. Im Beisein von Hans-Heinrich Weingarten, Leiter des DaimlerChrysler Werks Sindelfingen, Karl Michael Mohnsen, Vorstand Wagenladungsverkehr der DB Cargo AG, und Manfred Kuhr, Vorstand der BLG Bremer Lagerhaus-Gesellschaft AG, wird der erste beladene Zug vom Verladebahnhof im Werk Sindelfingen auf die Fahrt geschickt.

2003	Belegschaft	Produktion Pkw / Nfz	Umsatz
	362 063	1 211 981 / 500 445	136 437 Mio. €

01. JAN: Dr. Thomas Weber übernimmt die Verantwortung für das Vorstandsressort »Forschung und Technologie«. In dieser Funktion folgt er auf den zum Jahreswechsel ausgeschiedenen Klaus-Dieter Vöhringer.

1
05. – 20. JAN: Auf der North American International Auto Show in Detroit, Michigan/USA beginnt Mercedes-Benz das Jahr 2003 mit drei Welt- und zwei USA-Premieren: Erstmals zu sehen sind das neue T-Modell der E-Klasse, der Zwölfzylinder-Sportwagen SL 600 und das Brennstoffzellen-Fahrzeug F-CELL auf Basis der A-Klasse. Überdies gehen in Nordamerika die neuen 4MATIC-Modelle der C-Klasse und S-Klasse an den Start.

06. JAN: Die Mitsubishi Fuso Truck and Bus Corporation (MFTBC) nimmt als 100 %ige Tochtergesellschaft der Mitsubishi Motors Corporation (MMC) den Geschäftsbetrieb auf. Geplant ist eine Anteilsübernahme von 43 % durch DaimlerChrysler und von 15 % durch Tochterunternehmen des Mitsubishi-Konzerns.

31. JAN: DaimlerChrysler erhält die Auszeichnung »The Trust/OAS Award for Corporate Citizenship in the Americas« der Organisation Amerikanischer Staaten (OAS) für das POEMA-Projekt. Mit dem Preis wird insbesondere die Schaffung von Arbeitsplätzen auf ökologisch verträgliche Weise im tropischen Regenwald Brasiliens honoriert. Das 1992 mithilfe der damaligen Daimler-Benz AG ins Leben gerufene Projekt POEMA in Belém/Brasilien zeigt eine erfolgreiche und langfristige Zusammenarbeit der Universität von Pará, lokaler Bauern und dem Automobilhersteller. Aus den in der Region angebauten Kokosnüssen werden Naturfasern gewonnen und vor Ort zu Autositzen, Rückenlehnen, Kopfstützen und Sonnenblenden weiterverarbeitet.

2, 3, 4
04. – 16. MÄR: Mit den Cabriolets der Baureihe 209 feiert auf dem Genfer Automobil-Salon die zweite, vollkommen neu entwickelte Generation der CLK Cabriolets Weltpremiere. Topmodell der Baureihe ist der 270 kW / 367 PS starke CLK 55 AMG. Weitere Neuheiten sind der E 400 CDI mit Achtzylinder-Dieselmotor und 191 kW / 260 PS Leistung und der CL 65 AMG mit einem 450 kW / 612 PS starken Biturbo-V12.

5
09. MÄR: Der CLK 55 AMG hat sein Debüt als Safety Car der Formel 1 beim Großen Preis von Australien in Melbourne.

14. MÄR: Die DaimlerChrysler AG erwirbt einen Anteil von 43 % an der Mitsubishi Fuso Truck and Bus Corporation (MFTBC). Mit der Übernahme der Geschäftsanteile wird DaimlerChrysler Hauptaktionär und übernimmt die industrielle Führung der MFTBC.

6
23. MÄR: Kimi Räikkönen, seit der Saison 2002 als Nachfolger von Mika Häkkinen im Team McLaren-Mercedes, gewinnt auf MP4-17D den Grand Prix von Malaysia in Kuala Lumpur und erzielt damit seinen ersten Formel-1-Sieg.

7
05. MAI: Der erste Mercedes-Benz Citaro Stadtbus mit Brennstoffzellen-Antrieb wird im Rahmen des UITP-Kongresses in Madrid an den Bürgermeister der Stadt Madrid übergeben. Er ist der erste von drei Bussen mit dieser emissionsfreien Technologie, die bei den Madrider Verkehrsbetrieben im anspruchsvollen täglichen Linienverkehr eingesetzt werden.

05. MAI: Die DaimlerChrysler Bank AG weiht ihren neuen Firmensitz auf dem Stuttgarter Pragsattel im Beisein des baden-württembergischen Ministerpräsidenten Erwin Teufel und des DaimlerChrysler Vorstandsvorsitzenden Jürgen E. Schrempp ein und stellt der Presse die aktuellen Geschäftszahlen und das erste Fondsprodukt des Hauses vor.

8, 9
09. MAI: Als Nachfolger der V-Klasse und des Vito präsentiert Mercedes-Benz der Presse eine vollkommen neu entwickelte Van- und Transporterfamilie. Die Vans, die die V-Klasse ablösen, heißen nun Viano, während der Transporter weiterhin unter der Bezeichnung Vito angeboten wird. Die neuen Modelle der Baureihe 639 werden wie ihre Vorgänger im spanischen Werk Vitoria gefertigt.

10
MAI: Bei der Binz GmbH & Co. KG in Lorch (Württemberg) läuft die Serienfertigung des verlängerten Fahrgestells der E-Klasse Baureihe 211 an. Wie schon bei der Vorgängergeneration entstehen die verlängerten Fahrgestelle mit Teilkarosserie bei Binz durch Umbau von Rohbaukarosserien des E-Klasse T-Modells, die das Werk Sindelfingen ohne Dachbeplankung, Fondtüren und Heckklappe bereitstellt.

11
04. JUN: Der 5,5-l-V8-Kompressormotor M 113 von AMG-Mercedes gewinnt bei den »International Engine of the Year Awards« den Titel in der neu geschaffenen Kategorie »Best Performance Engine«. Bei der renommierten Preisverleihung der britischen Fachzeitschrift »Engine Technology International Magazine« entscheidet eine internationale Jury aus 50 anerkannten Motorjournalisten jährlich über die besten Pkw-Motorenkonzepte in zwölf Kategorien. Der 350 kW / 476 PS bis 368 kW / 500 PS starke V8-Motor debütierte 2001 im SL 55 AMG und ist seit Herbst 2002 auch in der E-Klasse, der S-Klasse und der CL-Klasse lieferbar.

30. JUN: Die DaimlerChrysler AG präsentiert in Stuttgart im Rahmen ihrer Umwelt-Pressekonferenz den weltweit ersten synthetischen Diesel-Kraftstoff, der beim Autofahren die CO_2-Bilanz in der Atmosphäre nicht belastet. Dieser Kraftstoff wird durch vollständige Verwertung von organischen Substanzen hergestellt, die das bei der Verbrennung im Motor entstehende Kohlendioxid zuvor aus der Luft aufgenommen haben.

15. JUL: Die MTU Friedrichshafen GmbH und die RWE Fuel Cells GmbH, Essen, unterzeichnen einen Vertrag über gemeinsame Brennstoffzellen-Aktivitäten. Das Joint Venture MTU CFC Solutions GmbH hat das Ziel, Karbonat-Brennstoffzellenanlagen auf breiter Basis einzuführen und eine führende Marktposition bei Hochtemperatur-Brennstoffzellen zu erreichen. RWE Fuel Cells beteiligt sich zu 25,1 % an der MTU CFC Solutions GmbH, einem rechtlich eigenständigen Unternehmen, bis dato eine 100 %-Tochtergesellschaft der MTU Friedrichshafen.

21. JUL: Als erste Automobilmarke der Welt bietet Mercedes-Benz für seine absatzstarken Diesel-Personenwagen die Kombination aus EU-4-Abgasnorm und Diesel-Partikelfilter an, zunächst für die C-Klasse und E-Klasse mit Vierzylinder-CDI-Motoren. Im Februar 2004 folgen die CDI-Sechszylinder der E-Klasse und S-Klasse mit EU-4 und Diesel-Partikelfilter. Das von Mercedes-Benz entwickelte Partikelfiltersystem kommt ohne Zusatzstoffe (Additive) aus und bleibt über eine sehr hohe Laufleistung wirksam.

12
03. SEP: Mercedes-Benz präsentiert das weltweit erste serienmäßige Siebengang-Automatikgetriebe für Personenwagen, mit dem die Achtzylindermodelle der E-Klasse, S-Klasse, CL-Klasse und SL-Klasse serienmäßig ausgerüstet werden. Die 7G-TRONIC verbindet geringeren Kraftstoffverbrauch und höhere Beschleunigungswerte mit nochmals gesteigertem Schaltkomfort. Sie ist eine Eigenentwicklung von Mercedes-Benz auf der Basis einer mehr als 40-jährigen Erfahrung mit Automatikgetrieben.

13
07. SEP: Auf Initiative der DaimlerChrysler AG und unter der Schirmherrschaft der Europäischen Union startet ein Konvoi von zehn Actros Lastzügen mit mehr als 200 t Gütern von Stuttgart und Brüssel nach Afghanistan. Der Transport soll einerseits dringend benötigte Güter für Wiederaufbau-Maßnahmen nach Afghanistan bringen; andererseits soll er kostengünstige Möglichkeiten für den Transport von Gütern auf der sogenannten TRACECA-Route (Transport Corridor Europe-Caucasus-Asia) in den zentralasiatischen Raum aufzeigen und dabei die hochmoderne Lkw-Technik einer Bewährungsprobe unter härtesten Alltagsbedingungen unterwerfen. Nach dreieinhalb Wochen und 6 000 km Fahrt durch den Balkan, den Kaukasus und Zentralasien erreicht der Konvoi sein Ziel.

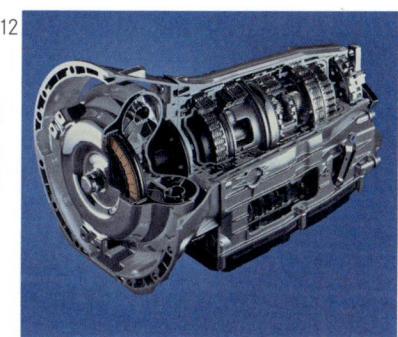

2003

1
09. SEP: Mit der Verkaufsfreigabe für den Maybach 62 Guard wird die Highend-Limousine auch als Sonderschutzfahrzeug mit integriertem Hochschutz angeboten. Die Auslieferung beginnt Mitte 2004.

2, 3, 4, 5, 6, 7
09. – 21. SEP: Die Mercedes-Benz Präsentation auf der 60. Internationalen Automobil Ausstellung (IAA) in Frankfurt/M. steht ganz im Zeichen zweier Automobile, die in Design und Technologie Zeichen setzen: der seriennahen Studie »Vision CLS« und dem gemeinsam mit McLaren entwickelten Hochleistungs-Sportwagen SLR McLaren. Zu den weiteren Neuheiten, die auf der IAA Premiere feiern, gehören die 4MATIC-Varianten der E-Klasse Limousinen und T-Modelle sowie der E 55 AMG als T-Modell. Erstmals vorgestellt wird auch der E 200 NGT, ein Erdgasfahrzeug mit bivalentem Gas-/Benzinantrieb, das auf dem E 200 Kompressor basiert und die leistungsstärkste Serienlimousine mit umweltfreundlichem Erdgasantrieb ist. Außerdem stellt Mercedes-Benz ein Hybridantriebskonzept vor, bei dem ein V6-Benzinmotor mit zwei Elektromotoren und einer Nickel-Metallhydrid-Batterie kombiniert ist. smart präsentiert die viersitzige Modellreihe forfour, deren Markteinführung im April 2004 beginnt.

18. SEP: Weniger als sechs Jahre nach Markteinführung läuft im Werk Rastatt die einmillionste Mercedes-Benz A-Klasse vom Band, ein kometgrauer A 170 CDI in Langversion.

8
05. OKT: Mit einem sechsten Platz im letzten Rennen der DTM-Saison auf dem Hockenheimring sichert sich Bernd Schneider den Meistertitel. Es ist sein vierter nach 1995, 2000 und 2001. Den zweiten Platz in der Meisterschaft belegt Christijan Albers, ebenfalls auf AMG-Mercedes. Die erstmals ausgeschriebene Herstellerwertung gewinnt Mercedes-Benz souverän mit 237 Punkten vor Abt-Audi mit 93 Punkten. Die Teamwertung sichert sich Vodafone/ExpressService AMG-Mercedes.

06. OKT: DaimlerChrysler und ThyssenKrupp Automotive vereinbaren, zukünftig auf dem Gebiet der Lenkgetriebe und kompletten Lenksysteme für Kraftfahrzeuge zusammenzuarbeiten. ThyssenKrupp Automotive soll in einem ersten Schritt 60 % der Mercedes-Benz Lenkungen GmbH, Düsseldorf, erwerben. Der zweite Schritt zur Übernahme der weiteren 40 % soll in frühestens zwei Jahren erfolgen.

9
09. OKT: Im Mercedes-Benz Werk Düsseldorf übernimmt ein Vertreter des weltgrößten Paketdienstes UPS ein Erprobungsfahrzeug des Mercedes-Benz Sprinter mit Brennstoffzellenantrieb. Am 19. Mai 2003 haben die DaimlerChrysler AG, UPS und die US-amerikanische Umweltbehörde EPA eine Kooperation zur praktischen Erprobung von Brennstoffzellenfahrzeugen im kommerziellen Lieferdienst vereinbart.

2003

10
12. OKT: Beim Großen Preis von Japan, dem Saison-Abschlussrennen der Formel 1 in Suzuka, erzielt Kimi Räikkönen den zweiten Platz und wird damit Vizeweltmeister – mit zwei Punkten Rückstand zu Michael Schumacher auf Ferrari.

11, 12, 13
17. – 22. OKT: Auf der Omnibusmesse Busworld im belgischen Kortrijk wird der neue Midi-Reisebus Mercedes-Benz Tourino erstmals einer breiten Öffentlichkeit präsentiert. Weltpremiere feiern die völlig neu entwickelte Reisebus-Baureihe Setra ComfortClass 400 mit den Typen S 415 GT-HD und S 416 GT-HD sowie der dreiachsige Reisebus S 416 HDH, der das Programm der TopClass 400 komplettiert.

14
17. – 25. OKT: Anlässlich des Internationalen Nutzfahrzeug-Salons RAI in Amsterdam wird der neue Mercedes-Benz Actros zum »Truck of the Year 2004« gekürt. Die Fachjournalisten aus 19 europäischen Ländern würdigen damit die technischen Akzente für ein Höchstmaß an Fahrerorientierung, die Realisierung innovativer Sicherheitskonzepte, das neue Elektronik-Konzept sowie Qualität, Zuverlässigkeit und Wirtschaftlichkeit der neuen Fahrzeuggeneration.

15, 16
22. OKT – 05. NOV: Auf der Tokyo Motor Show stellt Mercedes-Benz das Forschungsfahrzeug F 500 Mind mit Diesel-Hybridantrieb vor. Dabei ist ein V8-Dieselmotor mit 184 kW / 250 PS und 560 Nm mit einem Elektromotor kombiniert, der zwischen dem Verbrennungsmotor und dem modifizierten Automatikgetriebe angeordnet ist. Beim Anfahren, beim Einparken, bei Stop-and-go-Verkehr oder bei langsamer Fahrt übernimmt der 50 kW starke Elektroantrieb mit 300 Nm die Regie und ermöglicht ein emissionsfreies Autofahren. Erst wenn mehr Leistung abgerufen wird, schaltet sich der Dieselmotor zu. Durch die effiziente Arbeitsteilung verringert sich der Kraftstoffverbrauch um rund 20 %.

OKT: Die Omnibusse der Modellreihen Mercedes-Benz Travego und Setra TopClass 400 werden ab sofort serienmäßig mit dem Elektronischen Stabilitätsprogramm ESP ausgerüstet. Die Setra ComfortClass 400 erhält das Sicherheitssystem im Frühjahr 2004.

OKT: Drei Mercedes-Benz Citaro Brennstoffzellen-Busse beginnen im Rahmen des von der EU geförderten Projekts »Ecological City Transport System« (ECTOS) in der isländischen Hauptstadt Reykjavík mit dem zweijährigen Testbetrieb im täglichen Linienverkehr.

2003

OKT: DaimlerChrysler initiiert gemeinsam mit der UNESCO das Projekt »Mondialogo – Intercultural Dialogue and Exchange«, das zum Ziel hat, den Dialog unter jungen Menschen verschiedener kultureller Herkunft zu fördern und für mehr Verständnis, Respekt und Toleranz zu werben. Die Gesamtinitiative besteht aus dem weltweiten Schulwettbewerb »Mondialogo School Contest«, einem internationalen Förderpreis für junge Ingenieure – »Mondialogo Engineering Award« – sowie einem Internet-Portal mit einem viersprachigen interkulturellen Magazin.

1
04. NOV: Drei Mercedes-Benz Citaro Stadtbusse mit Brennstoffzellen-Antrieb werden von DaimlerChrysler an die Stuttgarter Straßenbahnen AG übergeben. Einen Tag später gehen diese emissionsfreien Brennstoffzellen-Busse auf der Linie 44 im anspruchsvollen täglichen Linienverkehr in den Einsatz. So können die rund 4 500 Fahrgäste, die täglich auf der Linie zwischen Schlossplatz und Westbahnhof unterwegs sind, diese innovative Antriebstechnologie im Alltagsbetrieb selbst erfahren.

14. NOV: Der einmillionste Transporter vom Typ Mercedes-Benz Sprinter läuft im Werk Düsseldorf vom Band. Der arktikweiß lackierte Sprinter 311 CDI Kombi mit neun Sitzen, Hochdach und Zusatzheizung wird von der DaimlerChrysler AG der World Childhood Foundation gestiftet, die von Königin Silvia von Schweden gegründet wurde. Das Fahrzeug wird im litauischen Vilnius im Lithuanian Aids Center zur sozialen Integration junger Frauen und Kinder eingesetzt.

17. – 19. NOV: Anlässlich des dritten Environmental Forum in Magdeburg mit über 300 Teilnehmern aus 20 Staaten gibt DaimlerChrysler ein neues öffentlich-privates Kooperationsprojekt bekannt. Ziel des für Indien vorgesehenen Projekts ist die Erprobung der Biodiesel-Produktion aus Jatropha-Pflanzen auf erodierten Böden und die Vorbereitung für eine Folgenutzung in Verbrennungsmotoren. Weitere positive Effekte sind die Reduzierung des CO_2-Anteils und die Schaffung von Arbeitsplätzen.

2
19. NOV: Der Vorstand der DaimlerChrysler AG stimmt dem Verkauf des Triebwerkherstellers MTU Aero Engines GmbH, München, an den US-Finanzinvestor Kohlberg Kravis Roberts & Co. (KKR) zu. Das Closing der Transaktion, die noch unter Vorbehalt der Zustimmung des DaimlerChrysler Aufsichtsrats und der Kartellbehörden steht, erfolgt im Dezember 2003. MTU Aero Engines wird seine Programme und Kooperationen, vor allem die enge strategische Allianz mit dem US-Triebwerkshersteller Pratt & Whitney, unverändert fortsetzen.

3
04. DEZ: Im neuen Werk Kölleda der MDC Power GmbH läuft der erste Serienmotor vom Band, ein 1,3-l-Benzinmotor der Baureihe M 135. Die kompakten Einspritzmotoren werden in Modelle von smart und Mitsubishi eingebaut.

4
17. DEZ: Mercedes-Benz präsentiert den innovativen V6-Benzinmotor M 272, der eine neue Generation von Sechszylindermotoren begründet und ab Anfang 2004 erstmals in der neuen SLK-Klasse zum Einsatz kommen wird. Der 3,5-l-Vierventiler leistet 200 kW / 272 PS.

| 2004 | Belegschaft 384 723 | Produktion Pkw/Nfz 1 246 726 / 718 787 | Umsatz 142 059 Mio. € |

5 **18. DEZ:** Im Rahmen einer Charity-Auktion zugunsten der Laureus Sport for Good Foundation wird das erste Exemplar des Mercedes-Benz SLR McLaren bei Christie's in New York an den meistbietenden Automobil-Liebhaber übergeben. Das Höchstgebot aus der »stillen Auktion«, die am 30. November beendet wurde, liegt bei 1,5 Mio. Euro.

6 DEZ: Gemeinsam mit dem auf dem Genfer Automobil-Salon präsentierten CL 65 AMG feiert auch der S 65 AMG Premiere bei den Mercedes-Benz Niederlassungen und Vertriebspartnern.

7 DEZ: Nach über vierjähriger Entwicklungszeit kommt bei Mercedes-Benz ein neuartiger Klarlack zum Einsatz, der dank modernster Nano-Technologie deutlich kratzfester ist als herkömmlicher Lack. Die Modelle der E-Klasse, S-Klasse, CL-Klasse, SL-Klasse und SLK-Klasse sind weltweit die ersten Automobile mit diesem innovativen Lacksystem; andere Mercedes-Benz Modellreihen erhalten die kratzbeständigere Nano-Lackierung ab Frühjahr 2004 ebenfalls.

8 04. – 19. JAN: Auf der North American International Auto Show in Detroit, Michigan/USA präsentiert Mercedes-Benz eine neue Variante des »Vision GST« (Grand Sports Tourer). Die neue Fahrzeugstudie, deren erste Version zwei Jahre zuvor am gleichen Ort vorgestellt wurde, demonstriert den Weg von der Vision zur Serie.

01. FEB: Die Karl Koch GmbH wird nach der zum 1. Januar erfolgten vollständigen Übernahme durch die EvoBus GmbH in Mercedes-Benz Minibusse GmbH umbenannt. Der Firmensitz der neuen Gesellschaft wird an den Produktionsstandort Dortmund verlegt.

9 16. FEB: DaimlerChrysler unterstützt die Opfer des katastrophalen Erdbebens in der iranischen Stadt Bam mit einem Hilfskonvoi. Fünf Actros Schwerlastwagen mit Hilfsgütern vom Technischen Hilfswerk (THW) starten in der Konzernzentrale in Stuttgart-Möhringen zu ihrer Tour in den Iran, auf der sie teilweise die TRACECA-Route der »Neuen Seidenstraße« befahren.

10 23. FEB: Mitsubishi Fuso führt den Aero Non-step HEV Hybridbus auf dem japanischen Markt ein. Bei diesem ersten serienmäßig produzierten Hybrid-Linienbus in Japan ist ein Dieselmotor mit einem Elektromotor und einer leistungsfähigen Lithium-Ionen-Batterie kombiniert. Der Kraftstoffverbrauch liegt 40 % unter dem eines vergleichbaren Busses mit Dieselmotor.

1, 2, 3, 4, 5
04. – 14. MÄR: Auf dem Genfer Automobil-Salon präsentiert Mercedes-Benz mit den Roadstern der Baureihe R 171 die zweite Generation der weltweit erfolgreichen SLK-Klasse erstmals dem Publikum. Der 265 kW / 360 PS starke SLK 55 AMG erweitert die Typenpalette des SLK zum ersten Mal um ein V8-Modell. Offenfahren auch bei kühleren Außentemperaturen ermöglicht die innovative Kopfraumheizung AIRSCARF. Weltpremiere feiern auch die Serienversion der CLS-Klasse (Baureihe C 219) und die in einer umfassenden Modellpflege überarbeitete C-Klasse der Baureihe 203. Neues Topmodell der C-Klasse ist der 270 kW / 367 PS starke C 55 AMG. Eine weitere Neuheit ist der G 55 AMG, der einen Kompressormotor mit 350 kW / 476 PS erhalten hat und die Fahrleistungen seines gleichnamigen Vorgängermodells damit erheblich übertrifft.

MÄR: Die DaimlerChrysler AG erhöht ihren Anteil an der Mitsubishi Fuso Truck and Bus Corporation (MFTBC) von 43 % auf 65 %. Die MFTBC, ein führender Nutzfahrzeughersteller in Japan mit einer starken Marktposition in Südostasien, wird ab dem 31. März voll konsolidiert und bildet einen eigenständigen Geschäftsbereich innerhalb des Geschäftsfelds Nutzfahrzeuge.

6, 7
07. MÄR: Beim Großen Preis von Australien in Melbourne geht zum ersten Mal der SLK 55 AMG als neues Safety Car der Formel 1 an den Start. Mit dem C 55 AMG T-Modell kommt gleichzeitig auch ein neues Medical Car zum Einsatz.

8
20. MÄR: Das Express-Luftfracht- und Kurierdienstunternehmen FedEx Express stellt in Sacramento, Kalifornien/USA den ersten von zwei Lieferwagen mit Hybridantrieb für den Alltagseinsatz in Dienst. Der FedEx OptiFleet E700 basiert auf dem bewährten, von FedEx in großen Stückzahlen eingesetzten FedEx W700 Standard-Lieferwagen, bei dem ein Freightliner-Chassis MT-45 SR mit einer Utilimaster-Kastenwagenkarosserie kombiniert ist. Die Hybridvariante ist bestückt mit einem 125 kW / 170 PS starken Mercedes-Benz Dieselmotor OM 904 und einem hybridelektrischen Antriebsstrang der amerikanischen Firma Eaton, bestehend aus einem 44 kW / 60 PS starken Elektromotor und einem automatisierten Schaltgetriebe. Im Rahmen eines Pilotprojekts sollen 18 weitere Fahrzeuge im Laufe des Jahres in Dienst gestellt werden.

9
07. – 18. APR: Auf der New York International Auto Show präsentiert Mercedes-AMG den SL 65 AMG mit V12-Motor und Biturboaufladung als neues Topmodell der SL-Klasse. Mit 450 kW / 612 PS und 1 000 Nm ist er der leistungs- und drehmomentstärkste Serien-Roadster weltweit.

10
08. APR: Das Werk Untertürkheim nimmt im Stuttgarter Hafen seine neue Logistikdrehscheibe offiziell in Betrieb. Der Zentralversand Übersee hat die Aufgabe, die wachsende Zahl von Produktionsstandorten rund um den Globus termingerecht mit Motoren, Getrieben, Achsen und Teilesätzen zu versorgen.

2004

2004

18. APR: Beim DTM-Eröffnungsrennen auf dem Hockenheimring erzielt Gary Paffett seinen ersten DTM-Sieg und zugleich den ersten Sieg für den neuen AMG-Mercedes C-Klasse Rennsport-Tourenwagen.

22. APR: Vorstand und Aufsichtsrat der DaimlerChrysler AG beschließen in einer außerordentlichen Sitzung, an der von Mitsubishi Motors Corporation (MMC) geplanten Kapitalerhöhung nicht teilzunehmen und die weitere finanzielle Unterstützung für MMC einzustellen. Vertraglich vereinbarte Projekte werden fortgeführt.

30. APR: Mit dem Mercedes-Benz CLK DTM AMG präsentiert AMG einen Hochleistungssportwagen der Extraklasse, der sich an der Rennversion des Mercedes-Benz CLK orientiert. Die ersten Fahrzeuge der auf 100 Exemplare limitierten Kleinserie werden ab Herbst 2004 an die Kunden ausgeliefert.

03. MAI: Im Rahmen des Deutschland-Besuchs des chinesischen Premierministers Wen Jiabao wird der Projektvorschlag zwischen der DaimlerChrysler AG und der Beijing Automotive Industry Holding Company Ltd. (BAIC) zur Fertigung von Mercedes-Benz Limousinen der C-Klasse und E-Klasse in China unterzeichnet. Die Fahrzeuge sollen in einer neuen Fabrik in Peking, die eine jährliche Produktionskapazität von zunächst 25 000 Fahrzeugen hat, produziert werden.

12. MAI: DaimlerChrysler und die Hyundai Motor Company geben gemeinsam bekannt, dass sie ihre strategische Allianz neu ordnen. Hyundai übernimmt den 50 %igen DaimlerChrysler Anteil am Nutzfahrzeugmotoren-Unternehmen DaimlerChrysler Hyundai Truck Corporation, und die Gespräche bezüglich eines Nutzfahrzeug-Joint-Ventures werden beendet. Alle anderen Projekte werden fortgeführt: die gemeinsame Entwicklung und Produktion einer Vierzylinder-Benzinmotoren-Familie, das sogenannte World-Engine-Projekt, die gemeinsamen Einkaufsaktivitäten sowie die Lieferung von Motoren der mittelschweren Baureihe OM 906 an Hyundai. Vor diesem Hintergrund kündigt die DaimlerChrysler AG an, ihren 10,5 %-Anteil an Hyundai Motor zu gegebener Zeit zu verkaufen.

24. MAI: Die Mercedes-Benz G-Klasse feiert ein besonderes Jubiläum. Seit 25 Jahren werden die Geländewagen dieser Baureihe gefertigt. Damit zählt die G-Klasse zu den am längsten produzierten Fahrzeugen in der Geschichte des Automobils. Insgesamt sind seit Produktionsbeginn im Jahr 1979 rund 175 000 Fahrzeuge der G-Klasse bei Magna Steyr in Graz/Österreich im Auftrag der DaimlerChrysler AG und ihrer Vorgängerfirmen vom Band gelaufen.

26. MAI: Auf der Engine Expo 2004 in Stuttgart erhält der 6,0-l-V12-Biturbomotor M 275 von Mercedes-AMG den »International Engine of the Year Award« in der Kategorie »Best Performance Engine«. Der 450 kW / 612 PS starke Zwölfzylinder kommt in der S-Klasse, der CL-Klasse und im SL zum Einsatz.

18. JUN: In der Mercedes-Welt am Salzufer in Berlin übergibt DaimlerChrysler die ersten Brennstoffzellen-Pkw an deutsche Kunden. Die Partner Deutsche Telekom und BEWAG/Vattenfall Europe erhalten insgesamt vier A-Klasse F-Cell für ihren Fuhrpark. Im Rahmen des Gemeinschaftsprojekts der »Clean Energy Partnership« hat die erste reguläre Service-Station für Brennstoffzellen-Pkw in Europa ihren Betrieb aufgenommen.

21. JUN: Mercedes-Benz startet mit Mixed Tape eine Internet-Plattform zum kostenlosen Musik-Download, die die Förderung von Nachwuchsmusikern zum Ziel hat. Alle acht Wochen wird eine neue Zusammenstellung von 15 ausgesuchten Stücken zur Verfügung gestellt.

29. JUN: In Griechenland präsentiert Mercedes-Benz auf dem Clubschiff »AIDA-aura« die neue Generation der A-Klasse (Baureihe 169) erstmals der Presse. Für den Ausbau des Werks Rastatt, wo die A-Klasse produziert wird, hat DaimlerChrysler rund 900 Mio. Euro investiert und 1 600 neue Arbeitsplätze geschaffen.

23. JUL: Unternehmensleitung und Arbeitnehmervertretung der DaimlerChrysler AG schließen eine Vereinbarung zur »Zukunftssicherung 2012« ab, die mittelfristig jährliche Kosteneinsparungen von 500 Mio. Euro ermöglicht und einen wichtigen Beitrag zur Sicherung der Arbeitsplätze in Deutschland leistet.

16. AUG: DaimlerChrysler verkauft seinen Anteil (10,5 %) an der Hyundai Motor Company (HMC) für rund 740 Mio. Euro. Die Veräußerung der Anteile ist Bestandteil der bereits im Mai bekannt gegebenen Neuordnung der strategischen Allianz zwischen DaimlerChrysler und Hyundai Motor.

26. AUG: In Los Angeles, Kalifornien/USA beginnt ein Dodge Sprinter mit Brennstoffzellen-Antrieb beim Paketdienst United Parcel Service (UPS) mit der Praxiserprobung im Alltagseinsatz des kommerziellen Lieferdienstes. Der Sprinter nutzt komprimierten Wasserstoff und hat eine Reichweite von rund 250 km.

16. SEP: Im Rahmen des Projekts »Sustainable Transport Energy for Perth« (STEP) nehmen drei Mercedes-Benz Citaro Brennstoffzellen-Busse in der westaustralischen Stadt Perth die Erprobung im Linienbetrieb auf.

21. – 30. SEP: Auf der IAA Nutzfahrzeuge in Hannover präsentiert Mercedes-Benz zahlreiche Neuheiten wie die komplett überarbeiteten und neu strukturierten Lkw-Baureihen Atego und Axor, das Actros Sondermodell »Black Edition« sowie die neue BlueTec-Dieseltechnologie. Die Auslieferung der ersten mit BlueTec ausgerüsteten Actros Lkw erfolgt im Januar 2005. Erstmals ausgestellt wird auch ein Sprinter-Erprobungsfahrzeug mit Plug-In-Hybridantrieb. Ein 70 kW / 95 PS starker Elektromotor ist zwischen Dieselmotor und Getriebe in den Antriebsstrang integriert. Er bezieht seine Energie aus Nickel-Metallhydrid-Batterien, die er während der Fahrt beim Bremsen und bei Bergabfahrten wieder auflädt. Im Stillstand kann der Hybrid-Sprinter dank Plug-In-Technologie auch über die Steckdose aufgeladen werden. Der »Innovationsträger Sicherheit« auf Basis des Sprinters demonstriert mit adaptivem ESP, Spurwechselassistent und Abstandsregeltempomat den Stand der Sicherheitsentwicklung von morgen. EvoBus präsentiert den Setra S 415 GT, der die ComfortClass um einen wirtschaftlichen Kombibus für den Linien- und Gelegenheitsverkehr ergänzt.

2004

11, 12, 13, 14
23. SEP – 10. OKT: Die Präsentation von Mercedes-Benz auf dem Automobil-Salon in Paris steht ganz im Zeichen des Sports-Tourer-Konzepts: Neben der europäischen Version des Grand Sports Tourers »Vision R« wird erstmals der Compact Sports Tourer »Vision B« gezeigt, der im Frühjahr 2005 als B-Klasse auf den Markt kommt. Weitere Neuheiten sind der CLS 55 AMG und ein gemeinsam mit dem italienischen Modeschöpfer Giorgio Armani gestaltetes Sondermodell des CLK Cabriolets.

15
03. OKT: Bernd Schneider gewinnt das Saisonfinale der DTM in Hockenheim vor Martin Tomczyk auf Audi. Schneiders Markenkollege Gary Paffett, ebenfalls auf AMG-Mercedes C-Klasse, wird Dritter und damit Vizemeister hinter Mattias Ekström auf Audi.

12. NOV: Anlässlich der Eröffnung der weltweit größten Wasserstofftankstelle in Berlin übergibt DaimlerChrysler fünf weitere Brennstoffzellen-Pkw zur Alltagserprobung in Kundenhand. Mit zehn Mercedes-Benz A-Klassen vom Typ F-Cell ist das Unternehmen der größte Mobilitätspartner im Wasserstoff-Demonstrationsprojekt »Clean Energy Partnership« (CEP), das es wesentlich mit initiiert hatte. DaimlerChrysler plant, bis zum Jahresende weltweit rund 100 Brennstoffzellen-Fahrzeuge zu betreiben, davon 33 Busse in Europa und Australien, Brennstoffzellen-Sprinter in den USA sowie 60 Mercedes-Benz A-Klasse F-Cell in Berlin, Japan, Singapur und den USA.

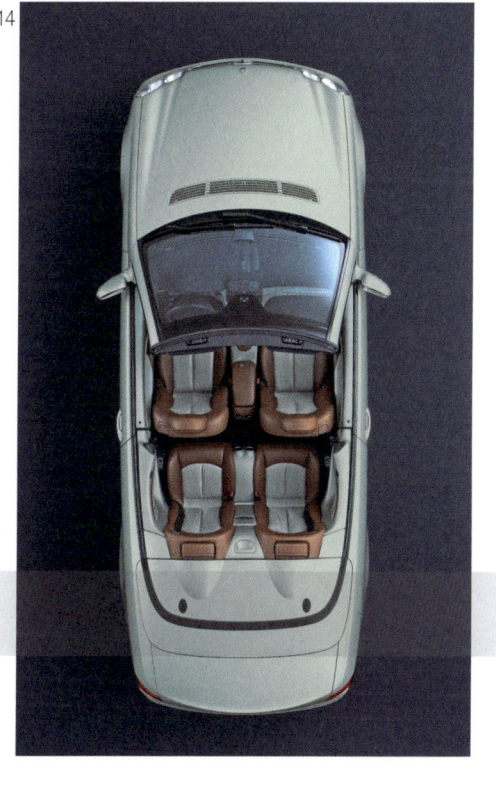

26. NOV: Am Pkw-Produktionsstandort Bremen unterzeichnen die DaimlerChrysler AG und ihre Partner Beijing Automotive Industry Holding Company Ltd. (BAIC), die Fujian Motor Industry Group (FJMG) und die China Motor Corporation (CMC) die Verträge zur Gründung zweier neuer Joint Ventures zur Produktion von Mercedes-Benz Pkw und Transportern in China.

26. NOV: Als erstes Brennstoffzellen-Fahrzeug der Welt bewährt sich die A-Klasse F-Cell im 24-Stunden-Dauertest. Auf der Versuchsstrecke IDIADA bei Barcelona legen drei Fahrzeuge mit einer Durchschnittsgeschwindigkeit von rund 120 km/h insgesamt knapp 8 500 km zurück.

13. DEZ: Die DaimlerChrysler AG und die General Motors Corporation (GM) kündigen eine Kooperation zur Entwicklung von Hybridantrieben an. Beide Unternehmen wollen gemeinsam die Entwicklung eines umfassenden Two-Mode-Hybridantriebs vorantreiben, der jeweils spezifisch in Modellen von GM, der Chrysler Group und der Mercedes Car Group zum Einsatz kommen soll.

15. DEZ: Die Toll Collect GmbH, im März 2002 als Joint Venture der Deutschen Telekom, der DaimlerChrysler AG und der französischen Cofiroute gegründet, erhält vom Bundesamt für Güterverkehr die »Besondere vorläufige Betriebserlaubnis« zur satellitengestützten Mauterhebung, nachdem der Probebetrieb erfolgreich durchgeführt worden ist. Der Start der elektronischen Mauterhebung für Lkw über 12 t in Deutschland erfolgt zum 1. Januar 2005.

16. DEZ: Mercedes-Benz präsentiert den neuen V6-Dieselmotor OM 642, der ab Frühjahr 2005 die Pkw-Reihenmotoren mit fünf und sechs Zylindern ablösen wird. Mit 165 kW / 224 PS Leistung und einem Spitzendrehmoment von 510 Nm zählt er zu den kraftvollsten Motoren seiner Klasse. Die Abgasemissionen entsprechen den strengen EU-4-Vorschriften; zusätzlich wird der V6-Motor in Deutschland serienmäßig mit Partikelfilter ausgestattet.

2004

2005
Belegschaft 382 724 Produktion Pkw / Nfz 1 214 855 / 834 657 Umsatz 149 776 Mio. €

09. – 23. JAN: Auf der North American International Auto Show in Detroit, Michigan/USA debütiert die neue Generation der M-Klasse (Baureihe W 164), die wie ihre Vorgängerin im Werk Tuscaloosa in Alabama gebaut wird. Das erste Serienfahrzeug ist am 14. Dezember vom Band gelaufen. Außerdem präsentiert Mercedes-Benz die neueste Generation des Hybridantriebs im Erprobungsfahrzeug S-Klasse Hybrid. Der umweltfreundliche kombinierte Antrieb aus Verbrennungs- und Elektromotor entwickelt eine Maximalleistung von bis zu 241 kW / 340 PS – ein neuer Spitzenwert für Automobile mit Hybridtechnologie.

21. JAN: Mit einem Festakt in München präsentiert der ADAC die Gewinner der erstmals verliehenen Auszeichnung »Gelber Engel«. In der Kategorie »Marke« geht der Preis, basierend auf den letzten vier Ergebnissen der AutoMarxX-Studie, an Mercedes-Benz. In den bislang elf Erhebungen des im September 2001 eingeführten AutoMarxX-Index lag Mercedes-Benz neunmal an der Spitze und zweimal auf Platz 2.

30. JAN: Die Vereinigten Arabischen Emirate geben bekannt, dass Dubai einen Aktienanteil an DaimlerChrysler im Wert von knapp 1 Mrd. US-Dollar erworben hat. Damit werden die Emirate zum drittgrößten strategischen Investor bei DaimlerChrysler.

360

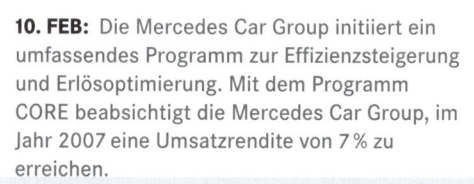

10. FEB: Die Mercedes Car Group initiiert ein umfassendes Programm zur Effizienzsteigerung und Erlösoptimierung. Mit dem Programm CORE beabsichtigt die Mercedes Car Group, im Jahr 2007 eine Umsatzrendite von 7 % zu erreichen.

4, 5, 6, 7, 8
03. – 13. MÄR: Auf dem Genfer Automobil-Salon präsentiert Mercedes-Benz die neue B-Klasse (Baureihe 245) und die modellgepflegte CLK-Klasse der Baureihe 209. Weitere Neuheiten sind der SLK 280 und sieben Modelle der C-Klasse und E-Klasse, die mit den V6-Benzin- und -Dieselmotoren M 272 und OM 642 ausgerüstet sind. Ein Demonstrationsmodell der neuen B-Klasse als F-Cell-Brennstoffzellen-Fahrzeug gibt einen Ausblick auf die nächste Pkw-Generation mit der zukunftsweisenden Brennstoffzellen-Technologie. Die neue M-Klasse feiert ihre Europapremiere. Die Marke Maybach präsentiert mit dem neu entwickelten Typ 57 S ein leistungsstärkeres Modell für den ambitionierten Selbstfahrer. Der leistungsgesteigerte V12-Biturbomotor entwickelt 450 kW / 612 PS und 1 000 Nm.

MÄR: Die DaimlerChrysler AG übernimmt von der Mitsubishi Motors Corporation weitere 20 % an der Mitsubishi Fuso Truck and Bus Corporation (MFTBC) und erhöht ihren Anteil dadurch von 65 % auf 85 %. Die neuen Anteile werden von der MMC als Ausgleich für Belastungen durch Rückrufaktionen unentgeltlich übertragen.

9
23. MÄR – 03. APR: Die New York International Auto Show ist der Schauplatz einer weiteren Weltpremiere von Mercedes-Benz. Auf der traditionsreichen Automesse, wo 51 Jahre zuvor der legendäre 300 SL »Flügeltürer« erstmals präsentiert wurde, stellt Mercedes-Benz dem Publikum die neue R-Klasse (Baureihe 251) vor.

04. APR: Als erstes Sonderschutzfahrzeug mit Dieselmotor erhält der E 320 CDI Guard die Verkaufsfreigabe. Das neue Modell erweitert das Angebot der E-Klasse Guard Limousinen mit integriertem Hochschutz.

10
02. MAI: Drei serienmäßige E 320 CDI Limousinen, die mit dem neuen, 165 kW / 224 PS starken Mercedes Benz V6-CDI-Dieselmotor OM 642 ausgerüstet sind, beenden eine 30-tägige Rekordfahrt auf der Hochgeschwindigkeitsstrecke im texanischen Laredo. Für die Strecken über je 100 000 Kilometer, 50 000 und 100 000 Meilen erzielen sie Weltrekorde mit Durchschnittsgeschwindigkeiten von mehr als 224 km/h. Weitere Klassenrekorde für Dieselfahrzeuge ergänzen die beeindruckende Bilanz. Trotz der extremen Belastungen arbeitet der wartungsfreie Dieselpartikelfilter über die gesamte Rekorddistanz ohne Einbußen – ein erneuter Beweis für die Zuverlässigkeit und Langlebigkeit dieser Abgastechnologie.

11
02. MAI: Der Geschäftsbereich Mercedes-Benz Transporter eröffnet in Stuttgart-Untertürkheim sein neues Van Technology Center (VTC). In dem Technologiezentrum für Transporter werden mehrere zentrale Funktionen des Geschäftsbereichs an einem Ort gebündelt und insgesamt 1 000 Arbeitsplätze aus der Region Stuttgart zusammengefasst. Die Investitionen des Unternehmens betragen rund 75 Mio. Euro.

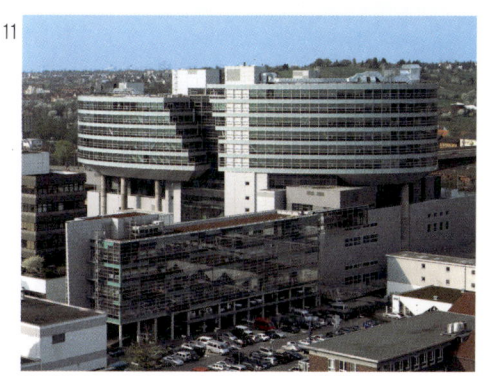

2005

03. MAI: In Tuscaloosa, Alabama/USA eröffnet DaimlerChrysler mit Mitarbeitern von Mercedes-Benz U.S. International, Inc. (MBUSI), Vertretern des Staates Alabama, Zulieferern, DaimlerChrysler Managern sowie internationalen Medienvertretern offiziell das erweiterte Werk. Mit einer Investition von 600 Mio. US-Dollar seit 2001 hat das Unternehmen die Mitarbeiterzahl und Produktionskapazität verdoppelt und das Werk auf die Produktion der zweiten Generation der Mercedes-Benz M-Klasse sowie der neuen Grand Sports Tourer der R-Klasse vorbereitet.

MAI: Im Mannheimer Omnibuswerk der EvoBus GmbH rollen die ersten Stadtbusse des Typs Mercedes-Benz Citaro mit umweltfreundlicher BlueTec-Dieseltechnologie vom Band. Die ÖPNV-Betreibergesellschaften der Städte Hamburg, Stuttgart und Lahr übernehmen die insgesamt neun Fahrzeuge, um den Einsatz von BlueTec im Alltagsbetrieb zu erproben.

1, 2
07. JUN: Auf dem DaimlerChrysler Innovationssymposium 2005 in Washington, D.C. präsentiert Mercedes-Benz die Studie »Bionic Car«, die einen Ausblick auf das große Potenzial der Bionik und der SCR-Technologie für die Automobilentwicklung gibt. Als Vorbild für die strömungsgünstige Form und die Karosseriestruktur des Fahrzeugs dient der in tropischen Gewässern lebende Kofferfisch.

3
18. JUN: In Hosdere bei Istanbul eröffnet die DaimlerChrysler AG mit dem erweiterten Werk der Mercedes-Benz Türk A.S. eine der modernsten Omnibus-Fertigungsstätten der Welt. Das Werk, in dem Rohbau und Montage nunmehr an einem Ort konzentriert sind, wird die Serienproduktion der neuen Reisebus-Baureihe Travego übernehmen.

4, 5, 6
20. JUN: Mercedes-Benz präsentiert der Presse die neue S-Klasse der Baureihe 221 und leitet damit einen Generationswechsel an der Spitze der Automobiltechnik ein. Die Luxus-Limousine erscheint im Herbst bei den Niederlassungen und Vertriebspartnern und geht mit rund einem Dutzend Innovationen an den Start, darunter dem Bremssystem ADAPTIVE BRAKE, dem aktiven Nachtsicht-Assistenten sowie den weiterentwickelten Assistenzsystemen DISTRONIC PLUS und Brems-Assistent PLUS. Das weiterentwickelte COMAND-System, dessen zentrales Bedienelement der neue COMAND-Controller auf dem Mitteltunnel ist, ermöglicht einen besonders schnellen Zugriff auf häufig benötigte Funktionen. Durch die vereinfachte Bedienung zunehmend komplexerer Systeme trägt es spürbar zur Entlastung des Fahrers bei.

7
04. JUL: Als erste Automobilmarke weltweit stattet Mercedes-Benz alle Diesel-Personenwagen serienmäßig mit wartungsfreiem Rußpartikelfilter aus. Damit erhalten 40 Modelle von der A-Klasse bis zur S-Klasse ein Partikelfiltersystem, das ohne Zusatzstoffe auskommt und den Ausstoß von Rußpartikeln um 95% senkt. Unter dem Motto »Der Partikelfilter für alle« begleitet Mercedes-Benz die Diesel-Offensive mit einer bundesweiten TV- und Print-Kampagne.

8
07. JUL: Mercedes-Benz präsentiert das innovative Assistenzsystem »Trailer Stability Assist« (TSA), das für mehr Sicherheit beim Fahren mit Anhänger sorgt. Das System, das die Sensorik des ESP nutzt, wirkt kritischen Pendelschwingungen des Gespanns bereits im Entstehen entgegen. TSA feiert in der neuen S-Klasse Premiere und wird ab August auch in der M-Klasse angeboten.

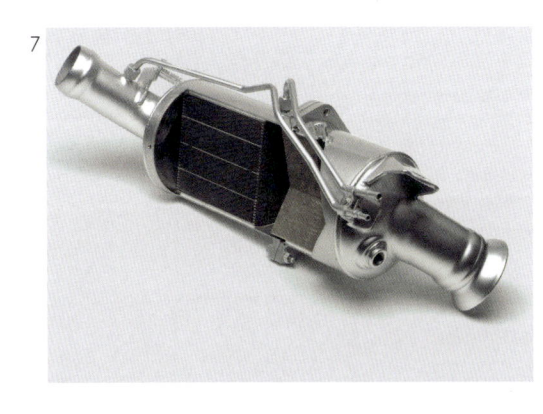

9

10. JUL: Juan Pablo Montoya, nach dem Wechsel von David Coulthard seit Saisonbeginn im Team McLaren-Mercedes, erzielt beim Großen Preis von England auf McLaren-Mercedes MP4-20 seinen ersten Grand-Prix-Sieg für McLaren-Mercedes.

13. JUL: AMG stellt den 6,2-l-V8-Motor M 156 vor, der als weltweit einziges Triebwerk das Hochdrehzahlkonzept mit großem Hubraum kombiniert. Der von AMG vollkommen eigenständig entwickelte Hochleistungsmotor ist mit einer Leistung von 375 kW / 510 PS und einem maximalen Drehmoment von 630 Nm der weltweit stärkste serienmäßige Achtzylinder-Saugmotor. Ab September kommt er in verschiedenen Pkw-Baureihen zum Einsatz, angefangen beim ML 63 AMG.

10

26. JUL: Der TÜV Süd bescheinigt der Mercedes-Benz S-Klasse die umweltorientierte Produktentwicklung des Fahrzeugs. Als weltweit erstes Automobil mit Umwelt-Zertifikat ist die S-Klasse einmal mehr Schrittmacher der Entwicklung.

11

28. JUL: Der Aufsichtsrat der DaimlerChrysler AG beschließt einen Wechsel an der Spitze des Unternehmens: Dr. Dieter Zetsche wird zum 1. Januar 2006 den Vorstandsvorsitz der DaimlerChrysler AG übernehmen. Prof. Jürgen E. Schrempp, Vorstandsvorsitzender der DaimlerChrysler AG, scheidet zum 31. Dezember 2005 nach über 44 Berufsjahren aus dem Unternehmen aus.

01. SEP: In einer gemeinsamen Erklärung mit DaimlerChrysler Financial Services, Mercedes-Benz USA und Freightliner kündigt der DaimlerChrysler Corporation Fund an, 1,1 Mio. US-Dollar als Nothilfe für die Opfer der Verwüstungen durch den Hurrikan »Katrina« bereitzustellen. Das Geld soll für Notunterkünfte, Wasser, Lebensmittel und weitere lebensnotwendige Hilfe in den Gebieten verwendet werden, die von der schlimmsten Naturkatastrophe der USA seit über 100 Jahren heimgesucht wurden.

07. SEP: Die BMW Group, die DaimlerChrysler AG und General Motors Corporation gehen im Rahmen eines Memorandum of Understanding eine Allianz gleichberechtigter Partner mit dem Ziel einer gemeinsamen Hybridantriebsentwicklung ein. Die drei globalen Automobilhersteller kooperieren, um konsequent ihr Know-how zu bündeln und effizient und schnell die Entwicklung der Hybridantriebe der Zukunft voranzutreiben.

12, 13, 14, 15, 16, 17, 18

15. – 25. SEP: Auf der IAA in Frankfurt/M. feiert die neue Mercedes-Benz S-Klasse ihre Publikums-Weltpremiere. Mit den beiden Konzeptfahrzeugen »Vision S 350 DIRECT HYBRID« und »Vision S 320 BLUETEC HYBRID« auf Basis der neuen S-Klasse präsentiert Mercedes-Benz zukunftsweisende Antriebskonzepte, die ebenso umweltgerecht und wirtschaftlich wie dynamisch sind. Die R-Klasse wird erstmals in Europa ausgestellt, darunter auch die Variante mit kurzem Radstand, die ausschließlich für die europäischen Märkte bestimmt ist. Weltpremiere feiern auch die seriennahe »Vision R 63 AMG« und der ML 63 AMG, der als erstes Serienmodell mit dem neuen 6,2-l-Hochleistungsmotor von AMG ausgerüstet ist. Der Viano debütiert in der allradgetriebenen 4MATIC-Variante, die für die beiden Vierzylinder-Dieselmodelle angeboten wird. Außerdem präsentiert Mercedes-Benz die Studie Viano X-clusive mit V8-Motor sowie besonders edlem Exterieur- und Interieurdesign. smart stellt das Showcar »crosstown« vor – ein Fahrzeug mit Hybridantrieb, das die Kompetenz von smart in Technik und Design darstellt.

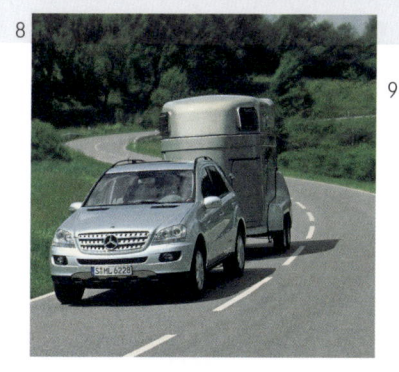

2005

1

14. SEP: Die Mercedes-AMG GmbH präsentiert die Cabriolet-Variante des Mercedes-Benz CLK DTM AMG. Der Hochleistungssportwagen ist mit seinem 428 kW / 582 PS starken 5,5-I-V8-Kompressormotor und einer elektronisch begrenzten Höchstgeschwindigkeit von 300 km/h der schnellste offene Viersitzer der Welt. Die Auslieferung der auf 100 Exemplare limitierten Kleinserie beginnt im Mai 2006.

28. SEP: Der Vorstand der DaimlerChrysler AG verabschiedet ein Maßnahmenpaket, das die Reduzierung des Personalstands an den deutschen Standorten der Mercedes Car Group um 8 500 Stellen vorsieht.

SEP: Die DaimlerChrysler AG übernimmt die Minderheitsanteile der Familiengesellschafter an der MTU Friedrichshafen und schafft damit die Voraussetzung für eine Veräußerung des Geschäftsbereichs Off-Highway. Die Trennung vom Geschäft mit großen Dieselmotoren wird im Rahmen der strategischen Fokussierung auf das Kerngeschäft angestrebt.

2

11. OKT: DaimlerChrysler Commercial Buses North America erhält einen Auftrag über die Lieferung von 500 Orion VII Hybrid-Stadtbussen an die New Yorker Verkehrsbetriebe – den bislang größten Auftrag über Hybridbusse weltweit. Orion, die nordamerikanische Stadtbus-Marke von DaimlerChrysler, wird die Fahrzeuge ab dem zweiten Quartal 2006 ausliefern. Dies ist der dritte Auftrag der Stadt New York, die in den Jahren 2000 und 2001 bereits 200 bzw. 125 Hybridbusse bei Orion bestellt hat.

3, 4, 5, 6

14. – 25. OKT: Auf dem Internationalen Nutzfahrzeug-Salon RAI in Amsterdam präsentiert DaimlerChrysler die umweltfreundliche BlueTec-Diesel-Technologie für die Lkw-Baureihen Atego und Axor, neue leichte Baufahrzeuge in der Axor-Familie sowie die technisch zukunftsweisende und gestalterisch anspruchsvolle Konzeptstudie Actros »Cruiser« 1860 LS. Weltpremiere feiert außerdem der Vito 4x4, die allradgetriebene Variante der bewährten Transporter-Baureihe.

7

16. OKT: Beim Abschlussrennen der Formel-1-Saison, dem Großen Preis von China in Shanghai, wird Kimi Räikkönen Zweiter hinter Fernando Alonso auf Renault. Räikkönen ist damit Vizeweltmeister, Teamkollege Montoya liegt auf Rang vier. Auch beim Konstrukteurstitel belegt McLaren-Mercedes den zweiten Platz.

8

19. OKT – 06. NOV: Auf der Tokyo Motor Show präsentiert DaimlerChrysler mit dem F 600 HYGENIUS ein Forschungsfahrzeug, das für den emissionsfreien Brennstoffzellen-Antrieb vollständig neu konzipiert wurde und trotz kompakter Abmessungen ein Höchstmaß an Komfort und Variabilität bietet. Die Brennstoffzelle ist rund 40% kleiner als bisher, arbeitet effizienter und zeichnet sich durch gutes Kaltstartverhalten aus. Die nicht benötigte Energie wird in einer Lithium-Ionen-Batterie gespeichert.

2005

9, 10, 11
21. – 26. OKT: Auf der Omnibusmesse Busworld im belgischen Kortrijk feiern eine neue Generation der Reisebus-Baureihe Travego und die neuen Varianten Citaro LE und LE Ü der erfolgreichen Mercedes-Benz Linienbus-Baureihe Weltpremiere. Der neue Luxus-Reisebus Travego überzeugt durch zahlreiche Innovationen, darunter eine nochmals verbesserte Sicherheitsausstattung, die auf Wunsch durch den erstmals im Reisebus verfügbaren Abstandsregeltempomaten und den Spur-Assistenten ergänzt werden kann. Außerdem debütiert die neu konzipierte Kombibus-Baureihe Setra MultiClass 400 mit den Typen S 415 UL und der Langversion S 417 UL.

12
23. OKT: Beim DTM-Finale in Hockenheim erzielen Bernd Schneider, Jamie Green und Gary Paffett einen Dreifachsieg auf AMG-Mercedes. Paffett genügt der dritte Platz, um die Meisterschaft für sich zu entscheiden – vor Mattias Ekström auf Audi. Den Teamtitel hat sich drei Wochen zuvor bereits das Team DaimlerChrysler Bank AMG-Mercedes in Istanbul gesichert. Mercedes-Benz gewinnt auch die Markenwertung.

OKT: In Dundee, Michigan/USA wird die Serienproduktion des gemeinsam mit den Partnern Mitsubishi Motors und Hyundai Motor entwickelten Weltmotors aufgenommen. Der neue Vierzylinder-Benzinmotor soll erhebliche Skaleneffekte ermöglichen.

13, 14
11. – 13. NOV: Auf den Mannheimer Omnibustagen (MOT) feiern die zweite Generation der Überlandbus-Baureihe Integro sowie die Großraum-Linienbus-Studie CapaCity Weltpremiere. Der 19,54 m lange vierachsige Niederflur-Gelenkbus bietet Platz für bis zu 193 Fahrgäste und geht 2007 in Serienproduktion.

17. NOV: Die DaimlerChrysler AG veräußert ihre Anteile an der Mitsubishi Motors Corporation (MMC), die sich aufgrund der Ausgabe neuer Aktien durch die MMC von 19,7 % auf 12,4 % verringert haben, für 970 Mio. Euro. Die Kooperationsprojekte mit MMC werden fortgeführt.

15
23. NOV: Anlässlich der Eröffnung der 4th International Clean Vehicle Technology Conference and Exhibition übergibt DaimlerChrysler drei Mercedes-Benz Citaro Brennstoffzellen-Busse an die Stadt Peking. Diese gehören zu einer Testflotte von 36 Fahrzeugen, die den Brennstoffzellen-Antrieb in Europa, Australien und nun auch Asien im anspruchsvollen täglichen Linienbetrieb erproben.

NOV: Die DaimlerChrysler Automotive Finance (China) Ltd. nimmt das Finanzierungsgeschäft für Pkw und Nutzfahrzeuge einschließlich Versicherungen und Händlerfinanzierung in China auf.

NOV: Anlässlich seines Technologie-Forums präsentiert smart mehrere Fahrzeuge mit alternativen Antrieben, darunter zwei Prototypen des smart fortwo ev (electric vehicle), der ausschließlich von einem Elektromotor angetrieben wird, einen smart fortwo mit Erdgasantrieb sowie zwei Hybridfahrzeuge als mild hybrid und cdi hybrid.

15. DEZ: Freightliner, führender Nutzfahrzeughersteller in Nordamerika und 100%ige Tochtergesellschaft von DaimlerChrysler, gibt seine Absicht bekannt, das Feuerwehr- und Rettungsfahrzeuggeschäft der US-amerikanischen Marke American LaFrance an die Investmentgesellschaft Patriarch Partners, LLC zu veräußern. Die Unternehmenszentrale von American LaFrance und das Produktionswerk in Ladson, South Carolina/USA bleiben im Besitz der DaimlerChrysler AG.

28. DEZ: DaimlerChrysler gibt bekannt, dass der Verkauf des Geschäftsbereichs DaimlerChrysler Off-Highway an die schwedische Investmentgruppe EQT vorbehaltlich der Zustimmung des Bundeskartellamts und des Bundeswirtschaftsministeriums beschlossen ist. Die Transaktion mit einem Kaufpreis von 1,6 Mrd. Euro umfasst die MTU Friedrichshafen GmbH und die Off-Highway-Aktivitäten der Detroit Diesel Corporation.

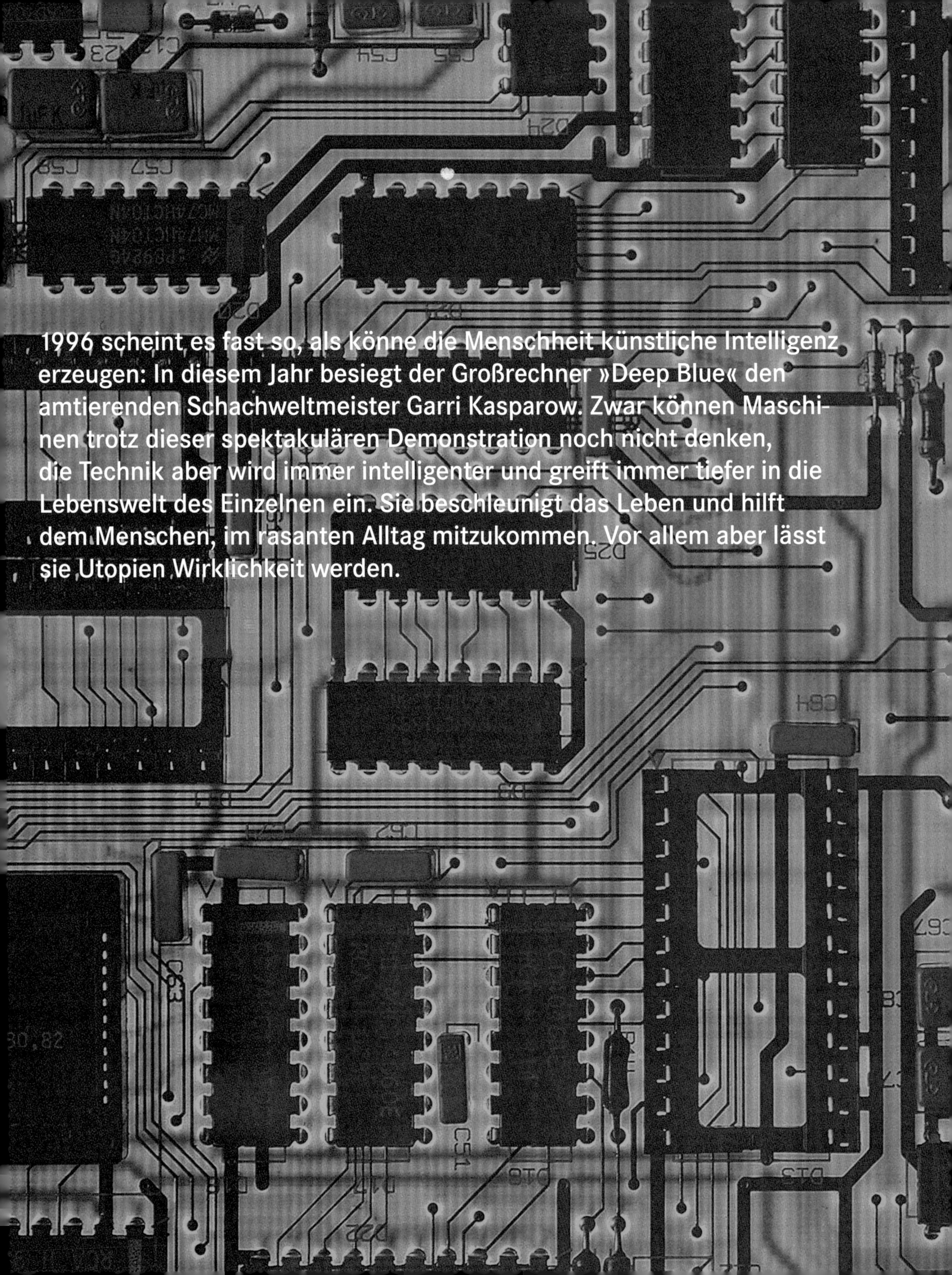

1996 scheint es fast so, als könne die Menschheit künstliche Intelligenz erzeugen: In diesem Jahr besiegt der Großrechner »Deep Blue« den amtierenden Schachweltmeister Garri Kasparow. Zwar können Maschinen trotz dieser spektakulären Demonstration noch nicht denken, die Technik aber wird immer intelligenter und greift immer tiefer in die Lebenswelt des Einzelnen ein. Sie beschleunigt das Leben und hilft dem Menschen, im rasanten Alltag mitzukommen. Vor allem aber lässt sie Utopien Wirklichkeit werden.

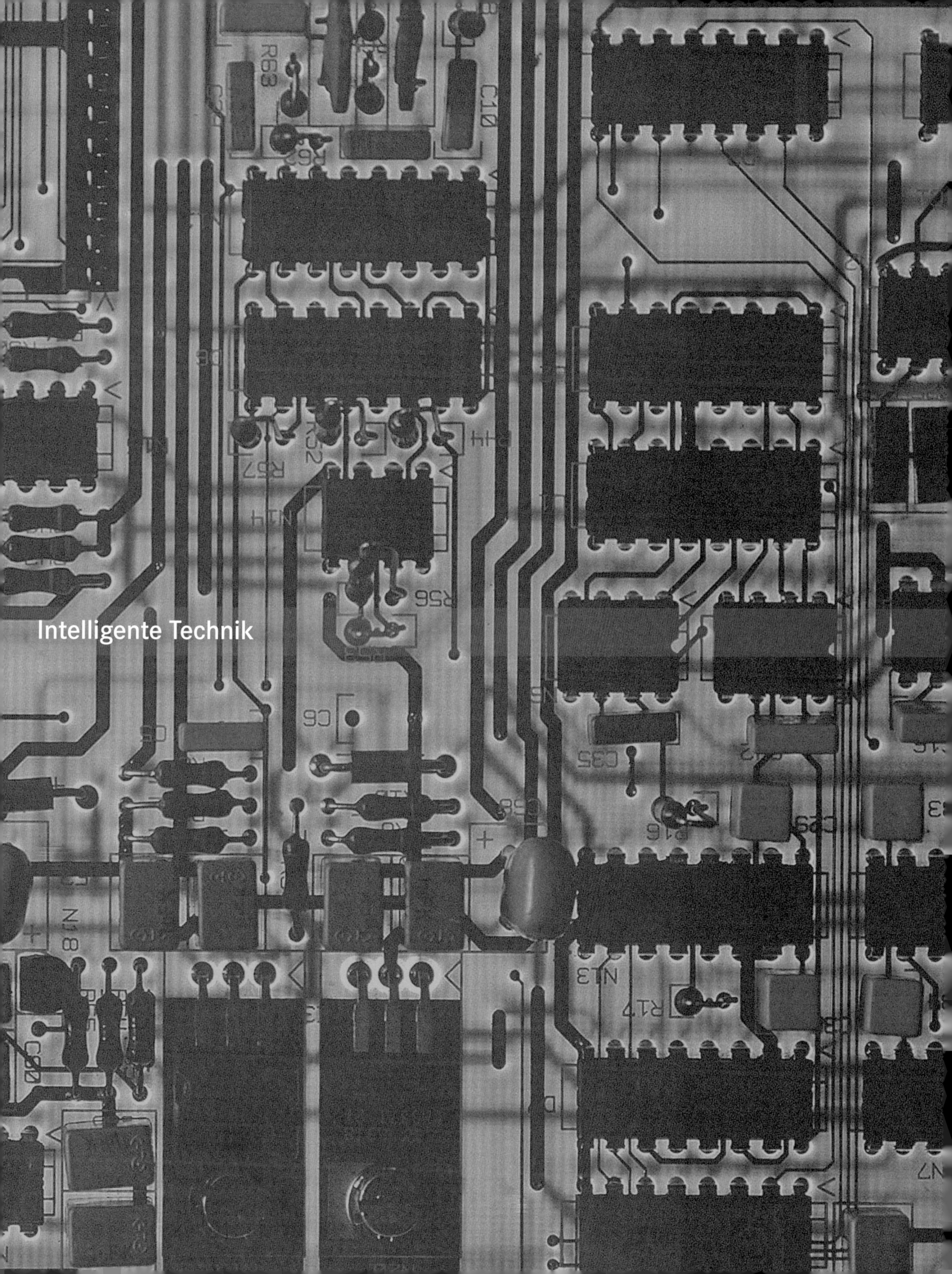

Intelligente Technik

18/20
Die Vision vom unfallfreien Fahren
2006

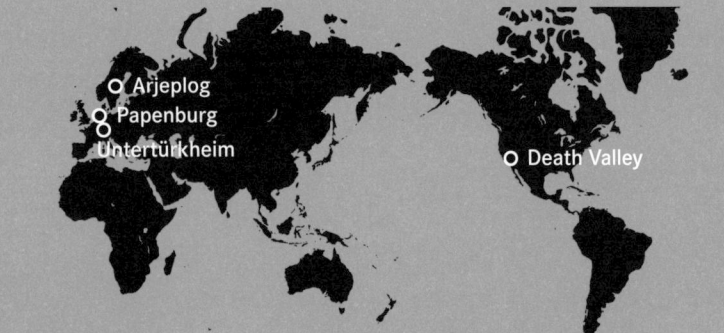

Mercedes-Benz Sicherheitstechnologie

Teststrecken in unterschiedlichen Klimazonen: Arjeplog, Papenburg, Untertürkheim, Death Valley

Eine dieser Utopien ist im Automobilbau der Traum vom unfallfreien Fahren. Seit Jahrzehnten versucht Mercedes-Benz diesem Ziel mit unermüdlichem Einsatz näherzukommen. Die heute verfügbare intelligente Technik ermöglicht einzigartige Sicherheitsinnovationen, die das Unternehmen auf diesem Weg einen großen Schritt weiterbringen.
Um die Zuverlässigkeit dieser Technologien auch unter extremen Bedingungen im Zusammenspiel mit bewährten Komponenten zu gewährleisten, werden alle Systeme und ihre Bestandteile intensiv erprobt – im Labor ebenso wie auf Teststrecken im heißen kalifornischen Death Valley und am eisigen Polarkreis.
Ein Musterbeispiel intelligenter Technik ist das Elektronische Stabilitätsprogramm (ESP), das Mercedes-Benz 1995 als weltweit erster Hersteller eingeführt hat: in der S-Klasse und im SL.
Seit Sommer 1999 rüstet das Unternehmen alle Mercedes-Benz Pkw-Modelle serienmäßig mit dem System aus und leistet damit einen wichtigen Beitrag zur Verbesserung der Fahrsicherheit.

Unfallstatistiken belegen, dass Mercedes-Benz Personenwagen seit dem serienmäßigen ESP-Einsatz weitaus seltener an folgenschweren Fahrunfällen beteiligt sind als Automobile anderer Marken. Wären alle Autos mit diesem Stabilitätsprogramm ausgestattet, könnten in Deutschland jährlich mehr als 20 000 schwere Verkehrsunfälle verhindert werden. Seit 2001 ist die Stabilitätsregelung für Mercedes-Benz Lkw erhältlich und kommt von 2003 an auch in Transportern und Omnibussen zum Einsatz. Im Mercedes-Benz Sprinter Safety Van wird 2006 das erweiterte Adaptive ESP präsentiert, das auch Beladung und Schwerpunkt des Fahrzeugs berücksichtigt.

Mercedes-Benz Actros Safety Truck, Travego Safety Coach und Sprinter Safety Van

Mercedes-Benz S 600 Coupé bei einer Demonstration des Elektronischen Stabilitätsprogramms ESP

Mit bahnbrechenden Innovationen kommt das Unternehmen seiner Vision vom unfallfreien Fahren kontinuierlich näher.
Eine Schlüsselrolle spielt dabei die PRE-SAFE Bremse, die 2006 in der Mercedes-Benz CL-Klasse und der S-Klasse debütiert. Als Aktiver Brems-Assistent ABA wird das System im gleichen Jahr auch im Mercedes-Benz Actros Safety Truck und Travego Safety Coach präsentiert und 2007 mehrfach ausgezeichnet. Weitere von Mercedes-Benz eingeführte Assistenzsysteme wie der Nachtsicht-Assistent, der Totwinkel-Assistent, der Spurhalte-Assistent oder der ATTENTION ASSIST dienen der Sicherheit und erhöhen zugleich den Komfort.

Alle diese Beispiele sind Teil einer umfassenden Sicherheitsphilosophie für die Mercedes-Benz Personenwagen und Nutzfahrzeuge, die auf drei Säulen ruht: Erstens wird der Fahrer durch eine Vielzahl sorgfältig aufeinander abgestimmter Einzelmaßnahmen umfassend entlastet, damit er seine volle Aufmerksamkeit der jeweiligen Fahrsituation schenken kann. Zweitens hilft das Fahrzeug dem Fahrer, schwierige Situationen aktiv zu meistern. Radargestützte oder kamerabasierte Assistenzsysteme senden frühzeitig Warnhinweise und greifen unterstützend ein, wenn der Fahrer nicht reagiert. Die Fahrzeuge werden zu mitdenkenden Partnern.

Mercedes-Benz Actros Safety Truck bei einer Vorführung des Aktiven Brems-Assistenten ABA

Mercedes-Benz CL-Klasse bei der Erprobung der PRE-SAFE Bremse

Anzeige des Totwinkel-Assistenten von Mercedes-Benz mit rotem Warnsignal

Ein mit Stützrädern ausgerüsteter Mercedes-Benz Travego demonstriert das Potenzial der Fahrdynamik-Regelung FDR.

Drittens wird der Verkehrsteilnehmer durch eine Vielzahl von Maßnahmen optimal geschützt, um die Folgen eines Unfalls zu minimieren, etwa durch eine perfektionierte Sicherheitskarosserie, vielfältige Airbag-Systeme, Gurtstraffer und Maßnahmen zum Fußgängerschutz.
Dank intelligenter Technik wird das Automobil rücksichtsvoll und damit ein bisschen menschlicher. Allerdings kann auch im Straßenverkehr nur der Mensch über Intelligenz im umfassenden Sinne verfügen. Bei allem technischen Fortschritt wird der Mensch daher auch in Zukunft im Mittelpunkt stehen. Vor diesem Hintergrund hat das Unternehmen 2001 die Initiative »Mobile Kids« gestartet: Sie hilft schon Grund- und Vorschülern, spielerisch die Kompetenz für eine sichere und nachhaltige Mobilität zu entwickeln.

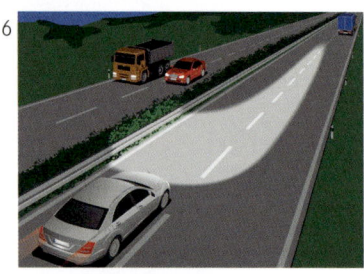

2006

Belegschaft 360 385 **Produktion Pkw / Nfz** 1 230 951 / 809 426 **Umsatz** 151 589 Mio. €

1, 2, 3
08. – 22. JAN: Auf der North American International Auto Show (NAIAS) in Detroit, Michigan/USA debütiert der E 320 BLUETEC, der im Herbst auf dem US-Markt eingeführt wird. Mit BLUETEC ausgerüstete Diesel-Pkw erfüllen die weltweit strengsten Abgaslimits, auch in allen 50 US-Staaten. Als weiteres Messe-Highlight präsentiert die Marke Mercedes-Benz ihr erstes Full-Size SUV: die neue GL-Klasse der Baureihe X 164, die in Tuscaloosa, Alabama/USA vom Band läuft. Weltpremiere feiert auch der S 65 AMG als Topmodell der neuen S-Klasse.

24. JAN: Mit dem »New Management Model« stellt die DaimlerChrysler AG ein neues Führungsmodell vor, das die Unternehmensorganisation durch zunehmende Integration schneller, flexibler, schlanker und effizienter machen soll. Zusammen mit anderen laufenden Effizienzsteigerungsprogrammen sollen die Verwaltungskosten pro Jahr um 1,5 Mrd. Euro und die Mitarbeiterzahl in den Verwaltungsfunktionen innerhalb der folgenden drei Jahre um bis zu 20 % reduziert werden.

4
30. JAN – 01. FEB: In Stuttgart präsentiert Mercedes-Benz der Presse die vollkommen neu entwickelte Generation der Transporterbaureihe Sprinter, die im April mit zahlreichen technischen Neuerungen an den Start geht. Sie verbindet hervorragende Funktionalität und Wirtschaftlichkeit mit einem Höchstmaß an Sicherheit und Komfort.

5, 6, 7
07. FEB: Mit dem Intelligent Light System präsentiert Mercedes-Benz eine neue Generation adaptiver Autoscheinwerfer. Sie passen sich der jeweiligen Fahr- und Wettersituation an und bieten dadurch ein deutliches Plus an Sicherheit. Das Intelligent Light System ist ab April in den modellgepflegten Limousinen und T-Modellen der E-Klasse Baureihe 211 erhältlich.

8, 9, 10, 11
02. – 12. MÄR: Auf dem Genfer Automobil-Salon feiern die exklusiven Hochleistungsmodelle Mercedes-Benz CLS 63 AMG und CLK 63 AMG Weltpremiere. Ihren ersten Auftritt haben die aufgewerteten SL-Modelle und der CLS 350 CGI mit strahlgeführter Benzin-Direkteinspritzung; mit der »Vision CLS 320 BLUETEC« und der »Vision GL 320 BLUETEC« zeigt Mercedes-Benz zwei Wegbereiter einer neuen Generation besonders umweltfreundlicher Dieselfahrzeuge. Die neue GL-Klasse wird erstmals in Europa ausgestellt.

FEB: Mit der Gründung von Fuso Financial in Japan erweitert DaimlerChrysler Financial Services seine Aktivitäten im Bereich Nutzfahrzeugfinanzierung in Asien. Der neue Bereich unterstützt flächendeckend den Absatz von Lkw und Bussen der Marke Mitsubishi Fuso.

12
12. MÄR: Beim Großen Preis von Bahrain, dem Auftaktrennen der Formel-1-Saison 2006, sorgt erstmals der neue CLK 63 AMG als Safety Car für Sicherheit. Als offizielles Medical Car geht weiterhin das seit 2004 eingesetzte C 55 AMG T-Modell an den Start.

MÄR: Der DaimlerChrysler Vorstand beschließt ein Maßnahmenpaket, mit dem die Marke smart nachhaltig zukunftssicher und profitabel werden soll. Dazu gehören die Einstellung der Produktion des smart forfour und die Integration von smart in die Mercedes-Benz Organisation. Die neue Generation des smart fortwo soll im Jahr 2007 eingeführt werden.

13, 14
12. – 23. APR: Auf der New York International Auto Show (NYIAS) präsentiert Mercedes-Benz die aufgewertete Generation der E-Klasse Limousinen und T-Modelle (Baureihe 211), die zahlreiche Innovationen wie das Bremssystem ADAPTIVE BRAKE oder das vorbeugende Insassenschutzsystem PRE-SAFE erstmals in der oberen Mittelklasse verfügbar macht. Das neue Topmodell E 63 AMG ist mit seinem 378 kW / 541 PS starken V8-Motor die bislang stärkste E-Klasse überhaupt.

15
11. MAI: In Brüssel präsentiert DaimlerChrysler vor europäischen Verkehrs- und Umweltpolitikern den nach Expertenmeinung sichersten Serien-Lkw der Welt. Der Mercedes-Benz Safety Truck, der in den folgenden Wochen in zwölf europäischen Ländern vorgestellt wird, ist mit zahlreichen Assistenzsystemen ausgerüstet, u. a. dem Spur-Assistenten, der Telligent Abstandsregelung und der Telligent Stabilitätsregelung. Der Abstandsregeltempomat ist auch die Basis für den im Safety Truck erstmals serienfähig vorgestellten Notbrems-Assistenten Active Brake Assist (ABA), der automatisch eine Vollbremsung einleitet, wenn die Kollision mit dem vorausfahrenden Fahrzeug unvermeidlich erscheint. Der ABA, der einen Großteil der Auffahrunfälle verhindern kann, wird ab September für die Actros Sattelzugmaschinen als Sonderausstattung angeboten.

16
19. MAI: Der DaimlerChrysler Vorstandsvorsitzende Dr. Dieter Zetsche und der baden-württembergische Ministerpräsident Günther Oettinger eröffnen im Beisein von zahlreichen Gästen aus Politik, Wirtschaft und Gesellschaft das neue Mercedes-Benz Museum in Stuttgart-Untertürkheim. Es ist das größte Automobil-Markenmuseum der Welt und setzt architektonische Akzente. Gemeinsam mit dem Mercedes-Benz Center bildet es ein aufsehenerregendes Ensemble, in dem Besucher die Faszination der Marke Mercedes-Benz erleben können.

17
21. JUN: Mercedes-Benz präsentiert mit der PRE-SAFE Bremse eine weitere richtungsweisende Innovation, die eine neue Dimension der Fahrzeugsicherheit eröffnet. Das System erkennt einen drohenden Auffahrunfall und führt eine automatische Teilbremsung durch. Dies kann die Unfallschwere deutlich reduzieren, lässt dem Fahrer jedoch die Chance, dem Aufprall doch noch auszuweichen. Die PRE-SAFE Bremse ist ab September in der S-Klasse und den neuen Coupés der CL-Klasse erhältlich.

23. JUN: Das erste im Werk Ludwigsfelde gebaute Fahrzeug der neuen Transporter-Baureihe Mercedes-Benz Sprinter läuft in Gegenwart des brandenburgischen Ministerpräsidenten Matthias Platzeck und des DaimlerChrysler Vorstandsvorsitzenden Dr. Dieter Zetsche vom Band. In Ludwigsfelde ist die Produktion der Pritschenwagen- und Fahrgestell-Ausführung des Sprinters konzentriert. Das arktikweiße Pritschenfahrzeug mit Doppelkabine wird an die Jugendtischlerei in Teltow-Fläming übergeben, ein sozialpädagogisch betreutes Ausbildungsprojekt für Jugendliche und junge Erwachsene.

1

26. JUN: In der Mercedes-Benz Welt in Stuttgart stellt Mercedes-Benz der Presse die neue CL-Klasse der Baureihe 216 vor. Das neue Luxus-Coupé verbindet höchste Exklusivität und anspruchsvolles Design mit wegweisender Spitzentechnik und perfektem Fahrgenuss.

2

28. JUN: DaimlerChrysler verkündet in Detroit, Michigan/USA den US-Markteintritt der Marke smart. Ab Anfang 2008 wird das Nachfolgemodell des smart fortwo in den USA in drei Versionen erhältlich sein. Damit erschließt sich smart als 37. Land den weltgrößten Automobilmarkt. Der amerikanische Vertriebspartner UnitedAuto Group, Inc. wird Aufbau und Pflege eines smart Händlernetzwerks in den USA und Puerto Rico übernehmen.

03. JUL: Die DaimlerChrysler AG übernimmt den 50%igen Anteil der Mitsubishi Motors Corporation an der MDC Power GmbH. Das im Oktober 2001 als Joint Venture gegründete Unternehmen, das das Motorenwerk im thüringischen Kölleda betreibt, wird damit zur 100%igen Tochtergesellschaft von DaimlerChrysler.

3

05. JUL: Die Mitsubishi Fuso Truck & Bus Corporation (MFTBC) stellt in Tokio ein neues Hybrid-Nutzfahrzeug für den japanischen Markt vor. Der neue Canter Eco Hybrid ist der umweltfreundlichste leichte Serien-Lkw der Welt und erfüllt als erster Leicht-Lkw die ab August 2007 gültige strenge Abgasgesetzgebung in Japan. Darüber hinaus weist das Fahrzeug auch die höchste Kraftstoffeffizienz aller japanischen Hybrid-Nutzfahrzeuge auf.

4

07. JUL: DaimlerChrysler präsentiert vor internationalen Omnibusexperten aus 18 europäischen Ländern auf dem Trainingsgelände des Hockenheimrings den Mercedes-Benz Safety Coach. Der »sicherste Reisebus der Welt« basiert auf der neuesten Generation des Mercedes-Benz Travego. Er vereinigt alle bisherigen Sicherheitstechniken, ergänzt um die für Omnibusse neu angebotenen Assistenzsysteme Spur-Assistent (SPA) und Abstandsregeltempomat (ART).

5

11. JUL: Der neue Mercedes-Benz SLR McLaren 722 Edition wird zum Verkauf freigegeben. Die neue Variante übertrifft mit 478 kW / 650 PS Leistung die bereits herausragenden Fahrleistungen des bisherigen SLR McLaren. Die auf 150 Exemplare limitierte Kleinserie wird bei McLaren in Woking/Großbritannien weitgehend in Handarbeit hergestellt.

2006

12. JUL: Die schwedische Investmentgruppe EQT gründet die Tognum GmbH als Holdinggesellschaft mit der MTU Friedrichshafen als Kernunternehmen. Tognum führt damit die Aktivitäten des ehemaligen Geschäftsbereichs Off-Highway weiter, den die DaimlerChrysler AG im Dezember 2005 an EQT veräußert hat.

18. – 30. JUL: Der smart fortwo ev (electric vehicle) feiert seine Weltpremiere auf der British International Motor Show in London. Mit dem 30 kW / 41 PS starken Elektromotor und der ZEBRA-Hochenergiebatterie erreicht der smart fortwo ev mit einer Batterieladung Reichweiten von 110 km und Höchstgeschwindigkeiten von 120 km/h. Die Batterie ist für mindestens 1 000 Ladezyklen bzw. zehn Jahre ausgelegt.

21. JUL: Die Mercedes-AMG GmbH startet mit dem AMG Performance Studio eine neue Offensive zur Erfüllung individueller Kundenwünsche. Neben den AMG-Hochleistungsautomobilen, die über die weltweite Mercedes-Benz Vertriebsorganisation verfügbar sind, entwickelt und produziert das Performance Studio besondere AMG-Fahrzeuge in exklusiven Stückzahlen. Den Anfang macht der SLK 55 AMG Black Series, der mit seinem 294 kW / 400 PS starken V8-Motor und zahlreichen Leichtbau-Komponenten, darunter dem festen Carbondach, außergewöhnliche Fahrerlebnisse ermöglicht.

27. JUL: Als dreimillionstes Fahrzeug aus der Produktion des Werks Wörth läuft eine Sattelzugmaschine des Typs Mercedes-Benz Actros 1841 LS mit BlueTec-5-Technologie vom Band. Mit seinen rund 10 000 Mitarbeitern ist das Werk Wörth das größte Lkw-Montagewerk der Welt.

10. AUG: Der Produktbereich Mercedes-Benz Omnibusse liefert die ersten sieben Stadt-Linienbusse Mercedes-Benz Citaro mit 205 kW / 279 PS starken und liegend eingebauten Euro-5-Turbodiesel-Motoren OM 906h LA aus – lange vor dem Einführungstermin der gesetzlich geforderten EU-Abgasrichtlinie Euro 5 im Jahr 2008/2009. Der Citaro erreicht die strengen EU-5-Grenzwerte dank der innovativen BlueTec-Technologie mit AdBlue-Einspritzung und selektiver katalytischer Reduktion (SCR).

24. – 26. AUG: Auf der Great American Trucking Show in Dallas, Texas/USA präsentiert Freightliner die mittelschweren Lkw seiner Business Class M2 106 als Prototyp mit Hybridantrieb. Der 187 kW / 254 PS starke Mercedes-Benz Sechszylinder-Dieselmotor OM 906 ist mit einem 44 kW / 60 PS starken Elektromotor kombiniert, der von Lithium-Ionen-Batterien gespeist wird. Der Hybridantrieb gestattet es, auch Nebenaggregate wie z. B. Hubsteiger oder Pumpen ohne Einsatz des Verbrennungsmotors leise und emissionsfrei zu betreiben.

05. SEP: In Anwesenheit von Vorstandsmitglied Andreas Renschler präsentiert DaimlerChrysler Vertretern aus Politik, Behörden, Fachverbänden, Versicherungen und den Medien den neuesten Sicherheitsstandard bei Nutzfahrzeugen. Im Rahmen der Initiative »Mercedes-Benz Safety Technology« wird in einer Fahrvorstellung auf einem neuen Teilstück der Autobahn A 113 außer dem Safety Truck und dem Safety Coach auch der Safety Van demonstriert, der neben seinem vorbildlichen Konzept zur passiven Sicherheit auch mit dem Adaptive ESP serienmäßig ausgerüstet ist. Die weiterentwickelte Variante des ESP verfügt über zusätzliche Funktion und ermittelt auch Beladung und Schwerpunkt des Fahrzeugs. Mit den neuen Sicherheitstechnologien, die alle bereits in Serienfahrzeugen verfügbar sind, lassen sich die Unfallzahlen von Nutzfahrzeugen halbieren und die Unfallfolgen drastisch reduzieren.

14. SEP: DaimlerChrysler, die New York Power Authority (NYPA) und das Electric Power Research Institute (EPRI) präsentieren in New York ein Erprobungsfahrzeug des Dodge Sprinter mit Plug-In-Hybridantrieb. Insgesamt vier Fahrzeuge sollen in den USA im Alltagsbetrieb erprobt werden.

15. SEP: DaimlerChrysler eröffnet in Kooperation mit der Beijing Automotive Industry Holding Company (BAIC) ein Produktionswerk in Peking zur Fertigung der Mercedes-Benz E-Klasse und des Chrysler 300 C. Geplant ist außerdem die Montage der neuen Mercedes-Benz C-Klasse.

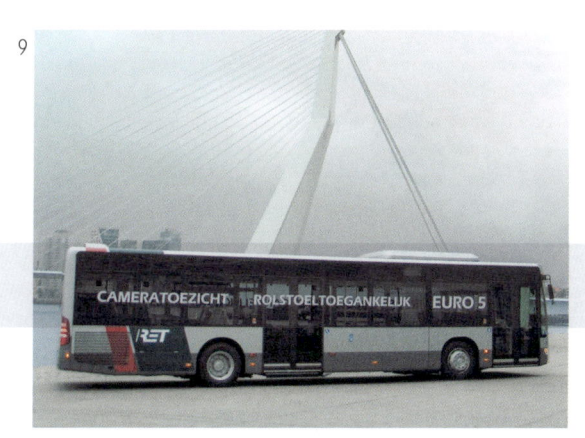

19. SEP: Auf der IAA Nutzfahrzeuge in Hannover wird der Low-Entry-Überlandbus Mercedes-Benz Citaro LE Ü mit der Auszeichnung »Bus of the Year 2007« gekürt. Eine internationale Jury von Omnibus-Fachjournalisten aus 15 europäischen Ländern hat den begehrten Preis nach umfangreichen Prüfungen und Testfahrten dem Citaro LE Ü zugesprochen.

19. SEP: Mercedes-Benz übergibt einen mit Hybridantrieb ausgerüsteten Sprinter auf der IAA Nutzfahrzeuge in Hannover an einen Vertreter des weltweit größten Express-Luftfrachtunternehmens FedEx Express. Der Kastenwagen mit Plug-In-Technologie soll von FedEx in den nächsten Monaten auf den Straßen von Paris im harten Kundenalltag erprobt werden. Bei dem Hybrid-Sprinter ist ein Elektromotor mit 70 kW / 95 PS Leistung zwischen dem 115 kW / 156 PS starken Dieselmotor und dem Automatikgetriebe angeordnet. Er bezieht seine Energie aus einer Lithium-Ionen-Batterie, die er als Generator während der Fahrt beim Bremsen oder bei Bergabfahrt wieder auflädt. Darüber hinaus kann die Batterie aber auch im Stand an einer Steckdose (plug-in) aufgeladen werden.

1, 2, 3, 4, 5,
19. – 28. SEP: Auf der IAA Nutzfahrzeuge in Hannover präsentiert Mercedes-Benz erstmals das allradgetriebene Spezialfahrzeug Unimog U 20, das die aktuelle Palette des Unimog um eine dritte Baureihe mit 7,5 bis 9,3 t zulässigem Gesamtgewicht erweitert. Es basiert auf dem verkürzten Fahrgestell des Unimog U 300 und ist ebenfalls der Baureihe 405 zugeordnet. Ihre Weltpremiere feiern auch die neue Generation der Reisebus-Modellreihe Mercedes-Benz Tourismo sowie der Citaro K, eine weitere Version der erfolgreichen Linienbusreihe Citaro. Vom neuen Mercedes-Benz Sprinter debütieren die Allrad-Ausführung und die Minibus-Varianten Sprinter Travel, City und Mobility, von denen der Sprinter City 65 ausgestellt ist. Der Sprinter 316 NGT, eine Ausführung mit umweltfreundlichem Erdgasantrieb, ist als seriennahe Studie vertreten. EvoBus ergänzt die Modellpalette der Kombibusbaureihe MultiClass 400 mit den neuen Niederflur-Varianten Setra S 415 NF und S 416 NF.

6
19. – 28. SEP: Die DaimlerChrysler Trailer Axle Systems, die im Werk Kassel seit 1998 Trailerachsen produziert, präsentiert auf der Nutzfahrzeug-JAA in Hannover eine revolutionäre Neuheit: die Trailerachse Airmaster, die die für Bremsanlage und Luftfederung benötigte Druckluft im Achskörper speichert. Durch den Entfall der Luftkessel bietet sie zusätzlichen Bauraum sowie einen Gewichtsvorteil von 30 bis 40 kg.

7
21. SEP: DaimlerChrysler nimmt die neuen Lastwagen des »Ecocombi«-Konzepts im Werkverkehr zwischen den Werken Untertürkheim und Sindelfingen in Betrieb. Die innovativen »Ecocombi«-Lastzüge bestehen aus einem Pritschenwagen des Typs Actros 2660 LL mit BlueTec-5-Technologie und einem Fünffachanhänger. Damit haben sie eine Länge von 25,25 m und ein zulässiges Gesamtgewicht von 60 t, wobei die Achslast gegenüber konventionellen 40-t-Zügen um rund 2 t pro Achse reduziert wird. Der in Abstimmung mit dem baden-württembergischen Innenministerium durchgeführte Pilotversuch hat das Ziel, Chancen und Risiken des Konzepts im Hinblick auf Umwelt und Sicherheit umfassend zu analysieren.

8
28. SEP – 15. OKT: Auf dem Automobil-Salon in Paris debütieren neben der neuen CL-Klasse die AMG-Hochleistungsmodelle CL 63 AMG und S 63 AMG, die mit dem 386 kW / 525 PS starken V8-Motor M 156 ausgerüstet sind. Premiere feiert auch der SLR McLaren 722 Edition als leistungsgesteigertes Sondermodell des 2004 eingeführten Supersportwagens. Weitere Highlights sind die 4MATIC-Modelle der S-Klasse, deren neu entwickeltes Allrad-Antriebssystem perfekte Traktion und erstklassigen Fahrkomfort bei minimalem Mehrverbrauch sicherstellt.

2006

04. – 06. OKT: Mit dem S 600 Guard präsentiert Mercedes-Benz eine gepanzerte Sonderschutzausführung der S-Klasse Baureihe 221. Dank seiner bereits im Rohbau integrierten Höchstschutz-Ausrüstung bietet der neue S-Guard einzigartige Sicherheit gegen Anschläge und Bedrohungen durch Gewaltverbrechen.

15. OKT: Beim neunten und vorletzten Lauf der DTM in Le Mans sichert sich Bernd Schneider mit einem fünften Platz den Meisterschaftstitel, nachdem er im Startgerangel auf den letzten Platz zurückgefallen war. Für Schneider ist es der fünfte Titel nach 1995, 2000, 2001 und 2003. In Le Mans siegt Bruno Spengler vor Mika Häkkinen, beide auf AMG-Mercedes C-Klasse. Spengler ist am Ende der Saison Vizemeister.

15. OKT: Rechtzeitig zur Einführung von schwefelarmem Dieselkraftstoff in den USA beginnt die Markteinführung des Mercedes-Benz E 320 BLUETEC in den USA und Kanada. Er ist das erste und einzige Diesel-Fahrzeug weltweit, das die extrem strenge US-Abgasnorm BIN 8 unterschreiten kann. Der E 320 BLUETEC wird in 45 Staaten der USA und in Kanada angeboten und verbraucht bis zu 30 % weniger Kraftstoff als vergleichbare Fahrzeuge mit Ottomotor. Durch seine enorme Reichweite von bis zu 1 200 km mit einer Tankfüllung ist der E 320 BLUETEC für US-Fahrbedingungen zusätzlich prädestiniert.

21. OKT: In Paris starten 36 Mercedes-Benz E-Klasse Limousinen mit sauberem Dieselantrieb zu einer 26-tägigen Langstreckenfahrt über rund 13 600 km nach Peking. Die Strecke verläuft durch neun Länder und über weite Teile entlang der Route des ersten transkontinentalen Autorennens der Geschichte, das 1907 von Peking nach Paris führte. Am Steuer der E-Klasse Limousinen sitzen im Verlauf von fünf Etappen rund 330 Fahrer aus 35 Nationen.

27. OKT: DaimlerChrysler verkauft die ehemalige Konzernzentrale in Stuttgart-Möhringen an die IXIS Capital Partners Ltd. Der 13 Gebäude umfassende Standort, an dem etwa 2 700 Menschen arbeiten, wird von DaimlerChrysler langfristig weiter genutzt und für einen Zeitraum von 15 Jahren zurückgemietet. Der Mittelzufluss aus dem Verkauf der Immobilie beträgt etwa 240 Mio. Euro.

02. NOV: In Wien präsentiert die EvoBus GmbH der Presse und ausgewählten Kunden die neue Generation des Niederflur-Stadtlinienbusses Conecto und des Überlandbusses Intouro. Die neuen Omnibus-Baureihen wurden wie ihre Vorgänger vor allem für die osteuropäischen Märkte entwickelt.

1
09. NOV: In Stuttgart feiert die zweite Generation des smart fortwo ihre Weltpremiere vor 550 internationalen Journalisten. Weiterentwickelte Motoren und eine noch höhere passive Sicherheit kennzeichnen den neuen fortwo, der im April 2007 in den Markt eingeführt wird.

2
14. NOV: Im Werk Sindelfingen wird als 25millionster Mercedes-Benz Pkw der Nachkriegsproduktion eine Limousine der E-Klasse an einen Taxi-Kunden aus München übergeben.

3
15. NOV: Die DaimlerChrysler AG gibt ihre Absicht bekannt, anstelle des ehemaligen Mercedes-Benz Museums im Werk Untertürkheim ein vierstöckiges Bürogebäude zu errichten. Der Neubau nach den Plänen des Stuttgarter Architekturbüros KBK Architekten soll im Frühjahr 2007 begonnen und Mitte 2008 fertiggestellt werden.

15. NOV: Die DaimlerChrysler AG informiert die Medien, dass sie ihre Tochtergesellschaft DaimlerChrysler Objektmanagement und Service GmbH (DEBEOS) mit Wirkung zum 1. Oktober an das dänische Unternehmen ISS Facility Services mit Sitz in Kopenhagen veräußert hat. DEBEOS ist in den Geschäftsfeldern Technik, Gastronomie, Medien, Logistik, Sicherheit und Personal-Service sowie Hotels tätig. Insgesamt sind 581 Mitarbeiter bei DEBEOS beschäftigt, die 2005 einen Umsatz von 94,5 Mio. Euro erwirtschafteten.

4
18. – 27. NOV: Auf der internationalen Automobilmesse Auto China 2006 in Peking präsentiert DaimlerChrysler mit dem 450 kW / 612 PS starken Maybach 62 S die leistungsstärkste in Serie gebaute Chauffeurlimousine der Welt.

2007	Belegschaft	Produktion Pkw / Nfz	Umsatz	
	272 382	1 300 089 / 796 804	99 399 Mio. €	Daimler AG

5, 6, 7
07. – 21. JAN: Auf der North American International Auto Show (NAIAS) in Detroit, Michigan/USA stellt Mercedes-Benz der Öffentlichkeit zwei Konzeptfahrzeuge vor: Der »Vision GL 420 BLUETEC« erfüllt die strenge amerikanische Abgasnorm BIN 5 und verbraucht bei einer Leistung von 216 kW / 290 PS nur 9,8 l pro 100 km. Die faszinierende Cabriolet-Studie »Concept Ocean Drive« auf Basis des S 600 ist ein offener Viertürer in der Tradition der großen Luxus-Cabriolets von Mercedes-Benz. Zum einhundertsten Geburtstag der wichtigsten amerikanischen Automobilmesse präsentiert Mercedes-Benz seine Allradkompetenz mit dem neuen S 320 CDI 4MATIC und einer umfassenden Palette allradgetriebener Pkw – einhundert Jahre nach der Fertigstellung des sogenannten Dernburg-Wagens. Mit diesem 1907 konstruierten allradgetriebenen Daimler-Automobil legte Staatssekretär Bernhard Dernburg im damaligen Deutsch-Südwestafrika viele Kilometer zurück. Der smart fortwo, der ab 2008 in den USA angeboten wird, feiert in Detroit seine US-Premiere.

8
13. – 21. JAN: Beim 85. Brüsseler Auto-Salon erhält DaimlerChrysler verschiedene Auszeichnungen, darunter den Preis in der Kategorie »Future Auto« für die Mercedes-Benz BLUETEC Dieselmotoren. In der Kategorie »Sicherheit« werden der Mercedes-Benz Active Brake Assist und der Mercedes-Benz Actros Safety Truck mit dem »Safety Award« ausgezeichnet.

9
18. JAN: In der Mercedes-Benz Welt in Stuttgart feiern die neuen C-Klasse Limousinen der Baureihe 204 ihre Weltpremiere. Zahlreiche Innovationen gehören zur Serienausstattung. Die neue C-Klasse ist das erste Automobil in diesem Marktsegment und nach der S-Klasse die zweite Mercedes-Benz Modellreihe, der der TÜV das anspruchsvolle Umwelt-Zertifikat verliehen hat. Damit belegt Mercedes-Benz ein nachhaltiges Engagement für umweltgerechte Produktentwicklung.

10
18. JAN: In München verleiht der ADAC der Marke Mercedes-Benz zweimal den begehrten Preis »Gelber Engel«. In der Kategorie »Marke« würdigt der Preis die Spitzenposition von Mercedes-Benz im aktuellen AutomarxX-Markenindex. In der Kategorie »Innovation« wird der Aktive Brems-Assistent ABA ausgezeichnet, mit dem Mercedes-Benz seit September 2006 ein neues Sicherheitsniveau für Lkw definiert.

11
20. FEB: Mercedes-Benz eröffnet eine virtuelle Niederlassung in der Online-Welt »Second Life« und nutzt damit eine weitere Plattform der digitalen Kommunikation.

1, 2, 3
08. – 18. MÄR: Auf dem Genfer Automobil-Salon feiert Mercedes-Benz eine dreifache Premiere mit der neuen C-Klasse der Baureihe 204. Neben dem Serienmodell und dem DTM-Rennwagen für die Saison 2007 debütiert die Studie »Vision C 220 BLUETEC«, die einen Weg zur Erfüllung der ab 2015 gültigen Abgasnorm EURO 6 aufzeigt und einen weiteren Schritt im Rahmen der BLUETEC Offensive darstellt. Weltpremiere haben auch zwei leistungsstarke und luxuriöse Varianten des neuen smart fortwo: der smart fortwo BRABUS und der smart fortwo BRABUS Xclusive, die beide als Coupé und Cabriolet angeboten werden.

19. MÄR: Im Werk Kölleda der MDC Power GmbH wird in Gegenwart des thüringischen Wirtschaftsministers Jürgen Reinholz eine neue Montagelinie für Dieselmotoren feierlich eingeweiht. Damit beginnt in Kölleda die Dieselmotorenproduktion für den smart fortwo und den Mitsubishi Colt.

19. MÄR: Vorstand und Gesamtbetriebsrat der DaimlerChrysler AG beschließen ein generelles Rauchverbot, das am 1. Juli in allen Gebäuden und Fabrikhallen des Unternehmens in Deutschland in Kraft treten soll.

27. MÄR: Das DaimlerChrysler Werk in Ladson bei Charleston im US-Bundesstaat South Carolina beginnt offiziell mit der Produktion des Sprinter für den amerikanischen Markt, wo die erfolgreiche Transporterbaureihe unter den Marken Freightliner und Dodge angeboten wird. Das Werk hat eine Produktionskapazität von 32 000 Fahrzeugen und entlastet das Montagewerk Gaffney, South Carolina/USA, wo der Sprinter seit 2001 montiert wird.

4, 5
04. – 15. APR: Auf der International Auto Show in New York erhält Mercedes-Benz den Preis »2007 World Green Car« für den E 320 BLUETEC. Damit zeichnet die Jury sowohl das aktuelle Diesel-Engagement auf dem US-Markt als auch das zukunftsweisende BLUETEC System aus. Weltpremiere feiern außerdem die Hochleistungs-Automobile CL 65 AMG und CLK 63 AMG Black Series. Anlässlich ihres 40-jährigen Jubiläums präsentiert die High-Performance-Marke AMG den auf 40 Exemplare limitierten CL 65 AMG »40th Anniversary« mit attraktiver Alubeam-Lackierung und exklusiver Ausstattung.

6
08. APR: Der amtierende Formel-1-Weltmeister Fernando Alonso und der Formel-1-Newcomer Lewis Hamilton, die seit Saisonbeginn anstelle von Kimi Räikkönen und Juan Pablo Montoya für McLaren-Mercedes fahren, erzielen beim Großen Preis von Malaysia einen Doppelsieg auf McLaren-Mercedes MP4-22.

7
03. MAI: In Charlotte, North Carolina/USA präsentiert Freightliner mit dem Cascadia eine neu entwickelte Sattelzugmaschine für den Fernverkehr. Der Schwerlastwagen der US-Klasse 8 setzt neue Maßstäbe in Wirtschaftlichkeit und Fahrkomfort und geht im August in Serienproduktion.

8
11. MAI: In Gegenwart von Landrat Dr. Fritz Brechtel und Wörths Oberbürgermeister Harald Seiter eröffnet DaimlerChrysler Vorstandsmitglied Andreas Renschler in Wörth den ersten Bauabschnitt des neuen Entwicklungs- und Vorbereitungszentrums (EVZ) für Lkw, das mit Investitionen in Höhe von 45 Mio. Euro errichtet wurde.

14. MAI: Der Vorstand der DaimlerChrysler AG präsentiert das zukünftige Konzept für die Chrysler Group und die Neuausrichtung der DaimlerChrysler AG. Demnach übernimmt eine Tochtergesellschaft des US-amerikanischen Investmentunternehmens Cerberus einen Anteil von 80,1 % an der künftigen Chrysler Holding LLC; die restlichen 19,9 % verbleiben im Besitz der DaimlerChrysler AG. Der Vollzug der Transaktion hängt von üblichen Closing-Bedingungen ab, vor allem behördlichen Genehmigungen und der Finanzierung durch Cerberus.

2007

2007

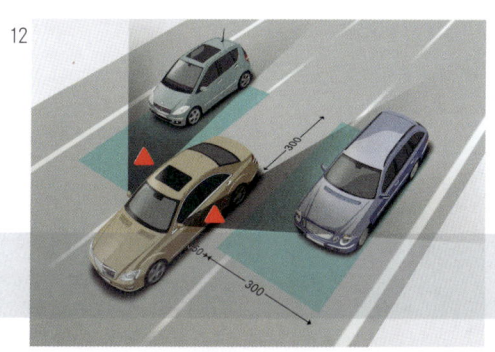

9
20. MAI: Beim DTM-Rennen auf dem EuroSpeedway Lausitz erzielt Mika Häkkinen den ersten Rennsieg für den neuen AMG-Mercedes C-Klasse Rennsport-Tourenwagen.

25. MAI: Anlässlich der von der American Public Transportation Association veranstalteten Bus and Paratransit Conference präsentiert DaimlerChrysler Commercial Buses North America den Orion VII Next Generation Linienbus.

06. JUN: Die US-Marktforschungsgesellschaft J. D. Power & Associates zeichnet Mercedes-Benz im Rahmen der Initial Quality Study mehrfach aus: Die E-Klasse, die S-Klasse und die SL-Klasse erhalten den J. D. Power Award in Gold für höchste Fahrzeugqualität im jeweiligen Marktsegment, und das Werk Sindelfingen erhält die Auszeichnung in Silber.

10
10. JUN: Bei seinem sechsten Formel-1-Rennen, dem Großen Preis von Kanada, fährt Lewis Hamilton seinen McLaren-Mercedes MP4-22 zum Sieg und gewinnt damit seinen ersten Grand Prix, nachdem er auch bei den vorangegangenen Rennen stets einen Podiumsplatz erringen konnte.

15. JUN: Die Mitsubishi Fuso Truck and Bus Corporation präsentiert die neue Reisebus-Baureihe Mitsubishi Fuso Aero mit dem Reise-Hochdecker Aero Ace und dem Super-Hochdecker Aero Queen.

11
02. JUL: Die 4MATIC-Variante der Sechszylindermodelle C 280, C 350 und C 320 CDI mit weiterentwickeltem Allradantrieb und serienmäßiger Siebengang-Automatik ergänzt das Typenprogramm der neuen C-Klasse.

12
02. JUL: Für die Modelle der S-Klasse und der CL-Klasse bietet Mercedes-Benz als Sonderausstattung einen neu entwickelten Totwinkel-Assistenten an, der den Fahrer beim Spurwechsel unterstützt. Erkennt das System ein anderes Fahrzeug im Warnbereich, wird der Fahrer mit optischen und ggf. akustischen Signalen gewarnt.

13
06. JUL: smart präsentiert den smart fortwo micro hybrid drive, eine 52 kW starke Variante, die dank Start-Stopp-Funktion noch sparsamer und umweltfreundlicher ist und im kombinierten Zyklus 8 % weniger Kraftstoff benötigt. Die Markteinführung erfolgt im Oktober.

14
07. JUL: In acht Städten auf allen Kontinenten starten zeitversetzt die »Live Earth«-Konzerte der Initiative »Save Our Selves – SOS«, mit der Kevin Wall und Al Gore gegen die globale Erderwärmung mobil machen. Als einziger Automobilhersteller unterstützt DaimlerChrysler mit der Marke smart die Klimaschutzinitiative und stellt als offizieller Partner aller acht Konzerte den offiziellen Shuttleservice.

12. JUL: Mit einer Live-Übertragung von der Mercedes-Benz Fashion Week in Berlin startet Mercedes-Benz seinen eigenen Fernsehsender im Internet. Mercedes-Benz TV sendet in Deutsch und Englisch und ergänzt die Online-Markenkommunikation von Mercedes-Benz.

12. – 15. JUL: Auf der zum ersten Mal veranstalteten Fashion Week in Berlin, bei der Mercedes-Benz der Titelsponsor ist, hat das deutsche Top-Model Eva Padberg seinen Premierenauftritt als Mercedes-Benz Markenbotschafterin.

17. JUL: Mit dem SLR McLaren Roadster präsentiert Mercedes-Benz die offene Variante des im Jahr 2004 eingeführten Hochleistungssportwagens. Der neue Roadster, der im September auf den Markt kommt, löst die Coupé-Ausführung ab und wird ebenfalls bei McLaren im britischen Woking gebaut.

01. AUG: Alle mit Dieselmotor und Schaltgetriebe ausgerüsteten Modelle des Mercedes-Benz Sprinter sind ab sofort auf Wunsch mit ECO-Start erhältlich, einer Start-Stopp-Automatik, die Kraftstoff spart und die Umwelt schont.

03. AUG: Seitens der DaimlerChrysler AG erfolgt das Closing für die Abgabe der Mehrheit an der Chrysler Group und dem dazugehörigen nordamerikanischen Finanzdienstleistungsgeschäft. Eine Tochtergesellschaft der in New York ansässigen Cerberus Capital Management, L.P. übernimmt 80,1 % an der neuen Chrysler Holding LLC; DaimlerChrysler behält 19,9 %. Die Vorstandsmitglieder der Chrysler Group verlassen den Vorstand der DaimlerChrysler AG, der sich damit auf sechs Mitglieder verkleinert.

27. AUG: In Köln erhält die Marke smart den vom Versicherer DEVK ausgelobten ÖkoGlobe für das umweltfreundlichste Auto. Mit der hochkarätigen Auszeichnung werden zwei Varianten des smart fortwo dekoriert: der smart fortwo electric drive (ed) mit Elektroantrieb und der smart fortwo cdi als dieselbetriebener CO_2-Champion. Außerdem erhält die Benzinvariante des innovativen Kompaktwagens das Auto-Umwelt-Zertifikat des Wuppertaler Umwelt-Instituts Öko-Trend für die außergewöhnlich hohe Umweltfreundlichkeit.

31. AUG – 09. SEP: Auf der Izmir-Messe in der Türkei präsentiert EvoBus mit dem Mercedes-Benz Conecto G die Gelenkbus-Ausführung der 2006 eingeführten Niederflur-Stadtlinienbus-Generation. Die Produktion erfolgt bei der türkischen Tochtergesellschaft Mercedes-Benz Türk.

2007

06. SEP: Mit einem Festakt in Gegenwart von Thabo Mbeki, Präsident der Südafrikanischen Republik, Dr. Hansgeorg Niefer, Vorstandsvorsitzender von DaimlerChrysler South Africa, und zahlreichen Gästen beginnt im Werk East London die Produktion der neuen C-Klasse. Damit produziert das Werk in Südafrika bereits die dritte Generation der C-Klasse.

5, 6, 7, 8
11. – 23. SEP: Auf der IAA in Frankfurt/M. stellt Mercedes-Benz eine einzigartige Vielfalt besonders sparsamer Modelle mit intelligent kombinierten Antriebstechnologien vor. Auf der »Road to the Future« präsentiert die Marke mit 19 Modellneuheiten, darunter sieben Hybridfahrzeugen aus fünf Baureihen, ihren Fahrplan in die automobile Zukunft. Einen Ausblick in die Zukunft der luxuriösen Reiselimousine gibt das Forschungsfahrzeug F 700. Mit dem großzügigen Interieur und dem aktiven PRE-SCAN-Fahrwerk steht es nicht nur für höchsten Fahrkomfort, der innovative DIESOTTO-Motor ermöglicht zudem einen extrem niedrigen Verbrauch von nur 5,3 l pro 100 km. Premiere feiern auch das neue T-Modell der C-Klasse und der 336 kW / 457 PS starke C 63 AMG, der als Limousine und T-Modell ausgestellt ist, sowie der SLR McLaren Roadster.

9
27. SEP: Mit dem Aero Star Eco Hybrid präsentiert Mitsubishi Fuso bereits die zweite Generation eines serienmäßig gebauten Linienbusses mit dieselelektrischem Hybridantrieb. Der Dieselmotor fungiert als Generator, der zusammen mit einer Lithium-Ionen-Batterie zwei elektrische Fahrmotoren mit 158 kW / 215 PS versorgt.

10
04. OKT: Auf einer außerordentlichen Hauptversammlung der DaimlerChrysler AG billigen die Anteilseigner mit 98,76 % der Stimmen die Umbenennung in Daimler AG, nachdem das Unternehmen im August 80,1 % der Anteile an der Chrysler Holding LLC veräußert hat. Im Zuge dieser Umbenennung werden die Produktionsstandorte und Vertriebsgesellschaften im In- und Ausland nach der jeweiligen Produktmarke benannt.

11
05. OKT: In Anwesenheit von Bundesfamilienministerin Dr. Ursula von der Leyen und des Daimler-Vorstandsvorsitzenden Dr. Dieter Zetsche wird in Stuttgart vor den Toren des Werks Untertürkheim die erste Daimler-Kinderkrippe »sternchen« eröffnet. Damit startet die Initiative zur Eröffnung von Kinderkrippen an allen großen Daimler-Standorten in Deutschland, die den Wiedereinstieg von Frauen in den Beruf fördern soll.

2007

11. OKT: Die Daimler AG und die Volkswagen AG beteiligen sich als Minderheitsgesellschafter an der Freiberger CHOREN Industries GmbH. Hauptziel des Engagements ist eine Beschleunigung der breiten Markteinführung des klimafreundlichen synthetischen Biokraftstoffs der zweiten Generation, der ab 2008 von CHOREN in der weltweit ersten kommerziellen Anlage produziert werden soll.

14. OKT: Beim DTM-Finale auf dem Hockenheimring siegt Jamie Green auf AMG-Mercedes C-Klasse. In der Fahrerwertung belegt er damit den vierten Platz, und sein Teamkollege Bruno Spengler wird wie im Vorjahr Vizemeister.

16. OKT: Mit dem Daimler-Blog startet das erste Corporate-Blog eines DAX-Unternehmens in deutscher Sprache. Hier berichten Mitarbeiter der Daimler AG aus ihrem beruflichen Umfeld.

19. – 24. OKT: Auf der Omnibusmesse Busworld in Kortrijk/Belgien präsentiert EvoBus die Reisebus-Baureihe Setra TopClass 400 in gründlich überarbeiteter Form. Ergebnisse der Aufwertung sind mehr Platz, leistungsfähigere Motoren sowie nochmals erhöhte Sicherheit.

21. OKT: Beim Saison-Abschlussrennen, dem Großen Preis von Brasilien, belegt Lewis Hamilton nach einem an Spannung kaum zu überbietenden Rennverlauf den siebten Platz und wird damit Vizeweltmeister – mit einem Punkt Rückstand hinter Kimi Räikkönen auf Ferrari und vor seinem Teamkollege Fernando Alonso.

24. OKT: Die New Yorker Verkehrsbetriebe New York City Transit und Metropolitan Transport Authority, die mit 832 Hybridbussen die weltweit größte Hybridbusflotte betreiben, bestellen bei Daimler Buses North America 850 weitere Hybridbusse des Typs Orion VII Next Generation mit Lithium-Ionen-Batterien. Im Juni 2007 haben die Verkehrsbetriebe OC Transpo in Ottawa/Kanada bereits 202 Busse des gleichen Typs bestellt.

24. OKT – 11. NOV: Auf der Tokyo Motor Show präsentiert die Mitsubishi Fuso Trucks and Bus Corporation (MFTBC) neben ihren aktuellen Lastwagen- und Omnibusmodellen für den japanischen Markt die Konzeptstudie »Canter Eco-D«, die einen Blick auf den zukünftigen Einsatz der Hybridtechnologie in Nutzfahrzeugen gestattet. Der futuristisch gestaltete Kipper verfügt über eine elektrisch betriebene Kippvorrichtung, die den Hybridantrieb des Fahrzeugs nutzt und dadurch geräuscharm und lokal emissionsfrei zu betreiben ist.

26. OKT – 03. NOV: Auf dem Internationalen Nutzfahrzeug-Salon RAI in Amsterdam debütiert der Mercedes-Benz Econic NGT 1828 mit umweltfreundlichem Gasantrieb als Sattelzugmaschine für den City- und leichten Verteilerverkehr. Weitere Neuheiten sind zwei exklusiv gestaltete und reichhaltig ausgestattete Sondermodelle: der Actros »Truck'n'Roll Edition« auf Basis einer dreiachsigen 6x4-Sattelzugmaschine des Typs Actros 2660 LS und der Viano X-CLUSIVE in seiner Serienversion mit V6-Motor sowie speziell entwickelten Stoßfängern mit integrierten Spoilern und luxuriösem Interieur. Mit dem Sprinter 316 NGT wird die Erdgasvariante des erfolgreichen Transporters ausgestellt, die 2008 auf den Markt kommt.

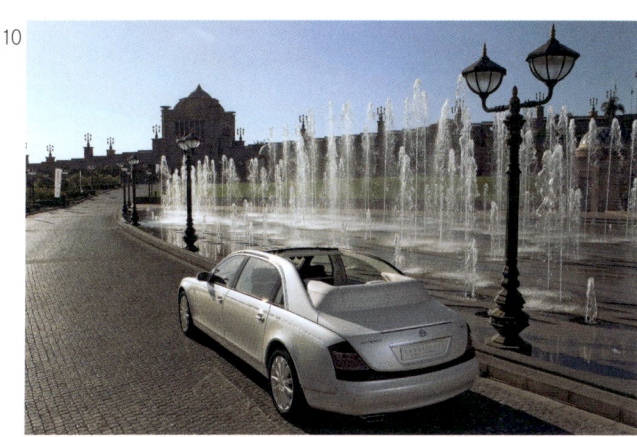

8, 9
01. NOV: Im indischen Mercedes-Benz Werk in Pune wird ein Kipper des Typs Actros 4840 K als erster in Indien montierter Lkw der Actros-Baureihe an den Kunden übergeben. Mit der Fertigung vor Ort stärkt das Unternehmen seine Präsenz auf dem indischen Nutzfahrzeugmarkt.

10
02. NOV: Die Marke Maybach präsentiert eine Landaulet-Studie auf Basis des Maybach 62 S. Das exklusive, mit einem Faltdach im Fond ausgestattete Fahrzeug, das auf Anregungen aus dem Maybach-Kundenkreis entstand, verbindet die jahrzehntelange Landaulet-Tradition des Unternehmens mit exklusiver Ausstattung und innovativer Technik.

11
07. NOV: Mercedes-Benz präsentiert der Presse zwei E-Klasse Modelle mit umweltfreundlichen Antrieben, die bereits auf der IAA in der »Road to the Future« ausgestellt waren: den E 300 BLUETEC, der die saubere Dieseltechnologie auch nach Europa bringt, und den als Limousine und T-Modell erhältlichen E 350 CGI mit strahlgeführter Benzin-Direkteinspritzung. Die Markteinführung erfolgt im Dezember.

08. NOV: Die Daimler AG gründet mit der Ford Motor Company und der Firma Ballard Power Systems die Automotive Fuel Cell Corporation und übernimmt einen Anteil von 50,1 %. Ballard Power Systems überführt seine Automobilsparte in die neue Gesellschaft, die sich Brennstoffzellen-Anwendungen im Automobilbereich widmet.

12
12. NOV: Mit einer Pressekonferenz im Mercedes-Benz Museum startet die Daimler AG ihre Initiative »Shaping Future Transportation«, die die nachhaltige Reduzierung von Kraftstoffverbrauch und Abgasemissionen bei Nutzfahrzeugen zum Ziel hat. Im Rahmen der Auftaktveranstaltung präsentiert Daimler 16 Lkw und Omnibusse der Marken Freightliner, Mercedes-Benz, Mitsubishi Fuso, Orion und Thomas Built Buses mit alternativen Antrieben und Kraftstoffen. Weltpremiere feiern zwei Mercedes-Benz Atego BlueTec Hybrid Lastwagen der 7,5-t- und 12-t-Klasse, die ebenso als Prototyp präsentiert werden wie der Mercedes-Benz Citaro G BlueTec Hybrid, der erste Gelenkbus mit seriellem Hybridantrieb und elektrischen Radnabenmotoren.

2007

1
14. NOV: Papst Benedikt XVI. erhält als neues Papamobil eine Sonderausführung auf Basis der Mercedes-Benz G-Klasse. Im Rahmen einer kleinen Zeremonie im Vatikan nimmt er einen mystikweiß lackierten G 500 mit offener Karosserie und umklappbarer Frontscheibe entgegen.

2
28. NOV: Gut zehn Jahre nachdem 1997 die erste M-Klasse das Montageband verließ, rollt als einmillionstes Fahrzeug aus der Produktion des Werks Tuscaloosa, Alabama/USA ein weißer Mercedes-Benz ML 350 4MATIC vom Band.

3
14. DEZ: Die Daimler AG und die indische Hero Group unterzeichnen einen Gesellschaftervertrag zur Gründung eines Joint Ventures, das die lokale Herstellung von leichten, mittelschweren und schweren Lastwagen für den indischen Volumenmarkt vorsieht.

14. DEZ: Im Rahmen der Portfolio-Optimierung durch Fokussierung auf das Kerngeschäft veräußert die Daimler AG ihren Gebäudekomplex am Potsdamer Platz in Berlin an die SEB Asset Management. Das Areal umfasst insgesamt rund 500 000 m² und 19 Gebäude. Die Hälfte der Büroflächen am Potsdamer Platz wird vom Konzern langfristig weiter genutzt. Das Closing der Transaktion, die unter dem Vorbehalt der kartellrechtlichen Genehmigung steht, wird zum Ende des ersten Quartals 2008 erwartet.

4
DEZ: Das Mercedes-Benz Werk Untertürkheim nimmt nach einjähriger Bauzeit und achtmonatiger Einrichtung die zweite Ausbaustufe seines Zentralversands im Stuttgarter Hafen in Betrieb. Damit ist die Bündelung aller Versandprozesse des Werks abgeschlossen.

2008

2008	Belegschaft	Produktion Pkw / Nfz	Umsatz
	273 216	1 338 245 / 811 540	95 873 Mio. €

5
06. – 13. JAN: Mit einer Langstreckenfahrt von Los Angeles über Chicago zur Autoshow nach Detroit beweisen der smart fortwo und der Mercedes-Benz E 320 BLUETEC ihre Sparsamkeit unter Alltagsbedingungen. Auf der 4 400 km langen Strecke verbraucht der smart fortwo mhd 4,8 l, der smart fortwo cdi nur 3,9 l und der E 320 BLUETEC 5,8 l pro 100 km.

6
09. JAN: Knapp drei Jahre nach Serieneinführung verlässt der 100 000. Mercedes-Benz Lkw mit der umweltfreundlichen BlueTec-Technologie das Werk Wörth. Die Actros 1841 LS Sattelzugmaschine mit Niedrigrahmen wird an die Spedition Mosolf GmbH übergeben.

7
13. – 27. JAN: Auf der North American International Auto Show (NAIAS) in Detroit, Michigan/USA debütieren die aufgewerteten SLK-Modelle der Baureihe R 171. Weltpremiere feiern auch die beiden Studien »Vision GLK FREESIDE« und »Vision GLK TOWNSIDE«. Sie geben einen Ausblick auf ein kompaktes SUV-Modell, das im Herbst als GLK-Klasse auf den Markt kommt. Ihre USA-Premiere haben die Hybridfahrzeugstudien »S 300 BLUETEC HYBRID« und »ML 450 HYBRID«.

8
25. JAN: Mercedes-Benz präsentiert der Presse die neue Generation der Schwerlastwagen-Baureihe Actros, die in Wirtschaftlichkeit, Komfort und Design weiter perfektioniert wurde und serienmäßig mit dem automatisierten Schaltgetriebe Mercedes-Benz PowerShift ausgestattet ist. Die neue Modellreihe geht im Juli in Produktion.

9
27. – 31. JAN: Auf der Mercedes-Benz Fashion Week in Berlin feiert die Mercedes-Benz CLC-Klasse Weltpremiere. Die neue Coupé-Modellreihe löst die Sportcoupés der C-Klasse ab und hat ihre Markteinführung im Juni.

10, 11
29. JAN: Anlässlich des World Mobility Forums in Stuttgart übergibt die Daimler AG einen Mercedes-Benz Atego BlueTec Hybrid und einen Mitsubishi Fuso Canter Eco Hybrid an die Deutsche Post World Net. Damit geben beide Partner den Startschuss zu einem groß angelegten Flottenversuch, bei dem Hybrid-Lkw im operativen Geschäft getestet werden. Der Mercedes-Benz Citaro G BlueTec Hybrid, ein Niederflur-Gelenklinienbus mit Hybridantrieb, erhält auf dem World Mobility Forum den erstmals vergebenen DEKRA Umweltpreis.

2008

1
22. FEB: Die Daimler AG übergibt einen smart fortwo electric drive an die RWE AG in Essen. Das erste in Deutschland betriebene Erprobungsfahrzeug des Elektro-smart soll im Fuhrpark des Energieversorgers RWE täglich zum Einsatz kommen.

2
22. FEB: Die Marke Maybach erweitert ihre Modellpalette mit dem Landaulet, das im November 2007 bereits als Studie präsentiert wurde. Die besonders exklusive Variante des 450 kW / 612 PS starken Maybach 62 S wird ab Herbst 2008 ausgeliefert.

03. MÄR: Die neu gegründete Daimler Group Services GmbH nimmt im Schicklerhaus in Berlin ihre Geschäftstätigkeit auf. Das Ziel der Gesellschaft besteht darin, die bisher dezentralen Abrechnungsfunktionen in der Finanzbuchhaltung zu bündeln.

3, 4
06. – 16. MÄR: Auf dem Genfer Automobil-Salon präsentiert Mercedes-Benz die Studie »Vision GLK BLUETEC HYBRID« mit umweltfreundlichem Diesel-Hybridantrieb. Premiere feiern auch die aufgewerteten Modelle der CLS-Klasse (Baureihe C 219) und der auch stilistisch deutlich modifizierten SL-Klasse (Baureihe R 230). Als besonders sportliche Variante debütiert der SL 63 AMG, der exklusiv mit dem innovativen AMG SPEEDSHIFT MCT 7-Gang-Sportgetriebe ausgerüstet ist. Dabei kommt anstelle des herkömmlichen Drehmomentwandlers eine nasse Mehrscheiben-Anfahrkupplung zum Einsatz, die in Verbindung mit der Zwischengas- und Race-Start-Funktion ein sehr dynamisches Fahrerlebnis ermöglicht. Mit dem CL 500 4MATIC hat erstmals ein Mercedes-Benz Coupé mit Allradantrieb Premiere. In der C-Klasse debütieren unter dem Label »BlueEFFICIENCY« besonders verbrauchsgünstige Varianten des C 180 KOMPRESSOR und des C 200 CDI sowie der neue C 350 CGI mit strahlgeführter Benzin-Direkteinspritzung.

5
16. MÄR: Beim Auftaktrennen der Formel-1-Saison 2008, dem Großen Preis von Australien in Melbourne, kommen zum ersten Mal ein neues Safety Car und ein neues Medical Car zum Einsatz. Der SL 63 AMG ist das offizielle Safety Car der Saison 2008, das C 63 AMG T-Modell das offizielle Medical Car.

6
19. MÄR: Mercedes-Benz übergibt den ersten erdgasbetriebenen Sprinter 316 NGT in Kundenhand. Für die Firma CWS-boco International GmbH beginnt damit die umfangreiche Erprobung des Fahrzeugs im Servicebetrieb. Im September unterzeichnet CWS-boco auf der IAA Nutzfahrzeuge in Hannover einen Rahmenvertrag über die Lieferung von 150 Erdgas-Sprintern.

7
19. – 30. MÄR: Auf der New York International Auto Show (NYIAS) debütieren drei SUVs mit besonders umweltfreundlichem Dieselantrieb: der ML 320 BlueTEC, der R 320 BlueTEC und der GL 320 BlueTEC. Alle drei unterbieten dank der AdBlue-Technologie sogar die strengen US-Abgasgrenzwerte nach BIN 5 und werden ab Herbst in den USA angeboten. Weltpremiere feiern auch die überarbeiteten Modelle der M-Klasse Baureihe W 164 einschließlich ihres Topmodells ML 63 AMG.

8
02. APR: Mitsubishi Fuso führt den Aero King Doppeldeckerbus als Topmodell der neuen Reisebus-Modellreihe ein.

04. – 13. APR: Auf der Auto Mobil International (AMI) in Leipzig präsentiert Mercedes-Benz die überarbeiteten Modelle der A-Klasse (Baureihe 169) und der B-Klasse (Baureihe 245). Die 1,5-l- und 1,7-l-Benziner sind als besonders verbrauchsgünstige BlueEFFICIENCY-Varianten mit ECO Start-Stopp-Funktion sowie reduziertem Rollwiderstand und Luftwiderstand lieferbar. Das Label »BlueEFFICIENCY« tragen auch der verbrauchsarme A 160 CDI in der Version als Zweitürer sowie der B 170 NGT mit bivalentem Erdgasantrieb.

10. APR: Mercedes-Benz präsentiert die neue Vierzylinder-Dieselmotorengeneration OM 651. Die stärkste Variante der neuen Motorenbaureihe leistet 150 kW / 204 PS und erzielt ein maximales Drehmoment von 500 Nm. Trotz dieser Leistungswerte verbraucht der Vierzylinder-CDI der neuesten Generation deutlich weniger Kraftstoff als sein Vorgänger.

11. APR: Als fünfmillionster Mercedes-Benz Pkw aus der Produktion des Werks Bremen läuft ein C-Klasse T-Modell in Tenoritgrau vom Band. Das Jubiläumsfahrzeug wird direkt am Bandablauf an seine neue Besitzerin übergeben.

11. APR: Mit der Fertigstellung seines 500 000. Motors feiert das Werk Kölleda der MDC Power GmbH sein erstes großes Produktionsjubiläum.

20. – 28. APR: Auf der Auto China 2008 in Peking feiern die kompakten SUVs der GLK-Klasse Weltpremiere. Die Markteinführung der markant gestalteten Off-Roader mit Allradantrieb erfolgt im Oktober.

21. APR: Die indische Hero Group und die Daimler AG unterzeichnen in Delhi/Indien den offiziellen Gründungsvertrag des Joint Ventures »Daimler Hero Motor Corporation Ltd.«. Das neu gegründete Unternehmen, an dem Daimler 60 % halten wird, wird Nutzfahrzeuge unter einem neuen Markennamen für den indischen Volumenmarkt herstellen.

24. APR: Mercedes-Benz präsentiert die Umwelt-Zertifikate für die A-Klasse und die B-Klasse, die der TÜV Süd auf Basis der ISO-Norm 14062 »Design for Environment« ausgestellt hat. Die A-Klasse ist der erste Kompaktwagen, der ein Umwelt-Zertifikat erhält, und bei der B-Klasse wurde erstmals auch für ein erdgasbetriebenes Fahrzeug eine Umweltbilanz erstellt.

30. APR: Die Brennstoffzellen-Busflotte von DaimlerChrysler erreicht eine neue Rekordmarke: Zusammen sind die 36 Busse mehr als zwei Millionen Kilometer gefahren und haben dabei etwa sieben Millionen Fahrgäste befördert.

30. APR: Der Aufsichtsrat der Daimler AG genehmigt die Pläne des Unternehmens, 22,3 % der Geschäftsanteile an der Tognum AG zu übernehmen und damit neuer Hauptaktionär zu werden. Der Vollzug der Transaktion soll nach der kartellrechtlichen und behördlichen Genehmigung spätestens im dritten Quartal erfolgen.

14. MAI: Der US-amerikanische Kurier- und Paketdienstleister UPS erteilt der Freightliner Custom Chassis Corporation (FCCC) den bisher größten Auftrag für Lastwagen und Lieferwagen mit alternativen Antrieben. Auf der Basis von MT45 Walk-in-Lieferwagen und MT55 Fahrgestellen wird Freightliner für UPS 200 Fahrzeuge mit Hybridantrieb und 300 mit Erdgasantrieb produzieren.

1
19. MAI: Mit der Taufe des Expeditions-Segelschiffs PANGAEA im Yacht-Club von Monaco fällt der Startschuss für die vierjährige Expedition des Abenteurers Mike Horn. Als Partner und Hauptsponsor der Expedition verfolgt Mercedes-Benz gemeinsam mit Mike Horn das Ziel, vor allem junge Menschen für den Schutz von Umwelt und Natur zu motivieren und weltweit nachhaltige Projekte zu initiieren.

2
29. MAI: Ein 40-t-Sattelzug, der von einer serienmäßigen Actros Sattelzugmaschine mit BlueTec-5-Technologie gezogen wird, absolviert eine siebentägige Verbrauchstestfahrt auf dem Rundkurs im süditalienischen Nardó. Bei der Fahrt über 12 728 km, die mit gut 25 t Nutzlast und einer Durchschnittsgeschwindigkeit von 80 km/h durchgeführt wurde, erzielt der Actros einen Kraftstoffverbrauch von nur 19,44 l Diesel auf 100 km oder weniger als 0,8 l je Hunderttonnenkilometer (tkm). Dieses Rekordergebnis beschert dem Actros den Titel »The most fuel efficient 40 ton truck« und einen Eintrag im Guinnessbuch der Rekorde.

04. JUN: Bei der Initial Quality Study der US-Marktforschungsgesellschaft J. D. Power & Associates erhält Mercedes-Benz drei Auszeichnungen für höchste Qualität: Die E-Klasse und der CLK werden mit dem J. D. Power Award in Gold für höchste Produktqualität im jeweiligen Marktsegment gekürt, und das Werk Sindelfingen erhält den Platinum-Award, der die Fertigungsstätte mit der besten gelieferten Qualität weltweit auszeichnet.

3
04. – 17. JUN: Im Rahmen des Workshops »Transport(er) und Umwelt« in Hamburg präsentiert Mercedes-Benz der Presse den aktuellen Stand umweltfreundlicher Antriebe vor dem Hintergrund der gesellschaftlich-wirtschaftlichen Bedeutung des Transporters. Schwerpunkte sind das Start-Stopp-System ECO-Start, der Erdgas-Antrieb und die Plug-In-Hybridtechnologie – umweltschonende Systeme, die die Pressevertreter mit entsprechend ausgerüsteten Sprintern im Fahrbetrieb selbst erleben können. Eine Premiere ist dabei die Fahrvorstellung des Hybrid-Sprinters der neuen Generation.

4
16. JUN: Die Mitsubishi Fuso Truck and Bus Corporation (MFTBC) präsentiert in Kawasaki/Japan den Mitsubishi Fuso Safety Truck. Der Sattelzug auf Basis der Super Great Schwerlastwagen-Modellreihe ist mit zahlreichen Assistenzsystemen ausgestattet und soll das Potenzial neuer Sicherheitstechnologien demonstrieren.

18. JUN: Die Daimler AG gibt ihre Absicht bekannt, die Mercedes-Benz Modellpalette im Kompaktwagen-Segment zukünftig auf vier eigenständige Baureihen zu erweitern. In diesem Rahmen ist zur nachhaltigen Steigerung der Wettbewerbsfähigkeit und zur Erschließung neuer Märkte der Bau eines zusätzlichen Werkes in Kecskemét/Ungarn geplant.

5
18. JUN: Im Werk Wörth eröffnet Vorstandsmitglied Andreas Renschler in Anwesenheit des rheinland-pfälzischen Ministerpräsidenten Kurt Beck und des Wörther Bürgermeisters Harald Seiter den zweiten Bauabschnitt des Entwicklungs- und Versuchszentrums (EVZ) für Lastwagen. Insgesamt hat das Unternehmen 80 Mio. Euro investiert, davon 35 Mio. in den zweiten Bauabschnitt.

6,7
30. JUN: Mit einer Feierstunde im Werk Aksaray begeht die Mercedes-Benz Türk A.S. zwei Produktionsjubiläen: den 100 000. in der Türkei gefertigten Mercedes-Benz Lkw und den 50 000. Omnibus aus der Produktion der türkischen Tochtergesellschaft. Die beiden Jubiläumsfahrzeuge werden im Rahmen der Feier an die Kunden übergeben.

2008

8 03. JUL: Das erste A-Klasse F-CELL »plus« Brennstoffzellen-Fahrzeug, das mit 700-bar-Technologie ausgerüstet ist, besteht seine Bewährungsprobe unter Alltagsbedingungen bei der Fahrt von Berlin zum Magdeburger Umweltforum. Der deutlich stärker komprimierte Wasserstoff ermöglicht einen höheren Füllungsgrad des Tanks und eine bis zu 70 % höhere Reichweite von rund 270 km.

04. JUL: Mit der Einweihung eines Neubaus wird das Kompetenzzentrum für emissionsfreie Nutzfahrzeuge (KEN) in Mannheim zum Mercedes-Benz Erdgas Fertigungskompetenz-Center ausgebaut. Neben der E-Klasse und dem Econic werden in Mannheim nun auch der Sprinter und die B-Klasse mit der umweltfreundlichen und wirtschaftlichen Antriebstechnologie ausgestattet.

9 19./20. JUL: Im Rahmen des Formel-1-Rennens in Hockenheim präsentiert Mercedes-AMG den SL 65 AMG Black Series, ein High-Performance-Coupé der Spitzenklasse. Der exklusive, im AMG Performance Studio entwickelte Zweisitzer garantiert dank V12-Biturbomotor und konsequentem Leichtbau Fahrleistungen auf Supersportwagen-Niveau.

10 30. JUL: Im Rahmen einer Feier wird das Stuttgarter Gottlieb-Daimler-Stadion offiziell in »Mercedes-Benz Arena« umbenannt. Die Sportarena, die an der Mercedesstraße in unmittelbarer Nachbarschaft zum Mercedes-Benz Werk Untertürkheim und zum Mercedes-Benz Museum liegt, wird ab 2009 in ein reines Fußballstadion umgebaut.

11 31. JUL: Mercedes-Benz präsentiert der Presse die überarbeitete Generation der Reisebus-Modellreihe Travego, die mit einer Weltpremiere an den Start geht: Der neue Luxus-Reisebus ist serienmäßig mit dem Notbrems-Assistenten Active Brake Assist ausgerüstet.

12 03. AUG: Heikki Kovalainen, der nach dem Wechsel von Fernando Alonso seit Saisonbeginn im Team McLaren-Mercedes fährt, gewinnt beim Großen Preis von Ungarn auf McLaren-Mercedes MP4-23 sein erstes Formel-1-Rennen.

13, 14 12. AUG: Die Daimler AG übergibt in London zehn Mitsubishi Fuso Canter Eco Hybrid an acht Kunden und startet damit Europas größten Flottentest mit Hybrid-Lkw. Das Ziel der drei Jahre dauernden Versuchsreihe besteht darin, die hohe Wirtschaftlichkeit des dieselelektrischen Hybridantriebs im Kundeneinsatz unter Beweis zu stellen.

15 20. AUG: Im Werk Wörth starten 350 neue Mercedes-Benz Actros im Rahmen einer Sternfahrt zu den Mercedes-Benz Niederlassungen und Vertriebspartnern, wo die dritte Generation der erfolgreichen Schwerlastwagen-Baureihe am 23. August ihre Markteinführung erlebt.

21. AUG: Im Werk Kölleda gehen die Anlagen für die Fertigmontage des neuen Vierzylinder-Dieselmotors OM 651 in Betrieb. Der umweltfreundliche und leistungsstarke CDI-Vierzylinder wird zunächst für ein Sondermodell der C-Klasse produziert; am 4. Dezember läuft die Großserienproduktion für die neue E-Klasse an.

27. AUG: Der Unternehmensbereich Daimler Trucks weiht bei der Mitsubishi Fuso Truck and Bus Corporation in Kawasaki/Japan das Global Hybrid Center ein, das als weltweites Zentrum für die Hybridentwicklungen von Daimler Trucks dienen soll.

1
01. SEP: Im indischen Mercedes-Benz Werk Pune übergeben Daimler Buses und das indische Partnerunternehmen Sutlej Motors den ersten Mercedes-Benz Intercity Luxury Coach an seinen neuen Besitzer. Der Luxus-Reisebus basiert auf einem Mercedes-Benz Fahrgestell O 500 R/RF, das bei Mercedes-Benz India produziert und mit einer Karosserie von Sutlej Motors kombiniert wird.

2
03. SEP: Im französischen Werk Hambach läuft ein silberner smart fortwo mhd passion als einmillionster smart fortwo vom Band, mit dem das Werk zugleich seinen zehnten Geburtstag feiert. Anlässlich des Produktionsjubiläums und des zehnten Geburtstags der Marke präsentiert Daimler den neuen smart fortwo electric drive. Die zweite Generation des Elektro-smart ist mit einer Lithium-Ionen-Batterie ausgerüstet und wird ab Ende 2009 in einer Kleinserie produziert.

3, 4
05. SEP: In Berlin starten die Daimler AG und die RWE AG mit ihrer Initiative »e-mobility Berlin« das weltweit größte Gemeinschaftsprojekt für Elektroautos. Die RWE AG übernimmt dabei Entwicklung, Aufbau und Betrieb der Lade-Infrastruktur, während die Daimler AG mehr als 100 Elektroautos der Marken Mercedes-Benz und smart einbringen und für den Service der Fahrzeuge sorgen wird.

2008

5, 6, 7, 8, 9, 10, 11, 12, 13, 14

23. SEP – 02. OKT: Auf der IAA Nutzfahrzeuge in Hannover debütieren die Actros Baufahrzeuge der dritten Generation. Die Straßenfahrzeuge der neuen Schwerlastwagen-Baureihe, darunter eine Actros 1860 Sattelzugmaschine als Sonderanfertigung »Trust Edition«, feiern ihre Salonpremiere und werden von einer internationalen Jury mit dem Titel »Truck of the Year 2009« gekürt. Der Öffentlichkeit erstmals präsentiert wird auch der Mercedes-Benz Zetros, eine neue Baureihe hoch geländegängiger Schwerlastwagen, die als Dreiachser Zetros 2733 A 6x6 und als Zweiachser Zetros 1833 A 4x4 erhältlich ist. Unter den Messeneuheiten sind auch verschiedene Lkw-Modelle mit alternativem Antrieb: Weltpremiere feiern der Axor BlueTec Hybrid, der Econic BlueTec Hybrid und die Konzeptstudie Econic NGT Hybrid, während der Atego BlueTec Hybrid sich bereits seit Januar in der Kundenerprobung befindet. Neuheiten auf dem Transportersektor sind das Showcar Vito BlueEFFICIENCY, ein Sprinter Showcar mit Tiefrahmen, der Sprinter 4x4 mit zuschaltbarem Allradantrieb, der Sprinter NGT mit monovalentem Erdgasantrieb in umweltschonender EEV-Ausführung und der Sprinter Plug-In-Hybrid als Serienfahrzeug der zweiten Generation. Salon-Premiere feiert die überarbeitete Generation der Reisebus-Modellreihe Travego, die ebenso wie die Setra TopClass 400 mit dem Notbremsassistenten Active Brake Assist an den Start geht. Zudem debütiert der dreiachsige Reisebus Setra S 419 GT-HD, der das Hochdecker-Angebot der ComfortClass ergänzt. Der Setra Niederflur-Linienbus S 415 NF erhält die renommierte Auszeichnung »Bus of the Year 2009«.

1
23. – 25. SEP: Im Rahmen der Jubiläumsveranstaltung »80 Jahre Sonderschutz« präsentiert Mercedes-Benz der Presse im Classic Center in Fellbach bei Stuttgart die neue Staatslimousine S 600 Pullman Guard mit integriertem Höchstschutz. Die gepanzerte Pullman-Limousine auf Basis des S 600 Guard hat einen um 115 cm verlängerten Radstand und verfügt über eine Vis-à-vis-Sitzanlage im Fond.

2, 3, 4, 5
02. – 19. OKT: Auf dem Internationalen Automobil-Salon in Paris präsentiert Mercedes-Benz den C 250 CDI BlueEFFICIENCY, das erste Fahrzeug mit dem neuen CDI-Vierzylinder OM 651 als Sondermodell »Prime Edition«. Neuheiten in der S-Klasse sind die Staatslimousine S 600 Pullman Guard und als erster Hybrid-Pkw der Oberklasse der S 400 BlueHYBRID, der im Sommer 2009 eingeführt wird. Der neue SLR McLaren Roadster 722 S erschließt mit 478 kW / 650 PS neue Dimensionen des Offenfahrens. Mit dem Showcar »Concept FASCINATION« präsentiert Mercedes-Benz die moderne Interpretation eines Steilheck-Coupés, das sportliche Eleganz mit hoher Funktionalität verbindet.

14. OKT: Daimler Trucks North America legt einen Plan zur Optimierung und Neuausrichtung des operativen Geschäfts vor. Im Rahmen einer Zwei-Marken-Strategie sollen die Marke Sterling ab März 2009 eingestellt und das Sterling-Werk in St. Thomas, Ontario/Kanada geschlossen werden. Im Juni 2010 soll auch die Stilllegung des Freightliner-Werks in Portland, Oregon/USA erfolgen.

18. OKT: Unternehmensleitung und Gesamtbetriebsrat der Daimler AG unterzeichnen eine Gesamtbetriebsvereinbarung über ein neues System der betrieblichen Altersversorgung. Für die rund 140 000 Beschäftigten im Tarifbereich wird das Daimler Vorsorge Kapital ab Januar 2009 die Daimler-Benz Rente ablösen.

6
24. OKT: In Ulm startet Daimler die erste Pilotphase des neuen Mobilitätskonzepts car2go, in der das zukunftsweisende Projekt unter Realbedingungen getestet wird. Dabei sind 50 smart fortwo flächendeckend über das Stadtgebiet verteilt und können rund um die Uhr von jedem registrierten Interessenten spontan oder mit Reservierung gemietet werden.

2008

7

24. OKT: In Gegenwart des portugiesischen Ministerpräsidenten José Sócrates und des Daimler-Vorstandsmitglieds Andreas Renschler begeht das Werk Tramagal von Mitsubishi Fuso Truck Europe ein Produktionsjubiläum. Der 150 000. Fuso Canter, der in dem portugiesischen Werk für den europäischen Markt produziert wird, läuft vom Band.

8, 9

26. OKT: Beim Saisonabschlussrennen der DTM auf dem Hockenheimring belegen Paul di Resta, Jamie Green und Bruno Spengler auf AMG-Mercedes C-Klasse die Plätze zwei bis vier. Paul di Resta wird damit Vizemeister, und das Team Mercedes-Benz Bank / AMG mit Paul di Resta und Bruno Spengler gewinnt die Teamwertung. Der fünfmalige Champion Bernd Schneider beendet seine DTM-Karriere nach 227 Rennen für Mercedes-Benz auf dem sechsten Platz.

27. OKT: Der ungarische Wirtschaftsminister Gordon Bajnai und Rainer Schmückle als Vertreter der Daimler AG unterzeichnen den Kooperationsvertrag zum Bau eines neuen Mercedes-Benz Werks in Kecskemét/Ungarn. Die Vertragsunterzeichnung findet in Gegenwart des ungarischen Premierministers Ferenc Gyurcsány und des Bürgermeisters von Kecskemét, Dr. Gábor Zombor, im ungarischen Parlament statt.

10, 11

02. NOV: Beim Großen Preis von Brasilien belegt Lewis Hamilton auf McLaren-Mercedes MP4-23 den fünften Platz nach einem Überholmanöver in der letzten Kurve der letzten Runde. Er sichert sich damit die Formel-1-Weltmeisterschaft – als jüngster Weltmeister der Formel-1-Geschichte und mit einem Punkt Vorsprung vor Felipe Massa auf Ferrari.

16. – 20. NOV: Auf dem World Congress on Intelligent Transport Systems (ITS) in New York präsentiert Mercedes-Benz die Fahrassistenzsysteme der Zukunft – darunter das Projekt »Vehicle Infrastructure Integration« (VII), das durch Kommunikation zwischen den Fahrzeugen und mit dem Umfeld die Verkehrssicherheit erhöht und Unfälle vermeiden hilft.

02. DEZ: Gemeinsam mit Enel, Italiens größtem Energieversorger, startet die Daimler AG ein weiteres Elektromobilitätsprojekt. Im Rahmen von »e-mobility Italy« sollen im Jahr 2010 mehr als 100 Elektroautos der Marken smart und Mercedes-Benz in Rom, Mailand und Pisa im Alltagsbetrieb erprobt werden. Enel stellt dazu mehr als 400 Ladestationen bereit.

08. – 11. DEZ: Zur Anpassung der Produktion an die schwierige Marktsituation vereinbaren die Unternehmensleitung und die Arbeitnehmervertretungen der Werke Sindelfingen, Rastatt, Untertürkheim, Berlin, Ludwigsfelde und Hamburg für das erste Quartal 2009 werkspezifische Absenkungen der Arbeitszeit, zu denen auch Kurzarbeit gehört.

12. DEZ: Die Daimler AG, der russische Lkw-Hersteller Kamaz, das staatliche Unternehmen Russian Technologies und die Investmentbank Troika Dialog unterschreiben in Moskau den Vertrag für eine exklusive strategische Partnerschaft. Daimler übernimmt von Troika Dialog einen 10%igen Anteil an Kamaz und erhält einen Sitz im Aufsichtsrat sowie umfangreiche Rechte als Minderheitsaktionär.

15. DEZ: Die Daimler AG und die Evonik Industries AG, Essen, gründen eine strategische Allianz zur Entwicklung und Fertigung von Lithium-Ionen-Batterien. In diesem Rahmen übernimmt Daimler 49,9 % an der zum Evonik-Konzern gehörenden Li-Tec Vermögensverwaltung GmbH. Außerdem ist die Gründung eines zusätzlichen Joint Ventures geplant, das sich der Entwicklung und Produktion von Batterien und Batteriesystemen für automobile Anwendungen widmen soll.

15. DEZ: Die erste Mercedes-Benz Sattelzugmaschine des Typs Econic 1828 NGT wird an die Kaiser's Tengelmann AG im nordrhein-westfälischen Viersen übergeben. Die Supermarktkette erprobt die Sattelzugmaschine mit emissionsarmem und wirtschaftlichem Erdgasantrieb in Kombination mit einem besonders umweltfreundlichen Kühlauflieger im täglichen Lieferverkehr.

18. DEZ: Die Daimler AG und die PURI tech GmbH & Co. KG vereinbaren eine Kooperation über die Nachrüstung von Mercedes-Benz Nutzfahrzeugen mit Dieselpartikelfiltern. PURI tech liefert ab Januar 2009 Filter-Nachrüstsätze, die eine Rußpartikelminderung von über 99% erzielen. Damit können Mercedes-Benz Nutzfahrzeuge der Schadstoffklassen Euro 1, Euro 2 und Euro 3 ihre Plaketteneinstufung für Umweltzonen und ihre Mautklassifizierung verbessern.

2008

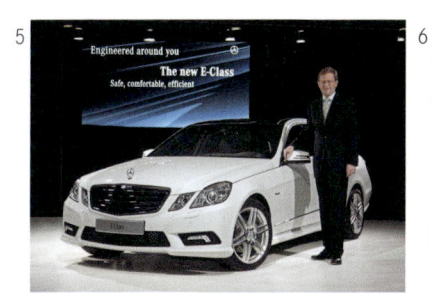

2009	Belegschaft	Produktion Pkw / Nfz	Umsatz
	256 407	1 031 562 / 424 807	78 924 Mio. €

5
10. JAN: Am Vorabend der North American International Auto Show (NAIAS) präsentiert Mercedes-Benz der internationalen Presse in Detroit, Michigan/USA die neue E-Klasse der Baureihe 212. Zahlreiche Innovationen in den Bereichen Sicherheit, Komfort und Umweltverträglichkeit zeichnen die neue Baureihe aus, darunter die serienmäßige Müdigkeitserkennung ATTENTION ASSIST, der adaptive Fernlicht-Assistent und die weiterentwickelte PRE-SAFE Bremse, die die Folgen eines unvermeidbaren Unfalls mit einer automatischen Vollbremsung mindert.

6, 7
11. – 25. JAN: Unter dem Motto »Faszination und Verantwortung« debütieren auf der North American International Auto Show (NAIAS) in Detroit, Michigan/USA zwei Fahrzeugkonzepte von Mercedes-Benz. Der exklusive, auf 75 Exemplare limitierte SLR Stirling Moss bildet als hochkarätiger Speedster den Abschluss der SLR-Typenfamilie. Mit dem »Concept BlueZERO«, einem modularen Konzept unterschiedlicher Antriebskonfigurationen, demonstriert Mercedes-Benz die Alltagstauglichkeit elektrischer Antriebe für das emissionsfreie oder sehr emissionsarme Fahren: BlueZERO E-CELL mit batterie-elektrischem Antrieb, BlueZERO F-CELL mit Brennstoffzelle und BlueZERO E-CELL PLUS mit Elektroantrieb und zusätzlichem Verbrennungsmotor als »Range Extender«.

8
29. JAN: In Gegenwart von Bundeskanzlerin Dr. Angela Merkel und des chinesischen Vice Mayor of People's Government Beijing Gou Zhongwen unterzeichnen die Beiqi Foton Motor Co., Ltd. und die Daimler AG eine Absichtserklärung zur Gründung eines 50:50-Joint-Ventures in China. Geplant sind die Herstellung von mittelschweren und schweren Lkw sowie der Austausch von Technologien.

9, 10
13. FEB: Anlässlich des 30-jährigen Jubiläums der G-Klasse präsentiert Mercedes-Benz zwei limitierte Sondermodelle: die »EDITION30« auf Basis des G 500 Station-Wagens mit langem Radstand (Baureihe 463) und die »EDITION30. PUR«, die auf dem G 280 CDI (Baureihe 461), ebenfalls als Station-Wagen mit langem Radstand, basiert.

11
24. FEB: Mercedes-Benz Indien eröffnet im Beisein zahlreicher Amtsträger aus Politik und Verwaltung seinen neuen Standort und das neue Produktionswerk in Chakan, Pune. Auf einer Gesamtfläche von rund 400 Hektar werden Personenwagen und Nutzfahrzeuge in unabhängigen Produktionsstätten gefertigt.

26. FEB: Mercedes-Benz Auto Finance China (MBAFC), ein Tochterunternehmen der Daimler Financial Services AG, erweitert seine Produktpalette und bietet als erster Autofinanzierer Fahrzeugleasing in China an.

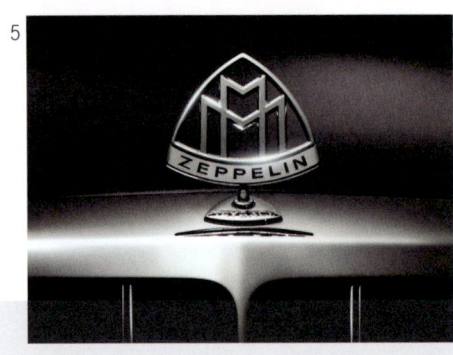

1
27. FEB: Das neue Werk von Daimler Trucks North America LLC (DTNA) in Saltillo im nordmexikanischen Bundesstaat Coahuila wird im Beisein des mexikanischen Staatspräsidenten Felipe Calderón eröffnet. Der für die Produktion des Freightliner Schwerlastwagen Cascadia errichtete Standort mit über 120 000 m² bebauter Fläche beherbergt neben dem Produktionswerk ein Logistikzentrum, ein Verwaltungsgebäude und ein Ausbildungs- und Schulungszentrum.

2
04. – 26. MÄR: Im Rahmen der Presse-Fahrvorstellung der neuen E-Klasse in Madrid präsentiert Mercedes-Benz auch die Sonderschutzvariante der Baureihe 212. Mit dem neuen Guard-Modell, das ab dem 31. März bestellt werden kann, setzt Mercedes-Benz acht Jahrzehnte Kompetenz in der Entwicklung und im Bau von Sonderschutzfahrzeugen fort.

3, 4, 5, 6, 7
05. – 15. MÄR: Auf dem Automobil-Salon in Genf feiert die neue E-Klasse der Baureihe 212 Salon-Premiere. Gleichzeitig debütiert das E-Klasse Coupé (Baureihe 207), das die Tugenden der Limousine mit der Faszination und Eleganz eines Coupés verbindet. Die Marke Maybach krönt ihre Modellpalette mit dem neuen Maybach Zeppelin. Er markiert die absolute Spitzenposition in der Klasse der Highend-Luxuslimousinen und ist auf 100 Exemplare limitiert. Weltpremiere haben auch zwei smart Modelle: das seriennahe Showcar fortwo BRABUS electric drive mit Elektroantrieb und Lithium-Ionen-Batterie und das Sondermodell »edition limited three« auf Basis des smart fortwo mhd passion.

11. MÄR: Die Daimler AG gibt bekannt, dass aufgrund der wirtschaftlichen Rahmenbedingungen ab April/Mai auch in den Lkw-Produktionswerken Wörth, Gaggenau, Kassel und Mannheim Kurzarbeit erforderlich wird. Damit reagiert das Unternehmen auf die anhaltende Nachfrageschwäche und die rückläufigen Auftragseingänge entsprechend der aktuellen Marktentwicklung.

8
18. MÄR: Für die Lkw der Baureihen Atego, Axor und Actros bietet Mercedes-Benz ab Werk ein neues Truck-Navigationsgerät an. Das neue System berücksichtigt nutzfahrzeugspezifische Belange wie Gewichtsbeschränkungen, Durchfahrtshöhen und Einfahrtsmöglichkeiten in die Innenstädte.

9
22. MÄR: Die Daimler AG gibt ihre Absicht bekannt, das Grundkapital um rund 10 % unter Ausschluss des Bezugsrechts zu erhöhen und alle neuen Aktien an Aabar Investments PJSC zu veräußern. Die Investmentgesellschaft mit Sitz in Abu Dhabi wird damit zum Großaktionär und hält danach rund 9,1 % am neuen Grundkapital.

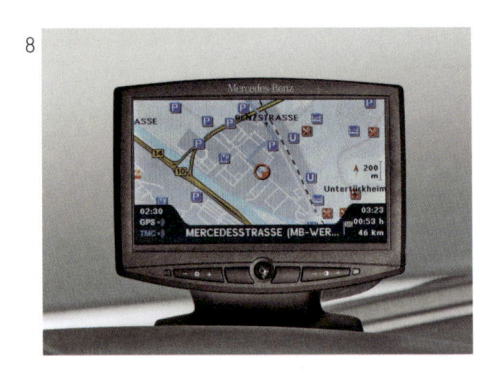

2009

10 25. MÄR: Mercedes-Benz präsentiert den F-CELL Roadster mit Brennstoffzellen-Antrieb, den mehr als 150 dual Studierende und Auszubildende des Werks Sindelfingen in einem berufsgruppenübergreifenden Projekt gebaut haben. Das Ziel des Projekts, das Nachwuchskräfte der unterschiedlichsten Fachrichtungen begleitet haben, bestand darin, das Thema »alternative Antriebe« praxisnah in die Ausbildung zu integrieren.

11 25. MÄR: Am Odeonsplatz in München wird die Mercedes-Benz Gallery mit einer Ausstellungsfläche von insgesamt knapp 400 m² über zwei Etagen eröffnet. Der Auftritt der Mercedes-Benz Galleries, die auch an weiteren Standorten im In- und Ausland entstehen, setzt auf eine attraktive, stark frequentierte Innenstadtlage und ein ästhetisch anspruchsvolles Raum- und Gestaltungskonzept.

12 26. MÄR: In Ulm beginnt die öffentliche Testphase des innovativen Mobilitätskonzepts car2go. Damit steht car2go mit einer erweiterten Testflotte von 200 smart fortwo cdi allen Bewohnern und Besuchern der Stadt Ulm zur Verfügung.

13 29. MÄR: Beim Großen Preis von Australien in Melbourne, dem ersten Rennen der Formel-1-Saison, starten erstmals drei Teams mit Motoren von Mercedes-Benz. Auf die bei Mercedes-Benz High Performance Engines in Brixworth/Großbritannien gebauten 2,4-l-V8-Motoren setzen neben Vodafone McLaren-Mercedes auch Brawn GP und Force India. Jenson Button auf Brawn BGP 001 gewinnt das Auftaktrennen ebenso wie fünf der nächsten sechs Grand Prix.

14 MÄR: In der Hinterachsmontage des Mercedes-Benz Werks Untertürkheim, Werkteil Esslingen-Mettingen, werden erstmals in der Automobilindustrie neuartige Leichtbauroboter aus der Raumfahrt in der Serienfertigung eingesetzt. Sie entlasten die Montagemitarbeiter von Aufgaben, die neben Präzision und Fingerspitzengefühl auch einen hohen Kraftaufwand erfordern.

15, 16, 17, 18 08. – 19. APR: Auf der New York International Auto Show (NYIAS) debütieren der speziell für den US-Markt konzipierte ML 450 HYBRID mit seinem innovativen Two-Mode-Hybrid-System und die aufgewertete GL-Klasse (Baureihe X 164). Die Studie »E 250 BlueTEC« kombiniert die Eigenschaften des neuen hocheffizienten Vierzylinder-CDI-Motors mit den Vorzügen der SCR-Abgastechnologie. Premiere feiert auch der E 63 AMG, die Hochleistungsversion der E-Klasse (Baureihe 212).

15. APR: Die Daimler AG und die indische Hero Group geben gemeinsam die Auflösung des Joint Ventures Daimler Hero Commercial Vehicles Ltd. bekannt. Die Hero Group wird sich zukünftig auf ihr Kerngeschäft konzentrieren und den 40%-Anteil am gemeinsamen Joint Venture an Daimler Trucks zurückgeben.

1, 2

20. – 28. APR: Auf der Auto Shanghai 2009, der zweitgrößten Automobilmesse der Welt, präsentiert Mercedes-Benz mit der S-Klasse 2009 (Baureihe 221) eine aufgewertete Generation der erfolgreichen Luxuslimousine. Der neue S 400 HYBRID, das erste Serienfahrzeug mit Hybridantrieb und Lithium-Ionen-Batterie, ist der CO_2-Champion der Luxusklasse. Er steht für »Green Luxury« – die Kombination von Status, Komfort und Sicherheit mit vorbildlicher Effizienz und Umweltverträglichkeit.

3

23. APR: Anlässlich des einhundertsten Geburtstags des Mercedes-Sterns und des Benz-Lorbeerkranzes präsentiert Mercedes-Benz eine besonders exklusive Edition des CL Coupés. Das ab 26. Juni erhältliche Jubiläumsmodell »100 Jahre Markenzeichen« brilliert mit einer umfangreichen Ausstattung und exquisiten Details, darunter aufwendig gestalteten Plaketten der Original-Markenzeichen auf der Mittelkonsole.

27. APR: Die Daimler AG, Chrysler, Cerberus und die staatliche Pensionsaufsicht Pension Benefit Guaranty Corporation (PBGC) unterzeichnen eine Vereinbarung über die verbliebenen offenen Themen zwischen den Parteien im Zusammenhang mit Chrysler. Darin gibt Daimler seine Beteiligung von 19,9 % an Chrysler auf und verzichtet auf die Rückzahlung der an Chrysler ausgegebenen Darlehen. Darüber hinaus unterstützt Daimler die Absicherung der Pensionszahlungen an die ehemaligen DaimlerChrysler Mitarbeiter mit drei jährlichen Zahlungen in die Chrysler Pensionspläne in Höhe von je 200 Mio. US-Dollar.

4

04. – 15. MAI: Im Van Technology Center in Stuttgart präsentiert sich der Mercedes-Benz Sprinter mit zahlreichen neuen Features. Die Vierzylinder-Dieselmotoren der Baureihe OM 651 erreichen serienmäßig Euro 5; in Kombination mit dem neu entwickelten Sechsgang-Schaltgetriebe ECO Gear haben sie trotz höherer Leistung einen deutlich geringeren Verbrauch. Weitere Neuerungen sind die ESP-Anhängerstabilisierung und das adaptive Bremslicht.

5

19. MAI: Auf einer Pressekonferenz in Stuttgart gibt die Daimler AG bekannt, dass sie einen Unternehmensanteil von knapp 10 % an der Tesla Motors, Inc. übernehmen wird. Mit diesem Investment beginnt der Erfinder des Automobils eine strategische Partnerschaft mit dem jüngsten Mitglied der Automobilindustrie. Tesla ist der einzige Hersteller, der ein speziell auf Langstrecken ausgelegtes Batteriefahrzeug in Nordamerika und Europa vertreibt.

05. JUN: Zum Internationalen Tag der Umwelt 2009 erhält die E-Klasse das begehrte Umwelt-Zertifikat nach der ISO-Richtlinie 14 062, das auf einer umfassenden Öko-Bilanz basiert. Seit Juli 2005 hat der TÜV Süd bereits die S-Klasse, die C-Klasse sowie die A- und B-Klasse mit dem Umwelt-Zertifikat ausgezeichnet. Im Mai 2009 hat der GLK die Auszeichnung als erstes Mercedes-Benz SUV erhalten.

6

07. – 11. JUN: Der neue Mercedes-Benz Citaro FuelCELL-Hybrid feiert seine Weltpremiere auf dem UITP-Kongress in Wien, dem Weltkongress der Verkehrsbetriebe. Der im Rahmen der globalen Initiative »Shaping Future Transportation« entwickelte Brennstoffzellen-Hybridbus kombiniert zwei wasserstoffgespeiste Brennstoffzellen-Stacks mit leistungsstarken Lithium-Ionen-Batterien, mit denen er mehrere Kilometer im reinen Batteriebetrieb fahren kann. Eine Kleinserie von zehn Fahrzeugen soll 2010 mit dem Flottentest beginnen.

7

15. JUN: Mercedes-Benz stellt zum TecDay Safety in Sindelfingen das ESF 2009 vor, das erste Experimental-Sicherheits-Fahrzeug von Mercedes-Benz seit 1974. Zu den zukunftsweisenden Ideen zählen unter anderem aufblasbare Metallstrukturen, die Strukturbauteilen in Sekundenbruchteilen mehr Stabilität geben, sowie der sogenannte »Braking Bag«.

2009

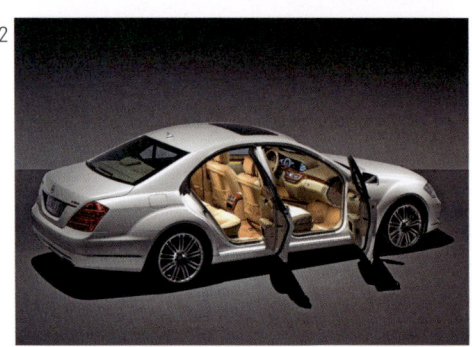

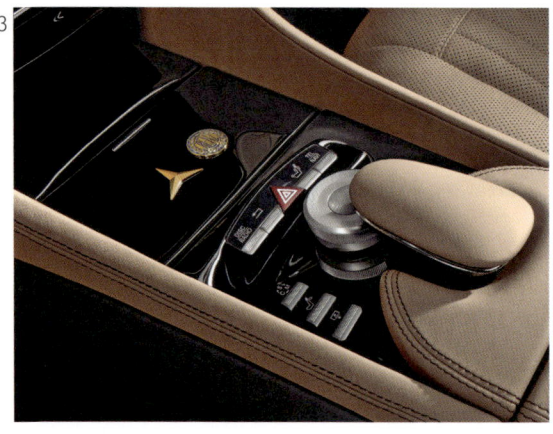

8
17. JUN: Auf dem Gelände der OMV Tankstelle am Stuttgarter Flughafen eröffnet die OMV in Kooperation mit der Linde AG und der Daimler AG die erste öffentliche Wasserstoff-Tankstelle Baden-Württembergs.

9, 10
17. JUN: Bei den begehrten »International Engine of the Year Awards 2009« werden Motoren von Mercedes-Benz und AMG in drei Kategorien als beste Triebwerke ausgezeichnet. Der AMG 6,2-l-V8-Motor M 156 siegt gleich zweimal: In den Klassen »Best Performance Engine« und »Above 4 litres« kommt der bis zu 386 kW / 525 PS starke Hochdrehzahl-Saugmotor jeweils mit großem Abstand auf den ersten Platz. In der Klasse »2 – 2,5 litres« belegt der Vierzylinder-Diesel OM 651 die Spitzenposition.

11, 12
24. JUN: In der Gemeinde Kuppenheim erfolgt unter Beteiligung des Ministerpräsidenten Günther Oettinger und zahlreicher Honoratioren aus Politik und Industrie der erste Spatenstich für den Bau eines neuen Mercedes-Benz Presswerks, das dem Werk Gaggenau angegliedert wird. Mit Investitionen von 70 Mio. Euro errichtet die Daimler AG auf dem 156 000 m² großen Grundstück das neue Produktionswerk, das ab Ende 2010 Außenhautteile für Mercedes-Benz Lkw und die Nachfolgegeneration der A-Klasse und B-Klasse fertigen soll.

13
25. JUN: Mitsubishi Fuso präsentiert die neue Generation des Kompakt-Lastwagens Canter. Die Europaversion geht mit einer neuen Motor- und Getriebegeneration sowie einem optimierten Leergewicht-Nutzlastverhältnis an den Start. In der Summe führen alle Maßnahmen zu einer größeren Umweltfreundlichkeit.

06. JUL: Mit einer Standortentscheidung starten Daimler und Evonik die nächste Stufe ihrer strategischen Allianz zur Elektrifizierung des Autos: Die Deutsche Accumotive GmbH & Co. KG, ein Joint Venture der Daimler AG und der Evonik Industries AG, wird in Kamenz/Sachsen Batteriesysteme auf Basis der Lithium-Ionen-Technologie produzieren. Der Baubeginn für die neue Produktionsstätte ist für Herbst 2009 geplant.

13. JUL: Die Daimler AG veräußert 40 % ihrer 10 %igen Beteiligung an Tesla Motors, Inc. an ihren neuen Großaktionär Aabar Investments PJSC, Abu Dhabi. Daimler und Aabar bringen damit das erste gemeinsame strategische Projekt auf den Weg, mit dem sie die Entwicklung von Elektrofahrzeugen verfolgen.

14
13. JUL: Im Rahmen des TecDays »On the Road to emission-free Mobility« präsentiert Daimler der Presse den aktuellen Stand bei der Umsetzung seiner Antriebsstrategie. Optimierung des Verbrennungsmotors, Effizienzsteigerung durch Hybridisierung und die Einführung lokal emissionsfreier Elektrofahrzeuge sind die Schwerpunkte dieser Strategie.

2009

JUL: Daimler Trucks North America (DTNA) liefert die ersten fünf Zugmaschinen des erdgasangetriebenen Lastwagens Freightliner Business Class M2 112 NG aus. Die umweltfreundlichen und wirtschaftlichen Erdgas-Lkw werden in den kalifornischen Großstädten Long Beach und Los Angeles im Hafentransport eingesetzt.

JUL: Mit einer Sonderedition des Axor 2544 feiert Mercedes-Benz do Brasil ein Verkaufsjubiläum: Seit dem Produktionsbeginn im Jahr 1956 hat die brasilianische Tochtergesellschaft eine Million Lastwagen abgesetzt.

27. AUG: In Gegenwart von Berlins Regierendem Bürgermeister Klaus Wowereit nimmt das Mercedes-Benz Werk Berlin-Marienfelde eine 3 740 m² große Photovoltaikanlage auf dem Dach einer Fertigungshalle offiziell in Betrieb. Die größte zusammenhängende Solardachanlage Berlins kann jährlich eine Energie von rund 430 000 kWh erzeugen.

31. AUG: Die Mitsubishi Fuso Truck and Bus Corporation (MFTBC) und die Nissan Diesel Motor Co., Ltd. geben bekannt, dass sie eine gemeinsame Absichtserklärung zur verstärkten Zusammenarbeit im Busgeschäft unterzeichnet haben. Zu den Optionen, um sich auf dem japanischen Omnibusmarkt erfolgreich zu positionieren, gehört die Gründung eines Joint Ventures beider Unternehmen.

10. SEP: Im Mercedes-Benz Werk in Tuscaloosa, Alabama/USA läuft das einmillionste SUV der M-Klasse vom Band. Das Jubiläumsfahrzeug, ein besonders verbrauchsgünstiger ML 350 BlueTEC 4MATIC, geht an einen Händlerbetrieb an der Westküste der USA.

4, 5, 6, 7, 8, 9, 10, 11
17. – 27. SEP: Auf der 63. IAA, der Internationalen Automobil-Ausstellung in Frankfurt/M., debütieren das T-Modell der E-Klasse (Baureihe 212) und der Mercedes-Benz SLS AMG (Baureihe 197). Der von AMG entwickelte Supersportwagen mit Flügeltüren hat eine Aluminium-Karosserie und einen Spaceframe-Rahmen. Ein 420 kW / 571 PS starker 6,2-l-V8-Frontmittelmotor, der mit einem Doppelkupplungsgetriebe kombiniert ist, erlaubt Geschwindigkeiten von bis zu 317 km/h. Der als Studie präsentierte »Vision S 500 Plug-In HYBRID« ermöglicht einen Verbrauch von nur 3,2 l Benzin pro 100 km. Weltpremiere feiert die B-Klasse F-CELL, der erste unter Serienbedingungen gefertigte Brennstoffzellen-Pkw. Er hat einen emissionsfreien Antrieb und begnügt sich mit einem NEFZ-Verbrauch von umgerechnet 3,3 l Diesel-Äquivalent je 100 km.
smart präsentiert das Sondermodell »edition highstyle« und das neue Individualisierungsprogramm smart BRABUS tailor made. Mit dem neuen Service bietet die Marke neben den bisher üblichen Ausstattungsvarianten umfangreiche Sonderausstattungen, mit denen sich smart-Kunden auch ausgefallene Wünsche erfüllen können.

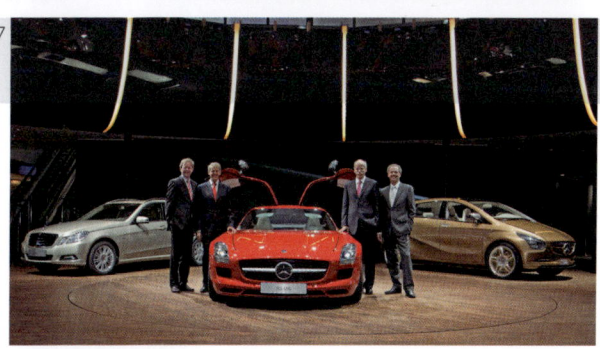

1

28. SEP – 09. OKT: Im Rahmen eines Öko-Trainings präsentiert Mercedes-Benz der Presse das neue BlueEFFICIENCY-Paket für den Sprinter. Bei den Diesel-Modellen umfasst das Effizienzpaket zur Optimierung des Kraftstoffverbrauchs und zur Reduzierung von Emissionen neben den neuen Vierzylindermotoren und dem Sechsgang-Schaltgetriebe ECO Gear eine neue ECO Start-Stopp-Funktion. Die BlueEFFICIENCY-Plakette erhält auch der erdgasbetriebene Sprinter NGT, der besonders wirtschaftlich ist und sich durch deutlich verringerte Abgas- und Geräuschemissionen auszeichnet.

2

SEP: Die Firma Binz in Lorch (Württemberg) beginnt mit der Serienproduktion von verlängerten Fahrgestellen auf Basis der E-Klasse Baureihe 212. Im Gegensatz zur Vorgängerbaureihe VF 211 fertigt Binz den VF 212 komplett in Eigenregie und bietet die Fahrgestelle in drei unterschiedlichen Radständen an. Als Basis dienen nicht mehr die Rohbaukarosserien, sondern fertig montierte T-Modelle ohne Fondsitzanlage und Laderaumboden.

3

08. OKT: Anlässlich eines Besuchs des französischen Staatspräsidenten Nicolas Sarkozy im smart Werk im lothringischen Hambach gibt die Daimler AG die Standortentscheidung zur künftigen Serienproduktion des smart fortwo electric drive bekannt. Das Elektrofahrzeug mit Lithium-Ionen-Batterie wird ab Mitte November in einer Kleinserie von 1 000 Stück produziert und von 2012 an in Hambach in Großserie vom Band laufen.

4

13. OKT: Der erste im Werk Wörth gefertigte Mercedes-Benz Econic mit Erdgasantrieb läuft vom Band. Bislang im Mannheimer Kompetenzcenter für emissionsfreie Mobilität (KEM) produziert, werden die Econic Gasfahrzeuge aufgrund der großen Kundennachfrage künftig im Mercedes-Benz Werk Wörth hergestellt und in die reguläre Serienproduktion integriert.

5

16. OKT: Im Beisein des ungarischen Ministerpräsidenten Gordon Bajnai erfolgt in Kecskemét/Ungarn die feierliche Grundsteinlegung für ein neues Pkw-Werk von Mercedes-Benz. Nach Investitionen von rund 800 Mio. Euro soll in Kecskemét von 2012 an die Nachfolgegeneration der heutigen A-Klasse und B-Klasse im Verbund mit dem deutschen Standort in Rastatt gefertigt werden.

6, 7, 8

16. – 21. OKT: Auf der Omnibus-Fachmesse Busworld in Kortrijk/Belgien debütiert der Mercedes-Benz Tourismo RH als Hochboden-Omnibus für den gehobenen Überland- und Reiseverkehr. Premiere hat auch das überarbeitete Programm der Sprinter Minibusse mit einem neuen Antriebsstrang. Die Setra ComfortClass 400 präsentiert sich erstmals in aufgewerteter Form mit mehr als 30 Neuerungen. In der MultiClass 400 debütieren die Hochboden-Omnibusse S 415 H und der S 416 H.

9, 10

18. OKT: Nach einem fünften Platz beim Großen Preis von Brasilien, dem vorletzten Rennen der Saison, wird Jenson Button auf Brawn-Mercedes BGP 001 vorzeitig Formel-1-Weltmeister. Drei seiner sechs Rennsiege hat Button mit einem einzigen Motor in Folge errungen. Brawn-Mercedes gewinnt auch die Konstrukteurswertung der Formel 1.

11

25. OKT: Gary Paffett auf AMG-Mercedes C-Klasse siegt im DTM-Finale auf dem Hockenheimring und wird damit Vizemeister vor seinem Teamgefährten Paul di Resta. Das Team AMG Mercedes gewinnt die Teamwertung.

12 OKT: In der E-Klasse und S-Klasse bietet Mercedes-Benz auf Wunsch erstmals einen kabellosen und uneingeschränkten Internetzugang im Fahrzeug an. Mit Mercedes-Benz InCar Hotspot werden die Datensignale über die Fahrzeugantenne empfangen. Ein spezieller WLAN-Router und eine datenfähige SIM-Karte verarbeiten die Signale und stellen innerhalb des Fahrzeugs den kabellosen Zugang zum Internet auch während der Fahrt her.

16. NOV: Die Daimler AG gibt bekannt, dass Mercedes-Benz ab der Saison 2010 mit einem eigenen Team in der Formel-1-Weltmeisterschaft an den Start gehen wird. Vorbehaltlich der Freigabe durch die EU und die Schweizer Kartellbehörden wird Daimler gemeinsam mit Aabar Investments PJSC 75,1 % von Brawn GP übernehmen, wobei Daimler 45,1 % und Aabar 30 % der Anteile erwirbt. Die restlichen 24,9 % verbleiben bei den bisherigen Anteilseignern. Zudem ändern die Daimler AG und die McLaren Group mit Wirkung vom 13. November die bisherige Form ihrer Zusammenarbeit. Die McLaren Group wird den Rückkauf des von der Daimler AG gehaltenen 40 %igen Anteils bis 2011 abschließen. Eine Lieferung von Mercedes-Benz Motoren an McLaren ist bis 2015 möglich.

13 19. NOV: In enger Kooperation mit der Stadt Austin/Texas startet Daimler den ersten Pilotversuch von car2go in den USA, der zugleich die erste außereuropäische Station des innovativen Mobilitätskonzepts darstellt. Gleichzeitig wird Austin offizieller Standort des Daimler Tochterunternehmens car2go North America LLC. Der Pilotversuch startet mit 200 smart fortwo – zunächst für einen definierten Nutzerkreis, der aus rund 13 000 Mitarbeitern der Stadtverwaltung besteht.

11. DEZ: Mit dem ersten Spatenstich beginnen die Baumaßnahmen für ein neues automatisiertes Kleinteilelager (AKL) auf dem Gelände des Mercedes-Benz Lkw-Werks Wörth. Auf einer Grundfläche von 6 600 m² soll mit Gesamtinvestitionen von 26 Mio. Euro das erste in einer Lkw-Montage genutzte automatisierte Kleinteilelager errichtet werden.

14 17. DEZ: In Berlin werden die ersten smart fortwo electric drive an Kunden übergeben. Der kompakte Zweisitzer ist das weltweit erste emissionsfreie Fahrzeug, das Lithium-Ionen-Technologie und ein intelligentes Lademanagement bietet.

Klimaschutz

2007 erscheint der vierte Klimabericht der Vereinten Nationen. Deutlicher als alle UN-Klimaberichte zuvor benennt er den Menschen als Verursacher des Klimawandels und fordert, den vor allem durch fossile Brennstoffe verursachten CO_2-Ausstoß deutlich zu reduzieren. Um die schlimmsten Folgen des Klimawandels abzuwenden, sollten die Emissionen spätestens von 2015 an nicht mehr steigen. Als wichtigste Maßnahme, um den Klimawandel aufzuhalten, gilt den 500 Experten aus 154 Ländern der Einsatz emissionsarmer und erneuerbarer Energien.

19/20
Antriebe für nachhaltige Mobilität
2009

Mercedes-Benz CLS-Klasse   Mercedes-Benz S 400 HYBRID   Mercedes-Benz B-Klasse F-CELL   Ursus maritimus   Standorte des Mobilitätskonzepts car2go

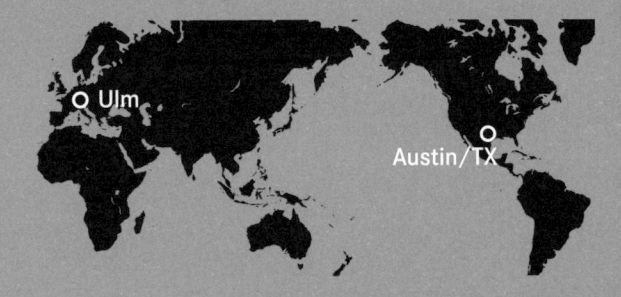

Schon lange vor der eindringlichen Warnung durch den Klimabericht hat Mercedes-Benz die Verbrennungsmotoren seiner Personenwagen und Nutzfahrzeuge kontinuierlich effizienter gemacht. Alternative Energieträger wie synthetische Kraftstoffe, Alkohole und Wasserstoff werden in Mercedes-Benz Versuchsfahrzeugen seit Jahrzehnten systematisch untersucht. Ebenso lange erforscht und entwickelt das Unternehmen alternative Antriebskonzepte wie den Hybridantrieb und lokal emissionsfreie Elektroantriebe mit Batterien oder Brennstoffzellen.

Auch in der Gegenwart sind dies die Schwerpunkte, mit denen Daimler den Weg zur nachhaltigen Mobilität verfolgt. Die Optimierung der Verbrennungsmotoren hat dabei hohen Stellenwert, weil der vollständige Umstieg auf emissionsfreie Antriebe erst mittelfristig realisierbar sein wird. Die 2004 eingeführte BlueTec-Technologie reduziert die Emissionen von Dieselmotoren – zunächst in den Schwerlastwagen Mercedes-Benz Actros und den Linienbussen Mercedes-Benz Citaro. Längst sind die »CleanDrive-Technologies« bei allen Konzernmarken im Serieneinsatz.

2006 macht die Technologie für effiziente Verbrennungsmotoren den Mercedes-Benz E 320 BLUETEC zum saubersten Diesel-Pkw der Welt. Die 2010 in der Mercedes-Benz CL-Klasse und dem Mercedes-Benz CLS vorgestellten BlueDIRECT Motoren mit der Benzin-Direkteinspritzung der dritten Generation setzen bei den Ottomotoren einen neuen Meilenstein in puncto Effizienz. Und mit BlueEFFICIENCY nutzt Mercedes-Benz von 2008 an ein umfassendes Maßnahmenpaket, um vorbildliche Umweltverträglichkeit zu erzielen – unter anderem durch Leichtbau, verbesserte Aerodynamik, reduzierten Rollwiderstand, optimierte Motoren und intelligentes Energiemanagement.

Mercedes-Benz Actros mit BlueTec-Technologie

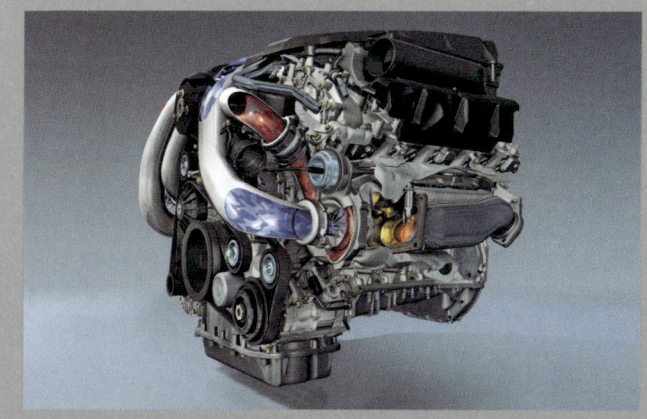

Mercedes-Benz BlueDIRECT Motor mit Benzin-Direkteinspritzung der dritten Generation

Mercedes-Benz S 400 HYBRID

Auch mit seinen Hybridfahrzeugen setzt Daimler in aller Welt Maßstäbe: Die effizienzsteigernde Antriebstechnologie, eine Kombination von Verbrennungsmotor und Elektroantrieb, wird serienmäßig in Stadtlinienbussen und Lastwagen von Orion, Mitsubishi Fuso, Freightliner und Mercedes-Benz angeboten. Von 2009 an ist sie erstmals auch in einem Oberklasse-Personenwagen erhältlich: im Mercedes-Benz S 400 HYBRID, die sparsamste Serien-Luxuslimousine mit Ottomotor und das weltweit erste Serienfahrzeug mit Lithium-Ionen-Batterie.

Noch im selben Jahr bringt Daimler zwei Elektroautos auf die Straße, die in Kleinserie produziert werden und ihre Alltagstauglichkeit in Kundenhand unter Beweis stellen: den smart fortwo electric drive mit batterieelektrischem Antrieb und die B-Klasse F-CELL, den ersten unter Serienbedingungen gefertigten Elektro-Pkw mit Brennstoffzellen-Antrieb. 2010 folgen als weitere lokal emissionsfreie Fahrzeuge die Mercedes-Benz A-Klasse E-CELL und der Mercedes-Benz Vito E-CELL, der als weltweit erster Transporter bereits ab Werk mit Elektroantrieb produziert wird. Darüber hinaus präsentiert Daimler 2010 mit dem Fuso Canter E-CELL den ersten Leicht-Lkw mit Elektroantrieb.

Lokal emissionsfreie Fahrzeuge von Mercedes-Benz und smart, die 2010 in Serie oder Kleinserien produziert werden.

Mit dem innovativen Mobilitätskonzept car2go sind Reservierung und Mieten des Fahrzeugs so einfach wie mobiles Telefonieren.

Neben innovativen Antriebstechnologien setzt Daimler auch auf grundlegend neue Mobilitätskonzepte. 2009 startet das Unternehmen in Ulm und Austin, Texas/USA das revolutionäre Verkehrskonzept car2go als zukunftsweisende Lösung für das steigende Verkehrsaufkommen in städtischen Ballungsräumen. Je nach Bedarf und bei minutengenauer Abrechnung können smart fortwo coupés in der Stadt spontan oder mit Vorbuchung ausgeliehen und überall dort, wo das Parken erlaubt ist, wieder abgestellt werden. Buchung, Nutzung und Rückgabe sind denkbar einfach, und der Erfolg des Konzepts übertrifft schnell die Erwartungen.

Auch der Bedeutung des öffentlichen Personennahverkehrs trägt Daimler Rechnung. Ein Expertenteam für Bus-Rapid-Transit-Systeme (BRT) leistet weltweit Unterstützung bei der Einführung und Weiterentwicklung maßgeschneiderter urbaner Buskonzepte.

Mit innovativen Konzepten und einem denkbar breiten Spektrum modernster Technologien gestaltet Daimler den Weg zum emissionsfreien Fahren. Das Ziel aller Anstrengungen besteht darin, die individuelle Mobilität trotz immer höherer Anforderungen in allen Sparten des Straßenverkehrs auch für künftige Generationen zu sichern.

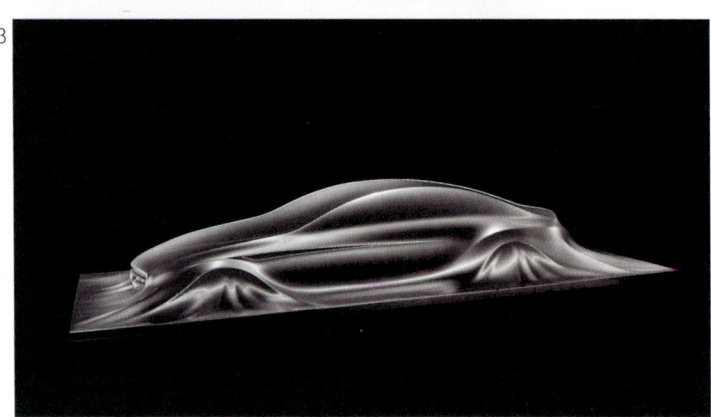

2010	Belegschaft	Produktion Pkw / Nfz	Umsatz
	260 100	1 312 456 / 628 276	97 761 Mio. €

1, 2, 3

11. – 24. JAN: Auf der North American International Auto Show (NAIAS) hat das E-Klasse Cabriolet (Baureihe 207) Weltpremiere. Für hohen Komfort und Ganzjahrestauglichkeit sorgt unter anderem das automatische Windschott AIRCAP, das auf Knopfdruck ausgefahren werden kann und bei offenem Verdeck die Turbulenzen im Innenraum für alle vier Passagiere deutlich verringert. Zur Ausstattung des E-Klasse Cabriolets gehört auch die weiterentwickelte, in die Rückenlehnen der Vordersitze integrierte Nackenheizung AIRSCARF, die warme Luft aus verstellbaren Luftdüsen in den Kopfstützen bläst. Außerdem präsentiert Mercedes-Benz in Detroit, Michigan/USA eine kunstvolle Automobil-Skulptur. Sie zeigt einen Fahrzeugkörper, der sich sanft und fließend aus einer Ebene heraus entfaltet und so die Form des Automobils künstlerisch überhöht.

4, 5, 6

25. JAN: Bei einer Pressekonferenz im Mercedes-Benz Museum stellt Mercedes-Benz sein neues Formel-1-Werksteam MERCEDES GP PETRONAS vor. Die Fahrer Nico Rosberg und der siebenmalige Formel-1-Weltmeister Michael Schumacher sowie das Teammanagement Ross Brawn, Nick Fry und Norbert Haug präsentieren das Farbdesign des neuen Silberpfeils am Vorjahresauto. Das Fahrzeug für die neue Saison, der MGP W01, debütiert am 1. Februar 2010 beim ersten Test in Valencia/Spanien und hat seinen ersten Renneinsatz beim Großen Preis von Bahrain am 14. März.

7

JAN: Nach dem Debüt auf der IAA 2009 in Frankfurt/M. beginnt die Serienproduktion des Mercedes-Benz SLS AMG im Werk Sindelfingen.

8
02. FEB: Daimler unterstützt die Bevölkerung der von schlimmen Erdbeben heimgesuchten Karibikinsel Haiti mit der kurzfristigen Bereitstellung von 20 Fuso Canter Lastkraftwagen im Wert von mehr als einer halben Million Euro. Die Fahrzeuge werden vom ehemaligen US-Präsidenten Bill Clinton im Rahmen seines Haiti-Hilfsprojekts übergeben.

9
07. – 09. FEB: Anlässlich des Informal EU Competitiveness Council präsentiert Mercedes-Benz in San Sebastián/Spanien den Prototyp eines batteriebetriebenen Transporters auf Basis des Mercedes-Benz Vito. Mit dem weltweit ersten Transporter mit Elektroantrieb ab Werk unterstreicht Daimler seine Technologieführerschaft.

10
01. MÄR: Die Daimler AG unterzeichnet gemeinsam mit der BYD Company Limited die Absichtserklärung für eine umfassende technologische Partnerschaft. Am 27. Mai vereinbaren beide Partner die Gründung des 50:50-Joint-Ventures Shenzen BYD Daimler New Technology Co, Ltd., das die Entwicklung eines Elektrofahrzeugs für die Anforderungen des chinesischen Marktes zum Ziel hat.

11, 12, 13, 14, 15
04. – 14. MÄR: Auf dem Genfer Automobil-Salon präsentiert Mercedes-Benz das Forschungsfahrzeug F 800 Style. Die Studie einer fünfsitzigen Oberklasselimousine kombiniert effiziente Antriebstechnologien mit einzigartigen Sicherheits- und Komfortfunktionen sowie einer emotionalen Formensprache. Einmalig für große Limousinen ist die neu entwickelte, flexible Multiantriebsplattform für Elektroantrieb mit Brennstoffzelle oder den Einsatz eines Plug-In-Hybrids. Ebenfalls neu ist der Mercedes-Benz E 300 BlueTEC HYBRID, der bereits in der Alltagserprobung läuft und 2011 auf den Markt kommt. Sein 15-kW-Elektromotor eignet sich für elektrisches Fahren und unterstützt den 2,2-l-Vierzylinder-Dieselmotor mit 150 kW / 204 PS beim Beschleunigen, eignet sich aber auch für rein elektrisches Fahren, z. B. beim Rangieren oder im Stop-and-go-Verkehr. Der Verbrauch beträgt nur 4,1 l pro 100 km (109 g CO_2 pro km). Als neues Modell der G-Klasse debütiert der G 350 BlueTEC, der modernste Dieseltechnologie mit niedrigeren Emissionswerten bietet. Eine weitere Neuheit ist der Mercedes-Benz SLS AMG in der Variante als offizielles Safety Car der Formel 1, das zum Saisonbeginn am 14. März als leistungsstärkstes Safety Car aller Zeiten an den Start geht. Unter dem Label Mercedes*Sport* stellt Mercedes-Benz in Genf erstmals ein Portfolio elegant-sportlicher Produkte zur Individualisierung vor.

09. MÄR: Die Daimler AG veräußert ihre Anteile am indischen Automobilkonzern Tata Motors in Höhe von 5,34 %. Durch den Verkauf der Anteile, der über den Kapitalmarkt an verschiedene Investorengruppen erfolgt, erzielt das Unternehmen einen Kapitalzufluss von rund 300 Mio. Euro.

1, 2
31. MÄR – 02. APR: Auf der New York International Auto Show (NYIAS) debütiert die neue Generation der R-Klasse. Die aufgewerteten Grand Sports Tourer der Baureihe 251 präsentieren sich umfassend aktualisiert mit einer komplett neu gestalteten Frontpartie. Ein weiteres Messe-Highlight ist die Weltpremiere des Mercedes-Benz SLS AMG GT3. Die Rennversion des neuen »Flügeltürers« erscheint pünktlich zur Markteinführung des SLS AMG. Premiere feiert auch der E 350 BlueTEC als weitere, besonders saubere Antriebsvariante der erfolgreichen Limousine, die in den USA einen Segment-Marktanteil von 35 % hält und die unangefochtene Nummer eins ihrer Klasse ist.

01. APR: Zum Abschluss der Untersuchungen wegen Verletzungen des US-amerikanischen Foreign Corrupt Practices Act (FCPA) erzielt die Daimler AG eine Einigung mit der US-Börsenaufsicht (Securities and Exchange Commission, SEC) und dem US-Justizministerium (U.S. Department of Justice, DOJ). Im Rahmen dieser Einigung werden die Verfahren gegen die Daimler AG und die Daimler North East Asia Ltd. ausgesetzt. Daimler zahlt eine Geldbuße in Höhe von 93,6 Mio. US-Dollar und stimmt einer Gewinnabschöpfung in Höhe von 91,4 Mio. US-Dollar zu. Die Aussetzung der Verfahren erfolgt gegen die Auflagen, die Vorschriften des FCPA während der zweijährigen Laufzeit der Vereinbarungen nicht zu verletzen und ein umfassendes Compliance-Programm aufrechtzuerhalten.

3
05. APR: Nico Rosberg holt beim Großen Preis von Malaysia in Sepang als Dritter den ersten Podiumsplatz für das MERCEDES GP PETRONAS Team. Damit setzt das Team einen Höhepunkt beim Heimrennen von PETRONAS, dem Titelsponsor des Teams.

2010

07. APR: Die Renault-Nissan-Allianz und die Daimler AG vereinbaren eine weitreichende strategische Kooperation. Auf Basis einer neuen, gemeinsamen Architektur für Kleinwagen werden die nächste Generation des smart fortwo, ein neuer smart Viersitzer und der nächste Renault Twingo entwickelt. Weitere Schwerpunkte sind die gemeinsame Nutzung verbrauchsarmer Diesel- und Ottomotoren und die Zusammenarbeit im Bereich der leichten Nutzfahrzeuge. Die Vereinbarung beinhaltet auch eine gegenseitige Kapitalbeteiligung: die Renault-Nissan-Allianz erhält einen Anteil von 3,1 % an Daimler und die Daimler AG einen Anteil von 3,1 % an Renault und von 3,1 % an Nissan.

16. APR: Im neuen Werk der Fujian Daimler Automotive (FJDA) in Fuzhou/China läuft der erste von FJDA produzierte Mercedes-Benz Viano vom Band. FJDA ist ein 2007 gegründetes Joint Venture der Fujian Motors Group (FJMG), der China Motor Corp. (CMC) und der Daimler AG.

22. APR: Die Mitsubishi Fuso Truck and Bus Corporation (MFTBC) präsentiert die neue Generation des Schwerlastwagens »Fuso Super Great«, dessen neu entwickelter 12,8-l-Dieselmotor 6R10 mit BlueTec-Technologie ausgerüstet ist. Damit erfüllt der Fuso Super Great als erster Lkw von MFTBC die derzeit weltweit strengste Abgasrichtlinie JP09 (Japan New Long-Term Emission Regulation).

23. – 27. APR: Auf der Auto China 2010 in Peking stellt Mercedes-Benz das »Concept Shooting Break« vor. Außerdem debütiert die Langversion der E-Klasse, die mit einem 15 cm längeren Radstand speziell auf den Wachstumsmarkt für luxuriöse Limousinen in China zugeschnitten ist. Die Maybach Highend-Luxuslimousinen präsentieren sich in Peking nach einer Modellpflege innen und außen noch luxuriöser. Kraftstoffverbrauch und CO_2-Ausstoß konnten trotz gesteigerter Motorleistung reduziert werden.

04. MAI: Nach den Mercedes-Benz Werken Sindelfingen und Untertürkheim, die die Kurzarbeit bereits Anfang Januar bzw. Anfang April beendet haben, kehren auch Rastatt und Bremen früher als geplant zur regulären Arbeitszeit zurück. Aufgrund der sich erholenden weltweiten Märkte für Premium-Fahrzeuge wird Ende Mai auch die tarifliche Arbeitszeitverkürzung um 8,75 % vorzeitig beendet. Von der im Mai 2009 eingeführten Kürzung sind alle nicht in Kurzarbeit befindlichen Mitarbeiter der Daimler AG betroffen.

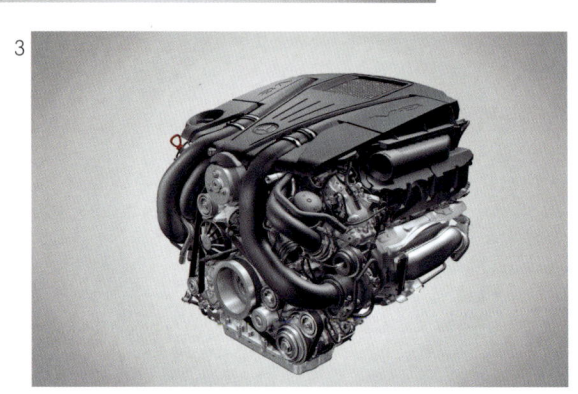

1
07. MAI: Mercedes-Benz stellt der Presse eine neue Prüfmethodik vor, die Daimler als weltweit erster Automobilhersteller ins Portfolio der Erprobungsverfahren aufgenommen hat. Sicherheitskritische und von Menschen nicht präzise reproduzierbare Fahrmanöver werden dabei von Autopiloten auf geschlossenen Testgeländen ausgeführt. Das »Automatisierte Fahren« unterstützt insbesondere die Entwicklung, Prüfung und Absicherung von Assistenzsystemen und anderen Sicherheitsfeatures.

2, 3
07. MAI: Mit den Motorenbaureihen M 276 und M 278 präsentiert Mercedes-Benz der Presse eine völlig neu entwickelte Generation von V6- und V8-Triebwerken. Durch eine optimierte Benzin-Direkteinspritzung mit strahlgeführter Verbrennung, Mehrfacheinspritzung und Mehrfunkenzündung sowie den Einsatz einer serienmäßigen Start-Stopp-Einrichtung erreichen die neuen BlueDIRECT Motoren bislang unerreichte Effizienzwerte im Premiumsegment. Trotz Leistungs- und Drehmomentsteigerung verbrauchen beide Motoren 24 % bzw. 22 % weniger Kraftstoff.

07. MAI: Die Daimler AG und Uzavtosanoat JSC unterzeichnen in Taschkent/Usbekistan den Vertrag zur Gründung eines Joint Ventures. Das Gemeinschaftsunternehmen Manufacturing Buses Central Asia zielt auf die Montage und den Vertrieb von Reise-, Überland-, Stadt- und Midibussen für den usbekischen Markt sowie für den Export in benachbarte Staaten.

4
21. MAI: Auf der Bus & Paratransit Conference in Cleveland, Ohio/USA präsentiert Daimler Buses North America (DBNA) der Öffentlichkeit die neue Generation des Stadt- und Überlandbusses Orion VII, die mit Diesel-, Hybrid- und Erdgasantrieb erhältlich ist.

5, 6
01. JUN: Anlässlich der 3. Verkehrssicherheitstage des Motor Presse Club e.V. in Berlin zeigt Mercedes-Benz mit einer Vielzahl von Versuchsfahrzeugen und Simulatoren die ganze Vielfalt seiner Initiative »Real Life Safety«. Weltpremiere feiern dabei der Aktive Totwinkel-Assistent und der Aktive Spurhalte-Assistent, die ab Juli in der CL-Klasse angeboten werden.

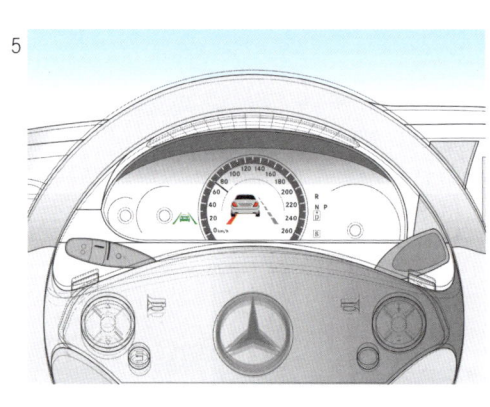

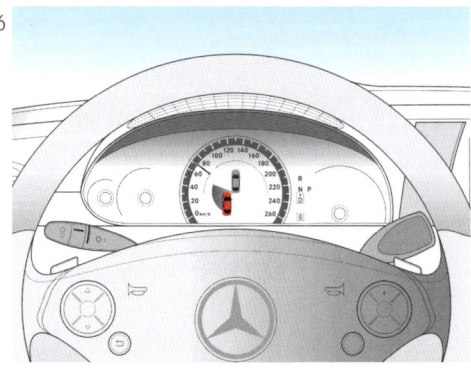

02. JUN: Die Daimler AG gibt ihre Absicht bekannt, am Standort Molsheim/Frankreich ein Entwicklungszentrum für Mercedes-Benz Special Trucks einzurichten. Seit der Gründung von Mercedes-Benz Custom Tailored Trucks (CTT) im Jahr 2000 ist der Standort Molsheim die zentrale Anlaufstelle für Kundensonderwünsche, die Umbauten und besondere Ausstattungen von Mercedes-Benz Lkw betreffen.

18. JUN: Die EnBW Energie Baden-Württemberg AG und die Daimler AG starten die gemeinsame Initiative »e-mobility Baden-Württemberg«. Ziel ist es, das Geburtsland des Automobils innerhalb von zwei Jahren zur Vorbildregion für die lokal emissionsfreie Elektromobilität zu machen. Dazu wird Daimler rund 200 Fahrzeuge der Marken smart und Mercedes-Benz einsetzen, die mit batterieelektrischem Antrieb oder Brennstoffzellen-Antrieb ausgerüstet sind.

23. JUN: Bei den »International Engine of the Year Awards 2010« kann der AMG 6,2-l-V8-Motor M 156 seinen Vorjahreserfolg wiederholen und siegt erneut mit großem Abstand in den Klassen »Best Performance Engine« und »Above 4 litres«.

24. JUN: Thomas Built Buses, der Schulbushersteller von Daimler Trucks North America, erhält vom Schulbezirk Los Angeles einen Auftrag über 130 Schulbusse mit CNG-Technologie (Compressed Natural Gas) und verzeichnet damit seinen bisher größten Auftrag über Busse mit Erdgasantrieb.

28. JUN: Im Rahmen eines Festakts feiert das Mercedes-Benz Werk Berlin-Marienfelde die Produktion des einmillionsten V6-Dieselmotors OM 642. Der Jubiläumsmotor kommt in einem Mercedes-Benz Sprinter zum Einsatz, der im nahe gelegenen Werk Ludwigsfelde gebaut wird.

30. JUN: Auf dem Distribution Symposium in Stuttgart präsentieren sich die Mercedes-Benz Lkw-Baureihen Atego und Axor nach einer umfangreichen Produktaufwertung mit neu gestaltetem Fahrerhaus und Interieur. Der Axor wird auf dem deutschen Markt serienmäßig mit der Schaltautomatik Mercedes PowerShift ausgerüstet.

1
JUN: Setra liefert erstmals zwei Omnibusse aus, die das Umweltzeichen »Blauer Engel« tragen. Neuer Besitzer der beiden Niederflurbusse des Typs S 415 NF sind die Stadtwerke Bingen. Mit dem ebenso anspruchsvollen wie plakativen Umweltzeichen werden Produkte ausgezeichnet, die in ihrer ganzheitlichen Betrachtung besonders umweltfreundlich sind und hohe Ansprüche an den Gesundheits- und Arbeitsschutz erfüllen – bei der Herstellung und der Nutzung.

2, 3
03. JUL: Im Rahmen des Goodwood Festival of Speed in Goodwood/Großbritannien debütiert die neue Generation der CL-Klasse (Baureihe C 216). Im CL 500 BlueEFFICIENCY kommt erstmals der neu entwickelte BlueDIRECT Motor M 278, ein 4,6-l-Biturbo-V8 mit Direkteinspritzung, zum Einsatz. Trotz einer Leistungssteigerung von 12 % verbraucht das 320 kW / 435 PS starke Luxus-Coupé 23 % weniger als sein Vorgänger. Dazu trägt auch die neue Siebengang-Automatik 7G-TRONIC PLUS bei, die im CL 500 BlueEFFICIENCY debütiert und dank verringertem Wandlerschlupf einen optimierten Wirkungsgrad bietet.

4
05. JUL: In Kristiansund/Norwegen präsentiert Mercedes-AMG der Presse den Entwicklungsstand des Mercedes-Benz SLS AMG E-CELL. Der in fluoreszierendem »AMG lumilectric magno« lackierte Supersportwagen mit lokal emissionsfreiem Hightech-Antrieb verfügt über ein Leistungspotenzial von 392 kW / 533 PS und ein Drehmoment von 880 Nm.

5
06. JUL: In Stuttgart präsentiert smart der Presse den modellgepflegten smart fortwo. Mit aufgewertetem Interieur und Exterieur sowie umweltfreundlicheren Motoren geht die neue Generation des Zweisitzers im Herbst in den Handel. Der 40 kW / 54 PS starke cdi-Turbodiesel erreicht einen CO_2-Ausstoß von nur 86 g je km. Zur Markteinführung der neuen Generation erscheint das limitierte Sondermodell smart fortwo »edition lightshine«.

6
08. – 10. JUL: Bei der Silvretta E-Auto Rallye 2010 in Österreich starten Elektroautos der Marken Mercedes-Benz und smart. Drei Tage lang touren drei smart fortwo electric drive und zwei B-Klasse F-CELL durch die Montafoner Alpen. Ebenfalls dabei ist ein Vorserienfahrzeug des neuen Mercedes-Benz SLS AMG E-CELL.

7
15. JUL: Mercedes-Benz präsentiert die zweite Generation des Active Brake Assist, die ab Ende des Jahres im Schwer-Lkw Actros angeboten wird. Der Leistungsumfang des Notbremsassistenten ist erweitert: Bisher auf langsamer vorausfahrende Hindernisse beschränkt, wird der Active Brake Assist 2 nun auch vor stehenden Hindernissen aktiv und leitet bei Gefahr eines Auffahrunfalls automatisch eine Bremsung ein.

2010

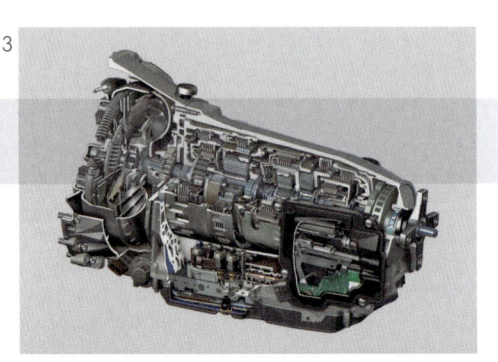

2010

16. JUL: Im Beisein der deutschen Bundeskanzlerin Dr. Angela Merkel und des chinesischen Premierministers Wen Jiabao unterschreiben Daimler und Foton Motor in Peking den Vertrag zur Gründung eines 50:50-Joint-Ventures. Geplant ist die Produktion von mittelschweren und schweren Lkw der Marke Auman mit lokaler Motorentechnologie von Mercedes-Benz.

28. JUL: Fuso stellt mit dem ersten Doppelkupplungs-Getriebe für Lkw eine Weltneuheit vor. Das »Duonic«-Getriebe M038S6 mit sechs Vorwärtsgängen und einem Rückwärtsgang fährt sich wie ein automatisches Getriebe, erreicht jedoch geringere Kraftstoffverbräuche und damit geringere Abgasemissionen. »Duonic« verfügt über eine verschleißfreie Nasskupplung, was die Unterhaltskosten senkt, da der Austausch verschlissener Kupplungsscheiben entfällt.

01. SEP: In Hamburg präsentiert Mercedes-Benz der Presse die neuen Generationen des Großraumfahrzeugs Viano und des Transporters Vito (Baureihe 639). Beim Viano liegt der Schwerpunkt der Modellpflege auf einer Optimierung von Komfort, Materialanmutung und Effizienz; der Vito präsentiert sich mit weiter verbesserter Wirtschaftlichkeit, Nutzlast und Belastbarkeit.

01. SEP: In Berlin liefert Mercedes-Benz die ersten fünf Vito E-CELL an Kunden aus. Die abgasfrei und leise fahrenden Transporter gehören zu einer ersten Kleinserie von 100 Fahrzeugen. Der erste batterieelektrisch angetriebene Transporter, den ein Automobilhersteller ab Werk anbietet, erfüllt mit seiner Reichweite von rund 130 km typische Kundenanforderungen an Transporter im Kurzstreckenverkehr. Gleichzeitig ist der Laderaum ohne jede Einschränkung nutzbar.

13. SEP: Nach erfolgreichem Praxistest im Dezember 2009 stellt die Stuttgarter Straßenbahnen AG (SSB) drei Mercedes-Benz Citaro G BlueTec Hybrid Gelenkbusse in Dienst. Bis Jahresende werden zwei weitere Fahrzeuge übernommen.

18. SEP: Nach dem Erfolg von car2go startet die Daimler AG in Ulm die öffentliche Pilotphase eines weiteren innovativen Konzepts für urbane Mobilität. Die webbasierte Mitfahr-Community car2gether, die eingehende Mitfahrangebote und -gesuche vermittelt, ermöglicht es wie car2go, ohne eigenes Auto flexibel und unabhängig mobil zu sein. Das System nutzt die zunehmende Verbreitung und die vielfältigen Kommunikationsmöglichkeiten des mobilen Internets.

2010

21. SEP: Im Mercedes-Benz Werk Bad Cannstatt läuft der fünfmillionste V-Motor seit der Inbetriebnahme der Fertigungsstätte im Jahr 1997 vom Band. Das Fahrzeug, das der Jubiläumsmotor antreiben wird – ein E 350 CGI Cabriolet –, wird den Mitarbeitern des Motorenwerks für Probefahrten zur Verfügung stehen.

1, 2, 3, 4
23. – 30. SEP: Anlässlich der IAA Nutzfahrzeuge in Hannover wählt eine internationale Experten-Jury den neuen Mercedes-Benz Atego 12-Tonner zum »Truck of the Year 2011«. Die aufgewerteten Lkw-Baureihen Atego und Axor feiern in Hannover ebenso Salonpremiere wie die neuen Generationen des Transporters Vito und des Großraumfahrzeugs Viano. Neue umweltfreundliche Transportermodelle sind der Vito E-CELL und der flüssiggasbetriebene Sprinter 316 LGT. Außerdem debütieren die innen und außen aufwendig ausgestatteten, limitierten Sondermodelle »Actros Edition Black Liner« und »Actros Edition White Liner«. Eine Omnibus-Neuheit ist der dreiachsige Stadtbus Sprinter City 77 aus dem Mercedes-Benz Minibusprogramm. Bei der Omnibusmarke Setra steht eine neue Generation von Fahrgastsitzen mit Varianten für die Bandbreite vom Liniendienst bis zur Fernreise im Mittelpunkt: Mehr Komfort, niedriges Gewicht, hohe Funktionalität und größtmögliche Sicherheit zeichnen die neuen Sitze aus. Daimler Fleet-Board stellt in Hannover neue Telematik-Dienste vor, mit denen sich die Wirtschaftlichkeit von Lkw und Transportern weiter steigern lässt. Dazu gehört auch das neue Endgerät DispoPilot.guide mit 7-Zoll-Bildschirm für das Fahrerhaus.

5
01. OKT: Die unabhängige europäische Sicherheitsvereinigung Euro NCAP (European New Car Assessment Programme) zeichnet Mercedes-Benz im Rahmen des neuen Programms »Euro NCAP Advanced« aus. Auf dem Pariser Automobil-Salon nehmen Prof. Dr. Rodolfo Schöneburg und Dr. Jörg Breuer die Auszeichnungen für das Insassenschutzsystem PRE-SAFE und das Assistenzsystem PRE-SAFE Bremse entgegen.

6, 7, 8, 9
02. – 17. OKT: Auf dem Automobil-Salon in Paris präsentiert Mercedes-Benz die Neuauflage des CLS (Baureihe C 218). Das faszinierende viertürige Coupé ist als erstes Automobil der Welt auf Wunsch mit LED-High-Performance-Scheinwerfern lieferbar. Weltpremiere feiert auch die A-Klasse E-CELL, mit der Mercedes-Benz nach der B-Klasse F-CELL sein zweites unter Serienbedingungen gefertigtes Elektroauto auf die Straße bringt. Das Modellprogramm der S-Klasse wird um vier neue BlueEFFICIENCY-Modelle mit besonders umweltfreundlichen Motoren erweitert: Der S 250 CDI BlueEFFICIENCY, die erste S-Klasse mit Vierzylindermotor, erzielt einen kombinierten NEFZ-Verbrauch von nur 5,7 l pro 100 km und kommt Anfang 2011 auf den Markt. Gleichzeitig debütieren der S 350 BlueTEC sowie die Benziner S 350 BlueEFFICIENCY und S 500 BlueEFFICIENCY, die mit den neuen BlueDIRECT Motoren ausgerüstet sind. Die überarbeitete CL-Klasse (Baureihe C 216) und die neue Generation des Viano (Baureihe 639) haben ihre Salonpremiere. smart präsentiert das ebike sowie den rein elektrisch angetriebenen escooter, eine weitere Lösung für intelligente urbane Mobilität. Salonpremiere feiert die neue Generation des smart fortwo.

10
06. OKT: Prof. Dr. Peter Frankenberg, Minister für Wissenschaft, Forschung und Kunst in Baden-Württemberg, und Dr. Thomas Weber, Daimler Vorstand für Konzernforschung und Leiter Entwicklung Mercedes-Benz Cars, weihen mit einer virtuellen Fahrt den neuen Fahrsimulator der Daimler AG in Sindelfingen ein. Damit ist das erste Etappenziel der Erweiterung des Mercedes-Benz Technology Centers erreicht.

11
16. OKT: Thomas Jäger und Christopher Haase gewinnen mit einem vom Privatteam Black Falcon eingesetzten Mercedes-Benz SLS AMG GT3 den neunten Lauf der VLN-Langstreckenmeisterschaft auf dem Nürburgring. Das 4-Stunden-Rennen ist der zweite Testeinsatz für den Mercedes-Benz SLS AMG GT3, der in einer Prototypenklasse startet.

12
02. NOV: Der erste Mercedes-Benz Sprinter 316 LGT (Liquified Gas Technology) wird im Kompetenzcenter für emissionsfreie Mobilität (KEM) des Werks Mannheim fertiggestellt. Der Sprinter 316 LGT erhält in Mannheim seinen umweltfreundlichen und leisen Flüssiggasantrieb, der eine Reichweite von bis zu 450 km ermöglicht.

2010

1, 2, 3
17./18. NOV: Anlässlich der »Los Angeles Design Challenge«, die im Rahmen der Los Angeles Auto Show veranstaltet wird, präsentiert Mercedes-Benz Cars drei futuristische Visionen aus seinen Advanced Design Studios: den Mercedes-Benz biome, den smart 454 und den Maybach Den-Riki-Sha. Alle drei Visionen sind Natur-Technik-Hybride, die in Symbiose mit der Natur entstehen und fahren, und nutzen innovative Antriebskonzepte.

4, 5, 6, 7
17.–28. NOV: Im Rahmen einer Pressekonferenz auf der Los Angeles Auto Show unterzeichnen AMG und der italienische Motorradhersteller Ducati einen Kooperationsvertrag, der zunächst gemeinsame Marketingaktivitäten zum Ziel hat. Auf der Messe feiert der CLS 63 AMG als leistungsstärkstes Modell des neuen CLS Weltpremiere. Außerdem präsentiert Mercedes-Benz die B-Klasse F-CELL, das erste unter Serienbedingungen gefertigte Elektrofahrzeug mit Brennstoffzelle, erstmals in den USA. Noch vor Jahresende werden die ersten Fahrzeuge des von den Behörden EPA (Environmental Protection Agency) und CARB (California Air Resources Board) zertifizierten Typs im Rahmen eines Mietmodells an ausgewählte Kunden übergeben.

8, 9
28. NOV: Paul Di Resta ist DTM-Champion 2010. Der Schotte belegt auf seiner AMG-Mercedes C-Klasse beim elften und letzten Lauf der DTM 2010 in Shanghai/China den zweiten Platz und holt sich den Titel mit 71 Punkten. Für Di Resta ist es nach seiner Vizemeisterschaft im Jahr 2008 der erste DTM-Titel. Für Mercedes-Benz ist es der zehnte Fahrertitel seit dem Werkseinstieg in die DTM im Jahr 1988. Zuvor hat Bernd Schneider sechsmal, Klaus Ludwig zweimal und Gary Paffett einmal den Meistertitel gewonnen.

10
23. DEZ: In Gegenwart des russischen Ministerpräsidenten Wladimir Putin unterzeichnen die Daimler AG und der russische Nutzfahrzeughersteller GAZ in Nischni Nowgorod/Russland ein Memorandum of Understanding. Ziel ist es, Mercedes-Benz Transporter vom Typ Sprinter in Russland zu produzieren. Zudem sollen Motoren, Getriebe, Achsen und weitere Komponenten lokal gefertigt werden, die dann im Mercedes-Benz Sprinter und im GAZ Produktportfolio zum Einsatz kommen.

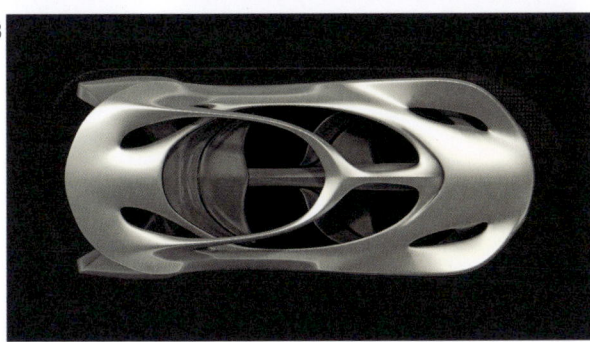

2011

11, 12, 13, 14
29. JAN: Genau 125 Jahre nachdem Carl Benz sein »Fahrzeug mit Gasmotorenbetrieb« zum Patent angemeldet hat und nach mehr als 80 000 erteilten Patenten erhält die Daimler AG erneut ein Patent für eine bahnbrechende Technologie zur Mobilität der Zukunft. In der Mercedes-Benz Niederlassung Stuttgart übergibt Cornelia Rudloff-Schäffer, Präsidentin des Deutschen Patent- und Markenamtes, dem Vorstandsvorsitzenden Dr. Dieter Zetsche die Patenturkunde 10 2007 063 181. Die mit diesem Patent geschützte »Bipolare Rahmenflachzelle« gilt als wichtiger Schritt zur Industrialisierung der Lithium-Ionen-Batterie. Weltpremiere feiert auch der neue SLK der Baureihe R 172, der im März mit zahlreichen Innovationen an den Start geht, darunter dem Panorama-Variodach mit MAGIC SKY CONTROL, einem Glas-Faltdach mit schaltbarer Transparenz. Im Rahmen des Festaktes zum 125. Geburtstag des Automobils präsentiert das Unternehmen außerdem die zukunftsweisende Skulptur »Mercedes-Benz Aesthetics 125«, die einen Ausblick auf das Design des Autos von übermorgen gibt. Darüber hinaus fällt in Stuttgart der Startschuss für den »Mercedes-Benz F-CELL World Drive«, die erste Weltumrundung in Automobilen mit Brennstoffzellen-Antrieb.

Willkommen im Jahr 2030. Das erste Drittel des 21. Jahrhunderts liegt hinter uns. Von über acht Milliarden Menschen leben mehr als 60 Prozent in Städten, und der Trend zur Urbanisierung hält ungebrochen an. Stockholm hat sein ambitioniertes Ziel erreicht und verzichtet im modernsten Stadtteil erstmals vollständig auf fossile Kraftstoffe. Masdar, das tollkühne Pilotprojekt der Null-Emissionen-Stadt bei Abu Dhabi, wird inzwischen von 100 000 Menschen bevölkert. Auch Lingang New City an der Südspitze der Jangtse-Mündung ist seit 2025 eine Stadt ohne Treibhausgase. Mega-Citys wie New York, Shanghai oder Changchun/ China haben ihre Infrastrukturen an die Bedürfnisse von Einwohnern und Umwelt angepasst. Flexible Mobilitätsdienstleistungen und BRT-Systeme (Bus Rapid Transit) gewinnen schnell an Attraktivität, Elektrofahrzeuge dominieren die Innenstädte. Mit elektrischen Antrieben wird der Komfort auf ein neues Niveau gehoben, die Fahrzeuge sind fahrdynamisch agil und souverän, zugleich leise mit einem angenehmen Klang. Allerdings hat der Verbrennungsmotor nach wie vor nicht ausgedient, vor allem bei Langstreckenfahrten mit dem Pkw oder im Güterfernverkehr – er ist jedoch effizienter geworden, als Plug-In-Hybrid ausgelegt und angetrieben mit Strom und Bio-Diesel aus regenerativen Quellen. Mit dem Plug-In-Hybrid können viele Strecken im Alltag rein elektrisch gefahren werden und der nach Bedarf zugeschaltete Verbrennungsmotor sichert die Mobilität bei längeren Strecken.

Mobilität im postfossilen Zeitalter – ein Szenario

20/20
Die Mobilität der Zukunft
2030

Mercedes-Benz biome  Generationen der Zukunft  Die Welt

2030 erinnert man sich mit einem Schmunzeln an die Debatte um den richtigen Antrieb zu Beginn des 21. Jahrhunderts. Längst ist Mobilität eine Frage des passenden Konzepts, das Individualität und Flexibilität zu einer neuen mobilen Lebensart verknüpft. Die Gesellschaft auf dem Weg ins postfossile Zeitalter genießt das Leben, denkt und arbeitet vernetzt – und bleibt mobil und flexibel. Emotionaler Fahrspaß, persönlicher Komfort, Sicherheit und Geborgenheit, Kommunikation und Infotainment auf höchstem Niveau und Privatheit im Automobil sind dominierende Werte. Gleichwohl hat das Auto seine Wirkung als Statussymbol verändert: Nicht der Besitzerstolz, sondern die Wahlfreiheit in der Mobilität steht im Vordergrund. Flexibel fahren bedeutet längst, unterschiedliche Fahrzeuge zu nutzen und leichten Zugang zum passenden Verkehrsmittel zu haben. Das Smartphone gehört zum Alltag bei der Organisation der persönlichen Mobilitätsbedürfnisse. Information, Buchung und Abrechnung: alles aus einer Hand.

Ob Auto, Fahrrad, E-Roller oder öffentlicher Nah- und Fernverkehr: Fahrzeuge stellen sich 2030 ganz individuell auf unterschiedliche Nutzer ein. Auch im Güterverkehr setzen »Green Logistics« längst Zeichen. Nachhaltigkeit und Klimaverträglichkeit sind auch für Unternehmen in Handel, Produktion und Logistik Kernelemente der Wertsteigerung. Zu Beginn des 21. Jahrhunderts waren Handelsunternehmen Vorreiter der Bewegung. Sie verlangten von den Transportunternehmen Transparenz rund um den »Product Carbon Footprint« einer Transportleistung. Im Jahre 2030 ist dies längst Standard; Unternehmen und Endkunden wissen genau, welche Art des Transports die geringsten Emissionen erzeugt.

Was stellen wir uns in dieser Welt unter einem »guten Leben« vor? Schonendes Umgehen mit der Umwelt und unseren Lebensgrundlagen, gesundheitsbewusstes Wohlbefinden, aktive Kommunikation und kreative Innovationskraft. Für die Sicherung und den Ausbau mobiler Lebensqualität folgt Mercedes-Benz seiner Tradition, Ästhetik und Komfort optimal mit Innovation zu verbinden. Traumfahrzeuge wie Sportwagen oder große, luxuriös ausgestattete Limousinen stehen nicht im Widerspruch zu den neuen Definitionen von Lebensqualität. Insbesondere die individuelle Ästhetik in der Mode, geschmackvoll gestaltete neue Architekturen, verbunden mit dem vielfältigen Leben auf den städtischen Boulevards, geben der Darstellung automobiler Träume neue Ausdrucksmöglichkeiten.

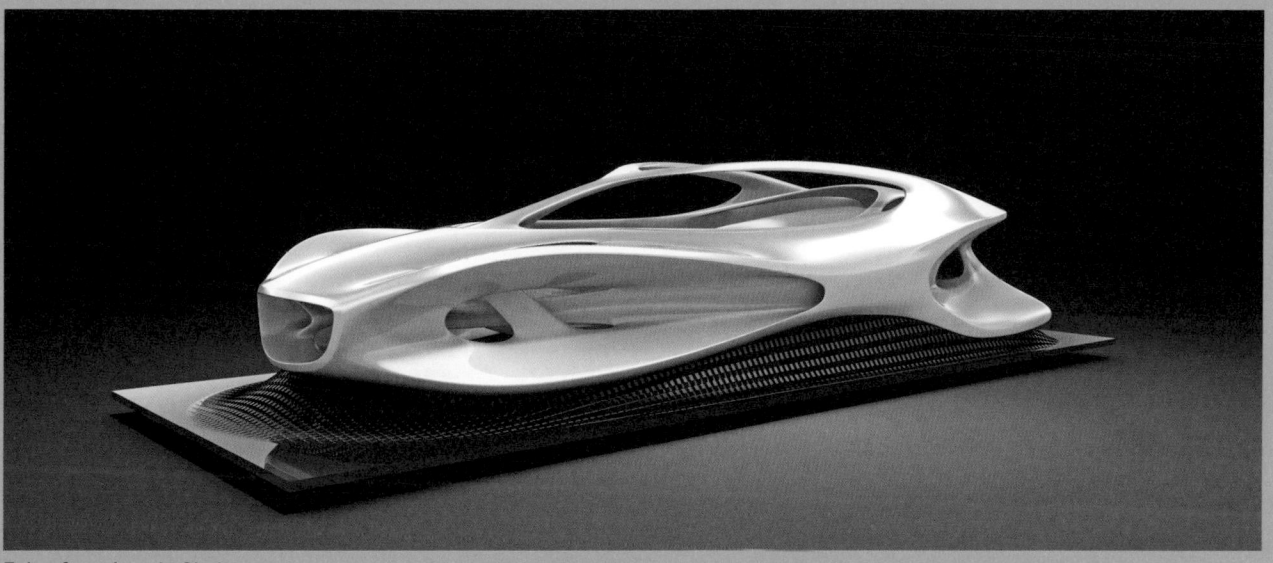

Zukunftsweisende Skulptur:
Mercedes-Benz Aesthetics 125

Elektrizität ist die Energie der Zukunft, da sie maximale Quellenvielfalt bietet. Neben Elektrizität, gewonnen aus Sonnenenergie und Wind, werden die universellen Energieträger Diesel und Benzin als Energielieferanten erhalten bleiben. Diese Kraftstoffe haben die höchste Energiedichte und sind leicht handhabbar – das ist für Menschen, die sich nicht in einem dichten Netz neuer Infrastrukturen (z. B. Elektro-Ladestationen, Wasserstoff-Tankstellen) bewegen, sehr wichtig. Innovative technische Verfahren zur Umstellung der Kraftstofferzeugung von fossilen auf erneuerbare Quellen sind weiter gediehen. Auch regenerativ erzeugter Wasserstoff wird zunehmend eingesetzt.

Vor allem in den wohlhabenden Global Cities haben nun emissionsfreie Fahrzeuge Vorrang. Dabei macht es einfach Spaß, elektrisch zu fahren. Fahrgefühl, Geräusch, in der eigenen Garage laden, nie mehr tanken, vorklimatisiert starten – solche komfortablen Vorzüge schätzt man.
Bei allen Maßnahmen zur ganzheitlichen Erhöhung der Energieeffizienz finden Komfort, Sicherheit und Schönheit gerade bei Mercedes-Benz die ihnen gebührende Berücksichtigung. Dazu werden neue gestalterische und funktionale Lösungen gesucht und gefunden. Einen Ausblick darauf geben der Mercedes-Benz biome und der Maybach Den-Riki-Sha.

Mercedes-Benz biome

smart 454

Um die freie Wahl des Verkehrsmittels auch weiterhin zu ermöglichen, bietet Daimler seinen Kunden Fahrzeuge, die in den verdichteten Städten emissionsfrei fahren. Dies gilt für große Fahrzeuge – mit und ohne Chauffeur – oder Coupés genauso wie für smart oder City-Transporter und für Busse im öffentlichen Personenverkehr. Für den Geschäftsreisenden, der lange Strecken überwinden muss, sind hocheffiziente Verbrennungsmotoren ebenso wichtig wie für die Familie, die die Weiten des eigenen Landes erkunden möchte und im Alltag auf höchste Betriebssicherheit zählt.

Daimler kann mit seiner Bandbreite an Fahrzeugen und seinem Erfindergeist die Weiterentwicklung der Gesellschaft mit den richtigen Produkten und Dienstleistungen unterstützen und neue, gehbare Wege weisen – so wie das unsere Gründerväter schon getan haben. Unser Ziel ist es, das Automobil immer wieder neu zu erfinden, dabei ganzheitliche Energieeffizienz mit automobiler Schönheit zu verbinden und so zur Steigerung der Lebensqualität einer mobilen Gesellschaft beizutragen.

Maybach Den-Riki-Sha

Anmerkungen zu den Kennzahlen

Benz & Cie., 1883–1925

Allgemeines: Das Geschäftsjahr läuft bei Benz & Cie. von 1883 bis 1923 vom 1. Mai bis zum 30. April des Folgejahres.

Produktion: Für den Zeitraum vor 1908 sind separate Produktionszahlen für Pkw und Nutzfahrzeuge nicht dokumentiert.

Belegschaft: Zirka-Angaben, soweit verfügbar.

Daimler-Motoren-Gesellschaft, 1890–1925

Allgemeines: Das Geschäftsjahr läuft bei der DMG von 1890 bis 1907 vom 1. April bis zum 31. März des Folgejahres.

Produktion: Für den Zeitraum vor 1908 sind separate Produktionszahlen für Pkw und Nutzfahrzeuge nicht dokumentiert.

Daimler-Benz AG, 1926–1997

Allgemeines: Angaben für den Daimler-Benz Konzern; der Konzern umfasst neben der Daimler-Benz AG grundsätzlich alle in- und ausländischen Unternehmen, an denen der Daimler-Benz AG direkt oder indirekt die Mehrheit der Stimmrechte zusteht.

Produktion: für 1926 Gesamtstückzahl der Daimler-Motoren-Gesellschaft, der Benz & Cie. und der Daimler-Benz AG.

Produktion Pkw: ab 1979 inkl. Geländewagen (G-Modelle, G-Klasse).

Produktion Nfz: ohne Teilesätze bzw. Fahrzeugsätze für die Produktion im Ausland, ab 1996 inkl. V-Klasse.

Belegschaft: Mitarbeiter(innen) am Jahresende; Angaben von 1946 bis 1949 inkl. US-Betriebe.

Umsatz: Außenumsatz, 1926–1931 Nettowerte, 1932–1967 Bruttowerte, Angaben ab 1968 ohne Umsatzsteuer; Angaben von 1945 bis 1954 für Daimler-Benz AG (nicht Konzern).

Daimler-Chrysler AG, 1998–2006, und Daimler AG, seit 2007

Allgemeines: Angaben für den Konzern; der Konzern umfasst neben der DaimlerChrysler AG bzw. Daimler AG grundsätzlich alle in- und ausländischen Unternehmen, an denen der AG direkt oder indirekt die Mehrheit der Stimmrechte zusteht.

Produktion Pkw: inkl. Geländewagen (G-Klasse); 1998–2006 ohne Chrysler Group.

Produktion Nfz: ohne Teilesätze bzw. Fahrzeugsätze für die Produktion im Ausland, inkl. V-Klasse, Vaneo und Viano; 1998–2006 ohne Chrysler Group.

Belegschaft: Mitarbeiter(innen) am Jahresende.

Umsatz: Außenumsatz ohne Umsatzsteuer.

Impressum

Zweite Auflage 2011

© 2011 Daimler AG, Stuttgart
Alle Rechte vorbehalten.

Herausgeber
Daimler AG, Stuttgart

Redaktion
Daimler AG, Stuttgart
Mercedes-Benz Classic Archive

Konzeption und Gestaltung
L2M3 Kommunikationsdesign GmbH,
Stuttgart

Reproduktionen
Repromayer Medienproduktion GmbH,
Reutlingen

Herstellung, Druck und Vertrieb
Steidl
Düstere Str. 4
37073 Göttingen
Tel. +49 551 49 60 60
Fax +49 551 49 60 649
mail@steidl.de
www.steidl.de
www.steidlville.com

ISBN 978-3-86930-984-2
Printed in Germany by Steidl

Daimler AG
Stuttgart, Germany
www.daimler.com
www.daimler.mobi

Bildnachweis

Sämtliche Abbildungen stammen
aus den Archiven der Daimler AG,
ausgenommen:

akg-images/L. M. Peter:
S. 236/237

bpk: S. 136/137

Corbis Images:
S. 68/69 © Bettmann/Corbis,
S. 406/407 © Paul Souders/Corbis

Deutsches Historisches Museum, Berlin:
S. 96/97

H.-P. Feddersen, Stuttgart: S. 226/227

Gaukler Studios, Filderstadt:
Fotografie Umschlagabbildungen

Presse- und Informationsamt
der Bundesregierung:
S. 188/189

L2M3 Kommunikationsdesign GmbH:
S. 424/425

Andreas Pohlmann, München: S. 42

Picture Alliance/dpa: S. 82/83, S. 250/251,
S. 366/367

Süddeutsche Zeitung Photo: S. 124/125,
S. 152/153, S. 290/291, S. 314/315

Ullstein Bild: S. 60/61, 108/109